陈宝春　主编
郑皆连　主审

钢管混凝土拱桥实例集（二）

人民交通出版社
China Communications Press

内 容 提 要

本书是第二本钢管混凝土拱桥实例集，精选了2000年以来我国新建的十座具有代表性的钢管混凝土拱桥，对其设计、施工、建设与科研等情况进行了较为详细的介绍。全书内容翔实、条理清楚、图文并茂，具有很强的资料性与实用性，对从事钢管混凝土拱桥设计、施工与研究的单位与个人具有重要的参考价值。本书还可作为高等院校土木工程专业毕业设计的参考教材，也可供研究组合结构、桥梁结构人员参考。

图书在版编目（C I P）数据

钢管混凝土拱桥实例集.2/陈宝春主编.—北京：人民交通出版社，2008.8

ISBN 978-7-114-07134-8

Ⅰ.钢… Ⅱ.陈… Ⅲ.钢管结构：混凝土结构－拱桥 Ⅳ.U448.22

中国版本图书馆CIP数据核字（2008）第059141号

书　　名：钢管混凝土拱桥实例集（二）
著 作 者：陈宝春
责任编辑：吴有铭
出版发行：人民交通出版社
地　　址：（100011）北京市朝阳区安定门外外馆斜街3号
网　　址：http：//www.ccpress.com.cn
销售电话：（010）59757969，59757973
总 经 销：北京中交盛世书刊有限公司
经　　销：各地新华书店
印　　刷：北京交通印务实业公司
开　　本：787×1092　1/16
印　　张：20.25
字　　数：504千
版　　次：2008年8月　第1版
印　　次：2008年8月　第1次印刷
书　　号：ISBN 978-7-114-07134-8
印　　数：0001～3000册
定　　价：39.00元

编委会成员

主　　编：陈宝春

主　　审：郑皆连

编委会成员：（排名不分先后）

郑皆连　陈宝春　胡建华　陈宜言　马庭林

梁智涛　赵林强　张伟中　马国纲　牟廷敏

罗吉智　王劼耘　张佐安

编写组成员

（排名不分先后）

陈宝春　马庭林　徐　勇　陈克坚　何庭国

陶建山　郭建勋　陈宜言　何晓晖　梁智涛

倪顺龙　韦建刚　赵林强　郑宪政　王劼耘

陈光辉　韩　玉　陈友杰　黄福云　张伟中

马国纲　罗吉智　商从晋　阮　波　谭立新

李　瑜　王　甜　牟廷敏　张佐安

前　言

《钢管混凝土拱桥实例集(一)》[以下简称实例集(一)]在2002年出版后的五年时间里，我国钢管混凝土拱桥的应用，无论是在桥型、结构与构造、施工技术，还是在桥梁跨径方面，都有了很大的发展。虽然《钢管混凝土拱桥(第二版)》中吸收和反映了这些发展成果，然而受到篇幅所限，无法对体现这些发展的桥例作详细的介绍。因此，就有了这本《钢管混凝土拱桥实例集(二)》[以下简称实例集(二)]。

实例集(二)包括了第一章的综述部分和第二章至第十一章共十个桥例的介绍。在选择桥例时仍遵照实例集(一)的原则，尽可能使其具有代表性，同时考虑桥梁的桥型、历史地位、分布区域、不同的设计与施工单位等。然而，由于一些单位人员变动、工作安排困难等原因，使得初期选定的一些桥例最后没有在本书中得到反映。最后入选的10座桥例，全部是2000年及其以后所修建的。

各章的主要内容与编写单位和编写者如下：

第一章“钢管混凝土拱桥应用与研究进展”主要介绍了2000年以来建成但未收入本书的一些钢管混凝土拱桥桥例，以及部分正在建设或设计中的桥例、结构与构造方面存在的主要问题与技术进步、施工技术创新及理论研究主要成果。本章由福州大学陈宝春编写。

第二章“水柏铁路北盘江大桥”。该桥是我国第一座铁路钢管混凝土拱桥，2002年建成，主桥结构为上承提篮式钢管混凝土拱，拱脚中心跨度236m，拱肋横向内倾6.5°，采用水平转体施工，该桥的建成对推动钢管混凝土拱桥在我国铁路桥梁中的应用具有重大的意义。本章由中铁二院工程集团有限责任公司(原铁道第二勘察设计院)和中铁大桥局集团有限公司马庭林、徐勇、陈克坚、何庭国、陶建山、郭建勋编写。

第三章“广东东莞水道大桥”。该桥主桥为三孔50m+280m+50m中承式钢管混凝土刚架系杆拱桥(又称飞鸟式)，2005年建成。该桥在设计过程中，对飞鸟式桥型与受力特点进行了分析，对钢管混凝土格构柱受力性能进行了试验研究。本章由深圳市市政设计研究院有限公司(原深圳市市政工程设计院)和福州大学的陈宜言、陈宝春、何晓晖编写。

第四章“连徐路京杭运河大桥”。它也是一座飞鸟式拱桥，但其拱肋为提篮式，主孔跨径为235m，边孔跨径为57.5m，施工时采用了竖向转体施工法，于2002年建成。本章由中交第一公路勘察设计研究院梁智涛、倪顺龙编写。

第五章“福建福鼎山前大桥”。它的主跨是80m的下承式刚架系杆拱，在本书中属于跨径最小的一座，建成于2000年。该桥的主要特点是拱肋采用了钢管—钢管混凝土的复合结构，即拱肋的拱脚段采用钢管混凝土截面，拱顶段采用空钢管截面。对这种结构进行了试验与理论研究，探讨了管内填充混凝土对结构受力的影响。本章由福州大学陈宝春、韦建刚编写。

第六章“杭州钱江四桥”。该桥是一座大型的钢管混凝土拱桥城市桥梁，主桥由11跨独立的拱梁组合结构组成，其中2个为190m的大跨、另9个为85m的小跨。该桥具有双层桥面，因此主桥实际上有上承式、中承式和下承式三种拱的结构。施工采用三塔两跨的缆索吊机吊装，钢管拱肋采用斜拉悬臂施工，2004年建成。本章由杭州市城建设计研究院有限公司和广西壮族自治区公路桥梁工程总公司的赵林强、郑宪政、王劼耘、陈光辉、韩玉编写。

第七章“郑州黄河公路二桥”。该桥是我国高速公路上一座大型的钢管混凝土拱桥。主桥由8跨跨径100m的下承式拱梁组合桥组成，横断面上分上下行两座桥，因此共有16跨。拱肋采用腹腔内不填混凝土的新型哑铃形截面，系梁为预应力混凝土梁。施工采用先梁后拱的方法，于2004年建成。本章由福州大学和河南省交通勘测设计研究院的陈宝春、陈友杰、黄福云、张伟中编写。

第八章“兰州雁滩黄河大桥”。该桥为三跨连续的下承式刚架系杆拱，中孔跨径127m，边孔跨径85m，是连续多跨下承式刚架系杆拱中跨径较大的一座。在桥道系构造方面，采用了钢管桁架作为纵梁来加劲。该桥于2003年建成。本章由兰州市城市建设设计院马国纲编写。

第九章“南宁永和大桥”。它的主桥为净跨335.4m的中承式钢管混凝土桁拱，混凝土实体桥台、钢筋混凝土沉井基础。该桥是我国跨径上300m的几座钢管混凝土拱桥之一，钢管拱肋采用斜拉悬臂法施工，于2004年建成通车。本章由广西壮族自治区交通规划勘察设计研究院和广东省长大公路工程有限公司的罗吉智、商从晋、阮波、谭立新编写。

第十章“湖南益阳茅草街大桥”。该桥主桥采用80m+368m+80m三跨中承式钢管混凝土刚架系杆拱桥，在同类桥型中跨径超过主跨360m的广州丫髻沙大桥而名列第一。该桥采用斜拉悬臂法施工，作为西部交通科技项目《钢管混凝土拱桥设计、施工与养护关键技术研究》的依托工程之一，开展了大量的研究。本章由湖南省交通勘测设计研究院李瑜、王甜编写。

第十一章“重庆巫峡长江大桥”。该桥主孔跨径达460m，是目前世界上跨径最大的钢管混凝土拱桥，也是世界上为数不多的跨径大于400m的拱桥之一。该桥为中承式桁拱，采用斜拉悬臂缆索吊装施工，于2005建成。无论在结构设计方面、还是在施工方面，该桥均有许多创新之处。本章由四川省交通厅公路规划勘察设计研究院和四川公路桥梁建设集团有限公司的牟廷敏、张佐安编写。

全书由陈宝春主编、统稿。郑皆连院士认真审阅了全书，提出了非常宝贵的意见与建议。本书的顺利出版与编委会全体成员的努力和全体编写人员的勤奋工作分不开的。人民交通出版社编辑吴有铭、袁方等同志为本书的出版付出了辛勤的劳动；福州大学黄福云、柯婷娴同学为编委会的日常工作和全书的编排作了大量的工作；在此一并表示衷心的感谢。

陈宝春

2008年5月16日

目　　录

第一章　钢管混凝土拱桥应用与研究进展

第一节　桥 例 简 介

钢管混凝土拱桥近十几年在我国应用发展很快，在 2002 年出版的《钢管混凝土拱桥实例集(一)》[1]中收录到的钢管混凝土拱桥的桥例有 109 座，2007 年出版的《钢管混凝土拱桥(第二版)》[2]附表列出的跨径大于 50m 的桥例有 202 座，详见其附录。根据文献[3]所做的调查，截止到 2005 年 3 月，收集到的跨径大于或等于 50m 的钢管混凝土拱桥有 230 座，其中跨径达 100m 及以上的 132 座，跨径达 200 及以上的有 33 座。

调查结果表明，1995 年前较少修建跨径大于 100m 的钢管混凝土拱桥。此后，随着计算理论的完善和施工技术的进步，钢管混凝土拱桥的跨径和数量随时间的推移在不断地增大。各个时期具有代表性的桥梁有：1990 年建成的四川旺苍东河桥，跨径 115m；1995 年建成的广东南海三山西大桥，跨径 200m；2000 年建成的广东丫髻沙大桥，跨径 360m；2005 年建成的重庆巫山长江大桥，跨径 460m。

《钢管混凝土拱桥实例集(一)》[1]收录的桥例有 10 座，除重庆奉节梅溪河大桥和重庆合川嘉陵江大桥分别建于 2001 年和 2002 年外，其余 8 座均建于 2000 年以前(含 2000 年)。

本书收录的桥例也有 10 座，均建于 2000 年以后(含 2000 年)，详见各章介绍，这里不赘述。

以下简要介绍 2000 年以来已建成、跨径较大但未收录本书的部分钢管混凝土拱桥，如已经建成的：

(1)上承式，浙江金竹牌大桥(千岛湖 1 号桥)。

(2)中承式，浙江省淳安县南浦大桥、四川宜宾金沙江戎州大桥、宁波三门跨海大桥北门桥、湖南湘西王村特大桥。

(3)下承式刚架系杆拱，武汉晴川大桥(汉江三桥)。

(4)飞鸟式，武汉长丰大桥(汉江五桥)、江西吉安白鹭大桥、江西南昌生米大桥。

(5)其他形式，湖南湘潭莲湘大桥(湘潭四桥)(斜拉飞鸟式)。

此外，本节还将简要介绍已建成的日本新西海大桥(有推力中承式)、已基本建成未通车的安徽太平湖大桥(有推力中承式)和在建的湖北支井河特大桥(上承式)[4]以及两座正在设计中的钢管混凝土拱桥。

1. 浙江金竹牌大桥(千岛湖 1 号桥)

金竹牌大桥原称千岛湖 1 号桥，是杭州一千岛湖高速公路(简称杭千高速)上的一座特大桥，位于淳安县千岛湖镇境内[5]。主孔为上承式钢管混凝土桁肋拱，净跨径 252m，净矢高 38.769m，净矢跨比 1/6.5，主拱轴线为悬链线，拱轴系数 $m=1.756$。拱肋为横哑铃形桁式，弦管为直径 ϕ1 000mm、壁厚 20mm(拱脚处 22mm)的 Q345qC 钢管、平联为 12mm 厚钢板，管内和平联内灌 C50 微膨胀混凝。腹杆为 $\phi402\times12$mm 的钢管。两主拱肋间用 10 个 K 撑和 1 个一字撑连接。风撑采用 $\phi610\times12$mm 和 $\phi377\times10$mm 的钢管。拱上立柱采用钢管混凝土结构。立柱钢管为 ϕ1 000×12mm 和 ϕ800×12mm；立柱通过斜撑连接，斜撑采用 ϕ610×12mm 的钢管，材质为 Q345qC。拱肋分为 11 个吊装节段，采用缆索吊机斜拉悬臂拼装施工。施工时的照片见图 1-1。大桥于 2006 年建成，建成后的照片见图 1-2。

图 1-1　施工中的浙江千岛湖 1 号桥[6]

图 1-2　建成后的浙江千岛湖 1 号桥(徐建富提供)

2. 浙江淳安南浦大桥

浙江淳安南浦大桥距淳安县西北约 23km，是一座大跨度的中承式钢管混凝土拱桥[7]。大桥的设计荷载为：汽车－20 级，验算荷载：挂车－100，人群荷载 3.5kN/m^2。地震基本烈度 VI 度。桥位区为北西走向的长条形湖面，宽 270～350m。大桥跨越的库区水面宽度为 280m 左右。湖水由两山头夹谷储水形成，两岸地势陡峭，实测常水位的水深有 40m 左右，两岸有岩石裸露，而水域中修筑桥墩难度较大，费用较高。因此，经过技术经济比较，确定了净跨为 308m 的中承式钢管混凝土拱桥为设计方案，进行施工图设计。主拱桥台为主体分离式，上、下游侧拱座通过横系梁和帽梁联结。基础为多棱体结构，根据桥台处实际地形、地质条件，1 号桥台、下游拱座采用不对称形式以保证台身嵌入微风化岩体。

大桥全长 330m，桥面宽为净 9m(车道)＋2×1.5m(人行道)。上部为净跨 308m 的钢管混凝土拱，净矢跨比 1/5.5，采用拱轴系数 m＝1.167 的悬链线拱轴。拱肋为桁式截面，上、下弦钢管中距为 5.2m，内外桁片中距为 2.55m。弦管为直径 ϕ850×12mm(吊杆处为 14mm，拱脚下弦管为 20mm)的钢管，C50 微膨胀混凝土。弦管平联为直径 ϕ529mm、壁厚 10mm 的钢管(吊杆处的平联采用直径 ϕ600×14mm 的钢管)，直腹杆和斜腹杆均采用直径 ϕ400×8mm 的钢管。

全桥共有吊杆横梁 28 根，吊杆横梁为 C50 预应力混凝土。桥道系采用结构连续的普通钢筋混凝土窄翼矮 T 梁，混凝土强度等级为 C30。桥面铺装为厚 10cm 的 C30 钢纤维混凝土。人行道铺装为 4cm 的 C30 混凝土，表面压花。吊杆选用 PES(C)7-ϕ55，吊杆配 PESM7-ϕ55 冷铸墩头锚的吊杆体系。支座采用四氟滑板橡胶支座，伸缩缝为 SSFB-D160 型伸缩缝(仿毛勒 60mm 型)。大桥总体布置图见图 1-3(图中的序号为横梁的施工吊装顺序)，施工中钢管拱肋合龙前的照片见图 1-4，建成后的照片见图 1-5。

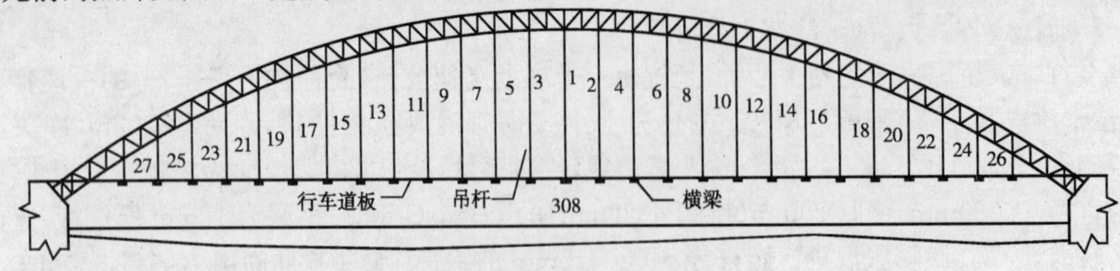

图 1-3　浙江淳安南浦大桥总体布置图(单位：m)

3. 四川宜宾金沙江戎州大桥

金沙江戎州大桥位于四川省宜宾市城区，主孔为净跨径 260m、矢跨比为 1/4.5、拱轴系数 $m=1.4$ 的中承式钢管混凝土拱桥，见图 1-6。

图 1-4 浙江淳安南浦大桥施工照片（徐建富提供）

图 1-5 建成后的浙江淳安南浦大桥（杨元海提供）

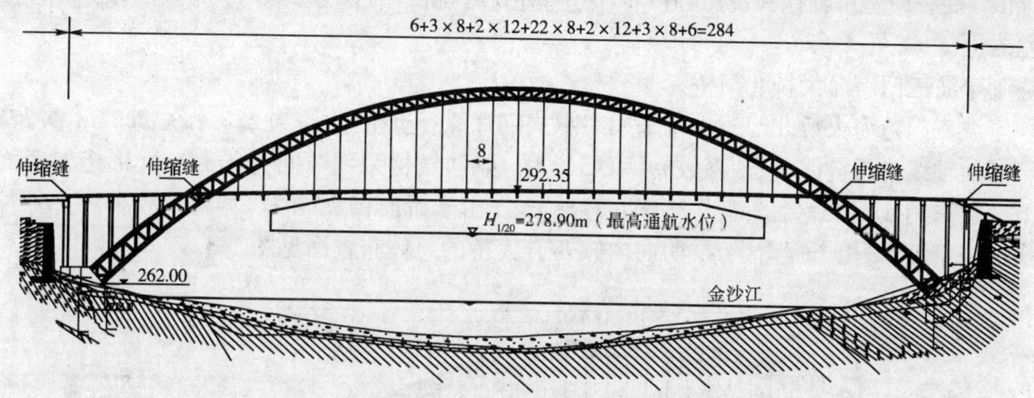

图 1-6 四川宜宾戎州大桥总体布置图（单位：m）（牟廷敏提供）

设计荷载：城—A 级及汽车-超 20 级，人群荷载4.0kN/m²；桥面净宽为 4×3.75m 行车道＋2×0.5m防撞护栏＋2×3m 人行道＋2×0.25m 人行道栏杆；设计洪水频率为 1/300；设计车速为 40km/h；通航等级为 III 级；地震烈度为 7 度。主拱采用斜拉悬臂缆索吊装施工。大桥于 2005 年 1 月建成通车，建成后的大桥照片见图 1-7。

拱肋为变高等宽的钢管混凝土桁构，肋总高 4.0～6.5m（拱顶 4.0m，拱脚 6.5m）。弦管采用 ϕ1 020mm×16mm 钢管，内灌 C50 混凝土；腹杆有竖直腹杆和斜腹杆两种，均采用 ϕ457mm×10mm 钢管，仅在拱脚与铰连接处的两斜腹杆内灌 C50 混凝土，其余腹杆均不灌混凝土；平联采用缀板连接。上、下弦杆主管内及个别腹杆内所灌的 C50 混凝土，采用能补偿收缩值的微膨胀混凝土。

两拱肋中距 18.6m。全桥桥面以上设 6 道钢管桁架横撑，桥面以下设 2 道横撑，其主管为 ϕ720×12mm。弦杆、腹杆及横撑钢管均采用 Q345c 钢卷制的螺旋焊接管。

吊杆采用 55ϕ7mm(61ϕ7mm)镀锌高强平行钢丝束，两端采用 OVMLZM-55（OVMLZM-61）冷铸镦头锚，上下两端锚具设有可调节横梁高度的螺母。吊杆钢丝外采用聚乙烯护套及哈佛管双层保护，可以防止雨水渗透腐蚀吊杆钢丝。吊杆间距为 8m，与肋间横梁相邻跨间距为 12m。为保护吊杆，拱肋下桥面采用栏杆隔开，主桥人行道采用向外加宽的方式。

吊杆横梁采用预应力混凝土 T 字形梁，梁高（吊杆处）1.8m，梁顶宽 0.8m，梁底宽 0.35m，顶面设与桥面相同的横坡；预应力分两次张拉。肋间横梁为钢结构横梁。悬吊部分桥面行车道板为连续板，采用预制简支板安装后焊接钢筋现浇湿接头形成连续板；上承式桥面为简支板桥面连续。拱上立柱为 1.0m×1.2m 钢筋混凝土矩形截面，柱脚焊接钢箱，内填 C40 混凝土；拱上盖梁采用预应力混凝土矩形梁，梁高 1.6m，梁宽 1.4m。

图 1-7　建成后的四川宜宾戎州大桥(牟廷敏提供)

两岸拱座处均有岩石出露，拱座均置于中风化基岩上，容许承载力不小于 2.5MPa。每肋拱座宽度 8.0m，其间设两道系梁连接。两岸交界墩均置于拱座上，桥墩亦为双柱式桥墩，墩柱为 1.5m×1.5m 等截面矩形柱，盖梁宽度 1.7m，高度 2.0m。桥墩为钢筋混凝土柱式墩身，人工挖孔桩基础。墩柱直径 1.5m，桩基直径 1.5m，仅 2 号桩顶间设横系梁，截面尺寸为 80cm×120cm。桩底地基单轴饱和抗压强度不小于 10MPa。桥台为重力式 U 形桥台，基础置于中风化基岩上。

4. 宁波三门跨海大桥北门桥

宁波三门跨海大桥北门桥主桥采用中承式钢管混凝土拱，主跨为 270m，矢高 54m，矢跨比 1/5，拱肋轴线为悬链线，拱轴系数 $m=1.543$[8]。拱肋结构采用节间为 4m 的 N 形桁架形式，上下弦共采用 4 根的钢管，高 5.3m，肋宽 2.4m。由于桥面仅 10m 宽，宽跨比较小，为提高拱的横向稳定性，采用了提篮拱，拱肋向内倾 8°。大桥的总体布置图见图 1-8。

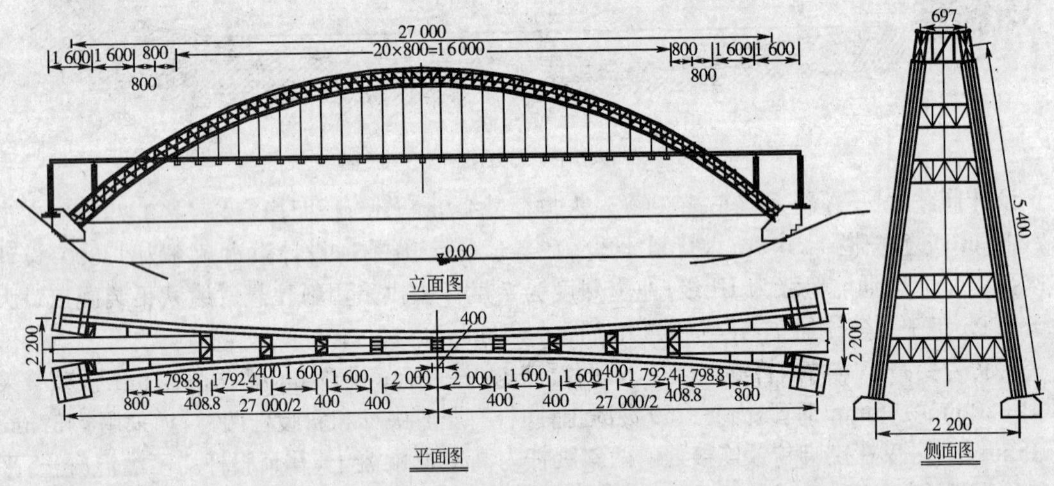

图 1-8　浙江宁波三门跨海大桥北门桥总体布置图(单位：cm)(田仲初提供)

钢管拱肋安装采用缆索吊机斜拉悬臂拼装法，吊塔和扣塔分离。全桥共分 39 节段吊装(其中拱肋 26 段，横撑 11 段，拱上横梁 2 段)。大桥建成后的照片见图 1-9。

5. 湖南湘西王村特大桥

湖南湘西王村特大桥为张家界至罗依溪公路上的一座中承式钢管混凝土拱桥，位于湖南省湘西土家族苗族自治州永顺县，孔径布置为 26m＋208m＋26m，设计荷载为汽车-20，挂车-100[9]。主跨矢跨比 1/5，矢高 40.426m，拱轴系数 $m=1.543$。每片拱肋由 $4\phi750\times12$mm 的钢管用缀板缀条组成四肢式钢管混凝土格构式结构，拱肋腹杆钢管规格 $\phi300\times10$mm，平联钢板厚度 10mm；横撑主弦管规格 $\phi500\times10$mm，横撑腹杆钢管规格 $\phi250\times8$mm，材料均为 16Mn

钢。两条拱肋的中心距为 14m，拱肋间共设 10 道横撑，每道横撑为空钢管构成的桁式梁。拱上立柱采用 ϕ800×10mm 钢管，管内浇筑 C50 微膨胀混凝土，拱上立柱通过预埋件与拱肋及横梁焊接，横梁为预制钢筋混凝土构件。吊杆采用热挤聚乙烯防护吊杆，109ϕ_{s5} 低松弛镀锌钢绞线，R_y^b=1 670MPa，吊杆间距 6.5m，锚具采用 LM 型冷铸镦头锚，下端为固定端，上端为张拉端。该桥于 2000 年建成，建成后的照片见图 1-10。

图 1-9 建成后的浙江宁波三门跨海大桥北门桥（田仲初提供）

图 1-10 建成后的湖南湘西王村特大桥

6. 武汉晴川大桥（汉江三桥）

武汉晴川大桥（汉江三桥）[10] 的设计荷载为：汽车－20 级，验算荷载：挂车－100 级，人群荷载 3.5kN/m^2。设计行车速度 40km/h，通航净宽 150m、净高 10m。地震基本烈度 VI 度，按 VII 度设防。根据两岸桥下交通的要求，纵坡分别为 3.3%、2.6%，主桥在 R=8 000m 的竖曲线上。桥面宽为净 15m 车道＋2×2m 人行道。两岸第四系覆盖层厚 43～50m，依次为人工填土、亚黏土、亚砂土、粉细中砂（混砾卵石），基岩为含粉砂泥岩强弱分化岩。

根据有关方面的要求，桥型方案设计的基本原则是：从防洪与通航考虑，江中不设墩，一跨过江；从地理位置与城市规划需要出发，要求美观；地处市中心区，引桥应尽快落地，主桥上部建筑高度宜小于 2.5m；在工程上力求建设速度、造价低，技术上可靠。据此构思三个方案：下承式钢管混凝土刚架系杆拱；高低塔双索面边主梁斜拉桥；单孔钢箱梁悬索桥。跨径都是 280m。最后选用了钢管混凝土拱桥方案。

主桥为净跨 280m 的下承式钢管混凝土刚架系杆拱，拱肋净矢跨比 1/5，采用拱轴系数 m=1.543的悬链线拱轴。拱肋为横哑铃形桁式截面，上、下弦钢管中距为 4.5m，内外桁片中距为 1.4m。弦管为直径 ϕ1 000mm×12mm 的钢管，内灌 C50 无收缩混凝土。横撑共 11 道，除拱顶采用空间一字撑外，其余均为 K 撑。横撑上下弦钢管的直径为 680mm、壁厚为 12mm。横撑除了按稳定计算考虑外，结合施工吊装需要来设置，原则上每吊一个节段，安装一根横撑。建成后的大桥见图 1-11。

图 1-11 建成后的武汉晴川大桥（汉江三桥）（盛叶提供）

7. 武汉长丰大桥（汉江五桥）

武汉长丰大桥（汉江五桥）主桥是一座带两半拱的中承式刚架系杆拱（飞鸟式），主孔净跨

240m,矢跨比为 1/5。边跨净半跨跨径 55m,为实心钢筋混凝土结构。主跨拱肋轴线为悬链线,拱轴系数 $m=1.5$,预拱度在拱顶处取值为 $\triangle f=0.4$m,预拱后的拱轴线仍为悬链式,其拱轴系数 $m=1.4$。拱肋采用钢管混凝土桁式断面,拱肋全高 4.5m,上下弦杆各为两根 ϕ1 000×14mm 的 16Mn 钢管,上、下弦杆两根并列钢管间用 12mm 厚 16Mn 缀板连接;腹杆为 ϕ500×10mm 的 16Mn 空钢管。在上下弦杆钢管内及钢管缀板间泵送灌注 C50 混凝土,腹杆为空钢管。两条拱肋间设七道 K 形空间格构横撑以保证主拱肋的横向稳定。该桥采用缆索吊装方法施工(见图 1-12),于 2001 年建成,大桥建成后的照片见图 1-13。

图 1-12 湖北武汉江五桥主拱缆索吊装施工现场(王劼耘提供)

图 1-13 建成后的湖北武汉汉江五桥(王劼耘提供)

8. 江西吉安白鹭大桥

江西吉安白鹭大桥位于江西省吉安市城区内,为五跨飞鸟式钢管混凝土拱桥,主桥跨径组合为 36m+138m+188m+138m+36m,采用平行拱肋[11]。中跨矢跨比为 0.3,拱轴线为拱轴系数为 1.3 的悬链线;次边跨矢跨比为 0.22,悬链线拱轴系数为 1.5;边跨矢跨比为 0.11。

拱肋截面采用三肢式,高 3.5m,上钢管采用直径 ϕ1 000mm,壁厚 16mm 的钢管;下钢管采用直径 ϕ750mm,壁厚 12mm 的钢管,钢材型号为 Q345c,内填 C50 混凝土。行车道宽 20m,桥面总宽 28m。总体布置图见图 1-14。该桥采用缆索吊装方法施工,见图 1-15。大桥于 2005 年建成,见图 1-16。

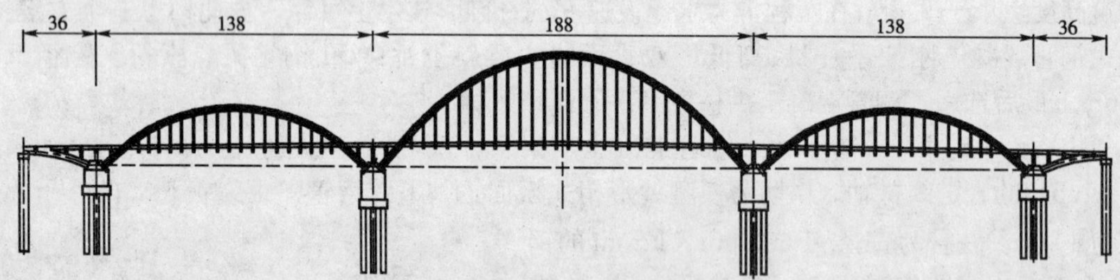

图 1-14 江西吉安白鹭大桥总体布置图(单位:m)

图 1-15 江西吉安白鹭大桥施工照片(白玉川提供)

图 1-16 建成后江西吉安白鹭大桥(白玉川提供)

9. 江西南昌生米大桥

图 1-17 建成后的江西南昌生米大桥[12]

江西南昌生米大桥为四跨飞鸟式钢管混凝土拱桥，主桥跨径组合为 75m＋2×228m＋75m，采用平行拱肋，桥面总宽为 35m。图 1-17 为其建成后的照片。

飞鸟式是我国钢管混凝土拱桥中较常见的一种桥型，跨径也较大。一般为三孔，中孔为中承式钢管混凝土拱，边拱为钢筋混凝土半拱。有时也采用五孔，如前述的江西吉安白鹭大桥，中间三孔为中承式钢管混凝土拱。采用四跨的飞鸟式拱则较为少见。

10. 湖南湘潭莲湘大桥(湘潭四桥)

湖南湘潭莲湘大桥(湘潭四桥)是湖南省湘潭市二环线上的一座特大桥，设计荷载为城—A级。桥面布置按双向四车道，结构计算按双向六车道考虑，人群荷载集度 4.0kN/m^2，并考虑满布人群荷载。桥面全宽 27.0m，由 2m 人行道＋3m 非机动车道＋0.25m 活动栏杆＋16.5m 中央混合车道＋0.25m 活动杆栏＋3m 非机动车道＋2m 人行道组成[13]。

该桥主桥为 120m＋400m＋120m 钢管混凝土斜拉飞燕式拱桥。边跨与主跨跨度比为0.3。结构是以拱结构受力为主，辅以斜拉索受力的组合结构体系。边跨拱脚、主跨拱脚、索塔均固结于拱座；边跨主梁与边墩之间设置纵向活动盆式橡胶支座；三角形区域主梁和索塔间设置纵向活动盆式橡胶支座和横向限位支座；三角形区域主梁与主拱交会处设置纵向活动盆式橡胶支座支承于主拱拱肋横梁上；主跨范围内的桥道系由桥面板、钢纵横梁组成纵横梁悬吊系统，跨中桥面板的两端用四棱锥面减震回复球形钢支座支承于三角区主梁端部牛腿上。

主拱为中承式双肋无铰平行拱，拱轴线为高次抛物线。拱肋采用 6 管桁架截面。弦管钢管直径为 ϕ850mm，壁厚有三种(28mm、24mm 和 22mm)，从拱脚到拱顶从厚到薄，管内均灌注 C50 无收缩混凝土(其中下弦杆拱顶段为空钢管截面)。拱肋高度由拱脚的中心桁高 5.0m沿纵向水平直线变化至拱顶中心桁高 9.0m，外形呈月牙形。两主拱肋之间设置了 1 道米字形横撑和 8 道 K 字形横撑和 2 道肋间横梁一字形横撑。每个边拱设置 2 道 K 形钢管桁架横撑。

边拱拱肋为上承式，双肋横向内倾，计算跨度为 62m，西岸矢高为 18.036m，东岸矢高为 19.644m，拱轴线采用 1.45 次抛物线。每肋由高 4.0m、宽 5.0m 的 C50 钢筋混凝土箱形截面组成，箱梁顶底板厚 0.6m，腹板厚 0.5m。边拱拱脚处截面中心距为 34m，在边拱拱肋与边跨主梁结合处，拱肋中心距离为 22.3m。

主跨桥道系采用悬吊体系。桥面结构由钢横梁、钢纵梁、桥面板组成。边主梁采用箱形截面，两边主梁之间由桥面板和横梁连接。

主桥吊杆采用横向双吊杆体系，主桥共设 39 对吊杆，吊点中心距为 8.0m。单根吊杆采用 109 丝 ϕ7mm 镀锌平行钢丝索，两端采用 PES7-109 冷铸墩头锚。主桥设 16 根 49 束 ϕ^j15.7mm 钢绞线系杆，每侧 8 根，锚固于边主梁端横梁处。

桥塔塔身包括混凝土上塔柱、中塔柱和预应力混凝土下塔柱。斜拉索采用 ϕ^j15.7mm 镀锌涂油外包 PE 钢绞线，HDPE 外套。斜拉索的布置采用空间扇形布置，每塔 10 对斜拉索。斜拉索在塔上的基本索距为 2m，在主梁上的索距为 10m。在主拱锚固的 8 对索，采用双索布置，在主跨拱上锚固的水平距离为8.0m。根据受力需要,分别选用了15、31、43束$\phi^{j}15.7$mm钢绞线斜拉索。该桥施工步骤是先施工斜拉索塔架和边拱,在塔架顶上接临时索塔架设缆索吊机,吊装主拱钢管拱肋见图1-18。然后,安装桥道系和张拉系杆大桥建成后的照片见图1-19。

图1-18 湖南莲湘大桥施工照片(齐云惠提供)

图1-19 建成后的湖南莲湘大桥

11. 日本新西海大桥(西海二桥)

近几年,国外修建的钢管混凝土拱桥有:法国跨径56m的Antrenas桥,跨越Escudo河主跨跨径126.4m的上承式钢管混凝土拱桥,捷克跨径为60.75m跨越Brno-Vienna高速公路的地方道路桥梁,美国跨径74m的New Damen Avenue(新达门大街)桥,日本主孔跨径240m的长崎西海二桥[14],还有越南三座跨径990m的南西贡大道芹玉桥、大翁桥和森举桥(我国设计与施工)等[15]。但总的来说,钢管混凝土拱桥在国外的应用极少,因而钢管混凝土拱桥是极具中国特色的桥型。

2005年建成的长崎新西海桥是日本首座钢管混凝土拱桥,主孔跨径240m,中承式,桥宽20.2m。桥梁总体布置图见图1-20。该桥位于风景秀丽的西海公园内,与日本著名的钢拱桥西海大桥相邻,所以设计时考虑采用钢管混凝土拱桥的结构形式。该桥有两根主拱肋,每根拱肋由三根钢管混凝土弦杆组成三角形断面(上面两根管,下面一根管),钢管的外径为812.8mm,壁厚是变化的。桥道系由纵横向钢梁与混凝土桥面板组成。施工采用缆索吊装施工。该桥所处的高速公路没有人行道,但该桥为了便于公园内两岸游人的交通在行车桥面下悬挂了宽3m、长293.225m的人行道。成桥后的照片见图1-21。

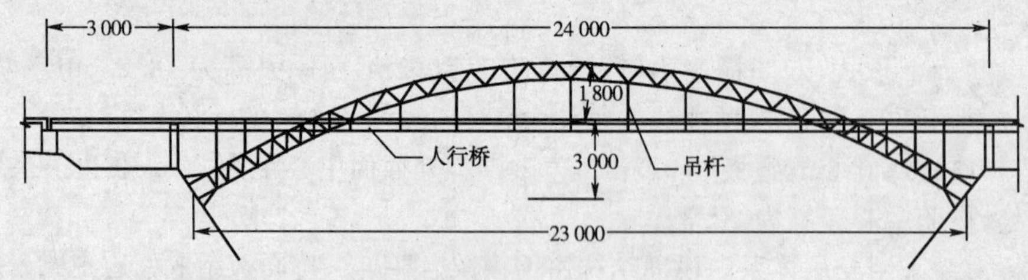

图1-20 日本长崎新西海桥总体布置图(单位:cm)

12. 安徽太平湖大桥

目前我国在建的跨径较大的钢管混凝土拱桥有安徽太平湖大桥、湖北支井河大桥等。

安徽太平湖大桥已基本完工。它位于黄山区太平湖柳家梁峡谷风景区,是铜陵至汤口高速公路中一座重要桥梁。设计荷载为公路Ⅰ级。大桥布置为4×20m(小箱梁)+352m(钢管混凝土拱)+3×20m(小箱梁),全长504m,宽30.8m。主桥为净跨径336m的钢管混凝土中承式提篮拱。拱轴为悬链线,拱轴系数m为1.55,矢跨比为1/4.94。两拱肋内倾10°00′28.73″,形成提篮拱。拱肋变高度，拱脚高 11.28m，拱顶高 7.28m，等宽 3.0m。拱肋弦管钢管从拱顶截面的 1 280mm×20mm 分段过渡到拱脚段的 1 280mm×24mm，内灌 C50 微膨胀混凝土。两肋间共设 12 道横撑。全桥共设 35 对吊杆，吊杆间距 8.0m，双吊杆型。桥面横梁为工字型钢，梁高 1.75～1.97m。钢梁间设四道钢纵梁，桥面纵梁为 C40 混凝土 Π 型板，高 45cm，顶板厚 15cm。施工采用缆索吊装、斜拉悬臂拼装。基本完工后的照片见图 1-22[16]。

图 1-21 建成后的日本长崎新西海桥（吴庆雄提供）

图 1-22 安徽太平湖大桥

13. 在建的湖北支井河特大桥

在建的湖北支井河特大桥主跨为上承式 430m 钢管混凝土拱桥；引桥为 1 孔 36m 和 2 孔 27.3m 预应力混凝土简支箱梁桥；全桥采用多层扩大基础；引桥墩为箱型薄壁空心墩和矩形变坡实体墩两种，墩高 24～83m 不等，主桥拱上立柱为 1 400mm×1 000mm 的空钢箱混凝土组成的格构体系，高度 2～74m；主桥桥道系采用 21～21.4m 预应力混凝土箱梁，先简支后连续；桥面铺装为 9cm 沥青混凝土和 8cm 防水混凝土。全桥在两边墩和两桥台共设四道伸缩缝。大桥主拱圈计算跨径 430m，计算矢高 78.18m，矢跨比 1/5.5。为节省材料，充分利用混凝土的抗压特性，主拱圈断面设计时采用钢管混凝土与钢管组成的桁架式断面，断面高度从拱顶 6.5m 变化到拱脚 13m。拱肋宽度为 4m，钢管外径 1 200mm，最大管壁厚度 35mm，钢管内填充 C50 高强微膨胀混凝土，全桥总体布置如图 1-23，拱圈横断面见图 1-24。

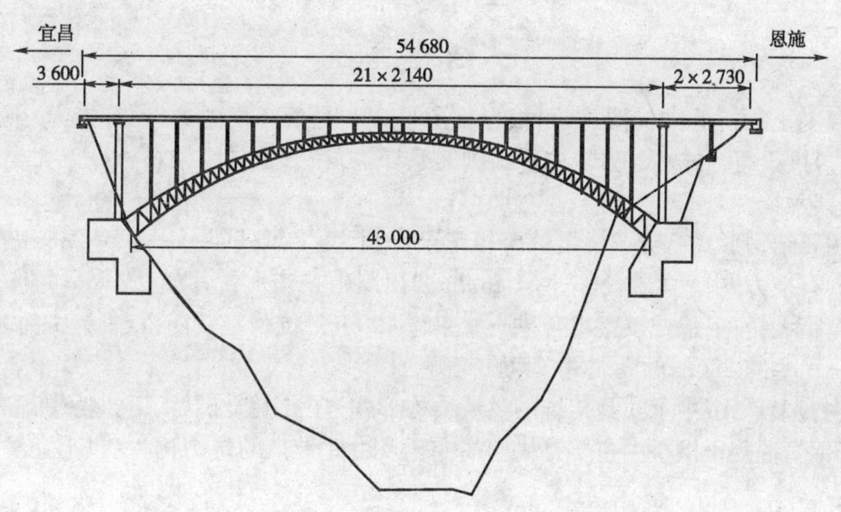

图 1-23 湖北支井河大桥总体布置图（单位：cm）（李毅谦提供）

14.设计中的铁路朔准线黄河特大桥和绍兴袍江工业区曹娥江大桥

此外,近期我国还有一些大跨度的钢管混凝土拱桥正在设计之中。由铁道第三勘察设计院集团有限公司设计的铁路朔准线黄河特大桥拟采用主跨达 380m 的上承式钢管混凝土提篮拱,它的修建将是我国继水柏铁路北盘江大桥(见本书第二章介绍)之后的又一座大跨度钢管混凝土铁路桥。由杭州市城建设计研究院有限公司设计的绍兴袍江工业区曹娥江大桥是一座五跨中承式刚架系杆拱(飞鸟式),跨径布置为 40m+3×185m+40m。中间三跨为中承式钢管混凝土拱,两边跨为上承式钢筋混凝土半拱,其效果图见图 1-25。

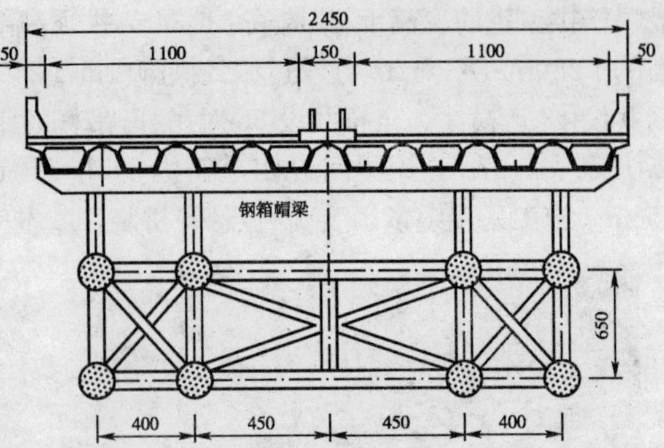

图 1-24 湖北支井河大桥拱圈横断面图(单位:cm)(李毅谦提供)

图 1-25 浙江绍兴曹娥江大桥效果图(赵林强提供)

第二节 结构与构造存在的主要问题与技术进步

一、结 构 体 系

钢管混凝土拱桥的结构形式,可根据支承形式和是否有推力分为(有推力)上承式、中承式、(下承式)拱梁组合式、飞鸟式(中承式刚架系杆拱)和下承式刚架系杆拱五大类,再加上一类“其他”,共六类。

五种主要结构形式已建成桥梁的跨径纪录分别为:上承式拱——主跨 288m 的重庆奉节梅溪河桥;(有推力)中承式拱——主跨 460m 四川巫山长江大桥;飞鸟式——主跨 368m 的湖南益阳茅草街大桥;下承式拱梁组合拱——主跨 190m 的杭州钱江四桥(复兴大桥);下承式刚架系杆拱——主跨 280m 的湖北武汉汉江三桥。

(有推力)上承式、中承式是传统的拱桥结构形式,在混凝土拱桥、钢拱桥中都有大量的修建,应用于钢管混凝土拱桥中主要是拱肋的变化及由此带来的传力构件(拱上立柱和吊杆)的轻型化。

(下承式)拱梁组合桥也是传统的拱桥结构形式,在国外的钢拱桥中应用最多,其桥道系一般也为钢结构。我国的钢管混凝土(下承式)拱梁组合桥,桥道系多为预应力混凝土结构,施工时无论是先梁后拱还是先拱后梁都有一定的难度。

刚架系杆拱桥是钢管混凝土拱桥中新出现的拱式桥型，拱肋与下部结构刚结，利用高强拉索的预张拉力来抵抗拱结构恒载的水平推力。这种桥型施工时可以像有推力拱一样采用无支架施工，其施工难度要小于与前述的拱梁组合桥。从结构受力来说，这种结构与前述拱梁组合桥中采用抗拉刚度较大的系梁来抵抗拱的水平推力有很大的不同，它是以主动的拉力施加给拱(对拱而言是压力)而不是被动力，拉索的抗拉刚度很小，活载作用下按抗拉刚度分配所承担的推力的增量很有限。对于高强材料的拉索的安全，主要是防腐蚀锈断的安全问题特别突出。在后面的“吊杆与系杆”一小节中会有专门的讨论。

关于各类钢管混凝土拱桥桥型的应用情况、结构与构造、施工方法等，详见文献[2]、[17]～[20]的介绍。

还有一些归入“其他”类的结构型式，其中(简支)系索拱是应用稍多的结构，已建的有天津彩虹桥、辽宁丹东月亮岛大桥、福建厦门海仓霞飞桥等。它是一种介于下承式拱梁组合桥与刚架系杆拱之间的桥型。系索拱中拉索采用高强钢索，仅承受拉力，不受弯。由于拉索的强度高，抗拉刚度小，因此它是靠主动施加预拉力来平衡拱的水平推力，这样活载产生的水平推力主要由拱肋承担，并在两拱脚间产生较大的向外水平变形。这样伸缩缝的伸缩量除考虑温度变化外，还要考虑活载因素。伸缩量较大，而且在日常的活载变化中会发生变化，这是不合理的。在施工方面，架设拱肋时，由于拱与墩(台)之间有支座，不像刚架系杆拱那样是固结的，需要临时锚固，还要考虑临时拉杆平衡水平推力，所以施工难度很大。因此，这种桥型的应用应十分慎重。

在其他类的结构形式中，还有一种钢管混凝土桁式组合拱，它是从过去的预应力桁式组合拱发展过来的，所不同的是拱肋用钢管混凝土代替混凝土，拉杆用斜杆采用柔性拉索(钢绞线、钢丝束或粗钢筋)代替预应力拉杆[21]。它的应用数量不多，修建的时间也不长，其效果还有待观察，不宜过早推广。要注意的关键问题是拉杆和锚固点的耐久性。

除此之外，还有斜拉与钢管混凝土拱的组合[13]、连续刚构与钢管混凝土拱的组合[22]等，总的来说其结构过于复杂，组合的必要性有时显得勉强，还值得商榷。

二、拱　肋

在拱肋方面，常用的有单管、哑铃形和多管桁式。

在单管中，可采用圆端形、矩形，它主要用于小跨径或人行桥中。单圆管加工简单，抗扭性能好，抗轴向力性能由于紧箍力作用显示出优越性，但抗弯效率低，主要用于跨径不大(80m以下)的城市桥梁和人行桥中，管壁较厚，截面含钢率较高，一般达8%。从截面受力特性来看，以单圆管最好，因为圆管在压力作用下钢管对混凝土的紧箍作用最强，加工也最简单。圆端形常用于无风撑拱中，以加大拱肋的横向刚度。集束形拱肋受力不合理，近年已极少应用。

哑铃形拱肋的应用范围从几十米跨径到160m，以100m附近为多。传统的哑铃形截面中，两根钢管竖向排列，通过两块钢板将上下钢管焊在一起连成整体，钢管内和腹腔内均充填有混凝土。哑铃形截面的腹板与圆管相接的交角较小，而且上下两管弯曲成型后，腹板的焊接有较大的残余应力，所以加工较为困难，质量不易得到保证。灌注腹腔内的混凝土时，腹板受混凝土压力的作用容易外鼓，严重时在钢管与腹板连接处的焊缝会被拉裂而引发爆管事故。笔者提出了一种腹腔内不灌注混凝土的哑铃形截面形式，两块腹板之间在一定间距用H型钢加劲，以方便施工，避免爆管事故发生。

桁式拱肋，以全桁为好，横哑铃形受力不尽合理，加工也困难，用钢量大，同样也存在爆管的问题。在管数方面，宜用四管，慎用两管、三管与六管。

在拱肋的材料选择上，大部分钢管混凝土拱桥采用 Q235 钢配 C30 或 C40 级混凝土；Q345 钢配 C40、C50。采用强度很高的钢管和强度很高的混凝土，一般来说是不必要和不合理的。

研究表明，钢管混凝土受压时当压力超过一定值之后，由于管内混凝土的横向膨胀率超过钢管的横向膨用率，所以钢管对混凝土具有紧箍作用，从而提高管内混凝土的强度、塑性和延性等性能，反过来管内混凝土对钢管壁又具有约束其向内变形的作用以提高其局部屈曲稳定性。然而，大量的钢管混凝土拱桥的应用实践表明，由于管内混凝土收缩和温度变化等因素，钢管混凝土拱肋中钢管与混凝土之间常常出现脱黏的现象，在拱顶上缘尤其明显。这一现象备受关注，也是一直困扰桥梁工程师的一个问题。为此，人们进行了许多努力，如使用膨胀混凝土等。然而，大部分膨胀剂产生的膨胀是在混凝土凝固之前，无法抵消混凝土固结后的收缩。因此，膨胀剂使用的效果并不理想。目前的做法只能是在后期检查中，若发现脱黏量较小时用环氧树脂压注，若脱黏量较大时用水泥浆压注。

对于钢管混凝土桁拱，如果能在节点处设置内栓钉，以保证节点处弦杆管内混凝土与钢管的联结则其他截面处的脱黏影响对结构受力的影响将很小，同时内栓钉将使腹杆与弦杆之间的传力从钢管传至管内混凝土，有助于提高桁肋的整体受力行为。实际上，日本的新西海桥就采用了内栓钉的构造。我们近期进行的试验研究表明，内栓钉还能提高节点的极限承载力[23]。关于内栓钉的构造还有待进一步的深入。文献[24]进行的脱黏对钢管混凝土桁拱受力性能的影响研究表明，钢管与混凝土之间的脱黏将使拱肋的钢管内力增大，结构刚度降低，面内极限承载力下降。研究同时表明，在有限点设置内法兰构造使得脱黏之后钢管混凝土桁拱的受力性能与黏结良好时比较接近。可以推断，钢管混凝土桁拱在节点处设置内栓钉后，即使其他截面脱黏其受力性能与无内栓钉但黏结良好的桁拱受力相近。

一般情况下拱肋较长，需分段制作与安装，因此就需要安装节点(接头)。安装节点应能有效地传递设计弯矩和轴力，且方便施工、保证安装精度。拱肋安装节点按位置可分为一般节点和拱顶合拢段节点。工厂中加工的钢管拱肋的对接，均直接采用与母材等强度的焊缝连接。作为施工节段间的连接，在我国基本上也采用焊缝连接，所以钢管混凝土拱桥中钢管拱肋在我国为全焊结构。日本的新西海桥的工地连接采用了高强螺栓连接，因而是栓焊结构。

钢管拱肋的接头早期较多地采用外包钢板形式。它在接头处设企口，并用角钢进行加强，以防止钢管拱肋失圆，采用这种做法混凝土泵送通畅，但外表不美观，而且传力不直接、高空焊接质量难以保证，近年已较少采用。

近年来拱肋间的接头多采用内法兰形式。它是在管内焊接肋板和法兰盘，法兰盘间用高强螺栓等强度连接，相邻拱肋节段靠搭接套管的焊缝联在一起，见图 1-26。法兰盘应为带孔板，其构造尺寸所占据的管内空间一般不得超过管内面积的 1/3，以保证管内有足够空隙，改善混凝土灌注条件。必要时，还应通过泵压试验，调整混凝土配合比，达到混凝土泵送通畅并使管内混凝土密实的目的。施工时先连接已安装和待安装拱肋节头的法兰，然后焊接搭接套管，搭接套管由与主管等直径和厚度的两半圆或三片圆弧钢板组成。由于在两拱肋接头处预先焊有很薄的衬板，所以搭接套管与主管之间的焊接为衬垫焊，比之前述的外包钢板接头质量更有保证。

除了以上外包钢板形式和内法兰形式外，日本新西海桥的弦管接头采用了高强螺栓现场栓接的形式，图 1-27 给出了其弦管现场栓接的构造。

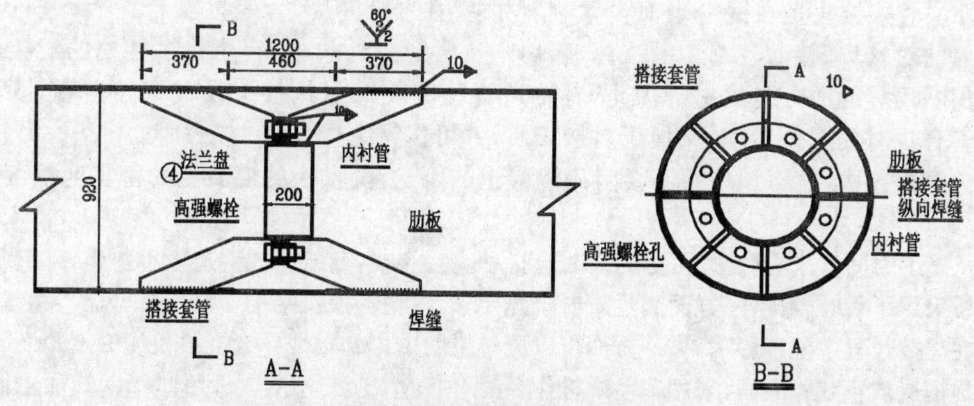

图 1-26　单圆管或桁式拱肋弦杆内法兰形式(单位:mm)

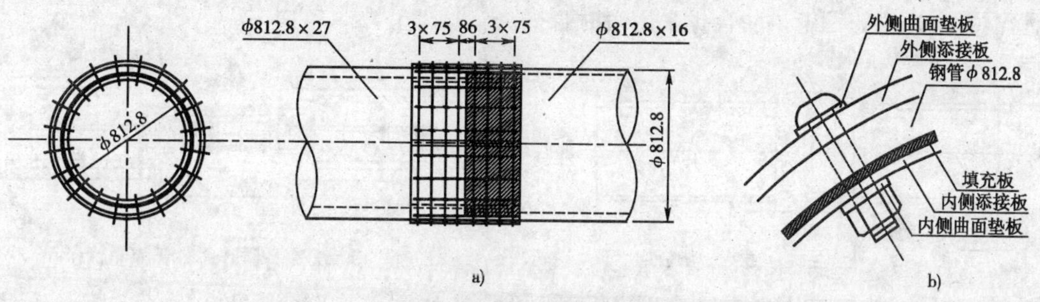

图 1-27　日本新西海桥弦管现场栓接构造(单位:mm)
a)构造示意图;b)栓接详细构造

钢管混凝土拱肋宜在空管阶段完成合拢,为便于拱肋合拢,宜单独设置合拢段。分段吊装的拱段接头处应设置临时定位构件,既要使拱肋能连为一体,又要便于调节接点高程。拱肋合拢过程中,为方便拱段准确对位,必要时,可在前段拱肋钢管端部设置导向管,其作用是为保证钢管合拢时的对位精度,但如果伸出过长,在最后一段合拢时,受到轴线长度和预留拱度的限制,钢管套入比较困难,因此导向管伸出长度不宜大于 50mm。

合拢接头按构造分为内置式和外法兰式两种。内置式接头设置了钢楔(图 1-28),钢楔的作用有两个:一是调整拱顶合拢间隔,以消除拱肋因制作等原因造成的接段长度误差。二是起到调整拱轴线形的作用,若拱肋为桁式的,还可通过千斤顶对组合钢楔施力来调整拱肋上下弦管内力。

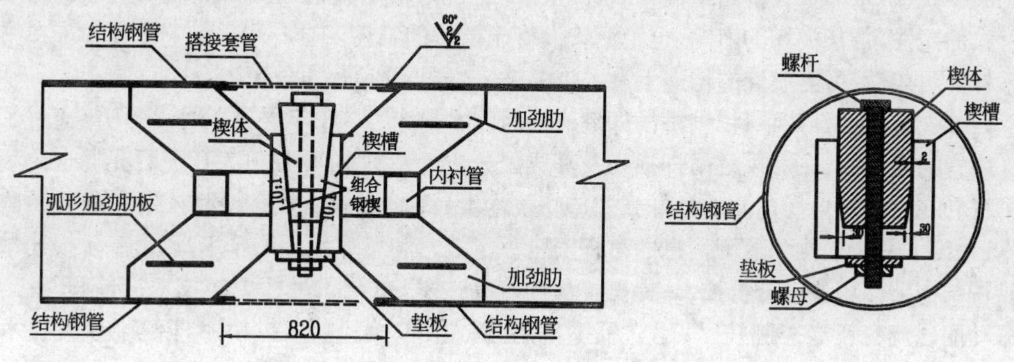

图 1-28　内置式合龙接头构造图(单位:mm)

外法兰式接头是在钢管表面设置临时拼接用的栓接法兰，等拱身合拢后，进行节段拼接缝的对接焊，接着逐个切割法兰，随切割及时封焊外包板，直至将拼接处的对接焊缝全部用贴角焊缝的外包板封焊为止，其构造可见图 1-29。该接头设置了导向管，既可保证钢管合拢时的对位精度，又便于对接安装，并可作为主管接缝对接焊时的衬垫。另外，相对于内置式接头而言，该接头不会阻碍混凝土的泵送，其接头处混凝土的密实度也可得到保证。

从施工时间性来看，合拢可分为瞬时合拢和直接合拢，其接头的构造也不一样。广州丫髻沙大桥采用了瞬时合拢，一方面满足瞬时合拢要求，尽快形成拱结构，减少施工风险，并减小合拢段在焊接过程中温度影响，另一方面可以调整拱肋内力和轴线。合拢段长度为 1 000mm，瞬时合拢构造放至弦管之间，采用花兰螺栓作瞬时合拢措施，螺杆及螺母用厚壁钢管加工而成，钢管上车细牙 T 形螺纹，便于手工操作，其详细构造图见图 1-30。近几年越来越多的大跨度钢管混凝土拱桥的钢管拱肋合拢采用瞬时合拢。

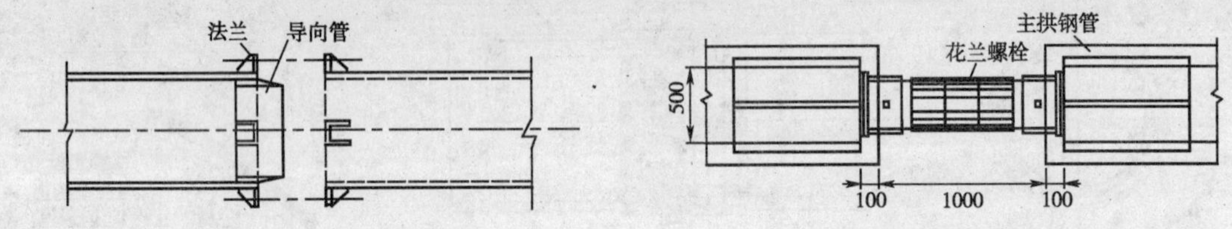

图 1-29 外法兰式合拢接头构造图

图 1-30 丫髻沙大桥瞬时合拢构造(单位:mm)

东莞水道桥采用的是直接合拢，即在合拢段安装之前，现场测量合拢的实际长度，按量得尺寸将多余的预留段长度切去，吊装合拢后，接头处插入滑动内导管，然后在管外接头处焊上法兰，焊接成拱后，焰切法兰，包焊瓦片，并补焊缺漏管板件。其节点(接头)构造见图 1-31。

在公路桥中，钢管混凝土桁式拱肋的腹杆一般也采用钢管，与主弦管相贯焊接。个别桥梁在设计时会在相贯接头处焊接三角形加劲钢板，这是不合理的。疲劳试验表明，具有三角形加劲钢板的相贯结点的疲劳寿命要低于无加劲钢板的相贯结点[25]。

三、吊杆与系杆

钢管混凝土拱桥在使用过程中，出现了一些质量问题。比较突出的主要是索构件的安全性与耐久性问题，如吊杆与系杆的腐蚀锈断。重庆宜宾小南门桥(中承式钢筋混凝土拱)的吊杆拉断事故、广东佛陈大桥的系杆锈断、武汉汉江三桥(晴川大桥)的系杆破断等事故，都产生了巨大的损失，带来极坏的影响，也给钢管混凝土拱桥的结构安全与耐久敲响了警钟。在吊杆与系杆的耐久性、可更换性的构造上有了许多改进，详见文献[2]的介绍。

西部交通建设科技项目“拱桥吊杆健康诊断技术研究”2003 年立项开展，2007 年通过了验收。取得的成果有：在对拱桥吊杆损伤及其成因分析的基础上，研制开发出光纤光栅自监测智能吊杆和在役吊杆损伤监测的光纤光栅传感技术、吊杆损伤的声发射检测技术和磁通量监测技术；提出了基于检测和监测信息的吊杆安全评定技术和可靠性预测技术，以及基于损伤吊杆的拱桥结构整体可靠度分析技术；提出了吊杆修复技术，总结了吊杆更换技术；研制开发出吊杆振动的磁流变智能控制技术；建立了拱桥病害数据库；编制了《拱桥吊杆健康诊断技术指南》。然而，这项技术的检测费用较高，目前还较难大面积推广应用，如何降低成本是该项技术今后努力的方向。

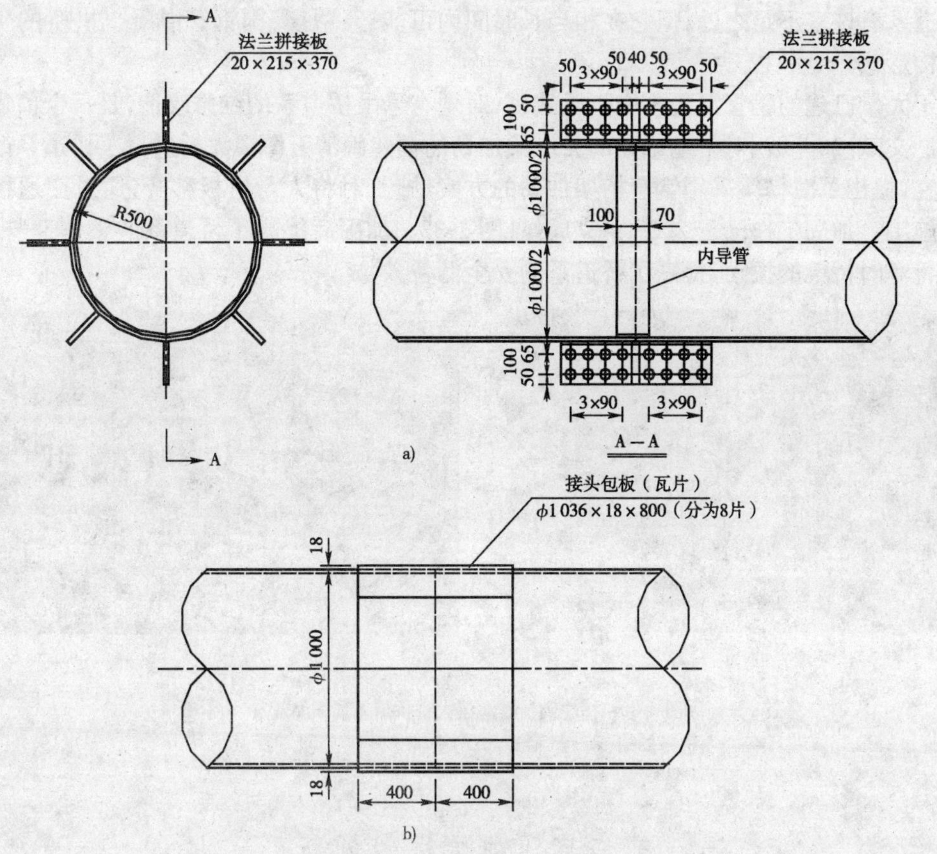

图 1-31　东莞水道桥无瞬时合拢构造(单位:mm)

a)临时安装构造;b)焊接后的构造示意

四、桥　道　系

出于经济方面的考虑,我国钢管混凝土拱桥的桥道系基本采用混凝土结构,很少采用钢－混凝土组合结构。对于中下承式拱桥,早期修建的悬吊部分以横梁为主的桥道系,横梁之间缺乏纵梁联系,整体性较差,在车辆作用下的变形和振动较大;另外它的抗风险能力也极差,一旦吊杆断裂,桥道系极容易落入河中,造成严重的事故。由于认识到这个问题,近几年修建的桥,大多在横梁之间加纵梁相连。对于钢筋混凝土或预应力混凝土横梁,纵梁如何架设,构造上如何处理,如何施工,需要技术创新。对于采用钢－混凝土组合横梁的桥梁,如丫髻沙大桥,常用小型钢纵梁在横梁底部将横梁联结起来,既作为钢横梁的检查车轨道,又作为加强桥道系整体性的一个构造措施。在设计时,钢纵梁考虑的是检查车的受力,而没有考虑到钢纵梁参与桥道系整体结构的受力。目前个别桥梁经过数年的运营,已出现钢纵梁与钢横梁连接处的开裂等病害,应此起注意。

在桥道系中,如果采用以纵梁为主的结构,则将能从根本上改变目前这种以横梁为主桥道系的许多弊端。国外的钢拱桥桥道系大部分采用纵梁为主的结构,其横向联结除了采用桥道横梁与小纵梁外,还加有斜撑,十分重视桥道系的整体性与整体刚度。不过,以纵梁为主的桥面结构主要适应于窄桥,对于宽桥来说显得不经济,而我国的公路或市政桥梁一般来说桥面均较宽。同时，当桥面结构为混凝土结构时，其纵横梁之间的联结较难处理。所以尽管以横梁为主的桥道系有许多不足之处，但它在相当长时间内可能还将是我国钢管混凝土拱桥的主要桥道系结构形式。

对于大量已建的钢管混凝土中下承式拱，对现有悬吊桥道系的维修改造，是一个值得研究的课题。文献[26][27]对早期修建的无纵梁加劲的福建闽清石潭溪大桥进行了桥道系改造的方案研究，提出了对横梁采用钢管桁架加劲的方案，施工时将人行道板移开，通过交通控制进行加固施工。加固工作已于2007年完成，见图1-32。加固后提高了桥道系的整体性与刚度，降低了行车时桥梁的振动，提高了桥道系的安全储备。

a)

b)

图1-32　福建闽清石潭溪大桥桥道系加固照片

a)局部；b)全桥

第三节　施工技术创新

钢管混凝土拱桥施工时，首先架设空钢管拱，然后灌注管内混凝土形成钢管混凝土拱，再施工桥道系等。较之于混凝土拱桥和钢拱桥(考虑到成桥受力其用钢量要大于钢管混凝土拱桥中的空钢管拱肋)，钢管拱自重轻、刚度大，在施工方面具有很强的优势。这也是钢管混凝土拱桥在我国得到大量应用和其跨径能不断增大的一个重要因素。

钢管拱的架设方法很多。最常用的架设方法是斜拉悬臂法和转体施工法。对于跨径较小的拱支桥和拱梁组合桥，也有采用支架或少支架施工的。当然，根据不同的结构特点和施工条件，钢管混凝土拱桥施工还有一些其他方法，如悬臂桁架法、缆索吊挂法等。文献[3]将钢管混凝土拱桥的施工方法分为斜拉悬臂、转体、支架和其他四大类。调查分析表明，钢管混凝土拱桥中最常用的架设方法是斜拉悬臂法，其次是转体法和支架法。

斜拉悬臂法在施工时多采用缆索吊装系统，因此工程界也常将其称为缆索吊装法，实际上斜拉悬臂法描述的是拱肋在施工过程中的受力结构与成拱方法，缆索吊装描述的是吊装采用的手段。斜拉悬臂施工法中，千斤顶斜拉扣挂技术对传统钢丝绳斜拉的替代，使传统的缆索吊装得到了很大的改进，使得这一方法成为钢管混凝土拱桥施工的最主要方法，预计仍将是今后钢管混凝土拱桥拱肋架设的主要方法。

文献[3]从已知施工方法的103座桥梁的统计分析结果表明，采用斜拉悬臂法的有69座，占了67%。跨径在300m以上的8座钢管混凝土拱桥中，除丫髻沙大桥采用转体施工法外，其余7座均采用缆索吊装法。在本书介绍的10座桥例中，有6座桥例采用了斜拉悬臂法施工。

其中，重庆巫峡长江大桥主跨达 460m，是跨径最大的钢管混凝土拱桥，在其施工中根据索跨大、起吊重量重（索跨 576m，设计吊重 128t）的特点，为减小吊点（吊具）的配重，避免被动式承索器易发生钢丝绳扭铰的情况，开发应用了主动式承索器（主动式承索器获得国家专利，专利号：ZL03234487.2）。此外，还开发出“可调索低应力夹片锚固系统”，获国家专利（专利号：ZL03234873.8）[28][29]。除常用的双塔三跨缆索吊机外，当江面较宽、桥梁较长时，还常采用三塔四跨缆索吊机进行多跨钢管混凝土拱桥的吊装，如《钢管混凝土拱桥实例集（一）》中介绍的重庆合川嘉陵江大桥和本书介绍的杭州钱江四桥（索跨组合为 250m＋692.25m＋650.75m＋250m）[30]。

以往对于提篮拱，有时考虑到单肋吊装具有内倾分力而双肋吊装受吊重控制分段太多，会倾向于采用其他施工方法，如本书中的连徐路京杭运河大桥拱肋安装就从原设计的斜拉悬臂施工改为竖向转体施工。然而，近几年的施工中开发出了此类桥梁单吊单扣的技术，前述的安徽太平湖大桥（图 1-22）采用的就是斜拉悬臂缆索吊装法施工[16]。

拱桥中的转体施工法，尤其是水平转体施工法，是一种极具中国特色的施工方法，在许多特定条件下能取得很好的效果，这种施工方法在峡谷地区、桥下通航（行）要求较高等情况下用得较多。但转体施工方法要有合适的地形条件和结构条件，普及程度也不如斜拉悬臂法广，所以在钢管混凝土拱桥施工中，转体施工法的应用也比斜拉悬臂少。本桥例集中有两座桥例采用的是转体施工法，第二章介绍的水柏铁路北盘江大桥采用的是水平转体法，第四章介绍的连徐路京杭运河大桥采用的竖转法。还有采用水平与竖向组合转体施工的，最著名的当数广州丫髻沙大桥，水平转体重量达 13 600t，详见文献[1]和[31]。

支架法主要用于小跨径的桥梁和拱梁组合桥。本桥例集中有两座采用了少支架法施工，一座是福建福鼎山前大桥，主跨仅 80m，且拱肋为单圆管，分三段吊装，只在很浅的河中架起两个钢支架就可满足施工要求。另一座郑州黄河公路二桥是拱梁组合桥，采用少支架先架设预应力混凝土箱梁系杆，然后架设横梁形成桥道系框架，再在上面安装钢管拱肋。

第四节　理论研究主要成果

一、规程与专著

钢管混凝土应用于拱桥之中，较之混凝土拱强度大、较之钢拱刚度好，在施工方面优于其他拱桥，因此是合理的。钢管混凝土拱桥在我国的应用发展很快，而理论研究相对滞后，迄今还未有专门的设计与施工规范。

除众多实桥为保证顺利建成所进行的研究、省级和其他各级各类的研究课题外，2000 年以来国家自然科学基金资助了《钢管混凝土拱桥抗震理论研究》、《大跨度钢管混凝土拱桥施工过程变形及应力模拟》、《核心混凝土收缩、徐变对钢管混凝土拱桥静力性能影响研究》等项目。西部交通科技项目 2003 年为此专门安排了“钢管混凝土拱桥设计、施工、养护关键技术研究”等课题。然而，钢管混凝土拱桥的研究，目前还主要是基础性的带有补课性质的工作，在这种情况下，虽然这种桥型仍具有相当的应用前景，但在实际应用中仍应不断地完善设计理论，加强施工质量控制和使用阶段的管理与养护。

在标准方面，《公路桥涵施工技术规范 JTJ-41-2000》[32]增加了钢管混凝土拱桥的内容；《公路工程质量检验评定标准 JTJ-071-97》[33]也对原标准 071-94 中有关钢管混凝土拱桥的内容进行了修订。为配合其应用，刘吉士、阎洪河、李文琪等编写了《公路桥涵施工技术规范实施手册》[34]。此外，由重庆交通科研院主编的交通部规范《钢管混凝土拱桥设计规范》、《钢管混凝土拱桥施工技术规范》于2004形成了报批稿。交通西部课题于2007年结题，将形成有关钢管混凝土拱桥设计、施工和养护的指南。

我国钢管混凝土拱桥的有关应用与研究成果，除了有大量的论文在专业刊物和学术会议上发表外，在一些论著中得到了反映。王国鼎、钟圣斌主编的《桥梁计算示例集——拱桥》[35]第二版中新增了钢管混凝土拱桥设计计算实例。《公路施工手册——桥涵(第二版)》[36]中也增加了钢管混凝土拱桥的施工内容。王庭英、金展志的《钢管混凝土桥梁钢(管)结构制造与安装》[37]对钢管混凝土拱桥中的钢管制造与安装进行了详细的介绍。吴清明的《复合钢管混凝土桥梁研究与实践》[38]主要介绍了钢管混凝土强度计算方法和复合钢管混凝土结构的工程应用实践与设想。陈宝春主编、郑皆连主审的《钢管混凝土拱桥实例集(一)》[1]则选取了10座实桥，对其设计施工和科研进行了详细的介绍。这10座桥例分别是：

(1)四川旺苍东河大桥：我国第一座钢管混凝土拱桥，1990年建成，采用了下承式刚架系杆拱结构、拱肋采用了哑铃形截面。

(2)浙江新安江望江大桥：我国较早建成的三跨有推力的中承式钢管混凝土拱桥，主跨120m，1994年建成，拱肋采用了简易的竖向转体施工方法。

(3)湖北三峡黄柏河大桥和下牢溪大桥：1996年建成，主跨160m，为当时跨径最大的上承式钢管混凝土拱，作为三峡工程对外专用道路上的桥梁，其活载等级很高，拱肋采用了以千斤顶为动力、当时转体重量最大的水平转体法施工。

(4)福建闽清石潭溪大桥：早期全桁式钢管混凝土中承式拱，主跨136m，1997年建成，对施工过程中单肋吊装单肋合拢方案、混凝土灌注顺序、温度等进行了研究。

(5)天津彩虹桥：主桥为三跨164.7m＋168m＋164.7m简支下承式系杆钢管混凝土拱桥，1998年建成，是拱肋采用哑铃形截面中跨径最大的一座。施工采用少支架安装，开展了大管径远距离泵送混凝土施工、钢管涂装体系、低松弛钢绞线系杆拉索、重型C80级铁钢石特种混凝土开发应用等研究工作。

(6)深圳彩虹(北站)大桥：主跨150m，2000年建成，是当时跨径较大的下承式钢管混凝土刚架系杆拱，桥道系采用了预应力钢一混凝土组合结构。

(7)广州丫髻沙大桥：主桥为76m＋360m＋76m三跨连续中承式钢管混凝土刚架系杆拱桥，跨径居当时同类型桥梁之最，施工采用竖向转体与水平转体相结合的方法，转体重量也是国内之最，2000年建成。该桥在2003年入选全国土木工程学会评选的全国最佳的10座桥梁之一。

(8)广西三岸邕江大桥：为主跨270m的(有推力)中承式钢管混凝土拱，1998年建成，在当时同类桥梁中跨径最大，施工采用斜拉悬臂缆索吊装施工。

(9)重庆奉节梅溪河大桥：主跨为288m的上承式钢管混凝土拱，在当时同类桥梁中跨径最大，2001年建成。

(10)重庆合川嘉陵江大桥：主桥为58m＋130m＋200m＋130m＋58m(有推力)的中承式钢管混凝土拱，钢管拱肋采用斜拉悬臂施工，缆索吊机为三跨构造，2002年通车。

此外，一些钢管混凝土拱桥设计施工和科研的总结，也形成了书，如广东深圳北站大桥、海南海口大桥、江苏徐州京杭运河桥等[39][40][41]。

1999年笔者编著出版了《钢管混凝土拱桥设计与施工》[42]一书，力图全面地反映当时钢管混凝土拱桥应用与研究的成果。从2003年开始了该书的再版工作，已于2007年1月出版了第二版。第二版在第一版的基础上做了大量的修改补充，从原来的八章增加到十二章，内容的更新达80%以上，并将书名改为《钢管混凝土拱桥》[2]。该书主要介绍了钢管混凝土拱桥应用的理论与技术基础，结构体系、构造与设计计算，施工技术，基于全寿命理念的建设与管理养护，钢管混凝土拱桥的设计计算理论的研究成果。

此外，以钢管混凝土拱桥为主要研究对象，对钢管混凝土某些专题研究也取得了可喜的成果。如王元丰编著的《钢管混凝土徐变》[43]一书介绍了对管内混凝土的徐变性能的系列研究成果。胡曙光、丁庆军所编著的《钢管混凝土》[44]一书介绍了管内混凝土的材性方面的研究与工程应用研究成果。

我国仍处于大规模的基础设施建设时期，钢管混凝土拱桥的应用有着广阔的前景，加之已建成的桥梁，对其开展更为深入系统的研究是非常必要的。相信通过广大桥梁工作者的努力，我国钢管混凝土拱桥的设计、施工、使用管理与养护技术会取得更大的进步。

二、设计计算方法讨论

由于钢管混凝土拱肋由钢管和管内混凝土组成，目前工程界存在着两种设计计算方法。一种是从架设钢管拱肋开始，采用应力叠加法分别计算钢管和管内混凝土的应力，分别对钢管和混凝土的应力采用容许应力法进行验算。另一种方法，则是在施工阶段进行应力验算，而对成桥后的受力视钢管混凝土为整体采用内力叠加法计算内力，然后进行整体和局部构件的承载力验算。

按共同受力计算，对钢管混凝土轴压短柱，是混凝土容许应力控制设计。在实际工程中，考虑施工初应力和徐变后，往往是钢管的容许应力控制设计。这两种情况，钢管混凝土构件的承载力要小于钢+混凝土的承载力，也就是说连钢筋混凝土的作用也达不到，更不用说组合作用。这显然是不合理的。

对钢管混凝土柱的初应力问题研究表明，初应力会使构件弹塑性阶段刚度降低，使强化阶段的起始点推迟出现，对于短柱构件的强度影响极小，从工程应用角度可以忽略，但对弹性极限荷载影响很大，容许应力法显然不合理。对于长柱，初应力对刚度的影响会使其稳定极限承载力下降，最大下降幅度会超过10%。但初应力的存在不会改变构件的破坏形态[46][51]。

钢管混凝土拱桥的初应力度与其跨径有很大的关系，文献[52]选择了单圆管、哑铃形和桁式断面的拱桥共四座，对其初应力度进行分析。结果表明，初应力度一般大于10%而小于50%。研究表明，初应力对单圆管和哑铃形肋拱的受力性能影响与对长柱的影响相似，它会影响拱的稳定极限承载力，但不会改变破坏的形态。对于初应力要限制其满足施工阶段钢管结构的安全要求，在计算其稳定极限承载力时考虑初应力的折减系数，而不必因初应力的存在而采用容许应力法进行验算[53]。当然，文献[53]研究的只是单圆管拱和哑铃形拱，对于桁拱的影响还有待今后的开展。

根据已有的研究结果，作者建议钢管混凝土拱桥对施工过程的验算，在管内混凝土形成强度以前应以钢结构进行验算，可遵循现行的公路桥规中对钢桥的规定，按采用容许应力法验算；钢管混凝土拱肋形成后的施工过程和成桥，均应以钢管混凝土结构按采用极限状态法进行验算，考虑初应力与徐变等因素的影响，而不应按应力叠加计算应力、按容许应力法进行强度验算。

三、计算理论研究进展

对钢管混凝土面内极限承载力，国内外已进行了十余个单圆拱的试验[54-59]。在此基础上，我们提出了考虑钢管混凝土拱材料非线性和几何非线性性能的有限元计算方法，编制了相应的程序，进行了参数分析，提出了计算钢管混凝土单圆管拱极限承载力的等效梁柱法[60-62]。

对于哑铃形拱，我们开展了轴压短柱、偏压短柱、梁、轴压长柱、偏压长柱和拱的系列试验研究，建立了有限元计算方法，在大量参数分析的基础上，提出了哑铃形构件、拱的极限承载力计算方法[63-68]。

对于桁式拱，同样从基础构件着手，我们开展了钢管混凝土格构柱轴压柱、偏压柱、桁梁的系列试验研究，建立了有限元计算方法，在大量参数分析的基础上，指出现有规程存在的问题，提出了格构柱的极限承载力计算方法[69-72]。对于钢管混凝土桁梁的试验研究表明，其破坏同空管结构一样仍然由节点承载力控制，但管内填充混凝土会显著提高节点的极限承载力[73]。钢管混凝土桁拱的极限承载力研究还在开展之中。

对钢管混凝土拱的横向(空间)稳定，西南交大与福州大学已进行了单圆管组拼平行拱、提篮拱和单肋拱空间受力试验与双重非线性有限元分析[74-76]，但试验模型数量有限，有限元与试验结果的吻合还不够好，关键是扭转刚度的计算精度问题；哑铃形拱和桁拱的试验还在进行中。

对使用极限状态中的变形限制问题，文献[77]选取的三个桥例分析表明，挠度值并不能有效地反映桥梁结构在活载作用下的实际振动和振感。新颁布的公路桥梁规范(JTG D62—2004)已取消了拱桥挠度的限值。所以，钢管混凝土拱桥设计计算时可不考虑挠度限值的验算。而以振动速度和振动加速度等动力参数可以较好地反映汽车荷载通过时的振动情况与振感。因此，建议在设计计算和规范制订中，可将其引入。

对钢管混凝土拱桥的徐变问题已开展了大量的研究，除文献[43]较集中反映的理论研究外，西部交通科技项目两个课题组都结合实桥开展了试验研究[9][78]。但对于管内混凝土徐变目前还没有一个普遍认可的计算模式，在对徐变影响的分析方面，主要集中在钢管与混凝土应力变化方面，对刚度、变形与稳定等方面的影响研究还不够深入。

温度变化对钢管混凝土拱桥受力性能的影响，也已进行了一些研究，主要是对拱肋温度场的研究。在过去无日照温度场试验研究基础上[79],[80]，近期开展了有日照作用的温度场试验研究[81-83]。最近我们还通过小型的气象站和实桥的监控项目，对两座钢管混凝土拱桥进行了现场大气温度与管内混凝土温度场的实测，实测结果正在整理之中。钢管混凝土拱肋温度场受地域和桥位的影响很大，今后这方面的研究工作量还很大。此外，温度是不是引起钢管与混凝土之间脱黏、脱黏以后拱肋的温度场分布与无脱黏构件有什么不同等等问题，都有待今后的深入研究。

文献[84—87]对钢管混凝土拱肋的刚度计算取值展开了研究。结果表明，单圆管与哑铃形拱肋均属于实体截面，计算刚度对结构计算结果影响的规律是相同的，其中抗压刚度的变化影响很小，可以忽略不计；截面抗弯刚度影响较大。随着抗弯刚度取值增大，拱肋截面内力和应力计算结果也随之增大，弹性一类稳定系数增大，挠度值减小。而对于桁式截面，由于其截面刚度的组成中不仅包含单根弦管的贡献，同时也包含面积惯矩的贡献，因此，弦管截面抗压刚度取值对弦管轴力的计算结果影响较小；而对弦管弯矩、截面应力、拱肋变形、弹性一类稳定系数的影响较大。此外，拱肋刚度计算取值对结构动力计算影响较小。根据上述分析结果，提出了根据拱肋不同截面(分实体和桁式)、不同计算内容(内力计算和与刚度有关的挠度、稳定计算)的刚度计算公式。

对钢管混凝土桁式拱肋相贯结点的疲劳性能,结合一些实桥,也开展了试验研究与理论分析。结果表明,与空钢管相比,弦管内填充混凝土不会改变节点的疲劳破坏模式,但会较大地提高节点的疲劳寿命[25][78]。

在动力研究方面,文献[88]通过对钢管混凝土拱桥面内一阶频率(反对称)的调查与分析,提出了近似计算公式 $f=133/L$(f 为面内一阶频率,单位为 Hz;L 为钢管混凝土拱桥跨径,单位为 m)。对八座钢管混凝土拱桥进行了路面平整度测试和车振动力测试,讨论了钢管混凝土拱肋和悬吊式桥道系的振动特性,提出了路面状况与使用年数的关系式,可简便地进行钢管混凝土拱悬吊式桥面状况的预估;提出了不同路面状态下预估中、下承式钢管混凝土拱桥车振动力响应的近似公式。

在抗震性能研究方面,前期的设计计算、模型试验和理论分析表明,钢管混凝土拱肋具有较好的弹塑性与延性、自重较小,抗震性能较强,通常不控制设计。对于拱桥整体在地震作用下的反应,可能是拱上立柱等其他构件的破坏和桥道系的落梁等问题。关于钢管混凝土拱桥的抗震性能方面的研究,近期的研究较少,文献[89－95]列出了 2000 年以来一些主要的研究文献。

钢管混凝土拱桥的设计计算理论目前已取得了可喜的成果,初具体系,但距形成成熟的计算理论还有相当的距离,还有许多工作要做。

参考文献

[1] 陈宝春. 钢管混凝土拱桥实例集(一). 北京:人民交通出版社,2002

[2] 陈宝春. 钢管混凝土拱桥(第二版). 北京:人民交通出版社,2007

[3] 陈宝春,杨亚林. 钢管混凝土拱桥调查与分析. 世界桥梁,2006 年第 2 期,2006 年 6 月:73-77

[4] 陈宝春. 钢管混凝土拱桥应用与研究最新进展. 第 16 届全国结构工程学术会议论文集(第Ⅱ册),工程力学杂志社,2007 年 8 月:395-398

[5] 翁辉,王炎,郝超. 浙江杭新景高速公路千岛湖 1 号桥设计. 中国公路学会桥梁和结构工程学会 2006 年全国桥梁学术会议论文集,北京:人民交通出版社,2005:171-176

[6] http://www.hzjtj.gov.cn/document.asp? docID＝11268

[7] 徐建富,李健,陈宝春,朱玉龙. 浙江淳安南浦大桥设计与施工. 公路交通科技(应用技术版),21(6),2004 年 6 月:71-74

[8] 应国刚,卜铭,蒋冬雷. 钢管混凝土提篮拱桥斜拉扣挂施工控制关键技术. 中外公路,2006 年,26 卷 6 期:105-107

[9] 湖南省交通规划勘察设计院、福州大学、长沙理工大学、交通部公路科学研究院等. 钢管混凝土拱桥设计、施工与养护关键技术研究报告. 2007

[10] 梅家仁,吴劲兵,李莉,等. 280m 下承式钢管混凝土系杆拱桥设计与施工. 中国公路学会桥梁和结构工程学会 2001 年桥梁学术研讨会论文集,北京:人民交通出版社,2001

[11] 孙晓红. 钢管混凝土拱桥施工监控与拱肋吊装计算. 福州大学硕士学位论文,2005 年1 月

[12] http://jiangxi.jxnews.com.cn/system/2006/12/05/002387084.shtml

[13] 罗世东，王新国，王庭正，等.大跨径斜拉拱桥创新技术构思与研究.桥梁建设，2005(6)
[14] 刘玉擎.日本新西海钢管混凝土拱桥的设计概况.世界桥梁，2006 年 02 期
[15] 余索.越南南西贡大道钢管混凝土拱桥水平系杆张拉技术的研究及应用.世界桥梁，2005(2):1-3
[16] 广西壮族自治区公路桥梁工程总公司.提篮式钢管混凝土拱桥上部结构施工关键技术研究总报告.2007
[17] 陈宝春，杨亚林.钢管混凝土上承式拱桥桥型分析.公路，2006 年第 2 期，1-4
[18] 彭桂瀚，杨亚林，陈宝春.钢管混凝土下承式刚架系杆拱桥型分析.公路，2006 年第 4 期
[19] 陈宝春，郑怀颖.钢管混凝土飞鸟式拱桥桥型分析.中外公路，2006(6)(总第 168 期)，2006 年 12 月:43-51
[20] 陈昀明，杨亚林，陈宝春.钢管混凝土拱梁组合桥桥型分析.公路，2006 年第 12 期，2006 年 12 月:38-41
[21] 贺杰军，陈湘林.天子山钢管混凝土桁式组合拱桥的设计与施工.中外公路，2004(12)
[22] Hai-qing LIU, Yun-ming CHEN, Bao-chun CHEN, Design of Wanbian Bridge in Fuzhou, China, Proceedings of the Fifth International Conference on Arch Bridge, 12-14, Sept. 2007, Madeira, Portugal: 469-474
[23] 福州大学桥梁与隧道工程研究所.钢管混凝土节点极限承载力试验研究报告.2007
[24] 涂光亚，颜东煌，邵旭东.脱黏对桁架式钢管混凝土拱桥受力性能的影响.中国公路学报，2007,20(6):61-66
[25] 范文理，艾智能.钢管混凝土拱桥管节点疲劳验算的修正系数法.西南交通大学学报，2006.3
[26] 袁保星.钢管混凝土拱桥悬吊桥道系维修改造技术研究.福州:福州大学硕士学位论文，2007
[27] 福州大学土木工程学院.福州闽清石潭溪大桥加固技术研究.2007
[28] 张佐安.特大跨度缆索吊装系统主动式承索器的设计与应用.中国公路学会桥梁和结构工程学会 2003 年桥梁学术讨论会论文集，北京:人民交通出版社，2003:282-290
[29] 王铭琪，张佐安，汪平云.特大跨径钢管混凝土拱桥钢管拱肋的吊装施工.公路，2003 年 11 月:7-11
[30] W. Jieyun, Key construction technology of Hangzhou Qiantang River 4th Bridge Project of China, Proceedings of the Fifth International Conference on Arch Bridge, 12-14, Sept. 2007, Madeira, Portugal: 875-882
[31] 张联燕.谭邦明，等.桥梁转体施工.北京:人民交通出版社，2002
[32] 交通部标准.公路桥涵施工技术规范 JTJ 041—2000.北京:人民交通出版社，2000
[33] 交通部标准.公路工程质量检验评定标准 JTJ 071—97.北京:人民交通出版社，1997
[34] 刘吉士，阎洪河，李文琪.公路桥涵施工技术规范实施手册.北京:人民交通出版社，2002
[35] 王国鼎，钟圣斌.桥梁计算示例集—拱桥(第二版).北京:人民交通出版社，2000
[36] 交通部第一公路工程总公司.公路施工手册--桥涵.北京:人民交通出版社，2000
[37] 王庭英，金志展.钢管混凝土桥梁钢(管)结构制造与安装.北京:人民交通出版社，2003
[38] 吴清明.复合钢管混凝土桥梁研究与实践.北京:人民交通出版社，2007
[39] 李勇，陈宜言，聂建国，陈宝春.钢—混凝土组合桥梁设计与应用.北京:科学出版社，2002 年

[40] 周明.琼州大桥论文集.北京:人民交通出版社,2003

[41] 倪顺龙,郭光松.中承式钢管混凝土系杆拱桥——京杭运河特大桥设计与施工.人民交通出版社,2006

[42] 陈宝春.钢管混凝土拱桥设计与施工.北京:人民交通出版社,1999.

[43] 王元丰.钢管混凝土徐变.北京:科学出版社,2006.

[44] 胡曙光,丁庆军,钢管混凝土.北京:人民交通出版社,2007.

[45] 袁保星.钢管混凝土拱桥悬吊桥道系维修改造技术研究.福州:福州大学硕士学位论文,2007

[46] 钟善桐.钢管混凝土结构(第三版).北京:清华大学出版社,1994.

[47] 蔡绍怀.现代钢管混凝土结构,北京:人民交通出版社,2003

[48] 韩林海.钢管混凝土结构-理论与实践.北京:科学出版社,2004.

[49] 陈宝春,黄福云.有初应力的钢管混凝土轴压柱设计计算方法研究.福州大学学报(自然科学版)(清样已校)

[50] 黄福云,陈宝春.初应力对钢管混凝土哑铃形轴压短柱受力性能影响的试验研究.福州大学学报(自然科学版),2006,34(2):240-244

[51] 陈宝春,黄福云.加载方式对钢管混凝土轴压长柱和中长柱受力性能影响的试验研究.铁道学报,2007,29(6):74-79

[52] 黄福云,陈宝春.钢管混凝土拱桥初应力问题.公路交通科技,2006 年 11 期,68-72

[53] 黄福云.初应力对钢管混凝土实肋拱面内受力性能影响研究.福州:福州大学博士学位论文,2008

[54] 陈宝春,陈友杰.钢管混凝土肋拱面内受力全过程试验研究.工程力学,2000,17(2):44-50

[55] 陈宝春,韦建刚,林英.管拱面内两点非对称加载试验研究.土木工程学报,2006,39(1):43-49

[56] 陈宝春,韦建刚.管拱面内五点对称加载试验研究.工程力学,2007,24(6):73-78

[57] 日野伸一、刘玉擎、山口浩平等.コソクリート充填鋼管アーチリブの耐荷特性および弹塑性擧動に関する研究,第 5 回複合構造の活用に関するシソポジゥム講演論文集,2003 年 11 月:125-130

[58] 曾国锋.钢管混凝土系杆拱桥极限承载力研究.上海:同济大学博士论文,2003 年 9 月

[59] 陈宝春,秦泽豹,彦坂熙,陈友杰.钢管混凝土拱(单圆管)面内受力双重非线性有限元分析.铁道学报,2003,25(4):80-84

[60] 陈宝春,秦泽豹.钢管混凝土(单圆管)肋拱面内受力性能分析.铁道学报,2004,26(4):87-92

[61] 陈宝春,秦泽豹.钢管混凝土(单圆管)肋拱面内极限承载力计算的等效梁柱法.铁道学报,2006,28(6):99-104

[62] 韦建刚.管拱面内非线性失稳临界荷载研究—从有限元程序、判断准则到等效梁柱法.福州:福州大学博士学位论文,2007

[63] 陈宝春,黄福云,盛叶.钢管混凝土哑铃形轴压短柱试验研究.工程力学,22(1),2005 年 2 月,187-194

[64] 陈宝春,肖泽荣,韦建刚.钢管混凝土哑铃形偏压构件试验研究.工程力学,22(2),2005

年 4 月,89-95

[65] 陈宝春,盛叶,韦建刚.钢管混凝土哑铃形梁受弯试验研究.工程力学,22(4),2005 年 8 月,119-125

[66] 陈宝春,盛叶.钢管混凝土哑铃形轴压长柱的试验研究.工程力学(清样已校)

[67] 陈宝春,盛叶.钢管混凝土哑铃形偏压柱试验研究.工程力学(已投稿)

[68] 盛叶.钢管混凝土哑铃形拱极限承载力研究.福州:福州大学博士学位论文,2007

[69] 陈宝春,欧智菁.钢管混凝土格构柱长细比影响试验研究.建筑结构学报,2006,27(4):73-79

[70] 欧智菁,陈宝春.钢管混凝土格构柱偏心受压面内极限承载力分析.建筑结构学报,2006,27(4):80-83(102)

[71] 陈宝春,欧智菁.钢管混凝土格构柱试验研究.土木工程学报,2007,40(6):32-41

[72] 陈宝春,欧智菁.钢管混凝土格构柱极限承载力计算方法研究.土木工程学报,2008,41(1):55-63

[73] 陈宝春,黄文金.圆管截面桁梁极限承载力试验研究.建筑结构学报,2007,28(3):31-36

[74] 杨永清.钢管混凝土拱桥横向稳定性分析.博士学位论文,四川成都:西南交通大学,1998

[75] 陈宝春,韦建刚,林嘉阳.钢管混凝土(单圆管)单肋拱空间受力试验研究.工程力学,23(5),2006 年 5 月,99-106

[76] 陈宝春,林嘉阳.钢管混凝土单圆管拱空间受力双重非线性有限元分析.铁道学报,2005,27(6):77-84

[77] 陈宝春,韦建刚,王加迫.钢管混凝土拱桥挠度限值研究.中国公路学报,2007,20(6):56-60

[78] 四川省交通勘测设计研究院,重庆交通大学,等.巫山长江公路特大跨钢管混凝土拱桥设计施工技术研究.2005 年 10 月

[79] 陈宝春,徐爱民,孙潮.钢管混凝土拱桥温度内力计算时温差取值分析.中国公路学报.2000,13(2):52-56

[80] 王璐,向中富,杜秋.钢管混凝土构件温变试验分析.辽宁省交通高等专科学校学报,2005,7(4):9-11

[81] 范丙臣.中承式钢管混凝土拱桥的温度评价及试验研究.哈尔滨:哈尔滨工业大学,2001

[82] 刘振宇,陈宝春.钢管混凝土构件有日照作用的温度场试验研究.哈尔滨工业大学学报,第 39 卷(增刊 2),2007 年 8 月,502-505

[83] 刘振宇.钢管混凝土拱肋截面温度场研究.福州:福州大学硕士学位论文,2006

[84] 韦建刚,王加迫,陈宝春.钢管混凝土哑铃形拱肋设计刚度取值问题研究.福州大学学报(自然科学版),2007,35(4):582-587

[85] 陈宝春,韦建刚.钢管混凝土(单圆管)拱肋刚度对其动力特性的影响.地震工程与工程振动,2004,24(3):105-109

[86] 韦建刚,陈宝春,彭桂瀚.钢管混凝土(单圆管)刚度取值对静力计算的影响.公路交通科技,2004 年 11 期,2004 年 11 月,47-51

[87] 王加迫.钢管混凝土拱肋计算刚度取值研究.福州:福州大学硕士学位论文,2007

[88] 吴庆雄.考虑拉索非线性振动特性的三维有限元的开发与应用以及钢管混凝土拱桥车桥振动特性研究.福州大学博士后研究工作报告,2007

[89] 熊峰. 钢管混凝土拱桥振动台模型试验研究报告. 四川大学,2002 年
[90] 赵灿晖. 大跨度钢管混凝土拱桥的地震响应研究. 博士学位论文,成都:西南交通大学,2001
[91] 刘玉擎,陈宝春,彦阪熙. 架構式合成タイドアーチ橋の構造特性および耐震性能,構造工學論文集. Vol. 47A,2001. 3:1475-1484
[92] 胡世德,苏虹,王君杰. 钢管混凝土拱桥的三维弹塑性地震反应理论分析. 中国公路学报,2004,17(1):57-61
[93] 胡世德,王君杰,魏红一,等. 丫髻沙大桥主桥抗震性能研究. 铁道标准设计,2001(6):21-25
[94] 郑家树. 大跨度钢管混凝土拱桥非线性地震反应分析. 硕士学位论文,成都:西南交通大学,2000
[95] 徐艳. 钢管混凝土拱桥的动力稳定性能研究. 博士学位论文,上海:同济大学,2004

第二章　水柏铁路北盘江大桥

第一节　概　　况

一、自 然 条 件

水柏铁路(图 2-1)北盘江大桥位于贵州省六盘水市境内的崇山峻岭地区，为全线唯一控制线路走向的重点控制工程，大桥与北盘江约呈 80°交角。河谷深切呈“V”形，六盘水岸崖高 158m，呈直立状，崖底约有 3m 倒悬；柏果岸陡壁约 71°倾角，高约 177m，无倒悬。六盘水岸基岩零星出露，柏果岸顶桥址基岩裸露，两岸及谷底有零星块石，漂石。桥址远离公路，交通极为不便。

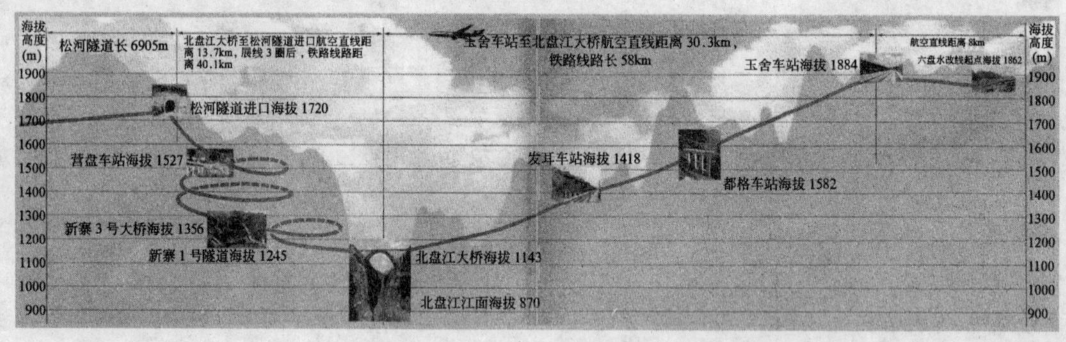

图 2-1　水柏铁路线路示意图

北盘江属珠江水系，在黔桂交界处与南盘江汇合注入红水河，属山区剧烈下切河流，纵坡陡，河水湍急，含砂量较大，河水常年浑浊，多含煤粒。桥位处最大流量 2 540m^3/s，最小流量 20.4m^3/s，大气降水沿坡面及溶蚀裂隙流向陡崖，汇入北盘江中。由于线路较高，桥梁工程不受水文影响。六盘水市冬春干燥寒冷，夏季潮湿，冬季多冷冻，年平均气温为 18.8℃，年平均降水量 1119.7 mm，盛行东南或东南季风。

二、主要技术标准

(1)铁路等级：I 级。

(2)桥上线路：单线、直线(引桥有弯道)、平坡。

(3)牵引类型：电力机车。

(4)设计活载：中—活载。

(5)重车方向：向六盘水。

(6)地震烈度：小于六度。

三、桥 型 方 案

北盘江大桥在线路高程 1 143.91m(全线最低点)横跨北盘江,从 1994 年全线可行性研究开始,先后进行了十多个桥型方案的比选。经过多次专家论证与审查,确定北盘江大桥主桥桥型为上承提篮式钢管混凝土拱。根据勘测资料,考虑两岸岩溶发育的分布、两岸基础埋深及岸坡稳定等因素,其桥跨布置为:3×24mPC 简支梁+ 236m 上承提篮式钢管混凝土拱+ 5×24mPC 简支梁,桥全长 468.20m。北盘江大桥全桥布置见图 2-2。

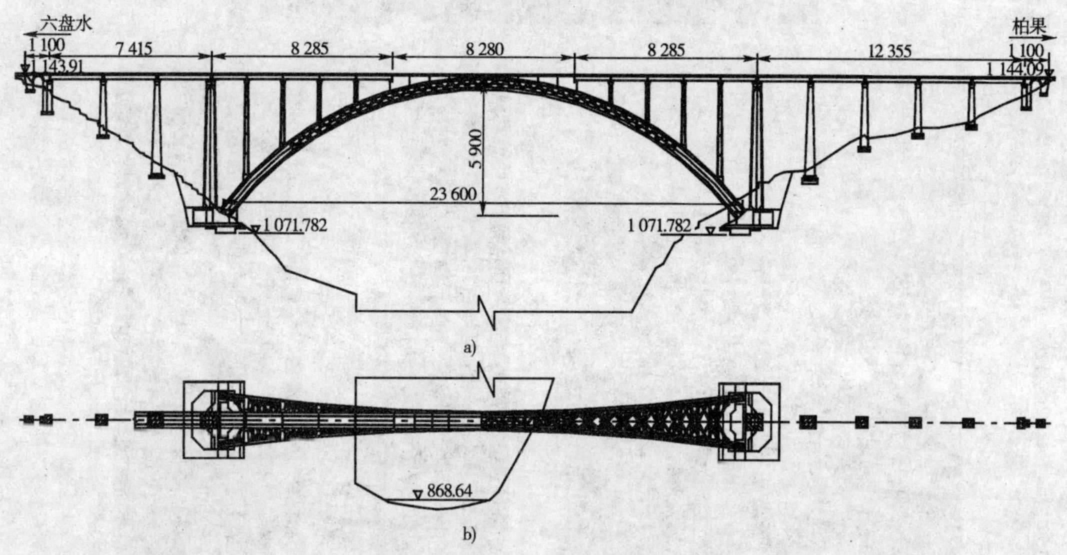

图 2-2　北盘江大桥总布置图(单位:cm)

a)立面图;b)平面图

四、大桥建设简介

北盘江大桥全桥混凝土用量:25 063m³,钢材用量:3 238t,造价:10 500 万元。

北盘江大桥建设单位为贵州省水柏铁路有限责任公司,设计单位为中铁二院工程集团有限责任公司(原铁道第二勘察设计院),施工单位为中铁大桥局有限责任公司,监理单位为中铁咨询有限责任公司(原铁道专业设计院)。大桥于 2001 年 11 月竣工。

大桥于 1998 年 6 月开工,2001 年 11 月架梁、铺轨后即投入使用,自 2002 年 8 月全线正式运营以来,列车运行平稳、舒适。经动静载试验证明,全桥使用性能良好,其巨大的经济效益和社会效益正随着开通运营逐渐显示出来。

以北盘江大桥为重点控制工程的水柏铁路的建成把贵昆铁路、内昆铁路和南昆铁路连接起来,为西部地区开辟了一条出海捷径,大大缩短了西部腹地与沿海城市的距离,对完善西南地区的铁路路网结构,加快沿线地区各民族脱贫致富步伐,开发贵州优质煤炭资源,都具有十分重要的战略意义,取得了显著的社会效益。

北盘江大桥的建成使铁路大跨度拱桥建桥技术跃上了一个新的台阶,对山区铁路选线有效地缩短展线长度提供了更加灵活的操作空间,对西南山区铁路建设乃至铁路建设事业的发展具有显著的经济效益和社会效益。建成后的大桥见图 2-3。

a)

b)

c)

图 2-3 北盘江大桥建成后照片

a)近景;b)远处遥望;c)谷底仰视

第二节 主桥结构与构造

一、拱轴系数

主桥结构为上承提篮式钢管混凝土拱,拱脚中心跨度 236m,其拱圈由两条拱肋与横向连接系构成,拱肋横向内倾 6.5°,拱脚处中心距 19.6m,拱顶拱肋中心距 6.156m,主拱立面投影拱轴线为悬链线,矢跨比 1/4。

拱轴系数优化采用试算法,对 $m=2.4$、$m=3.0$、$m=3.2$、$m=3.5$ 分别建立计算模型进行结构分析计算。计算结果表明:各种拱轴系数下,拱肋控制截面均出现拉应力。在 $m=3.2$ 时,拱脚及拱顶处拉、压应力的最值较小,最为理想,因而拱轴系数最终确定为 $m=3.2$。

二、拱肋

拱肋高 5.4m,宽 2.5m,每肋由 4 肢 ϕ1 000mm×16mm 钢管构成,其上下弦各由两肢钢管与其间的两块 12mm 厚钢板联结成哑铃形,在拱肋的全长上均为等截面;由于拱脚附近恒载负弯矩较大，而且在活载作用下正、负弯矩变化剧烈，连接上下弦的腹杆内力很大，因此设计从拱脚起两跨 16m 梁范围内钢管拱肋上下弦之间各由两块 12mm 厚钢板连接，构成实腹段，使拱肋断面呈箱形，实腹板的设计采取中间带套筒的拉杆将钢板拉住，灌注混凝土前将拉杆旋紧，以减小或抵消钢板的鼓胀变形。盖板、腹板钢板与混凝土之间的剪力钉采用 ϕ16mm×50mm 圆柱头焊钉，其布置如图 2-4。为防止施工阶段腹板钢板局部失稳，在两块钢板间设置了加劲钢板。为防止在灌注混凝土时钢板受侧向压力而涨鼓变形，在上下弦盖板及拱肋腹板的两块钢板间设一定数量的螺杆加强。拱肋上下弦及实腹段内均灌注 C50 微膨胀混凝土。拱肋上下哑铃、腹板、腹杆均采用 Q345d 钢材。拱肋的中部其上下弦之间通过 H 形杆件形成桁架式连接。节点板连接的 H 形腹杆构造见图 2-5。

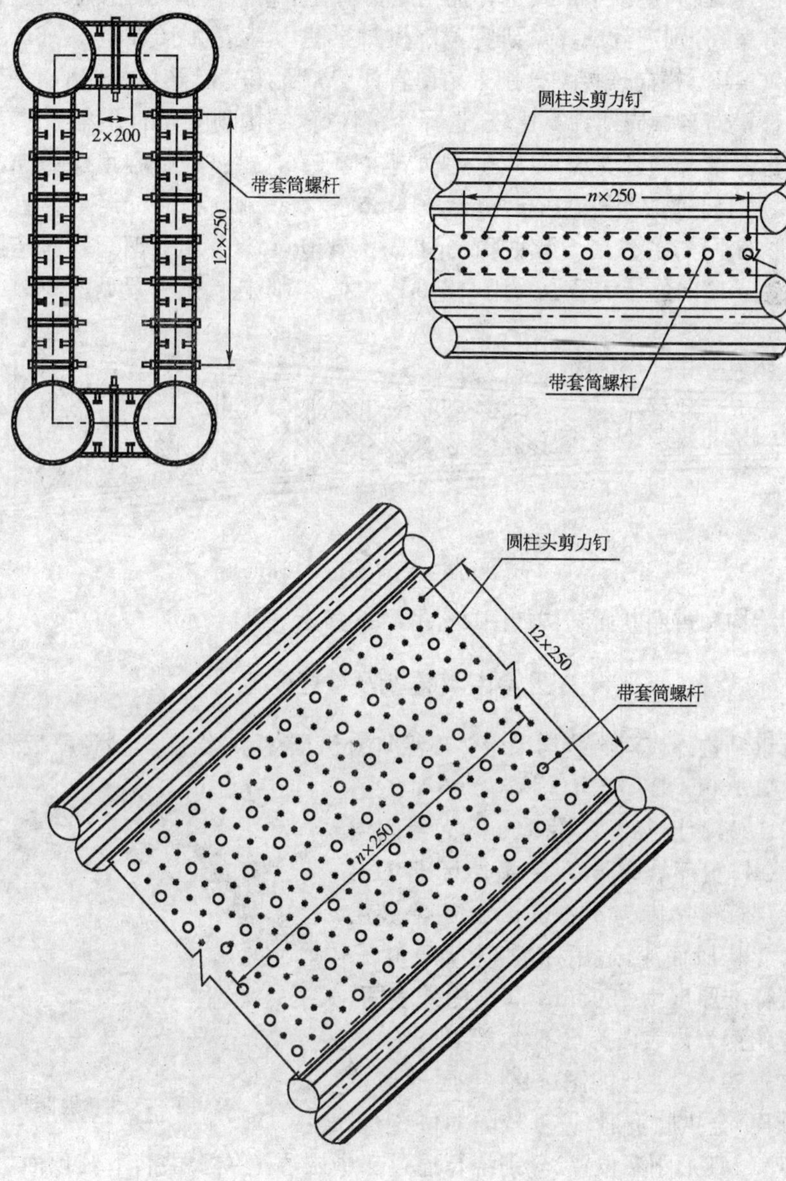

图 2-4　实腹段盖板、腹板剪力钉和拉杆布置图(单位:mm)

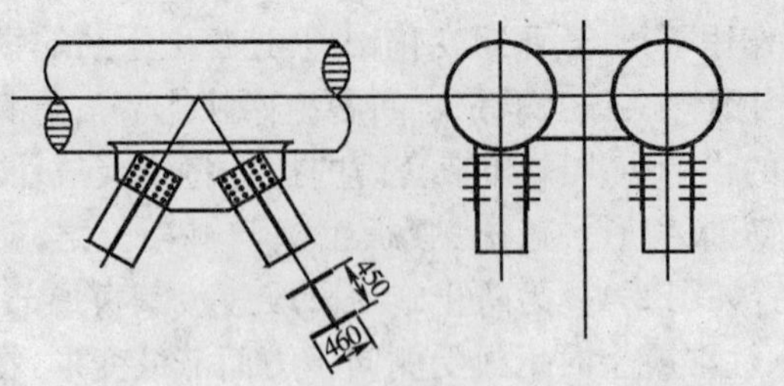

图 2-5　节点板连接的 H 形腹杆构造图(单位:mm)

三、横向连接系

拱圈横向倾角、横向连接系形式选择优化主要围绕主桥整体横向刚度强弱进行,一共研究了数十个拱圈方案,分别进行试算。研究范围拱脚拱肋中心距由 16m 至 19.6m,拱肋内倾角度范围由 5°至 7.448°,横向连接系分别采用单直杆、"K"形和"Ж"形以及它们的组合。通过对各结构方案整体横向自振周期计算比较,选择经济性好,结构刚度大的方案。

经计算筛选并结合构造要求,对应拱肋横向内倾 6.5°,拱脚处中心距 19.6m,横向连接系形式如下:两拱肋上下弦之间采用 ϕ600mm×14mm 和 ϕ800mm×14mm 钢管组成的多道"Ж"字形和"N"字形的平联连接;上下弦平联之间采用 ϕ450mm×14mm 钢管斜向连接,以此组成拱肋横向连接系。横向连接钢管也采用 Q345d 钢材。横向连接系布置见图 2-6。

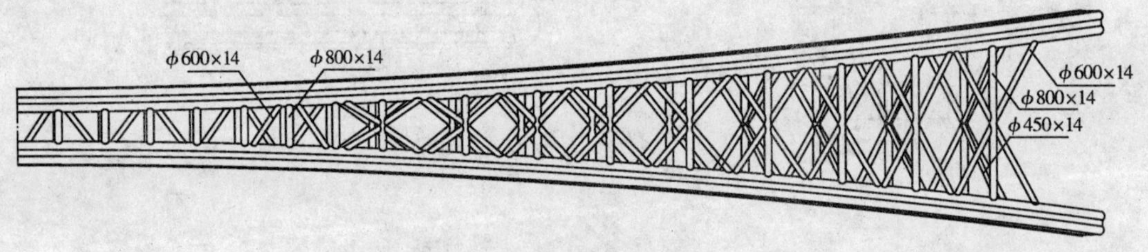

图 2-6　横向连接系布置图(单位:mm)

主桥拱肋结构和拱圈断面结构如图 2-7、图 2-8 所示。

四、钢结构涂装及检查设施

拱圈所有钢结构外表面涂装均采用热喷涂复合涂层体系,涂层类型为喷铝合金+封闭+涂装,标号为 AL160LQB。铝合金材料为 5A02,适用标准 GB/T3190,涂层标准厚度 160μm。封闭层材料为 H06—9 锌黄环氧树脂底漆,适用标准 ZBG 51095—81,涂层标准厚度为 40～50μm。外涂装层采用厚浆型氯化橡胶面漆,适用标准 QJ/DQ 02—264—89,涂层标准厚度为 150μm。非结构外表面,如灌注混凝土的钢管内表面等均不作涂装。

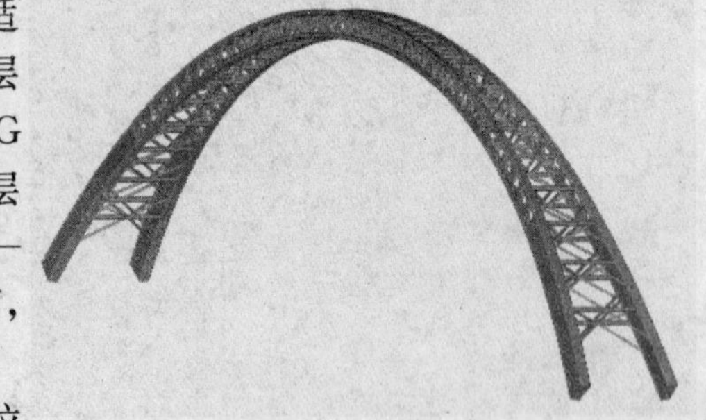

图 2-7　主桥拱肋结构

拱肋检查通道设三层,如图 2-9。上层通道位于拱肋上弦顶面,全拱肋贯通,坡度较陡的位置,设钢筋梯,在墩座和 Π 形刚架位置,分别绕行通过。中层通道位于拱肋下弦顶面,全拱肋贯通。下层通道悬挂于拱肋下弦底面,通道宽度 1.49m,净空 1.80m,全钢结构;行走道板为 6mm 厚的扩张金属网,横梁槽钢设在金属网之上,兼作踏步梯。

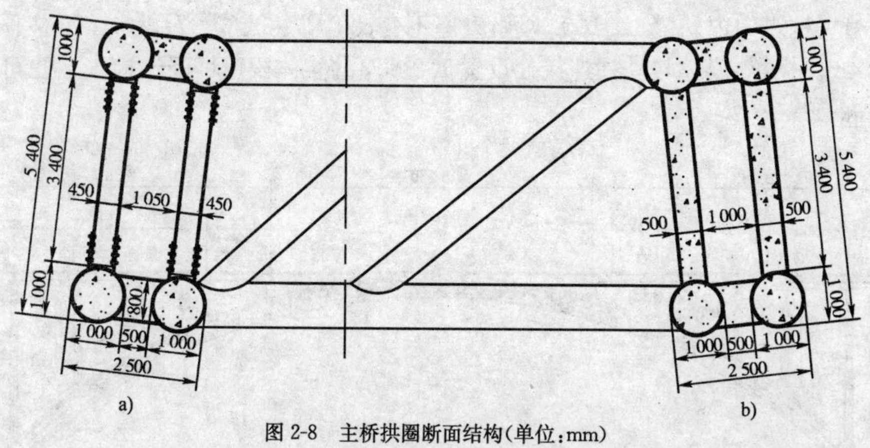

图 2-8　主桥拱圈断面结构(单位:mm)

a)空腹段截面/2;b)实腹段截面/2

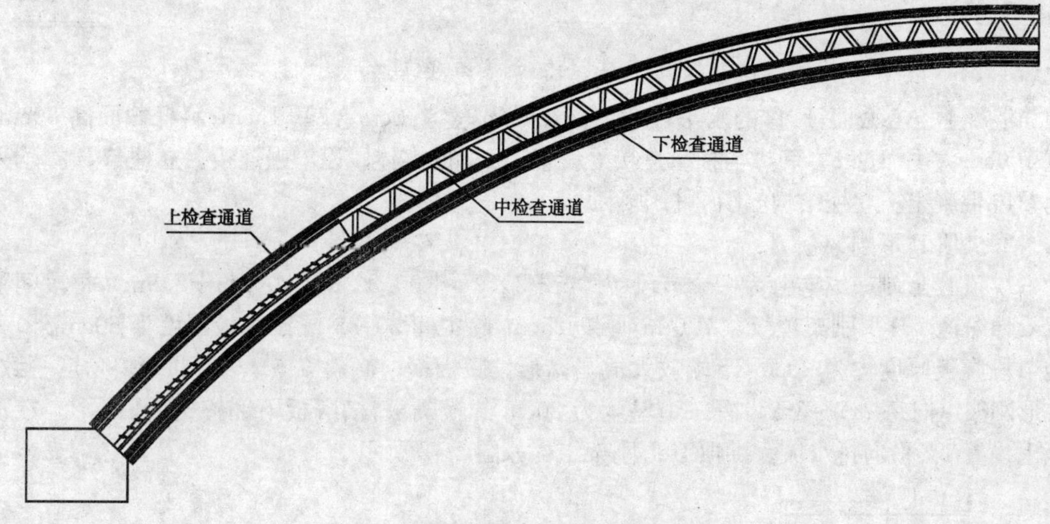

图 2-9　拱圈上层、中层及下层检查通道布置图

五、拱 上 结 构

拱上结构孔跨布置为:5×16m 超低高度 PPC 简支梁 ＋ 82m 拱顶 Π 形钢筋混凝土刚架 ＋ 5×16m 超低高度 PPC 简支梁。

通过固定支座使 3 号交界墩与拱上①号墩柱、4 号交界墩与拱上⑧号墩柱分别组成一联,拱上②、③、④号墩柱与拱顶 Π 形刚架 Ⅰ 号段组成一联,⑤、⑥、⑦号墩柱与拱顶 Π 形刚架 Ⅶ 号段组成一联。联与联之间用活动支座隔断纵向水平力的传递,有利于温度变化时梁的伸缩。梁上制动(牵引)力,由上述结构共同承受。拱上结构布置总图见图 2-10。

1. 拱上立柱

拱上立柱为钢筋混凝土矩形空心墩,立柱间采用钢筋混凝土 K 形撑连接,以增强立柱的横向刚度。立柱横向内倾 6.5°,与拱肋倾角一致。拱上①、⑧号立柱高 40.84m,②、⑤号立柱高 26.22m,③、⑥号立柱高 15.34m,④、⑤号立柱高 7.339m。④、⑤号立柱最矮,刚度最大,水平分配力最大,横向温度力亦大,柱底弯矩将控制设计,因此在④、⑤号柱顶左、右侧均设活动支座,其余设固定支座。各柱帽梁横向长 8.25m,纵向顶宽 2.1m,底宽 1.7m,帽梁高度为 1.4m。立柱顶部空心截面横向宽度为 200cm,纵向宽度 140 cm,纵、横向壁厚均为 30cm,①、

②、⑦、⑧号立柱纵向内外壁 1∶100 放坡，壁厚不变；③、④、⑤、⑥号柱为 1∶0，柱顶截面纵向宽度为 1.4m。横撑、斜撑与立柱连接处设置 1.2m 厚的实体段以增强连接。立柱间 K 形撑为

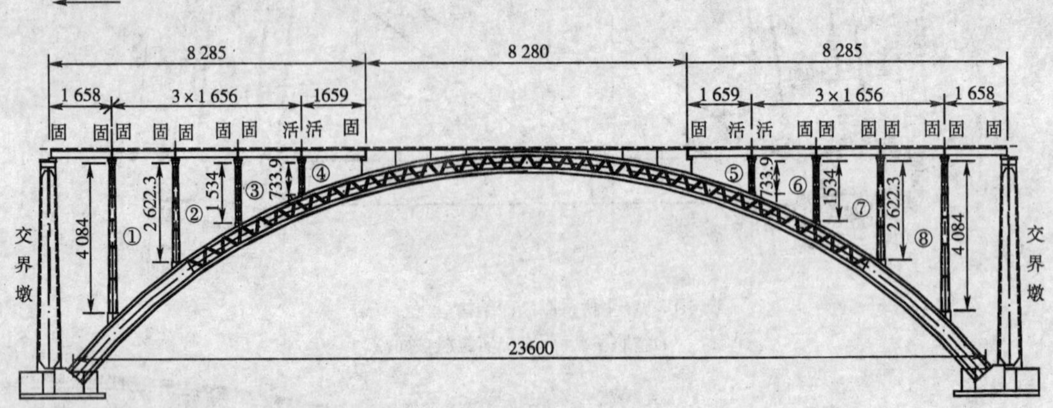

图 2-10　拱上结构布置总图(单位:cm)

钢筋混凝土空心截面，K 撑的水平杆截面高 120cm，宽 100cm，壁厚 15cm；斜杆截面高 80cm，宽 100cm，壁厚 15cm。斜撑与横撑连接处设置 1m 厚的实体段以增强连接。立柱与 K 撑均采用 C40 混凝土。立柱结构如图 2-11 所示。

2. 拱顶 Π 形刚架

拱顶 Π 形刚架纵向分为 7 个节段(7.9m＋2×9m＋30.82 m＋2×9m＋7.9m)，每段间留 3cm 伸缩缝。Π 形刚架顶板宽 7.0 m，厚度 25cm，除中间 30.82 m 段腹板厚度为 60cm 外，其他节段腹板厚度均为 20cm，下端放大成马蹄形。腹板横向倾斜 6.5°，与拱肋倾斜角度一致。Π 形刚架纵向每 2.7～3m 设置一道厚度为 20cm 的横隔板，横隔板下部掏空，呈 Π 形。在顶板上设置 1% 横向排水坡。拱顶 Π 形刚架结构如图 2-12 所示。

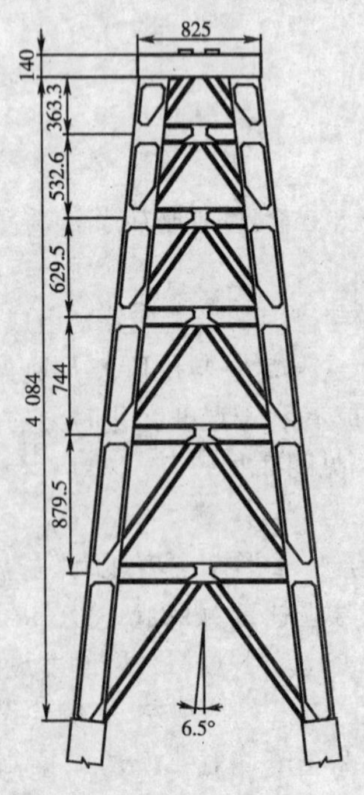

图 2-11　拱上立柱(单位:cm)

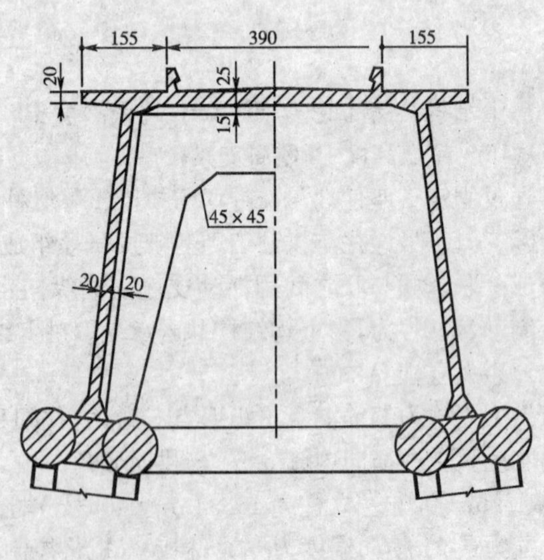

图 2-12　拱顶 Π 形刚架(单位:cm)

3. 拱上刚架墩及Ⅱ形刚架与拱肋的连接构造

拱上刚架底部设置加劲的钢箱墩座与拱肋连接，钢箱底部与拱肋上弦焊接，墩柱型钢骨架插入钢箱混凝土内连接，如图 2-13。Ⅱ形刚架腹板底部设两道 10mm 厚钢板，钢板下端焊接在拱肋上弦盖板上，腹板竖向钢筋全部焊接在该钢板上实现与拱肋的连接，如图 2-14；此外Ⅱ形刚架的每道横隔板内均设置一道门形钢板，门形钢板的两个支腿与上弦钢板焊接。

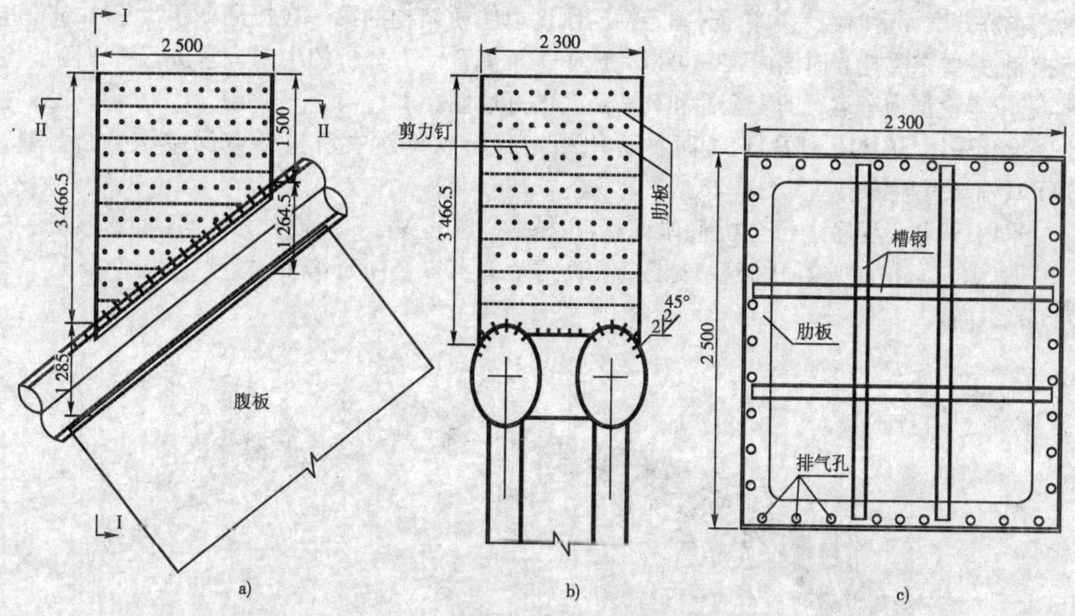

图 2-13　拱上②号墩墩座（单位：mm）

a）侧面；b）I-I；c）II-II

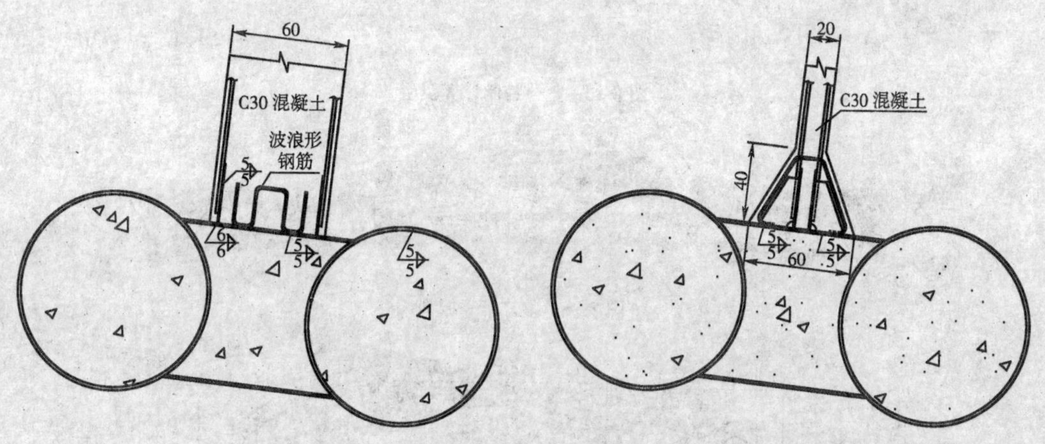

图 2-14　Ⅱ形刚架根部连接（单位：cm）

第三节　设计计算分析

一、拱圈设计及计算

1. 横向刚度及总体稳定性

横向刚度是大跨度铁路桥梁区别于公路桥梁必须考虑的关键技术问题，其核心是避免列车重载轮轨有规律地作用下产生的车一桥耦合共振。列车安全运行系指车轮不脱轨;舒适和平稳运行则表明车辆(包括机车)振动不太激剧,不引起乘客和司机的不安全感。

早期的铁路桥梁由于理论研究和计算手段有限,有用桥梁固有自振频率作为控制指标对桥梁的刚度进行控制的做法,如前苏联对铁路钢桁梁横向自振周期有明确要求,在南昆线数座大跨度桥梁的设计中铁道部参考前苏联的做法,对桥梁的横向刚度(自振频率)作出了补充要求。本桥方案评审时经专家论证,确定横向刚度以主桥结构的第一自振周期不大于 1.65s 进行控制;并要求委托当时国内唯一可以完成车—桥耦合动力分析的中南大学进行桥梁刚度检算,进一步论证列车运行的安全性和列车运营的舒适性。

设计采用 SAP91 和 SAP84 两种通用结构分析软件对主桥进行空间结构分析计算,SAP91 有限元整体模型见图 2-15。

采用 SAP91 程序进行全桥整体计算,主桥 1～3 振型自振周期如下:第 I 振型(见图 2-16):T=1.54s(横向),第 II 振型(见图 2-17):T=1.40s(竖向),第 III 振型(见图 2-18):T=0.83s(纵向)。

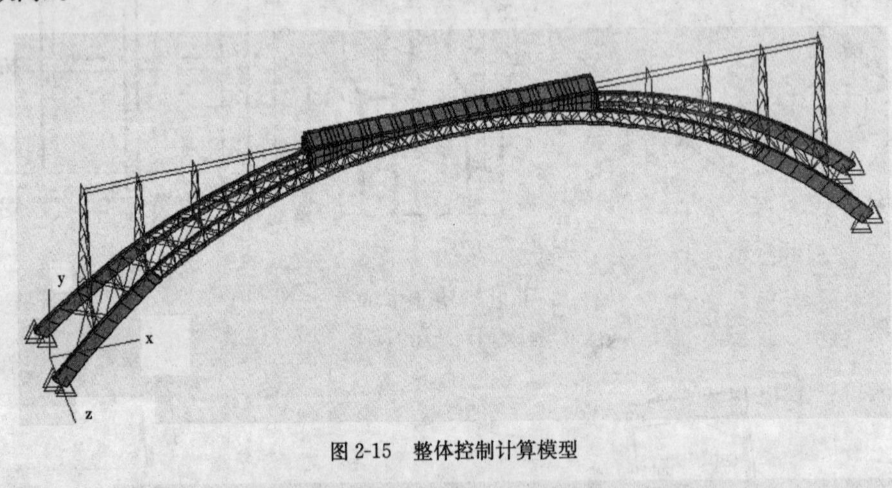

图 2-15　整体控制计算模型

图 2-16　整体第一振型

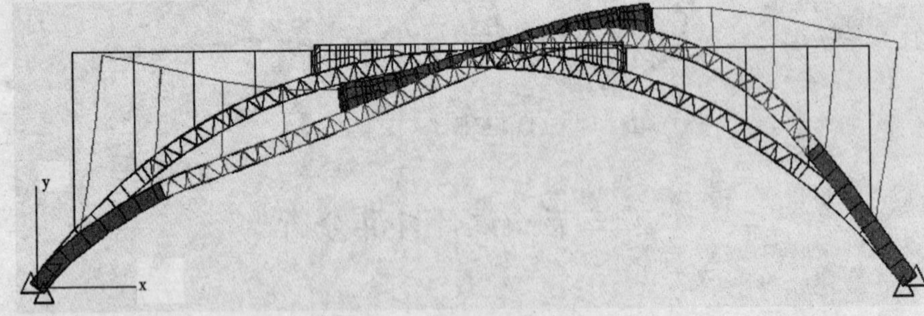

图 2-17　整体第二振型

采用 SAP84 程序复核计算结果与 SAP91 程序计算成果接近,1～3 振型如下:第 I 振型:T=1.53s(横向),第 II 振型:T=1.24s(竖向),第 III 振型:T=0.90s(纵向)。

第一横向自振周期都是小于 1.65s，满足要求。关于车一桥耦合动力分析成果见第四节列车走行性分析。

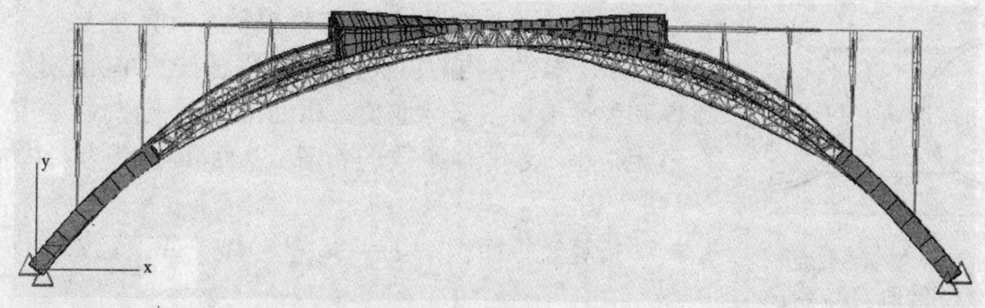

图 2-18　整体第三振型

拱圈的整体稳定性分析结果见表 2-1。计算表明无论施工阶段，还是成桥以后本桥的竖、横向稳定安全系数都远大于桥规的要求($\lambda \geqslant 5$)。

稳定性计算结果　　表 2-1

序号	工况阶段	稳定安全系数	失稳模态
1	转体阶段，拱圈处于悬吊状态	13.4	竖向面内失稳
2	钢管拱圈桁架形成，未灌注拱圈混凝土	60.00	竖向面内失稳
3	拱圈已经灌注混凝土，未施工拱上结果	39.4	竖向面内失稳
4	主桥的结构全部施工完成，成桥状态	31.3	竖向面内失稳
5	运营状态	25.4	竖向面内失稳

2. 结构计算

拱圈是从空心钢管桁架经灌注混凝土而逐步形成钢管混凝土桁架，在此过程中拱圈的重量逐步增加，拱圈的刚度也逐步增长，钢管与内部混凝土的受力与变形不协调。传统的内力叠加法已经不能满足需要，结构须按应力叠加法计算。

(1)荷载组合

荷载组合按铁路桥规，主要分为两种：主力组合和主力＋附加力组合。

①主力：恒载(结构自重＋混凝土收缩)＋活载(列车活载＋冲击力)。

②主力＋附加力：恒载(结构自重＋混凝土收缩)＋活载(列车活载＋冲击力)＋附加力(制动力＋风力＋温度变化)。

(2)主要计算参数

①钢—混凝土组合构件(钢管混凝土、SRC 混凝土)的轴压刚度和抗弯刚度，国内外的规范和文献都推荐换算刚度法，分别按下列公式计算：

轴压刚度：$[EA]_{SC}=E_S A_S+E_C A_C$

抗弯刚度：$[EI]_{SC}=E_S I_S+E_C I_C$

②拱圈 C50 微膨胀混凝土 $R_a=35$MPa，$E_h=35$GPa，重度按 26kN/m³ 计算；Q345d 钢材 $[\sigma_w]=210$MPa，$E_g=210$GPa，重度按 78.5kN/m³ 计算。

③拱上结构 C30 混凝土，$R_a=21$MPa，$E_h=31$GPa，重度按 25kN/m³ 计算。

④温度力按全桥温度整体变化±20℃考虑。

⑤桥面二期恒载按 42kN/m 计算。

⑥制动力(牵引力)按桥规取全桥静活载的 10%计算。

⑦中活载,冲击系数 $1+\mu=1.1233$。

⑧风力计算,由于缺少实测风力资料,按铁路桥规计算,基本风压强度,$W=500\text{Pa}$。

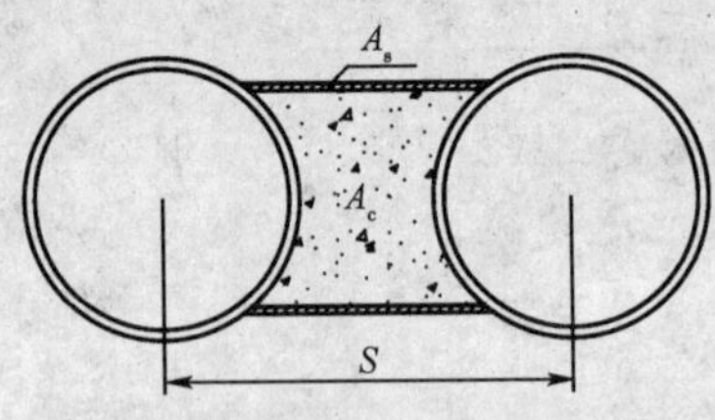

图 2-19 盖板参数折算

⑨板单元重度、厚度及弹性模量的折算办法:

拱上"Π"结构的顶板、腹板和隔板按板单元建模,重度、板厚和弹性模量按实际取值。拱肋上下盖板以拉、压受力为主,弯矩很小,其截面参数的折算,以面积刚度为主,办法如下(图 2-19):

折算盖板面积:$A_{SC}=(E_S/E_C)A_S+A_C$

弹性模量取:$E_{SC}=E_C$

折算板厚:$d_{SC}=A_{SC}/S$

折算重度:$\gamma_{SC}=(A_S\gamma_S+A_C\gamma_C)/A_{SC}$

式中:A_S、A_C、γ_S、γ_C——分别是钢板面积、混凝土面积、钢材重度和混凝土重度。

拱肋实腹板处于弯矩较大的区域,其截面参数的折算,以抗弯刚度为主,表示如下(图 2-20):

折算实腹板竖向惯性矩:$I_{SC}=(E_S/E_C)I_S+I_C$

弹性模量取:$E_{SC}=E_C$

折算板厚:$d_{SC}=12I_{SC}/S_3$

折算重度:$\gamma_{SC}=(A_S\gamma_S+A_C\gamma_C)/(d_{SC}\cdot S)$

式中:I_S、I_C、A_S、A_C、γ_S、γ_C——分别是钢板惯性矩、混凝土惯性矩、钢板面积、混凝土面积、钢材重度和混凝土重度。

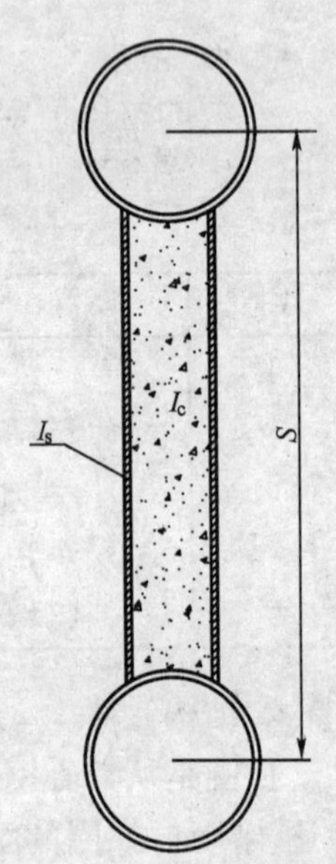

图 2-20 实腹板参数折算

(3)结构计算

计算模型按照主桥的实际空间结构建立,模型中除拱肋上下盖板、实腹板和拱上"Π"结构采用板单元,其他构件全部采用梁单元。计算模型如图 2-21 所示。

按施工加载过程,分步进行结构计算,然后对结果进行叠加。把主桥施工阶段(包括运营阶段),按顺序分解成 28 个阶段工况,建立 13 种计算模型,分别进行结构计算,见表 2-2。结构计算采用通用结构分析软件 SAP91,数据后期处理采用 EXCEL。

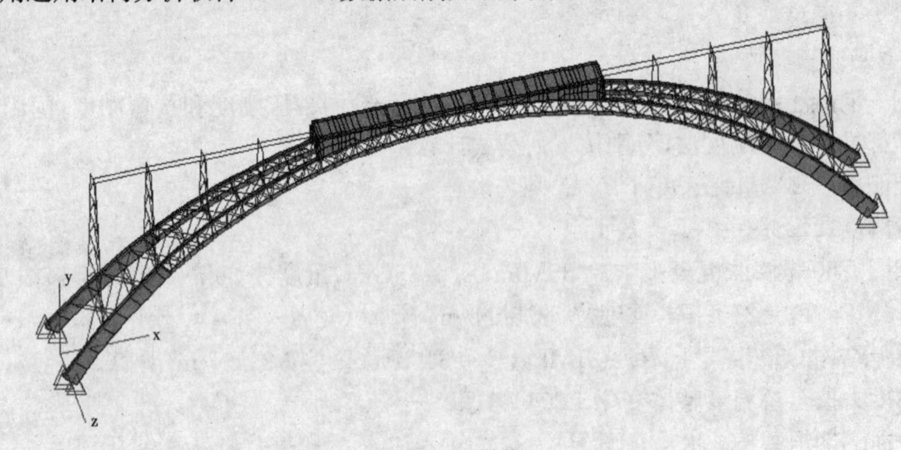

图 2-21 计算模型

结构计算分解工况表 表 2-2

序号	施工阶段	分解工况	
		模型	荷载
S1	转体阶段，拱圈处于扣索的悬挂状态	悬扣状态，拱脚铰接	自重
S2	安装跨中合拢段，释放扣索(拱脚为铰接)	空钢管拱桁架，拱脚铰接	合拢段重量，反向扣索力
S3	灌注上弦外侧钢管内混凝土	空钢管拱桁架，拱脚固接	本次灌注的钢管混凝土重量
S4	灌注上弦内侧钢管内混凝土	以前灌注的混凝土已具有刚度	前次灌注的混凝土收缩(降温 10℃)
S5			本次灌注的钢管混凝土重量
S6	灌注下弦外侧钢管内混凝土	以前灌注的混凝土已具有刚度	前次灌注的混凝土收缩(降温 10℃)
S7			本次灌注的钢管混凝土重量
S8	灌注下弦内侧钢管内混凝土	以前灌注的混凝土已具有刚度	前次灌注的混凝土收缩(降温 10℃)
S9			本次灌注的钢管混凝土重量
S10	灌注上弦盖板内的混凝土	以前灌注的混凝土已具有刚度	前次灌注的混凝土收缩(降温 10℃)
S11			本次灌注的钢管混凝土重量
S12	灌注上弦盖板内的混凝土	以前灌注的混凝土已具有刚度	前次灌注的混凝土收缩(降温 10℃)
S13			本次灌注的钢管混凝土重量
S14	灌注下弦盖板内的混凝土	以前灌注的混凝土已具有刚度	前次灌注的混凝土收缩(降温 10℃)
S15			本次灌注的钢管混凝土重量
S16	灌注外侧实腹板内混凝土	以前灌注的混凝土已具有刚度	前次灌注的混凝土收缩(降温 10℃)
S17			本次灌注的钢管混凝土重量
S18	灌注内侧实腹板内混凝土	以前灌注的混凝土已具有刚度	前次灌注的混凝土收缩(降温 10℃)
S19			本次灌注的钢管混凝土重量
S20	浇筑拱上刚架墩	拱圈刚度全部形成	前次灌注的混凝土收缩(降温 10℃)
S21			刚架墩重量
S22	浇筑拱上“Π”结构	拱圈刚度全部形成	“Π”结构重量
S23	架设 16m T 梁，铺设二期恒载	整体模型	梁重和二期恒载
S24	桥面作用制动力(或牵引力)	整体模型	10%的全桥静活载
S25	横向作用风荷载	整体模型	风力
S26	全桥升温 20℃	整体模型	升温 20℃
S27	全桥降温 20℃	整体模型	降温 20℃
S28	活载计算(包括冲击)	整体模型	中—活载

应力叠加法的内力叠加公式如下：

轴向力：

N_i 钢管$=N_i$ 钢管 q$+N_i$ 钢管 h

N_i 混凝土$=N_i$ 叠加$-N_i$ 钢管 h

N_i 钢管 h$=$(N_i 叠加$-N_i$ 钢管 q)$E_SA_S/(E_CA_C+E_SA_S)$

弯矩：

M_i 钢管$=M_i$ 钢管 q$+M_i$ 钢管 h

M_i 混凝土$=M_i$ 叠加$-M_i$ 钢管 h

M_i 钢管 h$=$(M_i 叠加$-M_i$ 钢管 q)I_SA_S/I_CA_C

式中：N_i 钢管、M_i 钢管——i 钢管轴向力、弯矩；

N_i 钢管 q、M_i 钢管 q——i 钢管灌注混凝土前的轴向力、弯矩；

N_i 钢管 h、M_i 钢管 h——i 钢管灌注混凝土后承担的轴向力、弯矩；

N_i 混凝土、M_i 混凝土——i 钢管内混凝土轴向力、弯矩；

N_i 叠加、M_i 叠加——i 钢管混凝土内力叠加的轴向力、弯矩；

E_S、A_S、I_S、E_C、A_C、I_C——分别表示钢管弹性模量、钢管截面积、钢管惯性矩、管内混凝土弹性模量、管内混凝土截面积、管内混凝土惯性矩。

按上述计算方法，以拱肋上外侧钢管为例，钢管和核心混凝土应力情况如下表 2-3。

从表 2-3 可以看出拱肋钢管内混凝土应力，即使不考虑钢管对混凝土的套箍作用，也是满足规范要求的，而且还有较大的富余量。可得到这样的结论：对于大跨钢管混凝土拱桥，其钢管混凝土的强度检算一般不控制设计，不用考虑钢管对混凝土的套箍作用。

还有一个问题，上表中第一栏钢管应力计算是完全按钢管与管内混凝土共同作用，满足平截面假定计算得到的，实际钢管与混凝土相互作用的情况如何，钢管混凝土这种组合结构在压弯荷载作用下的破坏机理根据现在的研究成果和理论都说不清楚，在本桥数次专家会上专家也提出这个问题。本桥设计中按最保守的做法，即轴向力由钢管和混凝土按比例分当，而弯矩全部由钢管承担，由此得到的钢管应力见表 2-3 第三栏。

从表 2-3 我们可以看出钢管应力如果按保守的算法是比较大的，是不利情况的极限，实际的钢管应力应介于表 2-3 所列两种钢管应力之间。如果钢管内混凝土灌注质量很差，钢管与混凝土完全脱离，钢管应力会增大，甚至出现最不利情况的应力，同时如果钢管制造、焊接质量很糟糕，桥梁就容易出问题。可见对于钢管混凝土拱桥，高质量的钢管桁架是保证拱桥整体结构安全的最后一道屏障，确保钢管桁架的制造、拼装、焊接质量是钢管混凝土拱桥施工非常重要也是最关键的环节，强调钢管混凝土拱桥的材料组合性，降低对钢管桁架质量要求是不对的。

3. 钢管混凝土拱肋

(1)钢管混凝土检算

大桥主拱肋及横向连接系在拱肋未灌注混凝土前为完全的钢结构，按钢结构的要求进行检算；在灌注混凝土后以及在大桥的长期运营阶段，主拱肋为钢管混凝土结构。设计参考了《钢管混凝土结构设计与施工规程》(CECS28：90)和《钢管混凝土结构设计与施工规程》(JCJ 01—89)中的材料、构造处理和施工及质量要求等方面的条文。由于钢管混凝土的钢管与管内混凝土有约束作用，受弯时两者具有一定的协同作用，但与普通钢筋混凝土构件相比较，又没有完全协同受力的机制，钢管壁与管内混凝土的黏结太弱，所以对于遇到大偏心受压的情况，设计仍按“铁路桥规”容许应力法进行检算，即分别对钢管的应力、疲劳和混凝土的应力进行检算，各项检算均满足要求。

拱肋上外侧钢管及核心混凝土应力 表 2-3

截面序号	钢管应力(MPa)		混凝土应力(MPa)		不考虑混凝土抗弯的钢管应力(MPa)		钢管疲劳应力幅(MPa)
	最小应力	最大应力	最小应力	最大应力	最小应力	最大应力	
1	-3.55E+01	-1.24E+01	1.44E+01	-1.63E+01	-1.50E+02	7.86E+01	4.32E+01
2	-3.41E+01	-1.38E+01	1.09E+01	-1.34E+01	-1.25E+02	5.63E+01	3.08E+01
3	-3.76E+01	-1.01E+01	8.27E+00	-1.29E+01	-1.16E+02	4.12E+01	3.00E+01
4	-3.52E+01	-6.48E+00	5.77E+00	-1.09E+01	-9.74E+01	2.70E+01	2.48E+00
5	-3.51E+01	-7.04E+00	4.61E+00	-1.03E+01	-9.04E+01	2.02E+01	1.15E+01
6	-3.35E+01	-4.34E+00	3.14E+00	-9.48E+00	-8.04E+01	1.34E+01	8.94E+00
7	-3.29E+01	-3.33E+00	2.23E+00	-9.15E+00	-7.53E+01	9.36E+00	7.24E+00
8	-6.39E+01	8.87E-02	2.08E+00	-8.79E+00	-1.04E+02	-2.34E+01	6.18E+00
9	-5.31E+01	-2.83E+00	5.84E+00	-1.23E+01	-1.21E+02	1.44E+01	-6.95E+00
10	-5.87E+01	-2.91E+00	6.23E+00	-1.24E+01	-1.28E+02	1.06E+01	3.19E+00
11	-5.05E+01	-2.69E+00	6.10E+00	-1.28E+01	-1.21E+02	1.98E+01	3.81E+00
12	-4.82E+01	-4.80E+00	6.42E+00	-1.39E+01	-1.24E+02	2.74E+01	1.26E+01
13	-4.84E+01	-4.91E+00	5.68E+00	-1.24E+01	-1.16E+02	1.89E+01	1.37E+01
14	-4.28E+01	-6.36E+00	5.66E+00	-1.10E+01	-1.05E+02	1.92E+01	1.45E+01
15	-6.14E+01	-6.04E+00	6.13E+00	-1.21E+01	-1.29E+02	6.21E+00	1.57E+01
16	-3.80E+01	-3.37E+00	7.41E+00	-1.27E+01	-1.13E+02	3.68E+01	3.63E+01
17	-3.48E+01	-7.88E+00	6.64E+00	-1.10E+01	-9.64E+01	3.45E+01	1.15E+01
18	-3.10E+01	-7.10E+00	6.39E+00	-1.01E+01	-1.02E+02	2.03E+01	1.81E+01
19	-4.10E+01	-8.90E+00	7.44E+00	-1.14E+01	-1.06E+02	3.45E+01	2.20E+01
20	-3.56E+01	-8.29E+00	7.80E+00	-1.20E+01	-1.09E+02	3.82E+01	2.08E+01
21	-3.55E+01	-9.74E+00	7.67E+00	-1.14E+01	-1.05E+02	3.72E+01	2.38E+01
22	-3.37E+01	-8.89E+00	7.54E+00	-1.10E+01	-1.33E+02	4.98E+00	2.17E+01
23	-6.40E+01	-6.22E+00	8.63E+00	-1.29E+01	-1.19E+02	4.05E+01	2.55E+01
24	-3.94E+01	-9.97E+00	8.69E+00	-1.26E+01	-1.19E+02	3.93E+01	3.53E+01
25	-3.98E+01	-1.09E+01	8.91E+00	-1.27E+01	-1.14E+02	4.67E+01	2.48E+01
26	-3.36E+01	-1.01E+01	9.15E+00	-1.30E+01	-1.23E+02	4.15E+01	2.20E+01
27	-4.09E+01	-1.14E+01	9.97E+00	-1.45E+01	-1.32E+02	5.02E+01	2.60E+01
28	-4.07E+01	-1.19E+01	1.03E+01	-1.45E+01	-1.55E+02	2.95E+01	2.44E+01
29	-4.18E+01	-9.21E+00	1.07E+01	-1.60E+01	-1.53E+02	4.58E+01	2.52E+01
30	-6.28E+01	-8.69E+00	1.14E+01	-1.77E+01	-1.67E+02	4.83E+01	2.58E+01
31	-5.36E+01	-7.42E+00	1.15E+01	-1.79E+01	-1.69E+02	4.99E+01	1.06E+01
32	-5.95E+01	-6.65E+00	1.24E+01	-1.94E+01	-1.73E+02	6.39E+01	1.28E+01
33	-5.95E+01	-6.83E+00	1.28E+01	-1.97E+01	-1.81E+02	6.09E+01	1.18E+01
34	-5.47E+01	-7.21E+00	1.30E+01	-1.99E+01	-1.80E+02	6.53E+01	1.23E+01
35	-5.98E+01	-7.74E+00	1.34E+01	-2.02E+01	-1.25E+02	1.25E+02	1.27E+01
36	-5.72E+01	-8.15E+00	1.35E+01	-2.02E+01	-1.25E+02	1.25E+02	1.26E+01

我们认为钢管混凝土拱桥最大的优势来自施工，而不是钢管与混凝土的组合效应。对于大跨度混凝土拱桥，拱圈施工是最大难题，采用临时拱架施工，施工费用大，工期长；而钢管混凝土拱桥，钢管桁架既是拱圈的组成材料，又作拱架和模板，节约了昂贵的施工临时设备，施工简便快速，工期缩短，总造价也具有了比较优势。另外空腔内填满混凝土的钢管桁架，钢板不存在失稳问题，也增大了钢板受压容许应力。

(2)实腹板及上下弦盖板设计

由于钢板与内部混凝土之间黏结性能远不如钢筋与混凝土黏结性能，因此盖板或腹板应按照型钢混凝土结构理论进行设计，结果满足设计要求。腹板和盖板施工过程中的检算和其细部构造处理非常重要。盖板、腹板内灌注混凝土时，湿混凝土对钢板的压力按式(2-1)、式(2-2)(见混凝土工程施工手册)计算，并取较小值。

$$p=\frac{10\times\left(0.4+150K_1K_2\dfrac{V_1}{3}\right)}{T+30} \tag{2-1}$$

$$p=25H \tag{2-2}$$

从实腹板灌注混凝土时受力的有限元分析结果来看，实腹板中拉杆作用很大。见图 2-22 和图 2-23。

图 2-22　腹板没有设置拉杆的腹板应力

图 2-23　腹板设置拉杆后的腹板应力

(3)腹杆设计

本桥的初步设计和技术设计阶段，曾比较过数种空腹段腹杆形式。如下图 2-24、图 2-25、图 2-26。

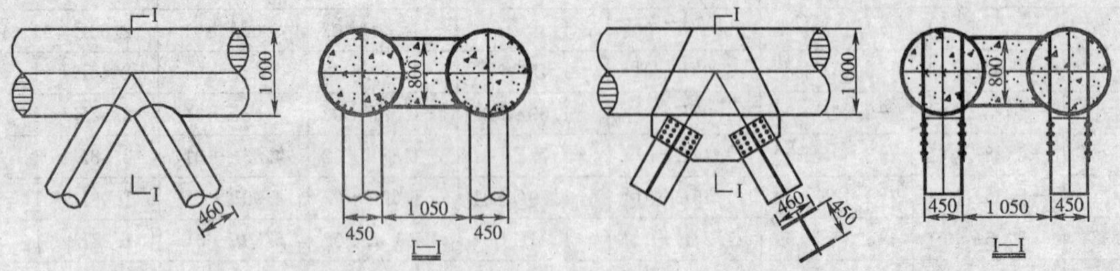

图 2-24　空心管结构腹杆方案(单位:mm)　　图 2-25　节点板插入钢管的 H 形腹杆方案(单位:mm)

对于空心管结构腹杆方案，按 ANSI/AWS D1.1—98 中“管材 T、Y 和 K 形节点的部分熔透(CIJ)焊缝的免除评定细节—有限厚度的标准平直状平面形状”对制造进行要求，对应疲劳细节为 ET 级，经检算接头疲劳应力幅大于 20MPa，不能满足要求；若提高接头的应力等级至 DT 级，则要求支管与主管的相贯焊缝完全焊透。对相贯接头的根部焊缝，焊工若不到支管内操作要做到完全焊透基本不可能，从现场的拼装方案及实际焊接工艺水平考虑，按 ET 级设计风险比较大；经过数次专家的评审、论证，最终放弃了空心管结构。

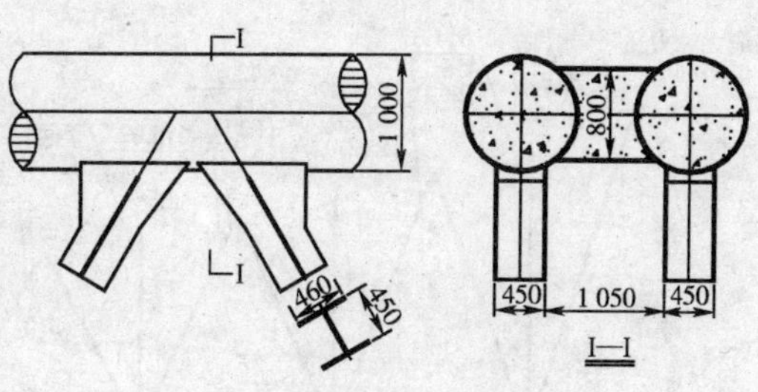

图 2-26　扫把形腹杆（单位：mm）

前苏联有一座钢管混凝土桥，曾采用节点板插入钢管的 H 形腹杆方案。虽然该方案在受力、传力方面有优势，但是节点板插入主钢管，需要在主钢管壁上开槽，管内、管外均有焊缝，其制造难度很大，该方案也没有被采用。后来提出的扫把形腹杆方案，其实是一个好方案，没有被采纳的主要原因是部分专家认为其接头刚度较小，与主弦管刚度相差太大，易产生应力集中。

经过数种腹杆形式的比较，最终采纳技术最稳妥的 H 形腹杆、节点板高强度螺栓连接的腹杆形式（见图 2-25）。虽然这种形式现场拼装难度较大，有些部位甚至采取了对结构不太有利的强迫校正办法，但由于腹杆设计安全储备较大，即使考虑拼装应力后还可以满足要求。

4. 拱圈横向连接系

（1）关于空心管结构的检算规范

在我国目前尚无铁路空心管结构相关规范的条件下，参照美国国家标准《钢结构焊接规范》（ANSI/AWSD1. 1－98）及欧洲钢结构协会《钢结构疲劳设计规范》有关疲劳检算的条款，特别是 ANSI/AWS D1. 1－98 中"D 管材连接的特定要求"之"2. 36. 6 疲劳"进行设计。

（2）相贯接头检算

①结构内力及应力。主桥整体计算上下平连管件受力情况如图 2-27 所示。

②管件接头静力强度检算。设计按照 ANSI/AWS D1. 1－98 的规定检算钢管相贯接头的强度，检算项目主要有：节点冲剪破坏、主管塑性变形失效破坏和整体破坏三项内容，计算结果如表 2-4 所示。ϕ800mm×14mm 主管径厚比 $\phi/t=57$，满足 ANSI/AWS D1. 1－98 的要求。

连接系钢管相贯接头静力强度　　表 2-4

项　目	节点冲剪破坏	主管塑性变形失效破坏	整 体 破 坏
作用效应	34. 3MPa	814kN	814kN
容许抗力	39. 91MPa	2 700kN	842kN

设计对连接系中支管推力较大的节点又进行了有限元分析，计算模型如图 2-28 节点变形图见图 2-29。分析结果表明主管上环向附加拉压力很大，有些部位甚至超过了 Q345 钢材的屈服强度。发现该问题后，设计将节点部位主管壁厚增加至 20mm，以增强主管环向刚度，减小管壁的环向变形，控制附加压力减小至容许值之内。

③管件接头疲劳强度检算。钢管相贯接头的焊接坡口按 ANSI/AWS D1. 1－98 中"管材 T、Y 和 K 形节点的部分熔透（CIJ）焊缝的免除评定细节－有限厚度的标准平直状平面形状"对制造进行要求，对应疲劳细节为 ET 级。按 ANSI/AWS D1. 1－98 部分熔透焊缝的 T、Y 或

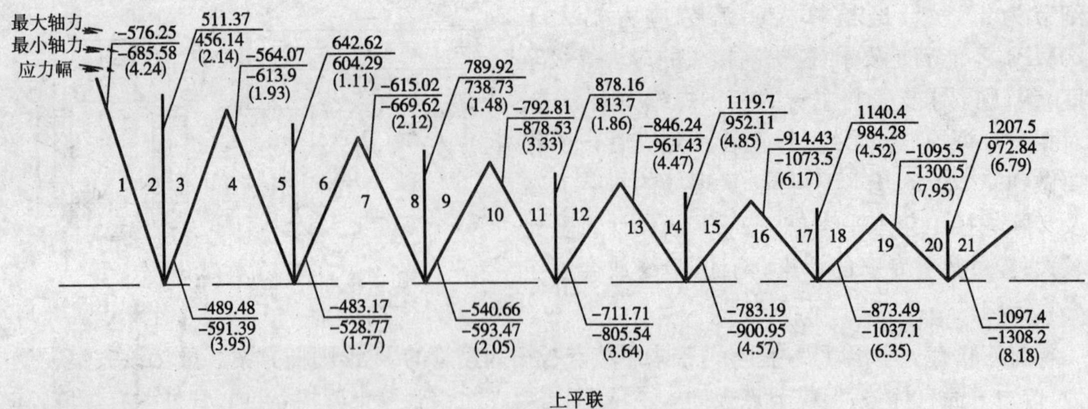

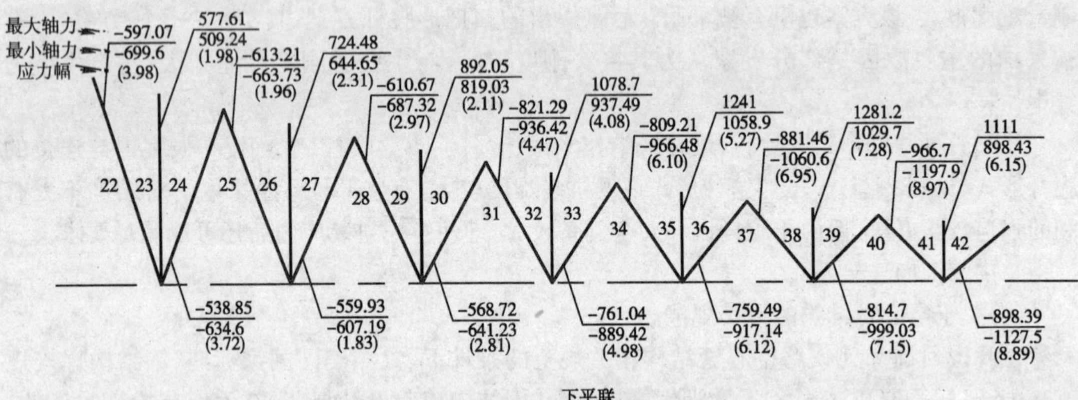

图 2-27　横连管件内力图(单位 kN·m,MPa)

K 形节点,主管抗剪冲剪不能承受全部荷载,应力类型为 ET 级,200 万次的允许应力幅为 20MPa。横联直管最大疲劳应力幅为 9.14MPa,横连直管最大疲劳应力幅为 8.94MPa,都满足要求。

图 2-28　相贯接头有限元分析模型

图 2-29　相贯接头节点变形示意图

5. 钢管拱圈制造坐标和预拱度设置

(1)拱肋坐标计算

拱圈是一个复杂的三维空间结构,以拱圈纵向为 X 轴,竖向为 Y 轴,横向为 Z 轴,如图 2-30。推导拱肋主钢管中心线的空间坐标公式如下:

$$\begin{cases}x_1 = x - d/2\sin\varphi^1 \\ y_1 = (y^1 + d/2\cos\varphi^1)\cos\alpha - b/2\sin\alpha \\ z_1 = -(y^1 + d/2\cos\varphi^1)\sin\alpha - b/2\cos\alpha + 19.6/2\end{cases}$$

$$\begin{cases}x_2 = x - d/2\sin\varphi^1 \\ y_2 = (y^1 + d/2\cos\varphi^1)\cos\alpha + b/2\sin\alpha \\ z_2 = -(y^1 + d/2\cos\varphi^1)\sin\alpha + b/2\cos\alpha + 19.6/2\end{cases}$$

$$\begin{cases}x_3 = x + d/2\sin\varphi^1 \\ y_3 = (y^1 - d/2\cos\varphi^1)\cos\alpha - b/2\sin\alpha \\ z_3 = -(y^1 - d/2\cos\varphi^1)\sin\alpha - b/2\cos\alpha + 19.6/2\end{cases}$$

$$\begin{cases}x_4 = x + d/2\sin\varphi^1 \\ y_4 = (y^1 - d/2\cos\varphi^1)\cos\alpha + b/2\sin\alpha \\ z_4 = -(y^1 - d/2\cos\varphi^1)\sin\alpha + b/2\cos\alpha + 19.6/2\end{cases}$$

式中：$y^1 = f(1-(\mathrm{ch}(K(1-x/l_1))-1))/\cos\alpha$；

$\tan\varphi^1 = 2fK\mathrm{sh}(K(1-x/l_1))/L/(m-1)/\cos\alpha$；

$f = 59\mathrm{m}$；

$L = 2l_1 = 236\mathrm{m}$；

$K = \ln(m + \sqrt{m^2-1})$；

$m = 3.2$；

$\alpha = 6.5°$。

(2)预拱度设置

拱圈预拱度按规范要求设置，为施工全过程的所有恒载位移加上50%静活载位移。拱圈上每处预拱度完全按实际计算位移设置，把各施工阶段工况下的拱圈各节点的恒载位移以及50%的静活载位移累计起来即我们需要的预拱度值。将各节点的预拱度值反叠加到结构空间计算坐标上，即可得到拱圈的制造坐标。设计也提供了每肢钢管的横向(z方向)预拱度，由于值很小，制造时没有考虑。拱肋钢管的$L/2$、$L/4$位置竖向预拱度值见表2-5。

拱肋钢管预拱度值 表2-5

钢管	$L/4$处预拱度(mm)	$L/2$处预拱度(mm)
上外侧钢管	77	177
上内侧钢管	80	180
下外侧钢管	79	181
下内侧钢管	76	177

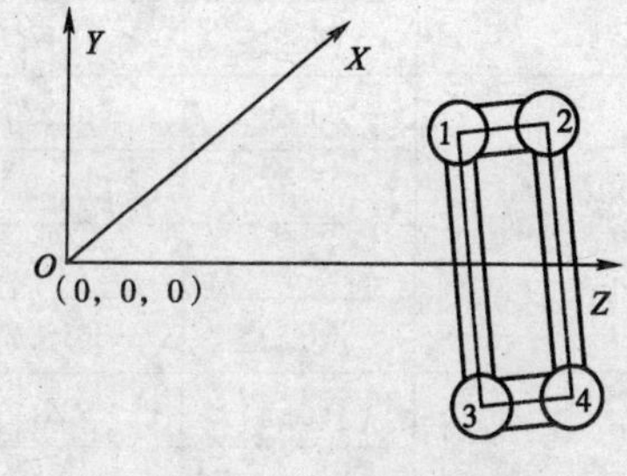

图2-30 拱圈整体坐标

二、拱上立柱及拱顶"П"形结构计算

1.拱上立柱墩身结构内力计算

列车活载采用中—活载；列车、梁部及墩采用标准风荷载；温度按升、降20℃考虑。计算时各墩底均按固接考虑，且不计主拱变形，偏安全。1号墩最高，4号墩最矮，因此以1、4号墩为例，采用SAP结构分析通用程序，按最不利荷载组合进行内力分析计算，将计算结果分析整理成表2-6、表2-7。

拱上 1 号刚架墩内力 表 2-6

部位	最大项	轴力 N (kN)	横向剪力 Q_1 (kN)	横向弯矩 M_1 (kN·m)	纵向剪力 Q_2 (kN)	纵向弯矩 M_2 (kN·m)	扭矩 T_k (kN·m)
柱身	N_{max}	−5 463.7	299.9	−1 859.9	3.2	−59.4	0.5
	M_{1max}	−2 712.7	387.0	−2 563.3	10.2	−192.2	−1.5
	M_{2max}	−4 727.1	−229.1	1 971.3	−2 23.4	3 745.6	−67.5
帽梁	$N_{max压}$	−373.7	−514.2	1 238.4	−0.1	0.2	10.4
	$N_{max拉}$	18.3	−17.3	−71.7	−0.3	0.7	−33.7
	M_{1max}	−327.6	1 018.4	1 252.9	−0.4	0.2	−73.1
	M_{2max}	−343.6	−1 159.1	989.7	9.9	−21.8	−6.6
斜撑	$N_{max压}$	−793.5	−44.7	93.8	1.3	3.1	3.1
	$N_{max拉}$	161.6	−38.3	−29.3	0.4	0.0	1.4
	M_{1max}	53.0	60.1	−173.6	0.4	−5.7	1.4
	M_{2max}	−181.3	53.7	−154.7	−26.9	159.2	−26.1
横撑	$N_{max压}$	−420.8	−150.9	−419.7	−0.4	0.0	−0.9
	$N_{max拉}$	525.9	86.9	138.1	0.4	1.5	−2.3
	M_{1max}	−299.4	−171.5	−509.3	−0.1	0.0	−0.3
	M_{2max}	349.7	25.9	−71.2	−7.4	−66.6	−8.3

注：M_1 指横向弯矩，M_2 指纵向弯矩。

拱上 4 号刚架墩内力 表 2-7

部位	最大项	轴力 N (kN)	横向剪力 Q_1 (kN)	横向弯矩 M_1 (kN·m)	纵向剪力 Q_2 (kN)	纵向弯矩 M_2 (kN·m)	扭矩 T_k (kN·m)
柱身	N_{max}	−2 542.4	673.3	−2 585.0	12.4	−44.4	3.0
	M_{1max}	−640.9	6 93.5	−2 620.6	39.9	−143.5	−9.8
	M_{2max}	−1 947.8	549.3	−2 048.1	−375.2	3 668.1	−202.9
帽梁	$N_{max压}$	−650.0	−432.5	1 315.0	−0.2	0.4	10.4
	$N_{max拉}$	282.9	66.6	19.6	−0.5	1.3	−33.5
	M_{1max}	−604.5	1 100.1	1 329.2	−0.7	0.4	−73.1
	M_{2max}	−615.7	1 186.2	145.1	18.7	−37.4	29.8
斜撑	$N_{max压}$	−911.2	−53.3	138.6	1.9	0.4	2.5
	$N_{max拉}$	168.9	−27.9	−10.6	6.1	36.0	−7.9
	M_{1max}	−911.2	−53.3	138.6	1.9	0.4	2.5
	M_{2max}	−471.7	29.9	−28.5	−22.9	102.6	−34.9
横撑	$N_{max压}$	−765.1	40.2	−116.3	0.0	0.2	0.0
	$N_{max拉}$	1 241.7	48.8	31.6	−8.2	−20.7	0.0
	M_{1max}	−772.5	−71.8	−224.7	−0.2	0.0	3.3
	M_{2max}	−456.9	47.8	148.8	−8.2	−20.8	0.0

注：M_1 指横向弯矩，M_2 指纵向弯矩。

通过计算分析得出以下结论：

(1)斜撑采用"∧"形与帽梁相连，确实很好地改善了帽梁的受力状况。

(2)柱身最大轴力为双孔重载与列车摇摆力及升温组合时控制，最大横向弯矩为双孔重载与横向风力及降温组合时控制，最大纵向弯矩为单孔重载与列车制动力、纵向风力及降温组合时控制。

(3)斜撑为拉弯或压弯杆件，其最大压力为双孔重载与列车摇摆力及温度组合时控制，其最大拉力为双孔重载与横向风力及降温组合时控制。

(4)横撑为拉弯或压弯杆件，对 1 号墩而言，最大压力由双孔重载与横向风力及升温组合时控制，其最大拉力由双孔重载与列车摇摆力及升温组合时控制；对 4 号墩而言，其最大压力由梁上无车与横向风力及升温组合时控制，其最大拉力由双孔重载与列车制动力、纵向风力及降温组合时控制。由于 4 号墩最矮，刚度最大的，在温度影响下轴压力及轴拉力均比 1 号墩大。

2."Π"形结构计算及分析

(1)端部计算及分析

对"Π"形结构端部板件以 8 节点实体元对该部位进行离散，计算模型见图 2-31。整个结构视为均质弹性体。在分析中，约束情况是将"Π"形结构的下部固定。这种方式对于"Π"形结构本身是偏于安全的。

荷载处理：将支座反力等效为均布载作用在支承垫石范围内，并按柔性墩制动力的分布分配制动力，以等效集中力来代替；端部自重以体积力考虑，桥面上的恒载等效到顶板的均布载。

从分析结果可以看出：在 $x=0$ 切面上，σ_x 很小，可以认为"π"形结构端部主要是 Z 和 Y 方向受力，σ_y、σ_z 在 X 方向几乎呈直线分布。在 $X=0$ 断面上，Y 方向上的拉应力最大达到 1.39MPa，压应力最大达到 1.7MPa。Z 方向上，除了悬臂的根部有很小的拉应力(0.08MPa)外，其他全截面受压，在设计时帽梁按中心受压考虑，而斜腿则按照偏心受压来进行设计。

(2)中部计算及分析

对"Π"形结构进行计算时，采用板壳元对"Π"形结构进行离散。而"Π"形结构底板是与主钢管弹性固结的，分析时采用的边界条件是"Π"形结构的下端固结，这种有限元的计算模型的计算结果与实际受力相比较是偏于安全的。"Π"形结构有限元计算模型如图 2-32 所示(由于结构对称，只取 1/4。)

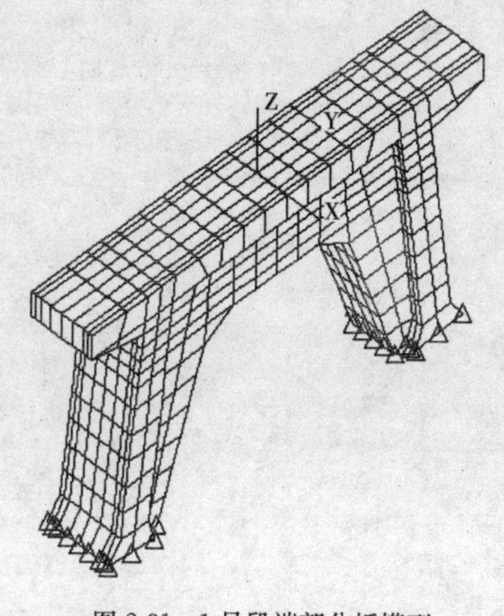

图 2-31　1 号段端部分析模型

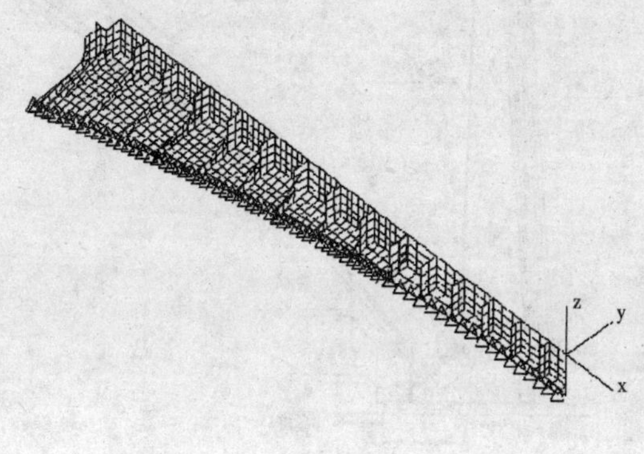

图 2-32　"Π"形结构中部有限元分析模型

荷载的处理：在计算时考虑了三种荷载：自重＋桥面恒载、列车活载、温度。在模型中分三种工况来计算。从计算结果分析，各段顶板应力分布规律基本相同，顶板如同支撑在横隔板上的连续梁一样。

从计算结果中得出：顶板 X 方向应力分布和 Z 方向应力分布规律相同，中间顶板是作为双向板在参与结构受力，悬臂部分的顶板，其受力规律如同三边支承板，故顶板按双向钢筋混凝土板设计；中部腹板主要是 Y 方向受力，其应力在 Y 方向的分布类似与框架的立柱的分布，考虑到腹板顶部是内侧受拉，而下部是外侧受拉，腹板厚度仅为 20cm，故配筋时内外侧都适当配筋。X 方向的受力较小，可按构造配筋；横隔板除中部受拉外，主要受压，由构造控制设计。

第四节　水平转体施工设计

主桥钢管桁架拱圈构件在工厂分单元制造，再运至现场组装、焊接。因桥位地处偏僻，交通运输不便，能运进现场的杆件最长仅能达到 8.6m，故工地组装、焊接等工作量很大。为了保证安全生产，确保拼装线形正确和焊接质量可靠，应尽量减少高空作业，钢管桁架拱的架设采用转体法施工。桁架杆件运至现场后，分别在两岸依地形搭建的支架上组拼焊接成半拱（扣除合拢段），然后以半拱为一转体单位，六盘水岸平转 135°，柏果岸平转 180°，单边转体质量达 10 400t。

一、转体结构

1. 概述

大吨位转体施工惯用大直径环道体系，以获得转动时较好的稳定性。但环道体系需要有宽阔、平整的施工场地。北盘江大桥桥位施工场地狭窄，拱座已靠近悬崖，不具备采用环道体系的条件，故采用了单点支撑的球铰转动体系。转体系统由半跨拱圈、下盘、上转盘、交界墩、球铰、保险撑脚、扣锚体系等组成。转体结构示意见图 2-33。

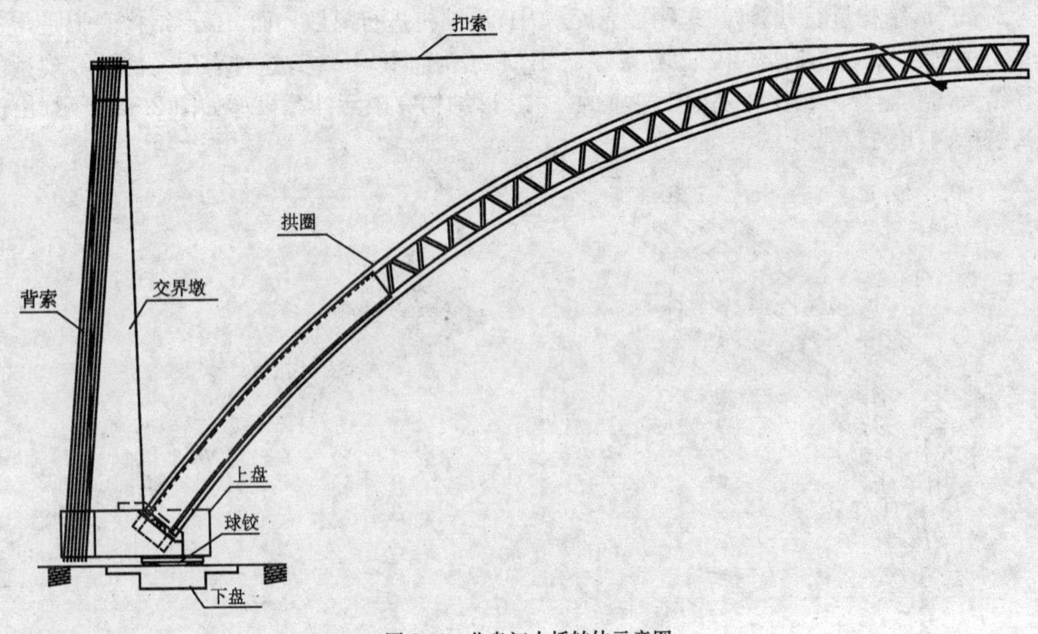

图 2-33　北盘江大桥转体示意图

下盘作为整个系统的基础，埋置于基岩内。扣索由 96 根 ϕ15.24mm 钢绞线构成，一端固结于拱肋下弦，另一端锚固在交界墩顶。为了平衡扣索的水平张力，在交界墩顶向后斜拉背索，背索由 42 束 19ϕ15.24mm 钢绞线构成，并将其锚于上盘尾部。拱肋与上转盘设临时转动铰连接。结构总长 130.7m；转体结构总高 67.95m；上盘尺寸长×宽×高为 20.03m×26m×6m；拱肋伸臂长度 117.64m；转体结构重心高度(距下盘顶面)17.8m。

2. 球铰

北盘江大桥转体结构为单铰转体结构。对于单铰转体结构，预防结构倾覆是至关重要的。在相同倾覆力作用下，采用凸铰的转体结构的倾覆力臂总是大于采用凹铰的转体结构(图 2-34)。另外，采用凹面铰还可防止铰面间填充的润滑剂在转体结构重压下流失。因此北盘江大桥转体结构一改过去桥梁转体施工惯用的凸铰(蘑菇头)而采用凹面铰。

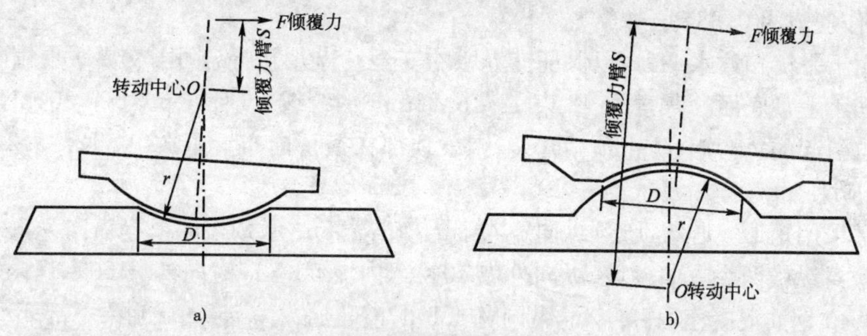

图 2-34　北盘江大桥转体凹铰和凸铰的比较

a)凹铰；b)凸铰

球铰由上下两块钢质球面板组成，上面板为凸面，通过圆锥台与上部的牵转盘连接，上盘就置于牵转盘上；下面板为凹面，嵌固于下盘顶面。上、下面板均为 40mm 厚的钢板压制而成的球面，背部设置肋条，防止在加工、运输过程中变形，也加强与周围混凝土的连接。下面板上镶嵌四氟乙烯片，上、下面板间填充黄油四氟粉，以减小上下球面之间的摩擦系数。下面板周围灌筑 C40 混凝土，上面板上方的过渡锥台和牵转盘为 C60 混凝土。该球铰按承受120 000kN的压力设计，球铰球半径 8m，球缺底面直径 3.5m。为保证上、下盘之间不发生偏心错动，球铰中心设 ϕ210mm 的定位轴，由定位轴承受因转体重心偏移和水平风力等引起的剪力。定位轴套筒穿透上盘，以便在必要时可以取出定位轴。球铰构造如图 2-35 所示。

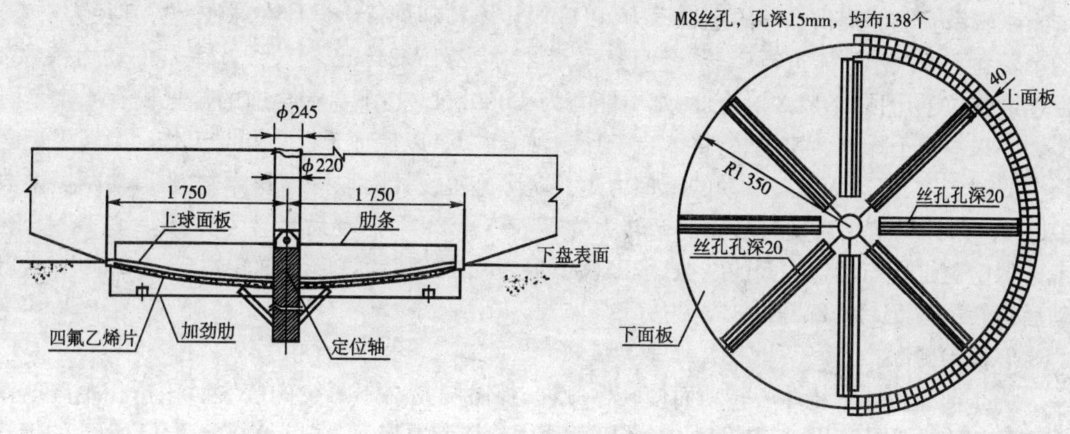

图 2-35　北盘江大桥转体球铰构造(单位：mm)

球铰面板的安装必须精确定位和调平，设计对球铰面板制造和安装验收技术标准作了较严格的规定。为了确保安装精度，在下盘内设计有球铰面板的定位骨架，骨架顶部设调节装置，可精确定位面板和调节面板水平；待面板安装验收后再浇筑混凝土。

3. 扣锚体系和交界墩

鉴于本桥拱肋刚度大，而且拱脚又设置转动铰，为便于施工和控制，设计采用了单扣点方案，扣索采用钢绞线。扣索前端用P锚锚固在拱肋下弦E3节点的锚梁上，然后通过上弦A4节点处的转向块，拉锚在交界墩帽梁上，在交界墩顶张拉端设双锚具，确保张拉过程中索力的稳定。在转向块处，扣索分散开成一排，避免了相互缠绞。由于拱脚为临时铰接，扣索拉力很容易确定和控制。设计扣索拉力9501kN，考虑到扣索张拉过程中的不均匀性及转体结构的安全，也为了降低扣索钢绞线的弹簧效应，扣索采用96根ϕ15.24mm钢绞线，工作应力用得较低，平均工作应力为0.38f_{pk}。

背索用于平衡扣索水平力，以保证交界墩的安全。背索上端锚固于交界墩顶帽两侧，向后斜拉并锚固于上盘底面。背索为42束19ϕ15.24mm钢绞线，设计总拉力96 000kN。为抵抗因背索张拉引起的负弯矩，防止顶帽开裂，帽梁顶部在横桥向布置了32束12ϕ15.24mm钢绞线，施加预应力。

交界墩采用矩形空心墩，墩颈纵向宽4.5m，横向宽5m，墩颈最小壁厚纵向为0.65m，横向为0.6m，墩身纵横两个方向放坡，纵向外坡40∶1，内坡50∶1；横向外坡50∶1，内坡55∶1。帽梁采用C40钢筋混凝土，高度5m，纵向宽4.5m，横向加宽为7.2m。帽梁下部3m在横向收坡与墩颈顺接形成托盘，上部0.5m加飞檐成为7.4m×4.9m的顶帽。为抵抗因背索张拉引起的负弯矩和劈裂力，帽梁顶部在横桥向布置32束12ϕ15.24mm钢绞线。

4. 上盘

上盘结构为“十”字形，横向最大宽度26m，纵向最大长度20.03m，球铰部位纵向突出3.5m，上盘厚度6m，并在交界墩后设置配重其平衡力大于7 000kN。通过建立整体模型作分析计算，底部应施加纵向预应力，设两排共48束19ϕ15.24mm钢绞线；在球铰作用区域的上盘顶面和支承拱脚的两翼布置13束12ϕ15.24mm钢绞线和20束4ϕ15.24mm钢绞线；此外，在背索锚固区域附近和交界墩作用区的上、下面也布置了横向预应力以改善上盘的受力。竖向在交界墩前后两侧共设置了1 360根ϕ32mm预应力粗钢筋。

5. 牵转系统

牵转系统能够提供足够的牵转动力，以确保转体顺利进行。设计在球铰上方直径为8.4m的牵转盘上缠绕牵引索进行牵转，牵引索采用2对12ϕ15.24mm钢绞线。牵转的动力依靠4台连续张拉千斤顶，形成2对力偶，牵引能力为4 000kN。在下盘上合适的位置设有4个牵引反力座来固定千斤顶。实施时，将4台千斤顶油泵并联，以保证千斤顶同时工作。牵转力矩必须克服球铰上、下球面相对滑动的摩擦力矩。实际施工设计时取静摩擦系数0.1，动摩擦系数0.06计算，计算结果启动时必要的牵转力为T_1=1 452kN，启动后牵转力为T_2=871kN。若考虑保险腿走板与滑道之间的摩擦，取摩擦系数为0.15，则计算启动牵转力T_1=2 009kN，启动后牵转力为T_2=1 242kN。

6. 保险腿

为了防止因球铰绕球心转动而使转体倾覆，保险腿是必不可少的装置。该桥在距离球铰中心3.5m的圆周上，等距离设置6个保险腿撑脚，每个撑脚由2根ϕ1 000mm×14mm的钢管混凝土组成。撑脚上端埋于牵转盘内，下端悬挂走板，下盘表面设环形滑道与走板配合。走板底面与滑道表面留 5mm 间隙。实际施工中,因滑道上要铺设不锈钢板和四氟乙烯板,间隙量达 10mm。保险腿构造如图 2-36 所示。在大桥转体实施时,为了降低转体向前倾的危险,有意识地加大平衡配重量,让转体重心后移,转体时实际是球铰和后支腿共同支承。

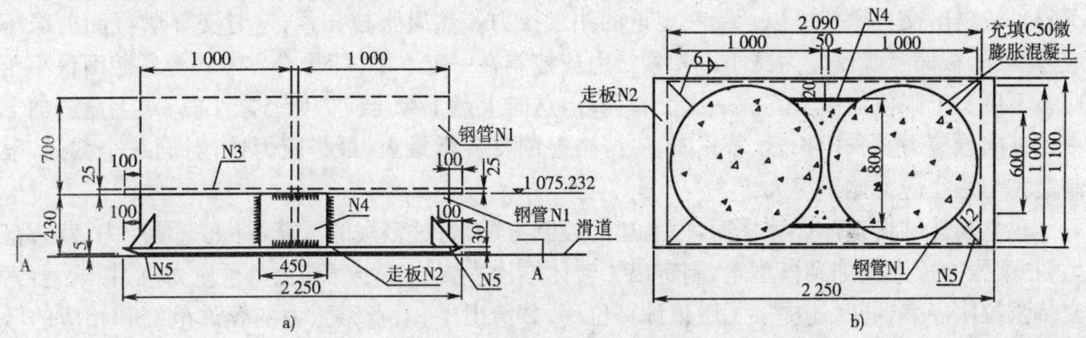

图 2-36　北盘江大桥转体保险腿构造图(单位:mm)

a)撑脚立面图;b)A-A 截面

二、转体施工主要步骤

转体施工工艺复杂,施工工序多。当钢管桁架拱在支架上拼装焊接完成后,要通过张拉扣索来使桁架脱离支架呈悬臂状态才能实施转体。但是,为了交界墩和上盘的安全,扣索不能一次张拉到位,必须分批、分级与背索和上盘预应力束交替张拉;当转体到位,拱肋合拢后,扣索、背索、上盘预应力等仍需分批、分级、交替释放。

北盘江大桥转体施工的主要步骤如下:

①首先浇筑下盘混凝土,安装下球铰,制作保险腿滑道;然后安装上球铰,并作转动试验。

②浇筑球铰上方锥体及牵转盘,埋设牵引索。

③在砂箱上立模施工上盘,在上盘尾部设硬支承,但在背索锚固区不能设硬支承。

④张拉上盘全部横向预应力、竖向预应力束,张拉第一批纵向预应力束,此时上盘中央向上微拱,上盘自重大部分转移到尾部的硬支承和球铰上面,上盘纵向呈简支状态,此时退砂箱,拆除上盘模板,为张拉背索、安装牵引反力座提供操作空间。

⑤在上盘上修建交界墩,修建交界墩过程中上盘不再施加预应力。

⑥张拉上盘第二批纵向预应力钢束;根据平衡的需要,在上盘堆放平衡重并安装牵引反力座和连续张拉千斤顶,做好转动准备。

⑦按设计步骤,分批、分级、交替张拉扣索、背索和上盘纵向预应力束,使拱圈脱架,在此阶段须监测上盘、交界墩、球铰、扣索及背索等重要部位的应力状况、监测交界墩顶的位移以及上盘的变形情况等。

⑧再一次核实平衡重的质量和位置,拆除上盘尾部的硬支承。此时转体结构的重心已经转移到球铰上面;清理球铰,清理场地,清除转体障碍物。

⑨启动连续张拉千斤顶,实施转体;调整拱肋线形,优先满足合拢口高程,合拢拱肋;连接上下盘间的钢筋,混凝土封闭上下盘间的空隙,混凝土回填上盘周围的基坑,混凝土封闭拱脚临时转动铰;最后分批、分级、交替拆除扣索、背索和大部分上盘纵向预应力束。

分批、分级、交替张拉上盘纵向预应力束、背索、扣索使拱圈脱架是实施转体前的关键工序,也是施工中的难点之一。在实施之前必须制订严格的张拉次序,明确每次的张拉量。为了得到合理的张拉批次,设计作了如下的设想:在交界墩修建完成后,上盘张拉第二批纵向预应力束，使上盘内部有较大的压应力储备。接下来对交界墩施加竖向预应力即张拉第一批背索，使交界墩各截面面向上盘尾端的一侧（称之为截面后缘）受较大压应力；而面向拱肋一侧（称为截面前缘）受较小的压应力（不允许出现拉应力，预先设定一个下限值，最小压应力不得低于此下限）。这样，交界墩就可以承受一定量的扣索拉力。然后张拉扣索，这时交界墩截面前缘压应力增加，截面后缘压应力减小。扣索拉力应控制在一定水平，使得交界墩墩身各截面最小压应力不低于下限值。以上完成一次交替循环，这时上盘下缘压应力储备减小，应对上盘施加下一批纵向预应力。张拉扣索、背索时，应严格控制交界墩最大、最小应力比，对同一个截面，限制最大与最小应力比不得大于2。

建立转体结构整体计算模型，用上述的控制方法，通过多次的试算，将上盘预应力、背索张力、扣索张力逐渐施加到模型上，制定出了转体结构主要施工步骤和上盘预应力束、扣索、背索交替张拉次序表，同时还提供了墩顶计算位移，并给出了扣、背索张力的容许范围和相应的墩顶最大、最小位移。图2-37为该桥的施工照片。

a)

b)

图2-37　北盘江大桥转体施工照片

a)转体过程；b)转体到位

第五节　施工工艺技术与监控

一、大桥施工工艺技术

1. 钢管拱结构构件工厂制造

全拱划分为39个节段及拱脚预埋节段，跨中和拱脚合拢段；主弦管制造时采用以直代曲，通过每节管的焊缝间距调整，曲率误差小于1mm，因此主弦管弯曲未使用中频弯管机。在厂内，按成组制造技术和流水线生产的要求，将钢管桁架拱制造过程划分为以下五大工艺阶段：筒节制造、单元件制造、片装分段制造、钢管桁架拱匹配预总装。

在整个制造过程中，焊接严格按焊接工艺评定推荐的规范参数进行施工。全桥焊缝均要求进行外观检查，需要进行无损检验的焊缝必须在外观检查合格后，放置24h之后才能进行无损检验。

工厂预拼分为卧预拼装和立体预拼装，卧预拼采用“3＋1”、立体预拼采用“6＋1”短线预拼方案。

2. 钢管拱工地拼装与焊接

左岸半跨钢管拱利用 20t 桅杆吊机吊装于膺架上组拼成型，采用自上游向下游顺时针转体 135°到位方法施工。右岸半跨钢管拱利用 55t 缆索吊机吊装于满铺支架上组拼成型，采用自下游向上游顺时针转体 180°到位方法施工。工地施工根据《北盘江大桥钢管拱制造工地焊接工艺规程》来指导。

3. 钢管拱微膨胀混凝土泵送

本桥钢管拱混凝土的灌注采用泵送顶升灌注法施工。混凝土配合比实测 14d 限制膨胀率为 3.20×10^{-4}。

主桥拱肋内灌注 C50 微膨胀混凝土。其中，上弦拱肋钢管长 278m，每肢钢管需灌注混凝土 218m³，下弦拱肋钢管长 270m，每肢钢管需灌注混凝土 212m³；上下弦各由两根主管与其间的两块 12mm 钢板联结呈哑铃形，钢板内灌注 C50 微膨胀混凝土，重量为 502m³，两端拱角各有 42.577m 的实腹段，灌注 C50 微膨胀混凝土 505m³。

拱肋混凝土灌注顺序按照①—②—③—④—⑤—⑥—⑦—⑧进行，见图 2-38。这样灌注顺序使拱脚部位各钢管受力相对较均匀，对拱脚最为有利，就总体受力而言，拱脚截面比跨中截面更加控制设计。各部分位移和稳定系数满足要求。当拱肋内混凝土强度达到设计强度后，用超声波对拱内混凝土的密实情况进行全面检查，并钻小孔进行抽查，对拱顶局部脱粘部位进行压浆处理。

4. 拱上结构施工

拱上刚架墩墩座钢箱在工厂整体制作后运抵工地，在钢管拱转体合拢后钢管拱混凝土灌注之前，先进行墩位放样，在主弦钢管及盖板上焊接 ϕ16mmL65mm 栓钉，再把墩座钢箱焊接于主弦钢管顶部，在钢管混凝土灌注完成后再灌注钢箱内 C50 微膨胀混凝土。在地面组拼万能杆件施工平台，用缆索吊机整体吊装，焊接于上下拱肋顶部墩位钢管上。在万能杆件施工平台上铺设钢管脚手架，墩身混凝土采用分节灌注，分节高度 2.5m，K 形横撑采用整体现浇。

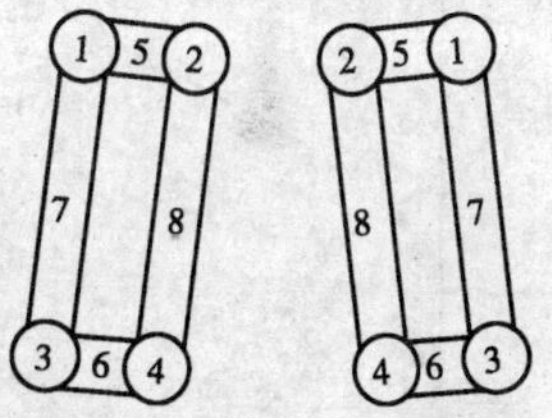

图 2-38　混凝土灌注组件编号

拱顶Ⅱ型梁施工分节段预制吊装及现浇两种方法。

二、大桥施工监测监控

1. 主拱肋施工过程结构应力应变监测监控

(1)仪器系统

监测监控仪器系统见表 2-8。

监测监控仪器表　　表 2-8

投入现场监测的主要仪器	数　量	投入现场监测的主要仪器	数　量
MCT-24 数据采集仪	2 套	UCAM-1A 静态应变仪	2 台
MDT-G 拾振器	18 个	UCAM-70A 数据采集系统	1 台
SL-2 多通道数据采集仪	1 套(含拾振器 2 个)	便携式计算机	4 台
VT-1 弦式应变仪	2 套	台式计算机	1 台

为满足现场即时测试、即时分析、即时控制的要求，我们还专门为北盘江大桥的监测监控工作编制了 2 个测试数据处理软件：

①索力数据采集分析系统：该系统是专门为北盘江大桥监测监控研制的，并通过检定，满

足扣、背索索力检测精度要求。

②桥梁监测监控数据处理系统：本系统专门针对北盘江大桥进行了全面的改进，界面友好，操作方便，采用了人机交互的方法，实现了现场实时处理数据，并将索力大小、索力分组情况等形象地用图表现出来，使其能够迅速地了解整体索力状况，快捷准确地做出判断。

(2)测点布置

从上盘混凝土浇筑开始就着手埋设测试元件、布设电缆线。在转体施工准备阶段埋设了 66 个内埋式钢弦应变计，安装了 16 个外表式钢弦应变计，粘贴了 48 片电阻应变片；另外还在 3 号、4 号墩下断面分别加装了 4 个外表式钢弦应变计，在 3 号、4 号墩上盘底部分别加贴了 24 片电阻应变片。共布设电缆线约 15 000m。此外，为了给今后的通车试验做准备，还在拱肋钢管上加焊了 12 套外表式钢弦应变计底座。图 2-39～图 2-41 是各部分测点布置图。3 号墩、4 号墩上盘的四个角点还分别安装了 4 个电子百分表，用于观测上盘硬支撑拆除前后的变位。

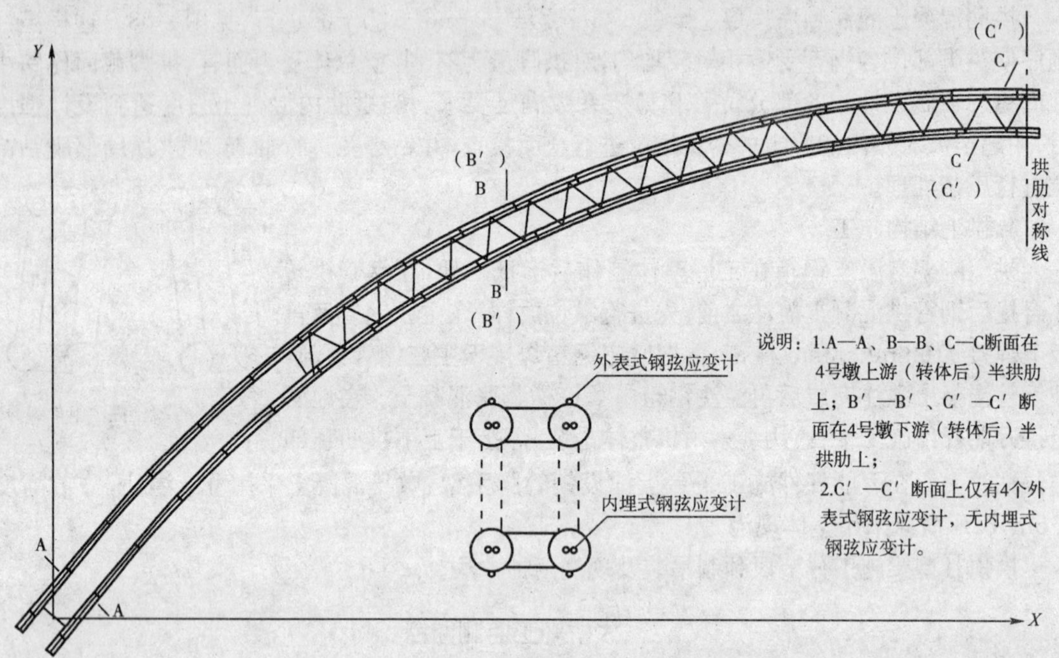

图 2-39　4 号墩主拱拱肋测点布置图

(3)监测监控项目及测试结果

此阶段对上盘、交界墩、拱肋的应力应变以及扣、背索索力进行了大量测试，测读数据达 20 000 余个。

在扣、背索张拉前：从测读情况看，数据稳定，但须注意温度补偿。

在扣、背索张拉过程中：实测上盘最大压应力为 0.77 MPa，最大拉应力为 0.91 MPa。交界墩墩身最大压应力为 9.29 MPa，无拉应力出现。

转体过程中：各测点数值无明显变化。

2. 拱肋钢管混凝土密实度监测监控

(1)检测方法及原理

拱肋钢管混凝土密实度检测工作参考《超声法检测混凝土缺陷技术规程》(CECS21:90)和国家有关规范及规定。具体检测方法采用频率回波法、反射波法和密集对穿测线相结合的方法。

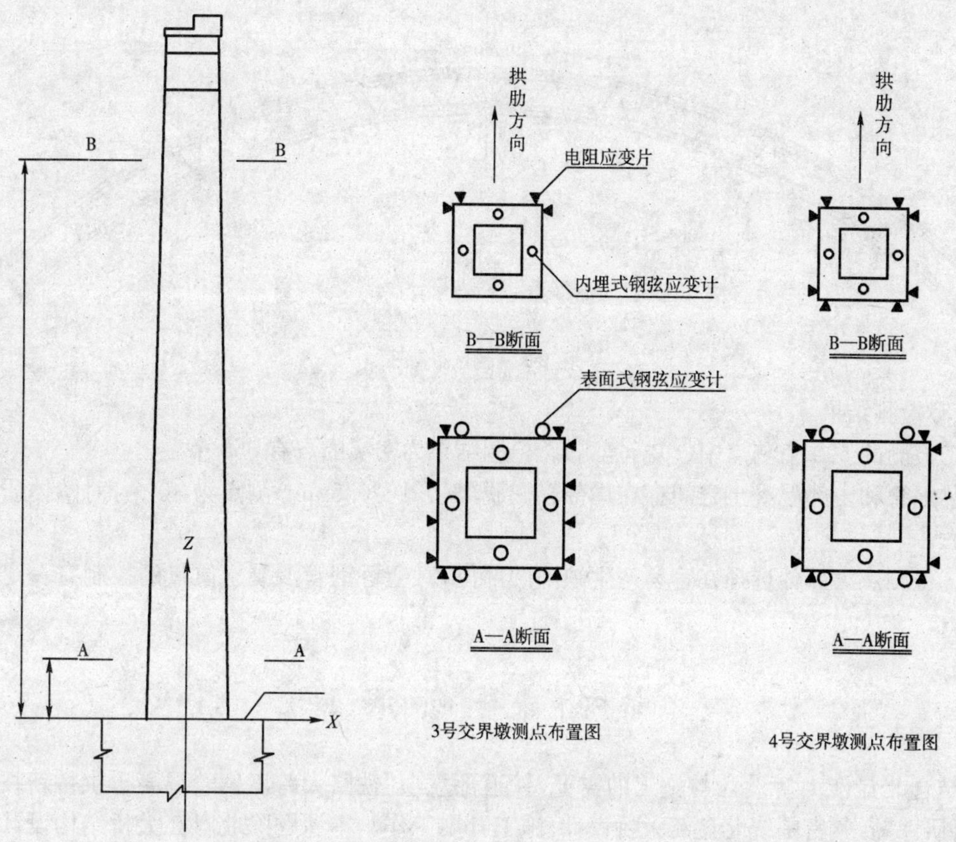

图 2-40　交界墩测点布置图

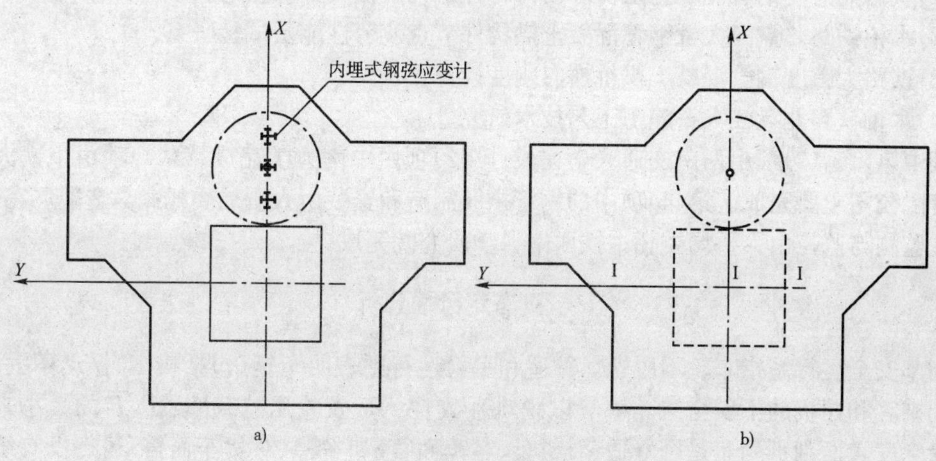

图 2-41　上盘内埋式钢弦应变计测点布置图

a)上盘上部；b)上盘下部

(2)测试仪器系统和测点布置

检测仪器采用武汉岩海公司的 RS-UT01C 声波仪和北京康科瑞公司的 NM-3B 声波仪。仪器最小采样间隔 0.1us，发射脉冲 10us 至 1 000us 可调。可用于检测混凝土强度、内部缺陷、裂缝等。测区布置图见图 2-42。

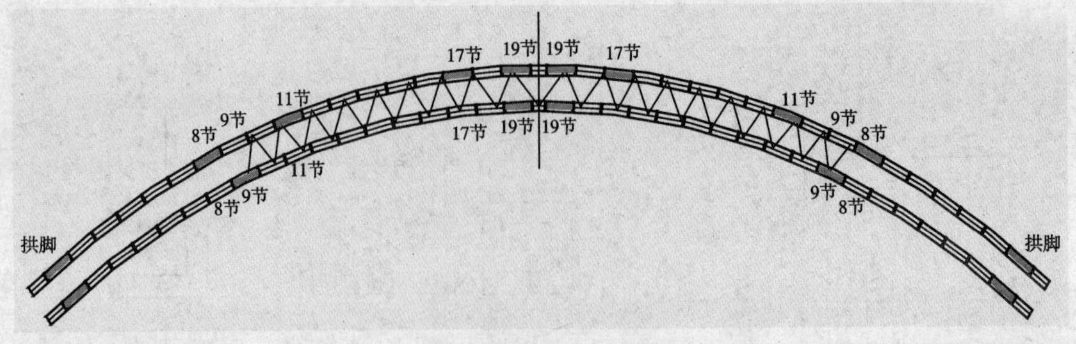

图 2-42 测区布置图

(3)检测结果

①检测的 690 个测点中(包括复测)。检测结果为密实的点有 650 个。

②钢管和内部混凝土之间存在局部轻微脱离(0.1～0.5mm)测点为 40 个,对整体质量影响不大。

③检测点大部分选择在容易产生缺陷的部位,对全桥钢管混凝土质量的控制有一定的代表性。

第六节 科研试验

结合北盘江大桥设计与施工的需要,铁道部立项"铁路大跨度钢管混凝土拱桥新技术研究"科研课题,紧密围绕北盘江大桥设计、施工开展工作。本课题除北盘江大桥结构设计研究由课题主持单位铁道第二勘察设计院完成外,以下子项目主要由其他单位完成:

(1)铁路大跨度钢管混凝土拱桥静动力特性研究及仿真计算技术。

(2)水柏铁路北盘江大桥钢管混凝土拱构件节点疲劳性能及试验研究。

(3)铁路大跨度钢管混凝土拱桥横向刚度计算。

(4)水柏铁路北盘江大桥施工工艺技术研究。

其中第(1)、(2)项由西南交通大学完成;第(3)项由中南大学完成;第(4)项由中铁大桥局集团有限公司主要完成。第(4)项中的钢管拱肋制造和安装由大桥局委托武昌造船厂完成,转体施工监测与监控由大桥局委托中铁西南科学研究院完成。

一、列车走行性分析

列车安全运行系指车轮不脱轨。舒适和平稳运行则表明车辆(包括机车)振动不太激剧,不引起乘客和司机的不安全感。一般以脱轨系数 Q_1/P_1 及轮压减载率 $\Delta P/\overline{P}$ 的大小来评估脱轨安全度。而判别列车是否舒适(对机车、客车而言)和平稳(对货车而言)运行没有统一标准。日本用杰奈威(Janeway)舒适度系数 $J=1\sim1.5$ 来判定。J 是频率和加速度的函数,$J=1$ 时的允许最大加速度为 0.2g。我国、德国等国采用斯佩林(Sperling)舒适度、平稳性指标 W_z 来评定车辆舒适度和平稳性,各国根据科学技术发展情况及铁路车辆运用经验,客车舒适度指标的最大允许值 $W_{z\,max}$ 约在 2.5～3.25 之间,车辆平稳性指标 W_z 的合格标准为 4～4.25。

1.列车安全、舒适和平稳运行的评估标准

本桥所采用的列车运行安全性和舒适性评判标准如下:

脱轨系数 Q/P:<0.8 ;轮压减载率 $\Delta P/\overline{P}$:<0.6;

车体加速度 A：客车 $<0.25g$(竖向)，$<0.20g$(横向)；

货车 $<0.70g$(竖向)，$<0.50g$(横向)；

对客车：斯佩林(Sperling)舒适度指标<2.5 优；2.5～2.75 良；2.75～3.0 合格；

对货车：斯佩林(Sperling)平稳性指标<3.5 优；3.5～4.0 良；4.0～4.25 合格。

2. 动力特性计算

北盘江钢管混凝土拱桥前 5 阶自振特性计算结果见表 2-9。

北盘江钢管混凝土拱桥前 5 阶自振特性计算结果

表 2-9

特征值序号	频率 f(Hz)	对应振型	特征值序号	频率 f(Hz)	对应振型
1	0.69	U	4	1.48	W
2	0.78	V	5	1.64	W
3	1.31	U			

3. 列车—桥梁时变系统空间振动响应计算结果及对结果的分析

计算列车分旅客列车(1 辆 DF11 内燃机车牵引 18 辆准高速客车)和货物列车(1 辆 DF4 内燃机车牵引 25 辆 C62 货车)两种；计算工况为：货物列车分别以 70km/h，80km/h 通过桥梁；旅客列车分别以 100km/h，120km/h，140km/h 通过桥梁。

根据计算分析得出结论如下：

(1)客车($v\leqslant$140km/h)及货车($v\leqslant$80km/h)通过该桥时的行车安全性均可以得到保证。

(2)客车及货车在各速度下，列车最大横向、竖向加速度、各梁跨的最大挠度冲击系数、最大横向位移、最大竖向位移、最大横向加速度、最大竖向加速度均满足标准要求。

(3)客车通过该桥时的舒适性为 $v\leqslant$140km/h：良好；货车通过该桥时的平稳性为 $v\leqslant$80km/h：良好。

二、静动力计算与分析

1. 计算依据

《铁路桥涵设计规范》(TBJ 2—96，以下简称《桥规》)和《钢管混凝土结构设计与施工规程》(CECS 28：90)。在研究主拱混凝土的收缩徐变时，还参照了《公路钢筋混凝土及预应力混凝土桥涵设计规范》(JTJ 023—85)。计算工具为 ANSYS 程序。

2. 计算模型

本计算建立了 4 种计算模型：裸拱简化计算模型、成桥简化计算模型、成桥动力分析计算模型和用来计算极限承载力的局部仿真计算模型。无论哪种计算模型都基本做到了实际结构的每个主要受力构件都有相应的单元与它一一对应，单元的位置和属性(材料常数和实常数)尽可能与实际构件的一致。

全桥的计算模型立体图如图 2-43 所示。考虑到全桥有两个对称轴，计算结果仅需输出四分之一单元的内力就够了，本计算输出内力的单元如图 2-44 所示。

3. 主力计算

(1)裸拱施工阶段

对裸拱最初的钢结构状态作一次静力分析，每浇筑一步有一种工况；全部混凝土构件浇筑完毕后，混凝土构件收缩，也算一种工况。混凝土构件的浇筑顺序按上盖板→下盖板→上内管→上外管→下内管→下外管→拱脚内侧壁→拱脚外侧壁，拱脚产生的支座弯矩最小，拱顶竖向位移为：混凝土收缩前－8.484cm，收缩后－12.675cm。

(2)成桥施工阶段

在成桥使用阶段，采用成桥简化计算模型，但混凝土构件已达设计强度的100%。

①影响线计算及加载。在桥面结点中选择了77个加载点，其间距空腹段为4.1m左右，实腹段为2.7m左右。依次在每个加载点上放置一个单位荷载，然后进行结构分析，就得到以结构结点位移和单元内力的影响线。加载程序用VB语言编写的中—活载加载的计算机软件。

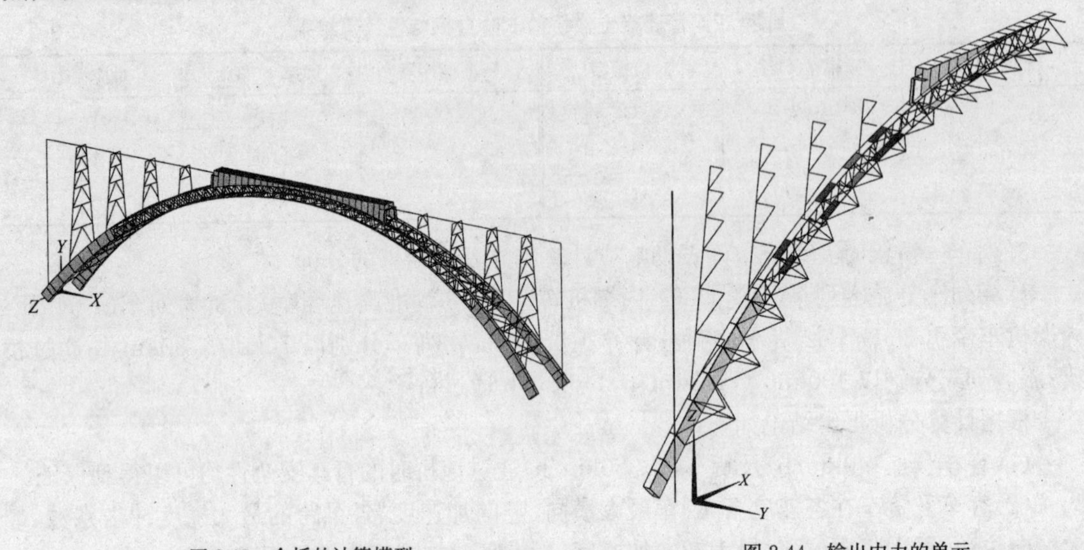

图2-43　全桥的计算模型　　　　图2-44　输出内力的单元

②内力包络图和应力包络图。依次累加：裸拱施工阶段10种工况的效应＋成桥1、2两期恒载的效应＋影响线的加载结果，得到成桥使用阶段的组合内力，并利用AutoCAD软件绘制《成桥使用阶段组合内力包络图》，图2-45为钢管拱①在正常使用条件下的轴力包络图。依据内力组合结果，对梁单元和壳单元采用不同的计算方法，绘制《成桥使用阶段应力包络图》。图2-46为钢管拱①的正应力包络图。

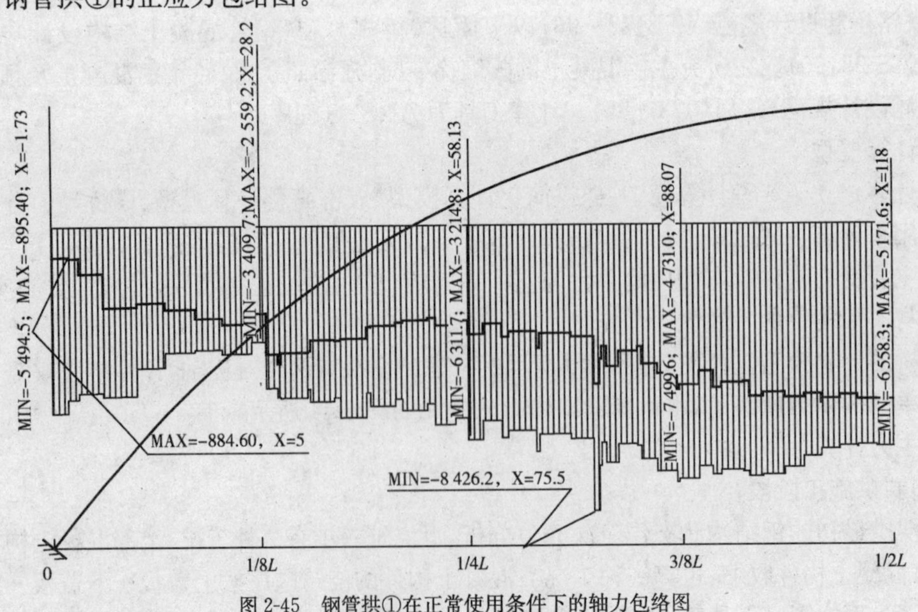

图2-45　钢管拱①在正常使用条件下的轴力包络图

计算表明，在正常使用条件下，所有构件的应力都不超过容许应力。

4. 动力分析

对全桥结构作了模态分析。试算表明，大桥主拱平面的倾斜角度 α 是控制设计的主要因素，减小主拱平面的倾角可以降低第一周期 T_1 的值，如果取 $\alpha=6.5°$，求得的第一周期 $T_1 \leqslant 1.65s$，验算通过。

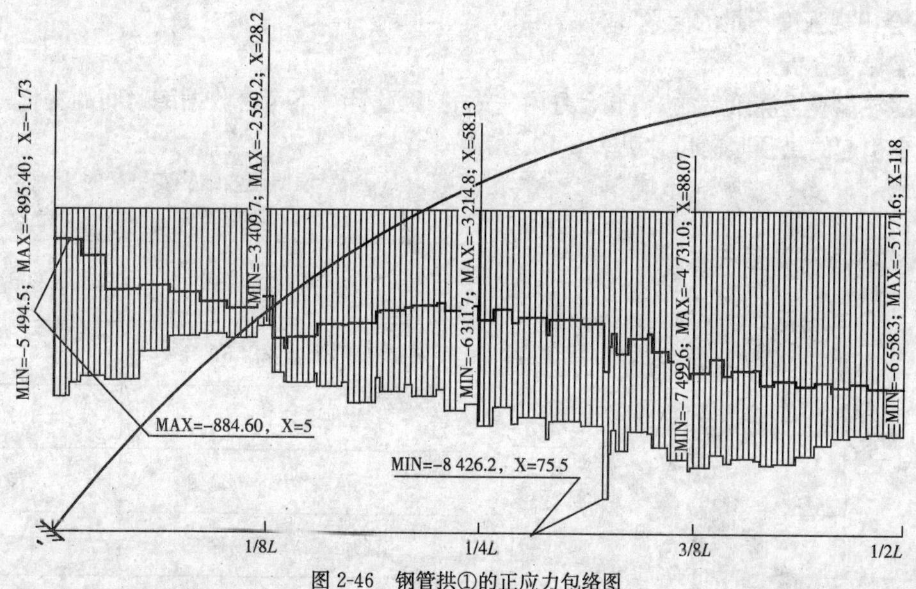

图 2-46 钢管拱①的正应力包络图

试算还表明，桥面纵梁的简化方案对第一周期 T_1 的计算结果也具有较大的影响。把桥面纵梁看作两根纵梁，简化为梁单元，两根纵梁之间用 5 个连接单元联系起来，这种简化方案的横向刚度基本与实际结构一致，算得的结果是可信的。

振型 1 的位移形状见图 2-47。

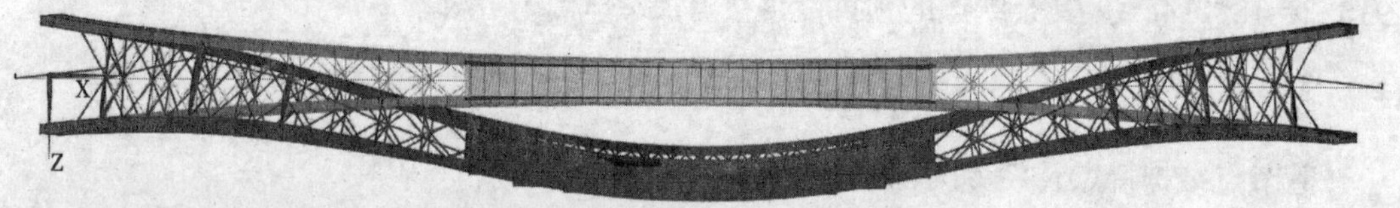

图 2-47 振型 1

5. 稳定性分析和极限承载力计算

(1)极限承载力的计算路径

本计算判别结构是否达到极限承载力采用下述四个准则：

准则 1——应力准则，结构个别构件的最大正应力达到相关桥梁设计规范规定的容许应力值。

准则 2——应变准则，结构的最大结点位移达到 0.1m，认为此时结构已经产生过大的变形，其承载力不能再增加。

准则 3——结构产生了非线性失稳。

准则 4——结构产生了弹性失稳。

(2)局部仿真模型

由于简化计算模型不能真实反映某些局部实际结构的复杂受力状况，因此建立局部仿真计算模型。例如，将实腹段斜板改为壳单元，将柱⑤平台简化为图 2-48 所示的实体单元等。

(3)计算结果

裸拱、成桥及其主要受力构件失稳时的临界荷载远远大于正常使用荷载，在正常施工和使用条件下，不会出现失稳问题；

全桥主要受力构件的极限承载力远远大于正常荷载。用简化模型计算，某些构件会出现强度不足，因此将这些构件改为局部仿真计算模型。在正常施工和使用过程中，最低安全系数有 2.4，不会出现强度不足的问题。

6. 收缩徐变分析

因收缩在混凝土浇筑后的 3～6 个月内完成的，因此计算不考虑收缩随时间的变化。混凝土收缩徐变引起的拱顶竖向位移见表 2-10。

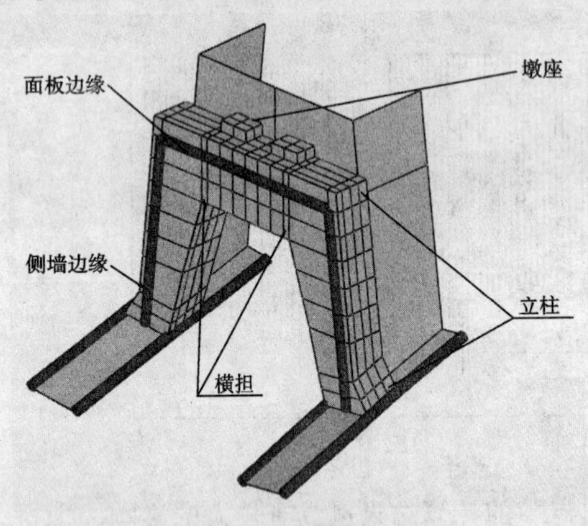

图 2-48　柱⑤平台简化图

混凝土收缩徐变引起的拱顶竖向位移　表 2-10

产生竖向位移的原因	竖向位移值(cm)
裸拱混凝土自重作用下的徐变	9.875
裸拱混凝土收缩	4.191
一期恒载作用下的徐变	1.775
二期恒载作用下的徐变	1.415
合　计	17.256

在裸拱施工阶段由混凝土收缩引起的拱顶竖向位移为 4.191cm。在中一活载作用下，拱顶的最大竖向位移为 1.915cm。因此钢管拱在制造时，拱顶的预拱度可设为 17.256＋1.915/2＝18.214cm。其余结点的预拱度可按有关公式计算。

三、钢管混凝土拱构件节点疲劳性能及试验研究

1. 管节点结构特点及疲劳问题

北盘江大桥在国内的铁路桥梁中首次采用了钢管混凝土拱结构的形式。在设计、制造与施工等方面突破了现行铁路桥梁相关规范的使用范围，特别是如何进行桁拱焊接管节点的疲劳设计。参照国内外对管节点疲劳试验的方式，针对本桥管结构节点的特点，考虑到疲劳加载设备的能力和模型设计的难点，采用节点构造典型化处理的方法，构造平面节点模型。

在试验方案制定时考虑以下原则：

(1)模型采用的杆件断面型式与实桥相近，但节点型式可有差别，主斜管交角为 45°，相贯焊接工艺及检验标准同实桥，以真实反映几何尺寸和焊接残余应力的影响。

(2)管结构 T、Y、K 节点中，以 T 形应力集中最严重，K 形情况最好，针对这一特点，按 Kuang 公式(θ＝45°)算得 Y、K 形节点的应力集中系数分别为 8.37 和 5.06，从偏于安全的角度模型节点接近 Y 形更好。

(3)对斜管杆的设计名义应力幅为控制疲劳试验加载的标准，相贯线或节点钣焊趾处热点应力仅作比较，不作控制。

(4)以设计采用的 AWSD1.1 中 S-N 曲线作为对试验结果对比判别的标准。

(5)管节点的疲劳寿命判别标准及破坏准则以主管出现贯穿裂纹为限。

2.模型设计

按照前述原则，根据瑞士 Amsler 疲劳试验机最大荷载为 500kN 的限制，将模型分为 A、B 两类，A 类为相贯节点型，B 类为管—钣节点型。两类模型各含由双 Y 组成的平面节点。ϕ325×12mm 为竖杆，ϕ152×11mm 和 2[16mm 为斜杆，ϕ219×11mm 为水平支管构成三角型构架。其跨度 3.2m，高度 1.9m，模型采用 Q345c 钢。A 类和 B 类各 2 个。模型简图见图 2-49。

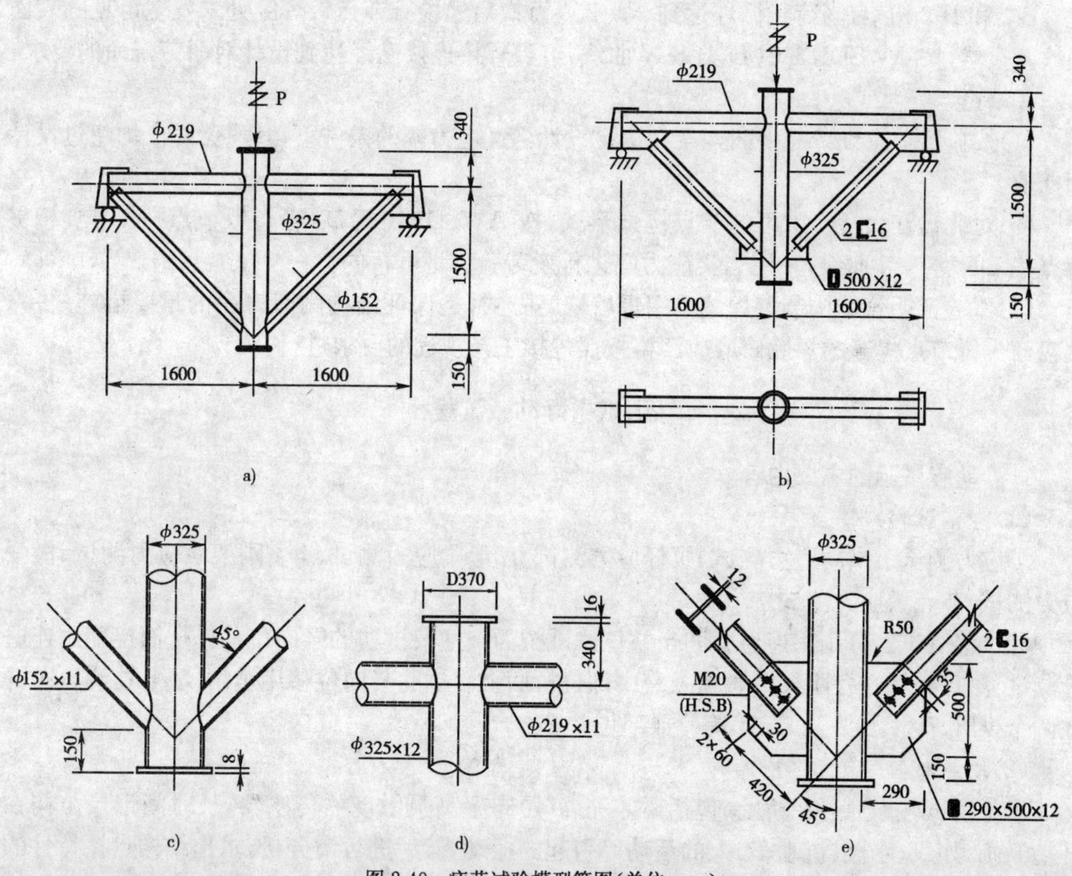

图 2-49　疲劳试验模型简图(单位:mm)

a)A 类模型试件;b)B 类模型试件;c)A 类相贯节点型局部;d)A、B 两种模型共有的双 Y 平面节点;e)B 类管—钣节点型局部

3.疲劳试验

疲劳试验在中铁西南研究院结构试验室进行。加载采用 500kN 瑞士 Amsler 疲劳试验机。加载按静载→疲劳的程序进行。

(1)静载试验

将斜杆中央断面作为设计名义应力的控制断面，按两个对称轴布置测点，对杆件采用 3×5 标距的应变片，相贯线处布置 1×1 标距的应变片其距离按 ECCS 的要求，$a=0.2\sqrt{rt}$布置。加载分三级并循环三次，通过对模型跨中的挠度观测掌握模型受载后的宏观表现。加载过程中平面构架两斜杆内力对称，与理论值吻合度好，杆件中央的实测应变表明杆件无旁变现象，A 类构架面内弯曲应力最大约为平均应力的 40～50%(比 IIW 提供的 $MF=1.3$ 为大)应力集中最大点发生在相贯线鞍部，根据实测值外推的最大应力集中系数约为2.60。相贯线上鞍点与冠点应力集中程度相当，根部应力最小。其分布规律与理论计算吻合。

(2)疲劳试验

疲劳试验是在静载试验完成后进行试验机加载频率4.17Hz。疲劳试验过程中需在1.0×10^5，5×10^5，1.0×10^6，1.5×10^6和2.0×10^6循环时停机观察裂纹的发生及扩展规律。

A-1和A-2构架分别经2×10^6和3×10^6荷载循环，未能发现表面裂纹，其疲劳寿命完全达到AWSD1.1 *S-N*曲线ET类的要求。

B-1和B-2构架，当荷载循环达到$N=200$万次后经检查节点钣焊趾处未发现可见的表面裂纹。显然，按AWSD1.1中D类*S-N*曲线，节点焊接连接已经达到设计对耐劳寿命的要求。

4.结论

(1)按典型节点设计的平面构架在满足设计名义应力幅的条件下，其耐劳寿命均超过设计预期值。

(2)对北盘江大桥所采用的节点构造形式，按AWSD1.1规范，管一钣节点按D类，相贯节点按ET类*S-N*曲线，采用名义应力幅进行疲劳验算是可行的。

(3)试验证明管结构节点焊缝采用焊后修磨方式，是保证结构耐劳寿命的重要措施之一。北盘江大桥节点焊缝的焊后修磨应严格按照焊接工艺规程的要求进行。

四、成桥静动载试验

1.静动载试验的主要内容

(1)静载试验

①应力测试。拱肋应力测试、腹杆应力测试、Π形梁应力测试、#4刚架墩应力测试、横联应力测试、节点板应力测试。

②位移测试。分别用连通管和全站仪测试桥面挠度及拱肋的竖向位移。桥面挠度用连通管测试，测点布置在各刚架墩墩顶及跨中部位桥面上。拱肋竖向位移用全站仪测试，测点布置在两个拱脚、$L/4$、$L/2$及$3L/4$等特征部位。

(2)动载试验

①脉动试验。通过在桥上(包括梁体和高墩)布置高灵敏度的传感器，长时间记录结构在环境激励，如风、水流、机动车、人的活动等引起的振动，然后进行谱分析，求出结构自振特性的一种方法。

②行车响应试验。分为跑车试验和制动试验两部分：

跑车试验是指试验列车以一定的车速匀速驶过北盘江大桥，测量列车以各种不同的速度通过时，桥梁一些特征位置的振动和动应变响应值，即桥梁的竖向振幅、横桥向振幅和响应频谱及桥梁特征部位的冲击系数。

制动试验是指试验列车以不同速度在桥上不同部位紧急制动，测量桥梁一些特征位置的响应值，即桥梁的竖向振幅、横桥向振幅及顺桥向振幅，以及桥梁不同部位的应力冲击系数。

2.静动载试验的主要结论

(1)在各工况静力试验荷载作用下，桥梁各受力部位的应力增量较小，实测最大应力与计算值吻合良好，结构受力满足设计要求。

(2)试验荷载作用下的桥面最大竖向挠度略小于计算值，拱肋最大竖向挠度略大于计算值，但远小于《铁路桥涵设计基本规范》(TB 10002.1—99)规定的$L/800$(295mm)的限值。桥梁刚度满足设计要求。

(3)实测桥梁横向振动基频大于设计值,桥梁振幅及振动加速度基本在理论计算结果以内。桥梁横向刚度满足设计要求。

(4)除拱顶下盖板外,应力冲击系数在设计取值以内,人体舒适度指标较好。

参 考 文 献

[1] 马庭林,徐勇,陈克坚,何庭国,等. 铁路大跨度钢管混凝土拱桥新技术研究总报告. 铁道第二勘察设计院,2003

[2] 范文理,等. 水柏铁路北盘江大桥钢管混凝土拱构件节点疲劳性能及试验研究. 西南交通大学,2003

[3] 曾庆元,郭向荣,等. 铁路大跨度钢管混凝土拱桥横向刚度计算. 中南大学,2003

[4] 陶建山,段美贵,等. 水柏铁路北盘江大桥施工工艺技术研究. 中铁大桥局,2003

[5] 谢永久,等. 铁路大跨度钢管混凝土拱桥静动力特性研究及仿真计算技术. 西南交通大学,2003

[6] 马庭林,徐勇,何庭国,陈克坚,等. 水柏铁路北盘江大桥. 桥梁建设,2001(5)

[7] 徐勇,马庭林,陈克坚,等. 水柏铁路北盘江大桥钢管混凝土拱设计. 中国铁道科学,2003(5)

[8] 何庭国,马庭林,徐勇,等. 北盘江大桥拱圈单铰转体施工设计. 铁道标准设计. 2002(9):28-31

[9] 陶建山,任旭初,陈国祥. 贵州水柏铁路北盘江大桥钢管拱转体施工设计. 桥梁建设,2001(2):50-53

第三章　广东东莞水道大桥

第一节　概　　况

一、桥 型 选 择

东莞水道特大桥位于广东省东莞市环城路，跨越东莞水道。由于东莞水道处在弯道上，且桥梁中心线与河道中心线成55°斜交角，主航道沿桥梁中心线长度为155m，航道局给出本桥孔径最低要求为在主航道范围内不得立墩。与此同时，鉴于该桥桥址处河道水文情况复杂，如果在水中立墩，桥墩要沿水流方向布置，也就是主桥要做成斜桥。综合上述要求，经过多方案比选，主桥选择为三孔 50m＋280m＋50m 中承式钢管混凝土刚架系杆拱桥（又称飞鸟式），这种桥型不仅外形美观宏伟，具有现代气息，而且构思新颖，结构合理，同时也能满足东莞水道的通航要求，避免了桥梁深水基础的出现，降低了主桥主梁的建筑高度，从而减少了引桥长度，因而不失为城市桥梁中的一种上佳选择。大桥总体布置图见图 3-1。大桥横断面布置见图 3-2。

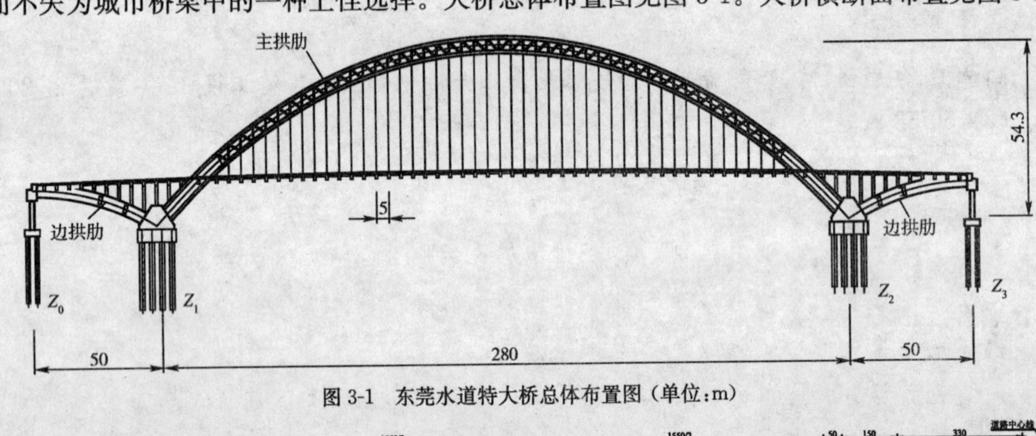

图 3-1　东莞水道特大桥总体布置图（单位：m）

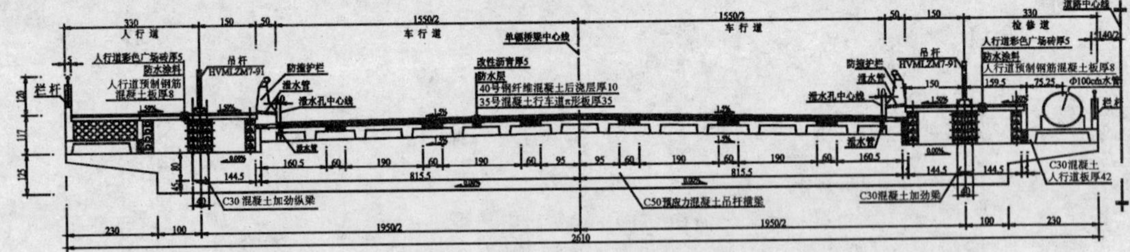

图 3-2　东莞水道特大桥横断面（单位：cm）

二、主要技术标准与设计规范

1. 主要技术标准

(1)桥梁宽度：桥面全宽按双向八车道外加人行道设计。大桥横桥向分左右两幅，完全独立且对称。每幅桥面宽 26.1m，具体组成为：人行道(含栏杆)4.8m ＋防撞护栏 0.5m ＋ 车行道 15.5m ＋防撞护栏 0.5m ＋过桥水管和检修道(含栏杆)4.8m。

(2)桥面纵坡:4%,竖曲线半径 R=6 500m。

(3)桥面横坡:双向 1.5%。

(4)通航标准:内河Ⅶ级航道,设计通航水位 4.016m(黄海高程),通航净空 18×4.5m。

2.设计荷载

(1)汽车—超 20 级、挂车—120,人群荷载 3.5kN/m²。

(2)温度影响力:分别按升温 20℃,降温 20℃计算。

(3)地震基本烈度:六度,按七度设防。

3.设计规范与规程

(1)《公路桥涵设计通用规范》1989 年版(合订本)

(2)《公路工程技术标准》(JTJ 001—97)

(3)《公路工程抗震设计规范》(JTJ 004—89)

(4)《公路斜拉桥设计规范(试行)》(JTJ 027—96)

(5)《公路桥涵施工技术规范》(JTJ 041—2000)

(6)《钢结构设计规范》(CBJ 17—88)

(7)《公路桥位勘察设计规范》(JTJ 062—91)

(8)《城市桥梁设计准则》(CJJ 11—93)

(9)《公路桥梁抗风设计指南》(JGJ 081—91)

(10)参考规程:

《钢管混凝土结构设计与施工规程》(CECS 28:90)

《钢纤维混凝土结构设计与施工规程》(CECS 38:92)

《铁路钢桥制造规范》(TB 1021—298)

三、大桥建设简介

东莞水道特大桥业主为东莞市城建工程管理局,设计单位为深圳市市政设计研究院有限公司(原深圳市市政工程设计院)(福州大学参加了设计计算与研究工作),施工单位为中铁十三局集团有限公司,监理单位为上海建通工程建设有限公司。

大桥于 2002 年底开工,2005 年 10 月 13 日建成通车。建成后的大桥见图 3-3。

图 3-3　建成的东莞水道特大桥

第二节　主桥结构与构造

一、总体结构主要设计参数

1. 总体结构主要设计参数

(1)边主跨跨径比：主跨跨径 L_1 为 280m，边跨跨径 L_2 为 50m，则边主跨跨径比（L_2/L_1）为 0.178。

(2)边主跨矢高比：主跨矢高 f_1 为 54.3m，边跨矢高 f_2 为 9.1m，则边主跨矢高比（f_2/f_1）为 1/5.967。

(3)主边跨恒载集度与边孔端横梁的压重：主孔采用钢管混凝土拱肋，恒载集度 $g_1=266\text{kN/m}$，边孔采用钢筋混凝土拱肋，恒载集度 $g_2=506.1\text{kN/m}$，大于主孔恒载集度，有利于解决主边孔大小跨带来的不平衡推力问题。

解决主边孔大小跨带来的不平衡推力问题的另一项措施是边跨端横梁的压重。在东莞水道特大桥的设计中，边拱肋端部设置了强劲的现浇的端部横梁进行压重。边墩支反力除由边拱端横梁产生外，还有一部分边拱自重参与压重。为了防止边拱肋端部支座处出现负反力，在边拱肋端部 20m 左右的范围内，采用了实心车行道板进行压重。

2. 基本平衡方程及参数估算

根据文献[1]，三跨飞鸟式拱恒载作用下的计算简图见图 3-4，系杆力 T、边拱脚弯矩 ΔM_0 的计算公式见式(3-1)、式(3-2)。为尽量减小边孔钢筋混凝土拱肋的拱脚弯矩，考虑在恒载作用时令其为零，则由式(3-1)和式(3-2)可求得三跨飞鸟式拱简化计算的基本平衡方程，见式(3-3)。

$$T=\frac{g_1\cdot L_1^2}{8f_1} \tag{3-1}$$

$$\Delta M_0=T\cdot f_2-\frac{g_2\cdot L_2^2}{2} \tag{3-2}$$

$$\frac{g_1L_1^2}{8f_1}\cdot f_2-\frac{g_2\cdot L_2^2}{2}=0 \tag{3-3}$$

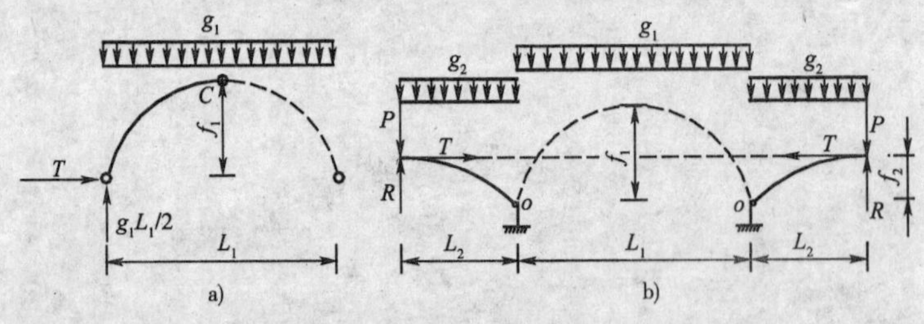

图 3-4　飞鸟式拱恒载作用下结构受力分析简图

a)主跨；b)边跨

根据工程经验与众多该类已建桥梁的资料，可初估式(3-1)、式(3-2)、式(3-3)中的各变量。对于东莞水道特大桥，将初拟的主跨计算跨径 $L_1=271.5\text{m}$，计算矢高 $f_1=54.3\text{m}$，恒载集度 $g_1=266\text{kN/m}$；边跨计算跨径 $L_2=44.7\text{m}$，计算矢高 $f_2=9.1\text{m}$，恒载集度 $g_2=506.1\text{kN/m}$ 等

参数，代入公式(3-2)中，计算结果拱脚有负弯矩产生，但此时的拱脚负弯矩比边跨作为悬臂曲梁要小很多，仅为悬臂曲梁的 19%。

由于实际上边跨的恒载自重有一部分由边墩承担，实际的边拱脚负弯矩 ΔM_0 接近于 0，所以得出结论：东莞水道特大桥初步设计参数能够满足三跨飞鸟式拱恒载作用下简化计算的基本平衡方程。

二、大桥主要构造

东莞水道特大桥主拱拱轴线为悬链线，计算跨径 271.5m，计算矢高 54.3m，计算矢跨比 1/5，拱轴系数为 1.5。边主跨之比为 0.178。主跨矢跨比为 1/5，边跨矢跨比为 1/9.82，边主跨矢跨比之比为 0.51。

1. 拱肋结构

主拱肋采用等高与等宽的桁式截面，拱肋截面高 5.5m，宽 2.5m。每根肋的四根上下弦管为 ϕ1 000mm×16mm 的 Q345c 钢管内灌混凝土的钢管混凝土截面(拱脚第一段钢管壁厚增至 18mm)。弦管间横向缀板为 12mm 厚的 Q345c 钢板，弦管及缀板内均填 C50 微膨胀混凝土，形成横哑铃形桁式。

拱肋从拱脚至拱肋以上约 2m 为钢管混凝土实心结构，全截面用混凝土填实，即拱脚实心段，来满足拱肋的防撞和拱脚的结构受力需要。实体段上来直至桥面以上这一段为实腹板段，即上下弦管之间也用两块钢板相连，同填混凝土形成实腹板。桥面以上直至拱顶段腹杆采用空钢管杆件，腹管截面为 ϕ500×12mm 的 Q345c 的空钢管。主拱肋各截面形式见图 3-5。

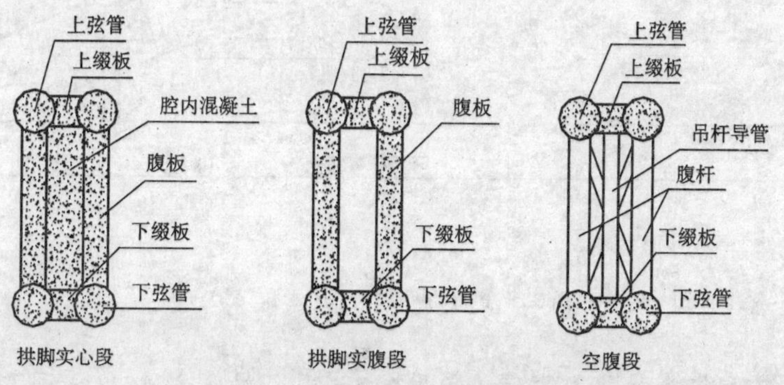

图 3-5 东莞水道特大桥主拱肋截面形式

主拱肋钢管节段工厂制作见图 3-6。拱肋之间在拱顶处设一道平行风撑，拱顶两边共设 12 道 K 形风撑，具体布置见图 3-7。

边拱为主拱的平衡孔，拱轴系数 m=1.9，为半跨 50m 的等截面悬链线钢筋混凝土实肋拱，端横梁位置断面尺寸为 4.0m×3.19m(高×宽)，其他位置为 4.0m×2.5m(高×宽)。边拱端部锚有强大的预应力钢绞线系杆。在满堂支架施工时设计了临时性的支撑墩，以防止边拱肋开裂。边拱肋一般构造见图 3-8。

图 3-6 东莞水道特大桥主拱肋钢管节段工厂制作

2. 系杆

每片拱肋系杆采用 16 束 31ϕ15.24 钢绞线，钢绞线标准强度为 R_y^b=1 860MPa，外包高密度聚乙烯 PE 层保护。系杆钢束在拱肋内外两侧和拱肋两弦管中间穿过，两端锚固于边拱的端横梁上，在其他横梁上设置带有滚轮的定位器。采用可换式专用锚，以满足使用寿命期内的更换要求。

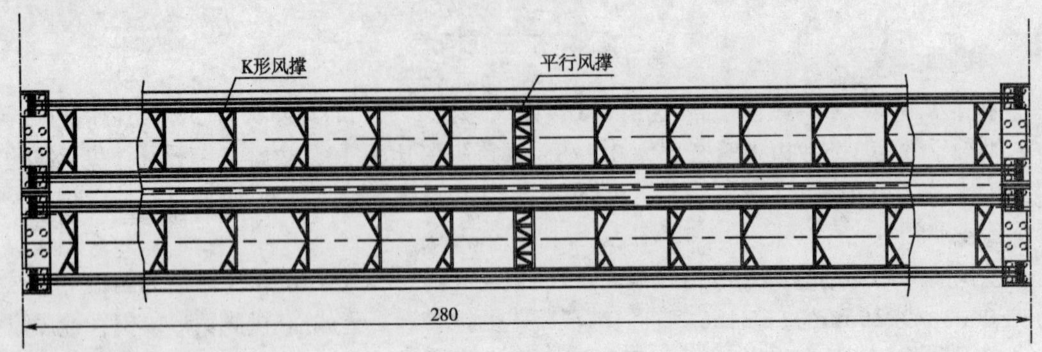

图 3-7　主拱肋平面及风撑布置图（单位：m）

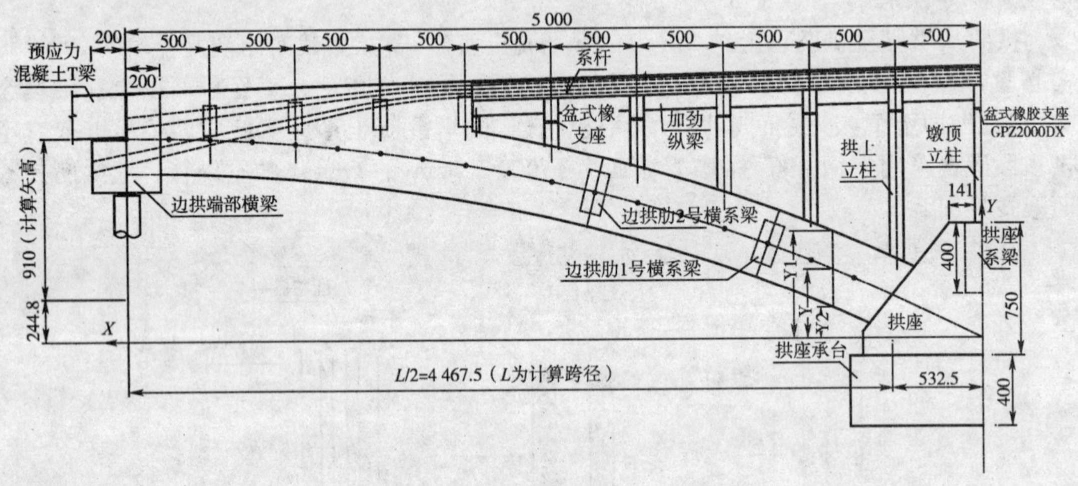

图 3-8　边拱肋一般构造图（单位：cm）

3. 吊杆

每半幅桥共有吊杆 49 对 98 根，其中单吊杆 45 对，双吊杆 2 对（双吊杆仅在拱肋与桥面相交处设置）。主拱肋间横梁和双吊杆横梁之间，吊点中心间距为 7.5m，为双吊杆结构；其余为单吊杆结构，吊点中心间距均为 5m。每根吊杆为 91ϕ7mm 镀锌高强度低松弛预应力钢丝。钢丝的标准强度 R_y^b=1 670MPa，吊杆为 PE 双护层保护，上下端均采用可调式冷铸墩头锚。吊杆下端在 2.5m 高度范围内用不锈钢套筒防护。吊杆构造图如图 3-9。

4. 桥面结构

桥道系由横梁、加劲纵梁和行车道板组成。纵梁为矩形截面，固结于横梁。

吊杆横梁和立柱横梁为预应力混凝土 A 类构件，箱形截面，梁长 26.1m，宽 0.8m，高为 1.622～1.722m，见图 3-10；主拱肋间横梁为钢结构，箱形截面，梁长 26.1m，宽 1.2m，高为 1.5m。边拱肋间横梁与端横梁均为 C40 钢筋混凝土结构。

桥面行车道板在边拱端部四跨采用实心钢筋混凝土板；其余均采用钢筋混凝土 Π 形板，板高 0.35～0.45m。见图 3-11。

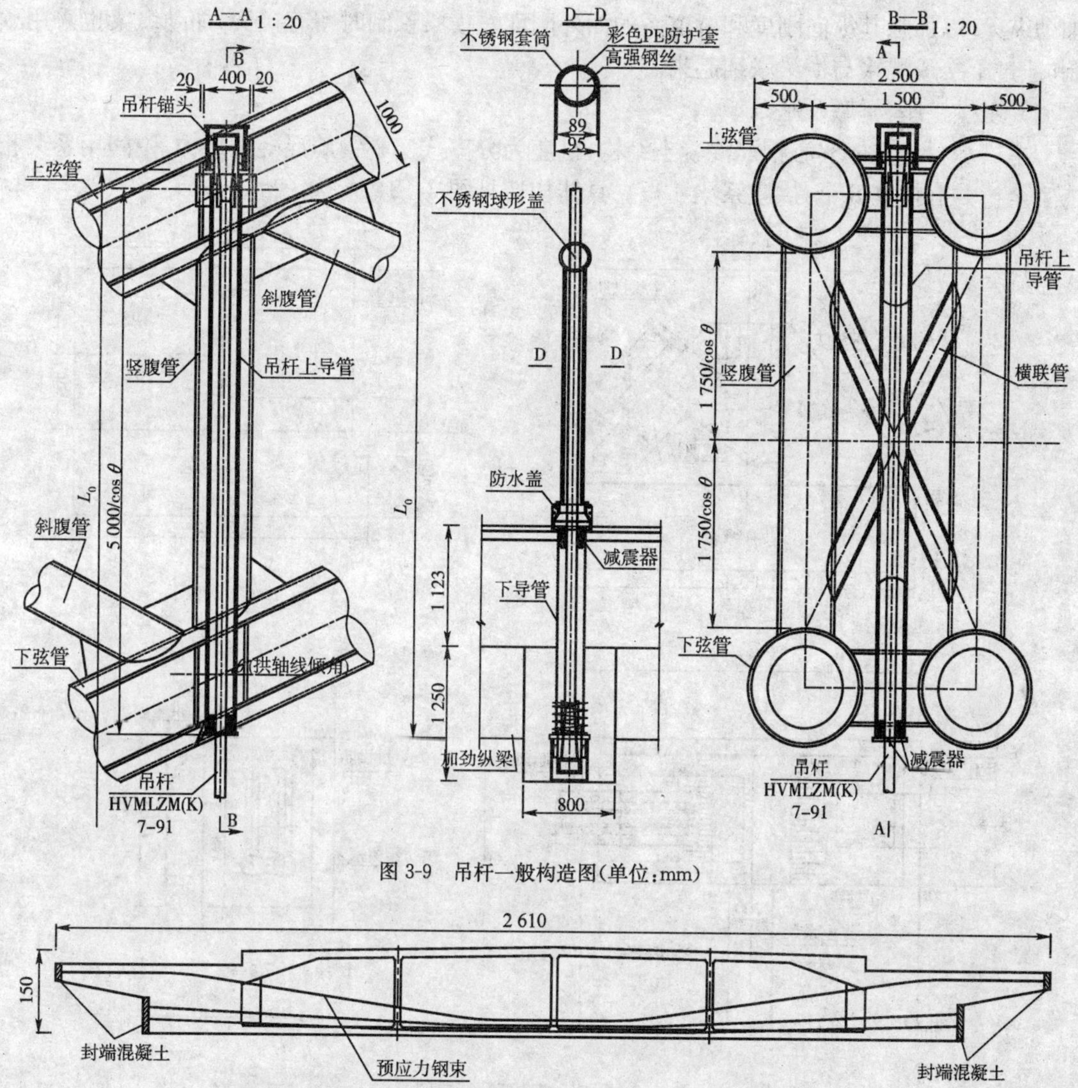

图 3-9　吊杆一般构造图(单位:mm)

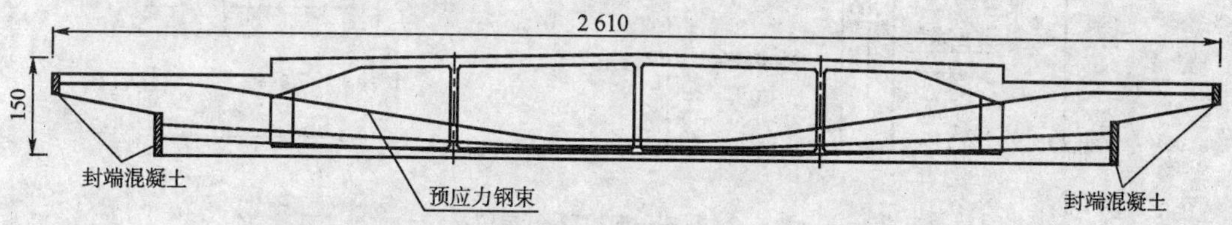

图 3-10　主桥吊杆横梁(标准立柱横梁)一般构造图(单位:cm)

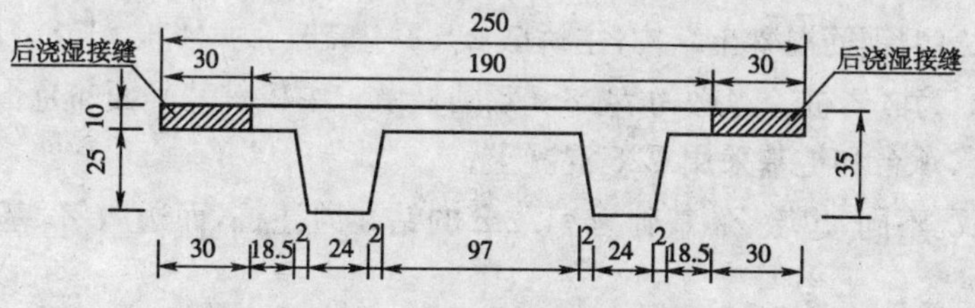

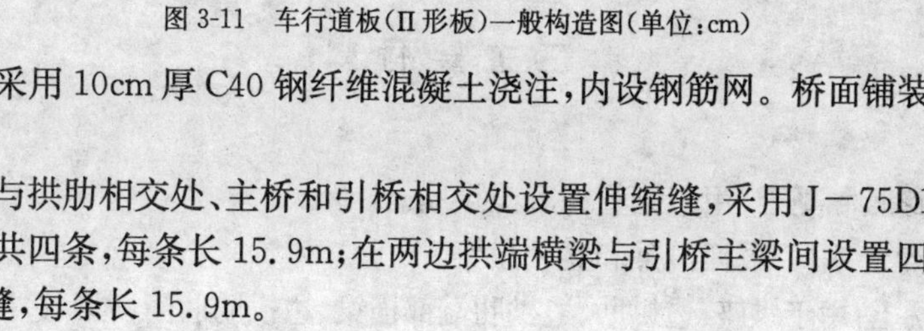

图 3-11　车行道板(Ⅱ形板)一般构造图(单位:cm)

桥面后浇层采用 10cm 厚 C40 钢纤维混凝土浇注,内设钢筋网。桥面铺装为 5cm 的 SMA 改性沥青。

在主孔桥面与拱肋相交处、主桥和引桥相交处设置伸缩缝,采用 J－75D160B 型伸缩缝,全桥此类伸缩缝共四条,每条长 15.9m;在两边拱端横梁与引桥主梁间设置四道伸缩缝,采用 Em－80 型伸缩缝,每条长 15.9m。

在桥面系与拱肋相交处设置横向限位支座,对桥道系进行横向约束。在吊杆横梁间设置加劲纵梁，以加强其纵向刚度和桥道系的面外刚度。横梁预制时留有接头，加劲纵梁也采用预制，通过干接或湿接与横梁联结起来。

5. 主拱拱座、桥墩及基础

主拱承台为整体实心钢筋混凝土结构，拱座为分离式实心钢筋混凝土结构，中间用系梁相连。全桥共有拱座 8 个，拱座系梁 4 根。具体构造见图 3-12。

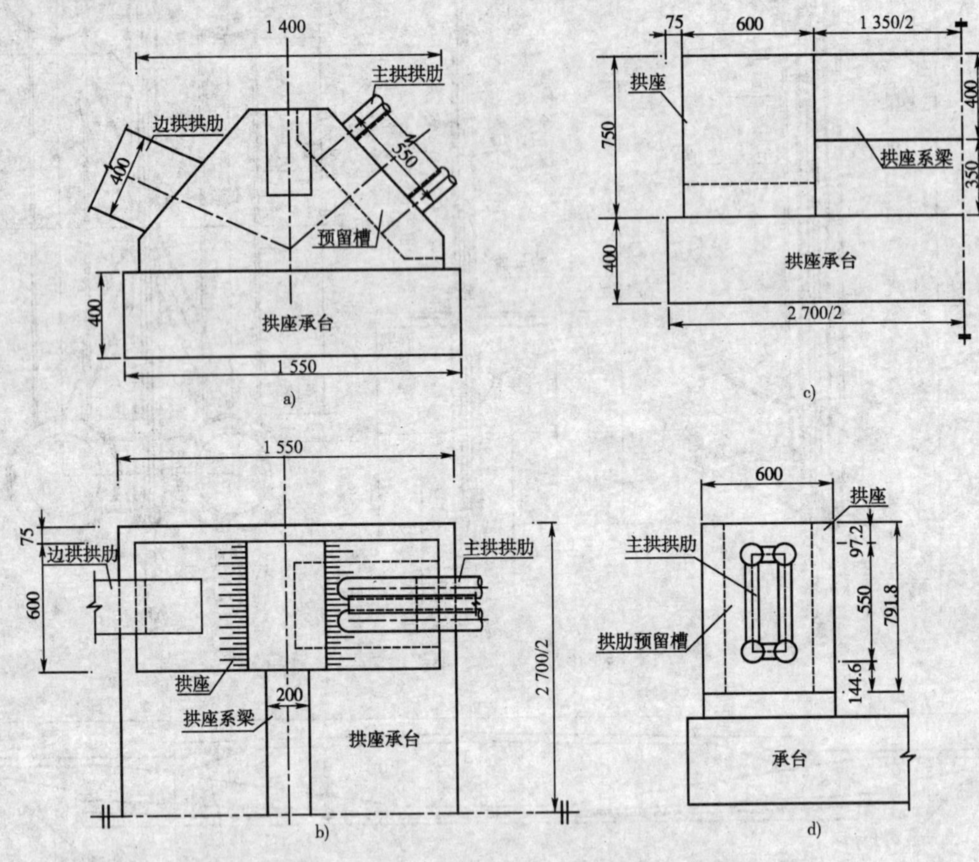

图 3-12　拱座一般构造图(单位:cm)

a)立面图;b)平面图;c)侧面图(边拱);d)侧面图(主拱)

主墩采用工字型钢筋混凝土结构，主桥墩 Z_1、Z_2 基础均为 24 根 ϕ1.8m 的钻孔灌注桩，桩长 17.0～22.9m，为嵌岩桩。边墩为 ϕ1.8m 双圆柱墩。主桥桩基平面布置图见图 3-13。墩身采用 C30 混凝土，承台和桩基采用 C25 混凝土。

由于地质情况不同，边墩 Z_0 基础为 ϕ1.2m 的钻孔灌注桩，而边墩 Z_3 基础则为 ϕ1.5m 的钻孔灌注桩。

三、主 要 材 料

1. 混凝土

(1)C50 微膨胀混凝土：用于钢管混凝土拱肋。

(2)C50 混凝土：用于吊杆横梁和立柱横梁。

(3)C40 混凝土：用于拱座、边拱肋、边拱肋端部横梁、边拱肋肋间横梁、边拱肋系梁和立柱。

(4)C40 钢纤维混凝土：用于桥面后浇层。

(5)C35 混凝土:用于实心行车道板、人行道板、加劲纵梁。

(6)C30 混凝土:用于承台、横系梁、桩基、防撞栏杆。

(7)SMA 改性沥青混凝土:桥面 5cm 厚铺装。

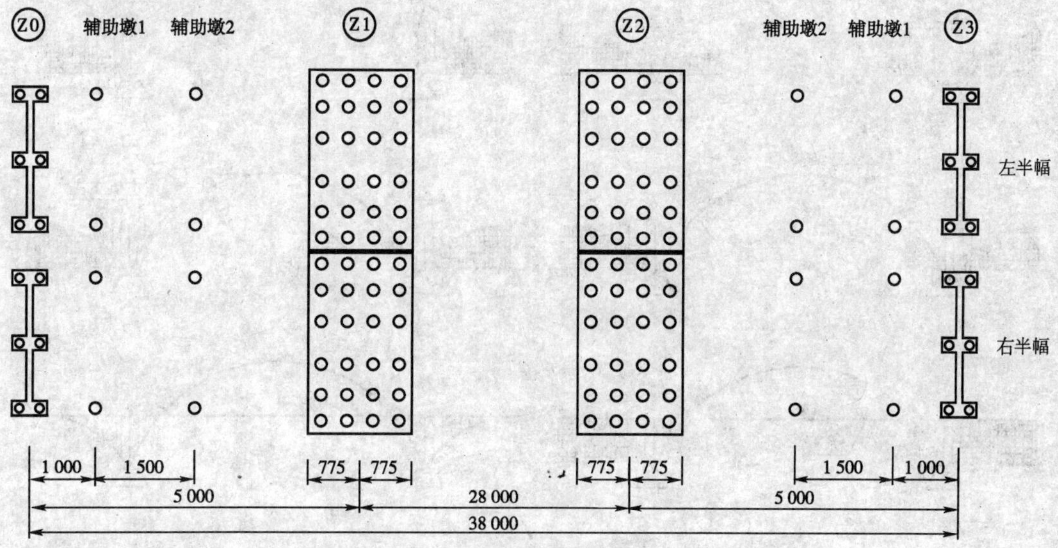

图 3-13 主桥桩基平面布置图(单位:cm)

2. 预应力体系

(1)镀锌高强钢丝(吊杆),规格:91ϕ7mm,标准强度:1670 MPa。

(2)钢绞线(系杆),规格:31ϕ_j15.24mm,标准强度:1 860 MPa。

3. 钢材

(1)Q345c 钢材(钢板、钢管、型钢)。

(2)Q235a 钢材(钢板、钢管、C 级螺栓)。

(3)20MnTiB 钢材(高强度螺栓)。

(4)45 号钢材(高强度螺栓的垫圈、螺母)。

第三节 设计计算分析

为了解东莞水道特大桥的受力性能,保证设计和施工的安全,故建立了合理的有限元模型,对大桥施工各阶段和成桥后的静力、稳定和动力特性进行了计算分析。目的在于验算各主要构件的强度、刚度、结构稳定性等是否满足要求,明确施工控制的关键环节和应采取的相应措施,掌握施工过程应重点监测的部位和项目内容。

一、施工各阶段的计算分析

1. 施工方案简介

东莞水道特大桥的主拱钢管拱肋架设采用缆索吊装方法进行,钢筋混凝土边拱肋采用满堂支架现浇施工。主桥施工图中的施工加载顺序有 22 步,其主要步骤可简化为 7 个施工阶段,见图 3-14。

拱桥施工阶段是拱结构体系形成的阶段,存在着结构体系的转换,东莞水道桥施工过程的体系转化可分为三个阶段:空钢管拱肋吊装形成阶段;管内混凝土灌注阶段;桥面系形成阶段。采用大型有限元通用软件 ANSYS 对东莞水道大桥施工过程受力进行计算分析。

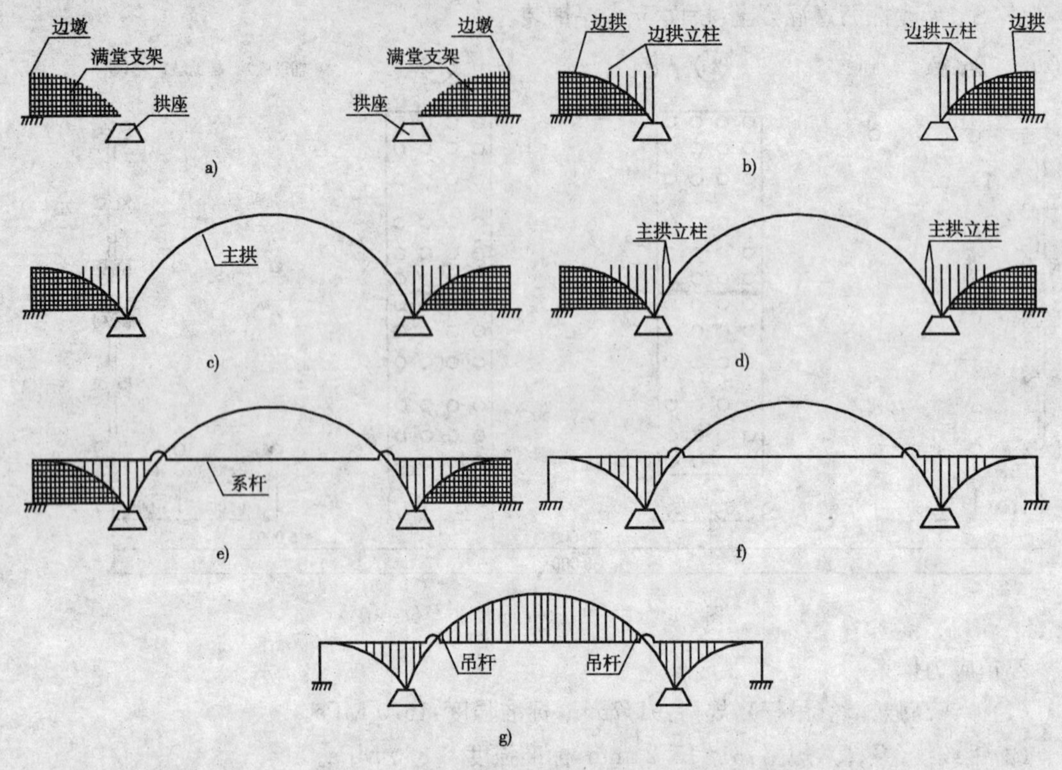

图 3-14　施工加载顺序简图

a)施工阶段 1;b)施工阶段 2;c)施工阶段 3;d)施工阶段 4;e)施工阶段 5 ;f)施工阶段 6;g)施工阶段 7

2. 拱肋吊装阶段受力分析

(1)静力分析

在吊装过程中,将主拱肋、边拱肋、塔架三部分作为一个整体进行分析,用调节扣索应变的方法来调整线形。在各施工阶段要保证结构强度、刚度和稳定满足要求。在拱肋吊装阶段,钢管拱肋分为 15 段吊装,因此将图 3-14 中阶段 3(吊装主拱钢管拱肋)进行了细化,该阶段细化后的施工阶段见表 3-1,用 $a_1 \sim a_7$ 表示。半跨拱肋采用 7 根钢索斜拉,斜拉索通过索鞍后锚于边拱肋上,斜拉索在主拱肋一侧称为扣索,在边拱肋一侧称为锚索,扣索、锚索编号见图 3-15。

吊装施工内容说明　　表 3-1

阶　段	施工内容	阶　段	施工内容
a_1	吊装第 1 节段	a_5	吊装第 5 节段
a_2	吊装第 2 节段	a_6	吊装第 6 节段
a_3	吊装第 3 节段	a_7	吊装第 7 节段
a_4	吊装第 4 节段		

静力分析的内容主要包括:扣索的索力计算、塔架在施工过程中的受力状况、边拱的应力验算、钢管拱肋在架设过程中的受力与变形、稳定分析。

吊装阶段(见图 3-16),主拱肋、边拱肋及桩基础模拟为 Beam4 空间梁单元。主拱肋钢管

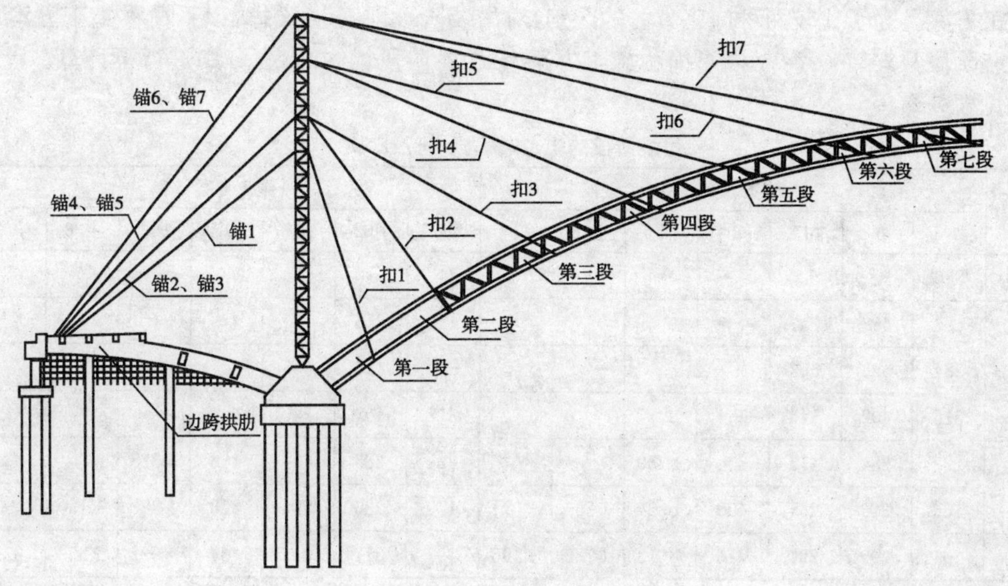

图 3-15　各扣索、锚索位置

各个节段间采用螺栓连接，连接较为紧密，模型中把节段间的联系处理成刚结。该阶段主拱脚与拱座铰结，在模型中，主拱脚处理成与拱座单元三方向位移(即 UX、UY、UZ)耦合。扣索与锚索只受拉，不受压，而且截面抗弯刚度较小，模型中缆索部分采用 Link10 单元。由于在吊装各个节段时，扣、锚索的索力不尽相同，因此针对不同的吊装阶段进行索力调整。

由式(3-4)、式(3-5)：

$$N = \sigma \cdot A \tag{3-4}$$

$$\sigma = E \cdot \varepsilon \tag{3-5}$$

可推出：

$$N = E \cdot \varepsilon \cdot A \tag{3-6}$$

由公式(3-6)可见，在扣索或锚索的弹性模量 E、截面积 A 不变的情况下，可以通过调整索的应变值 ε 达到调整索力 N 的效果。因此，在模型中，除了输入各扣、锚索的 E、A 外，还输入初应变值 ε，并不断调整 ε 以调整索力，直到各阶段拱肋悬臂端达到设计高程附近，且塔架最大水平位移值控制在允许范围内。

塔架属桁架体系，同时考虑到螺栓连接可传递部分弯矩，采用空间梁单元 Beam4 模拟。塔架立于拱座上，由于拱座刚度较大，模型中把塔架底部直接处理为固结。拱肋吊装阶段有限元模型见图 3-16。

图 3-16　拱肋吊装阶段半桥模型

静力分析的结果：

①锚、扣索力。

东莞水道特大桥的横撑设计为 K 字撑，但在施工过程中，施工方为了进行拱肋线形的调整，采用了先安装一字撑，拱肋合拢后安装斜撑的施工方案。为了比较两种施工方法的区别，对吊装阶段即安装 K 撑（以下简称施工方案 a）和吊装阶段只安装一字撑（以下简称施工方案 b）的各阶段锚、扣索力分别进行了计算。计算结果见表 3-2。

吊装阶段的锚、扣索力（单位：kN） 表 3-2

阶段	施工方案 a							施工方案 b						
	扣 1	扣 2	扣 3	扣 4	扣 5	扣 6	扣 7	扣 1	扣 2	扣 3	扣 4	扣 5	扣 6	扣 7
a_1	380							340						
a_2	436	658						434	656					
a_3	384	488	642					380	486	636				
a_4	316	402	546	664				312	402	536	644			
a_5	222	284	418	334	1 350			222	288	404	308	1 328		
a_6	166	226	264	406	1 324	1 256		170	236	252	378	1 272	1 190	
a_7	191	299	296	716	1 013	1 785	1 196	197	311	297	734	1 022	1 853	821

从表 3-2 的数据可以看出，施工方案 a 与施工方案 b 在锚、扣索受力方面除第 7 阶段外，相差不大。此外，在吊装第 5 节段及以后的施工过程是施工控制中的关键环节，尤其在吊装第 7 节段时，索力、应力、变形以及失稳可能性均达到最大；扣索 5、6、7 是整个斜拉扣挂体系中较主要的受力索。

②背索力。

表 3-3 为计算所得的吊装施工阶段各背索索力，表中“—”表示该阶段不需要背索。

吊装阶段的背索索力（单位：kN） 表 3-3

阶段	施工方案 a（安装 K 撑）							施工方案 b（安装一字撑）						
	背 1	背 2	背 3	背 4	背 5	背 6	背 7	背 1	背 2	背 3	背 4	背 5	背 6	背 7
a_1	—							—						
a_2	—	—						—	—					
a_3	—	—	—					—	—	—				
a_4	10	20	12	16				8	14	14	26			
a_5	82	100	—	80	—			70	84	—	86	—		
a_6	150	182	182	110	140	238		132	154	174	102	154	256	
a_7	53	10	33	200	223	149	1 852	34	—	12	128	154	—	2 108

从表 3-3 可以看出，从总体上看，施工方案 a、b 的背索索力相差不大；在背索系统中，在拱肋吊装过四分点后的施工阶段是比较关键的，尤其在吊装阶段 a_7 时的背索受力应引起重视。

③塔架受力验算。

通过计算得知，按照施工方案 a 与施工方案 b 所得的塔架应力值与变形值均相差不大，表 3-4（表中应力“+”为拉应力，“—”为压应力）给出了按方案 b 计算得到的塔架应力值与变形值，表中位置高程为相对高程，以拱脚为±0.00 处，塔顶高程 66.00m。

从表 3-4 可以看出，在拱肋吊装阶段，塔架仅在吊装第 6 节段与第 7 节段时在塔顶处的应力值超出容许值，尤其在吊装第 7 节段时，应力值超出容许值较多；因此必须对塔顶构件进行加强，注意应力的扩散和杆件的连接，防止由于个别杆件的局部破坏而对拱桥施工带来不利的影响。

吊装阶段塔架最大应力及最大位移 表 3-4

阶段	自重				自重+静风			
	最大应力(MPa)		最大位移(cm)		最大应力(MPa)		最大位移(cm)	
	数值	位置	纵桥向	横桥向	数值	位置	纵桥向	横桥向
a_1	73.6	高程 26.3m 处	−2.9	0.04	71.0	高程 26.3m 处	−2.9	−3.4
a_2	133.2	高程 30.3m 处	−5.1	0.05	132.2	高程 30.3m 处	−5.1	−3.4
a_3	152.9	高程 30.3m 处	−3.9	0.04	156.5	高程 30.3m 处	−4.0	−3.4
a_4	135.5	高程 30.3m 处	3.7	0.04	142.9	高程 30.3m 处	3.9	−3.4
a_5	166.6	高程 50.3m 处	11.0	0.07	176.5	高程 50.3m 处	11.8	−4.2
a_6	250.2	塔顶	15.3	0.14	260.7	塔顶	16.7	−4.3
a_7	499.4	塔顶	−10.2	0.20	481.4	塔顶	−9.1	−4.4

④拱肋应力验算。

表 3-5(表中“+”为拉应力，“−”为压应力)给出了按照施工方案 b 进行计算的结果，其中边拱肋仅给出最大拉应力值。

吊装阶段拱肋最大应力(单位：MPa) 表 3-5

阶段	主 拱 肋		边 拱 肋	
	自重	自重+静风	自重	自重+静风
a_1	6.21	−11.25	2.37	2.25
a_2	−9.82	−24.26	2.30	2.13
a_3	−15.43	−46.77	2.27	2.02
a_4	−21.12	−66.36	2.26	1.95
a_5	−26.85	−83.75	2.23	1.82
a_6	−38.17	−93.97	2.15	1.60
a_7	−64.1	−102.94	2.01	1.59

主拱肋钢管钢材采用 Q345c，其容许值为 200MPa，从表 3-5 可以看出，主拱肋钢管的强度能够满足施工阶段的要求，但在吊装第 7 节段时应采取一定的加强措施。边拱采用 C40 混凝土，其标准抗拉强度为 2.6MPa，从计算结果来看，拱肋吊装阶段边拱最大拉应力均小于容许拉应力，因此边拱强度也能够满足施工要求。

⑤主拱肋变形计算。

由于拱肋自重会产生一定的变形，为了使主拱肋线形与设计线形吻合，需要计算出各吊装阶段扣点的位移，以进行拱肋线形的调整。表 3-6(表中“+”为向上，“−”为向下)列出了各个吊装阶段各扣点的竖向变形值。从表中也可以发现，从吊装第 6 节段起扣点位移增大幅度较大，在第 7 阶段时位移达到最大值，因此对于拱肋变形的控制来说，第 6 阶段开始的施工控制也是吊装阶段的关键环节，在第 7 阶段尤其重要。

吊装阶段主拱扣点位移(单位:cm)　　表 3-6

阶段	自重作用下							自重和静风作用下						
	扣1	扣2	扣3	扣4	扣5	扣6	扣7	扣1	扣2	扣3	扣4	扣5	扣6	扣7
a_1	0.7							1.4						
a_2	−0.2	−0.10						0	0					
a_3	−0.3	−0.3	−0.5					0	0	−0.1				
a_4	−0.4	−0.5	−1	−2.40				0	0	−0.5	−1.7			
a_5	−0.5	−0.6	−1	−1.9	−2.9			0	0	−0.3	−1.3	−2.7		
a_6	−0.2	−0.1	0.9	3	5.1	6.4		0.3	0.5	1.6	3.4	4.7	5	
a_7	0.6	0.8	2.7	5.3	5.7	3.1	−3	1.2	1.5	3.6	6.7	7.8	6.1	1.4

(2)稳定分析

根据所建立的空间有限元模型对各个吊装施工阶段的一类弹性分支点稳定系数(特征值解)进行计算,计算结果见表 3-7。表中列出按照施工方案 a、b 计算的稳定系数。各吊装阶段失稳模态主要表现为拱肋面外失稳,见图 3-17。从总体上看,两种施工方案的稳定性能相差不大。从各阶段稳定系数的数值上看,在第 7 阶段的稳定系数最小,最有可能发生失稳,但稳定系数均远大于 4～6,因此可以认为该拱桥在拱肋吊装阶段的稳定性具有可靠保证。

吊装阶段一类稳定系数　　表 3-7

阶段	施工方案 a(安装 K 撑)	施工方案 b(安装一字撑)	阶段	施工方案 a(安装 K 撑)	施工方案 b(安装一字撑)
a_1	22.858	22.823	a_5	27.362	26.837
a_2	24.186	22.077	a_6	28.313	28.665
a_3	24.794	24.603	a_7	20.385	21.547
a_4	25.742	25.451			

(3)动力特性分析

钢管混凝土拱桥在拱肋吊装过程中,风力对结构受力的影响是一个比较重要的问题。通过计算得知,吊装阶段整体结构的振形主要表现为面外振动,见图 3-18(除了施工方案 a 第 7 阶段为面内振动外)。表 3-8 为计算所得的拱肋架设各阶段整体结构的一阶频率。计算结果表明,两种施工方法对结构整体自振频率的影响不大;吊装过程中最大基本周期为 2.15s,最小基本自振周期为 1.41s,小周期主要发生在吊装第 5 节段之前,因此该桥结构体系在吊装阶段可看作柔性结构。施工中要注重风缆的设置。

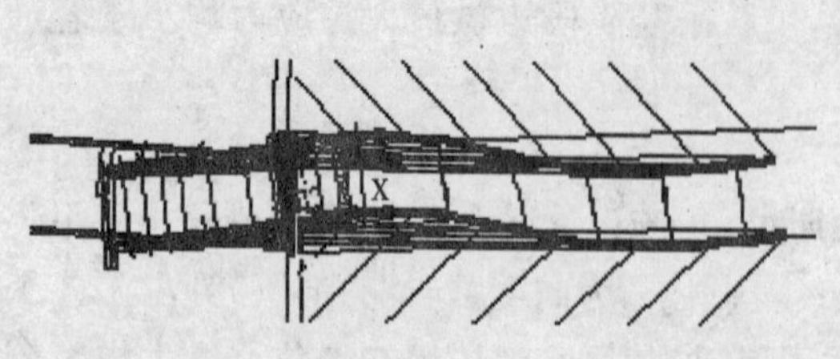

图 3-17　失稳模态平面图

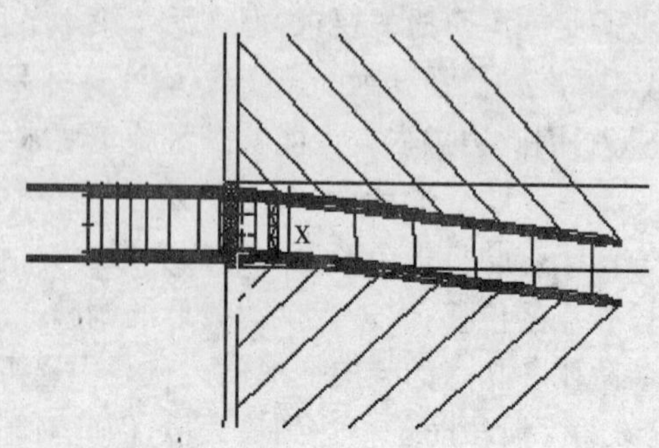

图 3-18　一阶振型平面图

吊装阶段一阶自振频率(单位:Hz) 表 3-8

阶段	施工方案 a(安装 K 撑)	施工方案 b(安装一字撑)	阶段	施工方案 a(安装 K 撑)	施工方案 b(安装一字撑)
a_1	0.703 7	0.703 7	a_5	0.703 3	0.613 5
a_2	0.710 0	0.708 8	a_6	0.670 9	0.522 6
a_3	0.710 7	0.709 1	a_7	0.528 3	0.465 9
a_4	0.709 6	0.709 2			

3. 主拱合拢及灌注管内混凝土阶段受力分析

主拱合拢及灌注管内混凝土阶段的受力分析,采用"应力叠加法"计算各阶段应力。主拱合拢后,拱座即用混凝土浇筑封闭,因此,在该阶段的模型中,主拱脚处理为固结,即此时主拱由先前的二铰拱转化为无铰拱。该阶段的有限元模型见图 3-19。

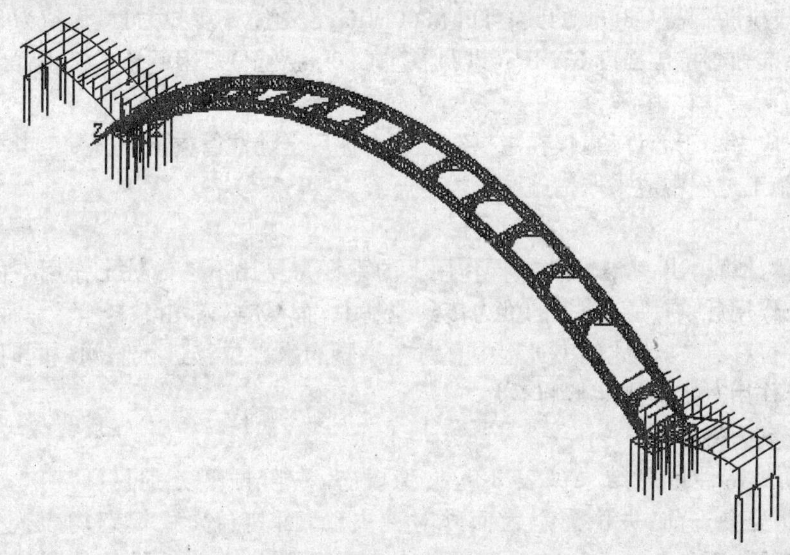

图 3-19 主拱合拢及灌注管内混凝土阶段有限元模型

模型中,钢管混凝土拱肋等效为等刚度单一材料单元,钢管混凝土组合截面特性按两种材料简单叠加的公式(3-7)进行计算:

$$\begin{cases} E_{SC}A_{SC} = E_C A_C + E_S A_S \\ E_{SC}I_{SC} = E_C I_C + E_S I_S \\ \gamma_{SC}A_{SC} = \gamma_C A_C + \gamma_S A_S \end{cases} \tag{3-7}$$

式中:E——弹性模量;

A——截面面积;

I——惯性矩;

γ——容重。

下标 SC、C、S 分别表示钢管混凝土、混凝土、钢。

同一截面钢管和管内混凝土的应力根据刚度分配分别得到,即:

钢管：

$$\begin{cases} N_S = \dfrac{E_S A_S}{E_{SC} A_{SC}} \cdot N_{SC} \\ N_S = \dfrac{E_S I_S}{E_{SC} I_{SC}} \cdot M_{SC} \end{cases}$$

混凝土：

$$\begin{cases} N_C = \dfrac{E_C A_C}{E_{SC} A_{SC}} \cdot N_{SC} \\ M_C = \dfrac{E_C I_C}{E_{SC} I_{SC}} \cdot M_{SC} \end{cases}$$

静力分析结果如下：

①主拱肋

主拱肋最大应力在灌内侧上弦管阶段的拱脚变壁厚处，钢管最大应力值为127.05MPa（压应力），小于拱肋钢材Q345c的其容许值200MPa；混凝土不受拉力，最大值为3.78MPa（压应力），小于标准轴心抗压强度35MPa（拱肋灌注C50混凝土）。因此施工过程强度满足要求。

②边拱肋

边拱肋压应力小于容许值，仅在主拱空钢管合拢后至灌注管内混凝土前的几个阶段超出。因此，在这些施工过程中应采取措施防止边拱开裂。

③系杆

对于系杆，计算得出：考虑桩土共同作用下的系杆力要比不考虑桩土作用下的系杆力小，因为考虑桩土作用后，有一部分拱的推力传到地基中，而不是全部由系杆承受。而桩土共同作用与桩的水平位移有关，因此施工过程中宜对主拱脚的水平位移进行监测。同时，计算得出：是否考虑桩土作用对拱顶挠度影响不大。

④稳定与动力特性计算

稳定与动力特性计算结果见表3-9，失稳模态、一阶振型分别见图3-20、3-21。拱肋合拢后灌拱肋混凝土前，失稳模态为面外对称失稳，而其余失稳模态均表现为面外反对称失稳，稳定系数介于11～25，均大于要求的安全系数4。该桥结构体系在施工阶段是一柔性结构。

稳定与动力特性计算表　　表3-9

阶　段	稳定计算		动力特性计算	
	失稳模态	稳定系数	一阶振型	自振频率
合拢后灌拱肋混凝土前	面外对称失稳	24.503	面外对称振动	0.535
灌下缀板混凝土	面外反对称失稳	22.822	面外对称振动	0.471
灌上缀板混凝土	面外反对称失稳	19.711	面外对称振动	0.433
灌外侧下弦管混凝土	面外反对称失稳	14.801	面外对称振动	0.38
灌内侧下弦管混凝土	面外反对称失稳	14.175	面外对称振动	0.356
灌外侧上弦管混凝土	面外反对称失稳	13.172	面外对称振动	0.333
灌内侧上弦管混凝土	面外反对称失稳	11.951	面外对称振动	0.318

4.桥面系安装阶段受力分析

(1)静力分析

桥面系安装阶段的受力分析，采用"应力叠加法"计算各阶段应力。此时，主拱钢管混凝土拱肋强度完全形成，即承力结构已建立，桥面系只作为荷载加于结构上。成桥阶段的有限元模型见图 3-22。

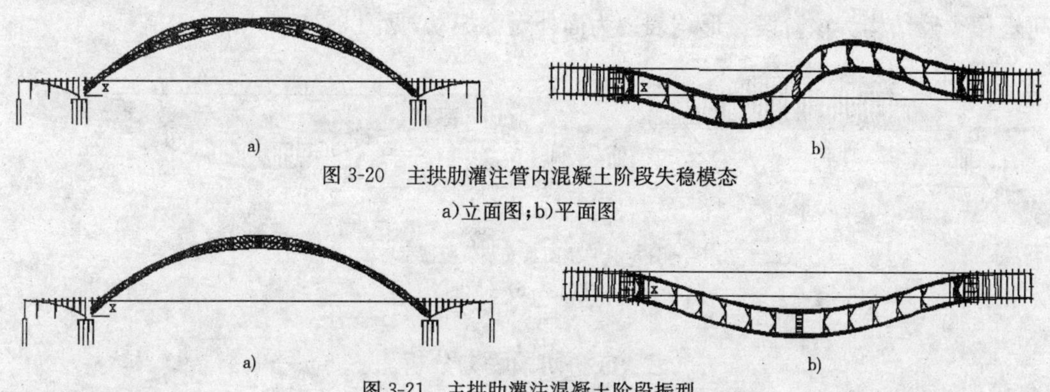

图 3-20　主拱肋灌注管内混凝土阶段失稳模态

a)立面图；b)平面图

图 3-21　主拱肋灌注混凝土阶段振型

a)立面图；b)平面图

桥面系安装阶段各施工过程的模型是在成桥阶段模型的基础上，根据各施工阶段的实际搭建情况，删减或保留某些构件单元来取得的。模型中，主拱肋、边拱肋、横梁、横撑、纵梁、立柱、桩均模拟为 Beam4 空间梁单元。吊杆与系杆用只受拉的 Link10 单元模拟。系杆力近似地按张拉力大小作为水平力作用于端横梁上。桥面系用梁格法处理，采用空间梁单元 Beam4 模拟。地基土作用用弹簧模拟，地基土的水平抗力用 m 法计算。

静力分析结果如下：

①主拱肋

主拱肋最大应力在成桥阶段的实腹、空腹交界处，钢管最大值为 152.57MPa(压应力)，小于拱肋钢材 Q345c 的其容许值 200MPa；混凝土不受拉力，最大值为 10.47MPa(压应力)，小于标准轴心抗压强度 35MPa(拱肋灌注 C50 混凝土)。因此施工过程强度满足要求。

②边拱肋

施工过程边拱肋最大拉应力为 0.27MPa(在边拱加宽段平分点处)，最大压应力为 11.13MPa(在边拱脚处)。边拱拉应力均小于容许值(边拱采用 C40 混凝土)。

(2)稳定分析

计算得出，主拱肋合拢后各施工阶段该桥的稳定系数介于 7～14，均大于要求的安全系数 4，均表现为面外反对称失稳，见图 3-23。

图 3-22　成桥阶段有限元模型

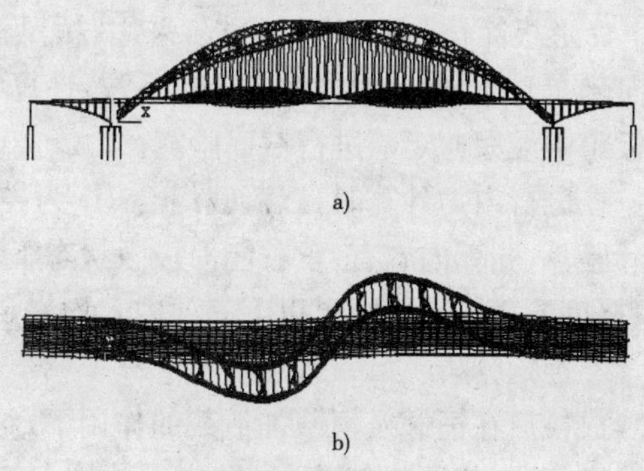

图 3-23　桥面系安装阶段失稳模态

a)立面图；b)平面图

(3)动力特性分析

计算得出，桥面系安装阶段的一阶自振频率介于0.324～0.335。该桥结构体系在施工阶段可看作柔性结构。该阶段振形均表现为面外对称振动，见图3-24。

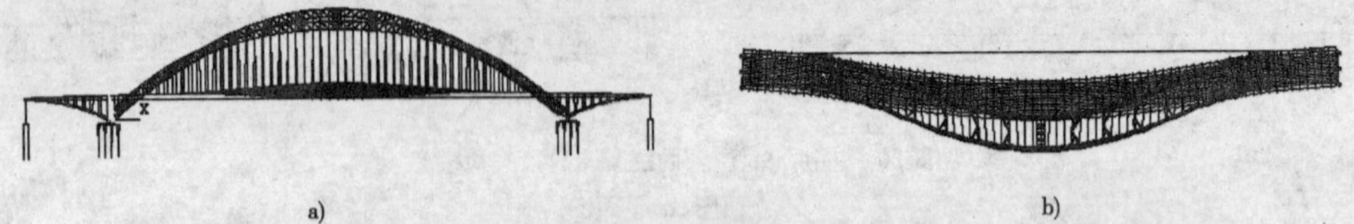

图3-24　桥面系安装阶段振型

a)立面图；b)平面图

二、成桥阶段受力分析

成桥阶段的空间有限元模型如图3-22所示。

1.静力分析

(1)主拱肋

对主拱肋在各种设计荷载组合下进行内力计算。按照《公路桥梁设计规范》(JTJ 021—89)，运营阶段主要考虑三种荷载组合。

设计荷载I:1.2(0.9)恒载+1.4(汽车荷载+人群荷载)

设计荷载II:1.2(0.9)恒载+1.4(汽车荷载+人群荷载)+温度荷载

设计荷载III:1.2(0.9)恒载+1.1挂车荷载

荷载横向分布系数采用杠杆法计算。

所分析的主要截面为拱脚、$L/8$、$L/4$、拱顶截面。计算得出，拱脚、$L/8$截面均以外侧下弦管最大内力控制；而$L/4$、拱顶截面分别为内侧下弦管、外侧上弦管最大内力控制。以CECS 28:90验算主拱肋弦管钢管混凝土单肢柱的轴向承载力。计算结论：主拱肋强度满足要求。

挠度计算中，拱肋抗弯刚度偏安全地按《公路桥梁设计规范》(JTJ 021—89)方法计算，抗弯刚度按全截面钢管与混凝土的刚度组合后折减0.85计入。计算结论：变形控制满足刚度要求。

(2)桥面板

桥面板计算过程中，计入4cm的C40钢纤维混凝土后浇层与桥面板共同受力。计算中将7片Π形板简化为14片T形板，采用《桥梁博士》软件，偏安全地应用铰结板梁法，计算桥面横向分布系数，然后根据横向分布系数，计算空间状态下桥面系的最大内力并进行验算。取桥面板跨中最大弯矩值进行截面验算。

在进行内力计算时，以荷载组合III为控制内力验算。应用桥梁博士软件对桥面板进行设计验算，验算内容有：承载能力极限状态下正截面强度验算；正常使用极限状态下抗裂性验算；挠度验算。计算结果以上三项内容均满足要求。

2.稳定分析

成桥后在恒载及恒载加活载的作用下，结构的第一阶失稳模态均为面外失稳，与桥面系安装阶段相同，如图3-23所示，稳定系数均大于4。

3.动力特性分析

通过计算得出成桥后结构前9阶的频率和振型，见表3-10。在一阶振动中，以桥面系的横向振动为主，与一般桥梁的以拱肋横向(面外)振动为主不同，表明该桥的桥面系横向刚度较弱，非但桥面系不能为拱肋提供提高面外稳定的非保向力，相反的其自身成为引起拱肋面外失稳的一个诱发因素，这是该桥设计中应注意的一个问题。第二阶的振型也为面外振动，但是以拱肋面外振动为主，其频率从 0.272 提高到 0.344，说明如果加强桥面系的横向刚度对于提高该桥的整体刚度是十分有利的。结构设计应加强桥面系的横向约束和横向刚度。

桥梁自振特性一览表　　表 3-10

阶次	振型描述	频率(Hz)	阶次	振型描述	频率(Hz)
1	主桥桥面系面外振动、主拱面外侧倾	0.272	6	主桥桥面系、主拱对称扭转	0.886
2	主拱面外侧倾，主桥桥面系面外侧倾	0.344	7	主桥面内对称竖弯	0.898
3	主桥面内反对称竖弯	0.536	8	主桥扭转+侧弯	1.002
4	主桥面外反对称侧弯	0.543	9	主桥扭转+侧弯	1.047
5	主桥面外反对称侧弯	0.608			

东莞水道特大桥在第三阶出现面内反对称的振型后，直至第七阶才出现面内对称振型。第四阶至第六阶以及此后的第八阶和第九阶出现的均是空间扭转与面外反对称变形的耦合振型，表明该桥由于跨径较大，桥面系与拱肋的联系较弱(靠只承受拉力的吊杆联结)，拱肋面外的刚度是桥梁的主要问题，除加强面外抗弯刚度外，加强抗扭刚度和整体结构的刚度是此类桥道系应该注意的另一个问题。

4. 水平力分析

刚架系杆拱桥中系杆主动张拉以抵消主拱与桩基础的水平力，系杆拉力为主动力。东莞水道大桥设计施加的系杆张拉力为 6.10×10^4kN，这个力除平衡主拱恒载产生的水平推力 4.44×10^4kN外，还对结构储备了向着主拱方向的水平力，此时桩基有朝主拱方向的水平力 0.93×10^4kN。活载作用下，系杆作为构件受力所承拉的水平力很小，主要由桩基承担，系杆力计算时可以忽略。

飞鸟式拱采用系杆平衡了拱的水平推力的绝大部分，使桩基所受的水平推力极大地降低。使这种桥型在地质条件较差的地区的应用成为可能。由于系杆的作用主要是以主动的张拉力来平衡恒载的水平力，所以它与吊杆或斜拉桥中的拉索受力有很大的不同，可以把系杆看成预应力体外索，而不考虑其疲劳问题。

5. 不同计算模型的比较

采用有限元程序 ANSYS 建模，除了图 3-22 所示的空间有限元模型外，还建立了两个简化计算模型——固定拱模型和平面模型，并将简化计算模型与空间有限元模型进行了比较。固定拱模型是把空间有限元模型中的两个边拱删去，并将主拱肋拱脚处完全固结而形成的空间模型。平面模型是取空间有限元模型中的一片拱肋(含主边拱)作为研究对象，无横向尺寸，横向荷载通过杠杆法分配到偏载一方的桥面上。

(1)截面内力

在恒载作用下，固定拱、平面模型的轴力值接近空间模型的计算值，差别最大的仅 3%，在拱脚处。在活载作用下，三种模型轴力值较恒载作用下的计算值小很多，固定拱轴力值与空间模型的最大差别在拱脚处，后者比前者大 11%；平面模型轴力值与空间模型的最大差别在 1/4 截面处，差别介于 26%～63%。在恒活载共同作用下，固定拱、平面模型的轴力值与空间模型的差别均小于 5%。因此，在计算主拱肋全截面轴力时，可将飞鸟式拱简化为固定拱或平面模型。然而对于截面弯矩来说，简化计算会产生较大的误差。

(2)弦杆内力与极限承载力

荷载组合按(1.2×恒载+1.4×活载)计算弦杆内力，并按 CECS 28:90 计算偏压极限承载力。计算结果，在恒载作用下，三种模型的弦杆轴力值相差很小，最大仅为 3%(在拱顶处)。在活载作用下，三种模型轴力值相差较大，固定拱轴力值与空间模型的最大差别在拱顶处，前者比后者大 26%；平面模型轴力值与空间模型的最大差别在拱脚处，后者比前者大 35%。然而，由于活载产生的弦杆的轴力值与恒载效应相比小很多，因此，在恒活载共同作用下，固定拱、平面模型的轴力值与空间模型的差别均小于 6%，轴向极限承载力的差别最大也不超过 6%。因此，飞鸟式拱在进行主拱的初步设计计算时，可以将结构简化为固定拱或平面模型。

第四节　科 研 试 验

一、钢管混凝土格构柱的偏压试验研究

东莞水道特大桥是一座钢管混凝土桁肋拱桥，其主跨拱肋采用等截面格构式断面。迄今为止，国内还没有专门的钢管混凝土拱桥设计规范与施工规范，也没有进行过钢管混凝土格构柱的试验研究。现有三本钢管混凝土结构设计规程，如《CECS 28:90》、《JCJ 01—89》、《DL/T 5085—1999》等，对钢管混凝土格构柱的验算均套用钢结构的计算方法，即将钢管混凝土格构柱比拟成钢格构柱，这些计算方法均未经试验检验，可能存在着不合理的因素。本试验以东莞水道特大桥桁拱肋为原型，进行了四肢钢管混凝土格构柱长细比影响偏压试验研究，以全面考察该类型构件的受力特性、破坏机理以及长细比对钢管混凝土格构柱承载能力的影响。同时，以试验构件为分析对象，对国内三本主要钢管混凝土设计规程计算公式的正确性及适用范围进行验证，结合参数分析，提出合理的计算方法，对东莞水道特大桥桁肋面内整体极限承载力进行分析，以验证其是否满足设计要求。

1. 钢管混凝土偏压格构柱长细比影响试验

(1)试件与试验装置

试件以东莞水道特大桥的主拱肋为原型(比例为 1:8)，共 4 个，命名为 A—1 到 A—4 试件。每个试件截面相同(截面高 0.6875 m，宽 0.3125m)、高度从 0.5m 到 2.0m，按 0.5m递增，试件构造见图 3-25。试件钢管均为 Q345 钢的有缝管。四根柱肢为 ϕ140mm ×2mm 的钢管内填充混凝土的钢管混凝土构件。试件的设计参数为长细比，选择试件的偏心率为 0.2。各试件具体参数见表3-11。

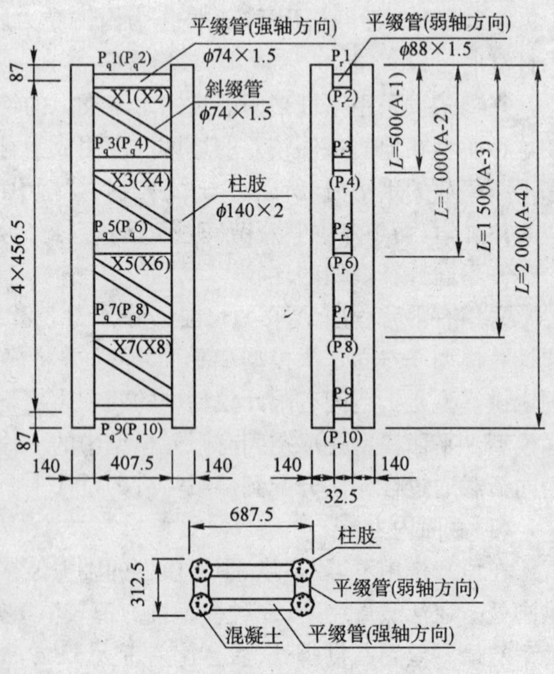

图 3-25　试件构造图(单位：mm)

其中构件长细比 λ_y 为格构柱长度与横截面回转半径之比。

钢管混凝土偏压格构柱试验参数及结果一览表　　表 3-11

试件编号	试件长度(m)	构件长细比 λ_y	极限承载力(kN)
A-1	0.5	1.818	4 700
A-2	1.0	3.636	4 390
A-3	1.5	5.294	3 900
A-4	2.0	7.273	3 080

管内混凝土抗压强度标准值 f_{ck} 为 53.4MPa，平均弹性模量为 34 500MPa，钢材屈服强度为 430MPa。此外，还同批制作了 6 根与试件柱肢相同的钢管混凝土单圆短柱(ϕ140×2mm)，高度分别为 0.42m、0.5m、1m，轴压试验结果为：极限承载力平均值为 1 650kN。试验装置见图 3-26。钢管混凝土肢管中截面 A、B、C、D 点各布置一片纵向应变片和环向应变片，如图 3-27 所示。

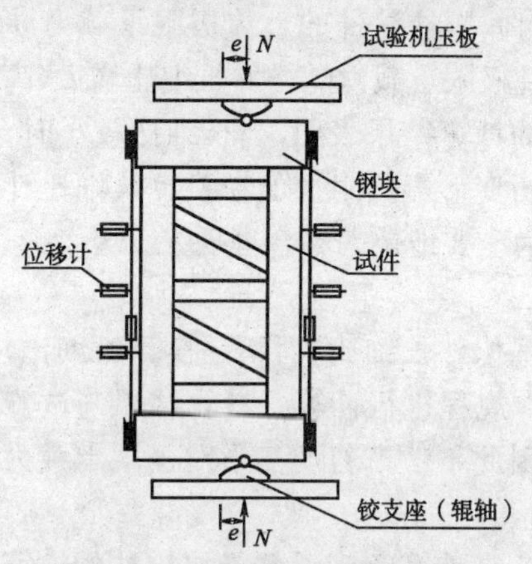

图 3-26　格构柱偏压试验装置图

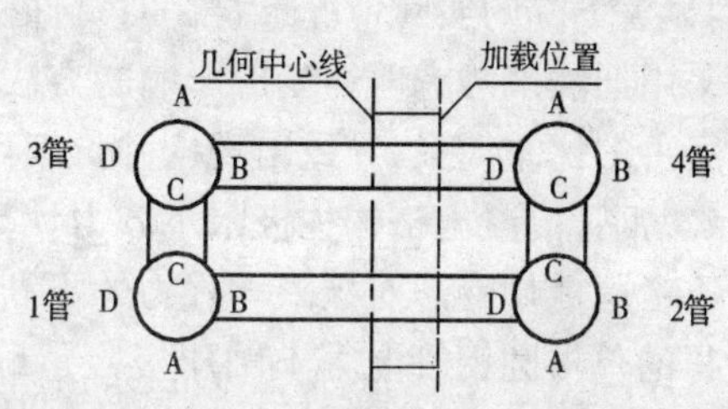

图 3-27　格构柱各柱肢钢管中截面应变片位置图

(2)试验结果与分析

试验结果分析表明，长细比对钢管混凝土偏压格构柱的力学性能影响较大。在其他参数相同的条件下，随着构件高度的增大，长细比的增加，钢管混凝土格构柱的稳定承载力逐渐降低，极限应变减小。图 3-28 为不同的构件长细比 λ 下试件极限承载力的比较图。

格构柱中的柱肢以受压为主，后期弯矩增大，但仍为小偏压构件。远载侧柱肢的钢管紧箍作用不大；近载侧两柱肢在受力后期紧箍效应开始发生作用且不断增大，其受力接近于单根圆钢管混凝土柱轴压或小偏压的受力状态。

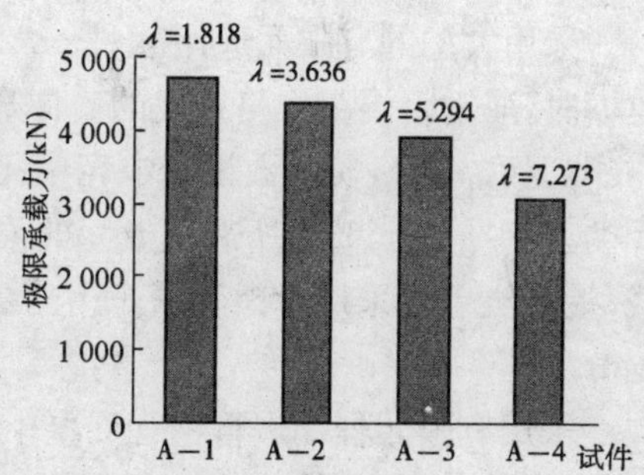

图 3-28　A 组试件极限承载力—长细比关系图

由于各缀管交汇带来的受力复杂性，使得节点段柱肢(近载侧)钢管环向应变的变化规律显示出与节间段明显的不同。有缀管一侧环向应变发展很快，明显大于光面的一侧，且数值特别大。近载侧柱肢节点附近的钢管环向变形是导致柱肢钢管撕裂从而引发试件破坏的主要原因。

缀管的受力较小且都处在弹性阶段。斜缀管与弱轴方向的平缀管以受压为主。强轴方向的平缀管应变规律性较差。尽管柱肢钢管内填充有混凝土，钢管混凝土格构柱在一定程度上表现出管结构受力特点。

2. 极限承载力研究

以上述试验构件为分析对象，对国内现有《CECS 28:90》、《JCJ 01—89》、《DL/T 5085—1999》三本主要的钢管混凝土结构设计规程的计算方法进行分析。在此基础上，借鉴国外钢格构柱的计算方法，提出钢管混凝土格构柱换算长细比和极限承载力的计算公式。

(1)国内设计规程的计算分析

钢管混凝土格构柱其承载力计算包括单肢承载力和整体承载力两部分。

格构柱的单肢承载力计算，是按桁架确定其单肢的轴向力，然后按压肢和拉肢分别进行承载力计算。其中压肢按单根圆钢管混凝土轴向受压承载力公式计算。拉肢的承载力如同钢结构拉杆，不考虑混凝土的抗拉强度。

整体承载力分强轴方向(面内)和弱轴方向(面外)。应用《CECS 28:90》、《JCJ 01—89》、《DL/T 5085—1999》三本规程计算的钢管混凝土格构偏压柱试件的整体极限承载力计算值几乎不随试件长细比的变化而变化，与试验所得的构件极限承载力随构件长细比增大(高度增大)而显著下降的实际情况不符。对试件换算长细比的计算结果表明，当长细比较小时，现有规范采用加法来考虑剪切变形影响的方法，会使得剪切变形影响附加值在换算长细比计算公式中所占的比重太大，导致出现构件长细比的影响降为次要地位的不合理现象。

(2)钢管混凝土格构柱极限承载力计算方法

不考虑剪切变形对极限承载力的不利影响，直接把构件长细比(而不是换算长细比)和试验所得的单根圆钢管混凝土轴压极限承载力代入三本规程进行计算。计算结果与试验值比较：计算值均大于试验值，长细比越大，误差也越大。因此不考虑剪切变形对极限承载力的不利影响是偏不安全的，尤其是长细比较大时。

借鉴国外钢格构柱计算方法，采用放大系数的方法来计算钢管混凝土格构柱的换算长细比。对钢格构柱整体承载力的计算，将原构件长细比 λ 乘以一个大于 1 的等效长度放大系数 K，来考虑剪切变形的影响，从而得到换算后的长细比 $K\lambda$。按照这一方法所计算的钢管混凝土格构柱试件的整体极限承载力与试验值吻合得良好，且能正确地反映出极限承载力随长细比增大而降低的规律。

3. 有限元计算分析

采用大型的有限元通用软件—ANSYS 对钢管混凝土格构柱偏压构件进行有限元分析。建模时，取钢管混凝土格构柱的整体进行计算。以壳单元模拟柱肢钢管和缀管，单元类型选择 shell43(4 节点)，实常数设置中壳单元厚度设置为钢管壁厚。混凝土单元采用实心圆柱体，单元类型选择 solid65。所有钢单元的泊松比取 0.283，本构关系均采用四折线应力应变关系曲线；混凝土单元采用考虑套箍作用的核心混凝土的应力－应变关系曲线。有限元的具体单元划分见图 3-29。

采用有限元程序进行钢管混凝土格构柱极限承载力参数分析，结果表明偏心率 e 和长细比 λ 是影响承载力的重要因素。随着偏心率 e 的增大，钢管混凝土格构柱的极限承载力逐渐降低，偏心影响系数的有限元计算结果与《CECS 28:90》规程值吻合良好，建议可直接采用规程计算公式。而随构件长细比的增大，钢管混凝土格构柱承载力计算值逐渐降低，这与试验结果一致，因此可以采用放大系数法来计算格构柱的换算长细比。主支管管径比的变化对格构柱承载力影响不大。

4. 桁肋极限承载力计算

拱肋面内整体稳定计算时，将拱肋拟成高 0.36s(s 为弧长)的等效简支钢管混凝土格构柱，然后按放大系数法来计算钢管混凝土格构柱换算长细比的方法进行验算，求得东莞水道特大桥桁肋的面内整体极限承载力，具体计算步骤如下：

首先根据有限元计算结果，取典型截面拱脚、$L/4$ 和拱顶截面在各工况下上下弦杆的内力，折算成各截面的内力，然后再根据最不利内力进行验算。

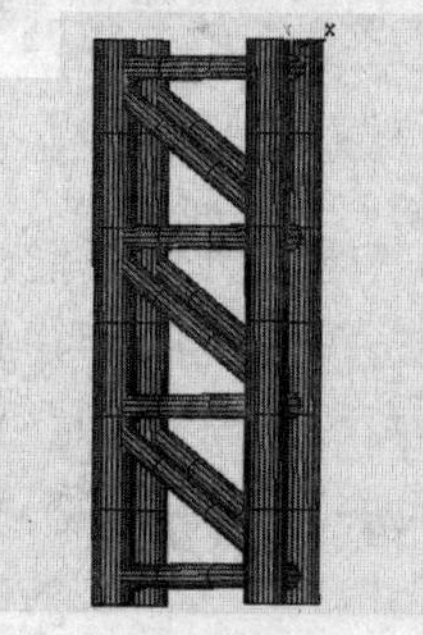

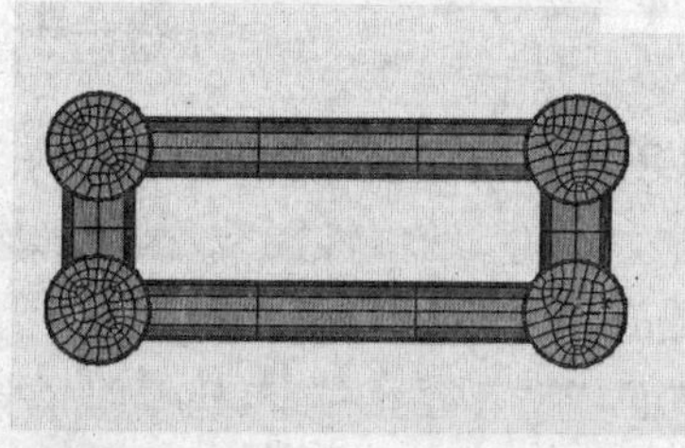

图 3-29 试验试件的 ANSYS 模型

选取弯矩值最大、轴力也较大的荷载组合为不利的内力组合，即拱脚截面处的内力为验算内力：

$$M=12\,825.34\text{kN}\cdot\text{m}$$
$$N=25\,606.96\text{k}\cdot\text{N}$$

(1)套箍指数 Q

$$Q=\frac{f_a A_a}{f_c A_c}=\frac{215\times(1.05^2-1.022^2)}{23.5\times1.022^2}=0.508$$

(2)偏心距

$$e_0=M/N=12\,825.34/25\,606.96=0.5\text{m}$$

组合Ⅱ偏心距最大。

(3)偏心率影响修正系数

$$e_0/h=0.5/4.5=0.11$$
$$\phi_e=\frac{1}{1+\dfrac{2e_0}{h}}=0.939$$

(4)长细比影响系数

计算长度

$$L_0=0.36s=0.36\times1.123\,985\times271.5=109.86\text{m}$$
$$a_t/L=13.1/109.86=0.12$$
$$\mu=0.023$$
$$K=1.026$$
$$KL/r=K(109.86/2.25)=50.094$$
$$\phi_1=1-0.057\,5\sqrt{\lambda_y^*-16}=0.664$$

(5)拱肋面内整体极限承载力

①短柱轴压极限承载力 N_0

$$N_0=f_c\times A_C(1+\sqrt{Q}+Q)$$
$$=23.5\times\frac{1.022^2}{4}\times(1+\sqrt{0.508}+0.508)\times10^3\times3.14$$

$= 42\,811\text{kN}$

②整体承载力

$$N_U = 4N_0 \times \phi_e \times \phi_t$$
$$= 106\,769.96\text{kN} > 25\,606.96\text{kN}$$

由上述计算结果可知，东莞水道特大桥主拱肋面内整体稳定满足要求。

二、东莞水道特大桥拱肋面内极限承载力分析

设计采用有限元程序 ANSYS 建立东莞水道特大桥的有限元计算模型，采用双重非线性方法，对其破坏过程、非线性影响、破坏形态和面内极限承载力的影响因素进行分析。

1. 有限元模型

采用平面杆系有限元模型，建模时钢管混凝土按双单元法进行模拟，即对同一段单元将钢管和混凝土分别作为两根杆件输入，但两者的节点坐标完全相同，在相同的节点间建立两个单元，一个单元赋予钢管的材料属性，另一个单元则赋予混凝土的材料属性。

东莞水道大桥的有限元模型共 735 个单元、194 个节点，有限元模型见图 3-30。主拱肋截面有限元模型见图 3-31。在有限元模型中，为了建模方便，在主拱脚处将腹板换算成腹杆形式。

图 3-30 有限元模型

有限元模型中，系杆采用 link8 单元，主拱、边拱、边墩采用 Beam-23 单元，用 combine14 弹簧单元模拟地基及基础的反力。主拱肋的拱脚的边界条件看成受到弹簧约束的边界条件。

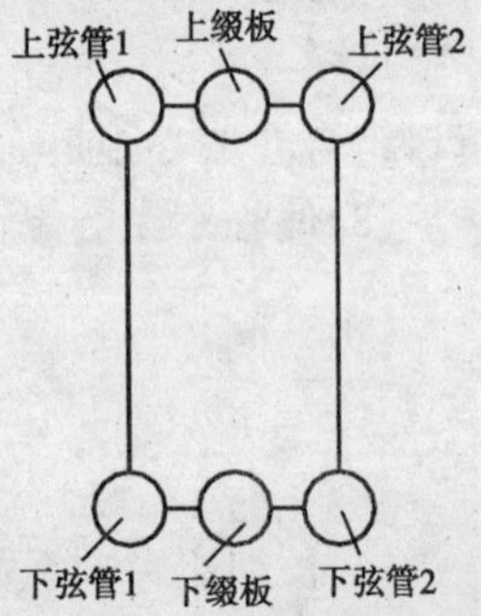

成桥后在活载作用下拱的最不利受力是拱脚负弯矩最大的工况。这里将此工况作为极限承载力分析的工况。加载方式为：$\lambda_2 \times$（恒载＋活载），其中 λ_2 为荷载系数，以（恒载＋活载）为基本荷载，通过荷载系数来体现结构的极限承载能力。

上弦管1 上缀板 上弦管2

下弦管1 下缀板 下弦管2

图 3-31 主拱截面划分情况

2. 双重非线性受力过程分析

钢管混凝土桁拱在设计荷载作用下结构基本处于线性受力阶段，设计计算内力时采用线弹性理论是合理的。结构破坏时主拱的杆件破坏情况见图 3-32，其中粗线条的杆件代表示该杆件破坏。由于计算工况是以左拱脚负弯矩为控制内力，因此左拱脚的下弦压力比上弦大；右拱脚受正弯矩，因此右拱脚上弦受压比下弦大，所以左拱脚下弦杆破坏，右拱脚上弦杆破坏。左右拱脚的上下弦杆均未出现拉力。

从挠度分析来看，主拱的竖向位移远大于边拱，可见主拱比边拱柔很多。挠度曲线是上拱曲线，且荷载－挠度曲线的起始点也不全在零点，这是由于计算模型中施加系杆力的方法与实际结构不同引起的。因此，如何根据实际桥梁的施工过程，采用合适的计算方法，建立起符合实际情况的有限元计算模型需要进一步的研究。

在钢管混凝土拱桥的极限承载力计算中，应考虑双重非线性问题，仅考虑几何非线性或材料非线性都是偏于不安全的。同时，由于几何非线性与材料非线性之间存在着耦合作用，双重非线性并不是材料非线性与几何非线性的简单迭加。

3. 极限承载力影响因素分析

拱脚约束条件的影响：主拱脚弹簧刚度为无穷大的固定拱与实际结构（弹簧约束下）的破坏形态较为接近，主拱脚约束变化对结构极限承载力影响不大，飞鸟式拱的主拱可近似简化为固定拱计算。从不同弹簧系数取值下模型的极限承载力比较结果来看，水平方向约束对极限承载力的影响较之转角约束的大，其影响趋势是：弹簧系数越大，极限承载力越大，反之越小。

图 3-32　结构破坏形态

钢管混凝土桁拱的极限承载力与弦杆的钢管屈服强度、混凝土等级和含钢率成正比。

矢跨比的影响：当主拱矢跨比取 0.1～0.3 时，矢跨比越大，结构的极限承载力越大。

参考文献

[1] 陈宝春，郑怀颖．钢管混凝土飞鸟式拱桥桥型分析．中外公路，2006(6)（总第 168 期），2006 年 12 月：43－51

[2] 陈宝春，欧智菁．钢管混凝土偏压格构柱长细比影响试验研究．建筑结构学报，2006(4)

[3] 欧智菁，陈宝春．钢管混凝土格构柱偏心受压面内极限承载力探讨．建筑结构学报，2006(4)

[4] 孙潮，郑怀颖，陈宝春．东莞水道特大桥面内受力双重非线性有限元分析．福州大学学报（自然科学版），34(1)，2006 年第 1 期：109－113

[5] 徐波，陈宝春．东莞水道特大桥设计．福建交通科技，2003 年第 3 期（总第 86 期），30－33

[6] 何晓辉，彭桂瀚，陈宝春，孙潮．东莞大汾北水道桥拱肋吊装施工受力分析．福建交通科技，2004(4)，2004 年 10 月，40－42

第四章　连徐路京杭运河大桥

第一节　概　　况

一、桥梁地理、地质条件

京杭运河大桥是连云港—徐州高速公路(简称连徐路)上的一座特大桥。连徐路是连云港—霍尔果斯国道主干线的东头段,位于江苏省北部地区,东起连云港市,西至徐州市南隅。连云港—霍尔果斯公路横贯我国东西部,是“欧亚大陆桥”在我国境内的重要组成部分,也是国家规划建设的“五纵七横”国道主干线的重要组成部分。

京杭运河是一条集通航、泄洪、排灌及输水综合利用的梯级河流。水上运输十分繁忙,货运船只穿梭不断,是一条“黄金水道”。它由微山湖而下,经徐州市北,然后向东南,经邳州市西侧向南流入新沂市所辖的骆马湖。洪水主要来自山东境内的邳苍洪道。河道已渠化,两大堤间的距离在桥位处为 1 574.5m。

桥址处水面宽为 240m,按水利部门规划,将向西拓宽 100m。正常水深 6.5m,常年水位高程 22m,多年径流量 14.1m^3/s。该段运河为邳州市和苏北地区水上运输繁忙的人工河主干道。

桥位处于废黄河冲积平原与沂河冲积平原的接触带,即沿运河洼地,它呈长条状,分布于运河两侧,走向北西、南东,洼地内地势低平,河流与人工水渠纵横交错,大堤内多芦苇沼泽,地表岩性多为亚黏土及砂土。该区地层主要分布有亚砂土、亚黏土、黏土、中砂、粗砂、粉砂、泥岩、强风化岩。

二、桥 型 方 案

京杭运河大桥由主、引桥组成,主桥结构体系为“提篮式”钢管混凝土中承式刚架系杆拱桥,主孔跨径为 235m,边孔跨径为 57.5m,主桥全长 350m。该桥位于纵坡为 1.6447%及 -0.66%,半径为 25 000m 的竖曲线内。大桥总体布置图见图 4-1。

三、主要技术指标

(1)设计荷载:汽车—超 20 级,挂车—120。

(2)主桥桥面宽度为:2.5m(系杆及吊杆空间)+0.5m(防撞护栏)+12.0m(行车道)+1.0m(波形梁护栏)+1.0m(隔离带)+ 1.0m(波形梁护栏)+12.0m(行车道)+0.5m(防撞护栏)+ 2.5m(系杆及吊杆空间)=33.0m。

(3)设计水位:26.81m。

(4)设计洪水频率:1/300。

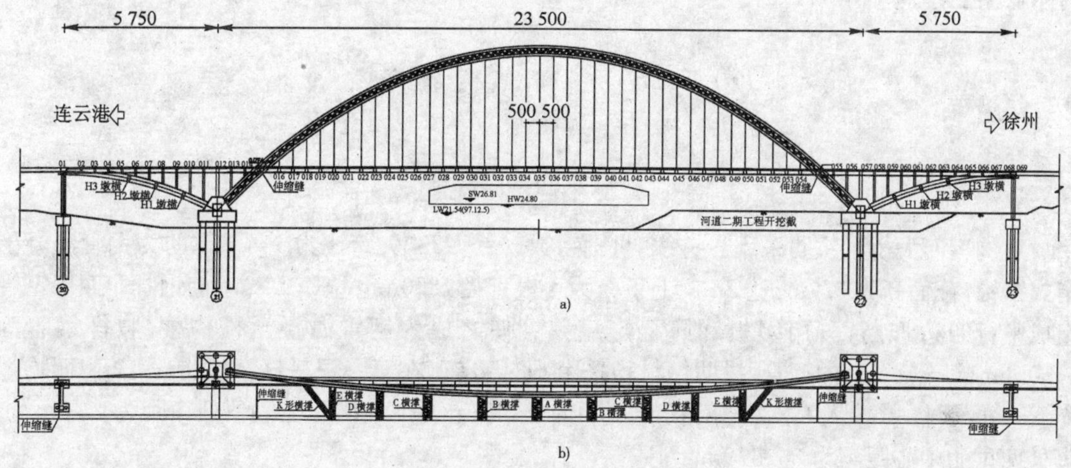

图 4-1　京杭运河大桥主桥布置图(单位:cm)

a)立面图;b)半平面图

(5)地震烈度:地震基本烈度为 8 度。

(6)通航水位:24.80m。

(7)通航等级:内河二级。

(8)通航净空:65m×7m。

四、大桥建设简介

连徐路京杭运河大桥业主为江苏省高速公路指挥部和徐州市高速公路指挥部。中交第一公路勘察设计研究院设计,路桥建设华南公司施工,铁道部第一勘测设计院监理,铁道部科学研究院铁建所施工监控。大桥于 1999 年 7 月开工,2002 年 10 月建成通车。建成后的大桥见图 4-2。

图 4-2　建成后的京杭运河大桥

大桥竖转施工技术被评为中国公路学会科技进步二等奖,设计被评为交通部优秀设计二等奖。大桥运营以来,使用效果良好。大桥的建成,为连徐高速公路的通车奠定了基础,改善了连云港至徐州的通行条件,具有良好的经济效益和社会效益。大桥位于古老的京杭运河上,邳州市南侧,河滩开阔,拱桥优美的造型为本地增添了一道靓丽的风景,也是连徐高速公路上的标志性工程。

第二节　主桥结构与构造

一、拱肋与横撑

京杭运河大桥主拱肋采用悬链线，拱轴系数 $m=1.33$，矢跨比为 1/4。拱肋为钢管混凝土桁式结构，截面高为 3.7m，宽 2m。上下弦为 4 根直径 ϕ850mm 壁厚 14mm 的钢管。四个钢管组成平行四边形断面，用缀板和腹杆连接弦管使之成为钢管混凝土格构柱，腹杆钢管为 ϕ450mm 壁厚 14mm 的钢管，拱肋钢材均采用 Q345d 钢，在第一根吊杆至拱脚段，全截面均填充 C50 混凝土，并掺入 UEA 微膨胀剂，形成实心截面，两个主拱肋在拱顶处净距为16.0m，拱脚处两拱肋中心距离为 36.579m。

京杭运河大桥主拱肋间共设 9 道横撑，其中两边为 K 形横撑，每道横撑为空钢管构成的格构桁式梁。横撑钢管中心距为 3m×2.85m，四角钢管直径为 ϕ550mm，腹杆钢管直径为 ϕ35cm，壁厚均为 10mm。主跨拱肋及横撑构造如图 4-3 所示。

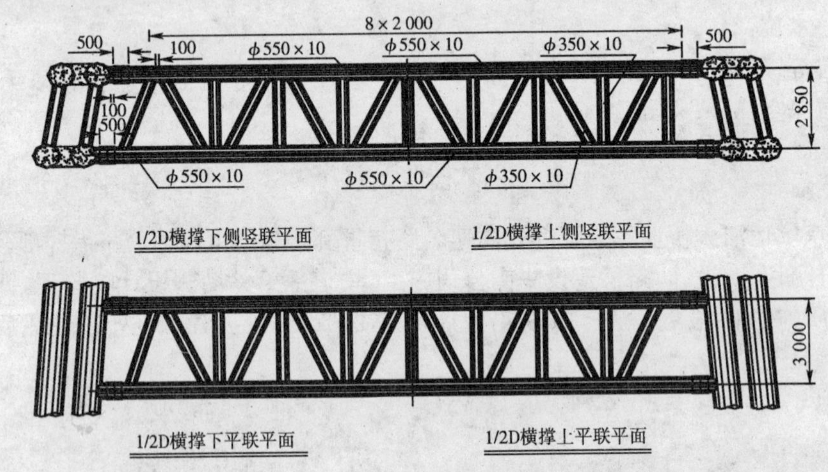

图 4-3　拱肋横撑布置图(单位:mm)

边拱肋为外包钢板钢筋混凝土结构，断面为 2 000mm×2 500mm，如图 4-4 所示。

二、系杆、横梁与桥面板

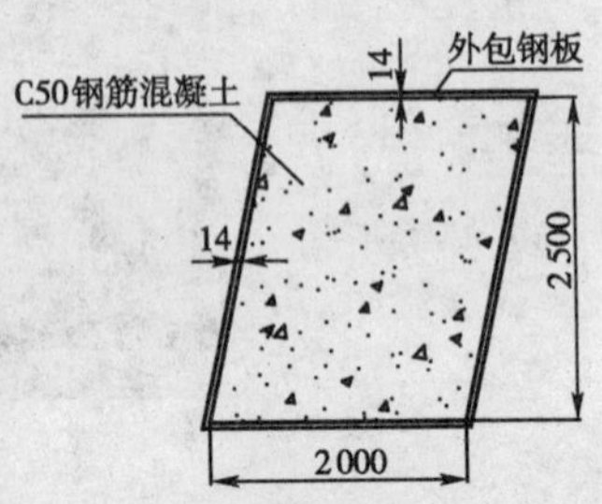

图 4-4　边拱肋截面图(单位:mm)

为了避免与主拱肋、边拱肋相交使其结构受力复杂化，系杆采用热挤 PE 平行钢绞线拉索，以适应平面内的弯曲变化。成桥后，系杆连同其保护箱一同隐藏于桥面板的实心板之内，成为永久保护。全桥系杆拉索共由 32 束 25ϕ15.24mm 的预应力钢绞线组成。系杆锚具均采用 OVMXG15—25 型锚具。系杆布置如图 4-5 所示。

吊杆及立柱处横梁为预制钢箱梁，其外形尺寸为 1 000mm×1 500mm，腹板厚为 16mm，顶板上焊有剪力钉，使钢横梁与混凝土桥面板固接，顶、底板厚度分别均为 30mm，隔板厚度为 10mm，横梁内底板设置预应力筋。横梁有钢横梁及预应力混凝土横梁，立柱上横梁设水平推力牛腿，并在牛腿处设水平抗推支座。预制钢筋混凝土 π 形板，支点处与钢横梁通过剪力焊钉连接于一体。桥道系构造(钢横梁和桥面板构造)如图 4-6 所示。

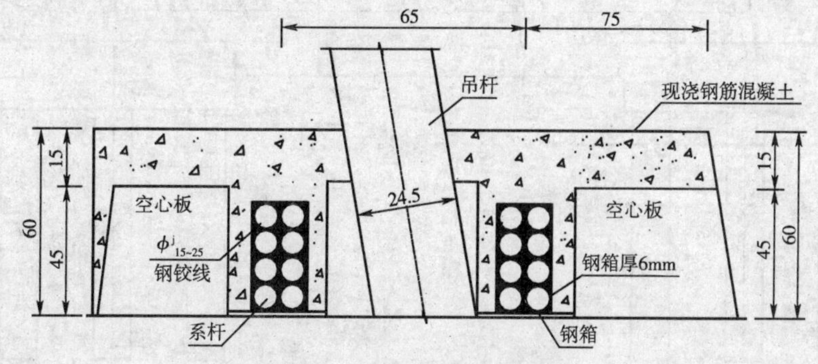

图 4-5　系杆布置(单位:cm)

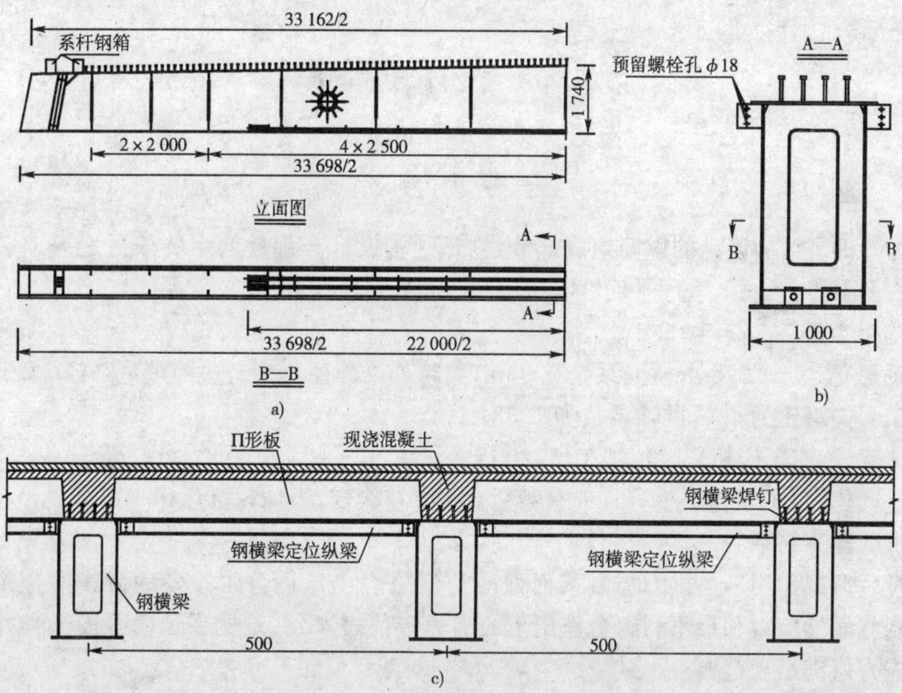

图 4-6　桥道系构造图(单位:cm)

a) 1/2 钢横梁构造图;b) 钢横梁断面图;c) 桥面板构造图

三、下部结构与基础

每个拱座设置左、右两个承台，承台厚度为 4m，平面尺寸为 13.7m×13.7m。承台顶面设四棱台拱座，高度为 5.5m。左右两个承台由断面为 3m×4.5m 的箱型空心系梁相连，箱型断面腹板厚度为 50cm，顶底板厚度为 60cm。为了克服拱脚产生的水平推力，采用横梁内设置预应力钢束，并且锚于拱座及承台外侧面。基础采用群桩，每个承台底由 9 根 ϕ200cm 的钻孔灌注桩组成。主墩拱座及下部结构形式如图 4-7 所示。

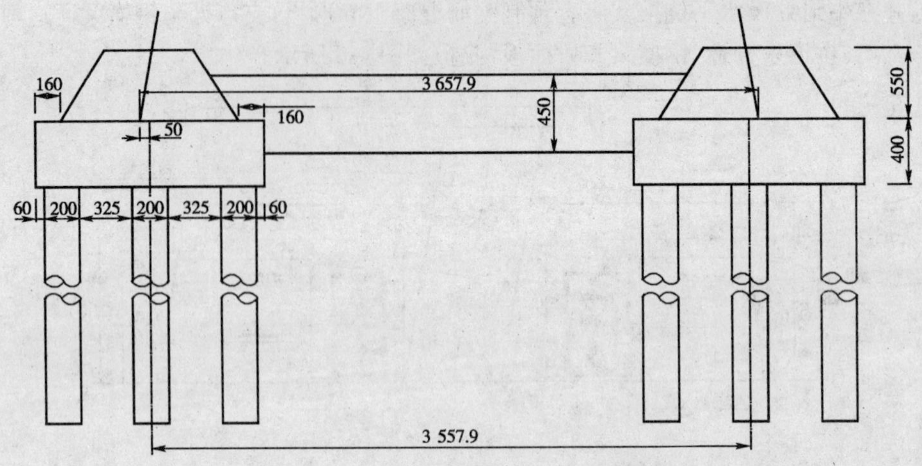

图 4-7　主墩拱座及下部结构形式(单位:cm)

第三节　设计计算分析

一、静 力 分 析

结构分析是结构设计的重要组成部分,它是结构设计合理性的主要依据之一。京杭运河特大桥的平面静力计算,采用平面杆有限元软件进行计算分析。

1. 设计计算基本资料

桥面宽度:净－22.5m,桥面系全宽33m,主跨理论跨径235m,边跨理论跨径57.5m,矢高为58.75m,矢跨比为1/4,拱轴系数为1.33;

设计荷载:汽车－超20级、挂车－120级;

温差:温升20℃和温降20℃,考虑混凝土收缩及徐变,不均匀沉降:0.01m。

2. 拱肋计算结果

成桥后恒载作用下主拱圈控制截面处应力值见表4-1,运营阶段各种荷载组合作用下主拱圈控制截面处应力和最不利组合作用下的应力极值表4-2。结构在运营阶段拱脚处钢管与混凝土应力值满足规范要求。

成桥后恒载作用下主拱圈控制截面处应力(正值代表压应力)　　表4-1

截面	材料	上弦杆(MPa)		下弦杆(MPa)	
		内侧	外侧	内侧	外侧
拱脚	钢管	48.90	32.40	63.70	47.00
	混凝土	7.02	3.87	9.75	6.84
$L/8$	钢管	62.30	69.30	71.30	79.10
	混凝土	10.20	11.40	11.70	13.30
$L/4$	钢管	56.80	58.80	59.80	60.60
	混凝土	9.73	10.10	10.10	10.30
$6L/8$	钢管	62.50	62.00	51.80	51.00
	混凝土	10.60	10.40	8.30	8.14
$L/2$	钢管	68.60	67.90	51.90	50.90
	混凝土	10.60	10.30	7.95	7.79

运营阶段主拱圈控制截面处应力最不利值(正值代表压应力)　　表 4-2

截面	材料	上弦杆(MPa)				下弦杆(MPa)			
		内侧	工况	外侧	工况	内侧	工况	外侧	工况
拱脚	钢管	95.40	15(16)	86.40	16	114.00	17(18)	104.00	17(18)
	混凝土	14.50	15(16)	12.70	16	18.70	17	16.90	18
$L/8$	钢管	99.90	16	106	16	126.00	16	132.00	16
	混凝土	17.30	18	18.80	17(18)	20.30	16	21.60	17(18)
$L/4$	钢管	93.70	16	95.70	16	103.00	16	104.00	15(16)
	混凝土	16.40	17	16.70	17	16.90	17	17.10	17
$3L/8$	钢管	107.00	16	108.00	16	86.10	16	85.50	16
	混凝土	18.60	17	18.60	17	13.10	17	13.70	17(18)
$L/2$	钢管	123.00	15	122.00	15	82.30	16	81.20	16
	混凝土	19.20	17	18.90	17	12.80	17	12.40	17

3.承载能力极限状态下边拱肋截面的内力

经过验算,在承载能力极限状态下边拱肋截面的正截面强度均满足规范要求,其正截面强度最小比值(承载能力/内力绝对值)等于 1.54>1.0。

4.空间静力分析

(1)空间计算模型的建立

采用 ALGOR 大型通用有限元软件对全桥空间静力计算。计算模型全由空间梁单元构成。全桥结构计算模型见图 4-8。钢管混凝土按《钢管混凝土结构设计与施工规程》(CECS 28:90)的规定换算为混凝土截面。

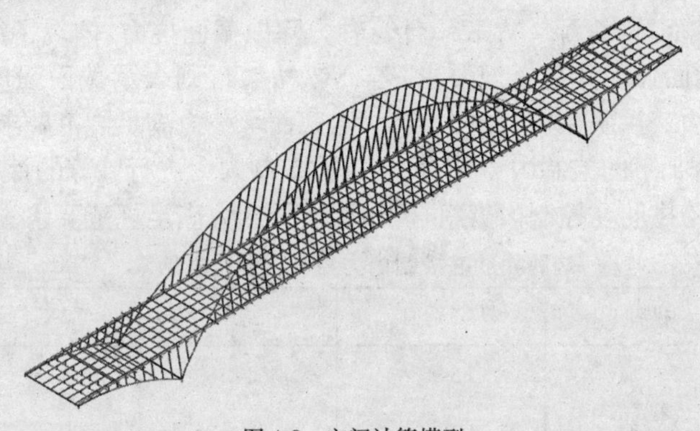

图 4-8　空间计算模型

在全桥空间计算结果中,对内力符号规定弯矩以拱腹受拉为正,拱背受拉为负;轴力以受压为正,受拉为负;应力以混凝土的压应力为正,拉应力为负。弯矩的单位为 kN·m,轴力的单位为 kN,应力单位为 MPa。

(2)营运阶段的拱肋结构验算

①荷载内力组合

边跨和主跨拱肋控制截面的内力根据《公路桥涵设计通用规范》(JTJ 021—89)第 2.1.2 条进行荷载组合,按《公路钢筋混凝土及预应力混凝土桥涵设计规范》(JTJ 023—85)(该规范在以后的表述中简称桥规)第 4.1.2 条进行承载能力极限状态组合计算。荷载内力组合表见表 4-3。

荷载内力组合表 表 4-3

组合一	结构自重＋二期恒载＋汽一超 20
组合二	结构自重＋二期恒载＋温度升高
组合三	结构自重＋二期恒载＋系杆力温度降低
组合四	结构自重＋二期恒载＋温度升高＋基础不均匀沉降
组合五	结构自重＋二期恒载＋温度降低＋基础不均匀沉降

对边、中跨拱肋，比较内力组合 1 至组合 5，得到边跨拱肋截面的控制内力(表 4-4)，主跨拱肋截面的控制内力(表 4-5)。

边跨拱肋的控制内力 表 4-4

截面位置及工况	拱脚 M_{min}	$L/4\ M_{min}$	跨中 M_{max}	G5-G4 间 M_{max}	G4-G3 间 M_{max}
M(kN·m)	−44 048	−6 890	31 919	55 362	44 679
N(kN)	59 052	56 868	50 418	53 518	44 686

主跨拱肋的控制内力 表 4-5

截面位置及工况	拱脚 M_{min}	$L/8\ M_{min}$	$L/4\ M_{min}$	$3L/8\ M_{max}$	拱顶 M_{max}
M(kN·m)	−56 379	−14 959	−16 681	30 771	30 919
N(kN)	55 465	51 307	43 198	39 905	39 498

②拱肋截面强度验算

对边跨拱肋营运阶段的控制内力组合(表 4-4)进行验算，其结果见表 4-6。其中，N_j 表示计算轴力，N_k 表示截面抗力，N_k/N_j 表示计算轴力除以截面抗力，体现了结构的安全余量，若 $N_k/N_j \geqslant 1$，则表示截面强度满足桥规要求，若 $N_k/N_j < 1$，则表示截面强度不满足桥规要求。从表 4-6 可以看出，边跨拱肋在控制内力组合下，截面承载力满足规范要求。

主跨拱肋在组合 1 下的控制内力见表 4-5。按控制内力进行验算的计算结果见表 4-7。从表 4-7 可以看出，主跨拱肋在控制内力组合下，截面承载力满足规范要求。

边跨拱肋在控制内力组合下的验算结果 表 4-6

截面位置	拱脚	$L/4$	跨中	G5-G4 间	G4-G3 间
N_j(kN·m)	59 052	56 868	50 418	53 518	44 686
N_k(kN·m)	69 551	118 262	76 167	54 501	89 887
N_k/N_j	1.18	2.08	1.51	1.02	2.01

主跨拱肋在控制内力组合下的验算结果 表 4-7

截面位置	拱脚	$L/8$	$L/4$	$3L/8$	拱顶
N_j(kN·m)	55 465	51 307	43 198	39 905	39 498
N_k(kN·m)	97 264	138 340	131 114	108 132	107 559
N_k/N_j	1.75	2.70	3.04	2.71	2.72

二、稳定性验算

采用 ALGOR 软件对全桥进行稳定性分析，结构屈曲形式如图 4-9 所示，表现为横向失稳。经计算，成桥阶段结构的稳定安全系数 $\lambda_{cr}=9.54$，能满足桥规要求。

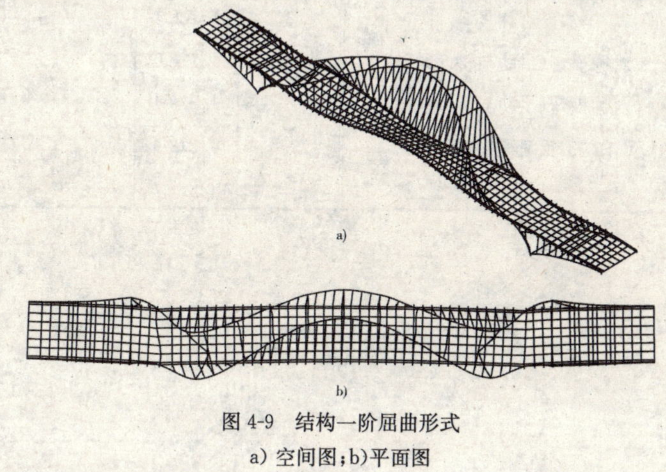

图 4-9　结构一阶屈曲形式

a) 空间图；b) 平面图

三、变 形 验 算

京杭运河特大桥的预拱度计算包括以下几个方面内容：

(1)钢管及管内混凝土未成形时的累计挠度 Δ_1。

(2)全桥桥面系及 1/2 活载作用下形成的挠度 Δ_2。

(3)拱肋温度变化产生的弹性变形挠度 Δ_3。

(4)混凝土收缩及徐变引起的挠度 Δ_4。

拱顶计算挠度为 $\Delta=\Delta_1+\Delta_2+\Delta_3+\Delta_4=19\text{cm}$，设计预拱度为 29cm。

四、地震反应分析及抗震验算

采用 ALGOR 大型通用有限元软件对京杭运河桥进行地震反应分析。结合具体情况，分析方法采用反应谱法。而要对桥梁结构进行地震反应谱分析，首先需要进行结构的动力特性分析。

动力计算见图 4-8。动力特性计算结果，桥梁前 10 阶自振频率和振型特点见表 4-8。结构的一阶振型为反对称竖弯，频率为 0.4667Hz，见图 4-10。

1. 地震反应分析

抗震分析按地震烈度 8 度、II 类场地考虑。参照《公路工程抗震设计规范》(JTJ 004—89)，地震反应谱按第 4.2.3 条生成；综合影响系数 C_z 按第 4.2.4 条，取值为 0.35；重要性修正系数 C_z 按第 1.0.4 条，取值为 1.7；水平地震系数按第 1.0.7 条，取值为 0.2。

地震动输入方式考虑两种，即顺桥向＋竖向输入和横桥向＋竖向输入，其中，水平向的两个方向，即顺桥向与横桥向的反应谱值相同，竖向反应谱值取水平向反应谱值的 2/3。为保证必要的计算精度，取前 170 阶振型参与计算。

表 4-9 和表 4-10 给出了结构在顺桥向＋竖向输入情况下的地震内力，表 4-11 和表 4-12 给出了结构在横桥向＋竖向输入情况下的地震内力。图 4-11 示出了结构在顺桥向＋竖向输

入情况下的地震变形，最大位移为 34.6mm。图 4-12 示出了结构在横桥向+竖向输入情况下的最大位移为 76.5mm。

京杭运河桥的动力特性　　表 4-8

阶　次	频率(Hz)	振 型 特 点	阶　次	频率(Hz)	振 型 特 点
1	0.466 7	反对称竖弯	6	1.108 4	对称横弯
2	0.533 4	对称横弯(拱肋与桥面同向)	7	1.178 0	竖弯
3	0.670 1	对称横弯(拱肋与桥面反向)	8	1.279 4	左边跨竖弯
4	0.783 1	反对称横弯	9	1.279 4	右边跨竖弯
5	0.801 2	对称竖弯	10	1.297 7	对称竖弯

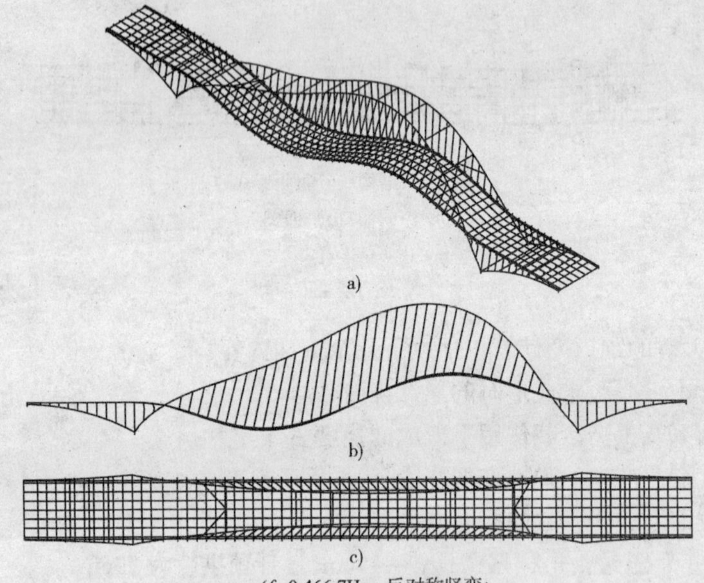

(f=0.466 7Hz　反对称竖弯)

图 4-10　第 1 阶振型图

a)空间图；b)立面图；c)平面图

边跨拱肋的地震内力(顺桥向+竖向输入)　　表 4-9

截面位置	拱脚	$L/4$	边拱肋跨中
M(kN・m)	−17 623	−1 735	10 598
N(kN)	1 708	1 895	1 966

主跨拱肋的地震内力(顺桥向+竖向输入)　　表 4-10

截面位置	拱脚	$L/8$	$L/4$	$3L/8$	拱顶
M(kN・m)	−22 792	−7 011	−7 231	7 151	6 136
N(kN)	2 736	2 545	2 329	2 198	2 137

边跨拱肋的地震内力(横桥向+竖向输入)　　表 4-11

截面位置	拱脚	$L/4$	边拱肋跨中
M(kN・m)	−10 528	−999	6 433
N(kN)	2 070	2 088	2 067

主跨拱肋的地震内力(横桥向+竖向输入) 表 4-12

截面位置	拱脚	$L/8$	$L/4$	$3L/8$	拱顶
M(kN・m)	−16 069	−5 236	−4 445	2 135	4 872
N(kN)	3 335	2 770	2 058	1 677	1 877

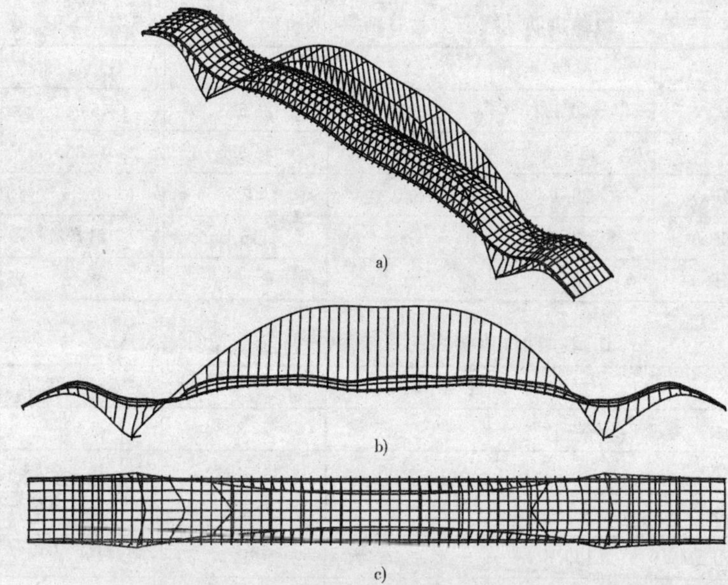

图 4-11 结构的地震变形(顺桥向+竖向输入)

a)空间图;b) 立面图;c) 平面图

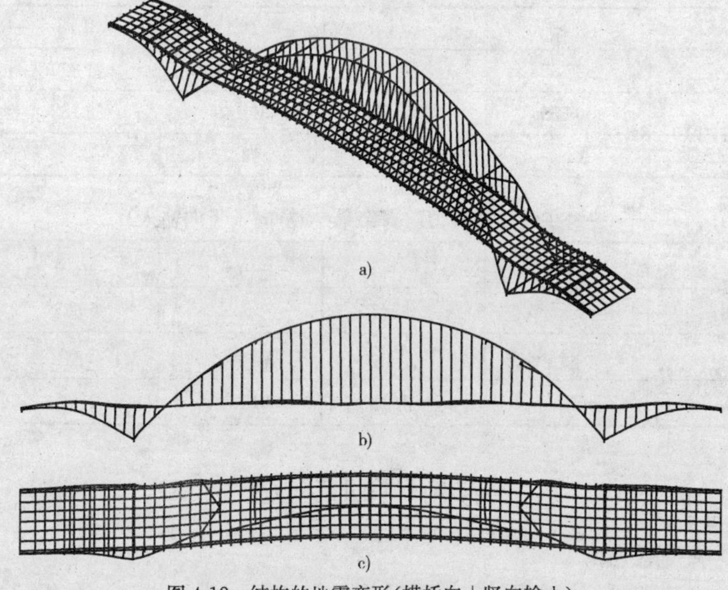

图 4-12 结构的地震变形(横桥向+竖向输入)

a)空间图;b) 立面图;c) 平面图

2. 抗震验算

根据计算得到结构自重+二期恒载,即为结构的恒载内力,再将其与地震内力组合,就可进行结构的抗震验算。

在恒载＋地震荷载组合下，参照公路桥梁规范，对于C50混凝土，其弯曲受压容许应力为20×1.25＝25MPa(1.25为偶然组合的提高系数)。参照《公路桥涵钢结构及木结构设计规范》(JTJ 025—86)，钢板容许应力取为210×1.25×0.9＝236.3MPa(0.9为钢板应力的折减系数)。从表4-13至表4-16可以看出，边跨拱肋和主跨拱肋在恒载＋地震荷载组合下，截面应力满足要求。

边跨拱肋地震应力验算结果(顺桥向＋竖向输入)　　表4-13

截面位置	拱脚	$L/4$	跨中	G5-G4间	G4-G3间
M(kN·m)	−40 222	−6 391	26 973	46 084	37 040
N(kN)	48 871	46 667	45 390	44 336	38 069
混凝土压应力(MPa)	20.1	8.0	11.7	21.6	17.6
受压钢板应力(MPa)	199.6	79.8	116.6	214.2	175.1
受拉钢板应力(MPa)	54.4			99.3	71.4

边跨拱肋地震应力验算结果(横桥向＋竖向输入)　　表4-14

截面位置	拱脚	$L/4$	跨中	G5-G4间	G4-G3间
M(kN·m)	−33 127	−5 655	22 808	41 023	32 910
N(kN)	49 233	46 860	45 491	44 399	37 583
混凝土压应力(MPa)	13.4	7.9	10.9	19.8	16.1
受压钢板应力(MPa)	133.8	78.7	109.0	196.7	160.2
受拉钢板应力(MPa)				71.7	51.5

主跨拱肋地震应力验算结果(顺桥向＋竖向输入)　　表4-15

截面位置	拱脚	$L/8$	$L/4$	$3L/8$	拱顶
M(kN·m)	−32 358	−11 278	−8 000	11 879	13 714
N(kN)	50 859	43 895	39 149	36 188	35 247
混凝土压应力(MPa)	13.7	14.1	12.1	12.2	12.4

主跨拱肋地震应力验算结果(横桥向＋竖向输入)　　表4-16

截面位置	拱脚	$L/8$	$L/4$	$3L/8$	拱顶
M(kN·m)	−25 635	−9 503	−5 214	6 863	12 450
N(kN)	51 458	44 120	38 878	35 667	34 987
混凝土压应力(MPa)	12.4	13.8	11.4	11.0	12.0

五、施工阶段结构分析

1.计算模型及特点

主桥结构形式及横梁编号如图4-13所示。

2.计算流程

根据桥梁结构特点及施工顺序，按实际结构形式进行模拟，计算出各阶段的结构应力及位移情况，施工工况划分，既要满足结构最终受力的计算需要，同时要符合施工过程的实际情况，工况按以下阶段划分：

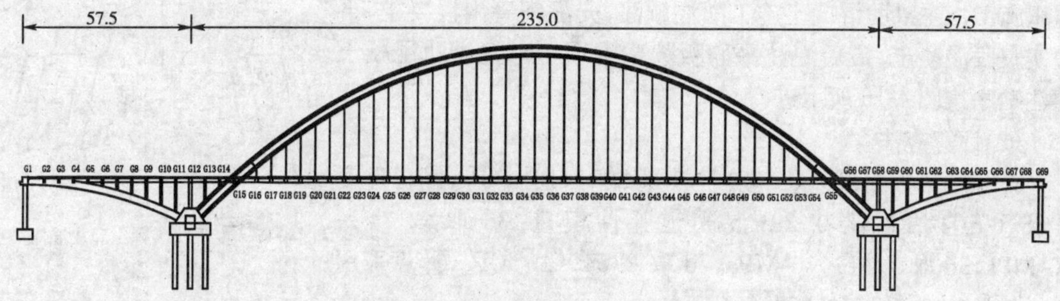

图 4-13　主桥结构形式及横梁编号图

①钢管拱肋竖转合拢后的状态。

②每隔 15m 间距吊装一片钢横梁，以便安装系杆。

③拱肋混凝土按次序逐一压注形成钢管混凝土拱肋。

④按设计顺序吊装完所有的钢横梁。

⑤吊装桥面板。

⑥浇筑桥面铺装和防撞护栏。在此过程中系杆的张拉力大小按计算的实际大小进行施工。

3. 桥梁施工方法

主跨拱肋采用液压同步提升技术进行竖向转体施工，转体扣索通过塔架上索鞍扣于主拱肋上，在后锚点边拱肋下进行张拉，竖向转体图见图 4-14。

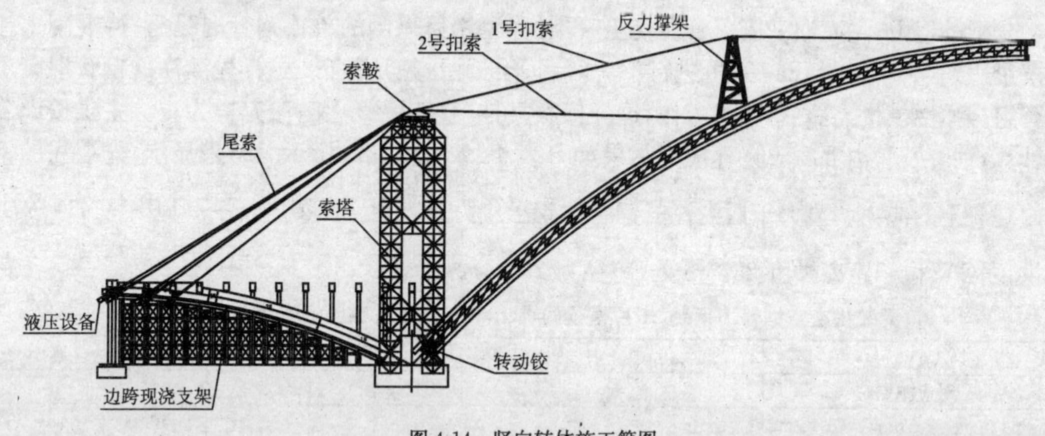

图 4-14　竖向转体施工简图

4. 对主拱肋钢管及混凝土内力计算

(1)计算工况

在主拱肋转体合拢后，形成两铰拱，在两铰拱状态下调整好拱轴线。由于"提篮式"拱在跨中附近横撑重量小，在两铰拱状态下，拱顶凸起，这一拱轴线与成桥状态下轴线不吻合。为了使主拱肋钢管轴线在形成无铰拱前拱轴线与成桥状态吻合，因此在两铰拱状态时首先在适当的位置先吊装好两片钢横梁(G31、G39)以便调整拱轴线，完成轴线调整后封固拱脚以形成无铰拱。在无铰拱状态下起吊安装一部分横梁，以方便后续拱桥系杆施工。但考虑到空钢管状态下加载多会增加主拱肋钢管应力，因此该桥分别间隔 10m(G16、G18、G20、G22、G24、G26、G28、G30、G33、G35、G37、G40、G42、G44、G46、G48、G50、G52、G54)和 15m(G16、G19、G22、G25、G28、G34、G36、G42、G45、G48、G51、G54)吊装一片钢横梁进行计算分析，在上述两种情况下进行分析主拱肋钢管应力及挠度。计算结果后者主弦管应力有明显下降，因此采用后者组织施工。主拱肋混凝土施工灌注顺序，先灌钢管内混凝土，再灌实腹段混凝土，最后灌注平联板仓中混凝土。主拱肋混凝土灌注顺序按图 4-15 所示进行。

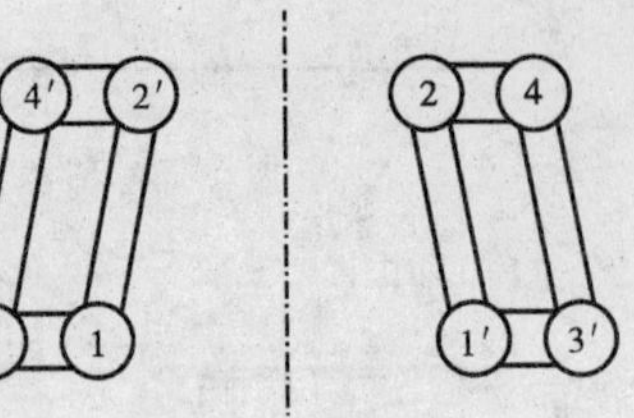

图 4-15 主拱肋混凝土灌注顺序图

(2)计算方法

计算基本数据：16Mn 钢弹性模量 2.1×10^5 MPa；钢材重度 7.85 t/m^3；泊松比 0.29；混凝土弹性模量：3d 取 3.34×10^4 MPa，5d 取 3.41×10^4 MPa，7d 取 3.54×10^4 MPa，计算采用弹性模量值 3.50×10^4 MPa。

根据施工实际情况及主拱肋的结构特点，采用 SUPER SAP 空间有限元线弹性分析模块进行施工阶段的结构分析。在模型建立时，钢管采用杆单元建模。分析内力及挠度，按照施工加载顺序单项计算，最后将各阶段内力的各项内力指标累计迭加而得，其实际计算结果可以按照不同计算程序及不同方法进行校核。

(3)钢管混凝土刚度换算

钢管混凝土换算刚度按现行《CECS 28:90》取钢管与管内混凝土刚度直接相加，即抗弯刚度：$EI=E_SI_S+E_CI_C$；抗压刚度：$EA=E_SA_S+E_CA_C$。

考虑钢管与混凝土共同受力，在钢管与混凝土共同受力情况下，钢管应力与混凝土应力换算：

$$\sigma_S=\sigma_c\frac{E_S}{E_C}$$

分析过程中，先灌注一侧单管混凝土，再对称灌注另一侧的单根钢管混凝土，待混凝土弹性模量达到 3.5×10^4 MPa 后，再进行下一对钢管混凝土浇筑施工。这样先灌注的钢管混凝土换算组合弹性模量，混凝土参与工作，这样依次类推，直至混凝土灌注完毕为止。主拱按此工序计算，钢管及管内混凝土计算应力结果如下表 4-17～表 4-20 所示。结果显示，先灌注的钢管内混凝土的应力明显大于后灌注的钢管混凝土应力。表中：A-拱脚，B-$\frac{1}{8}L$，C-$\frac{1}{4}L$，D-$\frac{3}{8}L$，E-拱顶，C 梁位于距离拱脚 22.5m 处(跨径为 235m)。

无铰拱在空钢管下吊装 21 片横梁间隔 10m 工况下主拱肋钢管应力及挠度 表 4-17

节点			A	B	C	D	E	G15 处	跨中
对应测点									
挠度(mm)								−10.40	−185.20
应力(MPa)	上缘	内侧	150.70	176.80	153.80	134.10	172.30		
		外侧	137.10	162.80	151.30	135.30	165.58		
	下缘	内侧	181.62	202.81	133.00	113.50	152.90		
		外侧	174.92	199.61	130.60	118.50	153.20		

无铰拱在空钢管下吊装 21 片横梁间隔 10m 工况下主拱肋管内混凝土应力及挠度 表 4-18

节点			A	B	C	D	E	G15 处	跨中
对应测点									
挠度(mm)								−10.40	−185.20
应力(MPa)	上缘	内侧	12.90	14.08	14.01	12.95	16.07		
		外侧	8.40	9.15	9.93	9.68	11.86		
	下缘	内侧	19.54	22.16	15.66	12.15	15.33		
		外侧	12.08	16.96	12.06	9.28	10.20		

无铰拱在空钢管下吊装 14 片横梁间隔 15m 工况下主拱肋钢管应力及挠度　　表 4-19

节点			A	B	C	D	E	G15 处	跨中
对应测点									
挠度(mm)								−11.17	−177.10
应力(MPa)	上缘	内侧	144.20	174.70	151.90	130.00	167.60		
		外侧	130.80	159.50	149.60	131.30	159.98		
	下缘	内侧	179.72	195.21	131.20	112.80	149.60		
		外侧	173.12	193.61	128.80	117.90	148.70		

无铰拱在空钢管下吊装 14 片横梁间隔 15m 工况下主拱肋管内混凝土应力及挠度　　表 4-20

节点			A	B	C	D	E	G15 处	跨中
对应测点									
挠度(mm)								−11.17	−177.10
应力(MPa)	上缘	内侧	13.36	14.40	14.42	13.27	16.52		
		外侧	8.88	9.46	10.33	10.00	12.36		
	下缘	内侧	19.69	22.60	16.18	12.24	15.59		
		外侧	12.53	17.40	12.58	9.38	10.42		

根据以上结果分析，在钢管混凝土灌注前吊装横梁对主拱肋钢管应力影响较大，在空钢管时吊装横梁过多会使得结构最终营运阶段钢管应力偏大，管内混凝土应力偏小，同时拱肋挠度大，在空钢管过程中吊装横梁少，最终钢管应力比前者小。在空管情况下尽可能少加荷载，以免钢管与混凝土应力不合理分配，结构挠度过大。在混凝土灌注过程中，如果灌注混凝土强度没有达到设计强度，就进行下一根管内混凝土的灌注，同样会大大增加钢管应力及最终结构挠度。

第四节　施 工 技 术

一、竖向转体施工技术设计

竖转施工技术设计包含竖转结构系统和机电液压系统两大内容。结构系统设计内容是竖转结构设计的最重要的组成部分，它包括索塔、索鞍、支撑反力架、锚固点、拱脚转铰和张拉索股的设计。对索塔、索鞍和转铰结构分别介绍如下：

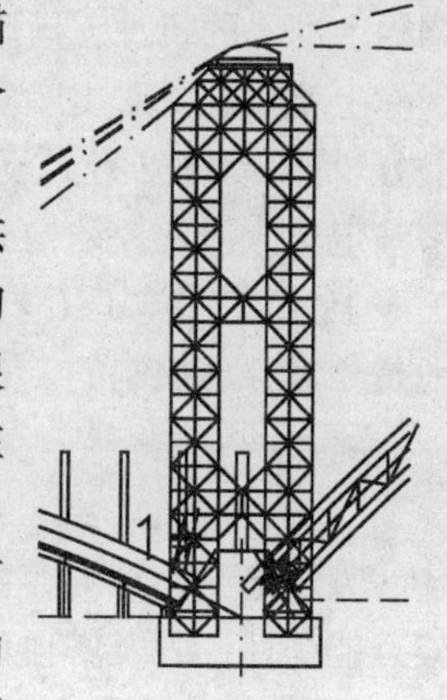
图 4-16　索塔简图

索塔(见图 4-16)是竖转施工的主要支撑重力临时结构，它将主拱肋的重量通过拉索由索鞍传到索塔，由索塔支撑起施工过程中的结构重量。索塔结构采用万能杆件拼装而成，这样的索塔安装和拆除都很方便，同时计算模型也很明确，节点处理方便，索塔由万能杆件预埋在拱座中与拱座固接，拱座以上均采用双肢连接直到塔顶。

索鞍是竖转拉索转向滑动装置，也是通过它将集中力传至塔顶万能杆件的传力装置。索鞍设计的关键是拉索的转向角度，降低转轴的摩阻系数措施等。索鞍的立面及展开平面图如图 4-17 所示。侧向隔板与辊轮之间用四氟板隔开，滚轮和辊轴以及滚轮和拉索间用四氟粉和黄油润滑，以减少它们之间的摩阻力。

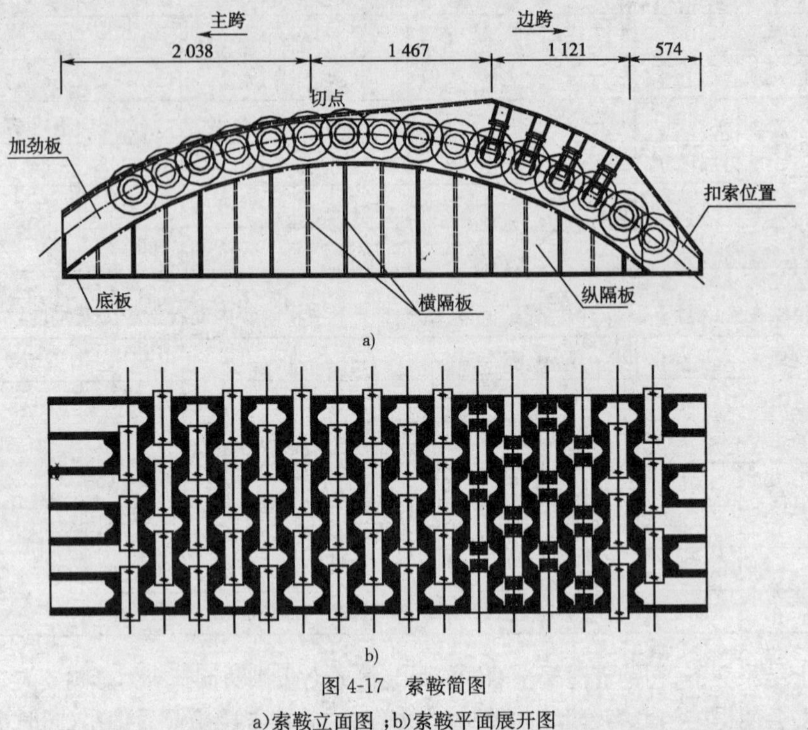

图 4-17　索鞍简图

a)索鞍立面图；b)索鞍平面展开图

转铰：转动轴的构造及选材，预埋钢板初定位，然后通过精调地脚螺栓，将活动铰支座定位到设计位置。因为京杭运河特大桥竖转吨位没有丫髻沙大桥大，转动轴如果采用钢管混凝土轴，则转轴相对竖转拱肋而言过于笨重，在安装过程中也会增加施工的难度。因此，京杭运河特大桥转体活动铰采用钢轴形式。钢轴形式的选用，大大减小转体活动铰的外形尺寸，消除了钢管混凝土轴结构不密实的施工隐患，并减轻了活动铰安装调节重量，确保了施工安装精度的实现。而且因为制作工艺的简化，缩短了转体活动铰的施工周期，整体工程施工的进度得到了保证。

针对活动铰安装精度的施工难点，在转体活动铰的结构设计中增加了预埋钢板初定位的施工环节。通过预埋钢板的安装，将活动铰支座的安装斜面在空间上确定下来，然后根据预埋钢板上准确的机加工地脚螺栓孔位，一一对应安装地脚螺栓，并精调至设计位置，这样在三维坐标上就实现了对支座安装位置的确定。支座运抵施工现场后，用吊装设备吊运到预埋钢板上方，将活动铰支座上预留的定位孔对应预埋的各个螺杆，进行就位安装，即可实现转动铰的精确定位。活动铰结构经过这样的处理，将复杂结构的精确定位安装，降低到简单构件的安装工序上，简化了施工工艺。施工难度也从安装上转移到最初的结构加工上，而结构加工精度通常是相对容易控制的。京杭运河特大桥转体活动铰结构示意见图 4-18。

二、竖向转体施工计算

竖转施工计算内容主要有拉索索力计算、反力撑架内力及稳定性计算、转铰强度计算及塔架万能杆件应力及塔顶位移等内容的计算。在这些计算项目中，拉索索力计算是至关重要的一环，它在转体施工中，自始至终都控制着拱肋的状态和结构各部位的应力，是正确指导竖转施工液压系统控制的关键。计算模型如图 4-14 所示。在计算模型中主要考虑 1＃扣索与反力撑架之间的滑动性，在索塔顶面 1＃、2＃扣索通过索鞍也是滑动的，这样的计算模型在一般软件节点处理中是需要作特殊处理的，但对于转体施工来说只要求满足控制系统的要求。其次是计算的结果需要连续，要求在转体不同的角度都要有拉索的内力，理想的计算结果是要充分考虑扣索与各转点的摩阻力和转体过程中的冲击力。

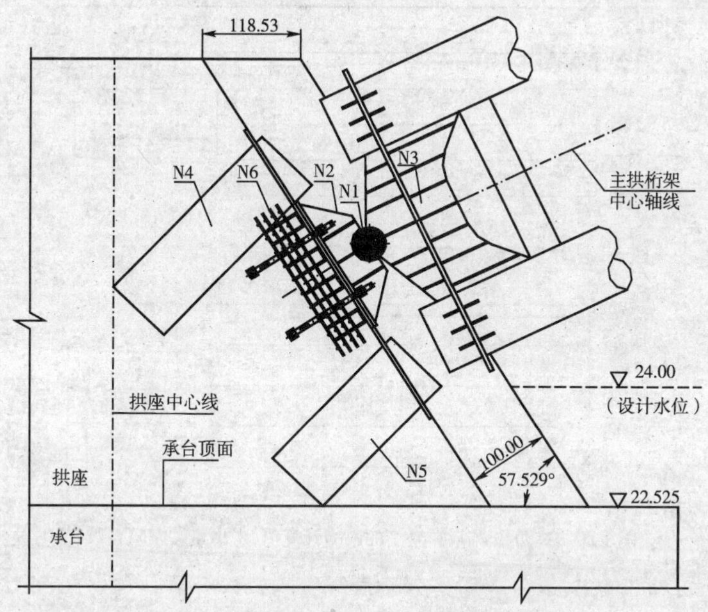

图 4-18　京杭运河特大桥转体活动铰结构简图

承重系统由扣索、油缸和锚点三部分组成。从计算可以得到在竖转提升过程 1＃、2＃扣索的最大索力分别为 3 709kN、3 261kN。承重系统的主要验算结果如下：

(1)1＃扣索的载荷变化在 3 709kN 和 3 586kN 之内，由 3 台油缸分担，因此每台油缸的平均载荷为 1 236kN～1 195kN（每台油缸额定载荷：2 000kN），油缸中单根钢绞线的平均载荷为：68.67kN～66.39kN（单根钢绞线的破断力为 260kN，考虑拔锚影响及安全系数要求单根钢绞线承载力不小于 100kN）。

(2)2＃扣索的载荷变化范围比较大，在 3 261kN 和 1 758kN 之内，由 3 台油缸分担，因此每台油缸的平均载荷为：1 087kN～586kN（每台油缸额定载荷为 2 000kN），油缸中单根钢绞线的平均载荷为：181.17kN～32.56kN（单根钢绞线的破断力为 260kN，考虑拔锚影响及安全系数要求单根钢绞线承载力不小于 100kN）。

(3)竖转施工的要求　1# 扣索和 2# 扣索的索力不考虑和考虑索鞍摩阻系数的计算结果分别见表 4-21、图 4-19 和表 4-22、图 4-20。随着竖转角度变化，1＃扣索和 2＃扣索的索力应满足图 4-19 所示的变化规律，以保持主跨结构的正确受力情况，防止过大的吊装应力；两肋应保持同步提升，防止主跨结构扭转变形。

单肋扣索 1、扣索 2 的索力计算值（未考虑索鞍摩阻系数）　　表 4-21

竖转角度	0°	3°	6°	9°	12°	15°	18°	21°	24°	到位
1＃索力(kN)	3 502	3 530	3 550	3 563	3 568	3 566	3 556	3 639	3 514	3 496
2＃索力(kN)	3 027	2 845	2 671	2 502	2 338	2 128	2 029	1 889	1 750	1 674

单肋扣索 1、扣索 2 的索力计算值（考虑索鞍摩阻系数 $K=0.08$）　　表 4-22

竖转角度	0°	3°	6°	9°	12°	15°	18°	21°	24°	到位
1#索力(kN)	3 709	3 727	3 736	3 736	3 728	3 712	3 687	3 655	3 614	3 587
2#索力(kN)	3 262	3 057	2 863	2 674	2 492	2 261	2 149	1 994	1 842	1 758

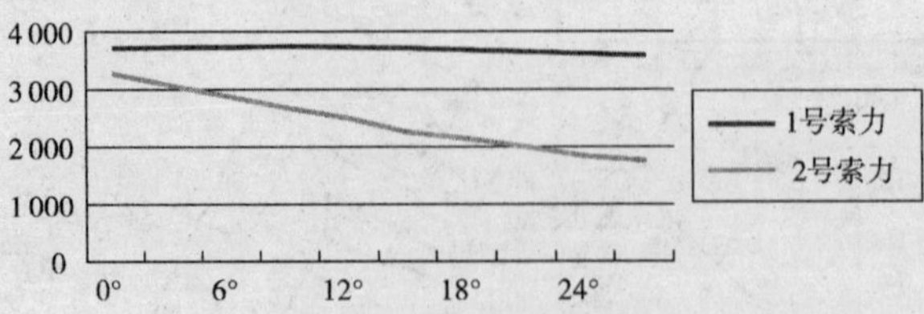

图 4-19　单肋扣索 1、扣索 2 的索力计算值(未考虑索鞍摩阻系数)

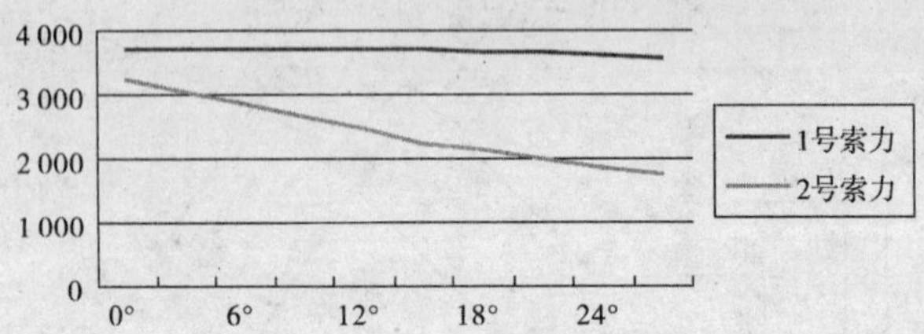

图 4-20　单肋扣索 1、扣索 2 的索力计算值(考虑索鞍摩阻系数)

第五节　科研试验

一、钢管混凝土构件试验

京杭运河特大桥是连徐高速公路上的一座特大桥，也是国内跨径较大的“提篮式”钢管混凝土拱桥，为了使大桥顺利建成，江苏省高速公路指挥部会同本桥设计、施工、监控及监理单位联合成立大桥施工关键技术研究课题组，针对施工中的关键技术问题进行科学研究与攻关。课题内容主要有现场总线技术在竖向转体实时控制系统中的应用、施工阶段拱轴线性形监测与控制、超声波对钢管内混凝土密实性检测的研究、C50 微膨胀混凝土研究、钢管混凝土模型试验及钢结构锌铝复合涂层防腐性能研究。本节主要介绍钢管混凝土模型试验部分内容。

为了更好地进行钢管混凝土按施工程序进行受力分析。针对主桥采用的材料进行收缩、徐变及组合弹性模量试验，为设计施工提供科学依据。

1. 试件制作

钢管采用 Q345d 钢管，直径 ϕ219mm，壁厚 4.2mm，核心混凝土强度等级为 C50，试件长度分别为 500mm、500mm、700mm。每种长度 3 个试件，共 3 组 9 个试件。一个 500mm 长的试件用于弹性模量试验，另一个 500mm 长的试件用于徐变试验，700mm 长的试件用于收缩试验。主拱钢管混凝土的含钢率为 6.93%，试验模型的含钢率为 8.14%。

试件成型与养护参照《公路工程水泥混凝土试验规程》(JTJ 053—94)混凝土试件制作及养护方法 T 0510—94 进行。试件所用材料与施工实际用料相符。试件于 2001 年 7 月 31 日浇注，成型后放置实验室进行养护。

针对试验目的，沿短柱轴线方向布置钢弦应变计，测量其轴向变形，在700mm试件内埋钢弦应变计一个。

2.收缩试验

试件成型在养护室养护一昼夜后，送至恒温室继续养护一昼夜后读其应变值，重复测三次，其值为基值。试件自成型日起计算龄期，在3、7、14、28、60、90、180d测定试件的应变。试验结果见图4-21。

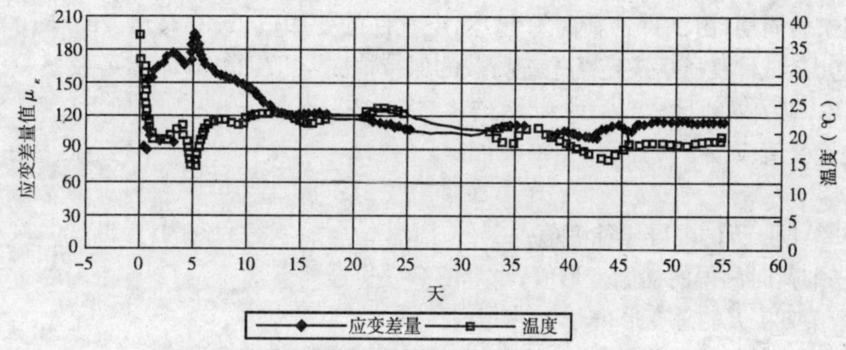

图4-21 钢管混凝土收缩实验预埋测点应变变化曲线图

从图4-21、图4-22可看出混凝土在成型后初期（1～5d）膨胀收缩变化比较明显，5d后收缩变化明显，钢管也同时受压变形；在28d后混凝土变形曲线平缓。

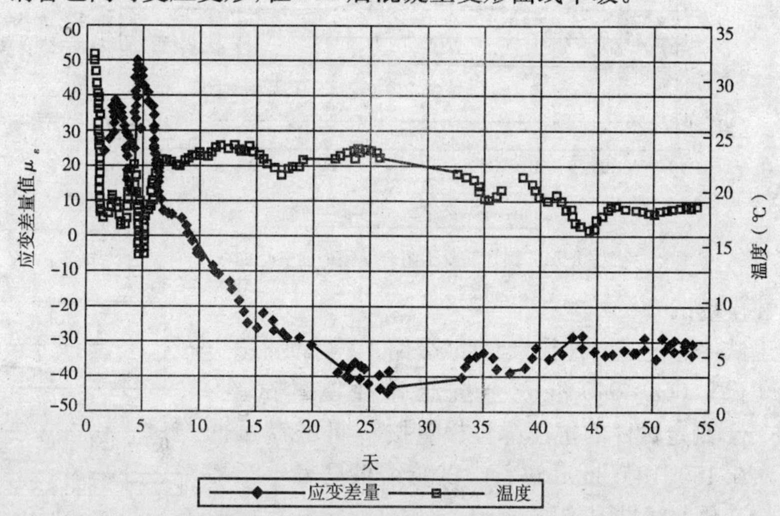

图4-22 钢管混凝土收缩实验外表面测点应变变化及温度变化曲线

3.徐变试验

试件成型后，送入标准养护室养护到7d龄期。然后在室内自然状态下加荷进行试验。加力装置见下图4-23所示。

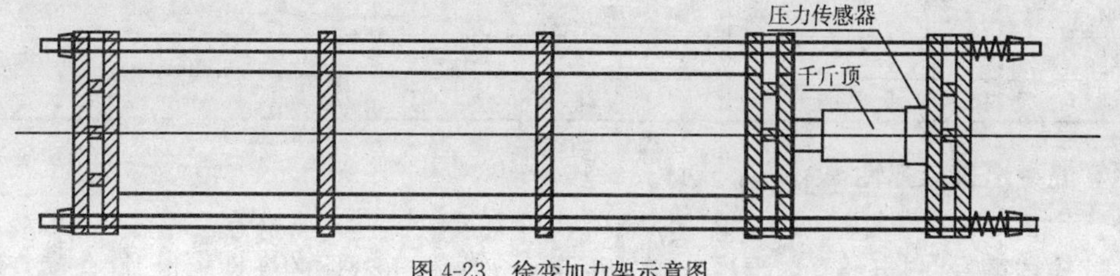

图4-23 徐变加力架示意图

试件调平后，开始加荷。其压力为30t。试验时用千斤顶先加压至徐变应力的20%，即6t进行对中。对中后，加荷至徐变应力，读两侧变形值，其平均值即为初始变形值，从对中完毕到测初始值之间的加荷及测试时间不超过1分钟。此时，试件两侧的读数相差不超过平均值的10%，如超出此值，应进行调整。调整在试件持荷的情况下进行，调整过程中所产生的变形计入徐变变形之中。再加荷到徐变荷载，检查两侧变形读数，其总和与加荷前读数相比，误差不应超过2%，否则应予以补足。

按下列试验周期(由试件加荷时算起)测定试件的变形值：1、3、7、14、28、45、60、90、120、150、180、360d。试件受压后应定期检查荷载的保持情况，在7、28、60、90d各校核一次，如荷载变化大于2%，应予以补足。

试件的徐变值应按下式计算：

$$\varepsilon_{ct} = (\Delta L_t - \Delta L_0) - \varepsilon_t$$

式中：ε_{ct}——龄期t天的混凝土徐变值；

ΔL_0——加荷时测得的初始变形值；

ΔL_t——龄期t天的总变形值；

ε_t——同龄期的收缩值。

试验结果见图4-24所示。

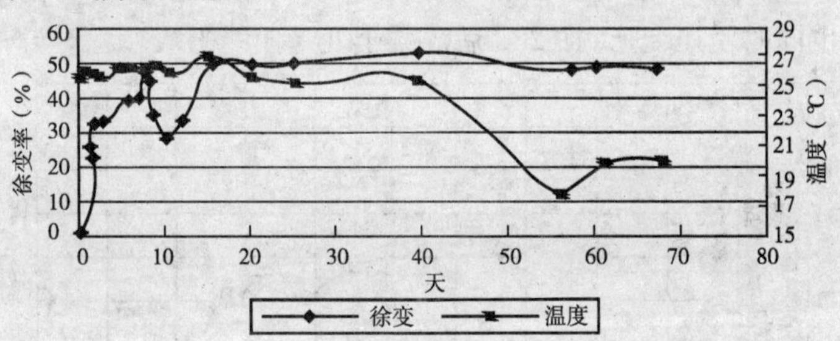

图4-24　钢管混凝土组合模型徐变变化曲线图

4. 抗压弹性模量试验

钢管混凝土试件的抗压弹性模量参照《公路工程水泥混凝土试验规程》(JTJ 053—94)混凝土抗压弹性模量试验T0 519—94进行。测定试件的抗压弹性模量按龄期3、7、14、28、42、60、90、120、150、180、360d进行。试验结果见表4-23，混凝土弹性模量变化曲线见图4-25所示。

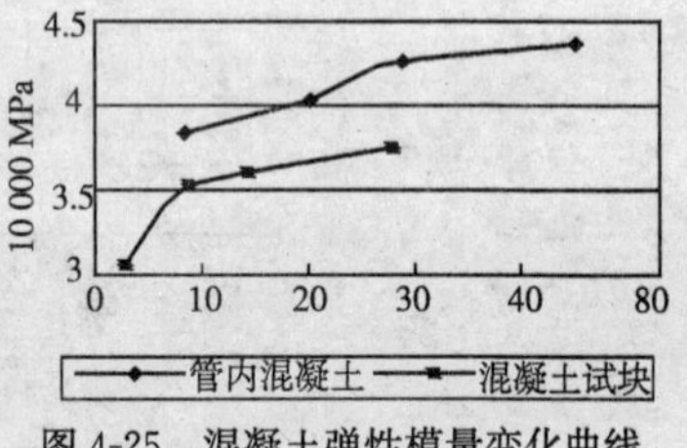

图4-25　混凝土弹性模量变化曲线

抗压弹性模量试验结果　　表4-23

龄期	组合弹性模量E (10^4MPa)	管内混凝土弹性模量E_h (10^4MPa)	钢管弹性模量E_g (10^4MPa)	混凝土试件弹性模量 (10^4MPa)
7d	5.117	3.816	21.0	3.522
14d	5.310	4.025	21.0	3.709
28d	5.536	4.299	21.0	3.788
45d	5.614	4.354	21.0	

钢管混凝土抗压弹性模量按下式计算：

$$E_A = E_h A_h + E_g A_g$$

从试验结果看，测定的管内混凝土弹性模量大于混凝土试块的弹性模量，符合钢管混凝土的受力特性。

二、成桥静、动载试验

连徐路京杭运河大桥在施工过程中进行了监测监控，在桥梁建成之后进行了静动载试验。施工监控对本桥的施工起到有效的控制作用，特别是在竖向转体施工中对拱肋的应力控制具有很好的指导作用。由于监控的手段与静、动载试验基本接近，本节对监控部分内容不作具体介绍，只对静、动载试验内容作具体介绍。

三、静载试验

静载试验主要目的在于验证成桥状态下，桥梁受力与设计受力状态的吻合程度，主要测试内容为拱肋的应力、挠度、吊索索力等。

线型测量采用 Leica—TC1800A 型全站仪，利用精密控制测量，采取强制对中法，可精确测出每一测点的三维坐标或高程。

索力恒载张力的测定采用专用夹具将加速度计固定在吊杆上，由磁带记录仪和数据采集装置同时测记人工激振和环境随机振动引起的吊杆横向振动响应，经频谱分析得到吊杆的多阶横向振动频率，然后用有限元法进行多频拟合分析，确定吊杆恒载张力。吊杆张力的计算依据为弦振动理论。索力测试采用测频法，通过测试索的自振频率计算索力。

应力测试采用振弦应变计测试应变，再换算成应力。

主拱、边跨拱肋荷载横向布置见图 4-26。纵桥向荷载布置分七种工况，各工况测试内容见表 4-24，图 4-27。

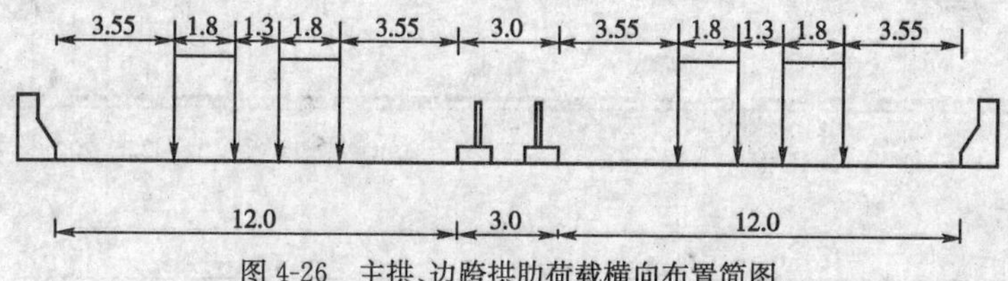

图 4-26　主拱、边跨拱肋荷载横向布置简图

纵桥向荷载布置工况测试内容　　表 4-24

工　况	测试内容	工　况	测试内容
工况 1	测试主拱 $L/2$ 处最大应力、挠度	工况 5	测试边拱徐州侧拱脚处最大应力
工况 2	测试主拱 $L/4$ 处最大应力、挠度	工况 6	测试徐州侧边拱跨中处最大应力、挠度
工况 3	测试主拱 $3L/4$ 处最大应力、挠度	工况 7	测试徐州侧边拱 G5 横梁处最大应力、挠度
工况 4	测试主拱徐州侧拱脚处最大应力		

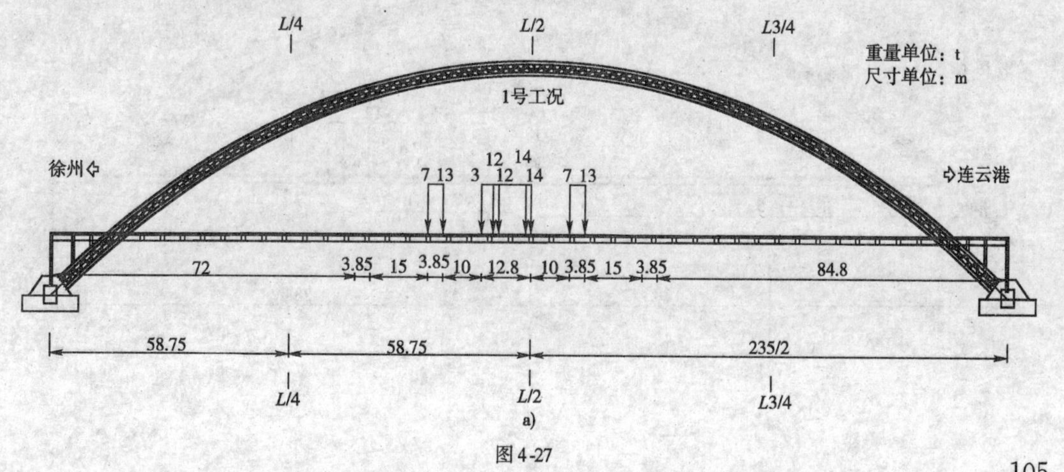

a)

图 4-27

L/4
L/2
L3/4
重量单位：t
尺寸单位：m
2号工况
徐州
连云港
3 12 14
13 12 14 7 13 7 13
3.85 15 10 12.8 10 15 3.85 142.35
14.65 3.85 3.85
58.75 58.75 235/2
b)
3号工况
13 7 13 7 14 12 14 12 3 13
142.15 3.85 15 3.85 10 12.8 10 3.85 15 3.85 14.65
c)
4号工况
13 7 13 7 13 7 14 14 12 12 3 13 7 13 7
115.5 15 19 15.4 16.4 14
d)

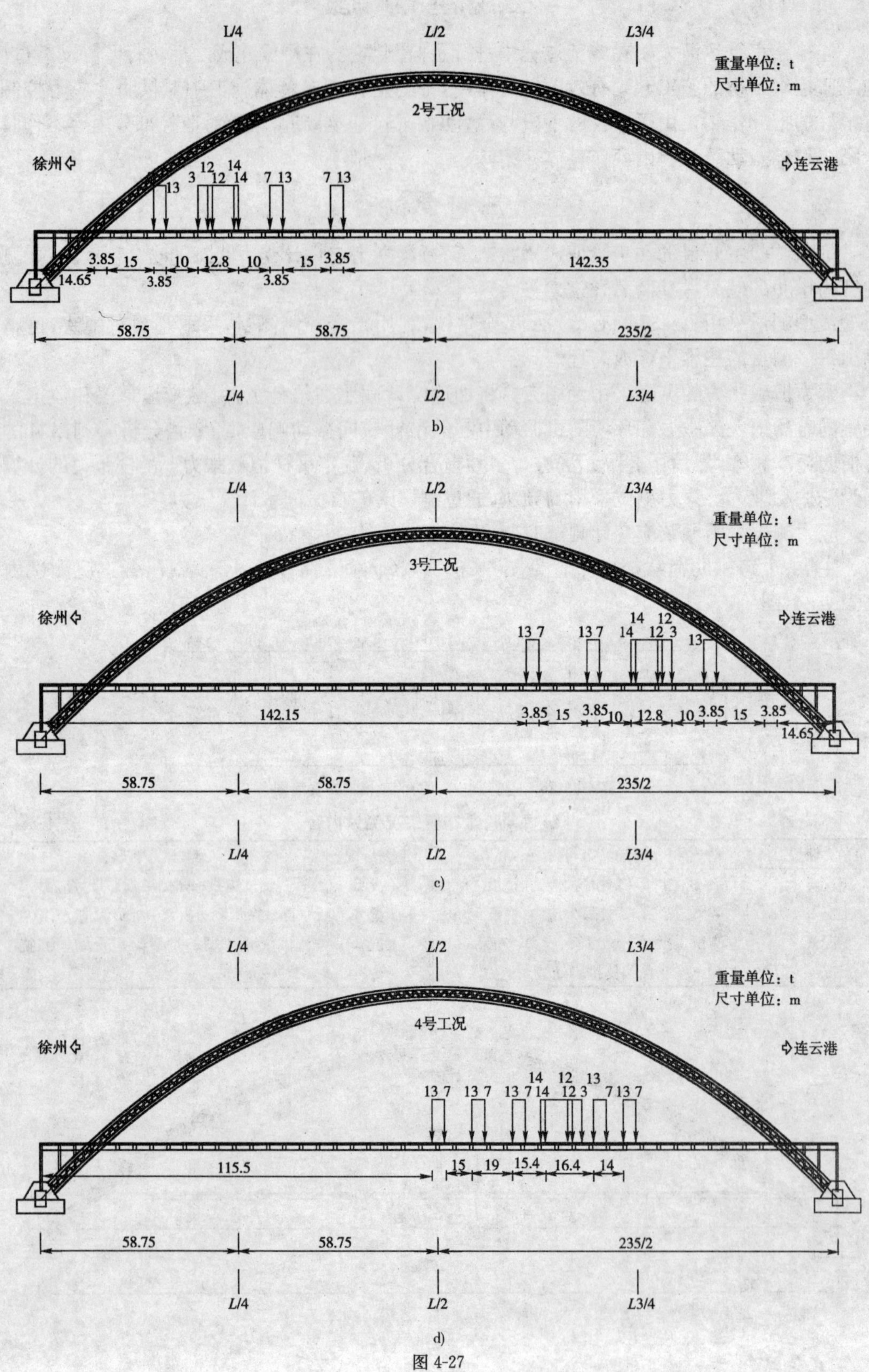

图 4-27

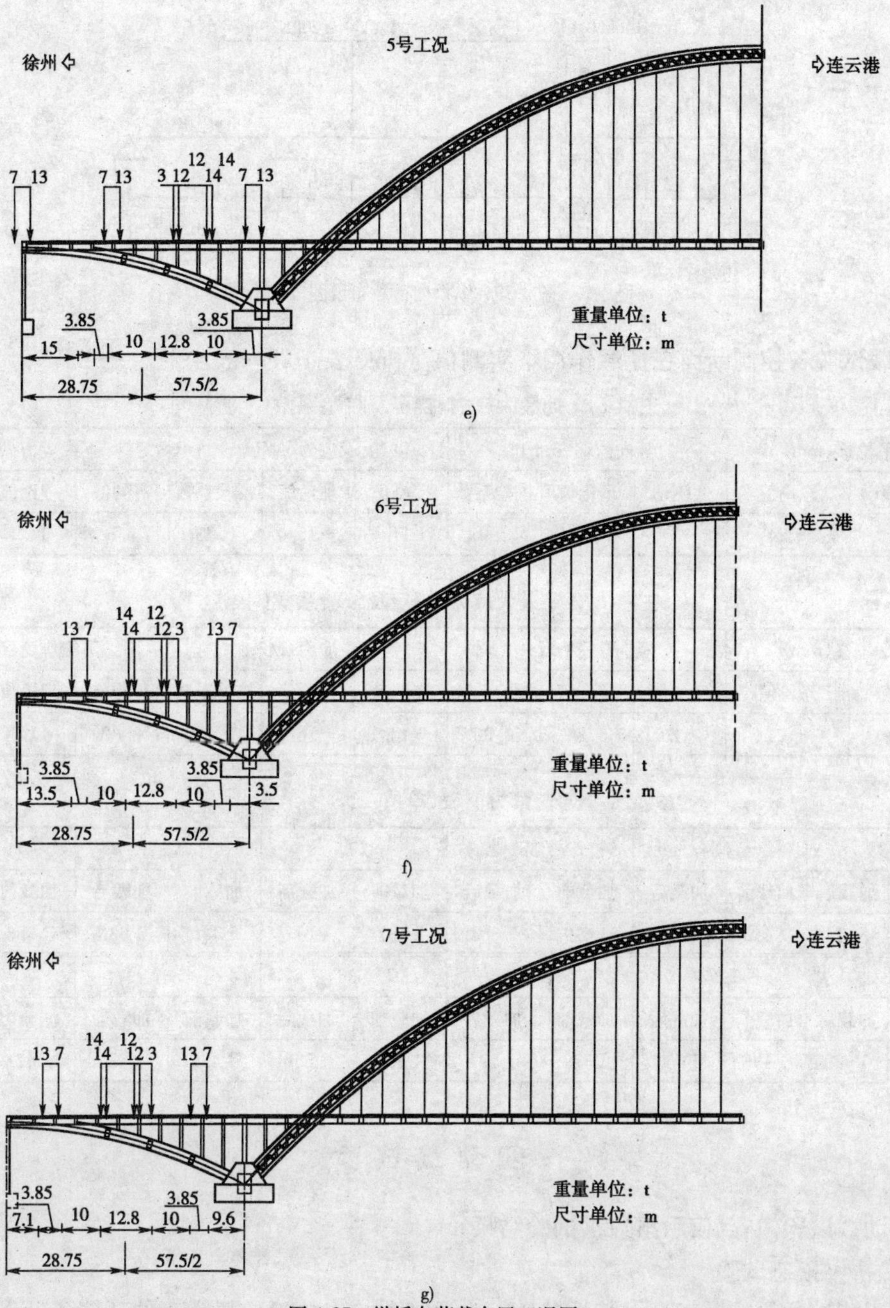

e)

f)

g)

图 4-27 纵桥向荷载布置工况图

a)工况 1;b)工况 2;c) 工况 3;d) 工况 4;e) 工况 5;f)工况 6;g) 工况 7

钢横梁横桥向荷载布设见图 4-28、纵桥向荷载布设见图 4-29。

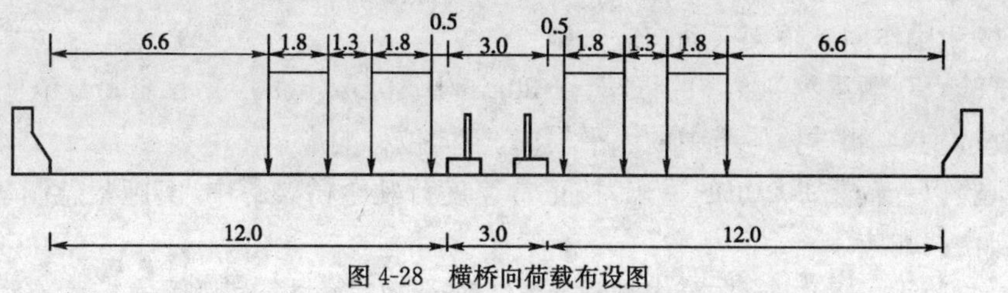

图 4-28 横桥向荷载布设图

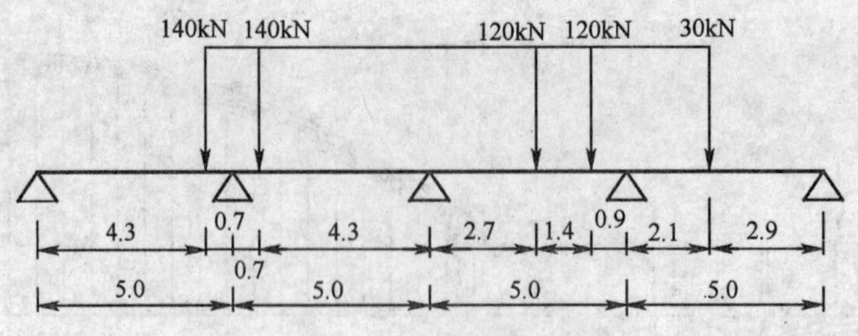

图 4-29　纵桥向荷载布设图

静载试验各控制断面在荷载作用下实测值分析见表 4-25～表 4-27。

主拱 *L*/2 处最大应力、挠度及校验系数(上游)　　表 4-25

水平位移(mm)		竖向位移(mm)			上缘应力(MPa)			下缘应力(MPa)		
实测值	理论值	实测值	理论值	校验系数	实测值	理论值	校验系数	实测值	理论值	校验系数
−2	−24	−24	−24	1.0	−11.6	−16.0	0.73	8.5	11.1	0.77

主拱 *L*/2 处最大应力、挠度及校验系数(下游)　　表 4-26

水平位移(mm)		竖向位移(mm)			上缘应力(MPa)			下缘应力(MPa)		
实测值	理论值	实测值	理论值	校验系数	实测值	理论值	校验系数	实测值	理论值	校验系数
−1	−24	−23	−24	0.96	−12.1	−16.0	0.77	8.32	11.1	0.75

索力值表(单位:kN)　　表 4-27

X33		X34		X35		X36		X37		X38	
加载前	加载后	加载前	加载后	加载前	加载后	加载前	加载后	加载前	加载后	加载前	加载后
1 354	1 414	1 442	1 655	1 419	1 383	1 497	1 617	1 446	1 636	1 383	1 497
S33		S34		S35		S36		S37		S38	
加载前	加载后	加载前	加载后	加载前	加载后	加载前	加载后	加载前	加载后	加载前	加载后
1 406	1 529	1 496	1 660	1 379	1 407	1 584	1 556	1 496	1 680	1 411	1 568

四、动 载 试 验

1. 动载试验内容(仅示出边拱试验结果)

(1)桥梁模态试验

用于测试桥梁的模态自振特性参数。主要通过拾取接近白昼噪声的环境条件作用下桥梁的微小振动信号,经过频谱分析得出边拱及主拱的横向、竖向低阶自振频率、阻尼比及相应振型。

(2)车辆激励作用下桥梁振动响应试验

行车试验以一辆重约 30.0t 的重车,以 30km/h、40km/h、50km/h、60km/h 速度沿上游侧车道中线驶过桥梁,测试桥梁跨中的水平横向、竖向位移响应。

制动试验以一辆重 30.0t 的重车,按正常速度行驶至桥梁跨中,实施紧急制动,测试桥梁跨中的纵向位移响应。

跳车试验使用一辆重车,在跨中越过高约 10cm 的三角木,对桥梁实施瞬态激励,测试桥梁跨中下游侧、上游侧的竖向位移响应。

表 4-28 为边拱横向振动模态频率及阻尼值，表 4-29 为边拱竖向振动模态频率及阻尼值。图 4-30～图 4-31 为 1 阶模态型示意图。

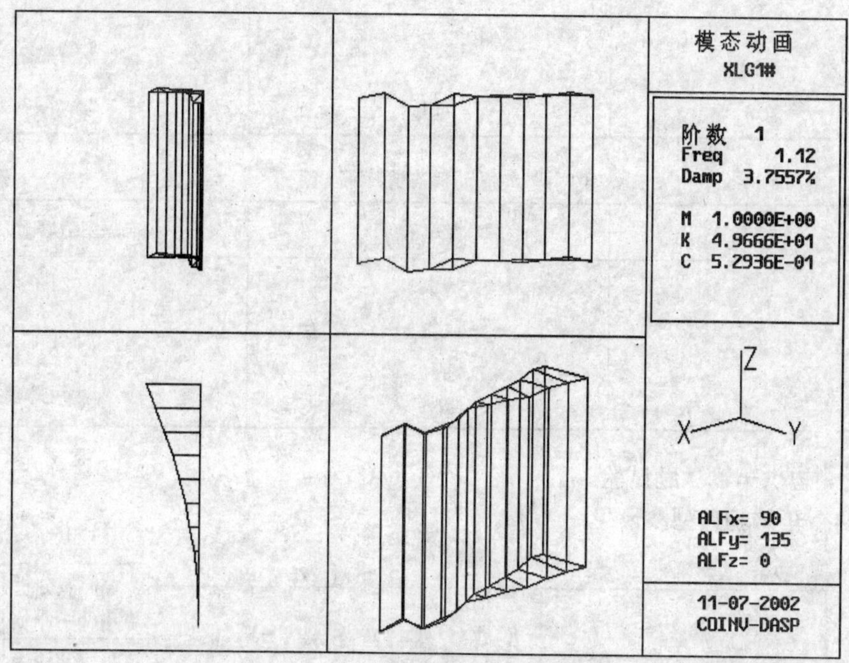

图 4-30 边拱横向 1 阶模态振型

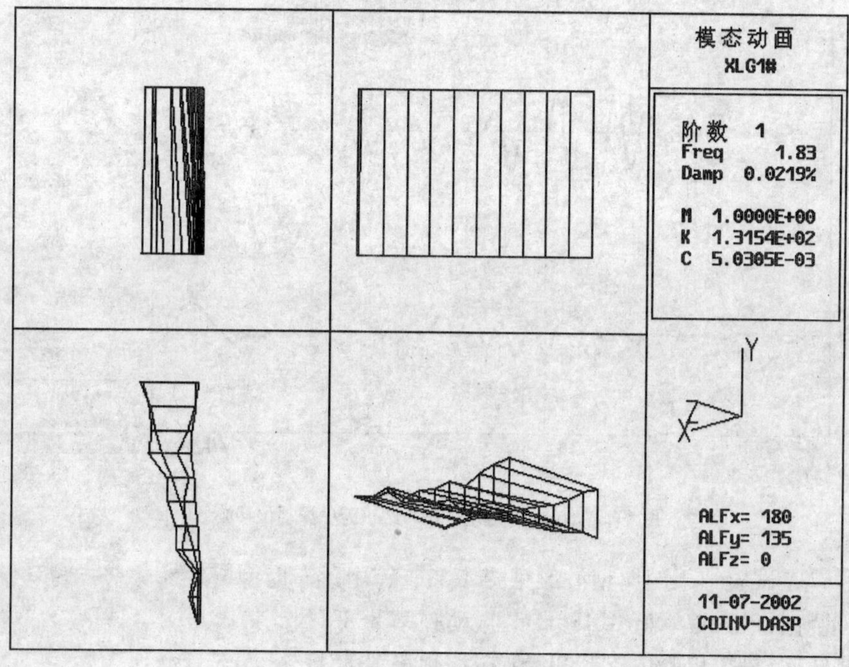

图 4-31 边拱竖向 1 阶模态振型

边拱横向振动模态频率及阻尼值　　表 4-28

横向模态振型阶次	振动频率值(Hz)	模态振型阻尼比 D 值
1	1.12	3.76%
2	2.24	3.73%
3	3.18	6.23%

边拱竖向振动模态频率及阻尼值　　表 4-29

竖向模态振型阶次	振动频率值(Hz)	模态振型阻尼比 D 值
1	1.83	0.022%
2	3.55	0.461%
3	6.66	0.545%

2.徐州侧边拱车辆激励试验

边拱肋行车试验典型波形见图 4-32。

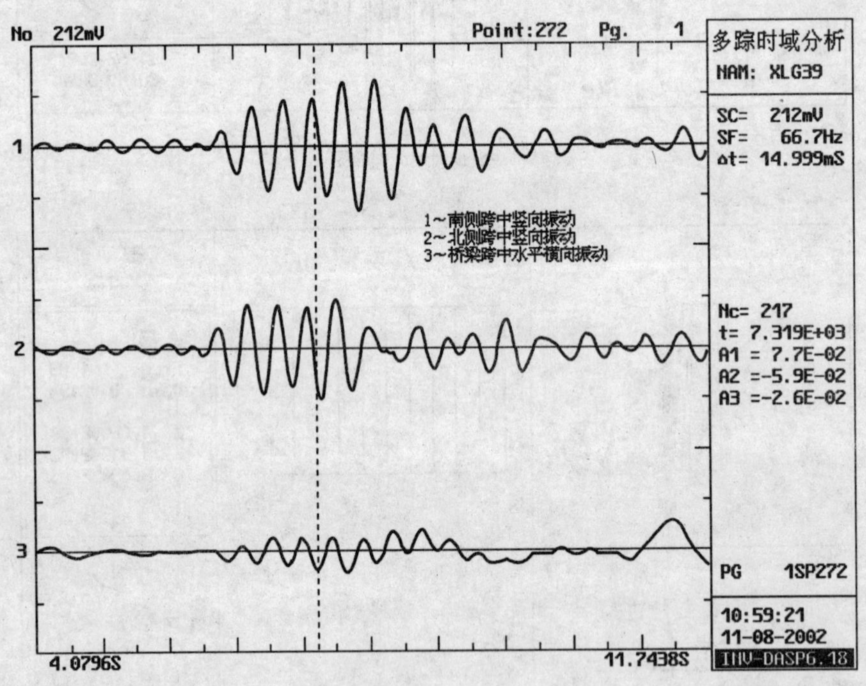

图 4-32　60km/h 速度行车时边拱跨中振动位移波形

边拱肋跳车试验结果的典型波形见图 4-33。跨中跳车时引起的跨中竖向位移响应为：

下游侧竖向：最大单峰值 0.410mm、振动频率 2.38Hz；

上游侧竖向：最大单峰值 0.380mm、振动频率 2.38Hz；

制动试验时的典型波形见图 4-34。主拱肋动载试验与边拱相同。跨中制动时引起的跨中纵向位移响应为：最大单峰值 0.031mm、振动频率 1.78Hz。

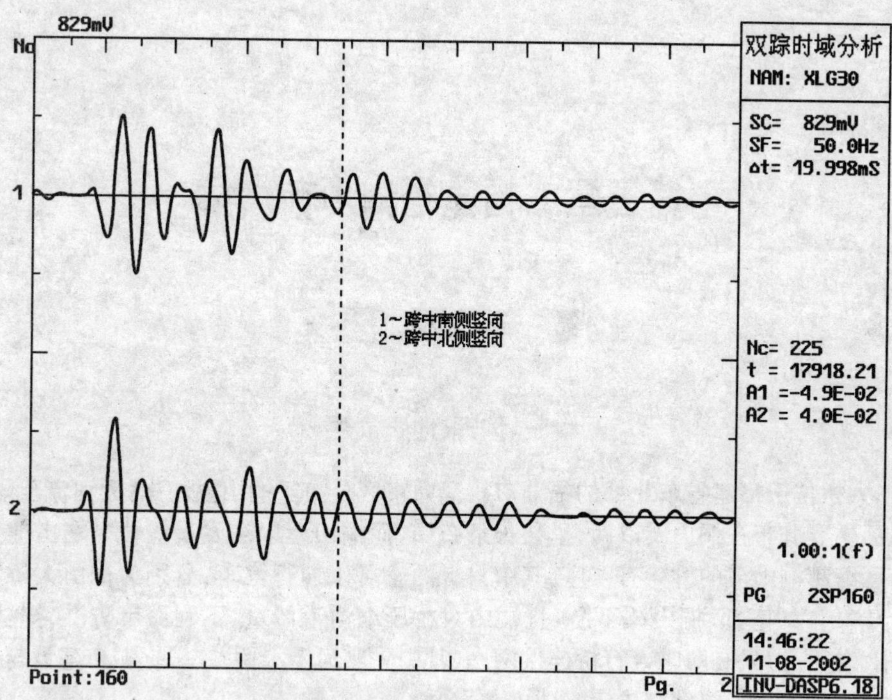

图 4-33 跳车试验边拱跨中振动位移波形

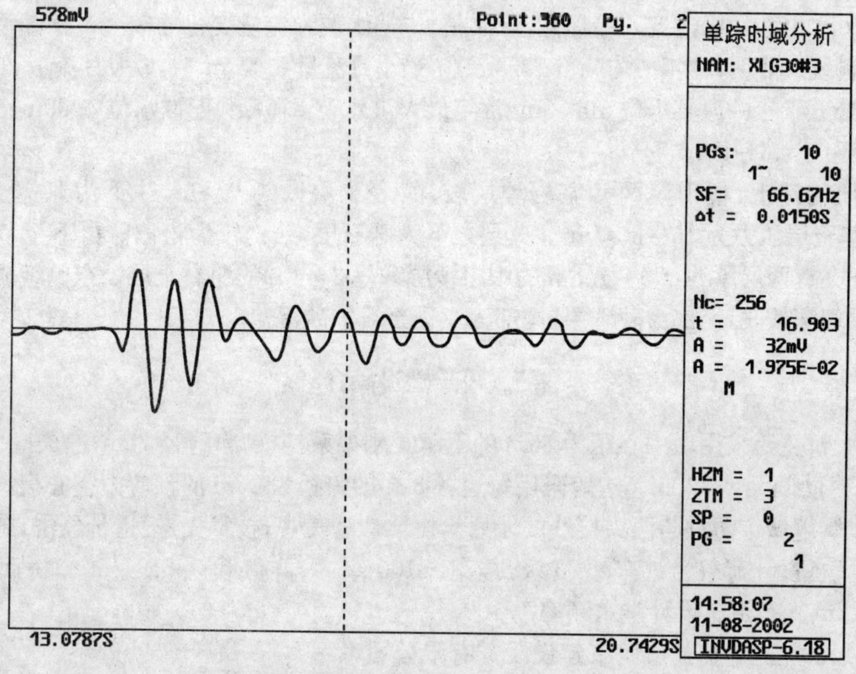

图 4-34 制动试验边拱跨中纵向振动位移波形

参考文献

[1] 倪顺龙,郭光松.中承式钢管混凝土系杆拱桥——京杭运河特大桥设计与施工.北京:人民交通出版社,2006

第五章　福建福鼎山前大桥

第一节　概　　况

一、地理、地质条件

山前大桥位于福建省东北部的福鼎市。福鼎市区分布于桐山溪两岸，因河流阻隔，交通不便，旧城区主要分布在桐山溪以西，呈狭长条布局，而桐山溪以东发展缓慢。在山前大桥修建之前，市区跨越桐山溪的桥梁有4座，其中只有两座可以通行汽车，分别为桐山大桥和流美大桥，均位于城市的南部、桐山溪下游，且桐山大桥压缩河道严重，不利城市防洪、排洪，急需改造。桐山大桥上游只有两座人行桥连接两岸(其中一座为漫水桥)。根据城市建设与规划交通发展和交通战备需要，福鼎市决定修建山前大桥。

桐山溪为福鼎境内最大河流水北溪的城关河段，发源于浙江泰顺县，全长65km，流域总面积425km^2，由南经城区流入沙埕港，该溪枯、丰期水位和流量变化均较大。据城关上游高滩水文站资料统计表明，常年平均流量13.3m^3/s，最小月流量3.15 m^3/s，最大月流量26.4 m^3/s。城区桥位处五十年一遇洪水位10.88m，常年最大洪水位8.67m，正常水位4.39m。桥位附近的路网高程仅为6～7m。

在地质构造上，桐山溪两侧基岩埋层较深，表土层厚约0.8m，往下为亚黏土层，厚度2.6m，地基土层压力为15～30t/m^2。此层之下为砾石层，结构较为松散。再下至基岩为砾卵石层，中间夹有两层厚约0.5～1.8m的中粗沙层和厚2～4m的亚黏土层。东侧组成物质较为简单，基层埋深较浅，上部为砂砾层，局部为亚黏土或细砂覆盖。

二、桥梁建设简介

山前大桥主跨采用墩中心距为80m的下承式刚架系杆拱，净跨径75m，净矢高15m，净矢跨比1/5，拱肋间距13.30m。边跨采用每边各3孔的跨径为20m的预应力空心板。桥梁建筑高度低，以缓解城市防洪与两头接线的矛盾。桥梁造型美观，技术先进，造价经济，施工便捷。

山前大桥设计荷载为汽车－20级，挂车－100级，人群荷载3.5kN/m^2。桥面净宽为净12m＋2×2m人行道。设计洪水频率1/100。

山前大桥业主为福鼎市城市建设投资有限公司，由福州大学土木建筑设计研究院设计，铁道部大桥局二处施工。大桥于1999年9月开工，2000年6月建成(图5-1)。桥梁设计使用钢材443t，预应力钢筋76t。混凝土2 176m^3。设计预算为761万元，设计平均每延米3.8万元，每平方米2 456元。工程决算建安费用680万元，具有良好的经济效益。

图5-1　山前大桥照片(侧视)

第二节　主桥结构与构造

一、钢管一钢管混凝土复合拱的提出

拱桥面内受力以受压为主，因此，将具有良好抗压性能的钢管混凝土应用于拱桥之中有相当的合理性。然而在横向受力时，由于结构受力并不以受压为主，因此钢管混凝土抗压强度高的特点并没有得到充分发挥。相对于空钢管拱桥来说，管内混凝土的质量还加大了拱的横向受力（特别是中下承式拱桥），因此，管内混凝土在加大结构刚度的同时，也加大了拱的自重，对拱的横向稳定和横向抗震性能产生了不同程度的不利影响。

钢管混凝土拱桥随着跨径的增大，横向稳定问题愈显突出。一些桥梁通过设置很强的横撑来解决。然而，分析表明，拱的横向刚度的增大也使得拱的横向地震作用力增大，而且横撑的布置方式对拱的横向抗震性能也有显著的影响。因此，综合考虑拱的横向稳定与拱的横向抗震性能，改善拱的横向受力性能，是拱桥结构发展应重点考虑的一个问题。

钢管混凝土拱肋的管内混凝土由于施工工艺和混凝土收缩引起的不密实（尤其是拱顶段）问题，目前在理论上和实践上都还没有很好地解决。因此，有一些钢管混凝土拱桥的设计计算中不考虑管内混凝土的作用。加强钢管与混凝土相互作用的理论研究与施工工艺研究是解决这个问题的一个途径，拱顶段不填充混凝土，避开了拱顶混凝土不密实这一问题是另外一个途径。

基于上述考虑，在大量的钢管混凝土拱桥的实践与应用研究的基础上，受国内外复合拱桥的启发，并吸收借鉴了国外钢管拱的修建经验，在设计山前大桥时提出了钢管一钢管混凝土复合拱的概念。

钢管一钢管混凝土复合拱是指拱肋在拱脚段采用钢管混凝土截面，而其余部分为空钢管截面。它的拱肋自重较钢管混凝土拱肋小、重心也低，能提高拱的横向稳定性，减小横向地震作用力，并避开了拱顶段管内混凝土不密实的问题。

国内修建的钢管混凝土拱桥有些为加强拱脚段的防腐和防撞，将拱脚段外包混凝土。国外也修建了一些复合拱桥，主要是拱脚段用钢筋或预应力混凝土、拱顶段用钢拱，其目的也是为了加强拱脚段的受力和防腐、防撞性能，如 1991 年修建的西班牙的 Puente Lusitania 大桥。法国近年修建的 Antrenas 桥（跨径 56m）为一空间桁式组合结构，在拱脚段的钢管中充填了混凝土，但仍视其为钢结构，称之为钢管拱桥。

大量的理论与实践已经表明，钢管混凝土是一种组合材料，而不是钢管与混凝土的简单迭加，我们提出的钢管一钢管混凝土复合拱并不是简单地在钢管拱内的某一段充填混凝土，而是将充填有混凝土的一段视为钢管混凝土结构，一般管壁较薄，而空钢管段由于结构受力需要采用较厚的管壁。因此，它是由钢管混凝土组合材料与钢材两种不同材料组成拱肋的复合拱桥，所以称之为钢管一钢管混凝土复合拱桥。

二、主拱结构

山前大桥为下承式刚架系杆拱，拱肋采用钢管一钢管混凝土复合结构，在拱脚段采用钢管混凝土截面，拱顶段采用空钢管截面，总体布置图如图 5-2 所示。对于这种复合拱，钢

管截面与钢管混凝土截面的交接点选择与构造是设计的关键。通过研究发现(详见第四节),交接点选在 $L/4$ 处较合理,所以山前大桥的拱肋设计时,两拱脚段水平投影长16.305m范围内(接近 $L/4$ 处)为钢管混凝土截面,拱顶段水平投影长 42.390m 范围内为空钢管截面。

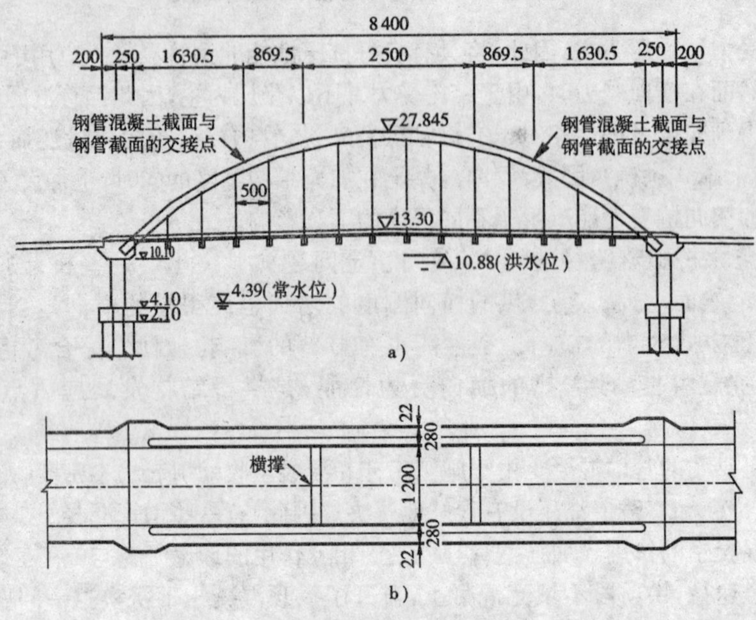

图 5-2 山前大桥主桥总体布置图(单位:cm)

a)立面图;b)平面图

山前大桥拱肋采用 ϕ1 200mm 管径的钢管,空钢管段壁厚为 20mm,钢管混凝土段壁厚为 16mm。钢管混凝土段管内填充 C40 混凝土。

钢管与钢管混凝土交接段是刚度急剧变化的地方,构造上应给予重视。山前大桥设计时,将混凝土填充段与空钢管段的接头,与钢管壁厚 20mm 与 16mm 的接头错开 15cm。用厚 10mm 的钢板分隔混凝土充填段和空钢管段。隔板与两边钢管之间各用 6 块沿圆周等分布置厚 10mm 的三角形钢板连接。空钢管段的三角形连接钢板几何尺寸大些,以使拱肋刚度急剧变化的情况有所缓解。拱肋钢管混凝土与空钢管段的接头构造见图 5-3。

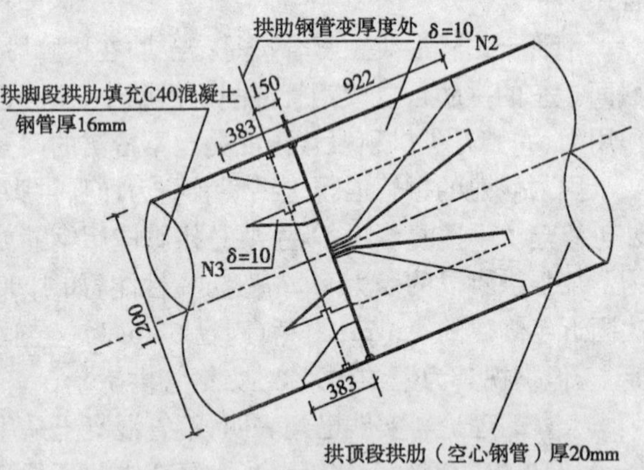

图 5-3 山前大桥拱肋钢管与钢管混凝土交接段的构造(单位:mm)

吊点处的拱肋受吊点传来的集中力的作用,局部应力很大。在钢管混凝土段,管内混凝土对扩散和传递应力有很大的作用,使得这一问题并不突出。但在空钢管段,需要在构造上予以处理。山前大桥空钢管段的吊点构造见图 5-4。在吊点处内置一个直径为 564mm、壁厚 10mm、长约 800mm(根据吊点处的水平角定)的圆钢管,两端用两块厚 10mm 的钢板圆环连接拱肋钢管和内置钢管，吊杆穿过内钢管。

山前大桥由于采用了钢管—钢管混凝土复合拱结构，拱的自重较轻且重心较低，横向稳定性能得到提高，设计时采用了无风撑结构。但在施工过程中，施工单位与业主强烈要求增设横撑，所以就在该桥拱肋架设的支架处设置了两道钢管横撑，横撑的位置见图 5-2。由于横撑数量较少且为单圆管一字式撑，所以从桥面上看也很简洁，见图 5-5。

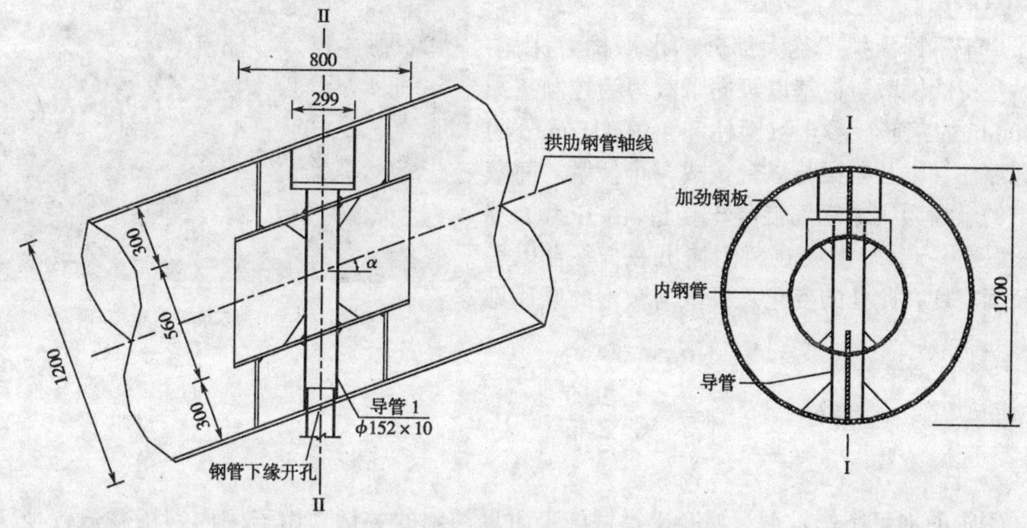

图 5-4　山前大桥拱肋空钢管段吊点构造(单位:mm)

三、系杆、桥道系与下部结构

山前大桥为下承式刚架系杆拱，以预应力钢绞线为系杆。系杆穿过拱脚的钢箱系杆盒锚固在两边的墩帽上，使拱肋和下部结构以及系杆组成面内无推力框架。每根系杆采用 6 束，每束为 $9\phi_j15.2$mm($7\phi_j5$mm)高强低松弛镀锌钢绞线，钢丝标准强度为 $R_y^b=$ 1 750MPa。单层 PE 防护，OVM15—9 锚具。系杆悬浮在桥面系之上，用钢筋混凝土系杆盒防护。

山前大桥桥道系为纵铺桥面板式，即将横梁设置于立柱上或吊杆下，然后纵向铺设桥面板。桥道系照片见图 5-6，它由工字形钢筋混凝土横梁、钢筋混凝土 π 形板组成。横梁间距 5m。吊杆采用 110 丝 ϕ5mm 高强镀锌钢丝，热塑聚乙烯保护，冷铸墩头锚。

图 5-5　山前大桥(桥面上正视)

图 5-6　山前大桥桥道系照片(仰视)

为加强悬吊桥面的整体性和整体刚度，在系杆下方处设置T形加劲纵梁。横梁预制时留有接头，加劲纵梁也采用预制，通过干接与横梁联结起来。由于山前大桥为刚架系杆拱，其加劲纵梁与墩帽和端横梁不能相接，以免分担系杆的预应力。因此，靠桥墩的加劲纵梁只是搭在从墩帽伸出的牛腿上，允许纵梁纵向位移，但牛腿上设有横向限位装置以避免纵梁横向变位。T形加劲纵梁纵桥向抗弯刚度很小，所以基本上不参与受力。其上翼缘与π形系杆盒罩构成系杆保护盒。

图5-7　山前大桥桥墩照片

由于系杆承担了绝大部分的水平推力，山前大桥主桥的桥墩与桩基以竖向承载力为控制选择ϕ200mm的钢筋混凝土双圆柱和4根ϕ150mm的钻孔灌注桩以及帽梁与承台构成一个桥墩。两墩柱上的墩帽为实体钢筋混凝土构造，由Ⅱ型的端横梁联在一起，端横梁在两侧伸出一个平台以适应桥面宽度在此处的变化。桥墩与墩帽的照片见图5-7。

第三节　施　　工

钢管的加工制作是钢管混凝土拱桥施工质量控制的关键。由于国内钢桥修建较少，特别是公路钢桥修建更少，所以土建施工队伍对钢桥的加工制作经验较少，技术与工艺不熟悉，因此这一部分应该要求土建施工单位分包出去，选取有丰富的钢结构制作经验与技术的单位承担，如造船厂、压力容器厂、化学容器厂等。在工厂加工时，应有能进行大于半跨1∶1放样的场地，用水平仪操平，用红外测距仪放样。按吊装单元分段制作，工厂预拼装后，根据运输条件分成运输单元运至工地，现场地面拼装。

图5-8　山前大桥钢管拱肋架设照片

山前大桥钢管拱加工由福州低压锅炉厂承接，加工预拼后分成10m左右的运输单元，由汽车运至工地进行现场拼装。拼装后采用龙门吊吊装，两个临时支架支撑。钢管拱肋分为五段，双肋吊装单肋合拢，如图5-8所示。

合拢时拱肋为二铰拱，只有空钢管自重产生结构位移和截面内力。由于钢管自重较轻，且拱脚往主跨跨中偏离墩中心线，钢管自重的竖直力产生的弯矩平衡了部分水平推力的弯矩，因此，此时拱脚水平位移仅0.2cm，拱肋和桥墩的内力也很小，钢管拱肋架设施工时没有采用临时系杆的措施。

合拢后，浇筑拱脚封浇混凝土和拱脚段管内混凝土，形成钢管—钢管混凝土无铰拱(拱顶段为空钢管)。在浇筑管内混凝土之前先穿系杆预应力索，然后根据所求的张拉力张拉第一批系杆。待管内混凝土达到设计强度后，穿吊杆并吊装横梁和加劲纵梁。根据要求张拉力张拉第二批系杆，接着张拉第三批系杆进行桥面板吊装和桥面铺装等。桥面系施工完毕后，以活载最大水平推力的一半张拉系杆，并封锚。每根肋的第一至第三批系杆的张拉力计算分别为152t、153t和312t，第一批、第二批各张拉两根，第三批张拉四根。为便于施工，每次每根钢索张拉力都采用80t，第四批张拉力根据施工监测情况进行调整。吊装横梁时施工照片如图5-9所示。

图5-9 山前大桥第一根横梁吊装照片

由于刚架系杆拱系杆随着施工加载而施加张拉力，张拉力使拱肋上升，因此，拱肋的预拱度理论计算很小。山前大桥的拱顶预拱度理论计算值仅为2.7cm。

第四节 受力性能研究

一、实桥静载测试

1.试验方案

试验荷载采用普通载重车加载，并按等效荷载的方式布载。静载试验共进行了4个工况，测试断面及断面测点编号详见图5-10、图5-11，各工况车辆布置情况见图5-12。

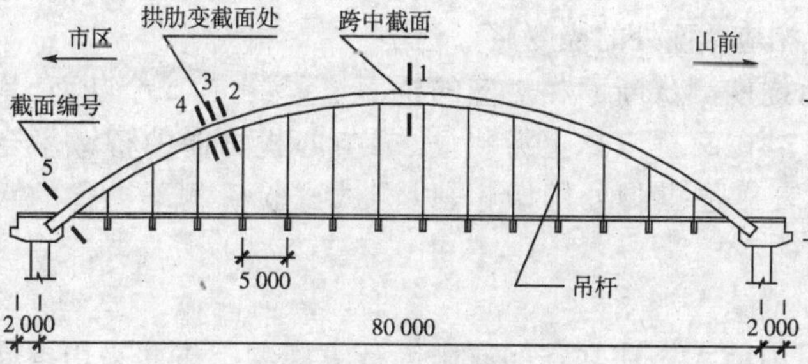

图5-10 山前大桥试验测试断面(单位:mm)

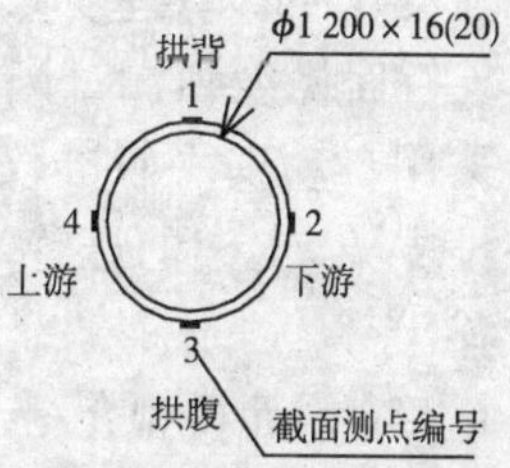

图5-11 试验截面测点编号

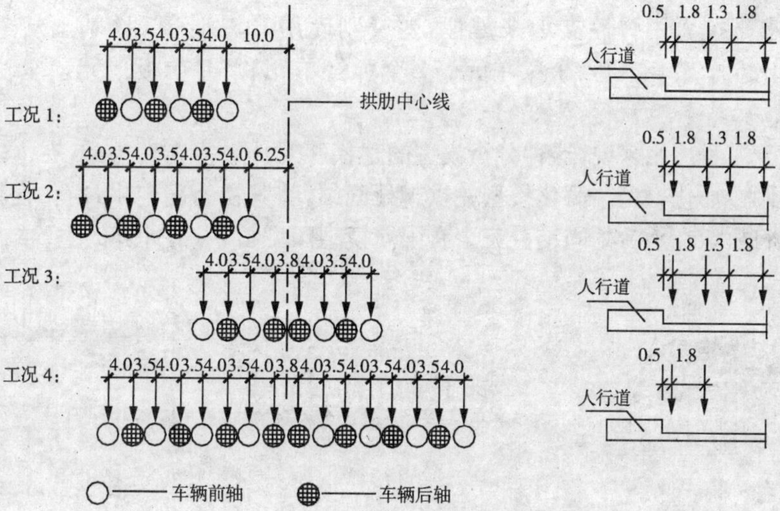

图5-12 山前大桥静载各工况车辆布置图(单位:m)

a)各工况车辆纵向布置图;b)各工况车辆横向布置图

工况1:按 $L/4$ 点弯矩最不利布载(为纵向3排,横向2列);

工况2:按拱脚负弯矩最大布载(为纵向4排,横向2列);

工况3:按拱顶正弯矩最大布载(为纵向4排,横向2列);

工况4:按拱脚推力最大布载(为纵向8排,横向1列)。

试验照片见图5-13所示。

图5-13 山前大桥静载试验照片

测试项目有拱肋应变、拱肋挠度值、桥面挠度值、拱脚水平位移以及观测桥墩、桥道系等钢筋混凝土结构的变形与裂缝。

拱肋应变测试断面共五个,除一般拱桥的拱顶、拱脚断面外,在拱肋钢管与钢管混凝土截面处增加了三个相邻的断面(截面2-2、3-3、4-4),以了解截面变化处的应力状况。每个断面的上下缘和两侧贴有4个应变片。

拱肋挠度值测试断面为拱顶、两拱脚和两个拱肋的变截面处,共五个断面。拱脚断面直接测量,采用自动安平水准仪DSZ2测量。拱顶和拱肋变截面处设悬挂有重物的钢丝,钢丝上贴有标尺,通过对悬垂标尺的测量测得相应截面处的挠度。

桥面挠度值测试断面为与拱肋挠度测试断面相对应的桥面位置,也为5个断面,均直接采用自动安平水准仪DSZ2测量。在两桥墩靠上游拱肋、靠空心板方向的桥墩承台外搭设支架,支架的悬臂端安置百分表靠住拱脚处的墩帽,以测试试验荷载下拱脚的水平位移。

2.有限元模型介绍

应用大型通用程序ANSYS,对山前大桥建立空间有限元计算模型。拱肋采用空间梁单元,钢管混凝土部分采用双单元法建模,系杆用索单元,桥墩与桩采用梁单元模拟,桩周地基土的水平抗力用弹性支承来模拟,弹簧刚度用m法计算,地基土从最大冲刷线算起。全桥共526个节点、504个梁单元、72个弹簧单元和45个板单元。全桥计算模型见图5-14c)。

然而,对于工程应用来说,这种分析模型的建模相对比较复杂。为此,在上述模型的基础上,又建立了两个简化模型。简化模型一拱脚处固结,将其视为固定拱;简化模型二则不考虑桩基的作用,将桥墩在承台处固结。三个有限元模型图见图5-14,计算的主要结果见表5-1。

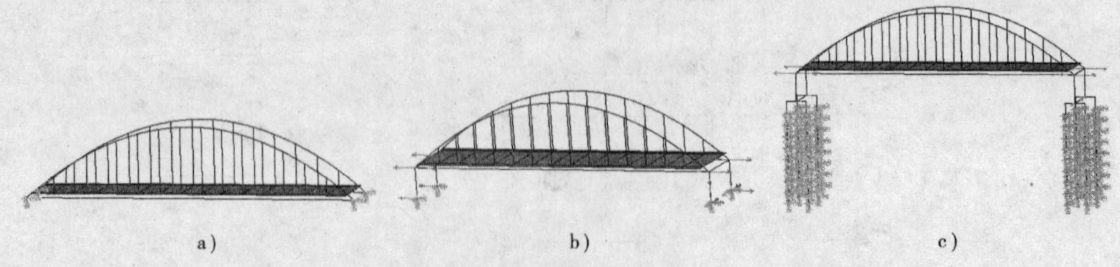

图5-14 山前大桥静力计算模型

a)模型一;b)模型二;c)模型三

$L/4$ 截面处各有限元模型计算比较表 表 5-1

工况		1	2	3	4	仅恒载作用
竖向位移(mm)	Δ_1	−41.59	−46.61	9.20	0.50	−18.94
	Δ_2	−41.34	−47.19	10.48	0.67	−18.63
	Δ_3	−40.82	−46.90	11.14	0.59	−22.21
弯矩(kN·m)	M_1	1 131.5	1 119.4	−833.3	−121.3	426.3
	M_2	1 130.6	1 133.8	−845.3	−141.1	401.5
	M_3	1 114.4	1 120.8	−875.9	−157.8	424.2
轴力(kN)	N_1	−570.5	−757.6	−1 299.6	−1 137.1	−5 968.5
	N_2	−568.8	−756.2	−1 293.1	−1 130.0	−5 922.8
	N_3	−564.0	−752.0	−1 280.3	−1 121.6	−5 944.8
上缘应变($\mu\varepsilon$)	ε_1	−292	−303	103	−47	−487
	ε_2	−292	−306	108	−42	−479
	ε_3	−289	−302	114	−37	−495
下缘应变($\mu\varepsilon$)	ε_1	218	203	273	−101	−295
	ε_2	218	206	−278	−106	−297
	ε_3	214	204	−282	−109	−292

注:表中下标 1 表示模型一,下标 2 表示模型二,下标 3 表示模型三。

从表 5-1 可以看出,无论是仅有恒载作用,或是在各工况荷载作用下(仅有活载),三种有限元模型的计算值相差不大;结合下文拱脚水平位移的讨论,可以认为在进行下承式系杆拱受力规律的分析时,有限元建模可采取固定拱的形式进行简化;后面对复合拱桥静载测试的有限元计算仍将采用模型三进行分析,而在非线性及极限承载力计算中则采用模型一进行分析。

3. 主要测试结果与分析

(1)拱肋挠度

从图 5-15 可见,拱肋截面在各工况下的挠度计算值与实测值吻合较好,表明计算模型基本正确。在非对称荷载(工况 1、2)作用下,荷载所在半跨拱肋下挠明显,另半跨上拱,拱顶为反弯点,挠度基本接近 0,全拱变形基本为反对称变形。工况 3 为拱顶集中对称加载,拱顶段下挠,拱脚附近约 $L/4$ 长度范围内拱肋上拱,$L/4$ 及 $3L/4$ 截面为反弯点,全桥变形为正对称分布。与工况 3 拱顶集中加载不同,工况 4 则是全桥满布加载,拱肋整体下挠,拱脚段拱起现象明显减轻。

从图 5-15 可见,同样是对称加载,工况 3 在荷载总量小于工况 4 的情况下,所测得的变形却更大。这是因为工况 4 在满布荷载作用下,拱肋以受压为主,拱肋下挠主要由于拱轴弹性压缩引起的,而工况 3 在拱顶段集中荷载作用下,截面受弯矩作用较大,因此变形更大。

比较图中工况 2、3,在同样荷载总量下,非对称荷载作用下拱肋截面的变形值明显大于对称荷载下的变形值。因此,钢管—钢管混凝土复合拱桥在非对称受载情况下截面的受力及变形仍是设计的控制因素。挠度的实测值以工况 2 为最大,其正负挠度值之和为 7.991cm,达到 $L/1\,000$。由于目前尚未有专门的钢管混凝土拱桥设计规范,近似地以钢筋混凝土拱桥使用阶段的允许挠度值($L/800$)作为控制,该桥满足要求。但与同跨度的上承式拱桥相比,该桥的挠度显得较大,这与下承式刚架系杆拱采用以横梁为主的桥面结构有关,因此,应加强桥面结构的纵向联系,以提高桥面结构的整体性与整体刚度。

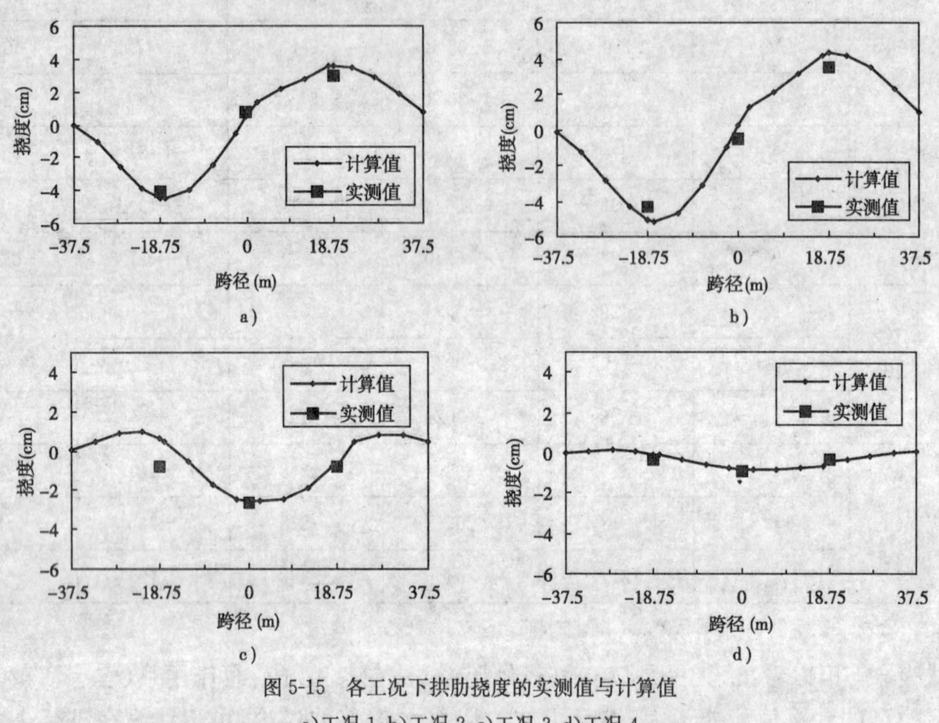

图 5-15　各工况下拱肋挠度的实测值与计算值

a)工况 1;b)工况 2;c)工况 3;d)工况 4

从以上分析可以看出,复合拱整体变形规律与一般等刚度截面拱基本一致。从有限元计算结果看,在钢管与钢管混凝土相接处,拱肋的局部变形不是很大,变形的连续性较好。

(2)应变分析

拱肋截面在各工况下测点应变实测值与理论计算值见图 5-16。由图中可见,空钢管段计算值与实测值较为接近,而在钢管混凝土段计算值均较实测值大。分析认为这主要是由于空钢管段为单一材料,计算模型与实际情况吻合较好。而钢管混凝土段,虽采用了双单元模型,但不能有效地反映钢管与混凝土的相互作用与混凝土的开裂行为,因此计算结果与实测结果有一定的偏差,但计算结果所反映的规律与实测结果一致。从图 5-16 可见,非对称荷载(工况 1、2)作用下,拱肋加载段($L/4$ 截面附近)出现较大正弯矩,拱脚、拱顶截面则受不同程度负弯矩作用(拱脚较大,拱顶略小)。拱顶截面在集中荷载(工况 3)作用下,出现较大正弯矩,拱脚截面也存在正弯矩,但数值较小,而 $L/4$ 截面附近为负弯矩区。全桥均布荷载(工况 4)作用下,拱肋截面弯矩值较小,主要以轴压为主,截面应变较小。以上分析表明,钢管—钢管混凝土复合拱桥在荷载作用下拱肋内力分布规律及截面受力状态与一般等刚度截面拱一致;但在变刚度截面处应变发生突变,此处截面的应力控制应成为设计工作中的重点。

(3)拱脚变形

从表5-2可以看出，桥梁实测与有限元计算结果都显示拱脚水平位移较小，实测最大值仅为0.739mm；而计算最大值仅为0.82mm。拱脚的转角不大，从有限元分析结果来看，在工况2(拱脚负弯矩最大)时达到最大，但也仅0.013 8°。从前节的3个计算模型分析来看，固定拱的计算结果与系杆拱的计算结果相差不大，因此在进行下承式系杆拱受力规律研究时，可以按照固定拱的模式进行建模以简化模型。

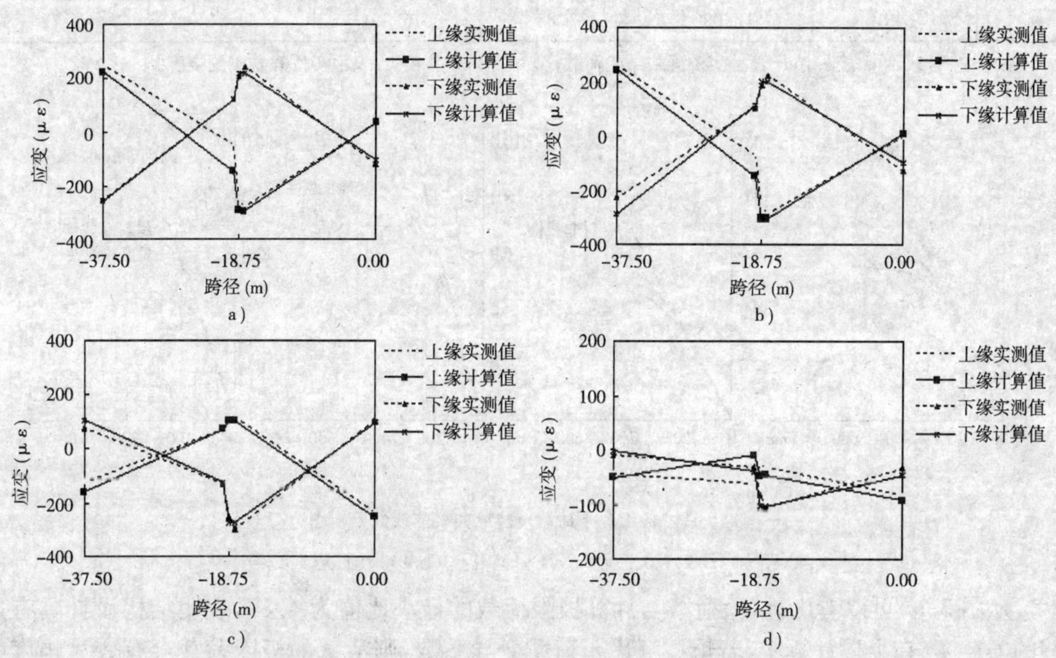

图5-16 各种工况下桥梁半跨应变分布图

a)工况1；b)工况2；c)工况3；d)工况4

拱脚变形表 表5-2

测点	市区侧			山前侧		
工况	水平位移(mm)		转角计算值($\times10^{-3}$度)	水平位移(mm)		转角计算值($\times10^{-3}$度)
	实测值	计算值		实测值	计算值	
1	0.544	0.579	0.572	0.374	0.491	8.95
2	0.502	0.116	5.09	0.722	0.820	13.8
3	0.739	0.848	5.26	0.660	0.776	4.25
4	0.634	0.797	6.58	0.431	0.684	5.05

(4)非线性性能与极限承载力分析

应用双单元模型，对山前大桥进行了非线性性能与极限承载力的分析。纯几何非线性分析时，钢管与混凝土的材料应力—应变关系均假定为线弹性，只考虑结构的几何非线性影响。纯材料非线性分析中，混凝土与钢材的本构关系均采用理想弹塑性模型。在非线性计算中，考虑了结构自重的作用(但未乘荷载变异系数)，主要计算结果见图5-17，图中，括号内数字表示所绘曲线的截面位置，P_u表示极限荷载，P表示实桥静载试验荷载。由于图幅所限，纯几何非线性计算的极值点图中未给出而由表5-3给出。

非线性计算结果的峰值荷载与挠度 表 5-3

工　况	双重非线性		纯材料非线性		纯几何非线性	
	荷载(P_u/P)	挠度 (Δ_u/Δ)	荷载(P_u/P)	挠度 (Δ_u/Δ)	荷载(P_u/P)	挠度 (Δ_u/Δ)
1	5.52	13.93	7.39	16.35	18.93	17.77
2	4.87	12.15	6.34	13.98	16.13	16.35
3	7.37	10.19	9.49	20.94	17.95	17.93
4	12.84	16.09	13.23	15.99	41.78	44.72

注:图中 P_u 表示峰值荷载,P 表示实桥静载试验荷载;Δ_u 表示峰值挠度,Δ 表示实桥静载实测挠度。

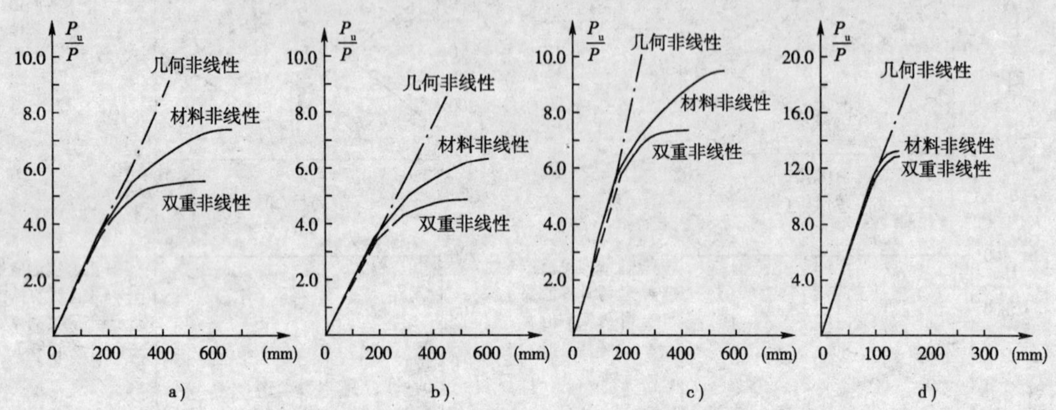

图 5-17　各工况下荷载—挠度曲线非线性分析图

a)工况 1($L/4$);b)工况 2($L/4$);c)工况 3($L/2$);d)工况 4($L/2$)

从图 5-17 可以看出,试验荷载与计算极限荷载的最小比值为 4.87,表明结构设计具有足够的安全度(在上述计算中,若恒载考虑了荷载变异系数,则活载的极限荷载会有较大幅度的降低,最小比值将为 3.39)。同时,计算结果表明在使用阶段结构处于弹性范围,因此进行活载反应分析时,结构可以按线弹性理论进行分析而不必考虑几何非线性和材料非线性问题,也可以按叠加原理直接计算活载作用下的结构反应。

从图 5-17 可以看出,纯几何非线性的计算曲线曲率变化较小,其计算结果与考虑双重非线性的计算结果相差较大,因此在拱的极限承载力计算中,仅考虑几何非线性是不够的。从表 4-3 可以看出,对于不同的受载工况,几何非线性的影响也是有区别的:当拱肋以受弯为主(工况 1、2、3)时,双重非线性极限荷载的计算结果比材料非线性下降 34%,30%和 29%,而当拱肋以受压为主(工况 4)时,其计算结果仅下降 3.0%。这表明拱肋在受弯为主时,极限承载力仅考虑材料非线性的影响也是不够的;而拱肋在以受压为主时,其极限承载力可以忽略几何非线性的影响。

此外在双重非线性中,几何非线性与材料非线性还存在着耦合作用,即双重非线性不是材料非线性与几何非线性的简单迭加。因此,如同钢管混凝土拱桥,在复合拱桥中,虽然单纯的几何非线性对拱的受力影响不是很大,但在极限承载力的分析中,应考虑双重非线性的影响,而不是仅考虑材料非线性问题。

二、实桥动载测试

1.试验方案

动载试验包括结构动力特性与车桥共同作用。大桥的动力特征采用天然脉动法测试,即依靠天然脉动作为激励振源，分别拾取拱肋、桥面各测点面内与面外的反应；车辆荷载采用重为16.55t的推土机；跳车垫块采用肢长75mm的等边角钢。根据大桥位于闹市区实际行车速度在30km/h左右的情况和实际加载车辆的性能，动载试验选取车速为：20km/h和30km/h两种。

根据结构的受力性能与传感器安放要求（要求水平），拱肋动测测点为拱顶、两拱脚和两横撑处，共5个断面；桥面动测测点则为跨中、两拱脚和两$L/4$处，也有5个断面，如图5-18所示。

动载试验工况为：

工况1　自然脉动荷载；

工况2　20km/h车速跑车；

工况3　30km/h车速跑车；

工况4　20km/h车速跨中制动；

工况5　30km/h车速跨中制动；

工况6　20km/h车速拱脚处跳车；

工况7　20km/h车速$L/4$处跳车；

工况8　20km/h车速跨中跳车；

工况9　20km/h车速跨中超车。

2.试验结果分析

(1)自振频率与振型

受实际情况的限制，动载试验的试验效率为0.828，接近于1，能够基本反映桥梁的实际动力特性。大桥动载试验实测频率与计算结果见表5-4。

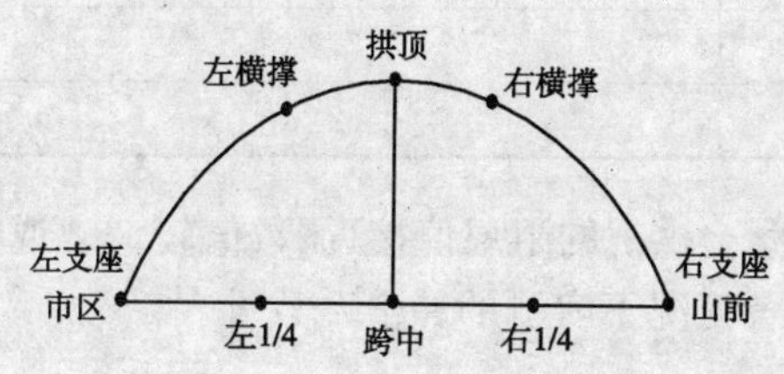

图5-18　动力特征测点布置图

频率实测值与计算值的比较(Hz)　表5-4

项目动力特征		面内		面外	
		拱肋	桥面	拱肋	桥面
第一振型	实测值	1.25	1.14	1.95	2.05
	计算值	0.961 6		1.182 2	
第二振型	实测值	2.97	2.34	2.97	2.80
	计算值	1.459 2		1.554 8	

由表5-4可见，桥面面内一阶和二阶的频率均低于拱肋，这是由于拱肋面内刚度大于桥面系的刚度，桥面振动滞后于拱肋，但由于吊杆将拱肋与桥面联系在一起使它们振动基本同步；桥面面外一阶和二阶的频率均接近于拱肋，说明两者面外刚度相当，同步振动；从计算值与实测值看，实测拱肋面内基频为1.25Hz，桥面面内基频为1.14Hz，全桥空间结构的基频计算值为0.96Hz低于实测值，这是由于计算中仅计入桥面铺装层的重量，不计入其刚度，也说明了大桥结构的实际刚度略高于设计值。

由动载试验结果可见计算和实测拱肋一阶均为面内反对称，二阶均为面外对称，一阶计算频率为0.961 6Hz，实测频率为1.25，二阶计算频率为1.182 2Hz，实测频率为1.14。实测一阶频率高于计算结果，二阶频率接近计算结果，且实测振型与计算振型一致，表明实桥结构的整体刚度优于设计值。

一些钢管混凝土拱桥的测试和计算表明，钢管混凝土拱桥的面外基频较面内基频略低，反映出钢管混凝土拱桥横向稳定问题较为突出，尤其是跨度大时。山前大桥一阶振型则为面内反对称，表明采用钢管与钢管混凝土复合拱桥，由于降低了结构重心、减轻了自重，使得拱肋横向受力性能得到提高，证实了该桥型在这一方面的优越性。

山前大桥实测阻尼平均值为 0.051 8，数值较大，比柳州文惠桥的实测结果 0.05～0.03 略高。说明大桥受动荷载后，有较强的阻滞振动能力。

(2)桥面平整度曲线

大桥桥面平整度测量，在桥面上距路缘石 1.2m 处布置单条测线，测线的方向从山前侧向福鼎市区侧，测点的间距为 20cm。根据国际标准化协会制定的 ISOSCI/WG4 标准，测试的桥面路面平整度等级为 B 级，路面状况良好。然而作为刚竣工的桥梁，希望桥面的平整度达到 A 级，从这个角度出发，该桥的平整度不尽理想。主要是跨中位置桥面有较大的不平整度，这对桥的车辆激振受力不利。桥面纵坡是半径为 2 000m 的竖曲线，最大纵坡为 2%。实测桥面高程与设计有一定的偏差，以起始拱脚为零偏差控制点，则在 6 号吊杆处正的最大偏差为 2.895cm，在终端伸缩缝处最大负的偏差则达－4.435cm（吊杆编号沿山前镇—福鼎市方向依次为 1～14 号）。

(3)动位移与冲击系数

无论在跑车、制动和跳车工况下，30km/h 车速的面内的动位移幅值大部分大于 20km/h 车速的面内值，30km/h 车速的面外的动位移幅值与 20km/h 车速的面外值大致相当。从相同车速情况下的跑车、制动和跳车工况看，三者的面内的动位移值以跳车时最大；从面外的动位移值看，超车工况下的动位移测值明显高于跑车工况下的动位移测值。大桥实测的阻尼见表 5-5。

大桥实测的阻尼(%)(按跳车工况计算，分析数据来源于起跳点对应点) 表 5-5

序号 / 车载工况	拱 肋 面 内	桥 面 面 内
桥面 1/4 处跳车	4.827 5	5.773 3
跨中跳车	5.509 7	4.624 5

大桥的实测阻尼值平均值为 5.1838%，与钢筋混凝土拱桥的阻尼值接近，数值较大。说明大桥受动荷载后，有较强的阻滞振动能力。大桥试验各工况下实测的冲击系数见表 5-6。

冲击系数表(单位:cm) 表 5-6

工况 / 项目	20 公里车速跑车	30 公里车速跑车	20 公里跨中刹车	30 公里跨中刹车	桥面 1/4 处跳车	跨中跳车
静载桥面挠度	0.460	0.460	0.460	0.460	0.460	0.460
桥面动挠度	0.630	0.654	0.933	1.106	1.006	1.187
冲击系数	0.370	0.422	1.208	1.404	1.187	1.580

由表 5-6 的冲击系数表可见：该桥的冲击系数值较大，比较而言无论在跑车、制动和跳车工况下，30km/h 车速的冲击系数大于 20km/h 车速的冲击系数。从相同车速情况下的跑车、制动和跳车工况看，三者的冲击系数值以跑车时最小，跳车时最大，制动时居中；从跳车工况看，桥面 1/4 处跳车时比跨中跳车时的冲击系数值较小。而拱脚处的跳车对结构受力基本上没有影响，因此将伸缩缝设置在拱脚处是合理的。

对该桥的冲击系数值分析可见，桥面平整度良好对大桥的实际冲击系数影响很大，正是由于在跨中位置桥面有较大的不平整度，对桥的车辆激振受力不利影响，使得即使以 20km/h 跑车时桥面仍有 0.370 的冲击系数值，而规范给出冲击系数为 0。因此维护桥面的平整度状况，保证桥面结构整洁以避免跳车，维持桥面通车顺畅以避免紧急制动对于保证桥梁的正常使用是极其重要的。

三、模型试验研究

1. 试验装置

模型拱基本以山前大桥为原型，按照 1∶10 的比例进行设计。模型拱肋的跨径为 7.5m，矢高 1.5m，拱轴线为二次抛物线。受钢管规格限制，模型拱钢管的径厚比无法与实桥相同，采用了全跨等厚的 $\phi121\times4.5$mm 直缝钢管进行模型制作，试验共制作两根模型肋拱，分别施加对称五点荷载（下文中称为 B_1 模型拱）与非对称两点荷载（下文中称为 B_2 模型拱），模型拱加载示意如图 5-19 所示。

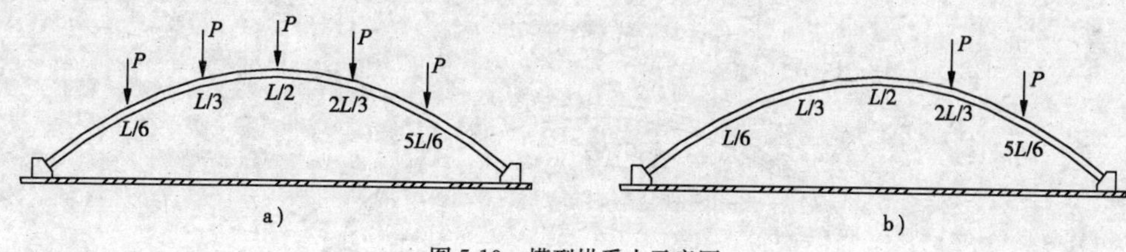

图 5-19 模型拱受力示意图

a)B_1 模型拱；b)B_2 模型拱

试验采用 50kN 油压千斤顶同步加载。试验加载装置如图 5-20 所示。应变测试断面为模型拱的拱脚、$L/6$、$L/4$、$L/3$、$L/2$ 及其对称截面，每个截面纵向及环向各布置四片应变片，共计 98 片应变片。测点布置如图 5-21 所示。

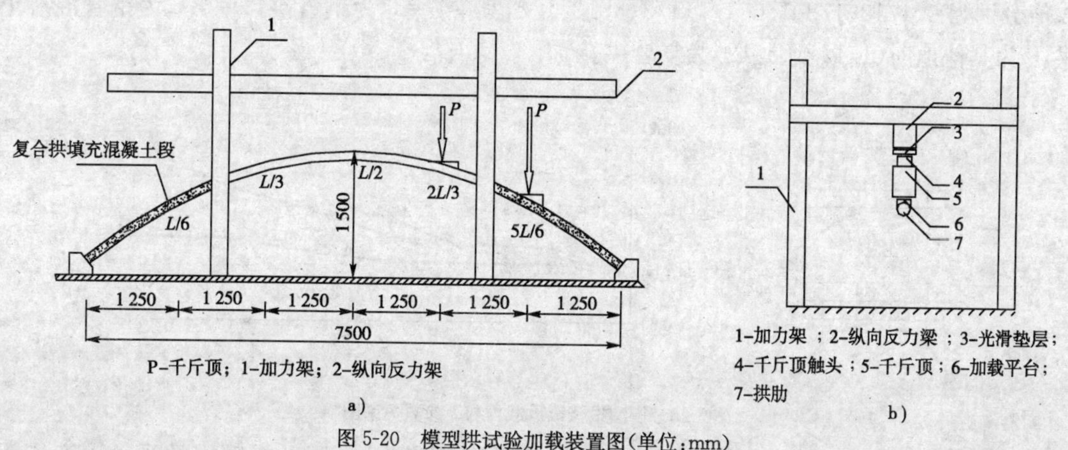

图 5-20 模型拱试验加载装置图（单位：mm）

a)立面图；b)侧面图

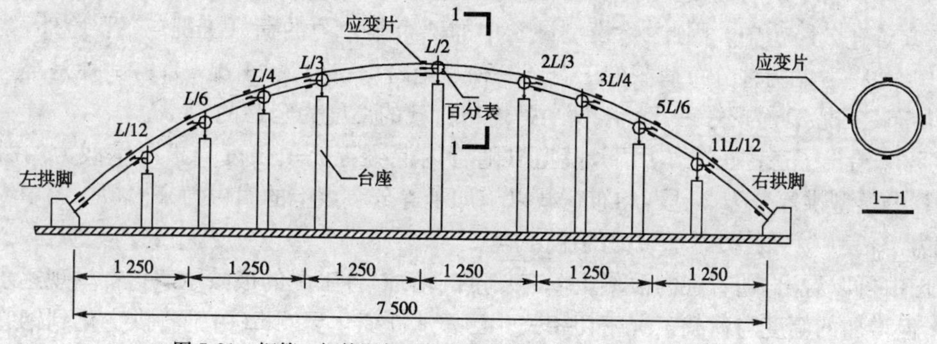

图 5-21 钢管一钢管混凝土复合拱模型试验测试装置图（单位：mm）

试验结果表明，多点对称荷载和非对称荷载作用下的结构面内总体受力性能与钢管拱和钢管混凝土拱无本质上的区别，承载能力介于二者之间。但在加载过程中，复合拱中钢管混凝土段的截面钢管应变增长较慢，而空钢管段则增长较快，其中 $2L/3$ 截面由于受集中力作用增长最快。

2. 面内极限承载力分析

从试验结果可以看出，拱的极限承载力是由其非对称荷载控制的。因此运用通用有限元程序 ANSYS 对复合拱的非对称加载试验进行考虑材料与几何非线性的双重非线性有限元分析。有限元模型采用 Beam23 单元建模，沿拱肋轴线向均分 24 段，整个模型由 24 个梁单元及 25 个节点组成，拱脚边界条件为固结。有限元模型如图 5-22 所示。

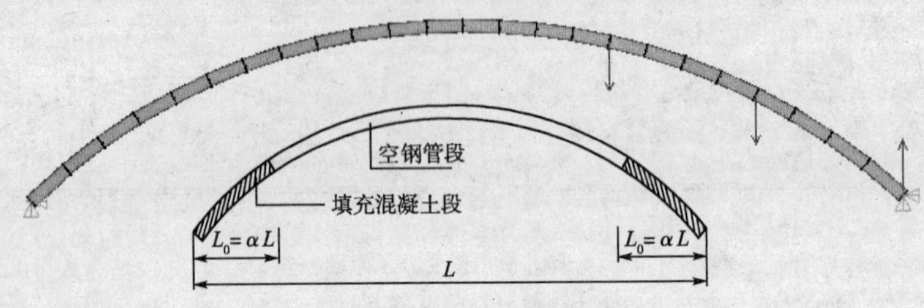

图 5-22　有限元模型图

比较表明，有限元计算曲线与试验曲线总体上吻合较好。为了解管内混凝土对结构受力性能的影响，取管内混凝土填充长度与跨径之比 α 为分析参数，如图 5-23 所示。分析中的 α 取值分别为 0、1/12、1/8、1/6、1/4、1/3、5/12、1/2，其中 $\alpha=0$ 为钢管拱，$\alpha=0.5$ 为钢管混凝土拱，α 为其他值时(1/12 到 5/12)为复合拱。

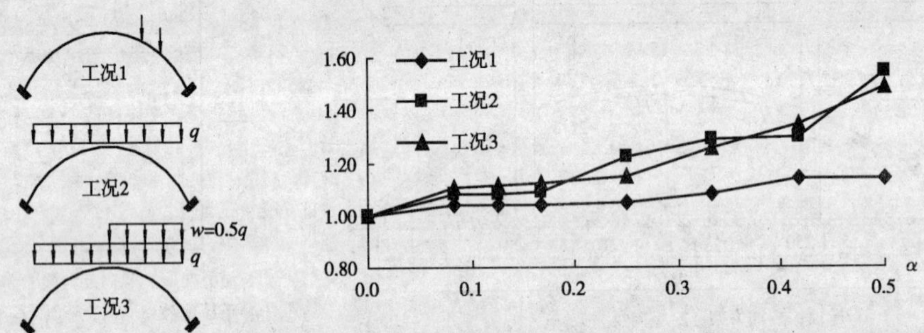

图 5-23　模型拱极限承载力与 α 参数关系图

在模型拱的试验中，荷载是作用在同一半跨的两个集中力，因此模型拱的受力以弯矩为主，这与实际拱桥中拱肋的受力有很大的区别。实际桥梁结构中，恒载在总荷载中所占的比重很大，尤其是在公路桥中。因此，除模型试验中的两个集中力的荷载工况(工况 1)外，在下面的分析中，还将考虑两种分布荷载的工况。一种是全跨均布荷载(工况 2)；另一种是半跨均布加全跨均布(工况 3)，为不失一般性，设半跨均布荷载的集度为全跨的 50%。

图 5-23 给出了三种工况作用下，模型拱随管内混凝土充填长度与极限承载力的关系曲线。计算中模型拱等分为 24 段，均布荷载以施加于等分节点上的集中力来模拟。图中纵坐标为承载力与 $\alpha=0$(空钢管)时承载力的比值。

从图中可以看出，随着管内混凝土填充长度的增加，各工况的极限承载力都呈现逐步增加的趋势，但增加的幅度与荷载工况密切相关。当 α 从 0 变化至 0.5(由钢管拱变化到钢管混凝土拱)时，对于仅承受两个非对称集中力的工况 1，极限承载力仅提高 14.05%；而对于承受对称荷载或以对称荷载为主时(工况 2、3),极限承载力提高分别为 54.6%和 48.8%。由此可见,管内混凝土对提高其极限承载力的作用,以承受恒载为主的实际拱桥比仅承受两个集中力的模型要大得多。

另一方面,混凝土的充填长度对承载力提高的作用在 α 从 0 变化至 0.5 的过程中各个阶段不尽相同。α 从 1/8 变化至 1/4 时极限承载力的提高幅度明显大于 α 从 1/12 变化至 1/8 时,因此从提高面内承载力的角度出发,管内混凝土填充长度 $L/4$ 或略大于 $L/4$ 为宜。对于以承压为主的工况来说,α 等于 1/2(钢管混凝土拱)较之前 α 等于 5/12(复合拱)极限承载力提高幅度最大,因此当跨度拱以承压为主时,从面内极限承载力的角度来说,钢管混凝土拱更有优势。

四、钢管—钢管混凝土复合拱桥受力性能分析

对于山前大桥实桥的受力分析也采用大型通用程序 ANSYS 进行计算。前述的分析表明,在进行下承式系杆拱受力规律的分析时,有限元建模可采取固定拱的形式进行简化,因此在计算中不考虑系杆与桥墩的影响而按固定拱建模。有限元模型见图 5-14。分析时以管内混凝土填充长度系数 α 为参数(参数 α 含义见图 5-23)。在进行内力、变形与一类弹性稳定时,不考虑材料的非线性。在进行结构的极限承载力分析时,钢管与混凝土均采用理想弹塑性模型。分析的工况采用静载试验时的 4 个工况。

1. 拱的内力

由于该桥为超静定拱,因此截面刚度的变化会导致截面内力的变化。从工程经验可知,该桥的极限承载力由其拱脚处弯矩控制。图 5-24 为在混凝土填充长度变化下拱脚处的弯矩值。从图中可以看出,当 α 从 0 变化至 0.083 时,拱肋拱脚处弯矩相差较大,在以弯矩控制的工况中(工况 1、2、3),拱脚弯矩的变化幅度达到 40%~50%,而在工况 4 中,该幅度也达到 19%;而当 α 在 0.083 与 0.5 之间变化时,其拱脚弯矩的变化幅度为 8%~19%,这说明复合拱的拱脚受弯规律与钢管拱差别较大,而与钢管混凝土拱接近。

此外,从图 5-24 可以看出,在工况 1、2、3 中,当 $\alpha>1/6$ 后,拱脚的弯矩均呈下降的趋势,而在工况 4 中,当 $\alpha>1/6$ 后拱脚弯矩随 α 的增大而增大,但变化幅度仅为 8%,因此,在复合拱设计中进行填充长度的选择时,填充长度系数选取 $\alpha>1/6$ 有利于减小拱脚处弯矩。

图 5-25 为 α 变化时拱肋四分点轴力变化图。在各工况条件下,四分点处轴力最大变化幅度仅为 3.6%,因此拱肋管内填充长度对四分点轴力的影响较小,可忽略不计。

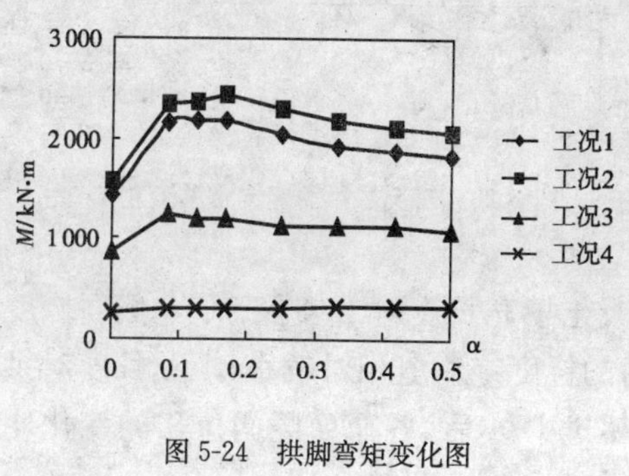

图 5-24　拱脚弯矩变化图

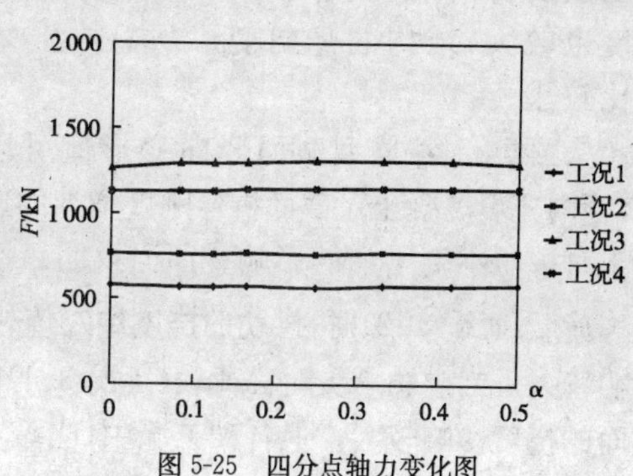

图 5-25　四分点轴力变化图

2. 截面应变

图 5-26、图 5-27 为拱肋各典型截面上、下缘应变随 α 系数变化的趋势图。从图中可以看出，钢管拱($\alpha=0$)与复合拱($0<\alpha<0.5$)相比，拱脚处应变变化幅度较大；而复合拱($0<\alpha<0.5$)与钢管混凝土拱($\alpha=0.5$)相比，拱顶截面应变变化较大；而对 L/4 截面来说，当 $\alpha=0.25$ 时截面应变有一个跃升；即当 α 趋近 0.25 时，该截面的应变都趋近最大值，其上下缘应变差变化幅度为 33%～39%。这表明，在复合拱的设计中，在运用容许应力法进行设计时，钢管与钢管混凝土交接截面附近的截面应力是设计中的主要控制因素。

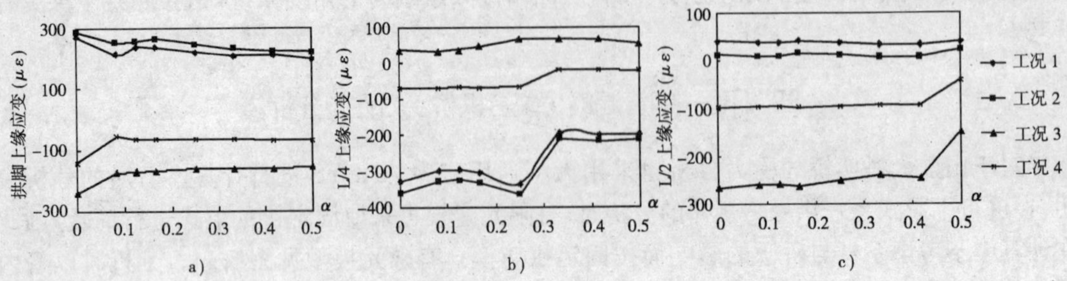

图 5-26 上缘应变变化图

a)拱肋上缘应变；b)$L/4$ 上缘应变；c)$L/2$ 上缘应变

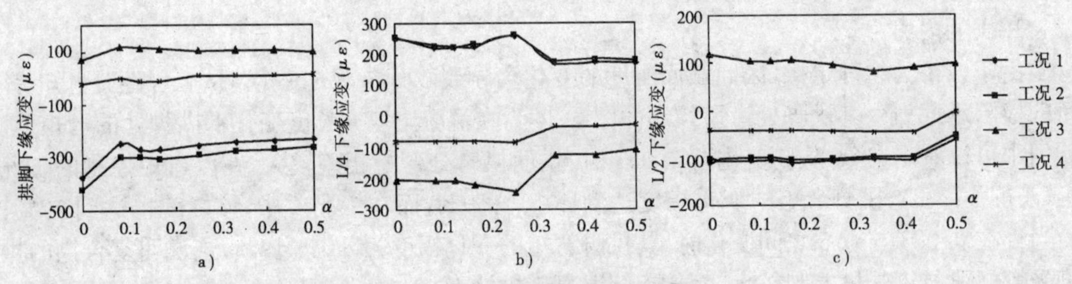

图 5-27 下缘应变变化图

a)拱肋下缘应变；b)$L/4$ 下缘应变；c)$L/2$ 下缘应变

3. 拱的变形

在各种工况中，工况 2 的拱肋竖向变形的绝对值以及位移差最大，如图 5-28 所示。从图中看出，虽然存在着截面刚度突变，但复合拱的拱肋变形的连续性仍较好。当钢管混凝土段所占的比重较大时，由于拱肋的整体刚度也较大，结构的竖向变形从总体上来说就比较小。

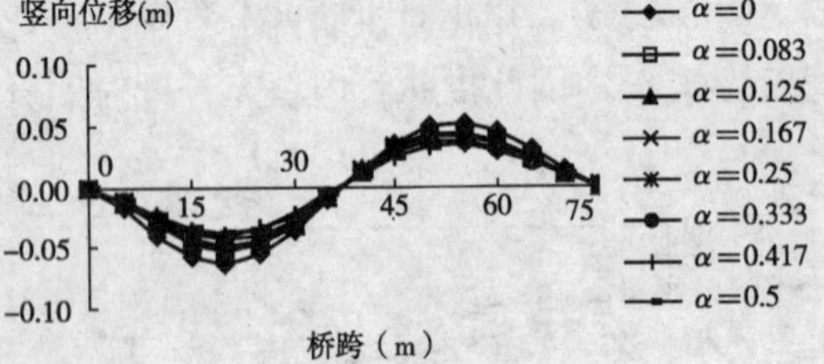

图 5-28 工况二拱肋竖向位移变化图

从图 5-29 各典型截面竖向变形值可以看出，管内充填混凝土对截面抗弯刚度增加的影响大于对抗压刚度增加的影响。即当拱肋承受不对称荷载(工况 1、2)时，拱肋的挠度绝对值较大，混凝土填充长度对 $L/4$ 及 $3L/4$ 截面挠度的影响较大。当拱肋承受对称荷载(工况 3、4)时，拱肋的挠度绝对值相对较小，填充长度对拱顶截面的挠度影响较大。但各种工况中，当填充长度超过 $L/4$ 后，各截面竖向位移的变化均趋缓，因此考虑拱肋挠度控制因素时，混凝土填充长度为 $L/4$ 时最经济合理。

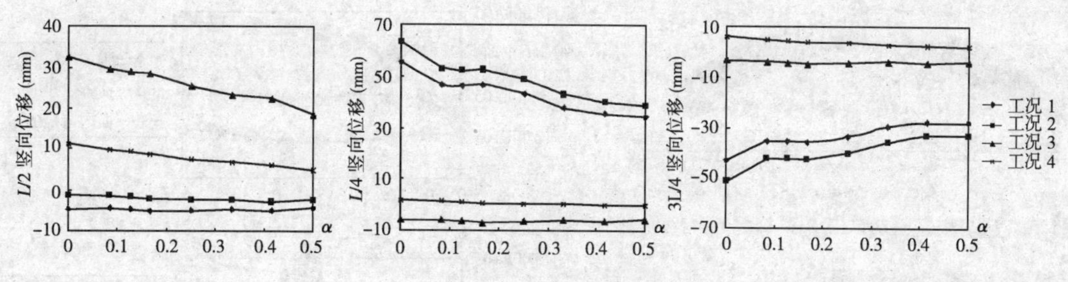

图 5-29　截面竖向位移变化趋势图

4. 弹性一类稳定

对该桥的弹性一类稳定分析表明，在各种加载工况下，一阶弹性失稳模态不受混凝土充填系数 α 的影响，均为面外失稳。但 α 对稳定系数有影响，见图 5-30。当 α 从 0 变化至 1/12 时，稳定系数缓慢增长，最大仅增加 4.8%；此后，稳定系数增加较快，当 α 趋近 $L/4$ 时，稳定系数均达最大值(除工况 3)；此后随 α 增加稳定系数反而下降，在 $\alpha=0.417$ 时达到最低点后又开始上升，到 $\alpha=0.5$(钢管混凝土拱)时稳定系数达到第二个峰值。因此，从弹性一类稳定系数来看，填充系数太小(小于 1/12)时管内混凝土对稳定系数提高的作用较小，α 在 0.25 附近时，效率最高；超过 0.25 时反而降低了拱的稳定性能，这可能是此时刚度增加的有利作用小于拱肋自重产生的不利影响。当然，钢管混凝土拱的稳定系数最大，但从复合拱的角度而言，钢管与钢管混凝土在拱肋 $L/4$ 处相接，结构一类弹性稳定性最好。

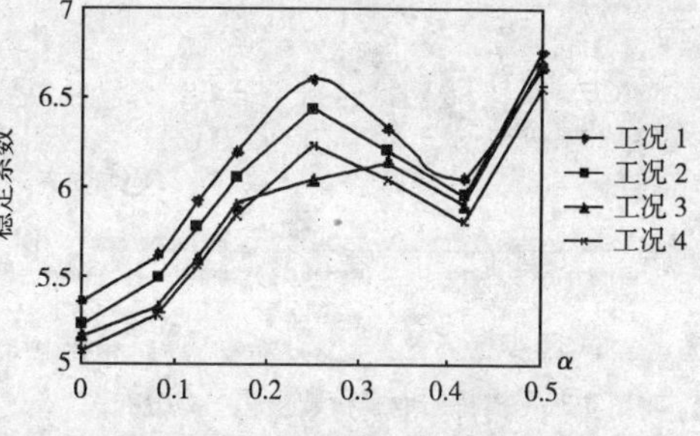

图 5-30　稳定系数变化趋势图

5. 横向地震响应分析

山前大桥在承受横桥向地震荷载作用时，拱肋内力分布规律如图 5-31 所示。其中，拱肋所受的轴力较均匀；而对拱肋弯矩而言，其面外弯矩占主导地位，面内弯矩则较次要；其中面外弯矩拱脚处最大，在横撑处有突变，而面内弯矩则在拱顶处最大。

图 5-32 为横向地震作用下拱顶、$L/4$、拱脚截面内力随拱肋填充长度的变化趋势图。从图中可以看出，当拱桥承受沿横桥向地震荷载时，拱肋各截面轴力相差不大，其承载力是由拱脚处的面外弯矩控制。拱脚处的面外弯矩随管内混凝土填充长度的减少而降低，在混凝土填充到四分点之前，这种面外弯矩的变化较明显，降低幅度达 64.2%；而当填充长度在四分点与拱顶之间变化时，则面外弯矩的变化较小，仅为 7.1%；但同时四分点处面内、外弯矩降低 17.4% 与 25.7%，拱顶处面内、外弯矩降低 69.8% 和 118.4%。再从各截面轴力的变化规律来看，在管内混凝土填充长度达到四分点时，其截面的轴力都接近于最低水平。

综合以上分析可以看出，当拱桥承受横向地震荷载时，与钢管混凝土拱相比，复合拱管内混凝土填充至四分点能较好地减小各截面的轴力水平，同时也能有效地减小拱肋各截面处的面内、外弯矩水平。

综合以上面内极限承载力、受力性能、弹性稳定和横向地震响应分析，钢管一钢管混凝土复合拱肋的截面变化点在四分点处最为合理。

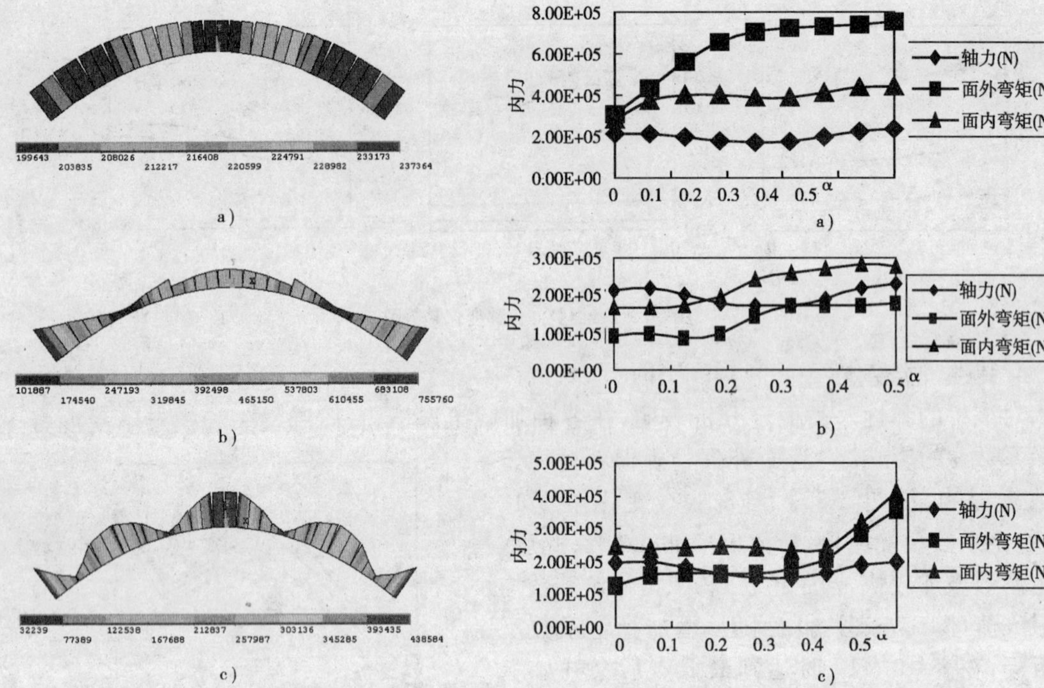

图 5-31 横桥向地震荷载拱肋内力分布图

a)轴力分布图;b)面外弯矩分布图;c)面内弯矩分布图

图 5-32 横桥向地震作用时拱肋内力变化图

a)拱脚截面内力变化图;b)四分点截面内力变化图;c)拱顶截面内力变化图

参考文献

[1] 陈宝春,陈友杰,刘玉擎. 钢管与钢管混凝土复合拱桥. 桥梁建设. 2001(1),总第 134 期:17-20

[2] 韦建刚,陈友杰,陈宝春. 钢管—钢管混凝土复合拱桥实桥静载测试与分析. 中南公路工程,2005,30(3):58-61

[3] 韦建刚,陈宝春. 钢管混凝土拱桥材料非线性分析方法. 福州大学学报(自然科学版),2004,32(3):344-348

[4] 孙潮,陈宝春,陈水盛. 钢管—钢管混凝土复合拱桥动力特性分析. 地震工程与工程振动,21(2),2001 年 6 月:48-52

[5] 陈宝春,韦建刚,林英. 管拱面内两点非对称加载试验研究. 土木工程学报,2006,39(1):43-49

[6] 陈宝春,韦建刚,管拱面内五点对称加载试验研究. 工程力学,2007,24(6):73-78

[7] 韦建刚,陈宝春,孙潮、陈友杰. 钢管—钢管混凝土复合拱桥静力性能研究. 福州大学学报(自然科学版),2006,34(1):104-108

[8] 韦建刚,孙潮,陈宝春. 钢管-钢管混凝土复合拱桥横向受力性能分析. 哈尔滨工业大学学报,2005,37(增刊):75-77

第六章　杭州钱江四桥

第一节　概　　况

一、自然条件

钱江四桥位于杭州钱塘江一桥下游 4.3km 的复兴地区南星桥附近，距上游南星桥水厂取水口约 50m，距下游“浙江第一码头”约 200m，桥址江面宽约 1 130～1 160m。桥址北岸已经形成临江海塘。杭州主城区两纵两横快速路之一的上塘路——中河路高架，穿过市中心后向南延伸，经互通式复兴立交桥后将城区南部主干道(复兴路、江城路、秋涛路等)通过钱江四桥直指南岸新区滨江城；四桥跨过南岸闻涛路，通过世纪大道、中兴路立交与滨江城和萧山区腹地相连。

钱塘江是浙江省最大的河流，于杭州市闸口以下注入杭州湾，汇入东海。流域上游山峦起伏，源短流急，山洪量大，河床比降大，下游地势平坦，江宽水浅，受潮汐影响大。由于桥址位于闻家堰至澉浦(长 115km)的钱塘江河口段的上段，受径流、潮汐共同作用，且所处河段上游为六和塔弯道和下游七甲弯道的过渡段，受上下弯道和双向水流影响。桥址区第四系覆盖层厚度变化较大，近山前的杭州岸一侧较薄，最薄处为 26.8m，向萧山方向第四系地层渐厚，最厚达 59.40m。桥址区下伏基岩为侏罗系上统(J_3^a)的火山岩及白垩系下统朝川组(K_1C^1)的陆相碎屑沉积岩，两者呈断层不整合接触，以钱塘江断裂为界，东南侧为白垩系下统朝川组的粉砂岩、含砾砂岩，西北侧为侏罗系上统的喷出岩—安山玢岩。

二、主要设计标准

(1)设计荷载：桥梁设计荷载分汽车荷载与轻轨荷载。汽车荷载：85m 跨，按城－A 级；190m 跨按汽车－20 级，挂车－100 级。轻轨荷载按上海明珠线标准取值。人群荷载为 4.0kN/m^2。轻轨标准按《城市快速轨道交通工程项目建设标准(试行本)》确定的正线标准，车辆最大编组数为 6 节。

(2)设计车速：主桥 80km/h。

(3)纵、横坡：纵坡：$i \leqslant 4.0\%$；横坡：$i \leqslant 1.5\%$。

(4)桥梁宽度：

①190m 跨。

上层：32.0m＝2.6m(拱肋)＋0.2m(空隙)＋0.2m(栏杆)＋0.5m(检修道)＋0.5m(防撞栏杆)＋11.75m(车)＋0.5m(防撞栏杆)＋11.75m(车)＋ 0.5m(防撞栏杆)＋0.5m(检修道)＋0.2m(栏杆)＋0.2m(空隙)＋2.6m(拱肋)；

下层：32.0m ＝2.6m(拱肋)＋0.2m(空隙)＋0.5m(栏杆)＋6.5m(公交专用道)＋2.0m

(绿化)＋8.4m(轻轨)＋2.0m(绿化)＋6.5m(公交专用道)＋0.5m(栏杆)＋0.2m(空隙)＋2.6m(拱肋);

②85m跨。

上层:26.4m＝0.2m(栏杆)＋0.5m(检修道)＋0.5m(防撞栏杆)＋11.75m(车)＋0.5m(防撞栏杆)＋11.75m(车)＋0.5m(防撞栏杆)＋0.5m(检修道)＋0.2m(栏杆);

下层:26.4m＝0.5m(栏杆)＋6.5m(公交专用道)＋2.0m(拱肋及绿化)＋8.4m(轻轨)＋2.0m(拱肋及绿化)＋6.5m(公交专用道)＋0.5m(栏杆);

(5)设计洪水位按300年一遇考虑,最高通航水位6.123m。

(6)通航按四级航道考虑,净宽大于80m,通航净高10m。

(7)设计风速:百年一遇、十分钟最大平均风速23m/s。

(8)设计温度:最高温度45℃,最低温度－15℃。设计基准温度15℃。

(9)涌潮压力:潮向为0°时,桥墩迎流面作用压强平均最大值45.0kPa,最大瞬时点压强接近70.0kPa。

(10)抗震等级为6度,按7度设防。

三、设计技术规范

1.国家标准规范

(1)钢结构设计规范(GBJ 17—88)

(2)混凝土结构设计规范(GBJ 10—89)

(3)道路交通标志和标线(GB 5678—1999)

(4)内河通航标准(GBJ 139—90)

(5)碳素结构钢技术条件(GB 700—79)

(6)低合金结构钢技术条件(GB 1591—79)

(7)桥梁建筑用热轧碳素钢技术条件(GB 714)

2.行业与地方标准规范

(1)公路桥涵设计通用规范(JTJ 021—89)

(2)公路工程技术标准(JTJ 01—97)

(3)公路砖石及混凝土桥涵设计规范(JTJ 022—85)

(4)公路钢筋混凝土及预应力混凝土桥涵设计规范(JTJ 023—85)

(5)公路桥涵地基与基础结构设计规范(JTJ 024—85)

(6)公路桥涵钢结构及木结构设计规范(JTJ 025—86)

(7)公路工程抗震设计规范(JTJ 004—89)

(8)公路水泥混凝土路设计规范(JTJ 012—94)

(9)城市道路设计规范(CJJ 37—90)

(10)城市快速轨道交通工程项目建设标准(试行本)

(11)城市桥梁设计准则(CJJ 11—93)

(12)城市桥梁设计荷载标准(CJJ 77—98)

(13)铁路桥涵设计基本规范(TB 10002.1—99)

(14)铁路桥梁钢结构设计规范(TB 10002.2—99)

(15)铁路桥涵钢筋混凝土和预应力混凝土结构设计规范(TB 10002.3—99)

(16)铁路桥涵砌体结构设计规范(TB 10002.4—99)

(17)铁路桥涵地基与基础结构设计规范(TB 10002.5—99)

(18)《钢管混凝土结构设计与施工规程》(CECS 28:90)

(19)桥梁用碳素钢及普通低合金钢钢板技术条件 (YB 168)

(20)上海市地基基础设计规范(DGJ 08-11-1999)

3.参考规范

(1)日本高速铁路·铁道结构物设计标准钢·组合结构

(2)耐风设计基准同解说(日本四连络桥公团)

(3)美国公路桥梁标准规范(AASHTO)

(4)上部结构设计标准及解说(日本四连络桥公团)

(5)英国标准 BS 5400

(6)《公路桥梁抗风设计指南》

四、设计补充规定

(1)荷载折减系数:多车道汽车荷载折减在计算拱肋及系梁时按公路或城市桥梁设计规范取值;公交车道按满布人群荷载考虑,轻轨、人群荷载单项布载时均不折减。

(2)温差:拱肋钢管与管内混凝土温差按 5℃计,拱肋与吊索、系梁、桥面板及其余部分温差按 5℃计;结合梁中钢梁与桥面板温差为 10℃,在设计剪力键时为 10℃。

(3)支座摩阻力:支座摩阻力按上部结构反力的 6%分摊计算。

(4)长钢轨的纵向力:长钢轨的纵向力按 12.0kN/ m 计算,荷载组合时按其他可变荷载考虑。

(5)轻轨附加荷载:轻轨桥面附加荷载包括线路设施、电力及通信电缆和防噪屏等,双线按 53kN/m 计。

6.正常使用状态荷载组合。

①基本组合:恒载+预应力+收缩徐变+吊索拉力+汽车+人群+轻轨。

②恒载+预应力+收缩徐变+吊索拉力+挂车+轻轨+人群。

③基本组合+温度+风力+制动力(支座摩阻力)。

④恒载+地震。

其中各荷载组合规定适用于拱肋、系梁、拱上立柱、各横梁、桥面板、吊杆等构件。组合时按下述规定取值:

①若构件不存在某种单项荷载作用时,则该单项荷载不进行组合(系数为零)。

②涉及挂车的组合仅适用于 190m 大跨。

③吊杆仅进行正常使用状态的检算。

7.承载能力极限状态荷载组合。

①$1.2SG+1.4S'Q+1.4SD+SH$

②$0.9SG+1.4S'Q+1.4SD+SH$

③$1.2SG+1.1S''Q+1.4SD+SH$

④$0.9SG+1.1S''Q+1.4SD+SH$

⑤$1.1SG+1.3S'Q+1.3(T+CR)+1.2SD+SH$

⑥$0.8SG+1.3S'Q+1.3(T+CR)+1.2SD+SH$

符号规定：

SG：永久性荷载中结构重力产生的效应。

S′Q：基本可变荷载中汽车(包括冲击力)、人群产生的效应。

S″Q：平板挂车产生的效应 。

SD：轻轨荷载产生的效应。

T：温度变化产生的效应。

CR：混凝土收缩徐变产生的效应。

SH：吊索拉力产生的效应。

8. 正常使用状态和施工阶段的应力限值。

①在使用荷载下和施工阶段，与轻轨有关的构件其应力限值按铁路桥涵设计规范取值；仅与公路有关的构件其应力限值按公路桥涵设计规范取值。

②对预应力混凝土结构，荷载组合 1 为不容许出现拉应力，其他组合和施工阶段容许出现拉应力，拉应力控制在 2.0 MPa 内。

9. 钢结构的应力限值。

钢结构的容许应力限值按 JTJ025—86 办理。Q345c 容许应力考虑厚度调整系数，其值如下表 6-1 所示。

容许应力调整系数 表 6-1

	厚度(mm)	
	≤16	>16～35
容许应力调整系数	1.000	0.956

五、主 要 材 料

使用的材料主要有混凝土、预应力钢绞线、普通钢筋及钢材。

1. 混凝土

C25：R_a=14.5MPa，R_l=1.55MPa，E=2.85×10^4MPa

C30：R_a=17.5MPa，R_l=17.5MPa，E=3.0×10^4MPa

C40：R_a=23.0MPa，R_l=2.15MPa，E=3.3×10^4MPa

C50：R_a=28.5MPa，R_l=2.45MPa，E=3.5×10^4MPa

混凝土技术标准符合 JTJ 023—85 有关规定。

2. 预应力钢绞线

钢绞线：采用按 ASTM A416-97a 标准生产的 ϕ15.24 高强低松弛 270K 级钢绞线，R_y^b=1 860MPa，E=1.9×10^5MPa

镀锌钢丝：采用 ϕ7.0mm 高强镀锌钢丝，R_y^b=1 670MPa，E=1.9×10^5MPa

精扎螺纹钢：R_y^b=750MPa，E=2.0×10^5MPa

3. I、II 级普通钢筋

I 级钢筋：R_g=240MPa，R'_g=240MPa，E=2.1×10^5MPa

II 级钢筋：R_g=340MPa，R'_g=340MPa，E=2.0×10^5MPa

技术标准符合 GB 1499—1998 的有关规定。

4. 钢板、型钢

该桥采用的钢材材质主要为 Q235 及 Q345c，技术标准符合 GB 700—79 的有关规定，选用的焊接材料符合 GB 1300—77 的要求。

六、桥位选择与桥型方案比较

1. 桥位选择

钱塘江在杭州主城的东南侧，由西南—东北方向穿城而过。根据杭州市中远期城市总体规划，在钱塘江上计划修建八座以上桥梁，形成杭州市的整体道路交通网络。钱塘江四桥桥位距上游的一桥约 4.2km，距下游的三桥约 4.3km，是主城区连接滨江区的最短通道，桥址处水域平稳，河道顺直，涌潮影响相对较少。桥位处江面规划宽度约 1 160m。

2. 桥型选择

桥型设计所遵循的原则是：在满足经济、实用、安全的条件下，充分考虑美观效果，注意环境景观效益，达到较好的社会效益、经济效益和环境效益，力求采用技术先进、经济合理、造型美观的桥型结构。因此，在方案设计中将把美观放在特别重要的位置，桥型方案力求做到造型新颖美观，能够与周边环境协调融合，具有时代特征并与钱塘江上既有桥梁不雷同。

桥型方案有单层方案和双层方案。

(1)单层方案

对于单层方案，轻轨和城市道路交通在同一平面内，设计主桥采用下承式钢管混凝土系杆拱桥方案，立面布置采用中间三跨大跨径拱桥与变截面连续梁组合的布置形式，轻轨桥梁和汽车桥梁采用结构上分离、外观上整体的结构形式，跨径布置为 180＋250＋180m，其余江面采用 83＋120＋83m 跨径的变高度连续梁方案，南北各一联，剩余部分结合防洪堤和滨江路断面，采用 2×47.0m 的跨径布置，主桥 250m 拱肋的拱轴线形式为两次抛物线，矢跨比为 1/5。断面形式为圆端形钢管。

全桥的跨径布置为 2×47m＋(83＋120＋83)m＋(183＋250＋183)m＋(83＋120＋83)m＋2×47.0m＝1 376m。桥梁总宽为 46.5m。桥梁纵断面设计：由与复兴立交的连接点开始，设 0.5%的纵坡，江南也设同样的纵坡，桥梁中间设半径为 20 000m 的竖曲线，因此桥梁中心高程为 24.651m。梁底高程根据通航要求不少于 16.173m(国家高程)，设计实际高度大于 16.3m。下部结构采用钻孔灌注桩基础，承台柱式桥墩，180m 跨径的拱桥结构形式与 250m 跨类似。

(2)双层方案

桥梁上层为 6 车道的快车道，下层为轻轨和公交专用道。为了桥梁的美观性和整体性，上、下层同宽。桥梁高度由通航净空和滨江路人行道净高确定，经比较梁底高程由通航净空确定，梁底高程根据通航要求不少于 16.123m，设计实际高度大于 16.3m。

主桥采用钢管混凝土双层拱桥方案，跨径组合为 2×42.25m＋2×85m＋190m＋5×85m＋190m＋2×85m＋2×42.25m(指计算跨径)，由两个 190m 的大跨和 9 个 85m 的小跨组成，柱式墩，钻孔灌注桩基础。引桥上部为等高度的预应力混凝土箱梁结构，可采用现浇，也可采用预制拼装。下部采用钻孔桩基础。全桥总长为 1 376m。公交专用道过江后落地与地面道路系统相接。上层快车道北端与复兴立交相接，南端与中兴立交相接。

经方案比较，两方案均能满足泄洪、通航和轻轨过江的要求；双层方案技术含量较高，施工比单层方案难度稍大，造价略高，工期略长，但是在美观方面，双层方案的大小拱肋组合巧妙，

85m 小拱可看成下承式和上承式的组合，190m 大拱可看成中承和下承式的组合，全桥包括了上承、中承、下承三种组合形式，桥型新颖独特，为国内首创，且双层形式气势更加雄伟。根据桥型设计的原则，综合考虑以上因素，最终选择双层方案。总体布置图见图 6-1。主跨与辅跨横断面总体布置如图 6-2 和图 6-3 所示。

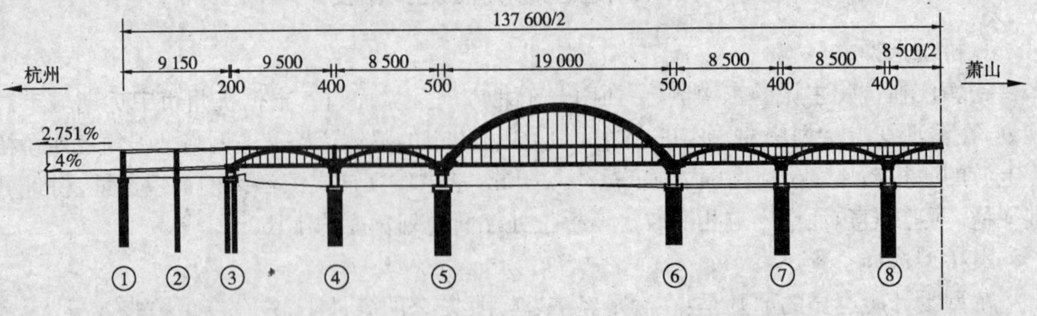

图 6-1　杭州钱江四桥总体布置图(杭州岸 1/2 跨径)(单位:cm)

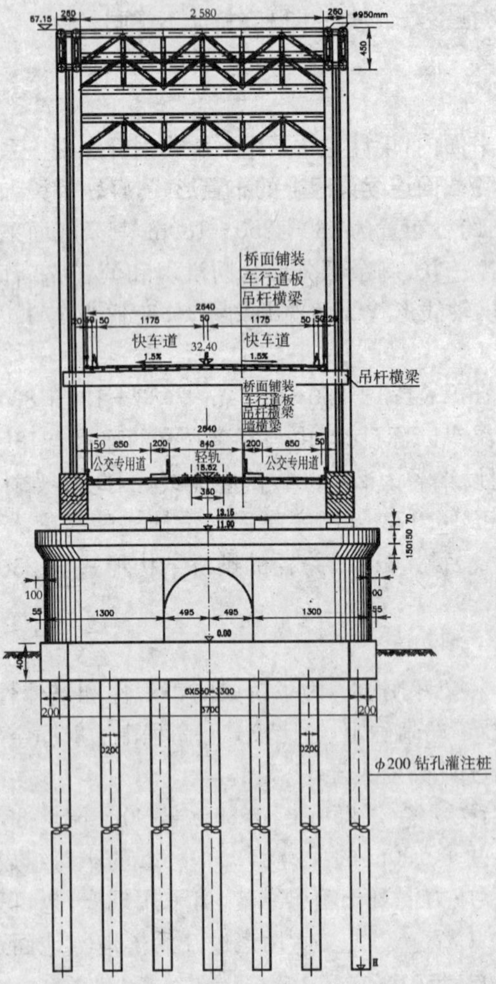

图 6-2　主跨横断面图(单位:cm)

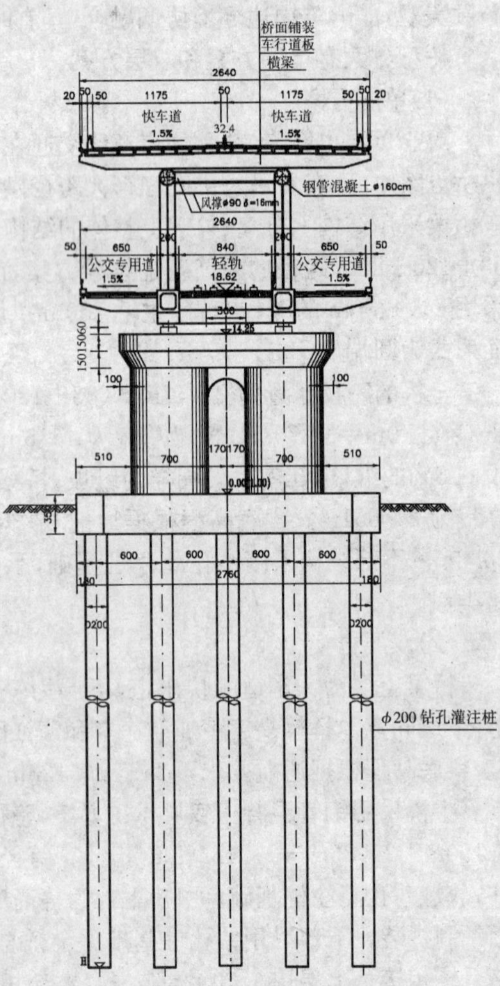

图 6-3　辅跨横断面图(单位:cm)

七、桥梁建设简介

图 6-4　建成后的杭州钱江四桥

杭州钱江四桥业主为杭州市城市基础设施开发总公司，由杭州市城建设计研究院有限公司设计，广西路桥工程总公司和中交第二公路工程局有限公司等单位施工，四川铁科建设监理公司监理。

大桥于 2002 年 3 月开工，2004 年 10 月建成通车。建成后的照片见图 6-4。

第二节　主桥结构与构造

一、190m 跨上部结构

1. 结构布置

190m 跨可看成下承式系杆拱和中承式拱的组合结构，计算跨径为 190m，跨长 196m。拱桥的上下部结构连接方式采用刚拱刚梁外部静定的简支结构体系。拱脚处设置 6 500t 盆式支座，并设置刚度很大的端横梁。拱与拱之间受力彼此独立。190m 跨布置图见图 6-5。

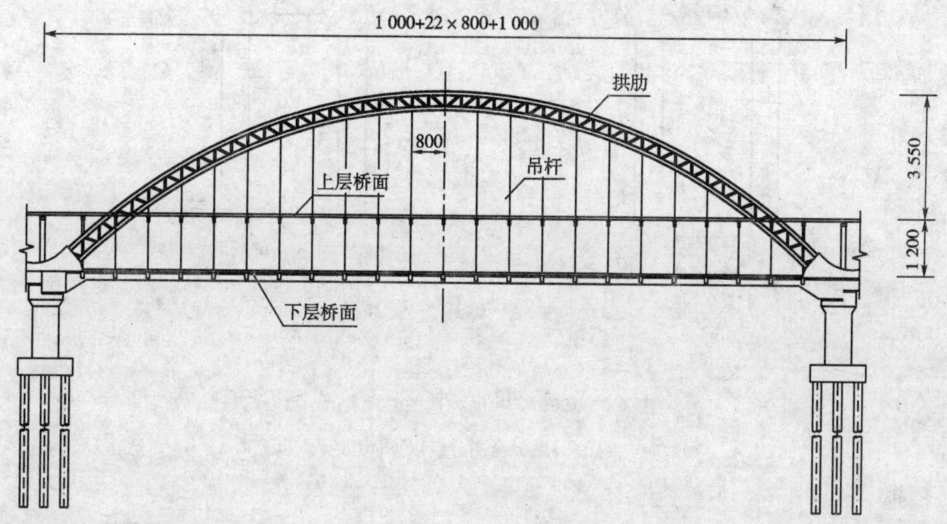

图 6-5　杭州钱江四桥主跨大拱的桥面布置图(单位：cm)

2. 拱肋

190m 跨拱肋拱轴线为二次抛物线，矢跨比为 1/4。拱肋为桁式断面，高 4.5m，宽2.6m。上层桥面以上每一拱肋由 4 根 ϕ950mm 的钢管通过腹杆和上下平联组成，拱肋中心距 29.4m，钢材采用 Q345c 钢，纵向四根钢管壁厚四分点以下为 24mm，以上为 22mm；腹杆采用 ϕ400mm

×14mm 的钢管;上下平联采用 ϕ600mm×14mm 的钢管,上下平联水平间距为 2.0m。上层桥面以下至拱脚,拱肋断面由横哑铃形的上下弦杆通过腹杆连接而成。纵向四根钢管和哑铃形断面内灌注 C50 混凝土,其余为空钢管。拱肋构造见图 6-6。

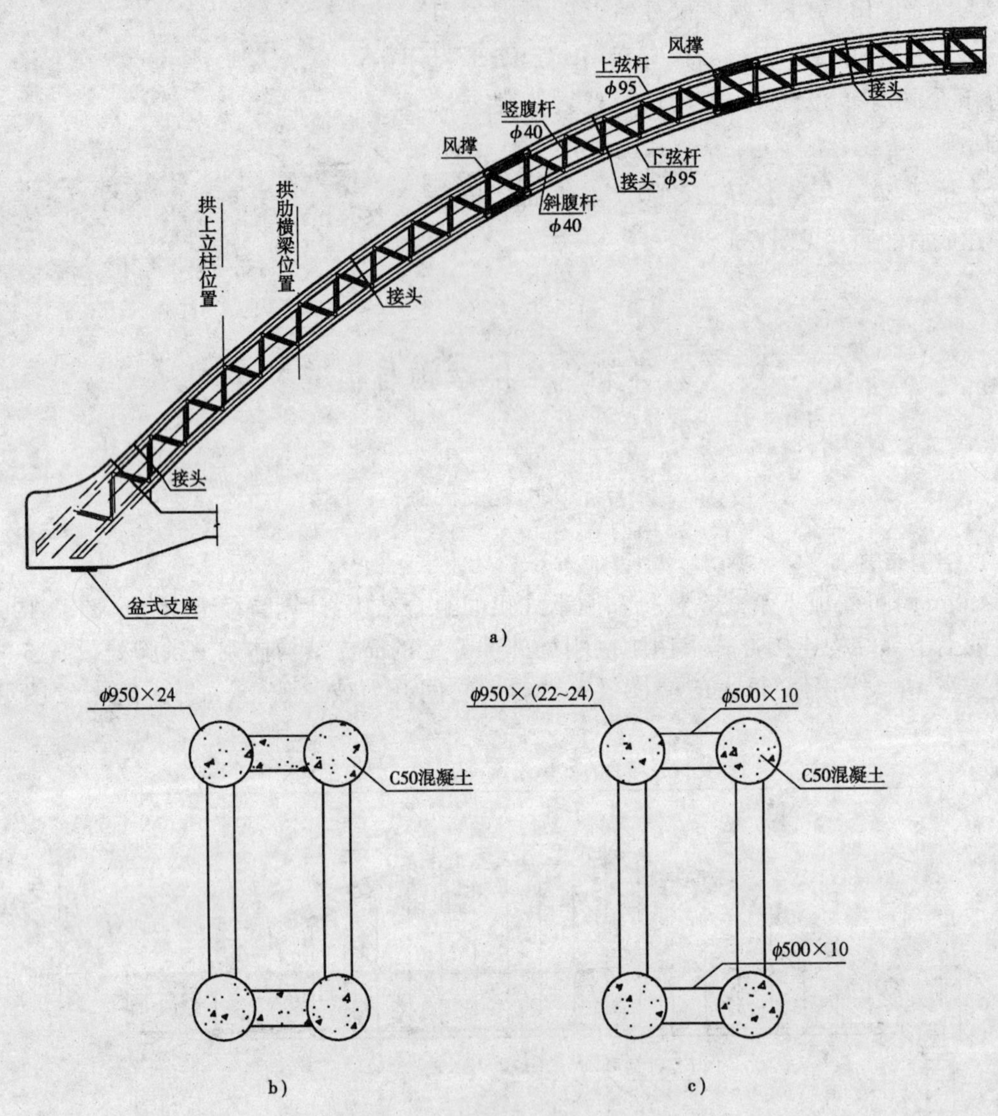

图 6-6　190m 跨拱肋构造图(单位:mm)

a)1/2 立面图;b)拱脚至四分点以下;c)四分点以上

3. 横撑

上层桥面以上设置五道一字式桁式风撑,拱顶风撑由 3 片桁架组成,其余均由 2 片桁架组成。风撑弦杆采用 ϕ900mm×16mm 的钢管,腹杆和平联采用 ϕ400mm×10mm 的钢管。在上层桥与拱肋相交处设置二道肋间钢横梁。横撑构造见图 6-7。

4. 拱座构造

拱座构造见图 6-8。拱座内设置与拱肋方向大致垂直的竖向预应力,竖向预应力采用 Φ^{1}32 精轧螺纹粗钢筋,标准强度 R_y^b=750MPa,张拉控制应力 $0.9R_y^b$=675MPa。

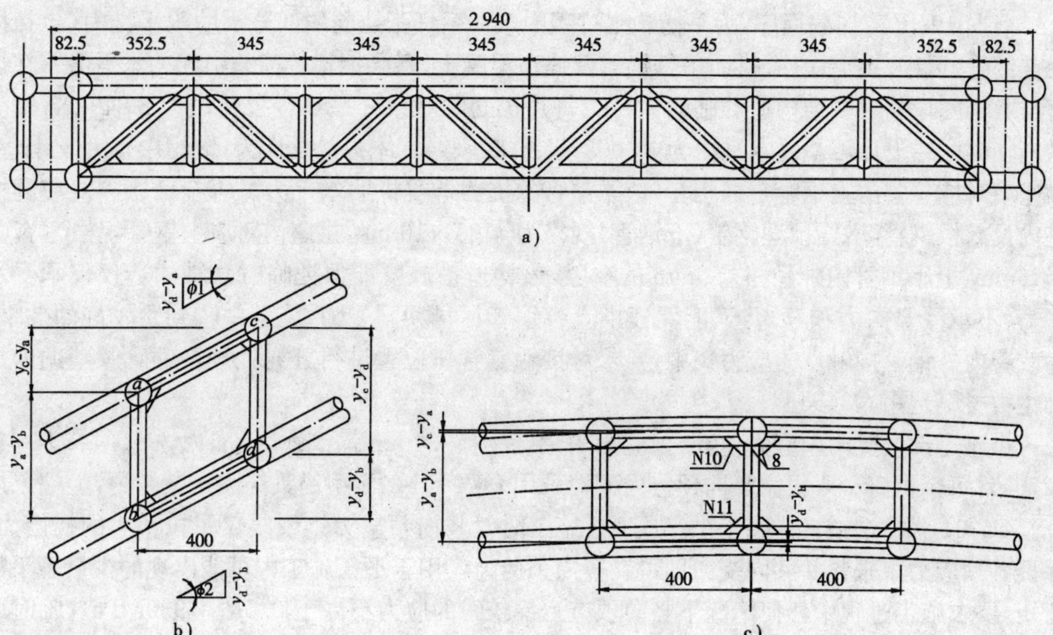

图 6-7　横撑一般构造图(单位:cm)

a) 横撑立面图;b) 一般横撑横断面图;c) 拱顶横撑横断面图

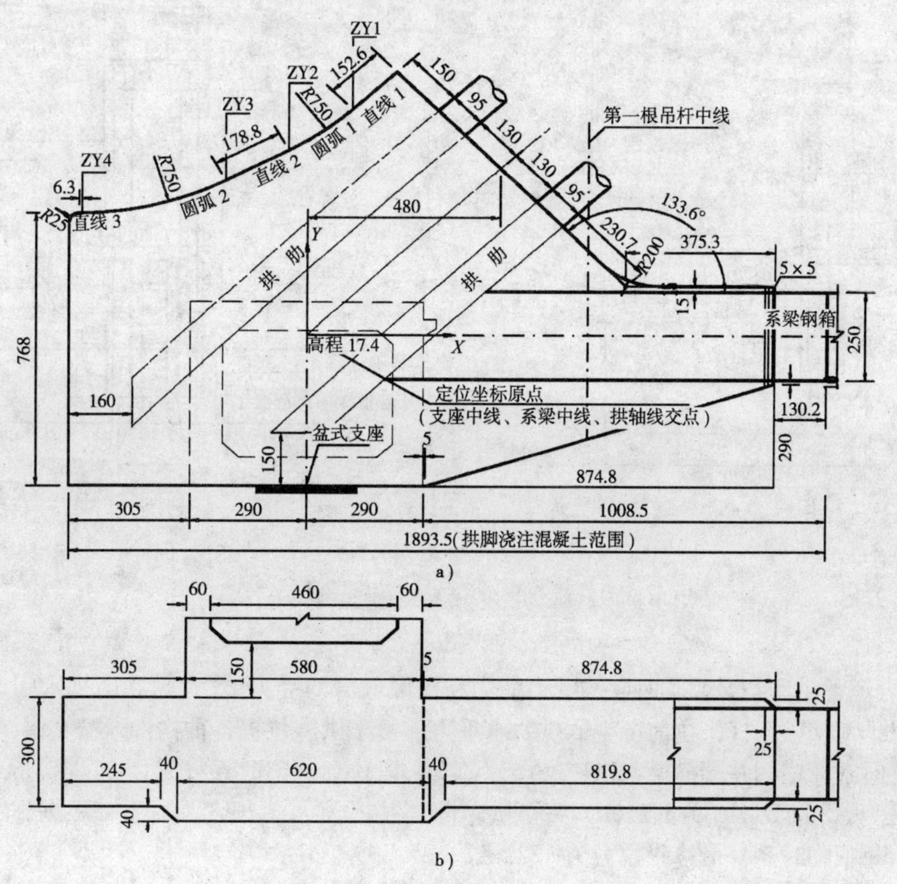

图 6-8　190m 跨拱座构造图(单位:cm)

a)立面图;b)平面图

根据 190m 跨加载程序，为平衡施工过程中永久系杆张拉前的部分拱肋水平推力(包括拱肋空钢管、风撑、拱上立柱、拱肋吊杆锚箱及锚座混凝土、系梁钢箱等荷载引起的水平力)，在拱座与墩帽间设临时联结构造和临时系杆。每片拱肋临时系杆最终张拉吨位为 8 840kN，每个拱座临时联结设计可承受水平力为 4 000kN。临时联结具体构造设计为：墩帽中预埋下钢管、拱座中对应位置的上钢管与之相套，依靠钢管的抗剪承受拱肋水平力。每个墩帽和对应的拱座内设 6 根钢管，墩帽预埋钢管(下钢管)规格为 ϕ735×16mm，拱座内对应上钢管规格为 ϕ700×16mm，上下钢管内外径相差 3mm 的空隙，该构造措施既能保证临时联结构造仅仅承受水平力、不承受竖向力和弯矩，又能保证拱座各钢管尽早共同受力，施工中收到了较好的效果。为改善内外钢管接触点的应力集中，要求对接触点管口位置进行磨光处理。钢管及辅助的加劲钢板材料选用 Q345c。

拱座尾部设竖向预应力，竖向预应力采用 31ϕ15.24mm 钢绞线，标准为 ASTMA416-97a (270k)，每个拱座设 4 根。竖向预应力下端采用 OVM15-31P 型锚具锚固于墩帽内，上端采用 OVM15-31 张拉端锚具锚固于拱座顶面。施工时对竖向预应力钢绞线仅张拉很小的初始力、保证各预应力束张紧并共同受力即可。竖向预应力仅用于平衡施工中可能出现的少量不平衡弯矩，要求施工过程中任何情况下竖向预应力钢绞线的应力不高于 $0.5R_y^b=930$MPa。临时联结构造见图 6-9。

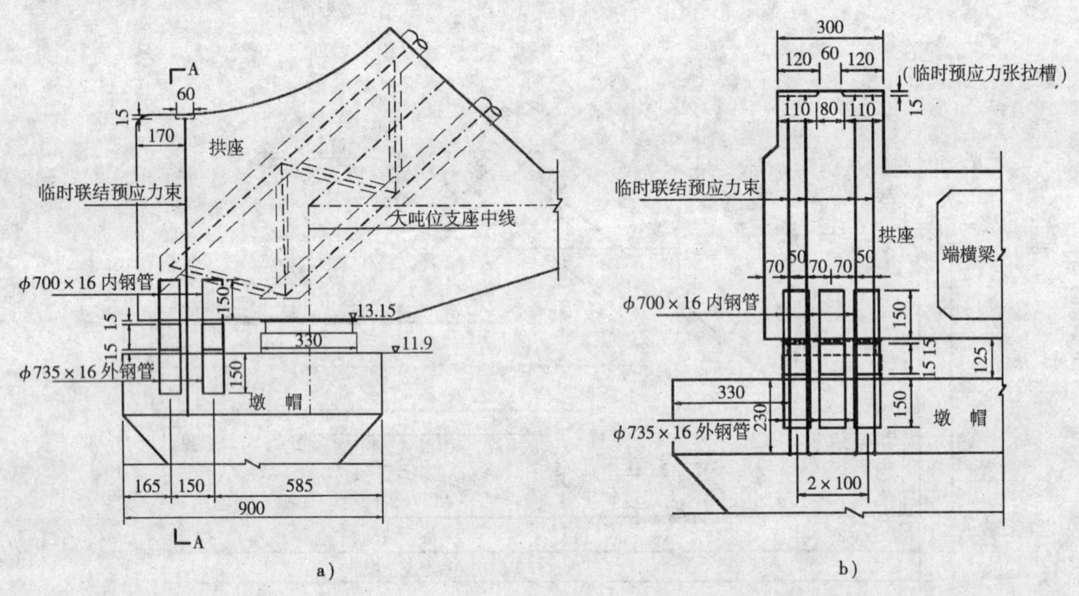

图 6-9　190m 跨拱座与墩帽临时联结图(单位：cm)

a)立面图；b)A-A 断面

综合考虑拱座与墩帽临时联结受力能力和桥墩墩身的受力能力，需在两拱座间设临时系杆，用以平衡永久系杆张拉前产生的拱肋水平力。由于拱座位置各种构件纵横交错，空间非常紧张，临时系杆锚固在端横梁与拱座交接处的实心段位置。临时系杆采用 37ϕ15.24mm 钢绞线，标准为 ASTMA416-97a(270k)，每个拱座设 2 根，全桥共 8 根。临时系杆根据施工进程分批张拉，每根临时系杆最终张拉力为 4220kN。

5. 吊杆

吊杆均采用双吊杆，纵向间距 8m，横向中心距为 29.4m。吊杆为工厂生产，现场安装，由强度为1670MPa的高强度镀锌钢丝外包PE套制成。上下层双吊杆在拱肋上成"十"字形布置，下层吊杆纵桥向布置，上层横桥向布置，每一对吊杆分别吊一层桥面。上层吊杆采用2×55ϕ7mm规格，锚具采用OVMDS(K)7－85。吊杆构造图见图6-10。吊杆在拱肋锚固点位置采用了锚箱方案，见图6-11所示。

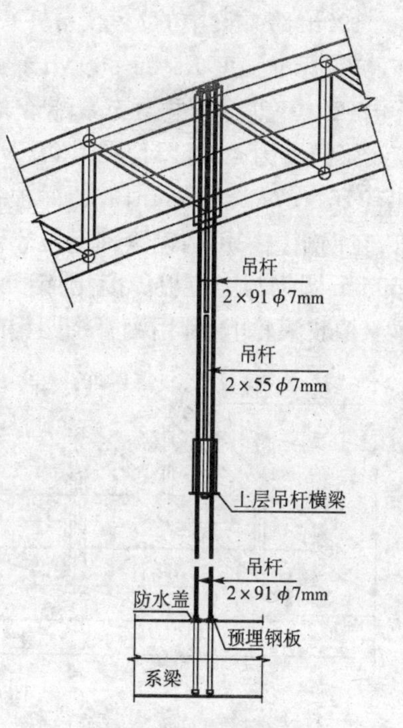

图6-10　吊杆构造图

6.系梁与拉索

190m跨的系梁为钢箱与预应力束组成的组合系梁，见图6-12。钢箱系梁与钢横梁联成整体，可以降低拱肋应力，提高桥面整体刚度和整体性，增大拱肋的稳定性，降低行车振动、改善行车性能。钢箱系梁为Q345c钢，断面为2 500mm×2 500mm，钢板厚为20～30mm，且为保证系梁的局部稳定，设置了横隔板及纵向水平加劲肋。横隔板基本间距2m，标准段系梁隔板厚度分别为16mm及20mm两种类型，钢系梁与拱座混凝土分界隔板厚30mm，拱座段其他隔板厚为20mm。系梁(除拱座混凝土段)隔板上均设有过人孔，每个系梁顶面设2～3个永久进人孔，进人孔直径700mm，进人孔高出系梁顶面150mm并设有活动顶盖，以方便进人检修并防止进水。

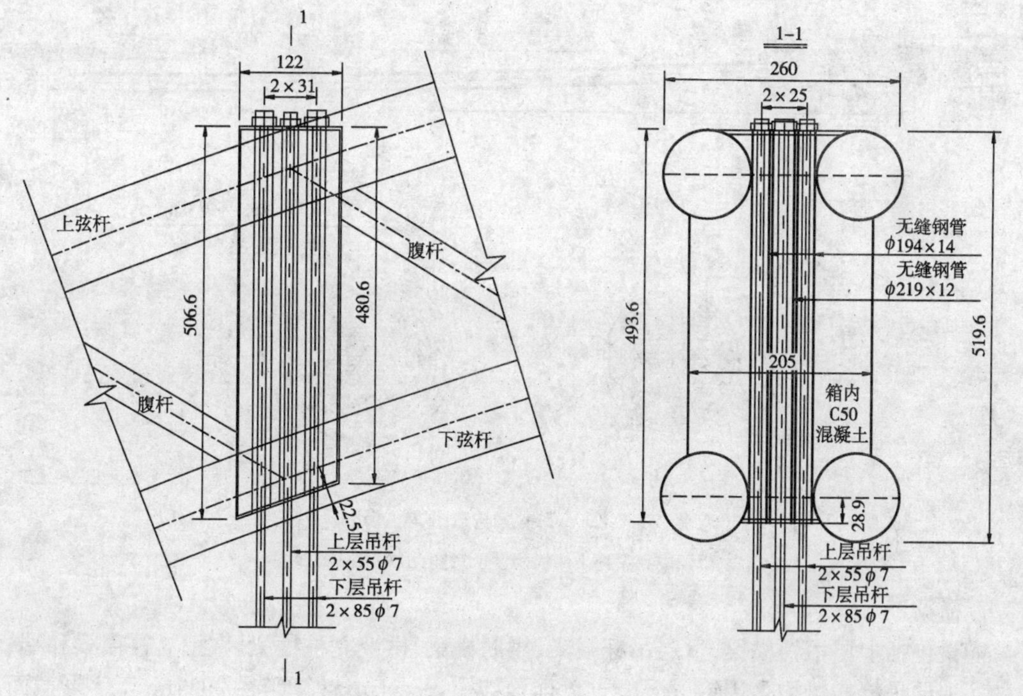

图6-11　锚箱构造图(单位:mm)

190m 跨系梁中的拉索(系杆)采用高强度低松弛钢绞线，符合 ASTMA416-97a(270k)标准，抗拉标准强度 R_y^b=1 860MPa、弹性模量为 1.95×105MPa，采用环氧涂层钢绞线成品索，外包 PE 护套防护，并填充聚酯带、灌油脂。系杆张拉控制应力采用 0.45R_y^b=837MPa，每根钢绞线张拉力为 4 335kN，采用 OVMXG. T15-37 可换索式系杆锚，锚固于拱座尾端。预应力束共有 16×37ϕ15.24mm，并留两根备用束孔。拱座混凝土范围内预应力预埋管道采用无缝钢管，在钢箱内采用圆钢滚轴定位。钢箱内每隔 2.5～3m 设系杆滚轴托架一道：滚轴托架采用 ϕ50mm 圆钢与定位板焊接，圆钢外套 ϕ70×5.5mm 钢管、钢管外套优质橡胶，系杆 PE 护套搁置于橡胶滚轮上，利用钢管绕圆钢的转动，可有效减少系杆张拉时受到的摩阻力。

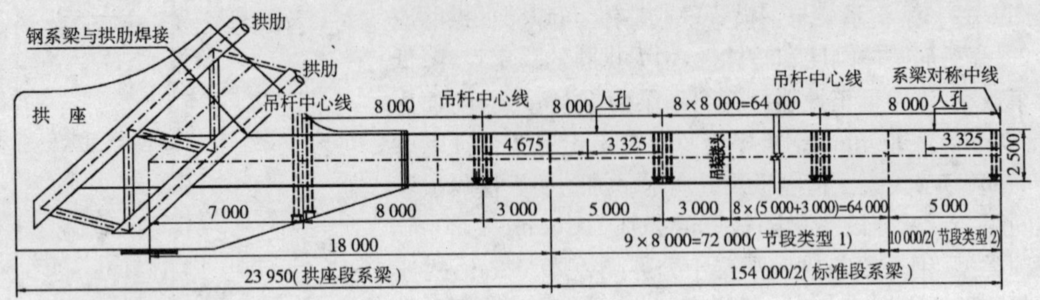

图 6-12　1/2 钢系梁立面图(单位：mm)

系梁预应力束随施工过程进行分批张拉，张拉时对截面必须对称，即每次张拉 2 束。190m 跨系杆构造图见图 6-13。

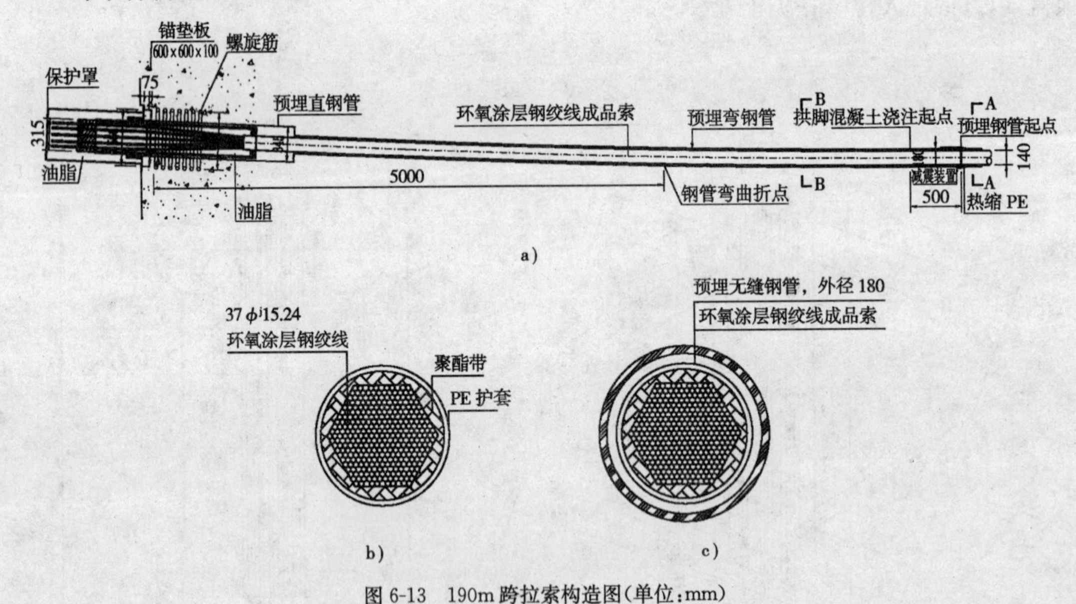

图 6-13　190m 跨拉索构造图(单位：mm)

a)预应力系杆拱座锚固区示意图；b)A-A；c)B-B

7. 横梁

横梁包括上层吊杆横梁、下层吊杆横梁、拱肋横梁、拱上立柱横梁、墩上立柱横梁和端横梁六种。上层吊杆横梁均采用钢—混凝土叠合梁结构，长 31m，计算跨径 29.4m，工字形截面，上翼板宽 800mm，下翼板宽 1 000mm，腹板厚 20mm，梁高 2 100～2 300mm，每片梁重约 31t。下层吊杆横梁高 1 672～1 870mm，工字形截面，上翼板宽 800mm，下翼板宽 1 000mm，腹板厚 16mm，制作长度 25.9m 和 25.7m 两种，两端与钢系梁预留接头焊接，每根横梁制作重量约

25t。拱肋横梁采用钢箱梁结构，顶底板宽均为 900mm，厚 30mm；腹板高 2 500mm，厚 16mm。横向加劲肋标准间距 2 000mm。拱上立柱横梁采用工字形钢梁结构，顶底板宽均为 1 000mm，厚 30mm；腹板高 2 240～2 290mm，厚 16mm，横向加劲肋标准间距 2 000mm。墩上立柱横梁采用预应力混凝土结构，截面为矩形，宽 900mm，高 1 500～700mm，配置 4 束 9×ϕ15.24mm 的预应力钢绞线，与墩上立柱固接。

端横梁为劲性骨架预应力混凝土结构，混凝土标号为 C50，骨架采用 Q235b 型钢和钢板，为 5 200×5 800mm 的箱形断面，箱梁顶板厚 60～79.8cm，底板及腹板厚 60cm，与拱座相接处设厚 150cm 的实心段，端横梁中间支座位置设 100cm 厚横隔板，横隔板横向间距 1240cm。端横梁截面内对称布置 8 根 37ϕ^j15.24mm 钢绞线预应力束，钢绞线符合 ASTMA416-97a(270k) 标准，抗拉标准强度 R_y^b＝1 860MPa、弹性模量为 1.9×105MPa，预应力穿过或绕过拱肋钢管锚固于拱座外侧，钢绞线张拉控制力为 0.65R_y^b＝1 209MPa，每根钢绞线张拉力为 5 247kN。拱脚位置，钢拱肋、钢系梁和端横梁交汇于此处，并有端横梁预应力束、系梁预应力束和竖向预应力束及支座预埋件、墩梁临时联结预埋件，施工难度较大。190m 跨端横梁构造见图 6-14。

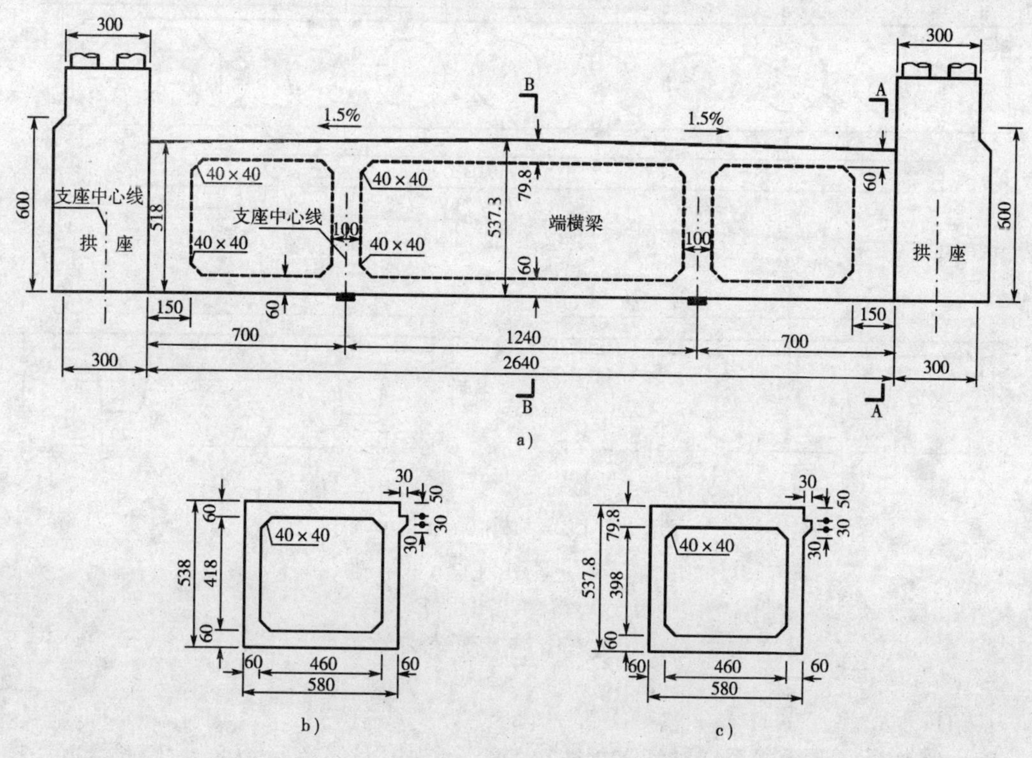

图 6-14　190m 跨端横梁构造图(单位：cm)

a)端横梁立面图；b)A-A；c)B-B

8. 立柱

190m 跨立柱分为两类：位于端横梁上的立柱——墩上立柱和位于拱肋上的立柱——拱上立柱，在靠支点侧每侧各有一个。墩上立柱采用 0.8m×1.5m 矩形断面，柱高 11.86m。立柱表面采用 12mm 钢板，横向分为 3 个隔仓，内部灌注 C50 混凝土，表层钢板仅作模板之用。为与 85m 跨衔接，墩上立柱横梁采用与之类似的预制混凝土梁，梁底设预埋钢板。柱顶与预埋钢板焊接，并用三角形钢板加强。柱底与端横梁上预埋钢板焊接。

拱上立柱为 ϕ900mm 钢管混凝土柱，钢管壁厚 10mm。柱底通过柱脚结点与拱肋连接。结点呈梯形，内部通过两纵两横隔板分为九室，隔板主要用做加劲顶板之用，结点内部没有填充混凝土。结点外围钢板厚 20mm，隔板厚 14mm，顶板厚 30mm。柱顶横梁为钢结构，立柱钢管与横梁底板直接焊接。

9. 车行道板

车行道板有汽车和轻轨两种，轻轨位置采用宽 420cm、高 50cm 的钢筋混凝土预制空心板（图 6-15）；其余为钢筋混凝土Ⅱ形板（图 6-16），板高 50cm，肋宽 20cm，翼板厚 10cm，板宽上层中板为 175cm，边板为 200cm，预制板间纵向现浇接缝宽 50cm，预制板与横梁现浇湿接头 50cm，湿接头混凝土采用无收缩混凝土。桥面铺板为 8cm 的钢纤维混凝土再加 4cm 的中料式改性沥青混凝土。钢横梁与桥面板的横向接头接成整体，使横梁在承受二期恒载和活载时成为钢一混凝土叠合梁。上层桥道系纵向设有系梁，吊杆横梁之间设置 6 道小纵梁，纵梁采用 63CI 热轧工字钢。

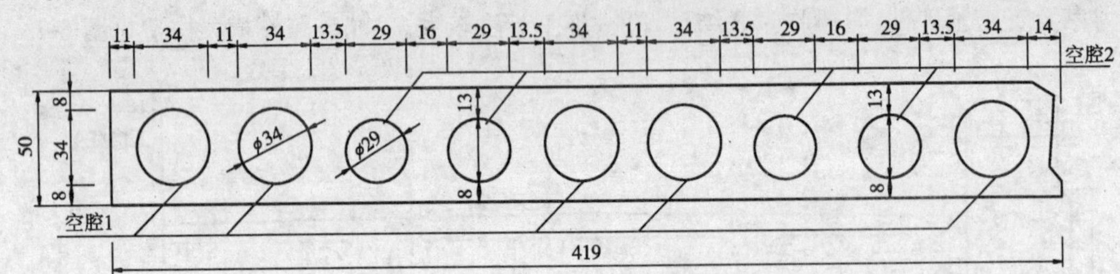

图 6-15　下层空心板横断面图（单位：cm）

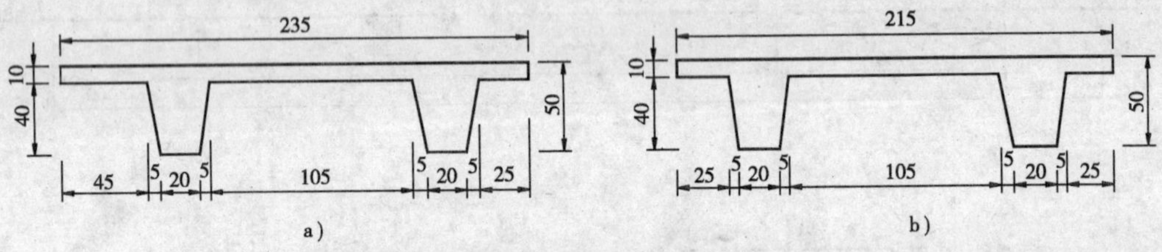

图 6-16　上层桥面板构造（单位：cm）

a）上层Ⅱ形桥面板（边板）；b）上层Ⅱ形桥面板（中板）

二、85m 跨上部结构

1. 结构布置

85m 跨可看成下承式系杆拱和上承式拱的组合结构，计算跨径为 85m，跨长 89m。拱桥的上下部结构连接方式采用刚拱刚梁外部静定的简支结构体系。85m 跨结构布置见图 6-17。

2. 拱肋及横撑

拱轴线为二次抛物线，矢跨比为 1/7，采用单圆钢管，直径为 1 600mm，壁厚为 22mm。为了增加拱肋的刚度，纵向设置 6 道厚为 22mm、高为 250mm 的钢板加劲肋，与钢管内壁焊接。钢材采用 Q345c，管内灌注 C50 混凝土。拱肋中心距 10.4m。拱肋在拱脚位置与端横梁和系梁相互连成整体。拱肋结构如图 6-18 所示。

拱肋之间设置 5 道一字形钢管风撑，风撑直径为 ϕ900mm，厚 16mm。钢管与拱肋连接处周边设 8 道加劲肋。风撑布置见图 6-19。

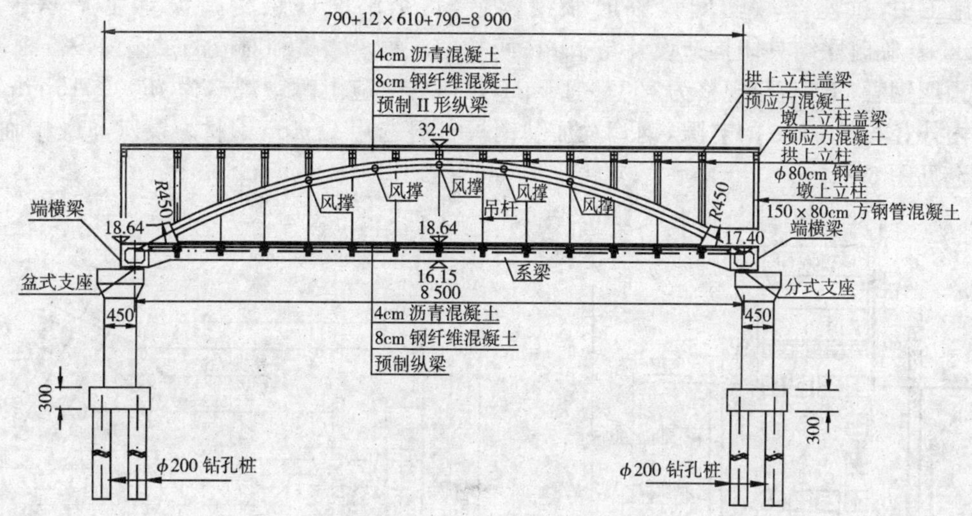

图 6-17　85m 跨结构布置(单位:cm)

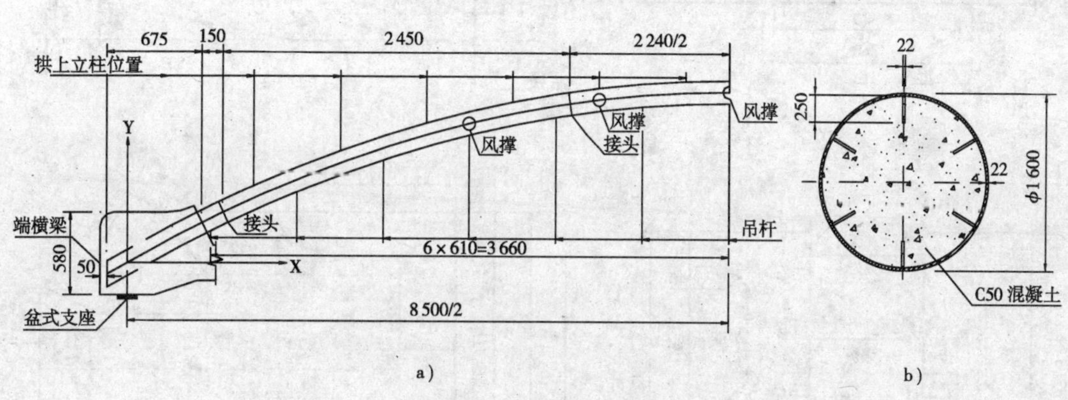

图 6-18　85m 跨拱肋构造图

a)1/2 立面图;b)拱肋截面(单位:cm)

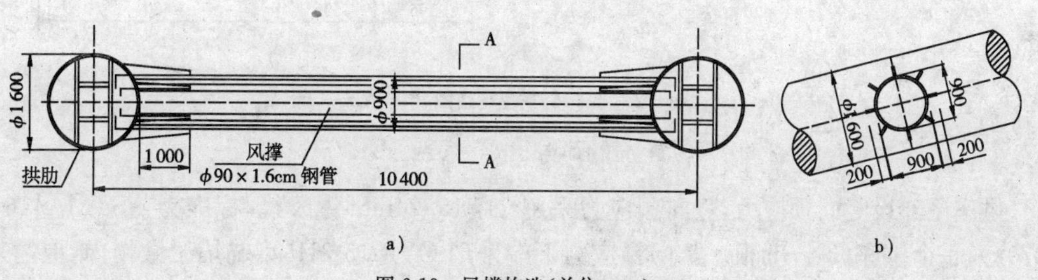

图 6-19　风撑构造(单位:mm)

a)横截面图;b)A-A 截面

3. 拱座

根据桥梁的总体布置,存在"85m+85m"和"85m+190m"两种跨径组合,其中"85m+85m"组合为两拱座相邻,"85m+190m"为 85m 拱座与 190m 端横梁相邻。85m 跨拱座设计了预应力张拉槽构造,系梁预应力张拉完成后对张拉槽混凝土进行恢复浇注。

拱座内设置与拱肋方向大致垂直的竖向预应力,竖向预应力采用$\Phi^{l}32$ 精轧螺纹粗钢筋,标准强度 $R_y^b=750$MPa,张拉控制应力 $0.9R_y^b=675$MPa。85m 跨拱座构造见图 6-20。

施工中，拱座与墩帽间设临时联结构造，每个临时联结构造设计水平承载力为6 000kN。临时联结具体构造设计与190m跨相似。每个墩帽和对应的拱座内设6根钢管，墩帽预埋钢管(下钢管)规格为ϕ635×16mm，拱座内对应上钢管规格为ϕ600×16mm，上下钢管内外径相差3mm的空隙，钢管及加劲钢板材料选用Q345c钢材。拱座与墩帽临时联结构造见图6-21。

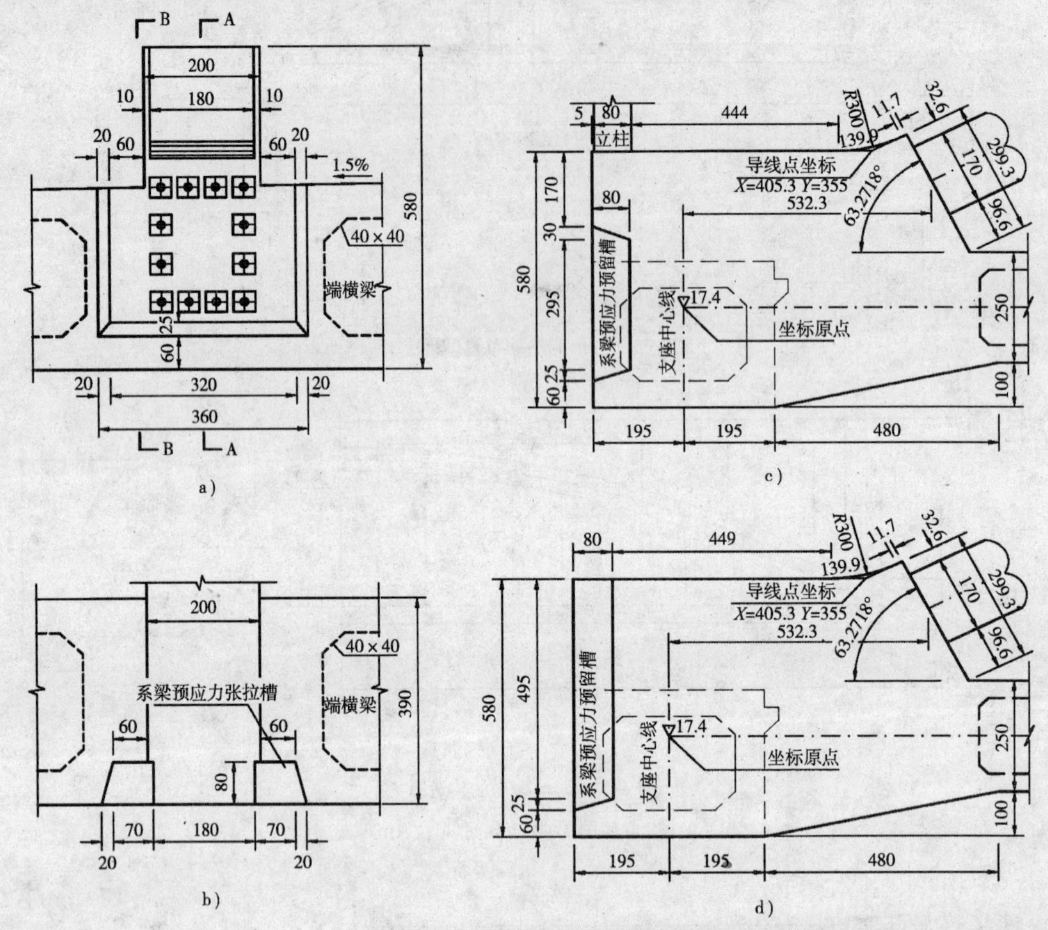

图6-20　85m跨拱座构造图(单位：cm)

a)立面图；b)平面图；c)A-A；d)B-B

拱座尾部设竖向预应力，竖向预应力采用31ϕ15.24mm钢绞线，标准为ASTMA416-97a(270k)，每个拱座设4～6根。竖向预应力下端采用OVM15-31P型锚锚于墩帽内，上端采用OVM15-31张拉端锚具锚于拱座顶面。

4.吊杆

85m跨吊杆为单吊杆，由强度为1 670MPa的高强度镀锌钢丝外包PE套制成。纵向间距为6.1m，横向中心距为10.4m，规格为109ϕ7mm。吊杆在桥梁立面中与拱上立柱错开布置。锚具采用冷铸锚。吊杆结构如图6-22所示。

5.系梁

85m跨系梁顶高程18.65m、底高程16.15m，系梁中心高程17.4m；系梁截面为高250cm、宽200cm的现浇劲性骨架预应力混凝土结构，断面形式为箱形，壁厚为40cm。每个系梁断面骨架弦杆采用 8[28c 槽钢，腹杆及平联采用[14 及[12.6 槽钢，骨架节间配合吊杆间距设计，取为吊杆间距的一半即 3.05m。吊杆位置设厚 80cm 隔板，吊杆位置系梁设吊杆张拉槽，张拉槽平面尺寸为 40cm×40cm。为便于吊杆锚头的检修、维护和更换，张拉槽采用活动钢板封闭，槽内注固体油脂保护吊杆锚头。系梁采用 C50 混凝土现浇。

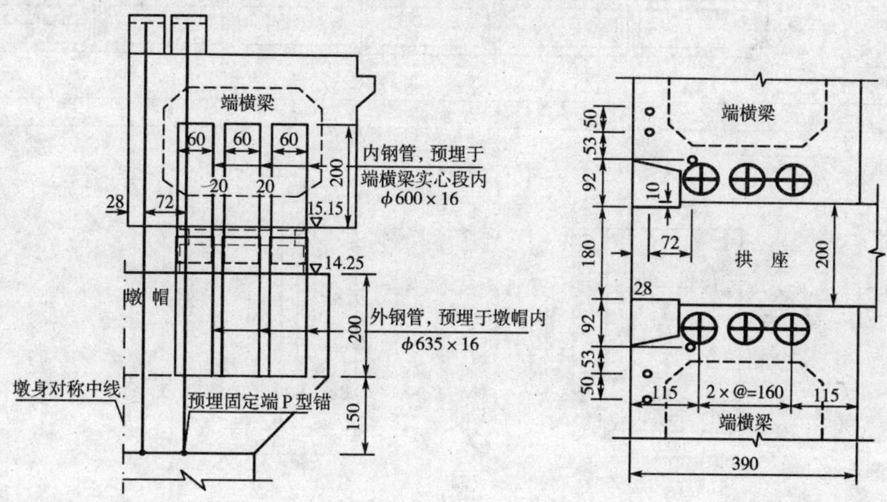

图 6-21　拱座与墩帽临时联结构造图(单位：cm)

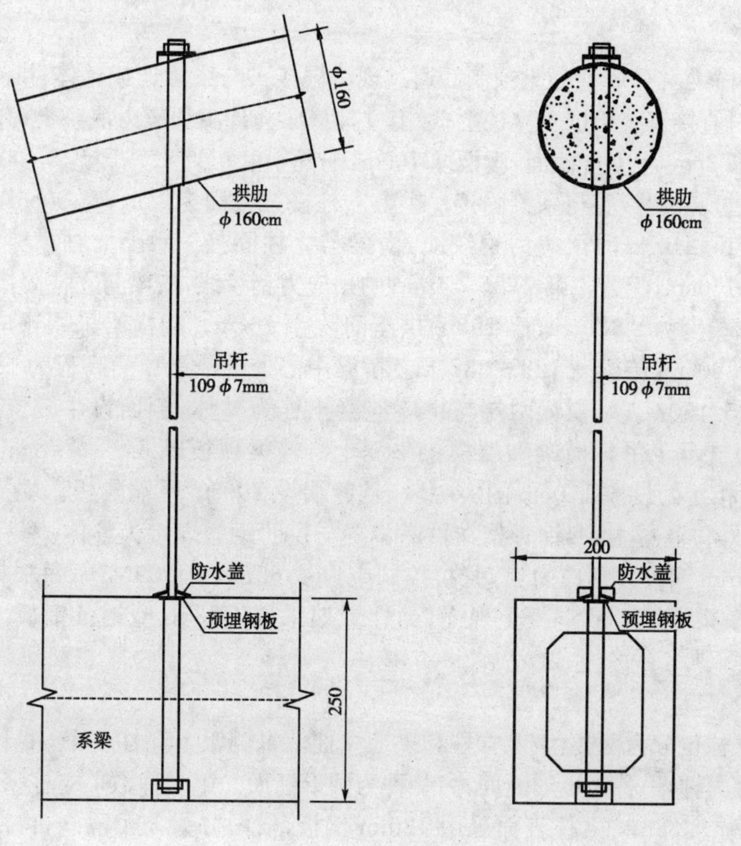

图 6-22　85m 拱肋结构图

系梁预应力采用 12 束 31ϕ15.24mm 的钢绞线，标准强度 R_y^b=1 860MPa，张拉控制应力为 0.65R_y^b=1 209MPa。系梁一般构造见图 6-23。

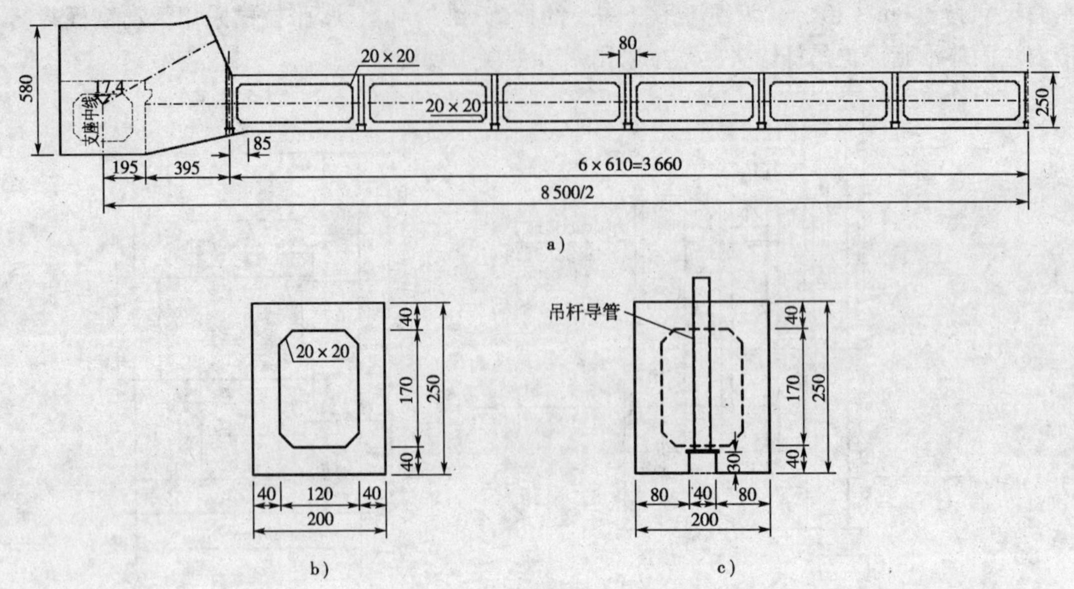

图 6-23 系梁一般构造图(单位:cm)

a)1/2 系梁立面图;b)标准断面;c)吊杆位置断面

6. 横梁

下层吊杆横梁由 C50 混凝土预制后通过现浇湿接头与系梁连成整体；拱上立柱横梁为预制构件，施工时直接安装于拱上立柱上；墩上立柱横梁为现浇预应力混凝土构件。下层吊杆横梁高 100～176.3cm，土字形截面，腹板厚 70cm，配置 6 束 6、7、8、9 股 ϕ15.24mm 的预应力钢绞线，横梁通过现浇湿接头与系梁固接。拱上立柱横梁截面为矩形，宽 90cm，高 70～150cm，配置 4 束 12ϕ15.24mm 的预应力钢绞线，横梁与立柱固接。墩上立柱横梁截面为矩形，宽 90cm，高 70～150cm，配置 4 束 7ϕ15.24mm 的预应力钢绞线，横梁与立柱固接。

端横梁总长度为 2 630cm，比 190m 拱座间距小 10cm。端横梁采用预应力混凝土箱梁断面，箱梁宽 390cm，箱梁高 128～337cm。桥梁中心处端横梁顶面高程为 18.528m，端横梁底面高程为 15.150m。端横梁两端与拱座混凝土连为整体，侧面设牛腿支承下层桥面板，第一块桥面板支承于吊杆横梁和端横梁牛腿上。箱梁顶板厚 60～77.8cm，底板及腹板厚 60cm，与拱座相接处设厚 110cm 的实心段，悬臂端设 100cm 厚端隔板。端横梁采用型钢劲性骨架，骨架外包混凝土，型钢骨架在拱座位置与拱肋钢管焊接为整体。截面内对称布置 6 根 12ϕ15.24mm 钢绞线预应力束，张拉控制应力 0.65R_y^b=1 209MPa，每根钢绞线张拉力为 2031kN。端横梁采用 C50 混凝土现浇，劲性骨架采用 Q235b 型钢及钢板。端横梁构造见图 6-24。

7. 立柱

85m 跨立柱也分为两类：墩上立柱和拱上立柱。每侧墩上立柱 4 个，拱上立柱 12 个。墩上立柱又分为两种，一种为矩形断面，另一种为圆形断面。第一种墩上立柱采用 0.8m×1.5m 矩形断面，柱高 9.38m。立柱表面采用 12mm 钢板，横向分为 3 个隔仓，内部灌注 C50 混凝土，表层钢板仅作模板之用。此立柱与 190m 跨墩上立柱相对应。墩上立柱横梁采用预制混凝土梁，梁底设预埋钢板。柱顶与预埋钢板焊接，柱底与端横梁上预埋钢板焊接。

第二种墩上立柱采用 ϕ800mm 钢管混凝土结构，柱高 9.38m。钢管壁厚 20mm，内部灌注 C50 混凝土。上部与立柱横梁梁底预埋钢板焊接。柱底与端横梁上预埋钢板焊接。

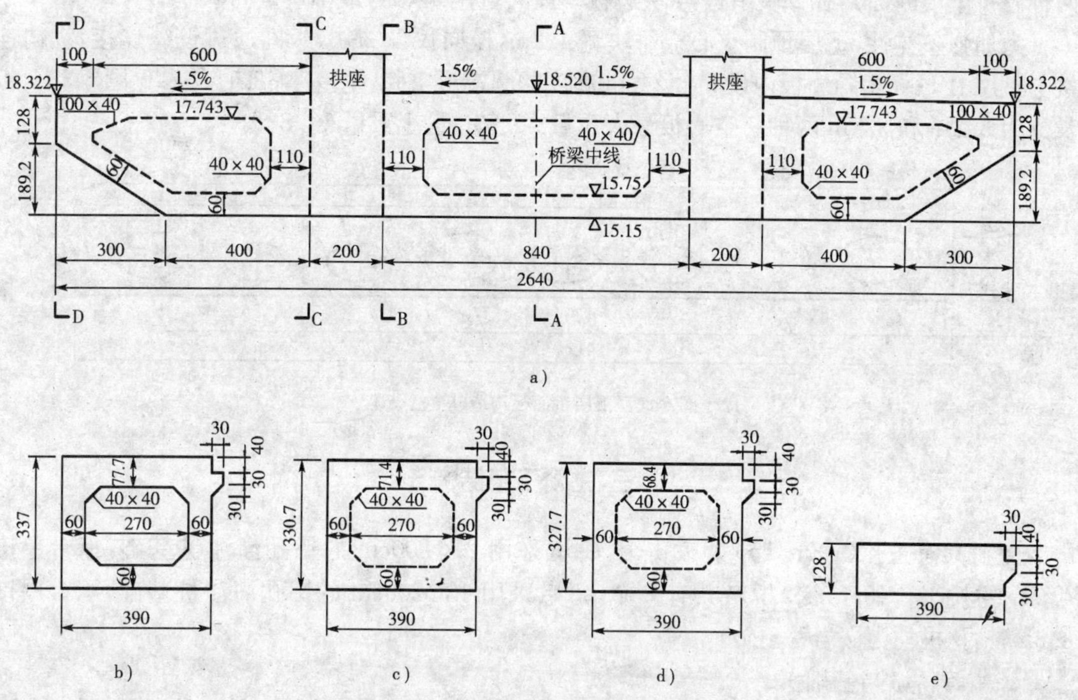

图 6-24　85m 跨端横梁构造图(单位:cm)

a)端横梁立面图;b) A-A;c)B-B;d) C-C;e) D-D

拱上立柱为 ϕ900mm 钢管混凝土柱，钢管壁厚 20mm。柱底通过柱脚结点与拱肋连接。结点呈梯形，顶板处于水平状态，内部为 C50 填充混凝土。结点外围钢板厚 20mm，顶板厚 20mm。柱顶与横梁梁底预埋钢板焊接。最靠近跨中的那个立柱，由于高度较低，不设柱脚结点，直接与拱肋焊接。

8. 车行道板

上层桥面板每块中板宽 2.15m，边板宽 2.35m，板长有 4.65m、5.8m 两种。预制板高度 40cm，顶板厚 10cm，腹板为倒梯形，最小厚度 20cm，腹板净距 1.15m，两端设横隔板，参见图 6-25。横向各预制板顶板间设 50cm 宽后浇湿接缝，纵向通过横梁顶 30cm 宽湿接缝连为一体，但与横梁间设有支座，纵向成为连续梁体系。每个横断面共有 8 块中板，2 块边板。Π 形板最大重量 5.88t，最小重量 4.68t。

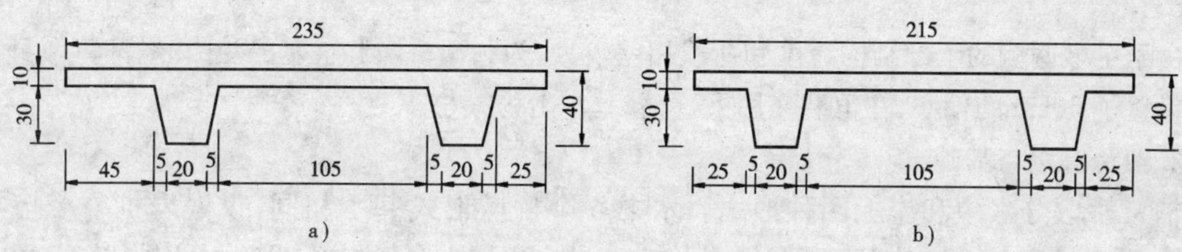

图 6-25　上层桥面板构造(单位:cm)

a)上层Π形桥面板(边板);b)上层Π形桥面板(中板)

下层预制Ⅱ形板与上层类似，只有板宽略有变化：每块中板宽1.85m，边板宽2.07m，横向连接方式与上层桥面板相同，纵向则通过预埋钢筋与横梁连为一体。板长有3.3m、5.1m两种。每个横断面共有2块中板，4块边板。最大重量4.81t，最小重量3.01t。

为加强整体性，下层预制空心板每块宽4.2m，横向仅设2块，板间通过铰缝连接，纵向连接与下层Ⅱ形板相同。板内设8个24cm高度的圆端形空腔，挖空率32.1%，参见图6-26。板长分为3.3m和5.1m两种。空心板最大重量26.73t，最小重量12.82t。

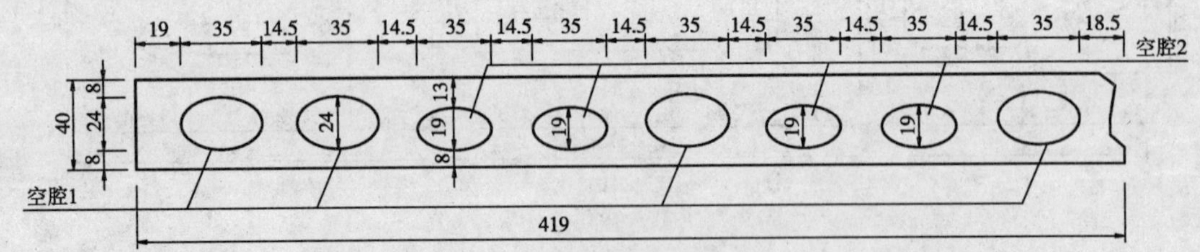

图6-26　下层桥面板构造(单位:cm)

三、主桥下部结构

主桥共有主孔(190m跨)大墩4个，每墩采用21Φ200cm的钻孔灌注桩基础，承台厚度4.5m；主桥小孔(85m跨)桥墩共有8个，每墩采用13Φ200cm的钻孔灌注桩基础，承台厚度3.5m，钻孔桩均为嵌岩桩。

1.主跨桥墩与基础

主跨4个桥墩形式基本相同，由于嵌岩桩与摩擦桩的承台平面尺寸不同，且嵌岩桩的高低桩原因，承台刚度应适当加大，墩身为空腹式。主墩北侧嵌岩桩基础2个(5号、6号墩)，南侧摩擦桩基础2个(11号、12号墩)，为了施工方便，均采用D200cm的桩基，因两种桩基承载力相差较大、桩间距要求不同，所用桩数和承台的大小也不同，所以桩基布置分两种情况。主跨桥墩与基础构造见图6-27。

嵌岩桩的持力层为微风化安山玢岩，属硬质岩，天然岩石单轴极限抗压强度20.00～89.90MPa，5号墩微风化岩面高程－47.62～－61.95m，6号墩微风化岩面高程－35.32～－42.20m，同一个桥墩位置基岩埋深相差较大，设计按最低要求进入新鲜岩面2倍的桩径，一般情况下为6.0～9.0m，所以桩尖高程的确定难度很大，并应采用高低桩的设计计算。

11号、12号墩摩擦桩的持力层为微风化粉砂岩或微风化含砾砂岩，属极软岩，天然岩石单轴极限抗压强度0.10～1.90MPa，为减少桩数、减小承台，充分发挥桩基的潜力，桩长相应较大。

由于主墩两侧的上部结构跨度和荷载相差较大，为利于桥墩和桩基的受力，经计算墩身与承台设置了50cm的偏心，在恒载作用下，偏载基本上为最小。

2.辅跨桥墩与基础

辅跨桥墩分水中和岸上两种形式。水中6个桥墩形式基本相同，仅嵌岩桩与摩擦桩的承台厚度与平面尺寸有所不同，墩身为实腹式；岸上2个桥墩形式基本相同，在拱桥与梁桥的过渡部位，形式与水中墩不同，以8号水中墩和岸上3号拱桥梁桥过渡墩为例，见图6-28。

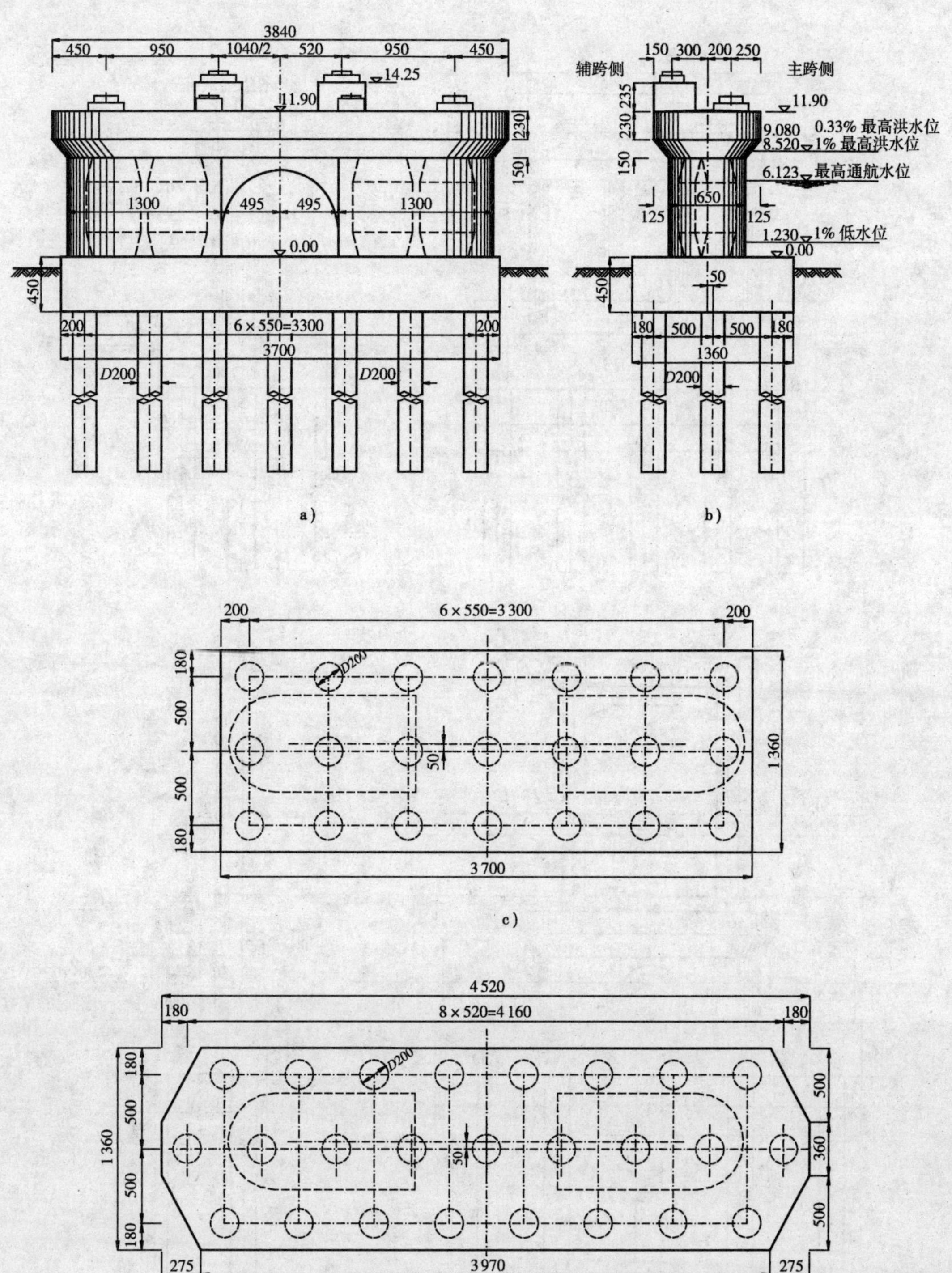

图 6-27　主墩与基础结构布置图(单位:cm)

a)主墩横立面图;b)主墩侧立面图;c)主墩嵌岩桩布置平面图;d)主墩摩擦桩布置平面图

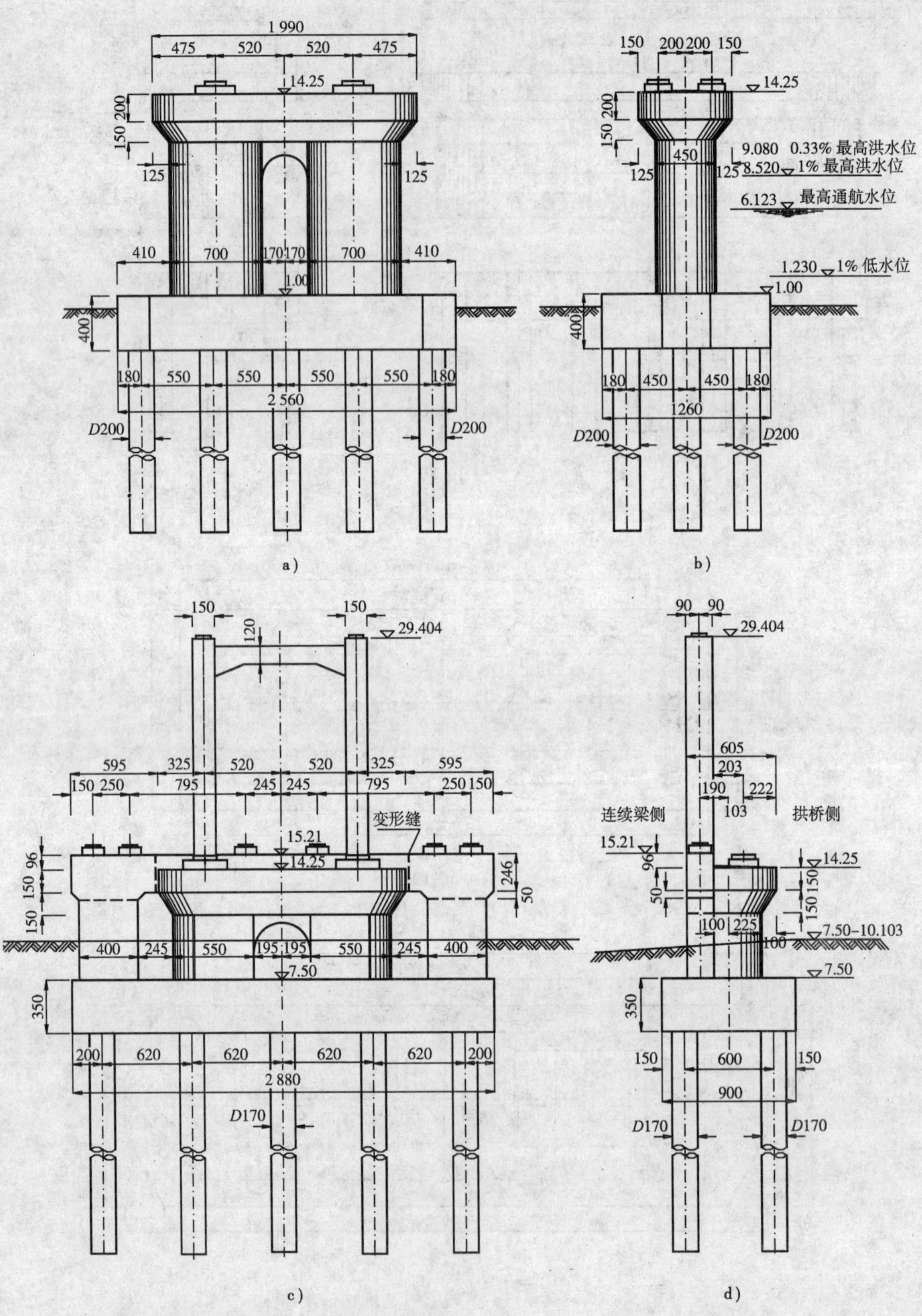

图 6-28 辅墩结构布置图(单位:cm)

a)辅墩横立面图;b)辅墩侧立面图;c)拱桥、梁桥过渡墩横立面图 ;d)拱桥梁桥过渡墩侧立面图为了施工方便，辅助墩基础均采用 D200cm 的桩基，因两种桩基承载力相差较大、桩间距要求不同，所用桩数和承台的大小也不同，加上拱桥与连续梁桥间的过渡墩，所以桩基布置分三种情况，详下图 6-29。

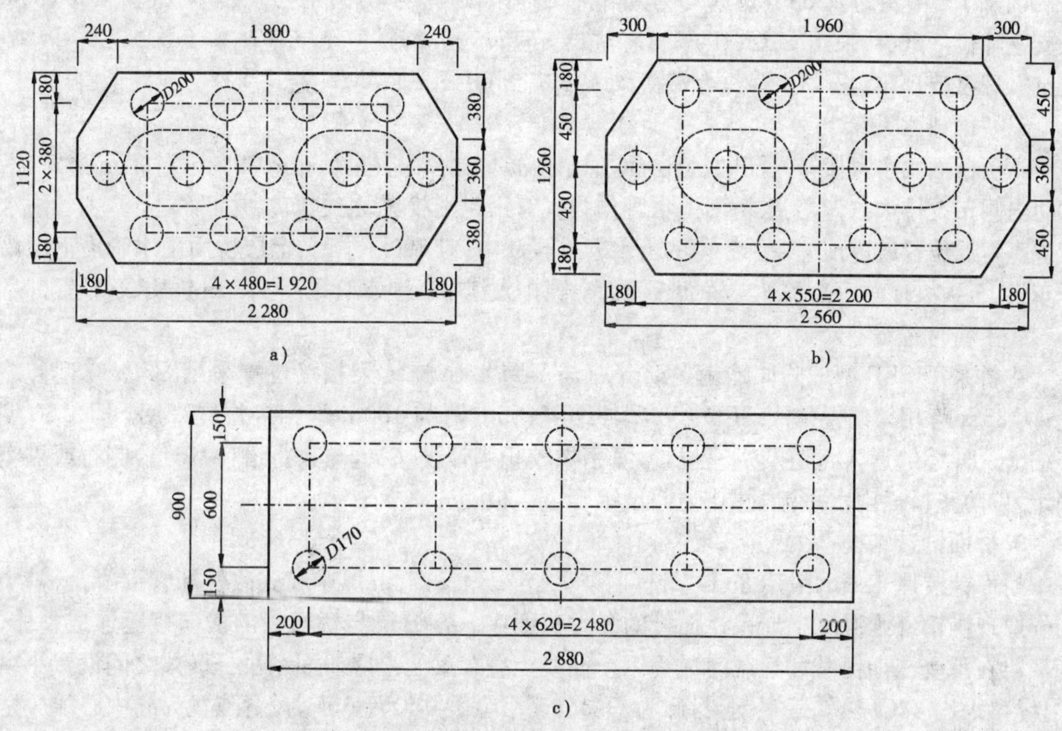

图 6-29　辅墩桩基布置图(单位：cm)

a)辅墩嵌岩桩布置平面图；b)辅墩摩擦桩布置平面图；c)拱桥、梁桥过渡墩桩基布置平面图

辅墩的桩基持力层情况与主墩基本相同，其中 3 号、4 号墩桩基持力层为安山玢岩，为硬质岩，天然岩石单轴极限抗压强度 20.00～89.90MPa，采用嵌岩桩设计；7～10 号墩、13 号、14 号墩桩基持力层为粉砂岩或含砾粉砂岩，为极软岩，天然岩石单轴极限抗压强度 0.10～1.90MPa，采用摩擦桩设计。

四、桥梁附属结构设计

1.休息平台

在 190m 跨下层每个拱座及钢系梁外侧设行人休息平台一处，全桥共 8 处，行人从人行道跨过钢系梁进入休息平台。

休息平台结构附属于 190m 主跨结构，顺桥向长 37m、横桥向宽 3.3～6.1m，每个平台面积约为 186.7m^2，高程 18.34m，并自内向外设 1%横坡，以利于桥面排水。每个平台结构设 5 道挑梁，自拱座或系梁钢箱挑出，挑梁上铺设人行道桥面板。除 2 号挑梁位置桥面板与挑梁通过现浇湿接头连为整体外，其他挑梁位置均设支座。1 号、2 号挑梁为预应力混凝土挑梁，采用 C40 混凝土现浇，与拱座混凝土连为整体；3～5 号挑梁为工字形截面钢结构挑梁，挑梁采用 Q345c 钢材，钢挑梁位置与下层吊杆横梁对应，钢挑梁工厂制作，至现场后与系梁钢箱预留挑梁牛腿焊成整体。

休息平台桥面板采用C40预制混凝土Ⅱ形板，板厚40cm。为加强结构的整体性，桥面板预制时板端留出铰缝，预制板就位后焊接铰缝钢筋并浇注铰缝混凝土。面层采用厚度2cm的大理石。

2. 支座

该桥190m主跨及85m边跨均为外部简支体系，拱座与墩帽间通过支座相连。其中，85m跨支座吨位3 500t，采用GPZ(II)35MN盆式支座；190m跨拱座下支座吨位6 500t，采用大吨位抗震球型支座KQZ65MN，每个端横梁下设1个GPZ(II)10MN盆式支座。

3. 桥面排水系统

下层桥面雨水直接排入江中，上层桥面雨水通过雨水管收集后排入江中。对85m边跨，沿拱肋内侧布设排水主管，上层桥面雨水管作为支管沿拱上横梁、立柱布设并汇入主管，主管雨水在拱座附近位置通过预埋在系梁内的落水管排至江中；对190m主跨：上层桥面雨水管沿上层吊杆布设，至系梁顶面后由系梁与桥面板间的空隙排入江中。泄水管采用ϕ15cm优质PVC管。

4. 主桥伸缩缝

主桥采用SFP型三防伸缩缝。85m跨与2跨45m连续梁相接位置采用SFP-80型伸缩缝；两85m跨相邻位置采用SFP-100型伸缩缝；85m跨与190m跨相接位置采用SFP-160型伸缩缝。伸缩缝遇人行道及拱座位置，氯丁橡胶止水带设翘头，与人行道(检修道)侧石或拱座固定，以防止桥面雨水漫流，并在顶面设铝合金盖板。

5. 桥面铺装结构

桥面铺装厚12cm，采用8cm厚铣削钢纤维混凝土和4cm厚中粒式改性沥青混凝土，其中8cm厚现浇钢纤维混凝土计入桥面板的受力截面中。钢横梁与桥面板的横向接缝连成整体，使横梁在承受二期恒载和活载时成为钢—混凝土叠合梁。上层桥面系吊杆横梁之间设置小纵梁，纵梁采用63CI热轧工字钢，材质为Q345c。小纵梁共设置6道，设置位置为离中心线分别为250cm、750cm和1250cm处，全桥共用钢材约270t。

6. 钢结构防腐设计

该桥钢拱肋、钢横梁及立柱等钢结构外表面均采用电弧喷铝层防腐处理。拱肋分段涂装主要在工厂进行。钢管下料制成节段后，首先进行喷砂处理，粗糙度要求达到RZ40μm～80μm，对于焊接预留部位则采用胶带保护，以防二次生锈，保护宽度为50～100mm，然后对其他部位用电弧喷枪喷涂铝镁合金，厚度为200±20μm，质量要求达到GB 9795—88标准。构件尚有余热时刷涂环氧银铁底漆一道，厚度40μm。

节段组装后，对焊接部位再进行上述工艺处理(喷砂—喷镀—封闭三个工序)，然后对整个节段涂装一道银灰色881—YM面漆，厚度25μm，检验合格后等待发运吊装。

节段吊装完成后，对于节段焊缝及吊装破损部位严格按照上述工艺进行处理，然后对整个桥钢结构再涂装一道银灰色881—YM面漆，厚度为25μm。

钢结构内防腐为二道防锈漆，每道25μm，根据设计采用的内防腐要求和涂料特性采取相应的工艺进行施工。

第三节　设计计算分析

一、静力分析

1. 计算模型及参数

190m主跨和85m边跨的结构静力计算分析，主要内容包括施工阶段和成桥运营阶段活载、温度、徐变、风载等各种作用下的效应分析及各种作用组合下结构的安全性检算。

计算时采用空间梁单元计算模式。其中主跨拱肋拱脚实腹段按哑铃形截面，其余按实际桁架划分单元。边跨为单管拱，按实际构造设置单元。为了便于分析混凝土收缩徐变，温度作用以及施工阶段计算，拱肋钢管及管内混凝土分别设置了单元。结构计算模型如图 6-30 和图 6-31 所示。

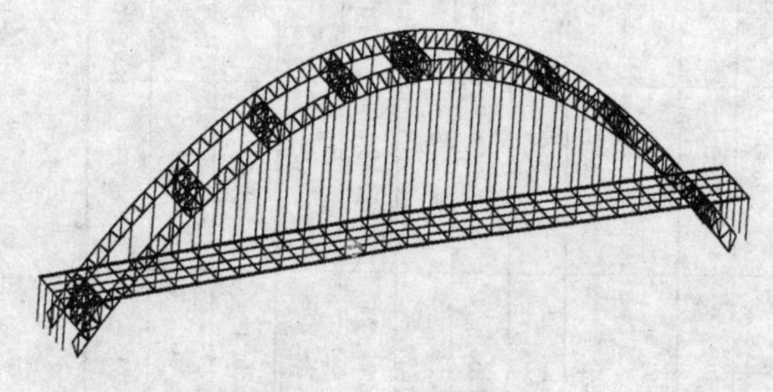

图 6-30　主跨计算模型

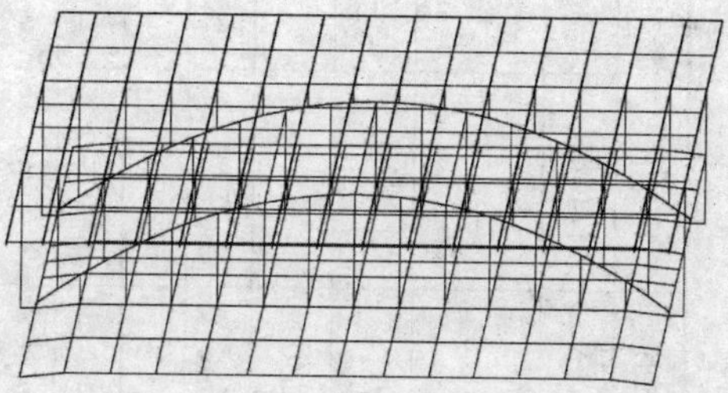

图 6-31　边跨计算模型

2. 施工阶段划分

施工阶段结构静力计算分析是根据实际施工顺序进行的。主跨和边跨施工阶段顺序划分分别如表 6-2、表 6-3 所示。

主 跨 施 工 阶 段　　表 6-2

施工序号	施工内容
1	吊装拱肋，安装风撑、端横梁等横向连接
2	吊装上层横梁、系梁骨架、安装预应力束
3	灌注上弦外拱肋混凝土
4	灌注上弦内拱肋混凝土
5	灌注下弦外拱肋混凝土
6	灌注下弦内拱肋混凝土
7	现浇系梁混凝土
8	吊装下层横梁，施工立柱及盖梁等
9	吊装上下层桥面板
10	桥面铺装，施工栏杆、轨道等附属结构

边 跨 施 工 阶 段　　表 6-3

施工序号	施工内容
1	吊装拱肋，安装风撑、端横梁等横向连接
2	吊装系梁骨架、安装预应力束
3	灌注中间部分混凝土
4	灌注管内两侧月牙形混凝土
5	现浇系梁混凝土
6	吊装下层横梁，施工拱上立柱及盖梁等
7	吊装上下层桥面板
8	桥面铺装，施工栏杆、轨道等附属结构

3. 计算结果

各种荷载作用下，主跨和边跨结构构件的内力及变形见表 6-4～表 6-6 所示。各种荷载相应组合下，主拱吊杆轴力和支座反力见表 6-7，主拱各部分结构应力见表 6-8～6-11 所示。

表 6-7～表 6-11 中的组合 I 及组合 II(基本组合)分析比较了徐变引起的受力变化，组合 III 为考虑施工过程的组合。三种组合的定义如下：

组合 I：静载 ＋ 轻轨 ＋ 汽—20(上桥面)＋ 人群(下桥面)

组合 II(基本组合)：静载 ＋ 徐变 ＋ 轻轨 ＋ 汽—20(上桥面)＋ 人群(下桥面)

组合 III：施工 ＋ 轻轨 ＋ 汽—20(上桥面)＋ 人群(下桥面)

根据静力分析结果，对结构进行了强度及刚度检算，结果表明，正常使用状态下结构的应力及刚度均能满足规定要求，构件承载力极限状态也能满足要求。

表 6-4

主跨构件内力以及变形表

荷载		系梁			下吊杆	上吊杆	边支座	中支座	竖向位移(cm)		
		轴力 (kN)	弯矩 (kN·m)	扭矩 (kN·m)	轴力 (kN)	轴力 (kN)	反力 (kN)	反力 (kN)	1/4 拱跨	3/8 拱跨	拱顶
静载		−34 510.2 (128.6)	21 568.0	23 686.8	2 830.0	1 118.5	57 824.0	10 875.5	−6.43	−8.50	−9.69
静载＋徐变		4 067.8	−2 545.0	−19 784.5	2 888.9	1 140.8	57 824.0	10 875.5	−8.59	−11.28	−12.67
施工		−41.8	19 940.0	6 091.7	2 832.3	1 075.8	60 909.4	8 255.0			
温度	＋25℃	9.3	−726.7	−9.8	32.4	15.4			0.89	1.35	1.45
	−25℃	−9.3	726.7	9.8	−32.4	−15.4			−0.89	−1.35	−1.45
	5℃注	3.2	171.1	0.6	5.2	0.8			0.20	0.34	0.42
风载		1 398.6	141.1	−24.1	213.7	40.0	2 464.3	2 066.1	0.02	0.30	0.44
轻轨	Min	−1 468.7	−2 485.2	−3 663.5	−38.4	−1.1	−26.4	−2.5	−3.41	−3.21	−1.34
	Max	0.6	878.8	20.3	223.0	0.9	−1 804.7	937.7	3.04	2.68	0.36
汽—20（下桥面）	Min	−778.8	−2 146.0	−990.9	−11.5	−1.3	−55.7	−72.4	−1.05	−1.06	−0.57
	Max	58.3	689.7	217.2	117.2	0.9	1 195.6	333.7	0.87	0.80	0.23
汽-20（上桥面）	Min	−2 293.5	−3 732.8	−673.0	−84.1	−80.1	−148.5	−187.6	−4.62	−4.68	−2.32
	Max	1 906.1	2 163.3	612.7	82.8	660.8	3 670.4	856.7	3.77	3.47	1.06
挂-100（上桥面）	Min	−710.5	−2 190.2	−408.7	−63.0	−38.4	−127.1	−76.1	−2.58	−2.33	−1.43
	Max	1 066.5	1 245.4	406.2	48.6	656.8	765.2	1 279.7	1.82	1.83	0.43
人群(一)	Min	−1 643.2	−3 310.3	−2 310.2	−39.0	−3.3	−43.6	−88.8	−3.41	−3.25	−1.37
	Max	612.6	1 535.8	202.4	228.9	1.9	2 219.4	576.1	3.07	2.70	0.73
人群(二)	Min	−2 900.7	−3 105.4	−601.8	−87.6	−48.3	−26.4	−150.0	−6.14	−5.87	−2.51
	Max	79.8	2 288.4	602.4	122.4	426.6	4 460.4	573.3	5.53	4.90	1.38

注:拱肋钢管与管内混凝土温差为 5℃;(　) 内为加预应力之后的力。

边跨构件内力以及变形表

表 6-5

荷载		系梁			吊杆	支座	竖向位移(cm)	
		轴力 (kN)	弯矩 (kN·m)	扭矩 (kN·m)	轴力 (kN)	轴力 (kN)	拱 1/4 跨	拱顶
静载		−19 291.3	−21 561.2	1 110.7	1 429.3	23 214.3	−3.78	−5.42
静载＋徐变		−1 075.0	−17 613.5	1 108.5	1 458.3	23 214.3	−6.06	−8.80
温度	+25℃	18.1	−377.8	3.2	24.7	0.0	0.42	0.51
	−25℃	−18.1	377.8	−3.2	−24.7	0.0	−0.42	−0.51
	5℃注	13.0	3.0	0.3	2.4	0.0	0.16	0.21
风载		13.4	483.6	−125.9	13.4	±552.2	0.06	0.09
轻轨	Min	−1 226.8	−2 094.0	−718.9	0.0	−2.5	−0.75	−0.44
	Max	22.0	134.8	66.9	168.5	1 360.6	0.45	0.01
城—A（下桥面）	Min	−800.0	−2 487.6	−574.5	−32.8	−534.4	−0.58	−0.47
	Max	67.7	1 828.7.1	2 211.5	139.8	1 264.6	0.22	0.03
城—A（上桥面）	Min	−2 374.5	−4 616.8	−1 541.8	−226.7	−757.7	−2.83	−1.70
	Max	237.0	4 104.7	1 568.6	482.8	3 750.0	1.36	0.24
人群(一)	Min	−1 202.0	−3 110.0	−480.5	−174.8	−455.3	−0.73	−0.48
	Max	36.8	1 489.6	1 410.4	20.7	1 560.9	0.42	0.06
人群(二)	Min	−2 126.7	−3 339.2	−690.6	−181.5	−403.5	−1.47	−0.92
	Max	78.1	1 636.4	725.0	188.4	2 486.1	0.91	0.18

注：拱肋钢管与管内混凝土温差为 5℃。

表 6-6

边跨拱肋内力表

荷载		拱脚（钢管）		拱 1/4 跨（钢管）		拱顶（钢管）		拱脚（混凝土）		拱 1/4 跨（混凝土）		拱顶（混凝土）	
		轴力 (kN)	弯矩 (kN·m)	轴力 (kN)	弯矩 (kN·m)	轴力 (kN)	弯矩 (kN·m)	轴力 (kN)	弯矩 (kN·m)	轴力 (kN)	弯矩 (kN·m)	轴力 (kN)	弯矩 (kN·m)
静载		10 967.1	−83.7	10 172.1	379.5	9 818.0	935.4	23 855.1	−124.7	22 119.2	415.1	21 558.8	1 061.2
静载＋徐变		17 403.9	−1 009.1	16 116.6	735.5	15 716.2	1 570.0	17 774.0	−1 108.8	16 417.2	446.0	15 996.2	872.8
温度	+25℃	1 085.3	108.9	1 093.5	332.0	1 094.5	426.0	−1 506.0	126.5	−1 488.3	385.4	−1 485.9	494.6
	−25℃	−1 085.3	−108.9	−1 093.5	−332.0	−1 094.5	−426.0	1 506.0	−126.5	1 488.3	−385.4	1 485.9	−494.6
	5℃注	1 225.1	−12.2	1 224.6	−15.0	1 224.6	−19.8	−1 202.3	−14.0	−1 203.3	−17.4	−1 203.4	−23.0
风载		−35.1	31.9	−6.0	−6.4	12.9	−20.6	−76.2	37.1	−13.0	7.5	25.1	−23.9
轻轨	Min	0.0	−100.1	−268.0	−216.7	0.0	−28.7	−0.1	−11.7	−0.1	−251.6	0.0	−33.3
	Max	680.8	244.6	636.3	287.4	622.8	155.2	1 480.0	284.0	1 382.4	333.7	1 353.8	180.2
城—A（下桥面）	Min	−75.0	−57.5	−67.1	−120.2	−65.2	−30.0	−163.1	−66.8	−145.8	−139.6	−141.8	−34.8
	Max	471.3	135.7	439.5	221.5	429.0	157.6	1 024.4	157.6	955.3	257.2	932.6	183.0
城—A（上桥面）	Min	−234.0	−568.9	−213.7	−568.1	−203.9	−444.1	−508.6	−660.5	−464.4	−660.0	−443.3	−515.6
	Max	1 408.1	607.3	1 307.3	942.5	1 265.0	891.7	3 060.8	705.2	2 841.7	1 094.4	2 749.7	1 035.4
人群(一)	Min	−51.4	−113.7	−45.5	−206.6	−44.1	−62.3	−111.7	−132.0	−98.9	−240.0	−96.0	−72.3
	Max	682.4	211.3	635.0	272.0	621.4	156.9	1 483.3	245.3	1 380.1	315.8	1 350.6	182.1
人群(二)	Min	−105.7	−332.7	−934.0	−499.2	−89.2	−316.4	−230.0	−386.1	−203.0	−579.6	−193.9	−367.4
	Max	1 279.4	265.6	1 173.3	533.7	1 136.4	397.0	2 781.0	308.4	2 550.4	619.7	2 470.3	437.8

注：拱肋钢管与管内混凝土温差为 5℃。

主拱吊杆轴力和支座反力(kN)　　表 6-7

项目	下吊杆	上吊杆	边支座	中支座
组合 I	3 364.7	1 782.1	65 518.5	10 596.6
组合 II	3 423.6	1 804.4	65 518.5	10 596.6
组合 III	3 367.0	1 739.4	68 603.9	7 976.1

主拱下弦钢拱肋应力表(N/mm^2)　　表 6-8

项目	哑铃形拱脚		拱脚		拱 1/4 跨		拱顶	
	上缘	下缘	上缘	下缘	上缘	下缘	上缘	下缘
组合 I	−75.4	−197.5	−171.5	−105.0	−162.9	−93.0	−170.8	−115.0
组合 II	−139.2	−111.5	−210.0	−194.3	−205.4	−191.6	−219.8	−103.7
组合 III	−147.4	−149.0	−207.5	−168.7	−200.4	−173.8	−201.6	−142.6

主拱上弦钢拱肋应力表(N/mm^2)　　表 6-9

项目	哑铃形拱脚		拱脚		拱 1/4 跨		拱顶	
	上缘	下缘	上缘	下缘	上缘	下缘	上缘	下缘
组合 I	−130.1	−151.1	−165.8	−156.0	−163.4	−134.4	−150.7	−90.6
组合 II	−219.6	−179.1	−233.6	−228.7	−215.8	−186.9	−203.1	−150.8
组合 III	−198.7	−162.9	−226.2	−215.5	−197.7	−166.1	−186.9	−143.8

主拱下弦混凝土拱肋应力表(N/mm^2)　　表 6-10

项目	哑铃形拱脚		拱脚		拱 1/4 跨		拱顶	
	上缘	下缘	上缘	下缘	上缘	下缘	上缘	下缘
组合 I	−23.1	−32.2	−27.5	−22.6	−25.8	−23.6	−27.3	−18.5
组合 II	−22.2	−18.9	−25.9	−21.5	−27.9	−24.1	−27.6	−19.8
组合 III	−24.1	−18.1	−25.1	−16.4	−24.3	−20.5	−23.4	−16.9

主拱上弦混凝土拱肋应力表(N/mm^2)　　表 6-11

项目	哑铃形拱脚		拱脚		拱 1/4 跨		拱顶	
	上缘	下缘	上缘	下缘	上缘	下缘	上缘	下缘
组合 I	−20.9	−23.2	−27.5	−25.2	−26.2	−21.7	−23.9	−18.0
组合 II	−25.4	−19.1	−29.2	−28.4	−25.7	−21.3	−24.6	−19.6
组合 III	−21.9	−17.4	−27.9	−25.3	−25.3	−20.0	−21.7	−17.5

二、稳 定 分 析

在静力分析模型的基础上对主跨和边跨进行成桥阶段弹性稳定分析。结果表明，主跨成桥阶段一阶面内弹性失稳的安全系数为 5.79，一阶面外弹性失稳的安全系数为 5.97；边跨成桥阶段一阶面外弹性失稳的安全系数为 6.7，二阶面外弹性失稳的安全系数为 8.44。因此，结构在成桥阶段具有良好的稳定性。临界失稳安全系数及失稳模态如表 6-12 和图 6-32～图 6-34所示。

临界失稳安全系数　　表 6-12

	计算阶段	稳定系数	
		一阶	二阶
主跨	考虑风载作用	5.79	5.97
边跨	三道风撑	5.77	8.02
	五道风撑	6.70	8.44

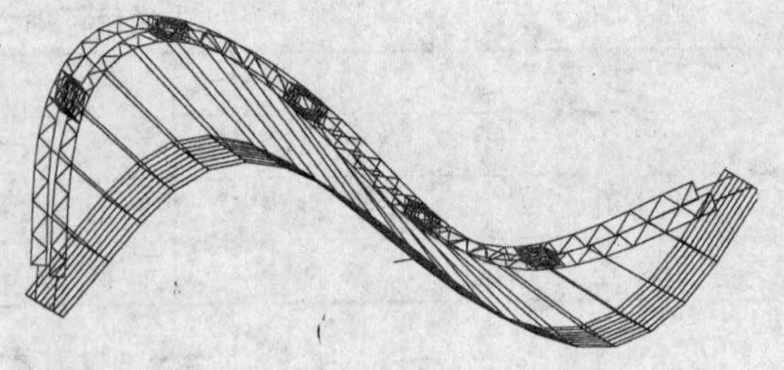

图 6-32　主跨一阶失稳模态(稳定系数:5.79)

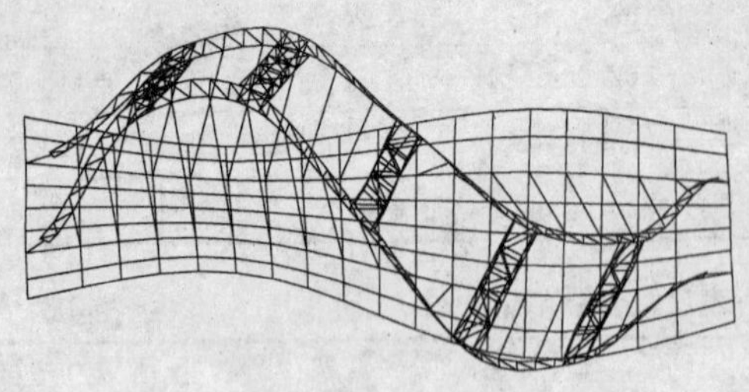

图 6-33　主跨二阶失稳模态(稳定系数:5.97)

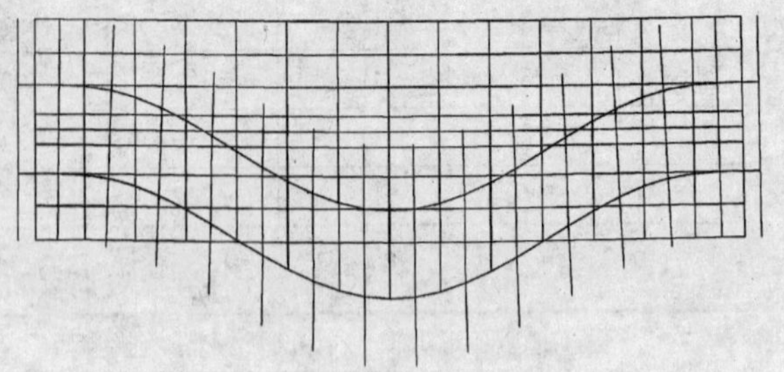

图 6-34　边跨一阶失稳模态(稳定系数:6.70)

三、桥梁下部结构设计计算

经计算:地震效应不控制下部结构的设计。

1. 主墩桩基承载力计算

主墩桩基承载力的计算主要包括:桩顶以上部分荷载的计算,桩基进入岩土后的抗力计算和桩身强度验算。以 5 号墩和 12 号墩为例,主要的计算结果如下:

(1)5 号墩计算成果

桩顶高程－4.50m,桩底高程－60.0～－66.0m。桩基数量 20D2.0m。持力层名称:微风化安山玢岩。

5 号墩计算成果见表 6-13。桩身自重荷载(嵌岩桩桩身自重全部计入)96 486kN。横桥向水平涌潮压力 1 521kN;纵桥向支座水平力 5 407kN;单桩承受平均荷载 22 035kN;单桩承受最大荷载(按高桩承台和高低桩计算)25 047kN。单桩容许承载力 92 891kN＞25 047kN。地基岩土抗力满足要求。C30 混凝土桩身强度控制 26 860kN＞25 047kN,满足要求。

(2)12 号墩计算成果

桩顶高程－4.50m,桩底高程－95.0m。桩基数量 25D2.0m。持力层名称:微风化含砾砂岩。12 号墩计算成果见表 6-14。

桩身自重荷载(摩擦桩桩身自重按一半计入)108 444kN;横桥向水平涌潮压力 1 521kN;纵桥向支座水平力 5 407kN;单桩承受平均荷载 19 470kN;单桩承受最大荷载(按高桩承台计算)22 126kN。单桩容许承载力 24 690kN＞22 126kN。地基岩土抗力满足要求。C30 混凝土桩身强度控制 26 860kN＞22 126kN。满足要求。

桥墩为高桩承台,桩身强度与配筋等另行计算,上部缆索吊装施工的桥墩锚索作用力按 20 年一遇的冲刷深度另行验算。

2. 辅墩桩基承载力计算

辅墩桩基承载力的计算以 4 号墩和 10 号墩为例,主要的计算结果如下:

5 号墩桩顶荷载计算表　表 6-13

项　目	荷载 (单位:kN)
上部结构恒载	198 426
上层机动车道荷载	10 216
下层公交车道荷载	7 997
下层轨道交通荷载	9 004
支座和垫石荷载	1 882
墩帽荷载	27 560
墩身荷载	22 218
承台荷载	56 625
围堰与封底荷载(围堰切割后顶高程与承台顶面平齐考虑)	87 508
低水位下各项浮力合计(桩基范围以上部分浮力不计)	55 185
桩顶荷载合计	366 251

12 号墩桩顶荷载计算表　表 6-14

项　目	荷载 (单位:kN)
上部结构恒载	198 426
上层机动车道荷载	10 216
下层公交车道荷载	7 997
下层轨道交通荷载	9 004
支座和垫石荷载	1 882
墩帽荷载	27 560
墩身荷载	22 218
承台荷载	66 062
围堰与封底荷载(围堰切割后顶高程与承台顶面平齐考虑)	97 323
低水位下各项浮力合计(桩基范围以上部分浮力不计)	62 377
桩顶荷载合计	378 311

(1)4 号墩计算成果

桩顶高程－2.50m,桩底高程－47.50m。桩基数量 13D2.0m。持力层名称:微风化安山玢岩。4 号墩计算成果见表 6-15。

桩身自重荷载(嵌岩桩桩身自重全部计入)45 435kN;横桥向水平涌潮压力 1 053kN;纵桥向支座水平力 2 129kN;单桩承受平均荷载 18 378kN;单桩承受最大荷载(按高桩承台计算)20 784kN。单桩容许承载力 89 915kN＞20 784kN。地基岩土抗力满足要求。C30 混凝土桩身强度控制 26 860kN＞20 784kN,满足要求。

桥墩为高桩承台,桩身强度与配筋等另行计算,上部缆索吊装施工的桥墩锚索作用力按 20 年一遇的冲刷深度另行验算。

(2)10 号墩计算成果

桩顶高程－3.50m,桩底高程－88.0m。桩基数量 13D2.0m。持力层名称:微风化含砾砂岩。10 号墩计算成果见表 6-16。

桩身自重荷载(摩擦桩桩身自重按一半计入)50 265kN;横桥向水平涌潮压力 1 053kN;纵桥向支座水平力 2 129kN;单桩承受平均荷载 19 051kN;单桩承受最大荷载(按高桩承台计算)21 094kN。单桩容许承载力 24 049kN＞21 094kN。地基岩土抗力满足要求。C30 混凝土桩身强度控制 26 860kN＞21 094kN,满足要求。

桥墩为高桩承台,桩身强度与配筋等另行计算,上部缆索吊装施工的桥墩锚索作用力按 20 年一遇的冲刷深度另行验算。

4 号墩桩顶荷载计算表　表 6-15

项　目	荷载(单位:kN)
上部结构恒载	108 313
上层机动车道荷载	9 212
下层公交车道荷载	5 802
下层轨道交通荷载	6 274
支座和垫石荷载	636
墩帽荷载	7 941
墩身荷载	14 322
承台荷载	21 580
围堰与封底荷载(围堰切割后顶高程与承台顶面平齐考虑)	45 430
低水位下各项浮力合计(桩基范围以上部分浮力不计)	26 037
桩顶荷载合计	193 473

10 号墩桩顶荷载计算表　表 6-16

项　目	荷载(单位:kN)
上部结构恒载	108 313
上层机动车道荷载	9 212
下层公交车道荷载	5 802
下层轨道交通荷载	6 274
支座和垫石荷载	636
墩帽荷载	7 941
墩身荷载	15 679
承台荷载	25 862
围堰与封底荷载(围堰切割后顶高程与承台顶面平齐考虑)	44 644
低水位下各项浮力合计(桩基范围以上部分浮力不计)	26 968
桩顶荷载合计	197 395

第四节　施　　工

一、基础及下部结构施工

1.桩基础施工

基础均采用钻孔灌注桩施工工艺,在每个墩位布置 2～3 台正反循环钻机,桩基成孔后用吊车将加工好的钢筋笼吊入桩孔中,然后浇注桩基水下混凝土。

水中各墩桩基础施工前,先搭设施工栈桥,然后在各墩桩号位置从栈桥向主桥一侧搭设钻孔施工平台及下沉桩基护筒,钻机布置在钻孔平台上进行钻孔作业。

栈桥位于主桥下游一侧,其轴线与主桥轴线相距 26.5m,桥面高程为 9.50m,宽度为 6m。最大跨径 21.0m。栈桥上部结构为贝雷型钢结构,下部结构为钢管桩加型钢帽梁结构,钢管桩内填充砂砾。钢管桩墩设单排桩和双排桩,单排桩采用 ϕ800mm,δ=8mm 螺旋焊接钢管;双排桩墩采用 ϕ609mm,δ=10mm 螺旋焊接钢管。上设 I45 工字钢帽梁。伸缩缝设在双排桩上。栈桥的设计必须能通行 50t 履带吊车,套用设计荷载等级为履带—50。超载系数为 1.05,动载系数取 1.2,安全系数取 1.1。最大活载:50×1.2×1.05×1.1=69.3t。

钻孔平台基础为 ϕ609mm,δ=10mm 螺旋焊接钢管,上部设型钢横梁及分配梁,平台面板为 δ=10mm 的钢板。

施工栈桥及钻孔平台结构布置如图 6-35～图 6-37 所示。

2.承台施工

(1)岸上承台

岸上承台施工首先进行井点降水,井点法使地下水位降低至基坑底 0.5～1.0m 以下,以便保证整个承台施工过程在无水干燥环境下进行。井点降水布置如图 6-38 所示。

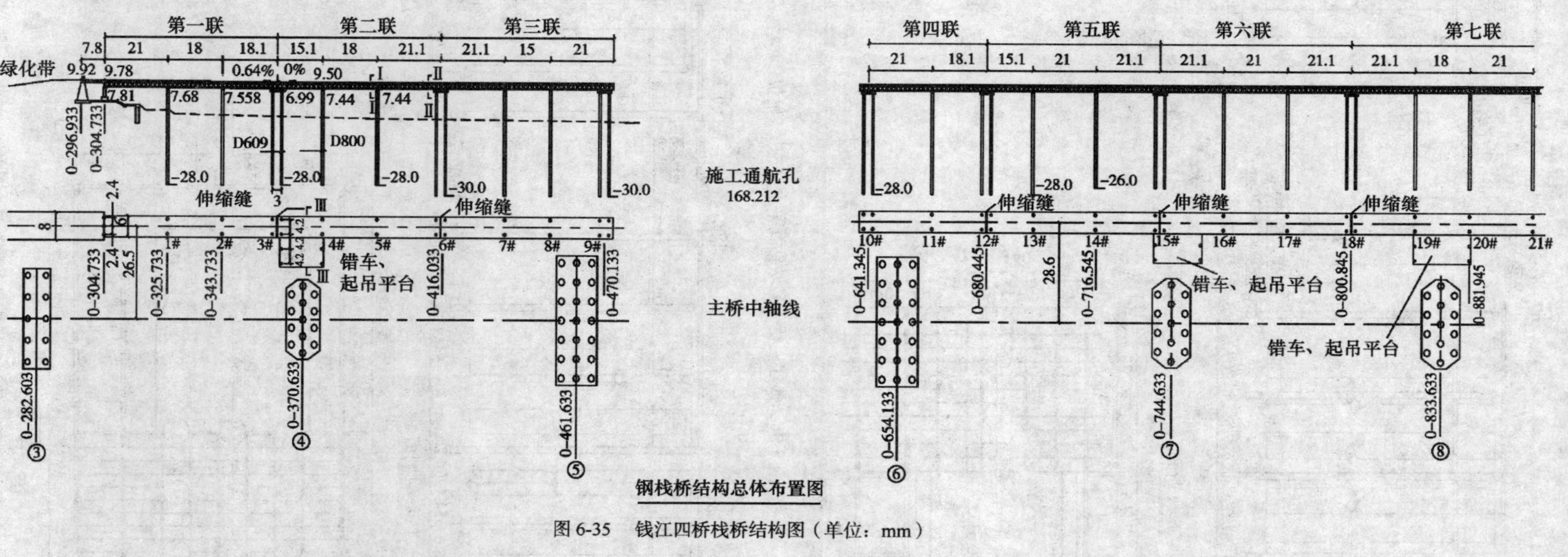

图 6-35 钱江四桥栈桥结构图（单位：mm）

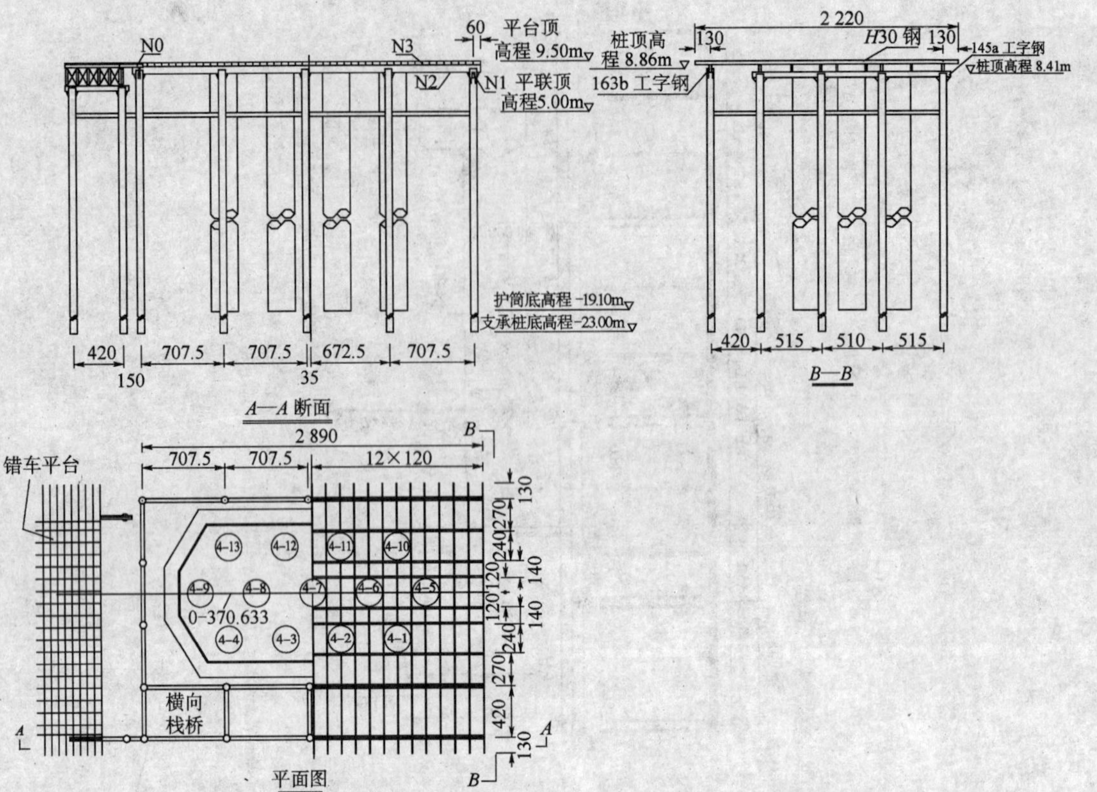

图 6-36　钱江四桥 4 号墩钻孔平台结构图(单位:cm)

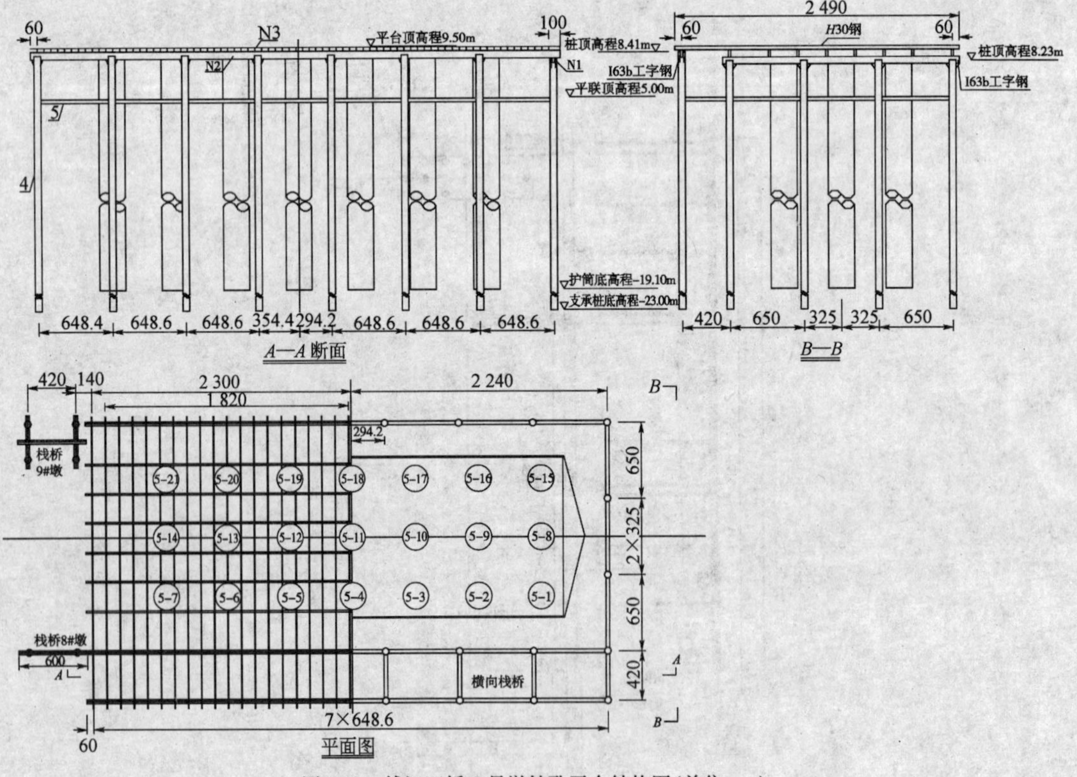

图 6-37　钱江四桥 5 号墩钻孔平台结构图(单位:cm)

每个基坑均按 1∶1 坡度放坡。用一台挖掘机配合 4～5 辆自卸汽车进行基坑开挖。承台基坑开挖后，破除各桩桩头，同时每根桩保留 15cm 混凝土高出设计承台底高程。将废渣清出基坑后浇注坑底 10cm 厚的 C10(3 号墩为 C15)垫层混凝土。承台钢筋在垫层混凝土上进行安装，由于承台体积较大，钢筋骨架成型后较重，采用角钢支架支撑加固，防止钢筋骨架歪斜扭曲。承台中设置有混凝土冷却管，以降低承台混凝土水化热。

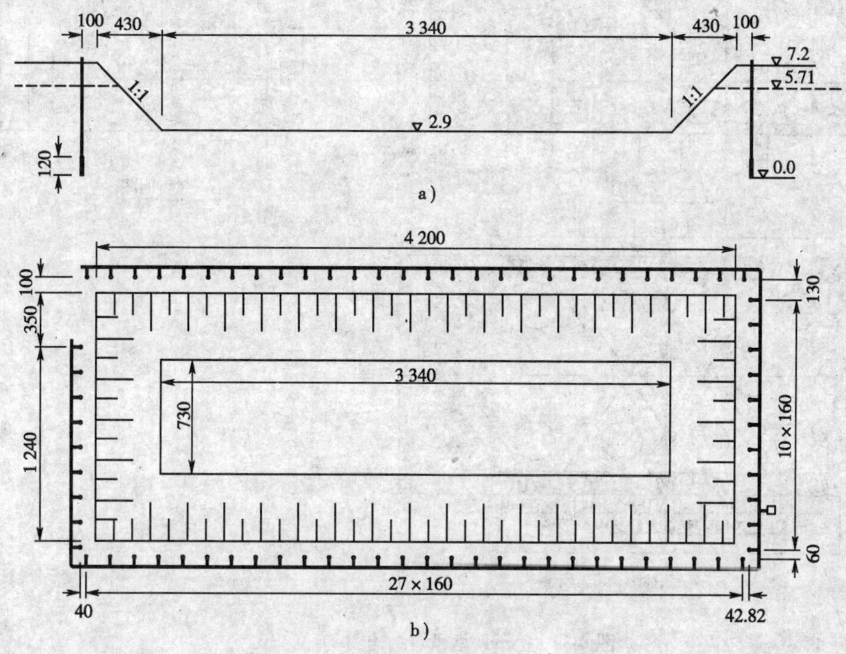

图 6-38 井点降水布置图(单位:cm)

a)立面图;b)平面图

承台模板采用 1.8m×1.2m 大块钢模拼装而成。混凝土施工采用商品混凝土。每个承台混凝土均一次浇注完成，混凝土按水平分层，每层 30cm 厚度浇筑，并在下层混凝土初凝前完成上层混凝土浇注，施工过程中控制混凝土入模的温度。混凝土振捣采用插入式振动器振捣。

(2)水中承台

首先进行钢围堰施工。各墩钢围堰均采用单、双壁组合结构，承台顶面高程以下为双壁结构，以上为单壁结构，均用型钢和钢板焊接而成，在垂直高度方向分两个节段。钢围堰为岸上分块预制，通过栈桥运送到墩位后在现场组拼。各墩钢围堰具体结构如图 6-39、图 6-40 所示。

利用钻孔平台的外围钢管桩安装牛腿，并纵横向铺 32＃工字钢，以此作为第一节钢围堰拼装的支撑平台。第一节钢围堰验收后，扣好悬挂钢丝绳并提高悬空后可拆除支撑平台，缓缓平稳地下沉至仅露出江面约 50cm 的位置，用工字钢将钢围堰与原钻孔平台外围护筒临时连接起来，在此基础上拼装第二节钢围堰。在拼装第二节钢围堰同时也逐步将原钻孔平台完全拆除。第二节钢围堰经验收后，开始整体钢围堰下沉。钢围堰在自重作用下沉入河床面。若钢围堰靠自重在不清泥沙的情况下无法下沉，则在钢围堰壁箱内填砂或灌注混凝土，同时用 2 台吸泥机清除围堰内壁附近泥沙，以使钢围堰继续下沉直至到达设计高程。

钢围堰下沉到位后，在其顶部安装 2 台简易龙门吊，龙门吊设计吊重为 5t。用吸泥机将围堰内部的中间部分清到设计高程，即进行片石回填。

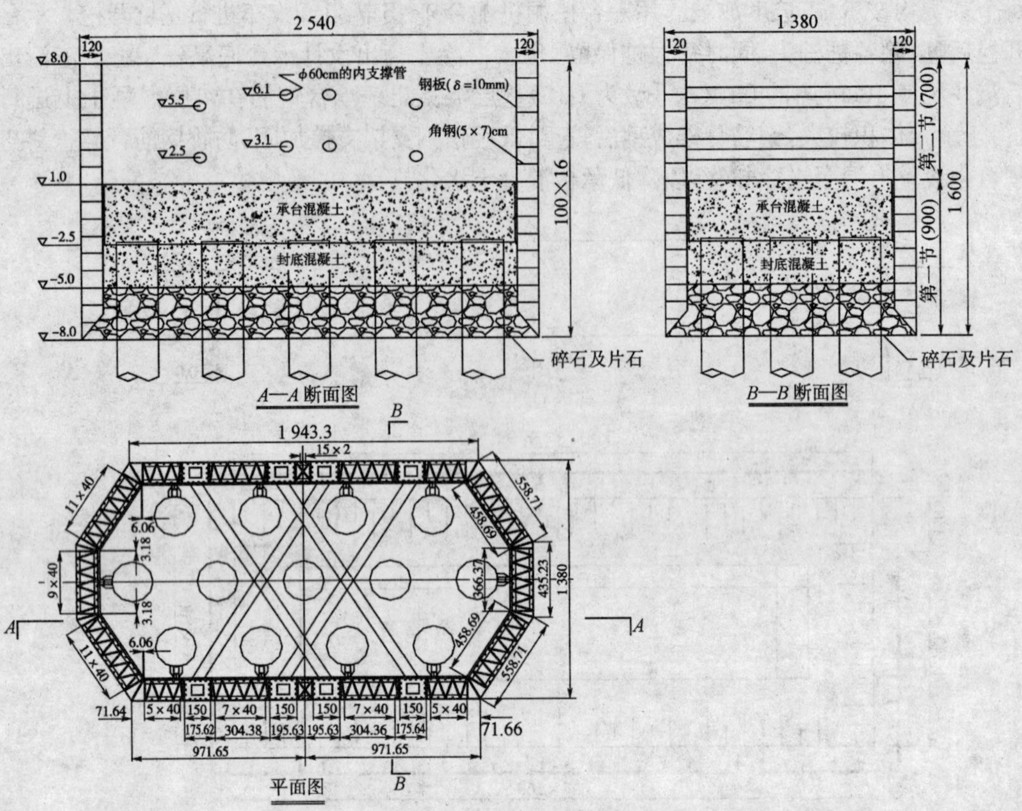

图 6-39　85m 跨墩承台结构图(单位:cm)

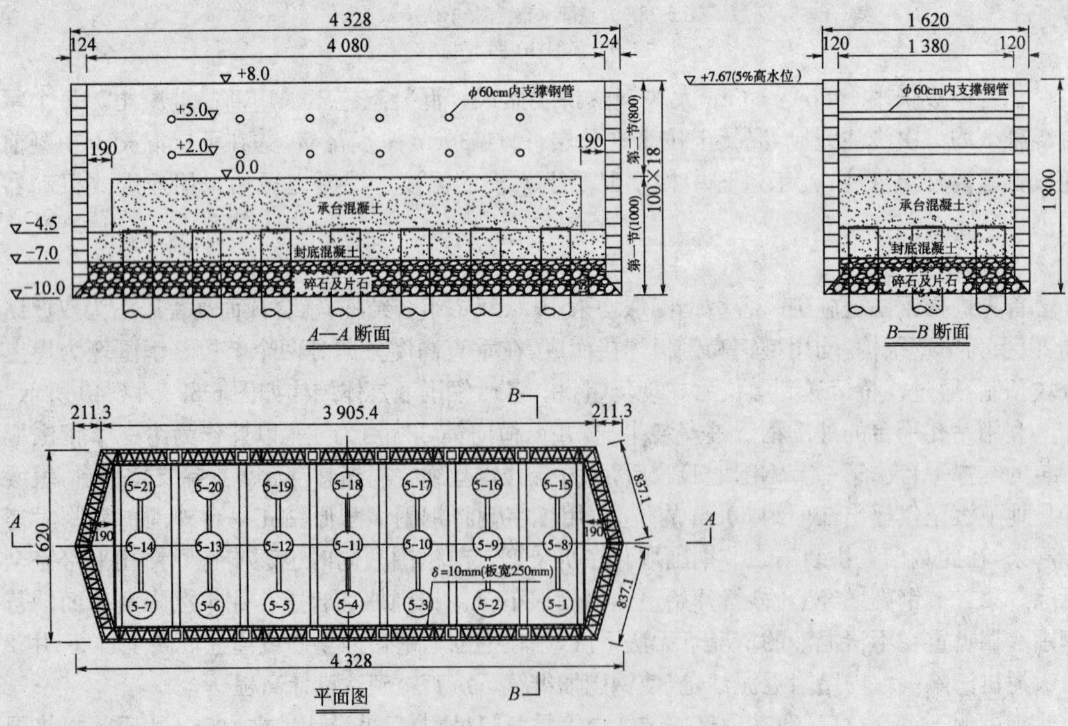

图 6-40　190m 跨墩承台结构图(单位:cm)

钢围堰封底混凝土的厚度为2.5m，一次浇注完成，不做分层处理。待封底混凝土养护超过7d后，对围堰内进行抽水，并对局部漏水的地方进行堵漏以及进行内支撑钢管安装。

钢围堰施工完成后即可与岸上承台相同方式施工承台钢筋及浇筑混凝土。

3.墩身墩帽施工

各墩的墩身、墩帽施工均为常规的钢筋混凝土施工，但考虑到后续的拱肋安装时扣索布置的需要，在扣索须穿过各墩身的位置需预埋扣索通道及扣索张拉垫板。

二、上部结构施工顺序

上部结构的总体施工顺序如下：在施工下部结构的同时，在工厂制作钢构件和现场制作预制构件，当下部结构完成后即现浇端横梁，这时端横梁与桥墩临时联结；利用缆索吊装系统吊装拱肋，拱肋吊装完成后，即可进行钢系梁、系梁劲性骨架吊装及灌注拱肋钢管内混凝土，同时在加载过程中在各跨拱脚水平推力和系杆拉力基本平衡时释放临时联结；利用缆索吊装系统和桥面龙门吊继续其他上部预制构件的安装，浇注混凝土，最后进行桥面系的施工。

190m跨的施工顺序如下：安装临时系杆，利用缆索吊装系统吊装拱肋、钢系梁；连续顶升浇注拱肋钢管混凝土；当拱肋混凝土达到设计强度后，再安装下层吊杆横梁，接着安装上层吊杆横梁、拱肋横梁和拱上立柱横梁，然后是架设上、下层车行道板并用湿接头与吊杆横梁连成整体，最后是桥面铺装和附属部分的施工。这里需要说明的是端横梁与桥墩的临时联结只承受水平推力，不承受弯矩。190m跨由于水平推力太大，在系梁施工前端横梁之间设临时束。

85m跨施工顺序如下：利用缆索吊装系统吊装拱肋、系梁劲性骨架，连续顶升浇注拱肋钢管混凝土；当拱肋混凝土达到设计强度后，现浇系梁混凝土；安装吊杆横梁及拱上立柱和拱上立柱横梁，架设车行道板，最后施工桥面铺装和附属部分。

无论是85m跨还是190m跨，在整个施工过程中应同步张拉系梁预应力束和吊杆，并须控制各拱跨在临时联结释放前对各墩帽的水平合力不大于设计允许值。

三、钢结构加工及运输

1.钢管拱肋制作

钢材预处理使用德国KH－3060/115型钢材预处理流水线，对进场材料表面的浮锈、污物清理干净，并对在运输过程中产生的一些局部弯曲、不平直等变形进行矫正调直。

本桥所有拱肋均采用直焊管以直代曲方式焊接而成。采用计算机辅助设计，建立钢结构的三维模型，用等离子数控切割机和数控切割机进行原材料的切割，下料精度误差达到1mm。在制作过程中采用套1∶1大样进行下料、拼装。

将钢板用对称三芯辊卷板机机械滚圆，卷制成符合要求的单曲率圆柱面管件。在完成滚圆后，进行单元圆管的纵焊缝对接。主要使用埋弧自动焊机进行焊接，在管的两端设置引弧板、熄弧板，保证单元管件纵焊缝的总体质量。

大样布置在节段匹配制造区加工车间，有预埋件混凝土地坪上进行，场地有两架30t桁车。85m跨整条拱肋一次性放样，190m跨采用二分之一拱匹配卧装制造方案，确保预装成形正确。节段匹配制作阶段主要完成节段弦杆、平联、腹杆、吊杆管、锚箱、横隔结构、节段端口接头结构的组装和相邻节段的匹配工作。

2.190m跨钢系梁及钢横梁制作

钢系梁及钢横梁制造中的钢材预处理、放样下料及单元件制造与85m、190m跨钢拱肋基本相同。钢系梁的制造采取“1＋4”节段匹配预拼方案。采取正造，即以底板为胎架面，设置正装胎架，即由“1＋4”匹配胎架完成。每组装完一轮后，进行两两节段间环缝的组焊，即吊装节段为二个制造节段。

3.钢构件防腐涂装

单元件在加工单位涂装车间内进行电弧喷涂防腐，拱肋和风撑完成喷砂、电弧喷涂、2道封闭和1道面漆，钢纵横梁和立柱完成喷砂、电弧喷涂、2道封闭和2道面漆。大桥在吊装拼焊完毕桥面形成后在现场进行焊缝防腐，完成拱肋和风撑最后一道面漆涂装。

4.钢构件运输

钢构件运输根据制作地的条件分别采用水路和陆路两种运输方式。小体积、重量较轻的简单构件，主要采用大型车辆公路运输。体积较大，陆上运输十分困难的，采用水路运输。首先在长江上装船后，经京杭大运河进入钱塘江，最后运至桥位。构件的运输根据钢结构的安装进度及顺序提前计划，依次进行。

四、钢管拱肋及主要预制构件安装

1.无支架缆索吊装系统

钱江四桥采用无支架缆索吊装方案进行上部结构安装，缆索吊装索跨组合为250＋692.25＋650.75＋250m，连续四跨索结构。杭州岸主塔架和萧山岸主塔架分别置于2号墩前和16号墩后，中主塔架置于9号墩上。两岸主塔高120m，宽42m，9号墩中主塔高104m，宽48m。190m拱肋吊装扣塔分别置于5号、6号、11号、12号墩，5号、12号墩两扣塔高52m，6号、11号墩两扣塔高58m，宽度均为38m。无支架缆索吊装系统布置如图6-41所示，施工现场照片见图6-42。

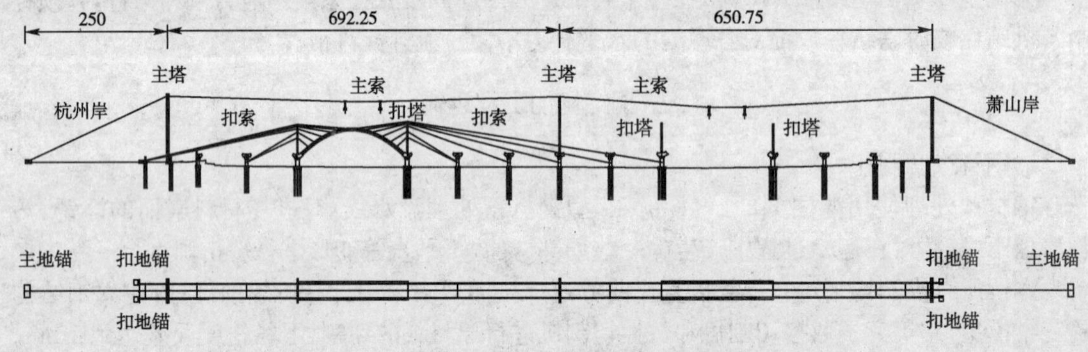

图6-41　钱江四桥三塔双跨缆索布置图(单位:m)

根据拱肋吊装节段和横梁的最大重量确定缆索系统的设计吊装重量。该桥采用上、下游索道缆索吊装系统，每组索道由7根ϕ50mm密封式钢丝绳组成，设计吊重量分别为65t，总设计吊装重量为130t。两组索道均采用独立的起重、牵引、跑车及上、下挂系统，全桥共四套。

每组主索起重体系由8台8t卷扬机、ϕ24mm起重钢丝绳和两个35t跑车上、下挂系统组成。吊装牵引体系由两根ϕ26mm钢丝绳，8台10t卷扬机和两个主索跑车组成。

中塔架两侧各设两套工作索道，全桥共四套。工作索道分别用2根ϕ47mm普通钢丝绳组成，最大吊重5t。

85m跨单肋分3段安装，190m跨单肋分13段安装(不包括拱脚预埋段)，分别采用钢丝绳扣挂和钢绞线斜拉扣挂悬拼架设合拢。全桥横梁及端横梁劲性骨架均采用双索道抬吊，85m

跨系梁劲型骨架、桥面板及其他重量较轻的构件采用单索道吊装。

图 6-42　钱江四桥三塔双跨缆索照片

2. 85m 跨钢管拱肋安装

85m 跨钢管拱肋为单肋 3 段吊装合拢。安装时，两组索道分别横移至拱肋对应的轴线上，各自起吊一段同岸的上、下游拱肋。吊运至安装位置后，通过调整前后吊点高度调整拱肋钢管倾角，与拱脚预埋段对接、拉紧扣索并调好高程轴线。用同样方法吊装另一岸的两段拱肋钢管，最后是中间的两端合拢段，拱肋安装顺序如图 6-43 所示。扣索为 2ϕ43mm 钢丝绳。两岸的墩上立柱顶安装临时横梁及扣索索鞍作为临时扣塔。在相邻墩端横梁上设卷扬机进行扣索的收紧和放松。

由于是双索道同时施工，85m 跨的钢管拱肋安装速度十分迅速，最快在 2d 内即可完成 1 跨拱肋钢管的安装合拢。

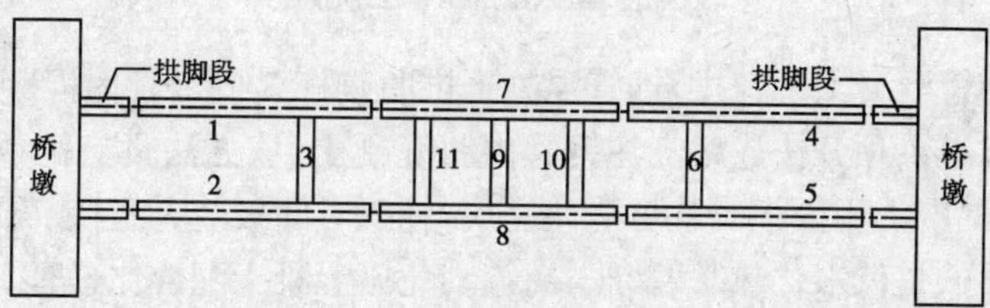

图 6-43　85m 跨拱肋钢管安装顺序图

3. 190m 跨钢管拱肋安装

190m 跨单肋为 13 段安装合拢。安装时两组索道同样分别横移至拱肋对应的轴线上，各自进行上、下游拱肋桁架的安装，安装顺序如图 6-44 所示。但由于 190m 跨拱肋节段较重，因此扣索采用 1860MPaϕ15. 2mm 270 级高强度低松弛钢绞线。扣塔用 N 型万能杆件拼装而成，设在 190m 跨两岸拱座上，宽 38m，高 52～56m。扣索通过扣塔上索鞍转向后分散扣在各墩墩身、承台及扣地锚上。图 6-45 为 190m 跨拱肋架设照片。

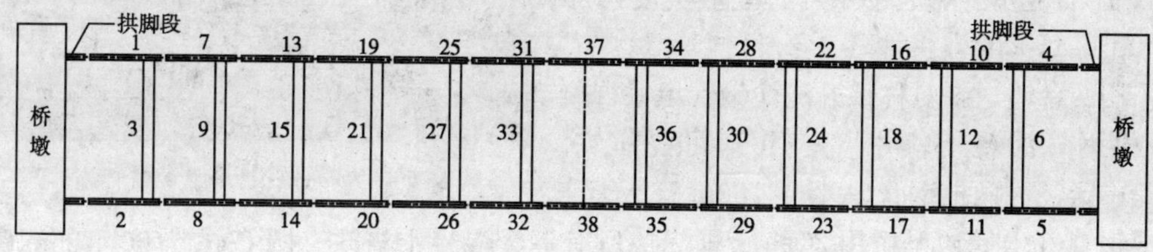

图 6-44　85m 跨拱肋钢管安装顺序图

4.其他主要预制构件安装

该桥上部结构预制构件数量非常大，吊重最大的为墩上混凝土横梁，达130t。除拱肋节段外，无支架缆索吊装系统还要进行劲性骨架、钢系梁、墩上立柱、拱上立柱、混凝土横梁、钢横梁及部分桥面板的安装。

为了减少无支架缆索吊装系统安装的安装任务，同时加快施工进度，在上层横梁及下层系梁上还设置了龙门吊进行部分短混凝土横梁及桥面板的安装。

a)

b)

图6-45　190m跨拱肋架设照片

a)拱肋架设；b)合龙后

五、钢管拱肋混凝土浇注

该桥共11跨钢管混凝土系杆拱，钢管混凝土拱肋弦杆34根，管内混凝土数量达6 500多立方，采用了高压输送泵顶升法连续浇注钢管拱肋混凝土，该方法具有高效快速、质量保证等优点。一根钢管的混凝土用数小时就可浇注完成，施工时间极短，而且混凝土在顶升过程中有反压作用，加上采用的是低水化热、微膨胀、高流动免振混凝土配合比，所以混凝土的密实度能够得到保证。该方法最关键的重点是两个：一是满足各项工艺要求的混凝土配合比设计。二是混凝土的拌制、输送泵设备及施工组织。

混凝土由商品混凝土厂供应，混凝土输送泵采用三一重工HBT60C(使用两台，备用两台)。输送泵放在拱脚附近的栈桥上，使用ϕ125mm的高压输送管与拱脚钢管连接(与拱脚钢管开洞焊接)，接头外侧设混凝土倒流截止阀。在钢管拱顶管内设置隔仓板，隔仓板两侧垂直焊接两根ϕ120mm高150cm排浆管。

图6-46　85m跨拱肋钢管混凝土浇注

采用两台输送泵对称顶升浇注钢管填心混凝土，一根钢管混凝土仅用3～4h即可浇筑完。85m跨一天浇注两根钢管(一跨)，190m跨一天浇注4根钢管(1/2跨)，全桥用20多天即完成所有钢管混凝土浇注。图6-46为该桥85m跨拱肋钢管混凝土浇注照片。

六、桥 面 施 工

桥面铺装厚 12cm，采用 8cm 厚铣削钢纤维混凝土和 4cm 厚中粒式改性沥青混凝土。桥面板安装完成后进行高程普测，将测量结果与设计对比，达不到铺装设计厚度的地方进行调整。安装用架立钢筋支撑桥面钢筋焊网。上层桥面钢纤维混凝土横向分 6 幅浇筑，下层分 4 幅浇筑，上、下层纵向均分为 3 个区段浇注。上层改性沥青混凝土按上行和下行分 2 幅铺筑，下层分 4 幅铺筑。

参 考 文 献

[1] 赵林强，许荣华，郑宪政. 杭州市钱江四桥总体设计. 桥梁建设，2004(1)：27—30

[2] 赵林强，祝立君，潘黎明等. 杭州市钱江四桥 190m 跨上部结构设计. 哈尔滨工业大学学报，35(增刊)，2003 年 8 月：211—213

[3] 祝立君，赵林强，郑宪政. 杭州市钱江四桥 190m 跨钢系梁设计. 哈尔滨工业大学学报，35(增刊)，2003 年 8 月：214—216

[4] W. Jieyun, Key construction technology of Hangzhou Qiantang River 4th Bridge Project of China, Proceedings of the Fifth International Conference on Arch Bridge, 12-14, Sept. 2007, Madeira, Portugal: 875-882

[5] 中交第二公路工程局有限公司. 钱江四桥双层钢管混凝土拱桥施工关键技术研究. 2007 年 5 月

第七章　郑州黄河公路二桥

第一节　概　　况

一、自然条件

郑州黄河公路二桥是京珠国道主干道的关键工程，跨越黄河天堑，全长近10km，主桥长约1km。桥位所在区为黄河冲积平原，地势平坦，西南高，东北低。历史上黄河的多次泛滥改道，残堤故道、缓岗沙丘与潭状洼地多分布在南岸的万滩及中牟以东广大地区，古河道、古河滩、古泛道和决口扇等地貌类型复杂，差异显著，以陇海铁路为界，地势南高北低。

桥位处于暖温带大陆性季风气候区，四季分明，年平均气温14.4℃，七月最热，元月份最冷，年最高气温34.2℃，年最低气温－4.7℃，年极端最高气温42.3℃，年极端最低气温－17.9℃，降水量分配不均，多集中在6、7、8三个月，年平均降水量549.9mm。主导风向冬季多为东北风和西北风，夏季常为东南风和南风。多年平均风速3.4m/s，历史最大风速为24m/s。桥位具有明显的大陆季风气候特点。

桥位勘察深度范围内，上部为黄河泛滥形成的第四系全新统冲一洪积层，下部为上更新统和中更新统洪积层。上部以亚砂土、粉细砂为主，夹薄层亚黏土；下部以中细砂、中砂、亚黏土含砾卵石为主。沉积韵律明显，且地层层位变化不大，各层层位较稳定。工程场址各土层基本上水平展布。桥位地震基本烈度为七度。

根据历史地震重演原则和构造类比原则，以及潜在震源区内地震活动参数与地震危险性分析，考虑到地震烈度衰减等因素，并结合地下水埋藏条件，土层粒度组分，及桥位场地地震安全性评价结果，确定该桥位处于稳定区域。桥位工程场地类别为Ⅱ类建筑场地。

二、主要技术标准

大桥所在路段按《公路工程技术标准》(JTJ 001—97)平原微丘区双向八车道高速公路设计，实行全部控制出入和收费管理。其主要技术指标如下：

(1)计算行车速度：120km/h

(2)桥梁设计荷载：汽车一超20级，挂车－120级

(3)桥梁净宽：净－2×19.484m

(4)墙式护栏宽度：0.383m

(5)设计洪水频率：1/300(按1/1 000校核)

(6)地震基本烈度：7度

(7)通航标准：Ⅳ级航道(通航净高8m，净宽50m)

(8)桥面横拔：2.0%

三、方案比选

根据桥位处的自然条件、排洪通航条件和以往的工程实践经验，主桥方案设计时提出了以下五个方案，以下给予简要的介绍与比选。

1. 方案一：(75m＋7×125m＋75m)变截面单箱双室连续梁方案(图 7-1)

桥位处河段为宽浅河段，桥高(按 10 年一遇水位加 8m 通航净空控制)距现河床 20m 左右，墩身刚度较大，做连续刚构不太合适，连续梁方案较为适宜。此方案不论设计还是施工技术均较为成熟，且每联长达 1 025m，对高速行车较为有利。但是，因黄河特大桥桥长达 10km 左右，此方案在桥面以上缺乏变化，桥上行车会有单调感。

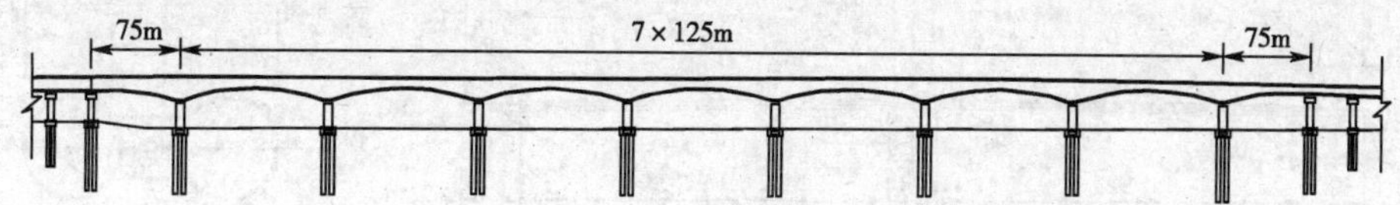

图 7-1　(75＋7×125＋75m)变截面单箱双室连续梁方案

2. 方案二：(8×135m)下承式钢管混凝土简支系杆拱(柔性系杆)方案(图 7-2)

大桥桥位处的地质情况基本属于中细砂、亚黏土，地质情况不适合有推力拱。所以采用 8 跨下承式无推力简支系杆拱。左右两半幅做成整体式，拱肋采用三肋形式，中央分隔带处放置中肋。该方案桥面系刚度较小、整体性较差，桥上高速行车时的震动相对较大；柔性系杆在活载作用下的伸长量较大，伸缩缝较宽，不利高速行车；拱肋制作与安装难度较大；桥面以上的横撑有压抑感等。

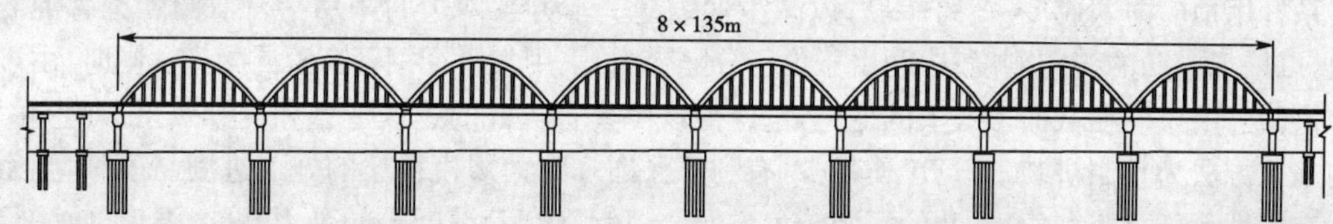

图 7-2　(8×135m)下承式钢管混凝土简支系杆拱(柔性系杆)方案

3. 方案三：(11×100m)下承钢管混凝土系杆拱桥(刚性系杆)方案(图 7-3)

针对方案一的桥上缺乏变化及方案二的桥上高速行车时的震动较大和横撑较多的缺陷，又对无风撑刚性系杆刚性拱的方案进行研究。

为增大拱肋本身的横向抗弯抗扭刚度，两边肋采用横哑铃形断面，由两根 ϕ1 100×18mm 的钢管和横向腹板组成宽 2.5m 钢管拱肋，管内填充 C50 混凝土，腹腔内不填充混凝土。但中肋是位于上下行的分隔带内，而分隔带宽仅 2.5m，无法采用横向双圆管的哑铃形截面形式。同时，由于中肋所受的恒载和活载均比边跨大许多(约 2 倍)，中肋的面内抗弯刚度与强度也不能太小，因此中肋只能采用大直径的单圆钢管混凝土截面，受几何条件限制，最大管径(外径)可用到 2m。但目前国内已建成的钢管混凝土拱桥中，还没有钢管外径用到 2m 的。

为此提出中肋采用中空夹层(管套管)钢管混凝土的设计构思。所谓中空夹层是指由内外两个同心圆钢管相套，并在钢管夹层间填充混凝土的组合构件，称之为中空夹层钢管混凝土。在本方案中，中拱肋外管直径为 ϕ2 000×20mm，内管直径 1 000×20mm，内外管间用三块径向等分分布的钢板相连，内外管之间填充 C50 混凝土。该方案的横桥向布置见图 7-3a)，拱肋截面见图 7-3b)。

该方案应用钢管混凝土的组合材料作为拱肋，充分发挥了材料抗压性能好的特点；采用三肋构造、取消风撑，桥面开阔，行车视觉效果好；边肋采用横向双圆管哑铃形拱肋、中肋采用中空夹层大管径钢管混凝土拱肋，构造新颖独特，且边肋与中肋截面具有变化，桥梁造型较佳。

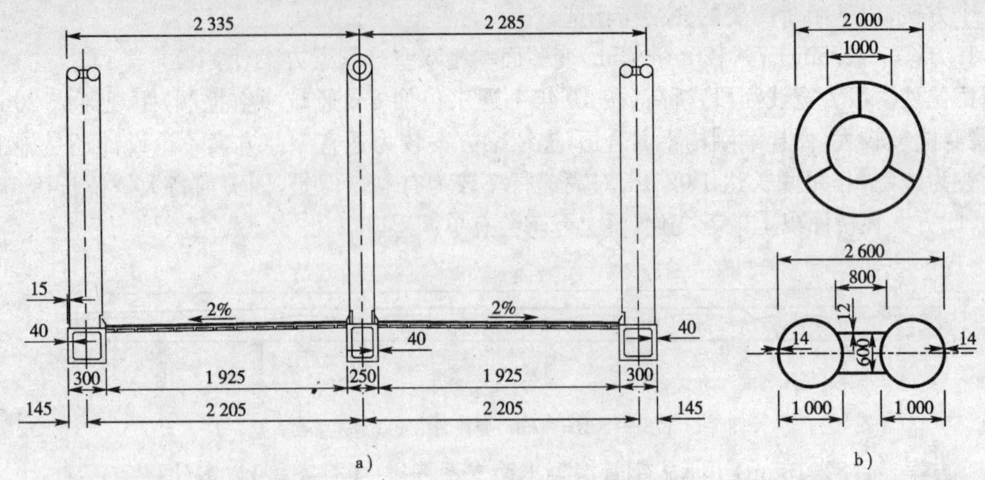

图 7-3 郑州黄河公路二桥主桥初设方案(单位:cm)

a)横桥向布置图；b) 拱肋截面

该方案为刚拱刚梁体系，刚性系杆梁除抵消拱肋产生的水平推力，其与横梁现浇成整体，较大的刚度和良好的整体性将有效地解决柔性系杆(方案二)的车振问题，同时能有效地提供非保向力，为取消风撑创造了有利的条件。为进一步改善桥梁的运营性能，在恒载施工完成后将系杆用预应力联成 2～3 跨一联，以减少伸缩缝。本方案两边肋采用平行双圆管钢管混凝土，以增加拱肋的横向刚度；中肋由于位于分隔带内，采用大管径钢管套管混凝土。同时，由于边拱肋与中拱肋在截面形式上的变化，也使得该桥具有较好的建筑造型和美学效果。此方案的施工方法为预制拼装，现场工作量少，有利于保证多跨大规模桥梁的施工进度与质量，且由于有刚性系杆可资利用，拱肋的安装较为方便。但钢管套管混凝土的受力性能、温度、收缩徐变、钢管套管的接头构造、混凝土泵送工艺等问题均有待深入研究。

4. 方案四：(90m＋4×210m＋90m)双索面多塔斜拉桥方案

斜拉桥方案对于黄河而言选定合理的桥跨结构组合是首要问题。针对桥位处的地质情况，设计为大跨径的斜拉方案，不论从技术角度来讲还是从经济角度来讲都是不可取的，因此提出中等跨度的多塔斜拉桥方案，以减小跨径，降低下部结构造价。经过反复分析、比较、计算，最后决定采用五塔六跨的形式，中间跨径为 220m，边跨为 90m。将左右半幅做成整体式桥面。桥总宽 43.5m，塔高(塔顶至桥面)65m，桥塔采用“H”型塔，双扇形索面。拉索为密索体系，梁上标准间距 5m。塔墩固结，梁在墩顶设置支座。桥面板为肋板梁结构。两个塔柱基础分开设置，每个基础下设 16 根 ϕ2.0m 钻孔灌注桩。斜拉桥在美观、影响力和施工成熟方面是值得考虑的桥型方案。此方案在最后确定桥跨组合时因工程量较大，没有继续做更深入的工作。

5. 方案五：50m 跨预应力混凝土简支 T 形梁方案(图 7-4)

简支 T 型梁因其结构简单、施工快捷、造价低廉的特点，在河南省的公路建设中得到广泛应用。桥位上游的郑州黄河公路大桥及下游的开封黄河公路大桥跨主河槽均为 50m T 形梁，该桥与上述两桥相距很近，从通航净宽方面考虑，设置较大跨径意义不大。该方案施工速度快、工程量小、施工费用低。但是，作为 21 世纪黄河大桥的主桥方案有些跟不上时代要求，缺乏美学效果，外形上没有特色。

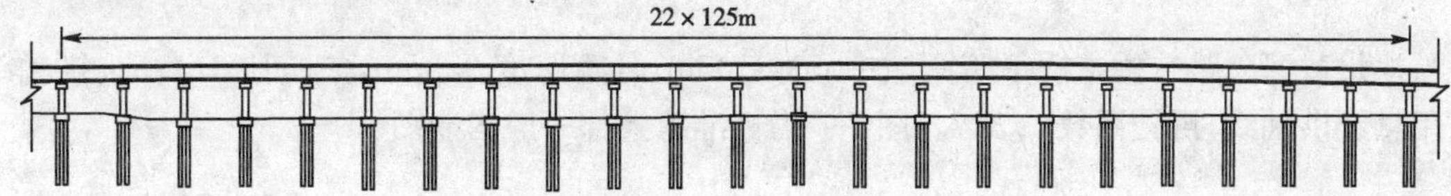

图 7-4　50m 跨预应力混凝土简支 T 型梁方案

经比选，推荐 11×100m 下承钢管混凝土系杆拱桥（刚性系杆）方案为施工图设计方案。该方案的主要特点有三个。一是采用三肋构造、取消风撑，桥面开阔，行车视觉效果好；边肋采用横向双圆管哑铃形拱肋、中肋采用中空夹层大管径钢管混凝土拱肋，构造新颖独特，且边肋与中肋截面具有变化，桥梁造型较佳；二是采用刚性系梁刚性拱、整体式桥面系提高了行车的舒适性，改善了运营效果；三是采用多跨一联，减少了伸缩缝，提高了使用性能、减小了养护工作量。本方案构思合理、构造新颖、具有较大的创新性，得到有关桥梁专家的好评。然而，由于受工期限制、无法开展相关科研工作等问题的影响，施工图设计时改无风撑为有风撑，拱肋采用哑铃形，上下行分离为两座桥、两跨一联，主桥改为 8 跨，跨径仍为 100m、结构仍为刚拱刚梁，总体布置图见图 7-5。

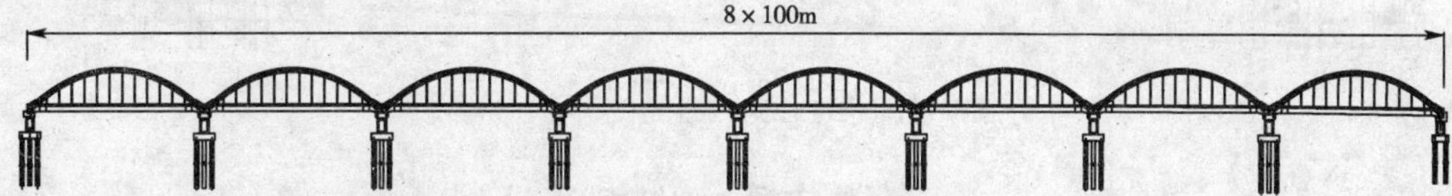

图 7-5　郑州黄河公路二桥主桥总体布置图

四、大桥建设简介

大桥业主为河南新乡至郑州高速公路建设有限公司，设计单位为河南省交通规划勘察设计院（福州大学参加了主桥的设计、设计计算与研究工作），施工单位为中铁一局集团有限公司。大桥于 2002 年 4 月开工，2004 年 10 月建成通车。建成后的大桥见图 7-6。

a)

b)

图 7-6　郑州黄河公路二桥建成照片

a）日景；b）夜景

第二节　主桥结构与构造

郑州黄河公路二桥主桥每跨两墩中心距100m,计算跨度95.5m,矢跨比1/4.5。拱轴线采用悬链拱轴线,拱轴系数1.347。图7-7为标准跨上部一般构造图。

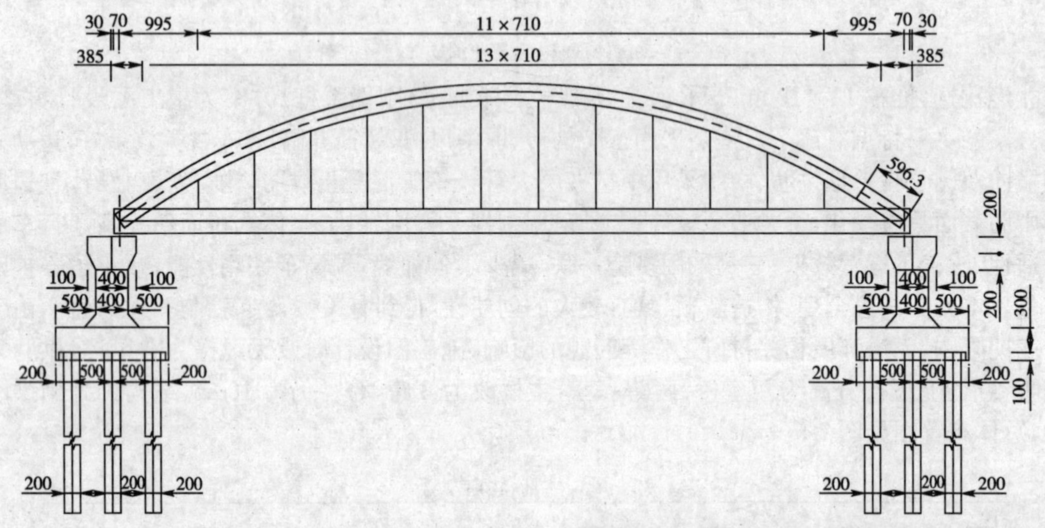

图7-7　标准跨上部一般构造图(单位:cm)

一、主桥上部结构

每座桥有两片拱肋,每片由2根ϕ1 000mm×16mm钢管和腹板组成高2.4m的哑铃形断面。拱肋上、下钢管内浇注C50混凝土;拱脚到第一根吊杆间的腹腔内浇注C50混凝土,其余部分腹腔内不填充混凝土。主桥上部结构一般构造图见图7-8。

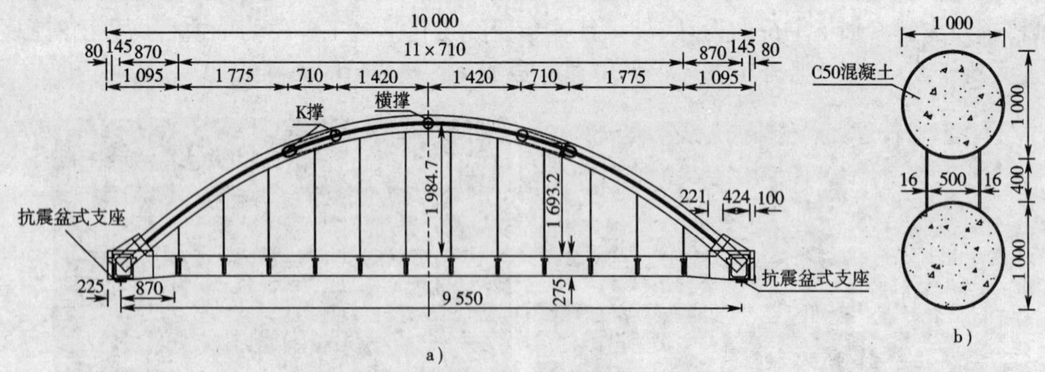

图7-8　郑州黄河公路二桥主桥上部结构一般构造图(单位:cm)

a)总体布置;b)拱肋截面

两拱肋中心距离22.377m,由三道横撑(中间一道一字形和两边各一道K撑)联系两拱肋,形成空间结构,见图7-9所示。横撑原设计为ϕ1 500×16mm的钢管,后考虑到拱肋腹板内没有灌注混凝土而将横撑改为哑铃形截面,横撑哑铃形的上下管分别对应拱肋哑铃形截面的上下管,横撑钢管内不填充混凝土。

吊杆采用 91 根 ϕ7mm 镀锌高强钢丝，双层 PE 保护，采用 OVM 冷铸镦头锚。吊杆纵桥向间距 7.1m。见图 7-10。

系梁采用预应力混凝土箱梁，梁宽 2.0m，高 2.75m，配置 16 根 ϕ15.24-16 预应力钢绞线，采用 OVM15-16 夹片锚。见图 7-11。

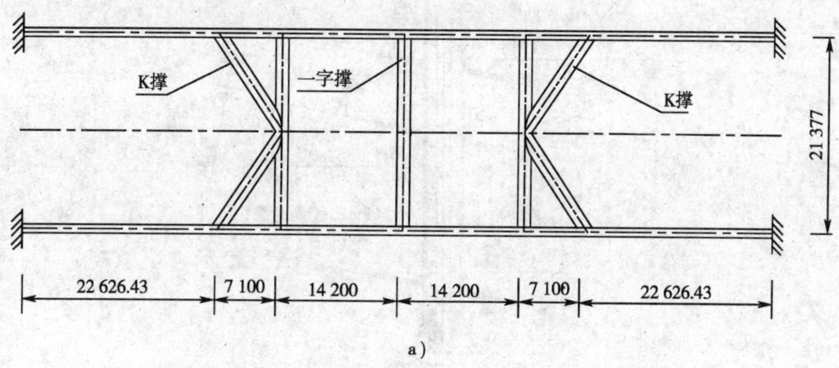

a)

b)

图 7-9　郑州黄河公路二桥横撑构造

a)横撑平面布置图(单位：cm)；b)横撑照片(横桥向)

中横梁采用预应力工字形组合梁，梁高 2.2m，配 5 束 ϕ15.24－9 预应力钢绞线，采用 OVM15-9 夹片锚。桥面板为普通钢筋混凝土 Π 形板，见图 7-12。

端横梁采用预应力箱梁，梁宽 2.9m，高 3.22m，配 8 束 ϕ15.24－9 钢绞线，采用 OVM15-9 夹片锚，见图 7-13。

拱脚固结点为三向预应力的混凝土结构，并配有劲性钢骨架，见图 7-14。

支座为 1 750t 盆式橡胶支座。一端为固定支座，另一端为滑动支座。每两跨的固定支座放在同一个墩上，在该处桥面连续(两跨一联)。每两跨的滑动支座放置另一个墩上，在该处设 XFⅡ－160 型伸缩装置。

二、主桥下部结构

主桥下部结构为空心墩，群桩基础，见图 7-15。当柱高在 7m 以上时，桩顶设置横梁系，桥面横坡由桩柱调整。纵向水平力计算，考虑桥面的连续作用，按连续梁弹模结构理论计算墩台水平力。该桥计算时考虑了三种河床断面形态：即实测河床断面，发生最大冲刷深度时的河床断面和考虑河床淤积的断面。

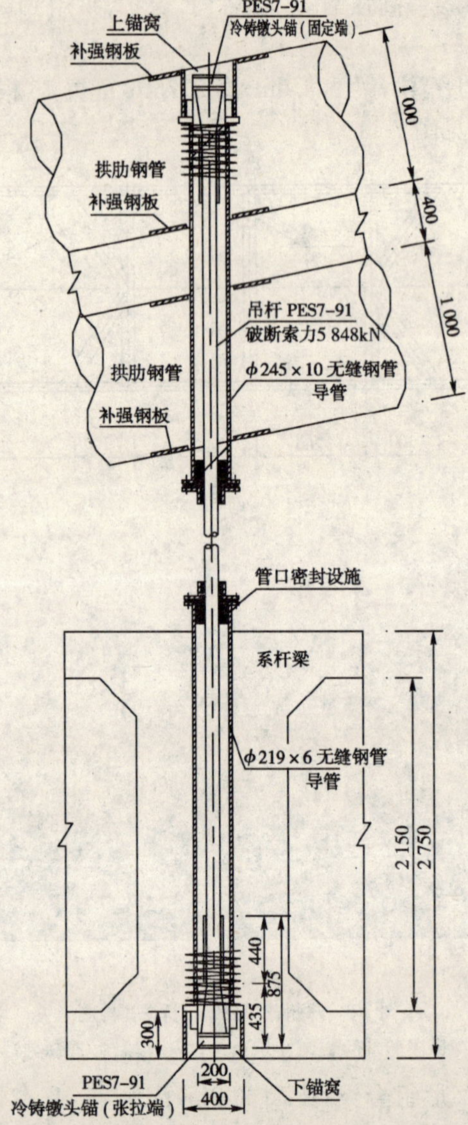

图 7-10　郑州黄河公路二桥吊杆一般构造图(单位:cm)

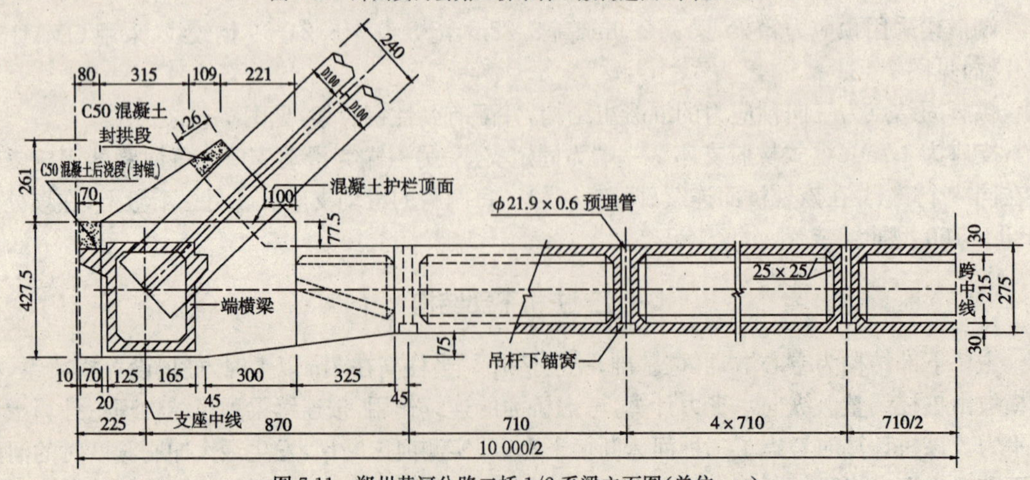

图 7-11　郑州黄河公路二桥 1/2 系梁立面图(单位:cm)

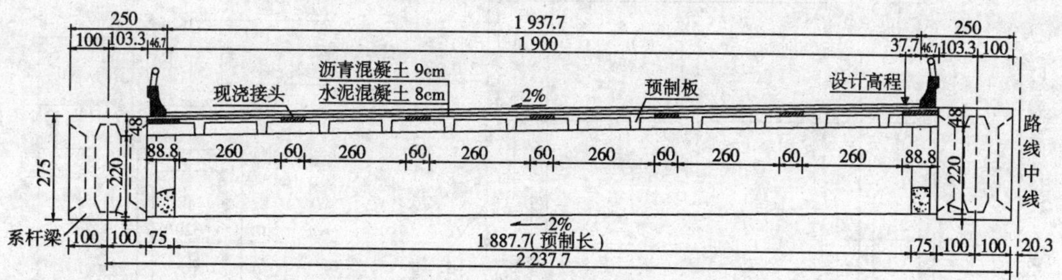

图 7-12　郑州黄河公路二桥桥面板截面图(单位:cm)

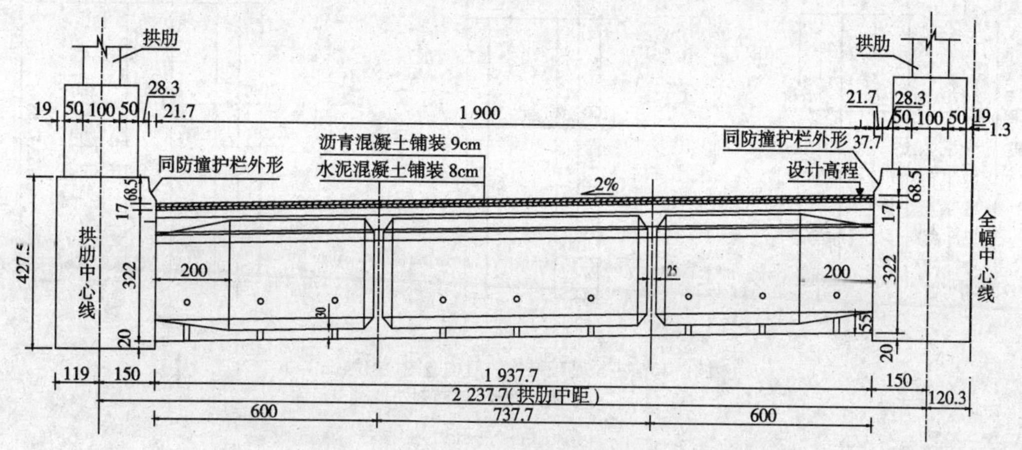

图 7-13　郑州黄河公路二桥端横梁 1/2 立面图(单位:cm)

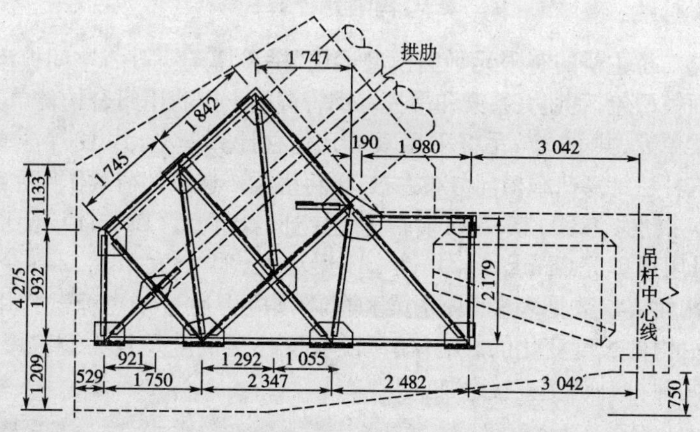

图 7-14　郑州黄河公路二桥拱脚结点构造图(单位:cm)

下部结构摩擦桩桩长根据《工程地质报告》提供的各墩台位附近钻孔地质资料和河南黄河勘测设计院提供的冲刷深度,按《公路桥涵地基与基础设计规范》(JTJ 024—85)计算确定。其中土层的极限摩阻力根据郑州、开封两黄河桥的试桩成果,考虑摩擦桩的实际工作机理进行修正。

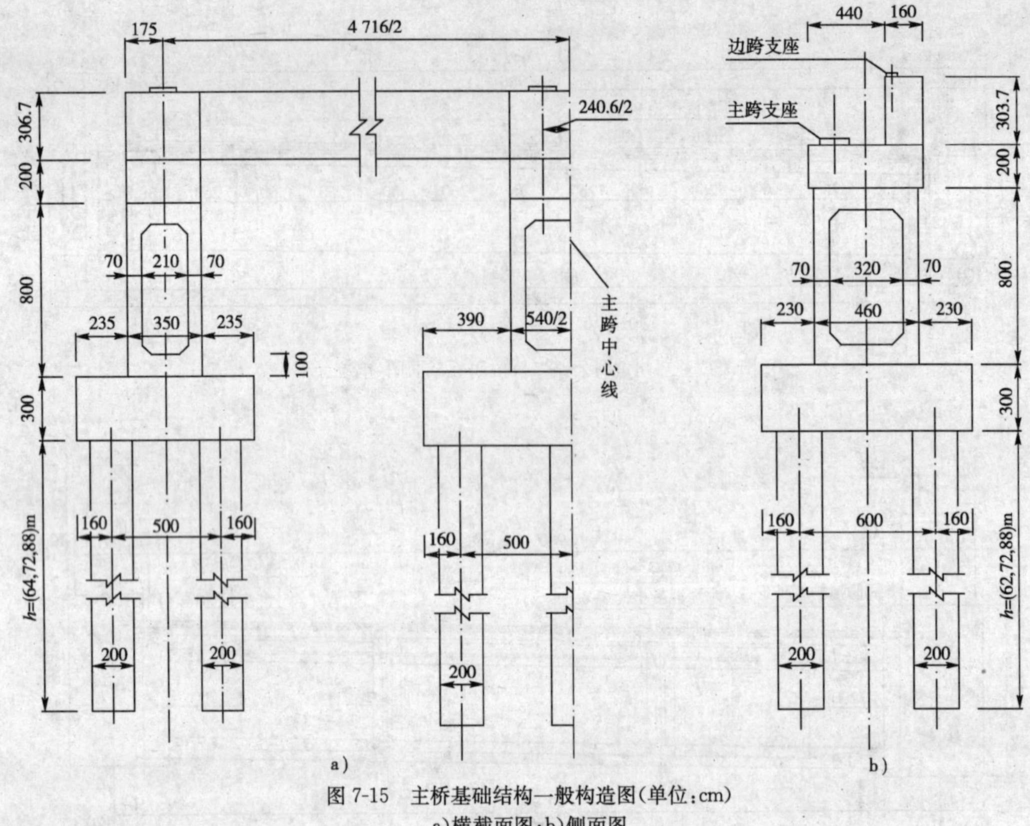

图 7-15　主桥基础结构一般构造图(单位:cm)

a)横截面图;b)侧面图

第三节　设计计算分析

一、有限元计算

郑州黄河公路二桥主桥的有限元平面模型运用“桥梁博士”程序,空间模型运用 ANSYS 程序进行分析。平面模型包括拱肋、系梁和吊杆。钢管混凝土拱肋用组合构件单元,共 56 个;系梁用预应力混凝土梁单元,共 60 个;吊杆采用索单元建立计算模型,共 12 个索单元(见图 7-16)。平面模型中先按杠杆法计算荷载横向分布系数,再将横梁传递来的荷载作用在系梁吊点处。

空间模型中,拱肋、系梁、横梁和横撑采用空间梁单元(Beam4),桥面板采用板单元(Shell63),吊杆采用索单元(Link10),共计 261 梁单元、24 个索单元、268 个板单元(见图 7-17),材料特性与截面实参数见表 7-1。系梁和横梁预应力通过结点荷载作用在模型,忽略曲线配筋的初预矩沿构件长度变化的影响,模型没有反映预拱度及索力调整影响。钢管混凝土拱肋截面刚度按两种材料刚度直接叠加。

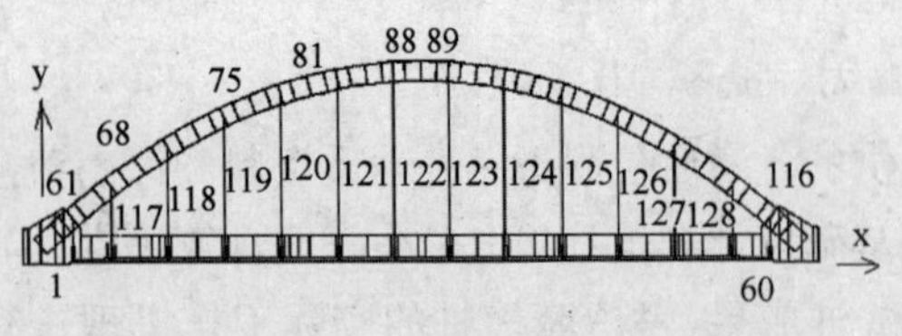

图 7-16　平面有限元模型示意图

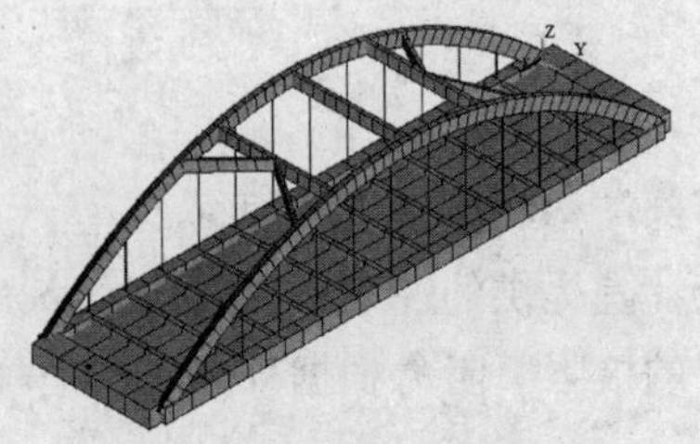

图 7-17　空间有限元模型轴侧图

空间模型材料特性与截面实参数

表 7-1

构　件	面积 $A(m^2)$	横轴惯性矩 $I_z(m^4)$	竖轴惯性矩 $I_y(m^4)$	竖轴厚度 $T_{kz}(m)$	横轴厚度 $T_{ky}(m)$	弹性模量 $E_x(N/m^2)$	密度 DENS (kg/m^3)	泊松比 NUXY
空腹板段拱肋	1.605	0.122	0.868	2.40	1.00	4.65E+10	2 860	0.283
实腹板段拱肋	1.605	0.122	0.868	2.40	1.00	4.65E+10	3 171	0.283
系梁	2.275	0.761	2.224	2.75	2.00	3.45E+10	2 500	0.167
吊杆	0.004					2.06E+11	7 850	0.283
直撑管	0.071	0.004	0.029	2.10	0.70	2.06E+11	7 850	0.283
斜撑管	0.051	0.001	0.018	1.90	0.50	2.06E+11	7 850	0.283
中横梁	0.869	0.157	0.431	2.20	0.90	3.45E+10	2 500	0.167
端横梁	4.055	6.339	5.311	3.22	4.25	3.45E+10	2 500	0.167
桥道板				0.24	0.24	3.00E+10	3 423	0.167

二、横向分布系数

空间模型各种活载作用下的吊杆索力见图 7-18。对于平面模型，杠杆法计算的偏载系数沿纵桥向相同；空间模型的偏载放大系数沿纵桥向是变化的，拱脚段的比跨中的略大 4%，见表 7-2。以四列汽车为例，平面与空间两种模型计算的偏载放大系数差异不大，在拱脚段最接近，按杠杆法计算的略大，但最多不超过空间模型计算结果的 5%(见表 7-3)。因此，在结构设计计算时可以偏安全地按杠杆法计算活载的偏载放大系数。

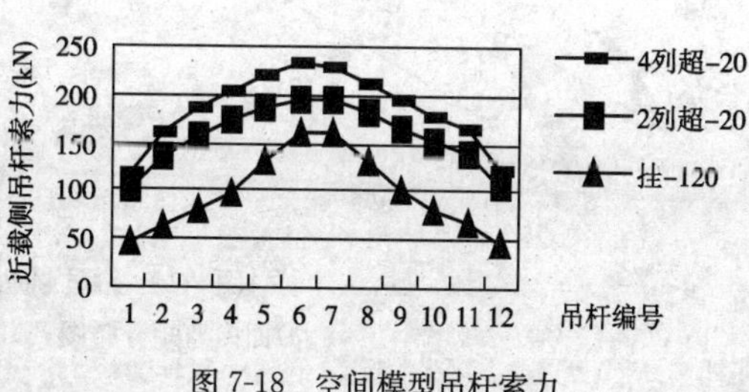

图 7-18　空间模型吊杆索力

各种活载情况下的吊杆索力(单位:kN)

表 7-2

4 列汽车荷载(经车道折减)			2 列汽车荷载			1 列挂车荷载		
吊杆索力		偏载放大系数	吊杆索力		偏载放大系数	吊杆索力		偏载放大系数
近载侧	远载侧		近载侧	远载侧		近载侧	远载侧	
120.06	63.30	1.31	103.19	28.23	1.57	47.33	7.10	1.74
160.62	87.17	1.30	137.02	39.90	1.55	65.66	10.77	1.72
185.63	101.54	1.29	158.16	46.98	1.54	79.16	14.57	1.69
203.72	111.80	1.29	173.43	51.93	1.54	99.56	19.54	1.67
219.95	120.65	1.29	187.24	56.03	1.54	130.54	25.54	1.67
231.25	126.42	1.29	197.01	58.56	1.54	161.02	30.48	1.68
227.72	124.50	1.29	194.02	57.67	1.54	162.61	30.71	1.68
212.68	116.77	1.29	181.02	54.25	1.54	133.16	26.05	1.67
196.32	107.77	1.29	167.16	50.08	1.54	101.52	20.05	1.67
179.61	98.46	1.29	152.92	45.61	1.54	80.06	14.98	1.68
163.22	88.00	1.30	139.49	40.10	1.55	65.77	11.03	1.71
121.37	64.33	1.31	104.10	28.78	1.57	47.13	7.22	1.73

按杠杆原理计算的偏载放大系数　　表 7-3

活载大小	4 列汽超—20	2 列汽超—20	挂—120
平面模型	1.325	1.602	1.656
空间模型	1.295	1.547	1.693

三、主拱、系梁、横梁受力性质

灌注拱肋混凝土阶段，现浇混凝土将在拱脚到拱肋 $l/3$ 截面之间产生面内负弯矩，而拱顶将承受面内正弯矩。拱肋面外弯矩全部传递给端横梁，而在拱脚到斜撑之间由于没有横撑的约束将具有较大面外弯矩。拱肋中的面外弯矩将大部分转化为斜撑中的扭矩。与先灌注一根拱肋的混凝土相比，同时灌注双肋混凝土时，系梁和端横梁基本不受扭矩，并可以显著改善拱肋受力。图 7-19 为同时灌注双拱肋混凝土时的结构内力分布图。

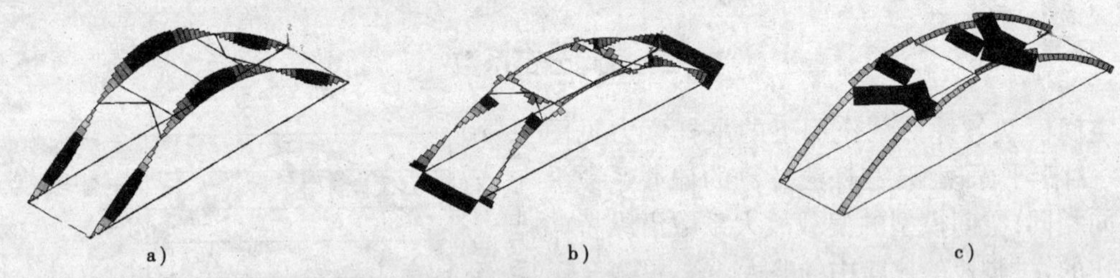

图 7-19　灌注拱肋混凝土阶段结构内力分布

a)面内弯矩分布图；b)面外弯矩分布图；c)扭矩分布图

安装吊杆横梁阶段，施工中的吊杆横梁自重将在系梁中产生很大的扭矩，并将转化为端横梁的面内弯矩和拱肋的扭矩和面外弯矩。但由于端横梁的抗弯刚度是系梁抗扭刚度的 3.90 倍，拱肋抗扭刚度的 8.72 倍，因此端横梁将承担几乎全部的系梁扭矩，而拱肋基本不受影响，即拱肋扭矩和面外弯矩都很小。安装吊杆横梁阶段在结构中产生的扭矩、面外弯矩和面内弯矩见图 7-20。

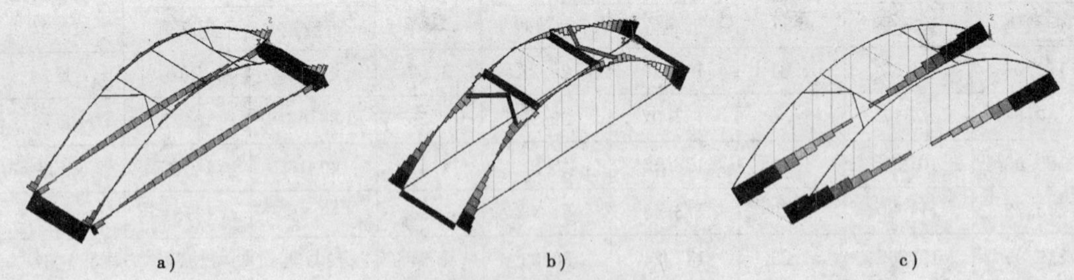

图 7-20　安装吊杆横梁阶段内力分布图

a)面内弯矩图；b)面外弯矩分布图；c)扭矩分布图

成桥后，吊杆横梁与桥道系参与了荷载分配也承担了系梁的部分扭矩。拱脚处系梁扭矩沿纵桥向的影响线近似为三次抛物线，荷载作用在跨中时产生的扭矩最大。由于桥面结构参与荷载分配，系梁扭矩虽与活载到系梁轴线的距离有关，但并不是简单的力与距离相乘。当活载距离从 1m 增大到 2m 时，系梁扭矩增大约 35%。

由于吊杆横梁的抗弯刚度为系梁抗扭刚度的 14.4%，因此在吊杆横梁自重和桥面系重量作用下，吊杆横梁的受力形式类似于简支梁，见图 7-21。与平面模型不同，当汽车作用在吊杆横梁时，车轮作用范围内的吊杆横梁受力性质界于简支梁和固端梁之间，而其他吊杆横梁受力很小，如图 7-22 所示。由于端横梁的抗弯刚度远大于系梁和拱肋的抗扭刚度，因此在施工阶段和成桥阶段，端横梁将承担几乎全部的系梁扭矩而在端部产生较大的正弯矩。而平面模型中将端横梁看作双伸臂的简支梁，端横梁支点截面具有负弯矩，见图 7-23。

图 7-21　横梁恒载面内弯矩　　图 7-22　吊杆横梁活载面内弯矩图　　图 7-23　端横梁恒载面内弯矩

因此，对于吊杆横梁，设计时可以偏保守地按简支梁验算跨中正弯矩，并按固端梁验算端部汽车负弯矩，而对于端横梁应注意由系梁传递上来的扭矩而产生的面内正弯矩。

四、结构空间第一类弹性稳定分析

由于系梁预应力将在拱肋中产生轴压力，对结构的第一类稳定系数有一定的影响。在各施工阶段其影响程度不同，主要是与荷载在拱肋中产生的轴压力有关，在成桥阶段其影响最小。

灌注拱肋混凝土阶段，失稳模态均为拱肋面外半波正弦失稳。与只设直撑管的结构相比，当设置有两个 K 撑中的斜撑时，拱肋变形将发生稍微变化(见图 7-24)，同时可以显著提高结构稳定系数。设置有全部横撑(有斜撑)的稳定系数比只设置三根直撑管的高约 60%。

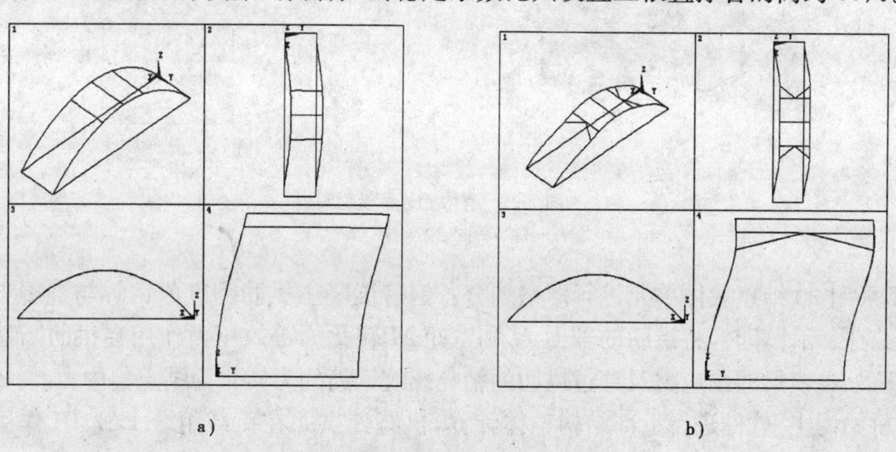

a)　　b)

图 7-24　灌注拱肋混凝土阶段失稳模态

a)三根直撑管模型；b)全部横撑模型

安装吊杆横梁阶段，若无系梁安装支架时，结构失稳模态将由拱肋面外半波正弦转变为拱肋面外正弦全波失稳形式，见图 7-25。系梁安装支架可提高结构稳定系数 30%左右，且当横撑越弱时，其贡献越大。

拱肋的弹性一类稳定系数主要与拱肋的轴压力水平有关，施工中系梁施加的预应力将有一小部分由拱来承担，增大了拱的压力降低了拱的弹性一类稳定系数，但降低幅度不大，均小于 6%。成桥阶段预应力对拱肋第一类弹性稳定的影响更小，可以忽略不计。

成桥阶段在恒载以及与活载共同作用下，结构失稳模态均为拱肋面外正弦波失稳形式，见

图 7-26。恒载作用下稳定系数为 6.398，与活载共同作用时，最小稳定系数为 5.215。

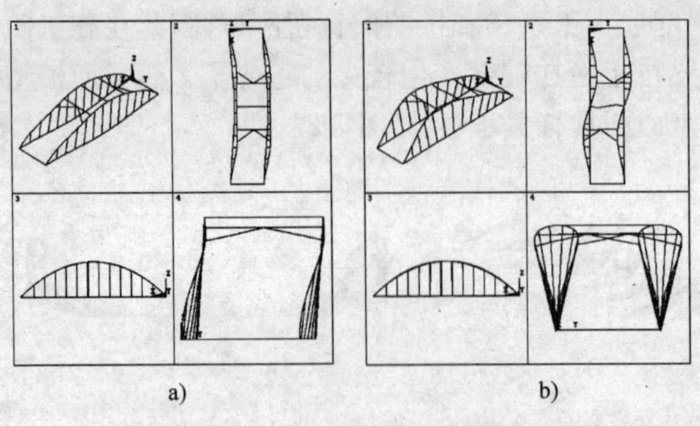

a)　　b)

图 7-25　安装吊杆横梁阶段失稳模态

a)有系梁安装支架；b)无系梁安装支架

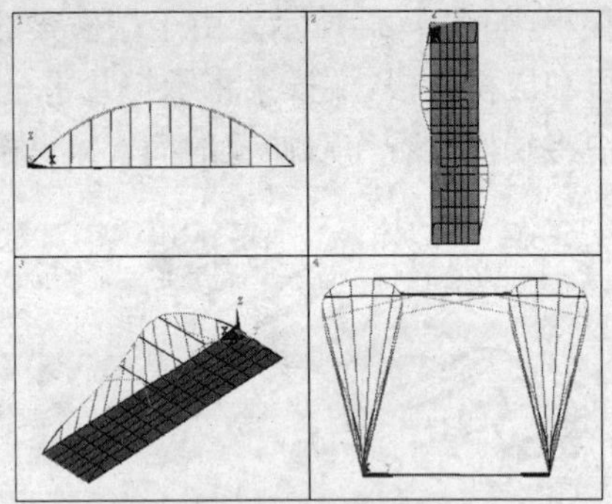

图 7-26　成桥阶段失稳模态

五、拱脚结点受力分析

1.有限元计算模型

有限元计算根据设计图纸进行建模，模型包括：8m 长的拱肋，拱脚结点实体部分，3.25m 长的系杆梁，4m 长的端横梁。有限元模型加载情况及边界条件，见图 7-27。

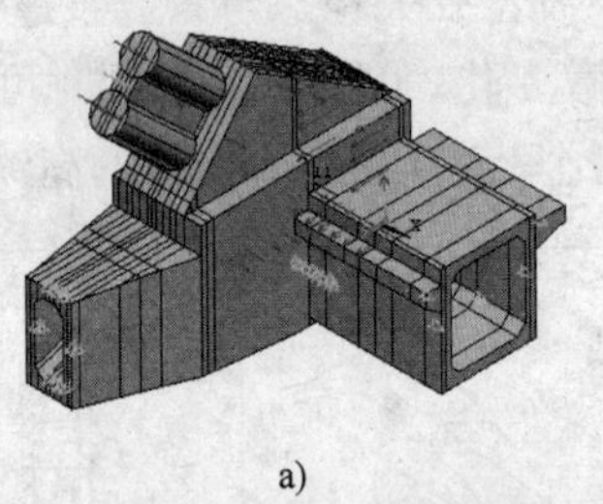

a)

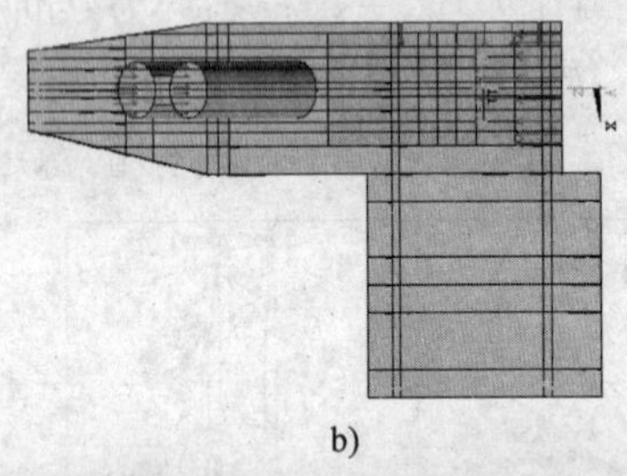

b)

图 7-27　有限元计算模型

a)空间；b)平面

模型采用 20 结点块体单元进行网格划分。钢管混凝土拱肋刚度取钢管与混凝土刚度直接相加。有限元计算时，将拱肋的轴力 N 和弯矩 M 转化为等效压力作用在拱肋断面各单元上。系杆梁、端横梁的预应力及穿过拱肋的精扎螺纹钢筋的力转化为结点集中力。

用“桥梁博士”软件进行上部结构整体计算，拱脚处拱肋在荷载组合 I、II、III 作用下的弯矩均为负值，即拱腹受压，拱背受拉，轴力则均为压力且变化不大。剪力相对于弯矩和轴力来讲相对较小，不起控制作用。经分析，取拱肋内力 N_{max}、N_{min}、M_{max}、M_{min} 的四种工况作为拱脚结点的荷载工况，见表 7-4。

计 算 工 况 表　　表 7-4

工况	轴力 N(kN)	剪力 V(kN)	弯矩 M(kN·m)
工况 1—N_{max}	23 670	333.7	−2 570
工况 2—N_{min}	13 220	116.1	−1 952
工况 3—M_{max}	17 480	171.7	−345.1
工况 4—M_{min}	22 650	378.8	−3 486

对工况 1 进行了三种情况的分析：无精轧螺纹钢作用时，命名为工况 1-1；有精轧螺纹钢作用时，命名为工况 1-2；边界条件改变时，命名为工况 1-3。

2. 整体模型应力计算结果分析

通过分析比较四种工况作用下拱脚结点应力的计算结果发现，拱肋内力的变化主要影响拱肋与拱脚结点相连处和支座处的局部应力，但应力值变化不大，且不影响受力规律。系杆梁、端横梁和拱脚结点均采用 C50 混凝土，其抗压设计强度为 28.5MPa，抗拉设计强度为 2.45MPa。计算中主应力以拉应力为正，压应力为负，三个主应力按大小排序为 $\sigma_1 > \sigma_2 > \sigma_3$。因为混凝土材料抗压强度高而抗拉强度低，因此对混凝土区域主要研究第一主应力 σ_1 和第三主应力 σ_3。

计算结果表明，拱脚结点内部的应力不大。应力值较大的均出现在拱肋、系杆梁与结点相接处和支座、预应力锚点处，它们是由应力集中现象引起的，其中以预应力锚点处的应力集中现象最为明显，因为在有限元模型计算中，预应力值是等效成单个节点集中力作用在计算模型上，而实际结构中锚头下有锚垫板、钢筋网片等分散应力的措施，因此应力集中现象不会象有限元分析中所表现的那么突出。郑州黄河公路二桥主桥的预应力均采用工厂定型产品，施工图设计时从构造上满足这些产品的技术要求，因此，预应力锚点处的应力满足要求。

用于包住拱肋的后浇混凝土，由于拱肋的力要逐渐传给结点混凝土，因此此处应力集中现象也比较明显，混凝土的应力较大，有超出混凝土设计强度的应力存在。此外，在拱肋与拱脚结点相交处，应力等值线密集，也有超出混凝土设计强度的应力存在。建议后浇混凝土采用钢钎维混凝土，提高其抗拉和抗裂能力。施工中应加强质量保证措施。

3. 主应力迹线

主应力迹线图是空间结构应力分析的主要内容之一。从图 7-28、图 7-29 工况 1-1 和工况 1-2 纵截面 3 的主应力迹线来看，精轧螺纹钢对拱脚结点的主应力迹线规律影响很小，精轧螺纹钢仅对其预应力施加处的局部受力有一定的影响，对结点内部的受力影响不大。其他各工况的分析结果与工况 1 基本相同，因此精轧螺纹钢对改善结点受力作用不大。

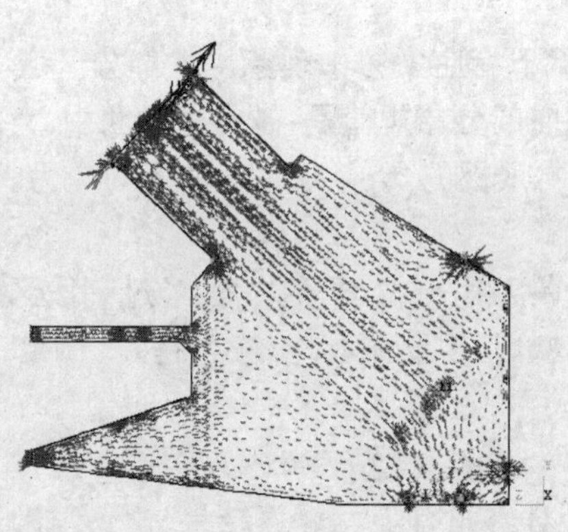

图 7-28　工况 1-1 纵截面 3 主应力迹线图（无精扎螺纹钢）

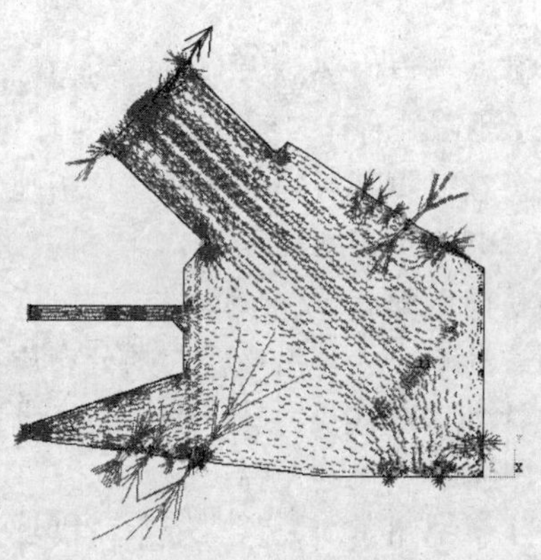

图 7-29　工况 1-2 纵截面 3 主应力迹线图（有精扎螺纹钢）

从图中还可以看出，拱肋、系杆梁和拱脚结点在纵桥向主要以第三主应力为主（即压应力）。拱肋受力以轴力为主，弯矩和剪力是次要的。拱肋的应力以压应力为主且沿拱肋变化不大。压应力迹线沿拱肋向拱脚结点传递，应力值逐渐减小。拱肋轴力的垂直分力由支座反力平衡，因此支座反力的主应力迹线指向拱肋端部并与拱肋主应力迹线相接，形成从拱肋至支座的主压应力迹线流，它构成了拱脚结点最主要部分。

拱肋轴力的水平分力由系杆预应力平衡。由于系杆梁预应力大于拱肋轴力的水平分力，因此拱脚处的系杆梁处于受压状态，因此系杆梁中的主应力迹线也为第三主应力(压应力)。预应力锚固点成为主应力迹线相交的地方，其中1号预应力索(弯起致结点的斜面上锚固)和靠近支座处的预应力索锚固处主应力迹线相交的现象较为明显。

4. 纵桥向截面应力

对纵桥向截面主要研究沿纵桥(σ_z)向和竖向(σ_y)的正应力，应力的分布通过应力云图和应力等值面图来表示。图中SX表示σ_x，SY表示σ_y，SZ表示σ_z，S1表示σ_1，S3表示σ_3。这里仅列出工况1纵截面2的应力云图，以说明问题。

由图7-30中可见，在集中力作用点周围(如预应力、精轧螺纹钢筋锚点下，支座处及拱肋与结点交接的地方)等值线密集外，其余区域，应力较小，等值线稀疏。纵桥向截面，σ_z(纵桥向应力)的数值大于σ_y(竖直方向)的数值，因此σ_z是主要应力，σ_y是次要应力，其应力云图与第三主应力σ_3(主压应力)的云图相近。

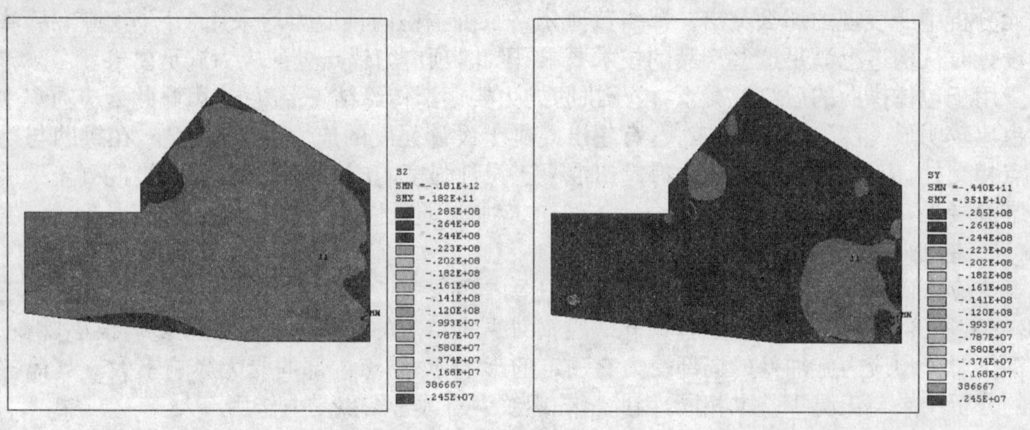

图7-30 纵截面2应力云图

σ_z其在结点内部应力分布较均匀，而在预应力锚点下有应力集中现象。大部分区域σ_z均小于7.87MPa，而且多数都只有1～4MPa。σ_z沿横桥向的分布规律是：越靠近拱肋中心线，应力越大。在拱脚结点处的系杆梁顶板比底板薄弱，因此顶板的σ_z应力大于底板的应力，压应力在－6.98～－17.8MPa。

纵桥向截面σ_y分布不均匀，越接近支座、拱肋与结点相交处，σ_y较大，但经过一段区域的扩散后逐渐减小。σ_y沿横桥向的分布规律同σ_z，也是越靠近拱肋中心线，应力越大。从以上分析可见，除应力集中区域外，应力满足设计要求。

5. 拱脚节点三维光弹试验

为了解郑州黄河公路二桥主桥拱脚节点的受力并对空间有限元计算结果进行复核，进行了三维光弹试验。光弹模型的几何比例为1/60，按照结构设计图制作，包括所有的倒角。光弹试验模型见图7-31。实际荷载/试验荷载的比例取150 000：1。

各工况的等色线基本分布规律一致，如图7-32所示。它表明各工况应力分布规律基本一致，主要处于受压状态，拱脚结点结构总体受力合理。在预应力锚下，支座处以及拱肋与结点相交处，等色线密集，有应力集中现象，而结点内部等色线稀疏，应力较小。

光弹试验的主应力迹线(图7-33)与有限元模型计算的主应力迹线规律一致。试验测得的应力见图7-34，应力单位为MPa，拉应力为正值，压应力为负值。锚块受力点均出现应力集中现象，数值达－7～－9MPa。固结点中部大部分区域应力比较小，小于4MPa。系杆梁顶板压应力比较大，尤其是与固结点连接的顶板上部部位，压应力达－9.6MPa。顶板下部部位由于合理的倒角结构，压应力降至－5.7MPa。在拱肋最大轴力工况下，固结区大部区域承受压应力，固结区靠近系杆梁的区域有局部受拉，数值比较小，最大为1.5MPa。拱肋最大轴力作用在固结区表面，因挤压产生局部拉应力比较大，数值达2.8～3.9MPa。

图7-31 郑州黄河公路二桥主桥结点光弹试验模型

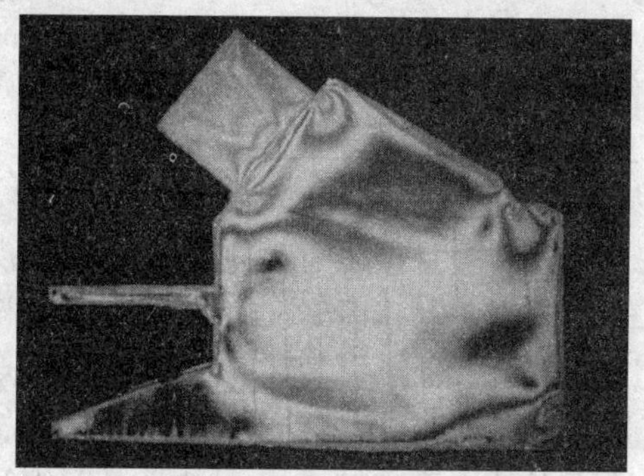

图7-32 郑州黄河公路二桥主桥结点等色线图

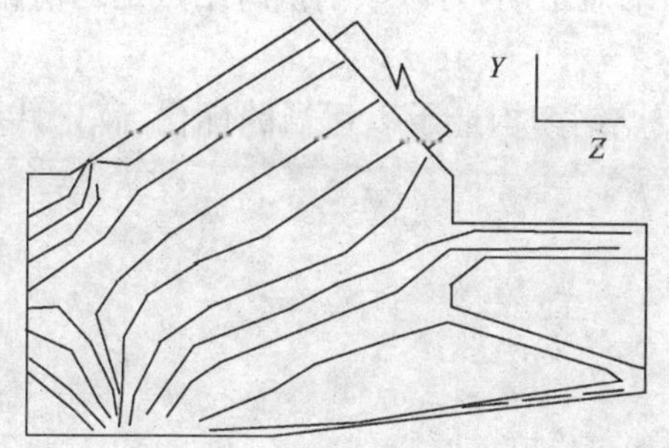

图7-33 郑州黄河公路二桥主桥结点主应力迹线

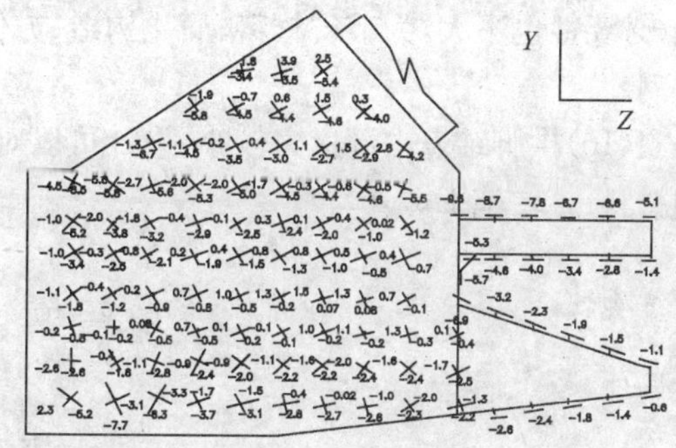

图7-34 郑州黄河公路二桥主桥结点主应力

σ_z 基本为压应力，只有个别点为拉应力，但数值较小。在预应力锚点下 σ_z 应力较大，达5.1MPa，其在结点内部应力分布较均匀，数值不大。纵桥向截面 σ_y 分布不均匀，越接近支座、拱肋与结点相交处，σ_y 较大，但经过一段区域的扩散后逐渐减小。

6.有限元计算与三维光弹试验的研究主要结果

(1)光弹试验与有限元计算结果的对比分析表明，二者的分析结果应力分布规律一致，应力数值量级相符，从而相互证明了结果的正确性。

(2)光弹试验与有限元计算结果都说明，吊杆对系杆梁的竖向约束和对拱脚结点的受力影响不大，可以忽略。

(3)光弹试验与有限元计算结果有些应力有比较大的出入，这主要是由于试验误差所致，因此这一部分以有限元计算结果为主。

(4)光弹试验与有限元计算结果均表明拱脚结点以受压为主。在纵桥向，拱肋轴力的垂直分力由支座反力平衡，因此支座反力的主应力迹线指向拱肋端部并与拱肋主应力迹线相接，形成从拱肋至支座的主压应力迹线流，它构成了拱脚结点受力的最主要特征。拱肋轴力的水平分力由系杆预应力平衡，由于系杆梁预应力大于拱肋轴力的水平分力，因此拱脚处的系杆梁处于受压状态。横桥向也以受压为主。拱脚结点内部应力不大且分布较为均匀。因此，从整体上来说，结构的受力是合理的。

(5)应力值较大的均出现在拱肋、系杆梁与结点相接处和支座、预应力锚点处，它们是由应力集中现象引起的，其中以预应力锚点处的应力集中现象最为明显。实际结构中锚头下有锚垫板、钢筋网片等分散应力的措施，应力集中现象不会像计算分析中那么突出，但这一部分仍是拱脚结点受力的最重要部分，施工中要保证这一部分的施工质量。

(6)纵桥向的正应力 σ_z 在结点内部分布较均匀，而在预应力锚点下有应力集中现象。大部分区域 σ_z 均小于 7.87MPa，而且多数都只有 1～4MPa。竖向正应力 σ_y 分布不均匀，越接近支座、拱肋与结点相交处，σ_y 较大，但经过一段区域的扩散后逐渐减小。σ_y、σ_z 沿横桥向的分布规律是越靠近拱肋中心线，应力越大。

(7)用于包住拱肋的后浇混凝土，由于拱肋的力要逐渐传给结点混凝土，因此此处应力集中现象也比较明显，混凝土的应力较大，有超出混凝土设计强度的应力存在。后浇混凝土可以采用钢钎维混凝土，提高其抗拉和抗裂能力。施工中应采取措施保证其质量。

(8)系杆梁与结点交接处刚度突变，有超出混凝土设计强度的拉应力存在，但这是局部应力，而且拉应力衰减较快，设计中此处有钢筋网加强，满足要求。

(9)光弹试验与有限元计算结果均表明，精轧螺纹钢预应力较小，对改善结点受力作用不大、必要性也不大，为节省材料、简化构造、方便施工、缩短工期，可以取消拱脚结点处的精轧螺纹钢。

(10)拱脚结点内部应力较小，设计可以对拱脚结点钢筋构造予以适当的优化、简化，以节约材料、方便施工。

第四节 施　　工

一、施工方法概述

黄河是季节性较强的河流，洪水期与枯水期流量相差很大，受黄土高原的影响，河水含有大量泥沙，冲刷剧烈，主河槽经常改变。针对黄河的水文特点，施工前期进行了多种施工方案的比选，确定了“双线施工栈桥加跨墩龙门吊机”的总体施工方案，即在黄河主河槽上架设施工栈桥，在施工栈桥上拼装大型跨墩龙门吊机，利用龙门吊机进行大型构件的吊装作业。端横梁与拱脚结点采用支架现浇，预应力系梁采用预制、少支架安装，然后是钢管拱肋安装和管内混凝土灌注，最后完成中横梁、桥面板及附属设施。全桥施工步骤如下：

(1)测量放样。

(2)修建临时栈桥、墩位平台，施工桩基、承台和墩身。

(3)下部与基础施工的同时，工厂制作钢管拱肋节段、厂内防腐处理，并陆续运至现场。开始预制系梁节段、预制吊杆横梁并张拉第一根横梁预应力束、预制面板。

(4)架设上部结构吊装用跨墩式龙门吊或其他吊装设备。

(5)搭设端横梁和拱脚段系梁现浇支架和系梁安装支架，现浇端横梁和拱脚段拱肋、拱脚段系梁。

(6)进行系梁的分节吊装，系梁安置在支架上，现浇系梁湿接头形成整体。第一次张拉部分系梁预应力束。

(7)第一次张拉端横梁部分预应力束。

(8)搭设拱肋吊装支架，吊装拱肋、横撑，焊接拱肋、横撑接头、拱肋合拢。安装避雷针。拆除拱肋临时支架，形成钢管肋拱。

(9)泵送钢管内混凝土，形成钢管混凝土拱肋。

(10)第二次张拉部分系梁预应力束。

(11)安装吊杆、进行吊杆第一次索力调整，并拆除系梁临时支架，形成系杆拱。

(12)安装横梁，现浇横梁与系梁的湿接头，张拉横梁预应力束，使横梁与系梁固结。

(13)第三次张拉部分系梁预应力束。安装桥面板。

(14)进行吊杆第二次索力调整。

(15)铺装桥面混凝土现浇层的钢筋网，现浇桥面混凝土。安装桥面防撞护栏。

(16)第三次调整吊杆索力，并通过吊杆调整桥面高程。

(17)张拉端横梁其余预应力束，并封闭预应力钢束锚头。

(18)张拉拱脚竖向预应力钢筋，并封闭锚头。

(19)安装桥面伸缩缝、封闭所有吊杆锚头、拱圈及横撑的表面整饰处理，安装灯光照明设施等。

二、主要施工工序

1. 栈桥、龙门吊机施工

施工栈桥为双侧栈桥，每侧长 970m，上、下游侧栈桥中线距主桥中线均为 31m。栈桥上部结构由拆装式万能杆件组拼成再分型上承桁架，桁架宽 6m，跨度 14m，栈桥共分三联，每联按设计要求设制动墩，联与联之间设伸缩缝。上游侧栈桥龙门吊机跨距内桥面设 2m 轨距的运输轨道，满足改良型运输车辆的通行，龙门吊机跨距外悬挑载重 5t 以下 4m 宽的汽车运输道。下游侧在龙门吊机跨距内设重载汽车运输道。基础为 ϕ40cm 钢管桩，每墩设单排桩 3 根，根据水文地质资料确定单根桩长平均 25m，平均入土深度 16m，单桩设计允许承载力 570kN。桩顶设分配梁与栈桥主梁连接。主桥每跨间设简易横向连接系，连接系杆梁和拱肋安装支架，使施工栈桥、钻孔桩施工平台、系杆梁支架连为整体大平台，增强抗击洪水和流冰的冲击能力。

栈桥施工时，由 RT745－型轮胎和 PD－100 履带式起重机协助，用 DZ－60 振动打桩机首先在岸边插打第一排钢轨桩，吊装第一片主梁。在伸臂端安装导向架，逐根插打 ϕ40cm 钢管桩，然后拆除导向架，悬臂吊装栈桥主梁。起顶主梁使其稍高于设计高程，塞入桩垫和分配梁后连接固定。吊机走行到下一排支墩顶主梁上站位，重复上述步骤延伸栈桥。

600kN 跨桥龙门吊机是施工垂直提升的关键设备，根据施工需要，共配置一高一低两台。高龙门吊机计算跨度 66m，净跨 64.8m，净高 47m，提升高度 43m。低龙门吊机计算跨度与高龙门相同，施工净高为 24m，提升高度 20m。由于龙门吊杆在栈桥上走行，使用性能必须满足顺桥向移动轨距在±200mm 以内的变化，满足不均匀沉陷在±100mm 以内的变化，必须满足吊重 500kN 走行 800mm 的要求，并要求自重控制在 200t 以内。

龙门吊机构造：主梁由三个高 2.9m、宽 1.8m 的倒三角形桁架组成一个高 5.8m、宽 3.9m (0.3m 为弦杆宽)的倒三角形空间桁架。桁架弦杆、腹杆和平联均用 Q235 型钢及钢板组焊而成。在下弦杆两侧设 8 根 ϕ15.24、标准强度 1 860MPa 的钢绞线体外预应力；吊机支腿共 4 条，每条 51m，变截面矩形桁架。主梁每端两条支腿呈八字型扒开，上端与梁固结，下端与走行台车铰结，同一端两走行台车中心距 28m，两条支腿通过平联、地梁及剪刀撑连成一体；龙门吊机天车为吊挂式，上平台在主梁外侧弦杆上走行，下平台上设置提升卷扬机系统。龙门吊机见

图 7-35。

2. 拱座、端横梁与系杆梁施工

拱座与端横梁均采用支架现浇。支架基础的一部分利用已浇注成型的主体结构承台，另一部分为扩大基础或桩基础。支架立柱用钢管柱或万能杆件格构式柱，上面安装砂箱。支架平台利用 64 式军用梁搭设。

施工前，模拟混凝土灌注进行压重试验，得出预留变形量，指导后续施工。施工过程中，预留有支架基础沉降量和平台下挠量。

图 7-35　郑州黄河公路二桥主桥施工龙门吊机照片

拱座部分设有拱肋顶埋段和型钢定位骨架，施工过程中，严格控制型钢骨架和拱肋预埋段的位置，并且牢固定位。同时，预留因支架变形和基础沉降引起的拱肋预埋段的偏差，以满足拱肋接装精度要求。

单根系杆梁分八片预制，每两片组成一个箱形断面。安装系杆梁前，在每个纵向接头部位搭设临时支架，并进行压重试验，得出沉降数据，指导施工。安装完成后，现浇纵、横向湿接缝，与拱座一起形成整体(见图 7-36)。

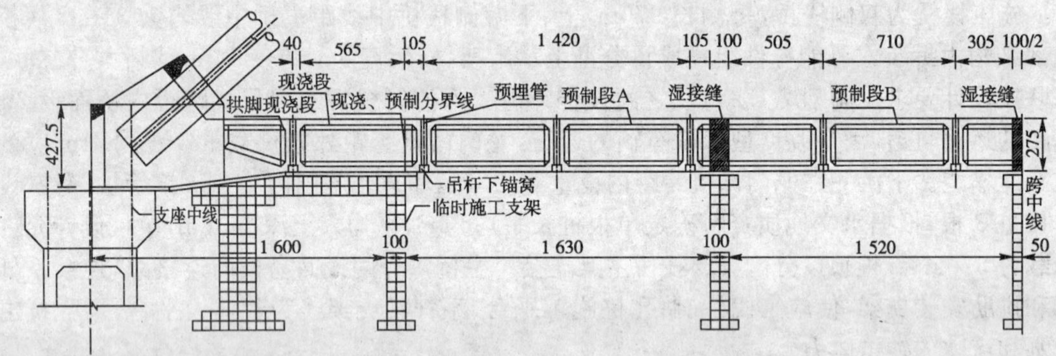

图 7-36　郑州黄河公路二桥纵梁安装示意图(单位：cm)

3. 钢管拱肋安装

钢管拱肋在工厂制造，共分 5 段，其中拱脚预埋段在系杆梁中，在该段系梁现浇前埋入，其余三段为吊装。拱肋钢管壁厚为 16mm，由螺旋钢管用自动焊对接形成 10～12m 长的单元直管，按平面放线坐标，加上预设拱度、温度变形值、弹性变形量(回弹量)制作热弯胎具，在工厂内采用陶瓷片加热法将单元管节按修正后的悬链拱轴线形进行热弯。腹板采用数控切割机床，按修正后悬链拱轴线精密下料，预制对接坡口，在工厂内进行分节段单元平面组装，焊接尽量采用自动化，确保节段匹配成型精度及控制焊接变形。横撑拼装接头及长度在工厂内采用仿形数控切割完成，并预留适当的焊接变形收缩量。将修正后悬链拱轴线形模拟拼装与对接，将主拱分成三等分，每等分采用临时连接板连接，并刨好坡口，预留焊接收缩量，存放于工地胎架上。

当系杆梁施工完毕后，自系杆梁顶面安装支架，采用支架精确定位、龙门吊机吊装就位、内法兰连接的方法分阶段将运输来的各段拱肋进行安装就位。拱肋安装完毕后，泵送管内混凝土。

4. 吊杆索安装

吊杆索采用卷扬机牵引法安装，安装前，搭好脚手平台，安装好转向滑车支架。安装时，将 15kN 调速卷扬机牵引钢丝绳通过上下索导管口与吊杆索锚头连接，启动卷扬机将索从系杆梁预埋索道管穿入，从拱肋索导管穿出，用半圆形垫片卡住上锚头，转换吊点，同时安装上、下球形支座和支承大螺母。待拱肋混凝土浇筑完成并达到一定的强度后，按设计要求张拉吊杆索预应力。

主桥施工照片见图 7-37。

图 7-37　郑州黄河公路二桥主桥施工照片

参考文献

[1] Wei-Zhong Zhang, Bao-Chun Chen, Wen-Jin Huang. Design of the Second Highway Bridge over Yellow River In Zhengzhou. China. Proceedings Of The Fourth International Conference on Arch Bridge, 17-19, Nov. 2004, Barcelona, Spain, 531—53

[2] 孙潮，陈宝春，张伟中，汤意，陈友杰，陈日齐. 钢管混凝土拱梁组合桥拱脚结点应力分析. 福州大学学报(自然科学版)，32(2)，2003 年 4 月，195-200

[3] 孙潮，陈宝春，张伟中，汤意，陈友杰，黄文金. 钢管混凝土系杆拱桥空间效应分析. 福建工程学院学报，2004 年 3 月，2(1)，17-22

[4] 汤意. 郑州黄河公路二桥设计. 交通标准化，2006 年 4 月

[5] 谢志伟，王雄. 郑州黄河二桥钢管拱防腐设计与施工. 中国科技信息，2005 年 5 月

[6] 陈宝春，张伟中，汤意. 中空夹层钢管混凝土无风撑拱桥的设计构思. 中国公路学会桥梁和结构工程学会 2006 年全国桥梁学术会议论文集，人民交通出版社，2006：229-234

[7] 崔国喜. 郑州黄河公路二桥主桥稳定性分析. 河南科学，2004 年 5 月

第八章　兰州雁滩黄河大桥

第一节　概　　况

一、桥梁总体设计

雁滩黄河大桥(原名雁盐黄河大桥)是连接兰州市区黄河两岸雁滩和盐场堡的一座城市桥梁，也是兰州市规划建设中重要的过境交通桥梁。该桥西起盐场路，上跨北滨河路、黄河、南滨河路、天水北路，东接雁滩路。作为兰州市北滨河路东、西段工程的关键性工程，列入兰州市"十五计划"基础设施重点项目，利用国债资金建设。

雁滩黄河大桥全长816m(原设计791m)，其中主桥长为301m，西引桥长75m，东引桥长440m。本桥按双向4车道设计，并通行非机动车和人行。桥面总宽为31m，为三块板断面，西引桥总宽为31m，东引桥由跨线桥和两侧辅道组成，跨线桥宽为16m，只通行机动车辆，两侧辅道各宽10.75m，东引桥总宽为38～16m。该桥主桥结构为下承式三跨连续钢管混凝土刚架系杆拱桥，跨径为87m＋127m＋87m，矢跨比1/5，中、边矢高分别为25.4m和17.0m，桥型总体布置图见图8-1。引桥结构为钢筋混凝土箱型连续梁，西引桥三跨(3×25m)一联，东引桥共四联，跨径分20m和25m两种。

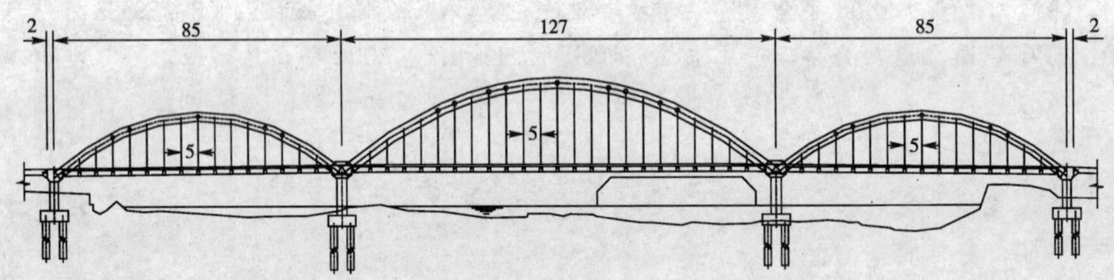

图8-1　兰州雁滩黄河大桥桥型总体布置图(单位:m)

二、桥型方案比较

本桥在可行性研究论证阶段提出了5个桥型方案。方案一为150m＋150m两跨钢管混凝土桁架系杆拱桥，方案二为90m＋90m＋90m三跨钢管混凝土系杆拱桥，方案三为119m＋119m两跨独塔双索面斜拉桥，方案四为75m＋150m＋75m三跨双塔双索面斜拉桥，方案五为55m＋2×90m＋55m四跨连续刚构。在方案审查阶段，大家认为兰州是有名的"桥乡"，黄河上的桥梁要做到"一桥一景"，同时还要体现时代特征。方案三与已建银滩黄河大桥(130m＋130m独塔斜拉桥)很相似而被淘汰；方案一为两跨结构，主桥中心不突出，不符合传统审美观念而被淘汰。在初步设计阶段经过优化重新提出了3个桥型方案，方案A为87m＋127m＋87m三跨钢管混凝土系杆拱桥，此方案与方案二相比，加大了中跨，突出了中心，使桥型更加美观；方案 B 为 94m＋147m＋60m 三跨双塔子母斜拉桥，此方案同方案四相比，更符合地形和通航条件，造型独特，与周围环境相协调；方案 C 为 79.5m(西岸)＋142m ＋79.5m(东岸) 三跨连续刚构。最终钢管混凝土拱桥因结构轻巧、新颖，桥型美观，节省投资，方便施工成为推荐方案。

引桥设计中提出了 25m 简支空心板梁、25m 简支 T 梁、40m 简支箱梁、25m 预应力混凝土连续梁、25m 钢筋混凝土连续梁 5 种方案。25m 空心板梁和 25m 简支 T 梁受跨越斜交道路限制及与主桥线形协调困难而放弃，40m 简支箱梁梁高较高，致使通行非机动车的引桥纵坡超过 2.5%被淘汰。25m 跨径的预应力混凝土连续梁和钢筋混凝土连续梁均能满足受力要求，钢筋混凝土连续梁因施工简单、费用低而被采用。西引桥分跨为 3×25m，东引桥共四联，其分跨为 5×25m(第一联)＋2×20m ＋3×25m(第二联)＋5×25m(第三联)＋3×25m(第四联)。

三、主要技术标准

(1)设计荷载：汽车—超 20 级，验算荷载：挂车—120 级，管线荷载：二道 ϕ400mm 上水管，一道 ϕ500mm 热力管—50kN/m，人群荷载 3.5kN/m^2。

(2)桥面宽度：31m。桥面布置为：2.75(人行道)＋3.5(非机动车道)＋1.75(分隔带)＋15(机动车道)＋1.75(分隔带)＋3.5(非机动车道)＋2.75(人行道)。双向四车道。

(3)纵坡：2%。

(4)桥面横坡：1.5%(双面坡)。

(5)设计洪水：设计洪水频率为百年一遇。设计流量 6 500m^3/s，设计水位 1 514.5m。

(6)通航净空：通航标准为黄河 V 级航道。

(7)道路等级：城市 I 级主干道。

(8)抗震设防：按地震基本烈度 8 度设计。

四、大桥建设简介

雁盐黄河大桥业主为兰州市城市基础设施投资公司，委托兰州市三桥建设指挥部技术监管。本工程由兰州市城市建设设计院设计，中铁四局施工，铁道第一设计院铁成监理有限公司监理，兰州交通大学承担试验与施工监控。大桥于 2001 年 1 月 21 日开工，2003 年 12 月竣工通车。建成后的大桥见图 8-2。

图 8-2　雁滩黄河大桥成桥夜景照片图

兰州雁滩黄河大桥是国内下承式连续刚架系杆拱桥中主跨(127m)最大的桥梁。该项目荣获 2005 年甘肃省优秀勘察设计二等奖和甘肃省百万职工技术创新成果二等奖。

雁盐黄河大桥施工被评为优良工程。大桥运行以来，使用效果良好。大桥的建成，贯通了雁滩与盐场工业区，提高了兰州市北滨河路的通行能力，缩短里程 6km，产生了显著的社会经济效益和社会效益。

大桥位于徐家山南麓，黄河转弯处，周围水面开阔、清山秀水，雄伟壮丽，犹如一道彩虹横跨黄河，与美丽的徐家山融为一体，造型别致、色彩艳丽的钢管混凝土拱桥及桥头立交，为美丽的雁滩增添了一道亮丽的风景。

第二节　主桥结构与构造

一、主桥总体结构

雁盐黄河大桥主桥总体结构为下承式三跨连续钢管混凝土刚架系杆拱桥，大桥主要构造由哑铃形钢管混凝土拱肋、钢管横撑、钢绞线系杆、高强钢丝吊杆、预应力混凝土横梁、桥面一、双柱式桥墩、基础等构成。中孔拱跨径 127.0m，矢高 25.4m，矢跨比为 1/5，边孔跨径 85.0m，矢高 17.0m，矢跨比为 1/5；拱轴线为二次抛物线。桥梁横向设 2 片拱肋，间距 16.75m，中孔设 5 道横撑，拱顶为米字撑，两边各两道 K 撑，边孔设 3 道横撑，拱顶为米字撑，两边各一道 K 撑。基础采用钻孔灌注桩基础，每个桥墩下布置有 4 根桩，直径为 2.0m，桩长 40m，桩尖嵌入微风化岩石 2.0～3.0m，按嵌岩桩设计。

二、上 部 结 构

1. 拱肋

拱肋采用哑铃型断面(见图 8-3)，中孔拱肋高 3.0m，上下弦钢管为 ϕ1 200mm×14mm。边孔拱肋高 2.5m，上下弦钢管为 ϕ1 000mm×14mm。本桥设计除拱脚段外缀板腹腔内不再填充混凝土，而在拱肋每个吊杆穿过的位置设一竖向竖杆，再在竖向竖杆间等间距布设两个径向竖杆，连接拱肋上下弦杆，中孔拱肋竖向竖杆采用 ϕ800mm×14mm 钢管，径向竖杆采用 ϕ572mm×10mm 钢管，边孔拱肋竖向竖杆采用 ϕ700mm×14mm 钢管，径向竖杆采用 ϕ472mm×10mm 钢管。径向竖杆用于增大拱肋的刚度，防止钢缀板局部失稳，并能有效地传递剪力。同时，由上下弦钢管、竖管、缀板形成的错落有致的拱肋断面，增加了桥梁的美观。

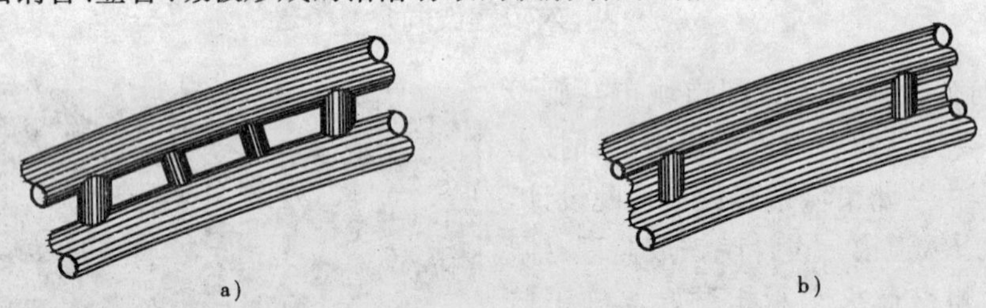

图 8-3　拱肋示意图

a)缀板安装前；b)缀板安装后，腹腔为空

2. 吊杆

全桥共设 53 对吊杆，其中中孔 23 对，边孔各 15 对，吊杆间距 5.0m。吊杆由 109 丝 ϕ7 mm高强低松弛镀锌钢丝构成，钢丝相互平行顺直并拢，经大节距扭绞、饶包，并在外挤双层高密度聚乙烯，外套不锈钢管，钢管内灌注黄油，以保护钢丝。吊杆上端固定于拱背，下端固定于桥面系横梁，当温度发生变化时，上端沿拱背发生曲线变位，下端则发生水平变位，上下端产生错位，从而在上下两端固定处因局部挠曲而产生附加应力。在跨中此附加应力较小，越靠近拱脚方向吊杆上下端的错位越大，附加应力也就越大。而且靠近拱脚方向的短吊杆，由于桥面变位较大，而吊杆长度较少，锚头也会因吊杆倾斜发生较大转角，引起锚头使用寿命的降低。因此，对靠近拱脚的短吊杆，必须进行特殊处理，使其有较大的容许转角变位。本桥设计中，对于每跨靠近拱脚方向的两根短吊杆，在其上锚头均设置了允许锚头自由转动的弧形垫板，它可

以消除附加应力，同时保证锚头不因错位而受蹩。

3. 系杆

系杆是刚架系杆拱桥的重要受力构件，是整座桥梁的生命线，直接影响桥梁的整体安全。该桥系杆采用环氧树脂喷涂钢绞线拉索，每束系杆由 19 根 ϕ_j15. 24 的高强低松弛钢绞线构成。全桥共设系杆 56 束，其中中孔 24 束，边孔各 16 束。作为体外索的系杆，存在着意外受损的可能，因此，要考虑换索的可操作性。本桥设计中系杆全采用了可整体换索的系杆，这种系杆预埋管的内径可以让锚筒通过，在换索时，锚板外预留长度的钢绞线尾部用连接器接长后张拉释放预应力，整索通过预埋管抽换。在构造上一般的作法是系杆穿过拱肋锚固在帽梁上，这种做法施工较为复杂，且预留孔削弱了拱脚截面，为此在设计中将系杆绕过拱肋分开锚固在钢拱脚两侧的帽梁上，大大改善了结构受力，方便了施工。

4. 桥面系

桥面系由吊杆悬吊着的横梁、搭设在横梁上的行车道板、桥面铺装、栏杆等构成。该桥横梁为双悬臂部分预应力混凝土箱形梁，全桥共 53 片，每片横梁长 28. 5m，跨中梁高 1. 75m，箱体宽 0. 8m，腹板厚 0. 16m，每片横梁配有 2 束 ϕ15-5 和 2 束 ϕ15-3 高强度低松弛预应力钢绞线。行车道板采用钢筋混凝土 Π 形板，高 0. 48m，顶板厚 0. 10m，全桥共设 Π 形板 958 块，Π 形板两侧露出部分钢筋，待 Π 形板安装好并绑扎好 Π 槽形板肋间钢筋和桥面铺装中的钢筋后，再整体浇注 Π 形板肋间的混凝土和 0. 10m 厚的 C50 钢纤维防水混凝土桥面铺装，以形成框架网格结构增强桥面系的整体性。

5. 纵梁

兰州市雁盐黄河大桥的设计中采用了空间钢管桁架纵梁，全桥共设两道，纵梁高 1. 0m，宽 0. 5m，桁架上下弦管采用 ϕ160×10mm 钢管，上下平联杆及腹杆采用 ϕ140×10mm 钢管。一个吊装节段内的所有杆件均采用直接电焊连接，两端与横梁上预埋的钢板焊接。整个纵梁的两端不与端横梁连接，在端横梁伸出的牛腿上设置了伸缩装置及支座。这种加劲纵梁纵向的抗弯刚度不大，计算中未考虑其参与桥面系的受力，只起到加强桥面系整体性的作用。空间钢管桁架纵梁构造轻巧美观，重量轻，施工安装方便，在节省材料、缩短工期、降低造价方面具有一定的优越性。

三、下部结构设计

根据地质勘探揭露，桥位处基岩埋层较深，以泥质砂岩为主，碎屑结构，泥质或钙质胶结，黏性大，遇水易软化，天然状态下的单轴极限抗压强度在 2. 1～2. 3MPa 之间，因此，桩基础是比较理想的基础形式。该桥基础采用钻孔灌注桩基础，每个桥墩下布置有 4 根桩，直径为2. 0m，桩长 40m，桩尖嵌入微风化岩石 2. 0～3. 0m，按嵌岩桩设计。桥墩采用钢筋混凝土双柱式桥墩，直径 3. 5m，墩高 10～12m。设计中要求桥墩的施工模板采用壁厚 t=20mm 的钢模板，钢模板不予回收，模板外表面进行了防腐涂装，形成了一种钢管加劲的混凝土组合结构。这种组合结构具有承载力高、塑性和韧性好、节省材料、施工周期短等特点，有效地提高了结构的抗震性能。计算中未考虑钢模板的作用，仅作为桥墩受力的安全储备，但事实上钢筋混凝土桥墩的抗压强度由于外部钢管环箍拉力的约束而得到了提高，桥墩的抗变形能力由于外部钢管良好的延性也得到了很大的提高，相当于钢管混凝土柱。

第三节　设计计算分析

一、静力计算

静力计算按平面杆系结构计算。计算中拱肋和桥墩采用平面梁单元，吊杆采用杆单元，而系杆则采用缆索单元。为了反映桩与地基的相互作用，桩基使用了弹性地基梁单元，其中弹性地基梁单元的弹性系数则利用《公路桥规》中的 m 法求得。

按平面杆系结构计算时，常取全结构（将几个拱肋合在一起）或一个拱肋计算内力，然后再进行荷载组合，进而进行各构件的应力和强度检算。本桥设计在内力计算时按全结构计算（输出结果为两拱肋内力之和），在荷载组合及构件的应力和强度检算时按单个构件计算。在活载计算结果中已考虑了横向分布系数的影响。

结构共被划分为 222 个单元，248 个结点。其中 1～34 号和 85～118 号单元为两边跨拱肋上的单元，35～84 号单元为中跨拱肋上的单元，119～174 号为系杆缆索单元，223～275 号为吊杆单元，175～182 号为承台上梁单元，183～198 号为墩上梁单元，199～222 号为桩基弹性地基梁单元。结构计算简图见图 8-4。

图 8-4　结构计算简图

1. 恒载

恒载计算中考虑了结构自重和系杆索的张拉力。其中自重边跨拱肋按 107kN/m 计算，中跨拱肋按 155kN/m 计算，桥面重按每吊杆 900kN（两边吊杆共 1 800kN）计算。系杆钢束每束张拉控制力边、中跨均按 1 850kN 计算，每束有效力（扣除各种应力损失）边跨和中跨均按 1 450kN计，系杆钢束有效张拉力总计（两侧拱肋全部钢束）边跨 23 200kN，中跨 34 800kN。拱肋内力计算结果如图 8-5～图 8-11 所示。

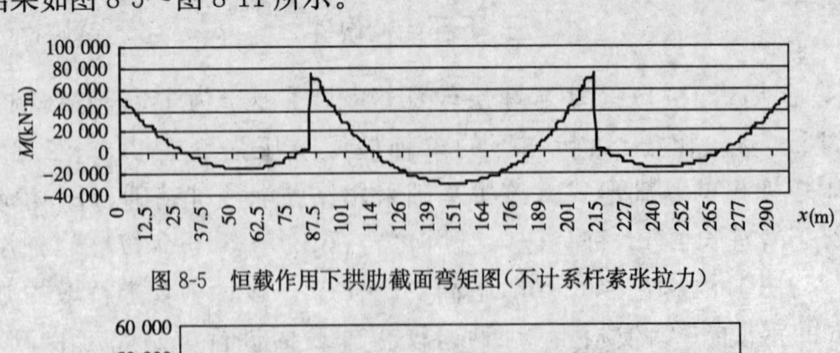

图 8-5　恒载作用下拱肋截面弯矩图（不计系杆索张拉力）

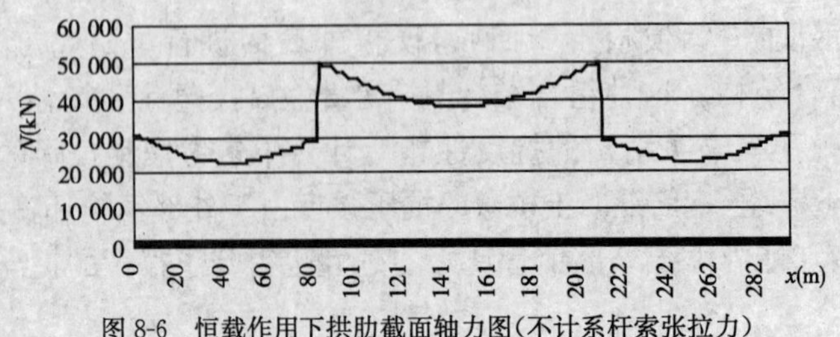

图 8-6　恒载作用下拱肋截面轴力图（不计系杆索张拉力）

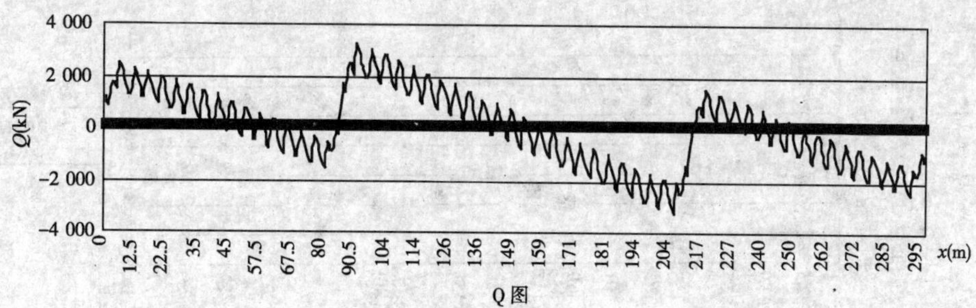

图 8-7 恒载作用下拱肋截面剪力图(不计系杆索张力)

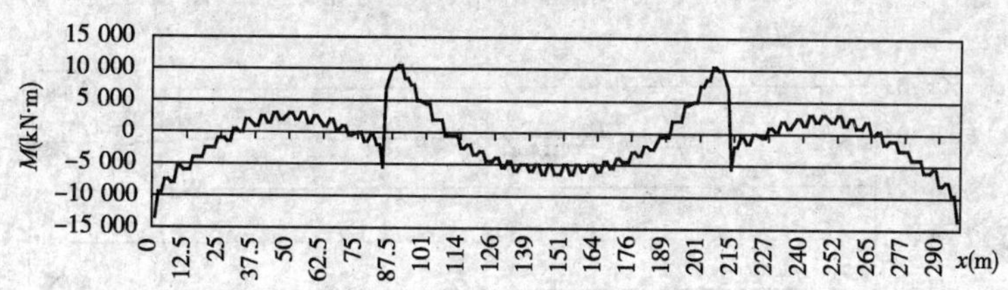

图 8-8 恒载作用下拱肋截面弯矩图(计入系杆索张力)

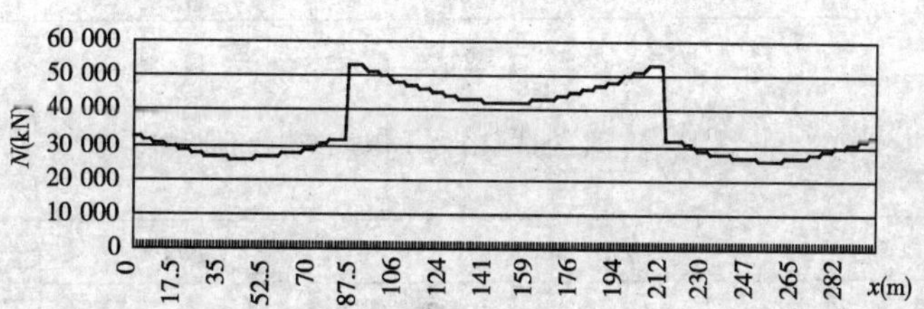

图 8-9 恒载作用下拱肋截面轴力图(计入系杆索张力)

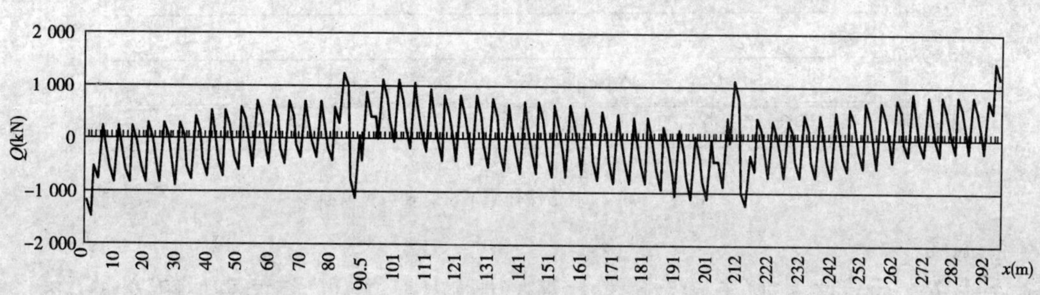

图 8-10 恒载作用下拱肋截面剪力图(计入系杆索张力)

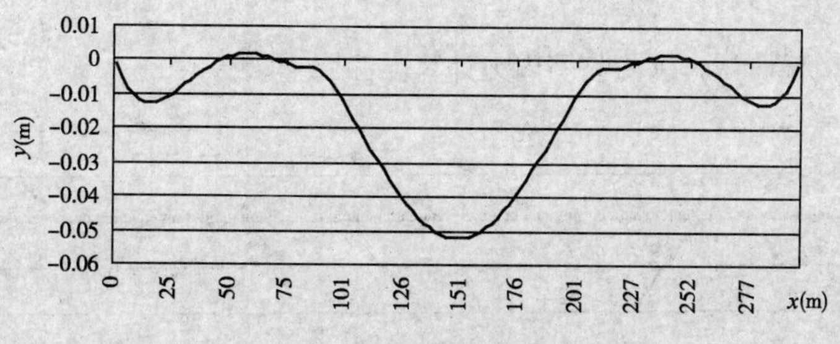

图 8-11 恒载作用下拱肋竖向位移图(不考虑徐变)

2. 活载

汽—超 20 级:拱肋弯矩、剪力、轴力极值计算结果如图 8-12~图 8-14 所示。

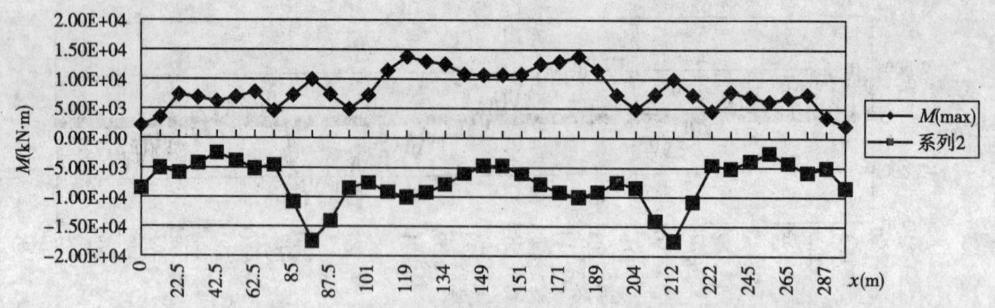

图 8-12　汽—超 20 活载作用下拱肋弯矩极值曲线图

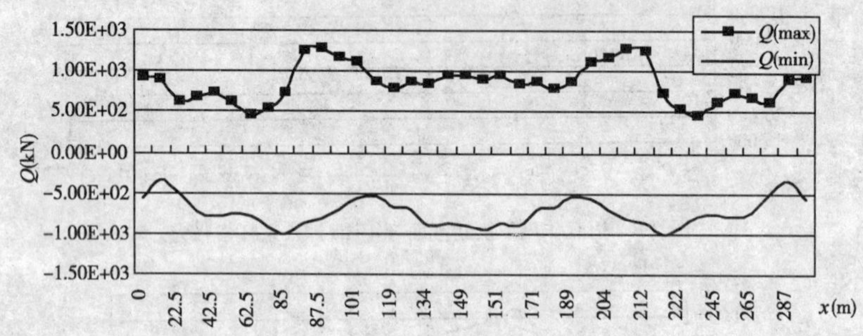

图 8-13　汽—超 20 活载作用下拱肋剪力极值曲线图

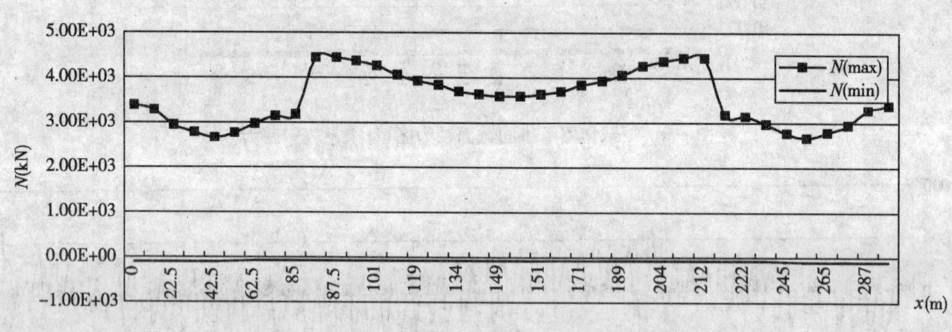

图 8-14　汽—超 20 级活载作用下拱肋轴力极值曲线图

3. 温度

升温按＋25℃计算，降温按－30℃计算。拱肋温度内力计算结果如图 8-15～图 8-20 所示。

4. 收缩

收缩按降温 15℃计算。拱肋收缩内力计算方法同上。

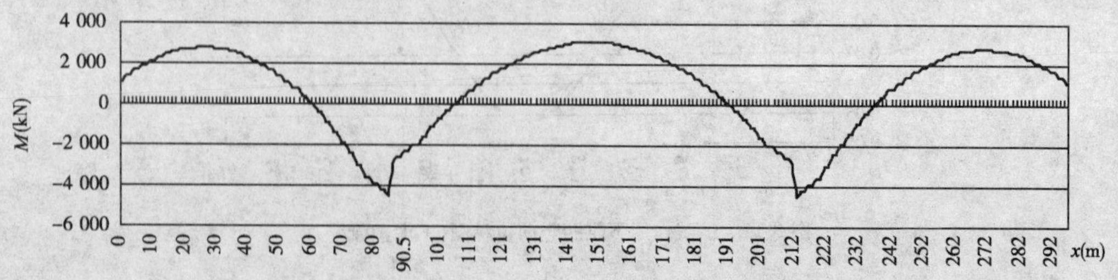

图 8-15　升温 25℃荷载作用下拱肋弯矩图

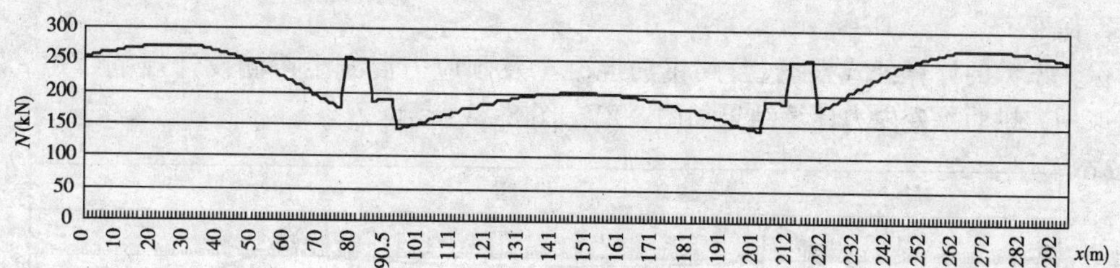

图 8-16　升温 25℃荷载作用下拱肋轴力图

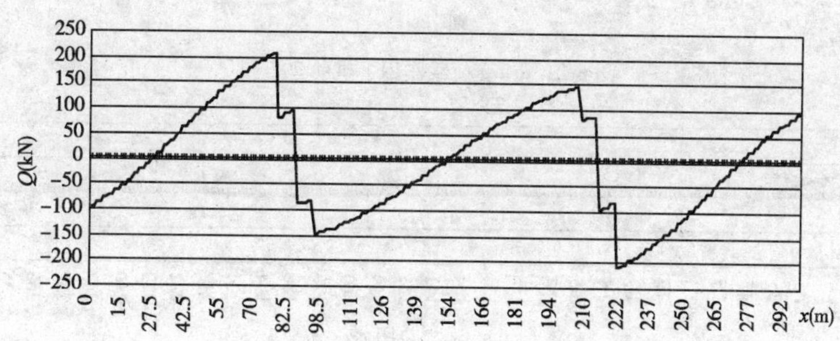

图 8-17　升温 25℃荷载作用下拱肋剪力图

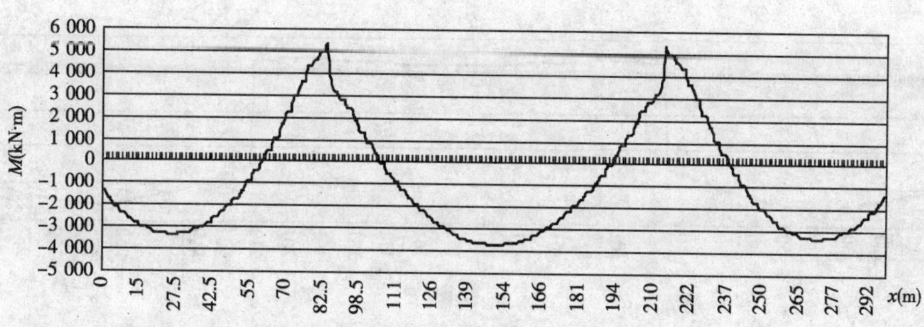

图 8-18　降温 30℃荷载作用下拱肋弯矩图

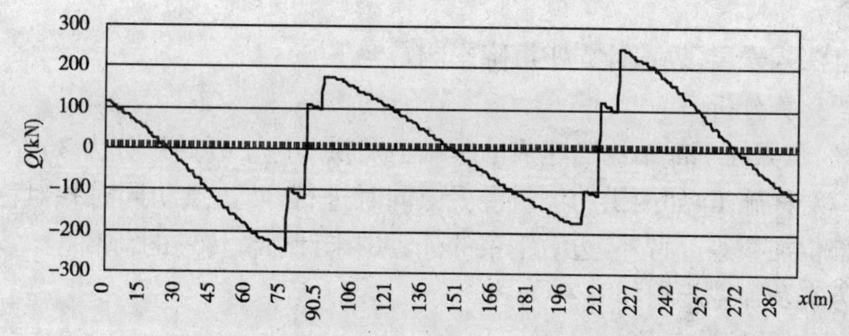

图 8-19　降温 30℃荷载作用下剪力弯矩图

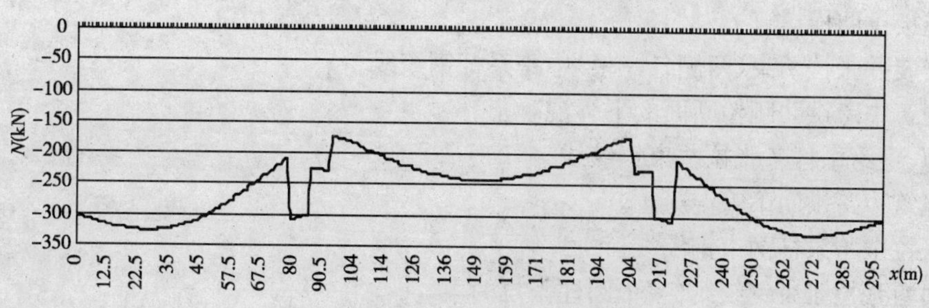

图 8-20　降温 30℃荷载作用下拱肋轴力图

5. 徐变

徐变系数的计算公式根据《公路钢筋混凝土及预应力混凝土桥涵设计规范(JTJ 023—85)》取用。拱肋徐变内力计算结果如图 8-21～图 8-23 所示。

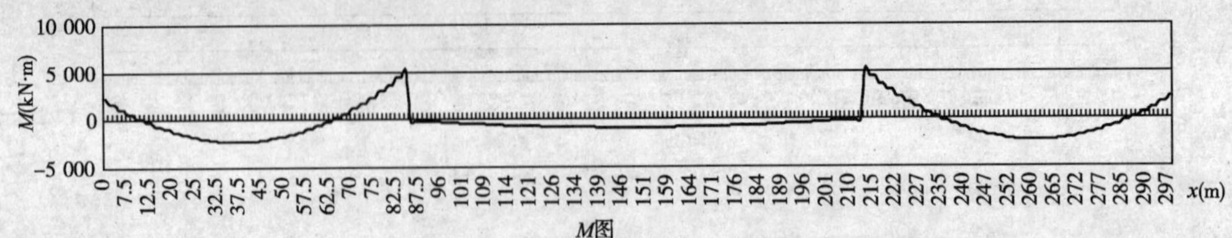

图 8-21　徐变荷载作用下拱肋弯矩图

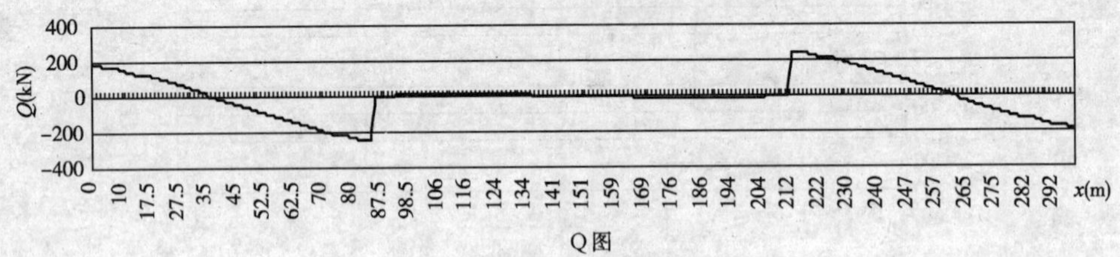

图 8-22　徐变荷载作用下拱肋剪力图

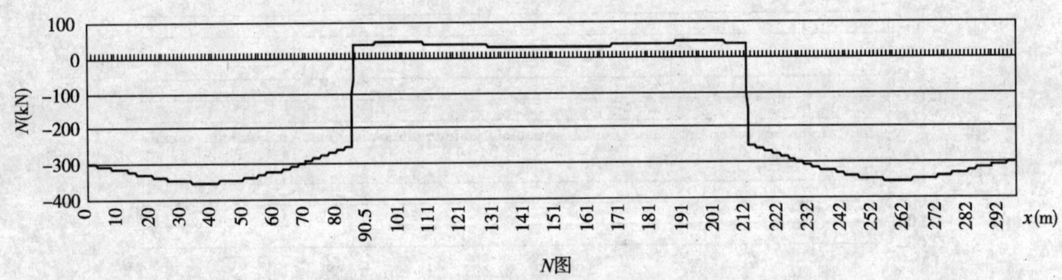

图 8-23　徐变荷载作用下拱肋轴力图

6. 支座沉降

本桥桩基已深入岩层,故不计支座沉降影响。

7. 施工阶段计算分析

本施工方案、步骤在下部结构已建成的基础上从拱肋施工开始划分为 30 个施工阶段。其中每阶段施工应对称施工,如两拱肋浇筑混凝土同时进行,两边拱肋同时并对称部位加载,中跨拱肋亦对称部位加载等。另外,边墩钢束的计算中未计引桥传递的荷载。

具体施工方案及加载步骤如下:

(1)将空钢管拱肋安装就位。

(2)连接拱肋横撑。

(3)安装并张拉两束(两侧各一根)中跨系杆钢绞线。

(4)浇筑中跨拱肋哑铃断面的下管混凝土。

(5)边、中跨系杆各张拉两束钢绞线。

(6)浇筑边跨拱肋下管混凝土。

(7)张拉中跨系杆两束钢绞线。

(8)边墩张拉 4 束钢绞线(一个圆柱张拉两束)。

(9)浇筑中跨拱肋上管混凝土。

(10)张拉 2 束中跨系杆钢绞线。

(11)浇筑边跨拱肋上管混凝土。

(12)浇筑中跨拱肋腹板。

(13)张拉 2 束边跨系杆钢绞线。

(14)浇筑边跨拱肋腹板。

(15)边墩张拉 4 束钢绞线。

(16)张拉 2 束中跨系杆钢绞线。

(17)全桥安装一半横梁(隔一个吊杆安装一个)。

(18)张拉 2 束边跨系杆钢绞线。

(19)全桥安装另一半横梁。

(20)张拉 2 束中跨系杆钢绞线。

(21)全桥大致 1/4 的桥面恒载。

(22)边跨系杆张拉 2 束钢绞线,中跨系杆张拉 4 束钢绞线。

(23)边墩张拉 4 束钢绞线(一个圆柱墩 2 束)。

(24)全桥大致 1/4 的桥面恒载。

(25)边跨系杆张拉 2 束钢绞线,中跨系杆张拉 4 束钢绞线。

(26)全桥大致 1/4 的桥面恒载。

(27)边墩张拉 4 束钢绞线(根据引桥传力情况最后确定张拉数量),中墩张拉 8 束钢绞线。

(28)边跨系杆张拉 2 束钢绞线,中跨系杆张拉 2 束钢绞线。

(29)全桥大致 1/4 的桥面恒载。

(30)边跨、中跨系杆各张拉 2 束钢绞线。

按此方案加载施工后,主要施工阶段结构的主要截面内力见表 8-1。拱肋的最后的恒载内力图及位移图如图 8-24~图 8-32 所示。

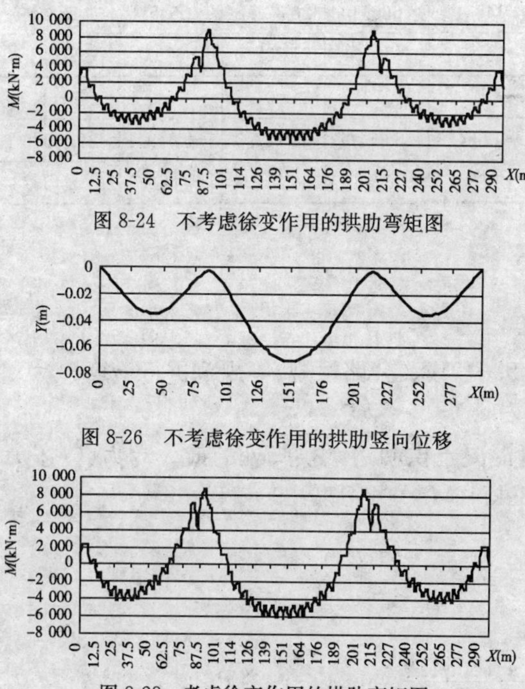

图 8-24 不考虑徐变作用的拱肋弯矩图

图 8-26 不考虑徐变作用的拱肋竖向位移

图 8-28 考虑徐变作用的拱肋弯矩图

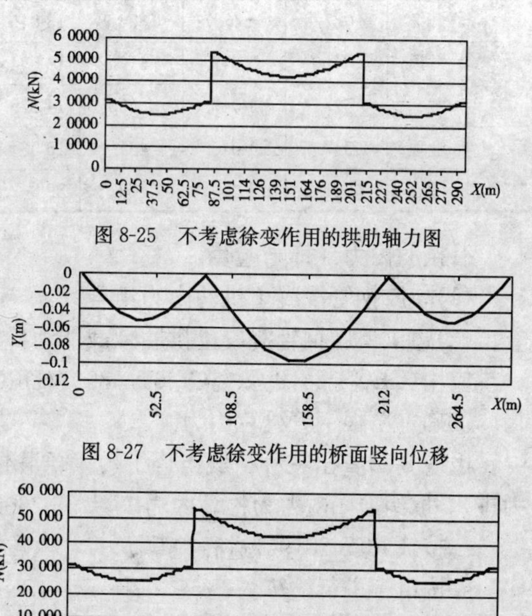

图 8-25 不考虑徐变作用的拱肋轴力图

图 8-27 不考虑徐变作用的桥面竖向位移

图 8-29 考虑徐变作用的拱肋轴力图

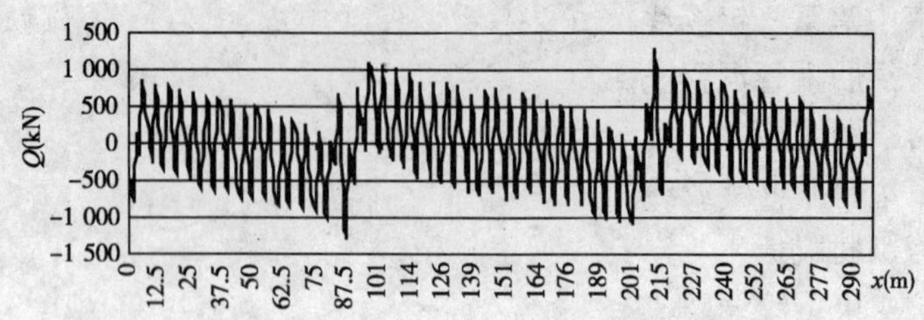

图 8-30　考虑徐变作用的拱肋剪力图

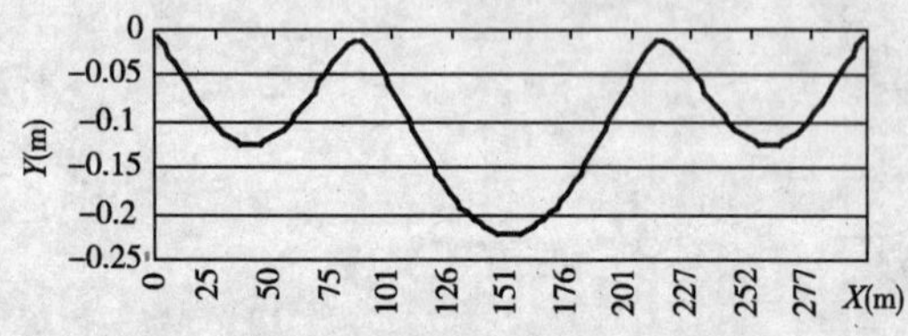

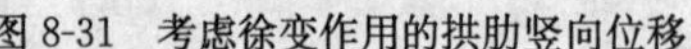

图 8-31　考虑徐变作用的拱肋竖向位移

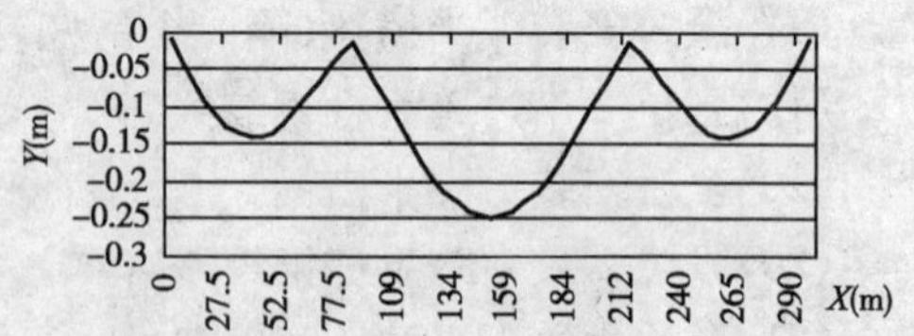

图 8-32　考虑徐变作用的桥面竖向位移

主要施工阶段结构的主要截面内力　　表 8-1

施工阶段		空钢管			混凝土浇筑完毕			横梁吊装完毕		
		N	Q	M	N	Q	M	N	Q	M
M 边拱肋	拱脚	1 365.4	33.7	−1 612.2	8 313.5	226.7	604.4	1 3991.1	40.9	−818.3
	L/4	1 145.7	75.6	−478.9	6 819.6	78.1	882.3	11 666.5	32.2	360.0
	L/2	1 047.0	3.0	431.6	6 361.7	71.4	−224.4	10 918.9	−0.5	257.1
	3L/4	1 124.4	−11.5	560.9	6 758.3	124.9	−263.6	11 667.5	34.5	735.9
	拱脚 L	1 302.9	12.9	689.5	8 160.9	−242.8	−1 222.8	13 690.6	0.8	526.4
中拱肋	拱脚	2 735.9	105.9	−3 771.7	17 946.3	443.4	−4 060.7	26 182.1	375.1	−10 817.2
	$L/4$	2 251.6	87.6	322.1	14 783.3	158.4	1 356.6	21 741.4	218.5	2 312.4
	$L/2$	2 087.9	−26.7	1 856.8	13 846.8	145.1	636.1	20 371.8	26.5	4 288.5
边墩	墩顶	876.9	−1 047.0	1 612.2	11 594.5	202.4	3 870.4	21 282.2	−689.3	3 969.1
	墩底	3 527.7	−1 047.0	−9 695.6	14 279.6	−177.6	4 912.2	24 001.7	−1 449.8	−5 768.1
中墩	墩顶	2 547.7	−1 040.3	4 461.2	16 534.2	−1 684.3	15 654.7	24 727.9	−3 649.1	24 458.6
	墩底	8 061.2	−1 040.3	−11 767.3	22 047.7	−1 684.3	−10 650.1	30 241.5	−3 649.1	−32 466.8

8. 拱肋内力计算与验算

(1)单肢钢管混凝土拱肋内力组合

(2)边拱单肢钢管混凝土拱肋承载能力检算

应用《CECS 28:90》、《JCJ 01—89》、《DLGJ 99—91》、《公路桥规》等规范进行检算。

①确定单根钢管检算内力。

由表 8-2,查出三种荷载组合下边拱单肢钢管混凝土拱肋边墩拱脚处的最大内力(以压力为主)。取组合Ⅰ内力为检算内力 $N_j=25\ 260.089\text{kN}$,$M_j=-4\ 186.419\text{kN}\cdot\text{m}$。

②按《CECS 28:90》进行检算。

a. 按单管进行检算:

哑铃形断面上、下管承受的轴向力分别为:

$$P_1=\frac{N_j}{2}+\frac{M_j}{h_1}=\frac{25\ 260.089}{2}+\frac{-4\ 186.419}{1.5}=9\ 839.099\ 1\text{kN}$$

单肢钢管混凝土拱肋内力组合表　　表 8-2

项号	组合内容	边拱拱脚截面		边拱 1/4 截面	
		弯矩(kN·M)	轴力(kN)	弯矩(kN·M)	轴力(kN)
1	恒载	6 866.277	16 135.156	1 354.278	13 756.364
2	汽超-20max	1 067.329	−48.082	3 695.412	−51.366
3	汽超-20min	−4 234.432	1 687.532	−2 954.958	1 470.571
4	人群 max	746.079	−37.714	2 372.039	−40.594
5	人群 min	−3 169.902	1 666.068	−2 629.709	1 383.116
6	挂 120max	1 130.790	−44.177	4 441.050	−47.199
7	挂 120min	−4 154.160	1 070.430	−2 344.560	1 040.040
8	温度下降(×0.7)	472.114	−106.959	1 153.480	−113.952
9	温度上升(×0.7)	−392.978	89.118	−960.965	94.948
10	徐变	−2 011.074	−95.837	−73.337	−118.047
11	收缩	−1 048.364	−114.962	575.729	−133.053
12	组合 I 提高系数	0.000	0.000	0.030	0.000
13	组合 I 提高系数	0.000	0.050	0.000	0.050
14	组合 I	10 778.302	14 401.526	10 274.772	12 251.984
15	组合 I	−4 186.419	25 260.089	−6 599.682	21 527.939
16	组合 II(1.3×(9+10+11))	−4 488.140	−158.185	−596.144	−202.997
17	组合 II(1.3×(8+10+11))	−3 363.521	−413.084	2 152.634	−474.567
18	组合 II (1+2+4+18)	3 105.850	12 639.978	5 518.754	10 674.420
19	组合 II (1+2+4+19)	4 567.855	12 308.609	9 092.166	10 321.379
20	组合 II (1+3+5+18)	−3 786.440	14 896.276	−3 126.727	12 652.937
21	组合 II (1+3+5+19)	−19 405.454	14 564.907	−16 426.805	12 299.896
22	组合 III 提高系数	0.000	0.000	0.030	0.000
23	组合 III 提高系数	0.000	0.000	0.000	0.000
24	组合 III	9 483.401	14 473.046	6 656.843	12 328.809
25	组合 III	1 610.073	20 539.660	−1 360.166	17 651.681

$P_2=\frac{N_j}{2}+\frac{M_j}{h_1}=\frac{25\,260.089}{2}-\frac{-4\,186.419}{1.5}=15\,420.991\text{kN}$，取 P_2 为检算内力。

套箍系数：

$$\theta=\frac{f_s A_s}{f_c A_c}=\frac{200\times0.037\,25}{28.5\times0.748\,2}=0.349\,4$$

轴压极限承载力：

$$N_0=f_c A_c(1+\sqrt{\theta}+\theta)=28.5\times0.7\,482\times(1+\sqrt{0.3\,494}+0.349\,4)$$
$$=41\,377.73\text{kN}$$

偏压极限承载力：

$$N_\mu=\phi_l\phi_e N_0=1.0\times1.0\times41\,377.73=41\,377.73\text{kN}>P_2=15\,420.991\text{kN}$$

满足要求。

b. 按全断面进行检算：

稳定系数：

$$r_c=\sqrt{I_h/A_h}=\sqrt{\frac{1.254\,4}{2.428\,8}}=0.72\text{m}$$

其中，r_c——单肢钢管混凝土拱肋截面回转半径。

稳定系数：

拱的计算长度：$L_0=0.54s=0.54\times93.4=50.4\text{m}$，长细比：$\frac{L_0}{r_c}=\frac{50.4}{0.72}=70.0$，查《公路桥规》(JTJ 023—85)得到对应的 $L_0/d=17.3>4$，由此得 $d=L_0/17.3=2.915\text{m}$，则 $\phi_l=1-0.115\sqrt{L_0/d-4}=0.585\,4$

偏心距：

$$e_0=M_j/N_j=\frac{4\,186.419}{25\,260.089}=0.166\text{m}\qquad \phi_e=1/(1+1.85e_0(d/2))=0.826$$

套箍系数：

$$\theta=\frac{f_s A_s}{f_c A_c}=\frac{200\times0.037\,25}{28.5\times0.748\,2}=0.349\,4$$

轴压极限承载力：

$$\begin{aligned}N_0&=f_c A_c(1+\sqrt{\theta}+\theta)+(f_c A'_c+f_s A'_s)\\&=28.5\times1.496\,4\times(1+\sqrt{0.349\,4}+0.349\,4)+(28.5\times0.325+200\times0.012)\\&=94\,419.808\text{kN}\end{aligned}$$

偏压极限承载力：

$$\begin{aligned}N_\mu&=\phi_l\phi_e N_0=0.545\,8\times0.826\times94\,419.808=42\,567.358\text{kN}>N_j\\&=25\,260.089\text{kN}\end{aligned}$$

满足要求。

③按《JCJ 01—89》进行检算。

杆件含钢率：

$$\rho=\frac{A_s}{A_c}=0.0498\text{，查表得 }K_1=1.48$$

轴压极限承载力：

$$\begin{aligned}N_0&=f_s A_s+K_1 f_c A_c+(f_c A'_c+f_s A'_s)\\&=200\times0.074\,5+1.48\times28.5\times1.496\,4+(28.5\times0.325+200\times0.012)\\&=89\,680.65\text{kN}\end{aligned}$$

考虑偏心影响的承载力折减系数：

长细比 $L_0/r_c=\frac{50.4}{0.72}=70.0$，$e_0/d=\frac{0.166}{2.915}=0.056\,9$

查表得 $\phi_e=0.533\,8$

ϕ_e 的修正系数：

$$\gamma = 1.124 - 2t/d - 0.0003 f_s = 1.124 - 2 \times 0.012/2.915 - 0.0003 \times 200 = 1.056$$

偏压极限承载力：

$$N_\mu = \gamma \phi_e N_0 = 1.056 \times 0.5338 \times 0.716 \times 89680.65 = 36195.473\text{kN} > N_j = 25260.089\text{kN}$$

满足要求。

④按《DLGJ 99—91》进行检算。

稳定系数：

长细比 $L_0/r_c = \frac{50.4}{0.72} = 70.0$，查表得 $\phi_l = 0.791$

钢管混凝土轴心受压组合强度：

杆件含钢率 $\rho = \frac{A_s}{A_c} = 0.0498$，查表得钢管混凝土轴心受压组合强度 $f_{sc} = 48.9\text{MPa}$

轴压极限承载力：

$$\begin{aligned} N_0 &= f_{sc} A_{sc} + (f_c A'_c + f_s A'_s) \\ &= 48.9 \times (0.0745 + 1.4964) + (28.5 \times 0.325 + 200 \times 0.012) \\ &= 88497.5\text{kN} \end{aligned}$$

偏压极限承载力：

$N_\mu = \phi_l N_0 = 0.791 \times 88479.500 = 69987.285\text{kN} > N_j$

满足要求。

⑤按《公路桥规》进行检算。

将原截面换算成为高为 h 的矩形截面，则矩形宽为：

$$b = A_c/h = \frac{1.8214}{2.5} = 0.7286\text{m}$$

上、下两个半环钢管换算为宽为 b 的钢板，则其厚为：

$$t = A_g/b = 0.018625/0.7286 = 2.56\text{cm}$$

计算半环重心：

$$y = d/2 - \frac{2 \times (d^3 - d_1^3)}{3\pi \times (d^2 - d_1^2)} = 0.1855\text{m}$$

初始偏心距：

$$e_0 = \frac{M_j}{N_J} = 0.166$$

杆件长细比：

$$\lambda = L_0/h = 50.4/2.5 = 20.16 > 8$$

偏心距增大系数：

$\eta = \dfrac{1}{1 - \dfrac{r_c N_j}{10 \alpha_e E_h I_h \gamma_b} L_0^2}$，因为 $\frac{e_0}{h} = 0.0664 < 1$，所以式中 $\alpha_E = \dfrac{0.1}{0.3 + \frac{e_0}{h}} + 0.143 = 0.416$

配筋率：

$\mu = 2\% < 3\%$，所以 $I_h = 1.2516$，将以上数据带入偏心距增大系数公式得 $\eta = 2.426$。

因此：

$$e=\eta e_0+\left(\frac{h}{2}-y\right)=2.426\times0.166+\left(\frac{2.5}{2}-0.1855\right)=1.484\text{m}$$

$$e'=\left(\frac{h}{2}-y\right)-e_0=\left(\frac{2.5}{2}-0.1855\right)-0.166=0.8985\text{m}$$

按小偏心受压构件检算：

$$\sigma_g=0.003E_g\left(\frac{0.9h_0}{x}-1\right)=\left(\frac{1\,312}{x}-630\right)\text{MPa}$$

偏压极限承载力：

$$R_a bx(e-h_0+x/2)=\sigma_g A_g e+R'_g A'_g e'$$

即：

$$28.5\times0.7286x(1.484-2.3145+0.5x)=(1\,312/x-630)\times0.018625\times1.484+200\times0.018625\times0.8985$$

解得：$x=1.861\text{m}$，所以 $\sigma_g=74.997\text{MPa}$。

$$\begin{aligned}N_\mu &= \gamma_b\left(\frac{R_a}{\gamma_c}bx+\frac{R'_g}{\gamma_s}A'_g-\frac{\sigma_g}{\gamma_s}A_g\right)\\ &=0.95\times\left(\frac{28.5}{1.25}\times0.7286\times1.861+\frac{200}{1.25}\times0.018625-\frac{74.997}{1.25}\times0.018625\right)\\ &=31\,138.744\text{kN}>N_j\end{aligned}$$

$$N_j e'=25\,260.089\times0.8985=22\,696.190\text{kN}\cdot\text{m}$$

$$\begin{aligned}M'_R &= \gamma_b\left[0.5\frac{R_a}{\gamma_c}bh'_0+\frac{R'_g}{\gamma_c}A_g(h'_0-y)\right]\\ &=0.95\times\left[0.5\times\frac{28.5}{1.25}\times0.7286\times2.3145+\frac{200}{1.25}\times0.018625\times(2.3145-0.1855)\right]\\ &=425\,534.425\text{kN}\cdot\text{m}>N_j e'\end{aligned}$$

满足要求。

(3)中拱单肢钢管混凝土拱肋承载能力检算

①确定单根钢管检算内力。

根据计算三种荷载组合下中拱单肢钢管混凝土拱肋拱脚处的最大内力，取组合Ⅰ内力为检算内力：

$$N_j=38\,786.154\text{kN}$$

$$M_j=-26\,819.963\text{kN}\cdot\text{m}$$

②按《CECS 28:90》进行检算。

a. 按单管检算。

哑铃形断面上、下管承受的轴向力分别为：

$$P_1=\frac{N_j}{2}+\frac{M_j}{h_1}=\frac{38\,786.154}{2}+\frac{-26\,819.963}{1.8}=4\,493.097\text{kN}$$

$$P_2=\frac{N_j}{2}-\frac{M_j}{h_1}=\frac{38\,786.154}{2}-\frac{-26\,819.963}{1.8}=34\,284.056\text{kN}$$，取 P_2 为检算内力。

套箍系数：

$$\theta=\frac{f_s A_s}{f_c A_C}=\frac{200\times0.1043}{28.5\times2.158}=0.339$$

轴压极限承载力：

$$N_0=f_c A_c(1+\sqrt{\theta}+\theta)=28.5\times1.079\times(1+\sqrt{0.339}+0.339)=59\,080.922\text{kN}$$

偏压极限承载力：

$$N_u = \phi_l \phi_e N_0 = 1.0 \times 1.0 \times 59\,080.922 = 59\,080.922 > P_2$$

满足要求。

b. 按全截面检算：

求稳定系数：

$$r_c = \sqrt{I_h / A_h} = \sqrt{\frac{2.590\,3}{3.503\,4}} = 0.859\text{m}$$

式中：r_c——单肢钢管混凝土拱肋截面回转半径。

拱的计算长度为 $L_0 = 0.54s = 0.54 \times 139.5 = 75.33\text{m}$，长细比 $L_0/r_c = \frac{75.33}{0.859} = 87.7$，查《公路钢筋混凝土设计规范》(JTJ 023—85)得到对应的 $L_0/d = 25.3 > 4$，由此得 $d = \frac{L_0}{25.3} = 2.977\text{m}$，$\phi_l = 1 - 0.115\sqrt{L_0/d - 4} = 0.469$

偏心距：

$$e_0 = M_j / N_j = \frac{26\,819.936}{38\,786.154} = 0.691\text{m}，\phi_e = 1/(1 + 2e_0/h) = 0.563$$

套箍系数：

$$\theta = \frac{f_s A_s}{f_c A_C} - \frac{200 \times 0.104\,3}{28.5 \times 2.158} = 0.339$$

轴压极限承载力：

$$\begin{aligned} N_0 &= f_c A_c (1 + \sqrt{\theta} + \theta) + (f_c A'_c + f_s A'_s) \\ &= 28.5 \times 2.158 \times (1 + \sqrt{0.339} + 0.339) + (28.5 \times 0.48 + 200 \times 0.016\,8) \\ &= 135\,201.843\text{kN} \end{aligned}$$

偏压极限承载力：

$$N_\mu = \phi_l \phi_e N_0 = 0.469 \times 0.563 \times 135\,201.843 = 35\,699.64\text{kN}$$

N_j 超出 N_μ 在8%以内，满足要求。

③按《JCJ 01—89》进行检算。

杆件含钢率：

$$\rho = \frac{A_s}{A_c} = 0.048\,3，查表得 K_1 = 1.462$$

轴压极限承载力：

$$\begin{aligned} N_0 &= f_s A_s + K_1 f_c A_c + (f_c A'_c + f_s A'_s) \\ &= 200 \times 0.104\,3 + 1.462 \times 28.5 \times 2.158 + (28.5 \times 0.48 + 200 \times 0.016\,8) \\ &= 127\,817.386\text{kN} \end{aligned}$$

长细比 $L_0/r_c = \frac{75.33}{0.859} = 87.7$，$e_0/d = \frac{0.691}{2.972} = 0.233$，查表得 $\phi_e = 0.343$

ϕ_e 的修正系数：

$$\gamma = 1.124 - 2t/d - 0.000\,3 f_s = 1.124 - 2 \times 0.014/2.972 - 0.000\,3 \times 200 = 1.055$$

偏压极限承载力：

$$\begin{aligned} N_\mu &= \gamma \phi_e N_0 = 1.055 \times 0.343 \times 0.608 \times 127\,817.38 \\ &= 46\,253.178\text{kN} > N_j \\ &= 38\,786.154\text{kN} \end{aligned}$$

满足要求。

④按《DLGJ 99—91》进行检算。

求稳定系数：

长细比：

$$L_0/r_c=\frac{75.33}{0.859}=87.7$$，查表得 $\phi_e=0.719$

杆件含钢率：

$\rho=\frac{A_s}{A_c}=0.0483$，查表 2-2 得钢管混凝土轴心受压组合强度 $f_{sc}=48.2\text{MPa}$

轴压极限承载力：

$$\begin{aligned}N_0&=f_{sc}A_{sc}+(f_cA'_c+f_sA'_s)\\&=48.2\times(0.1043+2.158)+(28.5\times0.48+200\times0.0168)\\&=126\,082.86\text{kN}\end{aligned}$$

偏压极限承载力：

$$N_\mu=\phi_1N_0=0.719\times126\,082.86=90\,653.576\text{kN}>N_j$$

满足要求。

二、动 力 分 析

动力分析按空间杆系结构进行计算。墩底采用弹簧约束，以计入地基—桩与结构的相互作用。结构的动力分析计算模型如图 8-33 所示。

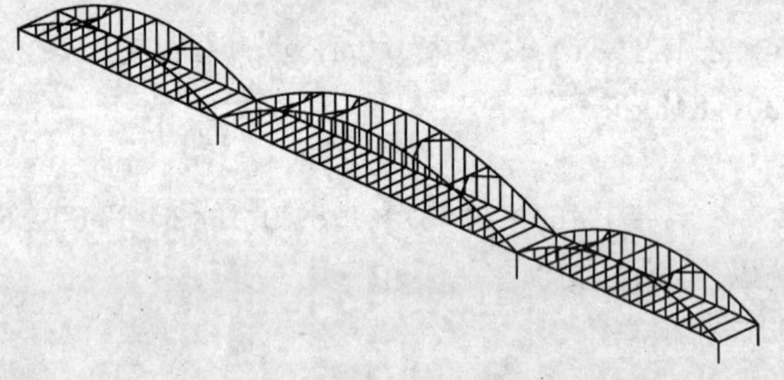

图 8-33　动力分析计算模型

1. 结构的自振特性

结构前十阶自振特性的计算结果见表 8-3，前六阶振型如图 8-34～图 8-39 所示。

结构的前十阶自振特性　　表 8-3

振型序号	振动模态	频率(Hz)	周期(s)
1	中拱拱肋面外	0.544 511	1.836 509
2	中拱拱肋纵向	0.716 706	1.395 273
3	中拱拱肋竖向	0.846 657	1.181 116
4	面外	0.876 025	1.141 52
5	面外	0.893 825	1.118 788
6	边拱面外	0.896 442	1.115 521
7	竖向	1.300 095	0.769 175
8	面外	1.315 788	0.760 001
9	边拱面外	1.320 026	0.757 561
10	纵向	1.341 847	0.745 241

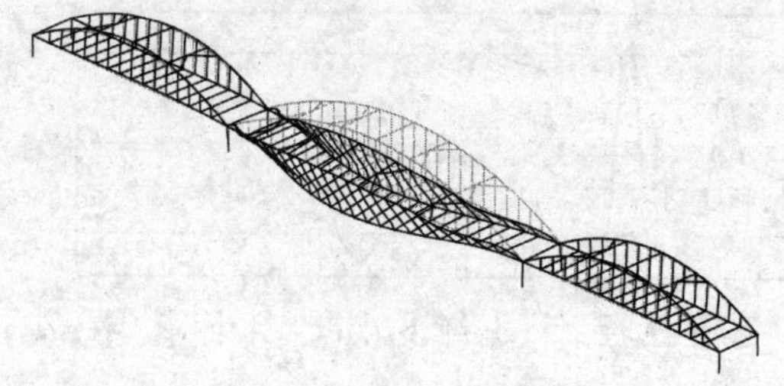

图 8-34　第一阶振型

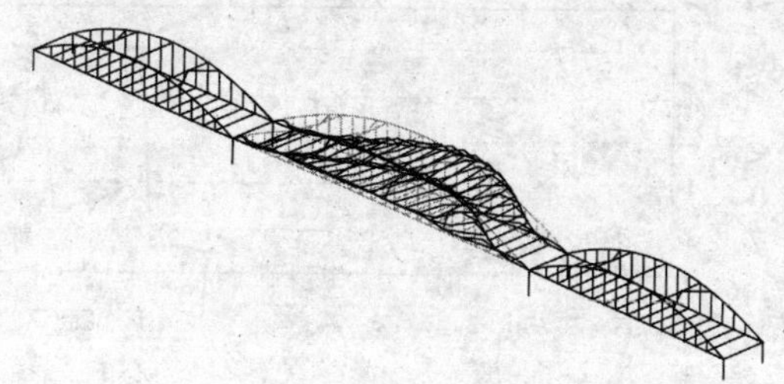

图 8-35　第二阶振型

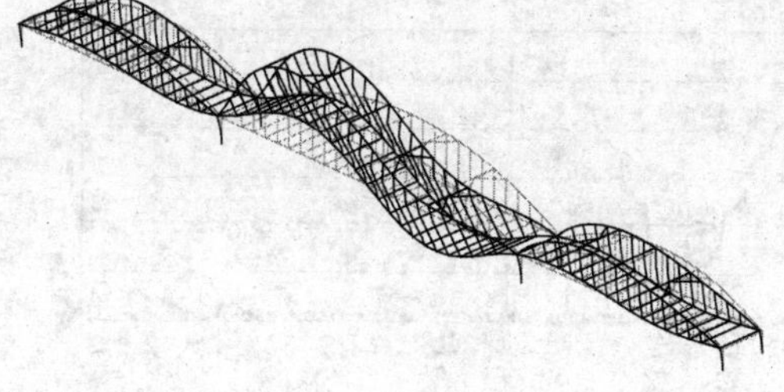

图 8-36　第三阶振型

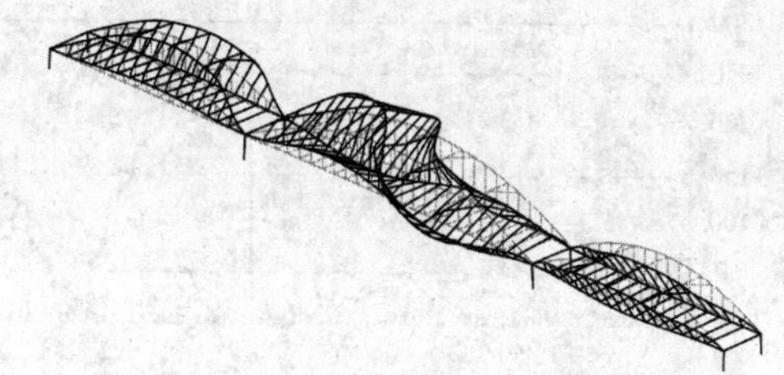

图 8-37　第四阶振型

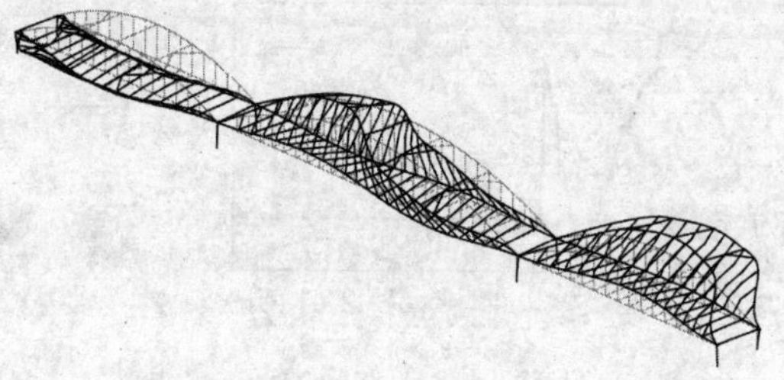

图 8-38　第五阶振型

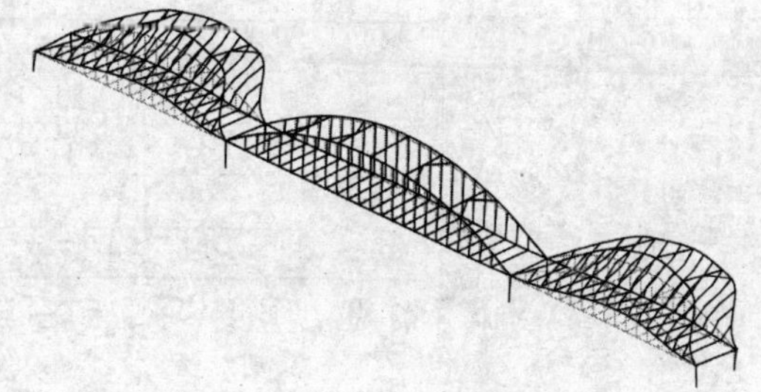

图 8-39　第六阶振型

2.地震反应分析

地震反应分析采用反应谱方法。反应谱采用《公路抗震设计规范》(JTJ 004—89)中的谱曲线。其中反应比例因子为：

水平方向　　$S_h=C_iC_zK_hg=1.7\times0.35\times0.2\times9.8=1.1662\text{m/s}^2$

竖直方向　　$S_v=S_h/2=0.5831\text{m/s}^2$

(1)纵向激振(x方向激振)

x方向激振结构地震反应内力如图 8-40～图 8-45 所示。

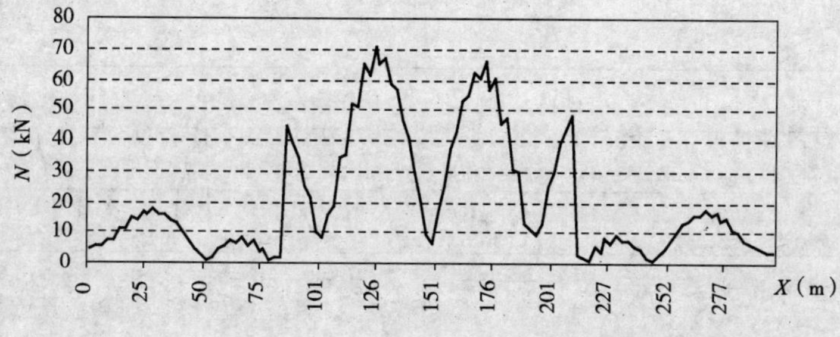

图 8-40　X方向激励作用下拱肋轴力图

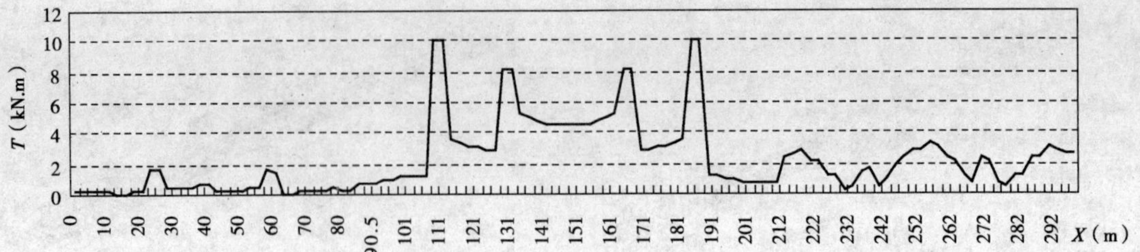

图 8-41　X 方向激励作用下拱肋扭矩图

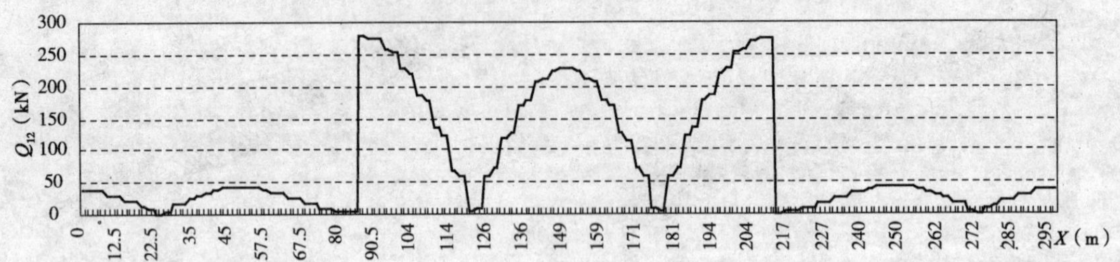

图 8-42　X 方向激励作用下拱肋面内剪力图

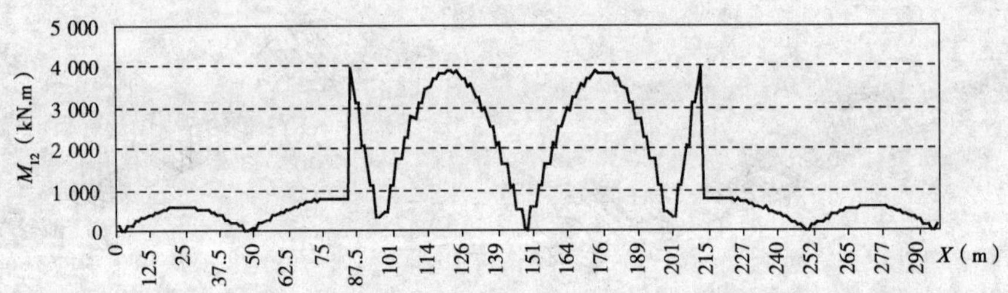

图 8-43　X 方向激励作用下拱肋面内弯矩图

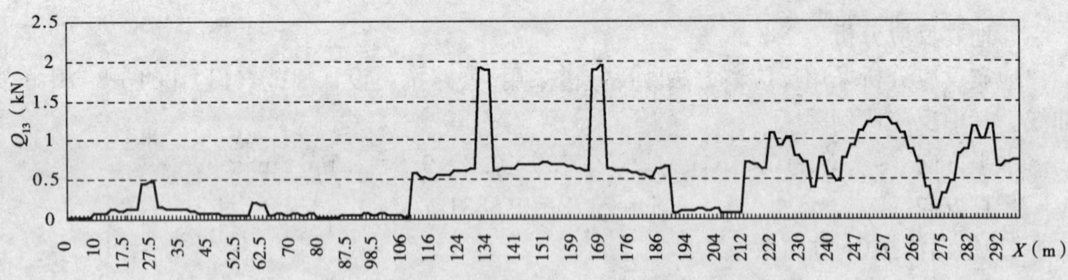

图 8-44　X 方向激励作用下拱肋面外剪力图

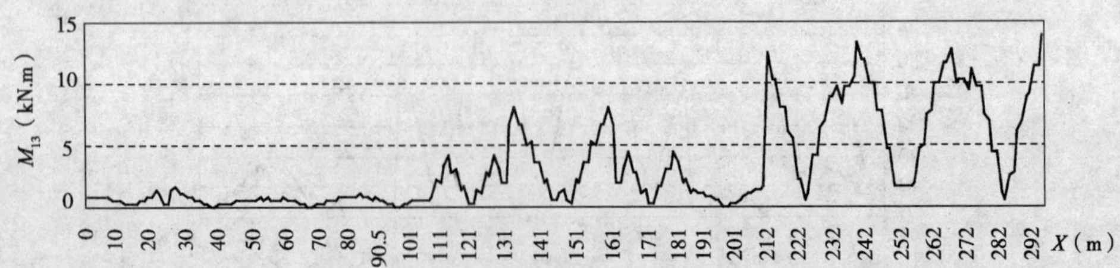

图 8-45　X 方向激励作用下拱肋面外弯矩图

(2)横向激振（z 方向激振）

z 方向激振结构地震反应内力如图 8-46～图 8-49 所示。

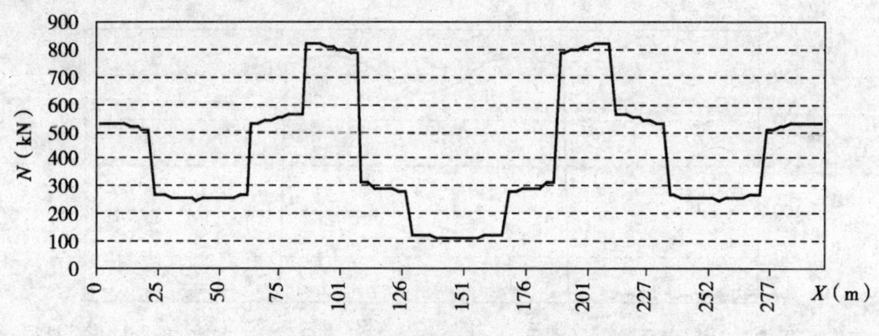

图 8-46　Z 方向激励作用下拱肋轴力图

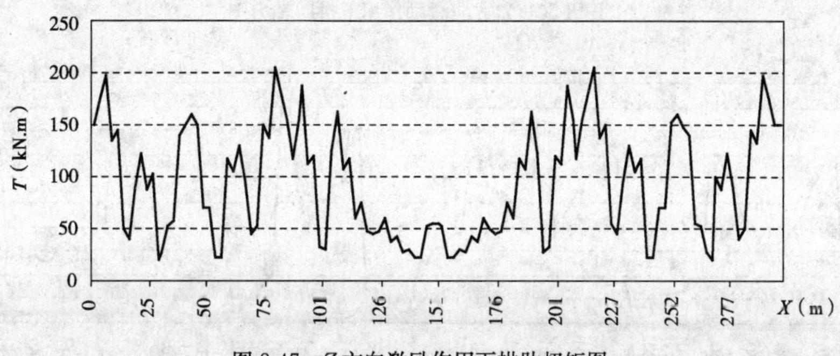

图 8-47　Z 方向激励作用下拱肋扭矩图

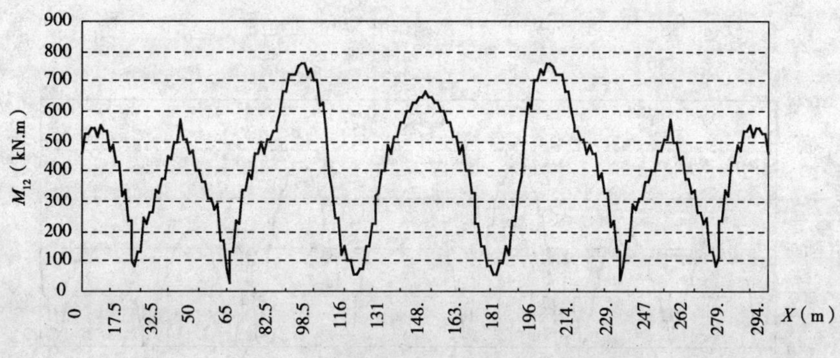

图 8-48　Z 方向激励作用下拱肋面内弯矩图

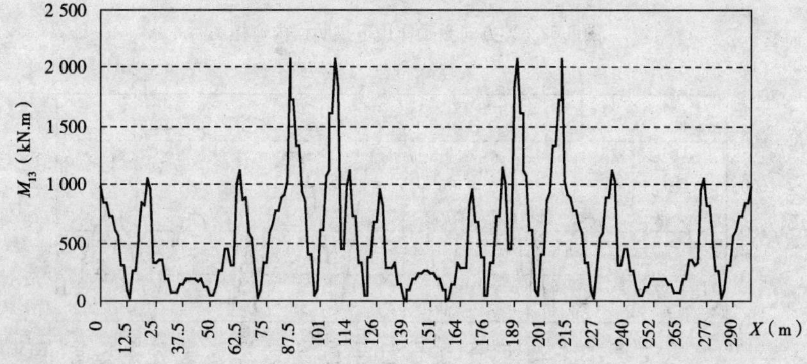

图 8-49　Z 方向激励作用下拱肋面外弯矩图

(3)竖向激振(y 方向激振)

y 方向激振结构地震反应内力如图 8-50 ～图 8-53 所示。

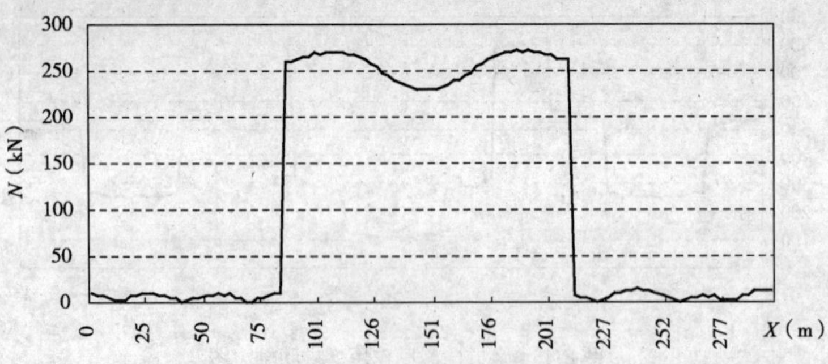

图 8-50　Y 方向激励作用下拱肋轴力图

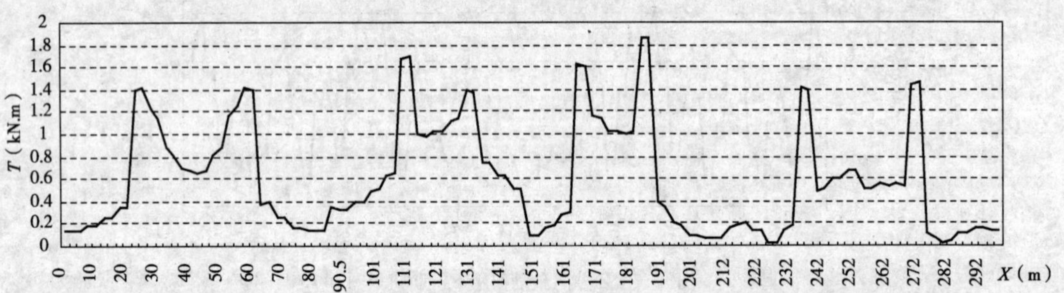

图 8-51　Y 方向激励作用下拱肋扭矩图

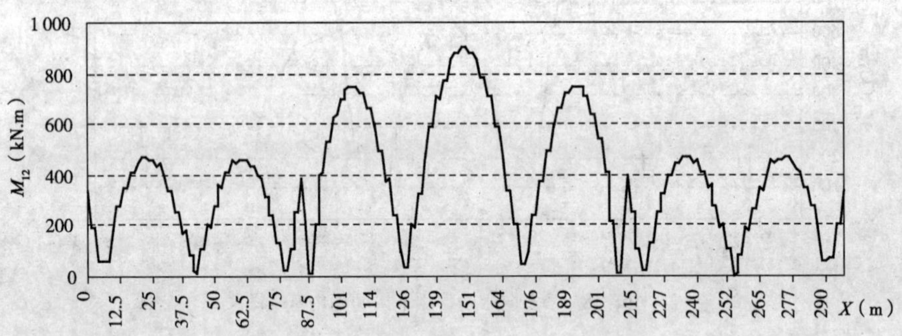

图 8-52　Y 方向激励作用下拱肋面内弯矩图

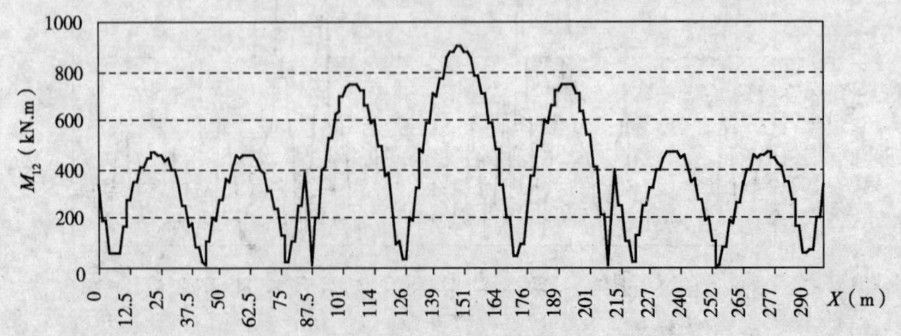

图 8-53　Y 方向激励作用下拱肋面外弯矩图

3. 地震反应计算结果

地震荷载按反应谱理论计算，取前 20 阶振型组合，组合采用 CQC 法，输入的反应谱为《公路工程抗震设计规范》的反应谱，反应谱同时沿水平和竖向两个方向输入，对顺桥向和横桥向分别计算，即顺桥向和竖向同时输入反应谱，横桥向和竖向同时输入反应谱，水平方向和竖向反应谱形状相同，数值大小不同。水平地震系数为 0.2，竖向地震系数为 0.1，重要性系数取 1.7，综合影响系数取 0.35。

从前面动力特性计算知，基础的弹性变形对全桥动力特性影响很小。

比较拱肋、桥墩的地震荷载与活载，可以发现，地震荷载均小于相应截面的活载，由于地震荷载只与恒载组合，且地震荷载为偶然荷载，因此，地震不控制设计，不再检算。

三、稳 定 分 析

稳定分析分 3 种工况计算，工况一为全部恒载，工况二为全部恒载加半桥活载，工况三为全部恒载加满布活载。三种工况下的稳定系数如表 8-4。

稳 定 系 数 表 表 8-4

工况	K_1	K_2	K_3	K_4	K_5	K_6	K_7	K_8
工况一	4.150	4.151	4.221	4.233	4.398	4.506	8.638	10.608
工况二	3.508	3.569	3.983	4.095	4.118	4.180	7.874	9.666
工况三	3.469	3.470	3.525	3.532	3.716	3.812	7.309	8.973

各工况下的屈曲模态如图 8-54～图 8-65。

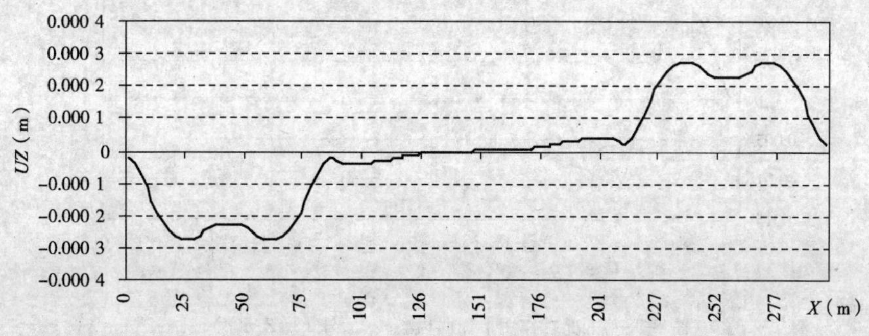

图 8-54 工况一作用下屈曲模态一(面外 K=4.150)

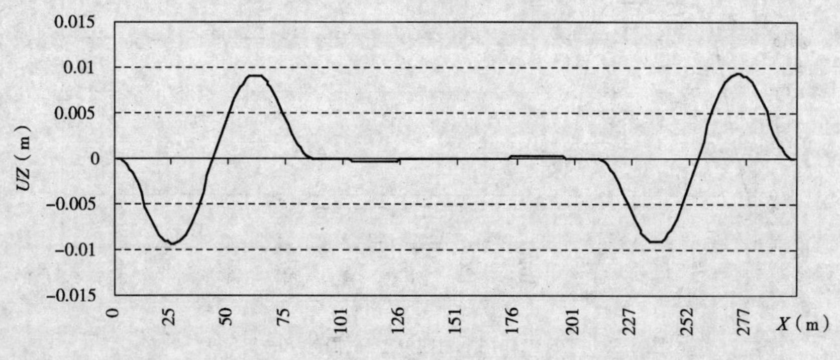

图 8-55 工况一作用下屈曲模态二(面外 K=4.151)

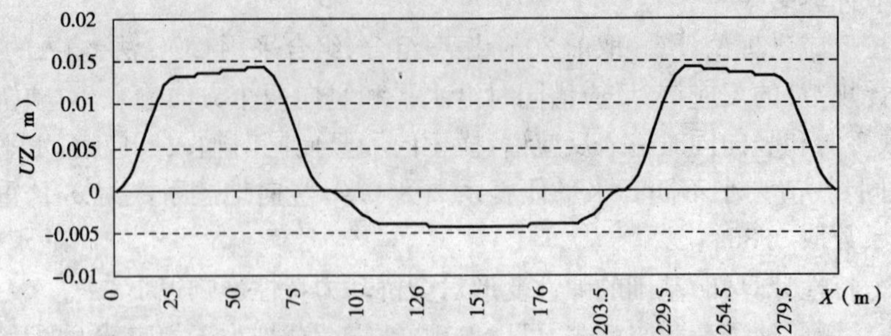

图 8-56　工况一作用下屈曲模态三(面外 $K=4.221$)

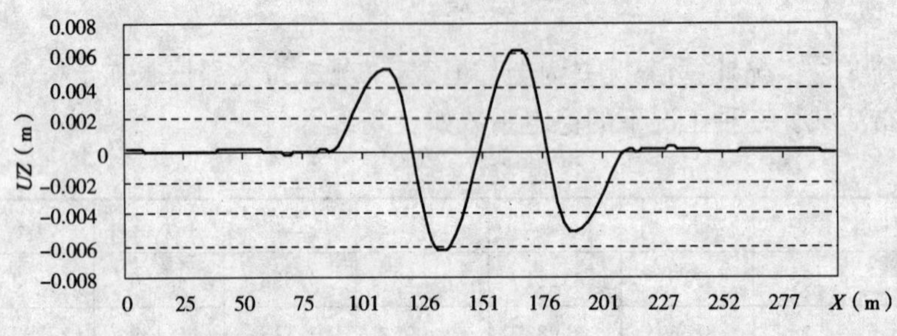

图 8-57　工况一作用下屈曲模态七(混合 $K=8.638$)

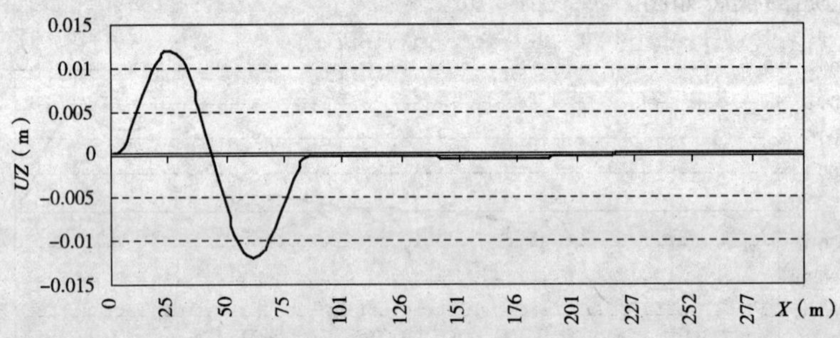

图 8-58　工况二作用下屈曲模态一(面外 $K=3.508$)

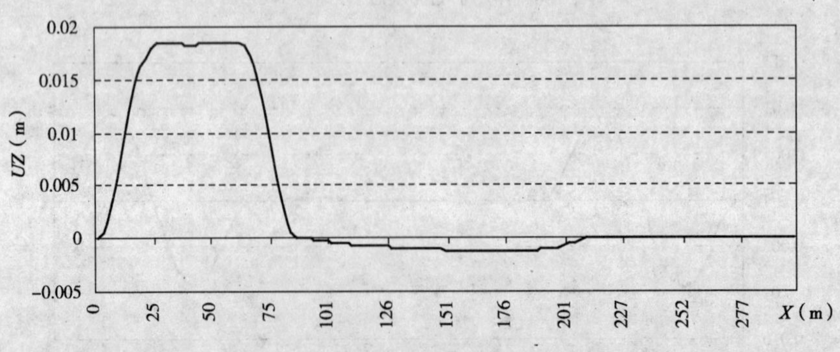

图 8-59　工况二作用下屈曲模态二(面外 $K=3.569$)

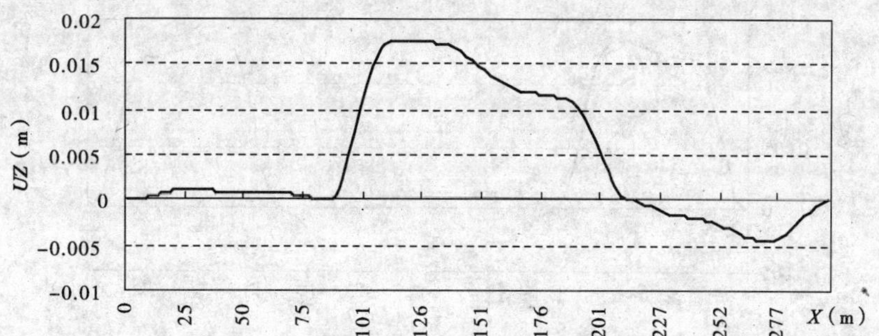

图 8-60　工况二作用下屈曲模态三(面外 $K=3.983$)

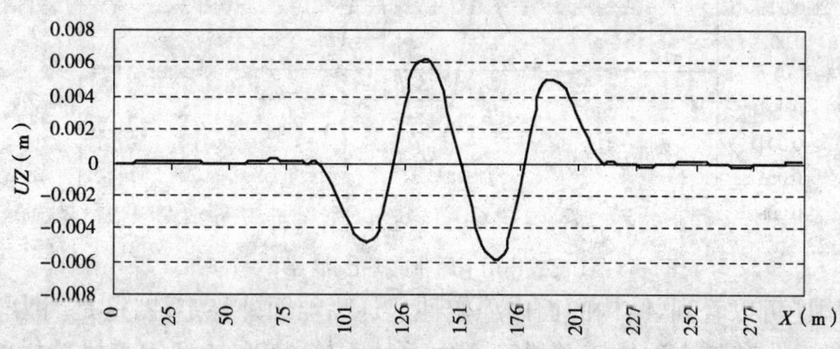

图 8-61　工况二作用下屈曲模态七(混合 $K=7.874$)

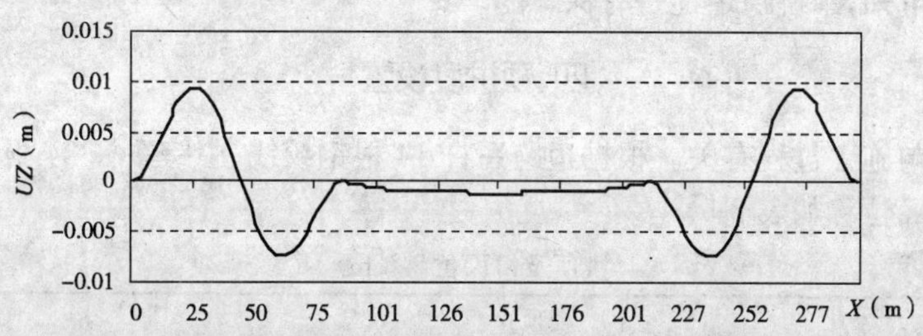

图 8-62　工况三作用下屈曲模态一(面外 $K=3.469$)

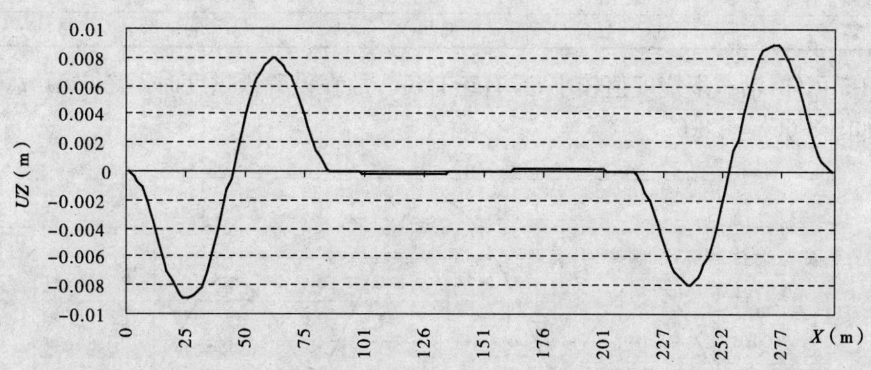

图 8-63　工况三作用下屈曲模态二(面外 $K=3.470$)

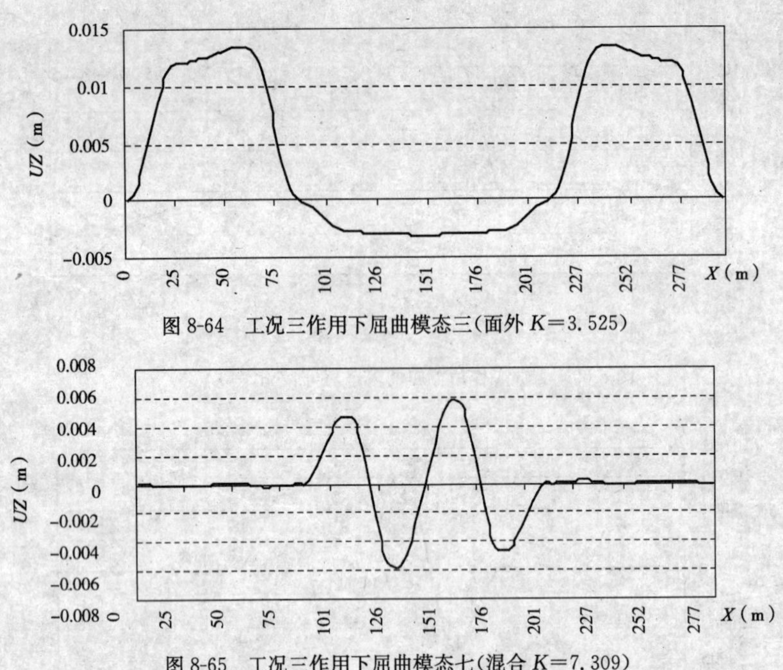

图 8-64　工况三作用下屈曲模态三(面外 $K=3.525$)

图 8-65　工况三作用下屈曲模态七(混合 $K=7.309$)

从计算结构还可以看到,结构的面内稳定性远远高与面外稳定性,这是因为下承式拱桥结构的整体稳定性及失稳模态取决于单拱两个方向的刚度,而哑铃型钢管拱单拱的面内刚度较面外刚度大很多的缘故。

从以上分析可知,本桥稳定性是有保障的。

四、预拱度设置

预拱度设置与施工过程有关。根据边跨系杆 14 根钢绞线、中跨系杆 24 根钢绞线的方案,拱顶及各跨中桥面位移如表 8-5。

拱顶及桥面位移(cm)　　表 8-5

工　况	拱　顶		桥　面	
	边跨	中跨	边跨中	中跨中
恒载	−3.52	7.10	−5.13	−9.63
恒载+收缩+徐变	−12.49	−22.26	−13.97	−24.61
活载/2	0.63/−1.44	0.90/−2.38	1.63/−1.88	0.90/−3.05

由表 8-5 可知,活载下挠度值较小,且有正有负。故在设置预拱度时不考虑活载。预拱度设置曲线如图 8-66～图 8-67。

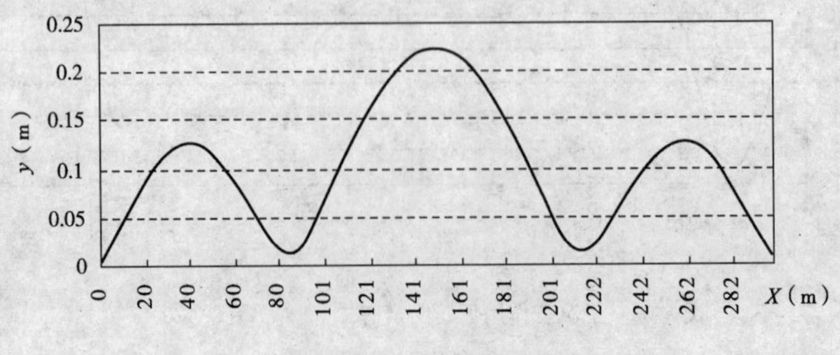

图 8-66　拱肋预拱度设置曲线

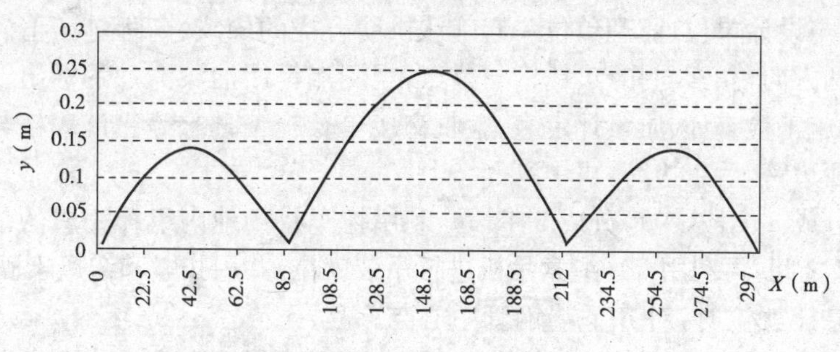

图 8-67　桥面预拱度设置曲线

第四节　施　　工

缆索吊装施工法是我国修建大跨度拱桥的主要方法之一。本大桥利用了大桥的 2 号、8 号承台架立索塔，架设了一座跨度 373m，双索道吊装重量 2×50t 的缆索吊系统，配合主桥钢管拱肋及横梁安装使用。根据大桥的主要构造特点和施工情况，本节主要介绍钢管拱肋制作吊装与混凝土灌注的施工情况，对下部结构与桥面系等常规性施工情况只作简要介绍。

一、钢管拱肋制作吊装与混凝土灌注

1. 拱肋制作方案

将拱肋上下弦钢管 1.8m 长的管节称为基本管节，它由 Q345 钢板在卷制厂卷制成直缝基本管节。吹砂除锈，然后按计算尺寸放样进行二次号料，以控制基本管节两端口截面的几何尺寸及坡面。在混凝土地坪上铺设钢板平台，在钢板平台上按边跨及中跨的设计线形以 1∶1 比例放样制作边、中跨各一套组装胎具。将基本管节置于组装胎具内研口后接长，同时与竖管、缀板等组焊成吊装段拱肋(边跨分三段，中跨分五段)。管节制作图见图 8-68，管节表面热喷铝见图 8-69。

图 8-68　基本管节制作及加劲肋

图 8-69　管节表面热喷铝

2. 拱肋吊装方案

吊装拱肋前须对拱脚结构及已安装好的拱脚预埋件进行详细检查，合乎要求方可吊装，其转轴位置应准确，埋设密贴、牢固可靠。检查拱座轴线处夹角及实际高程、跨间距离和拱肋间距，根据实测值与设计单位、监理单位一起确认拱肋合拢的中线、高程施工值。成型的拱肋应分别注明端号和方向，扣索与扣点、锚索与锚点，观测点等用油漆清楚的标出。应备齐备足各种施工记录表、施工检查证、质量评定表、验收交接单及施工日志等签记表格与记录本。拱肋吊装顺序为先西边跨，后东边跨，再中跨。

吊装边跨分成 3 个段，中跨分成 5 个段。利用拖车将场地内组焊完成的吊装段拱肋运输至 6 号～8 号墩之间，再利用 50t 缆索吊机进行吊装就位，并用扣索和缆风索固定。

拱肋下段悬挂就位时，对齐下端钢管中心与拱座标注的钢管中心、安装临时铰。拱肋上端用扣索悬挂，并将接头高程调整至比加预拱度值的高程 20cm 左右后收紧扣索。徐徐放松起重索至不承受拱肋重量，但不摘除吊钩，安装拱肋横向风缆，粗调拱肋中心，将拱肋上端中心大致调至设计中线位置，然后固定横向缆风。用同样方法吊装另一侧拱肋。复核同侧的两片边拱肋接头高程值及拱肋中心设计位置，以保证两拱肋间距值符合设计要求，在确认两拱肋接头同高程的情况下，加入临时横撑，摘除起重吊钩。图 8-70 为该桥拱肋缆车吊装施工的照片。

图 8-70　缆索吊装施工

合拢段安装必须在设计锁定温度为 5～10℃之间进行。先安装靠边跨侧的联结螺栓，调整合拢段另一侧的起重索高度，当合拢段拱肋靠中孔侧与边段拱肋钢管曲线大致顺接时，固定起重绳，在合拢段拱肋与边段拱肋间安装法兰垫板，安装联结螺栓，按设计的预拱度拱轴线形成临时拱结构。起重索先不松，待复核各主要截面的高程及中线符合要求，焊接合拢段接头钢套管，使拱肋钢管形成封闭的曲线后再徐松起重索，但不摘除吊钩。用同样方法吊装另一条拱肋的合拢段钢管，两条拱肋合拢后，放松各段扣索至不承受拉力，也不解除扣索。观测松索过程中各截面高程及轴线变化情况，达设计要求后，固定横向缆风，自拱脚往跨中两端同时开始焊接临时铰和各吊装段接头和横撑。否则，应再次调整轴线和高程。左右两条拱肋吊装定位后，安装横撑并用法兰螺栓连接。

扣索设置主要包括：地锚、钢丝绳、滑车组、转向滑车及扣索千斤绳。扣索方式采用"塔扣"，即扣索一端与地锚钢丝绳相连，另一端连接至滑车组上。滑车组通过捆绑在拱肋扣点上的千斤绳与拱肋连成一体。扣索滑车组设在塔架（扣塔）与拱肋之间，扣索利用塔架作为支承（支承点采用转动灵活的滑车）。横向缆风索主要用于调整拱肋横向位移，增强拱肋的横向稳定，横向缆风索的锚固点选在两拱肋接头 $0.1L$ 处，在岸边用倒链收紧。横撑临时联结是为了加强拱肋的稳定性，每吊装完同一段的二片拱肋（即上下游同段拱肋）在两拱肋间设计位置架设横撑，横撑采用缆索吊机进行架设。横撑与拱肋采用法兰临时联结。

3. 拱肋混凝土灌注方案

采用顶升法，两端左右对称灌注混凝土。钢管混凝土为 C50 高强补偿收缩泵送混凝土。混凝土的配合比的各项设计指标为：膨胀率 $i=0.00\sim0.05\%$；抗拉标准强度 $R_l^a\geqslant3.4$MPa；轴心抗压强度 $R_b^a\geqslant42.0$MPa；缓凝时间不低于 5h。

实验室确定的混凝土的配合比设计指标为：膨胀率 $i=0.03\%$；3d 强度达到标准实验强度（C60）的 87%；28d 抗压强度达 70MPa；缓凝时间达到 6h 以上。钢管内混凝土还具有大坍落度、和易性好、不沁水离析的特点。灌注混凝土的主要设备为HBT60C混凝土输送泵6台，ELBA EMC60拌和楼1座(产量$50m^3/h$)，EMS750A搅拌站2台(产量$25m^3/h$)，ϕ125mm输送管300m，泵送垂直高度约37m。主输送管从主输送泵直接接通到拱脚灌注口，灌注口设置活动阀门，以备在灌注过程中在发生意外情况及混凝土灌注到位时，停止泵送临时关闭之用。

另从拱脚至拱顶铺设一条备用管道，以便在灌注需要时能方便地在所需位置布置灌注口继续灌注。拱脚灌注口设于拱脚固结段与弦管轴线方向成45°夹角。为了保证管内混凝土的密实度，须从拱顶排气(浆)孔将管道内的润滑水泥浆、砂浆及被铁锈焊渣污染的混凝土全部排出管外。

灌注过程做到拱脚两端上下游两肋同步对称，先边孔，后中孔，先下管，后上管，即边孔拱肋下管混凝土→边孔拱肋上管及拱脚段缀板腹腔混凝土→中孔拱肋下管混凝土→中孔拱肋上管及拱脚段缀板腹腔混凝土。进行混凝土灌注时，先压入约$0.5m^3$等强度水泥砂浆，以润滑输送管及钢管内壁，然后进行混凝土顶升灌注，待混凝土压至拱顶，砂浆全部由排气(浆)管排出，冒出混凝土后即停止泵送，关闭灌注口闸阀。上、下弦半拱单管混凝土压注量均在68～$75m^3$之间，按每小时灌注量$25m^3$计，单管半拱灌注时间约需3h。拱脚段从拱座混凝土面至灌注孔部分采用人工灌注，插入式振捣器振捣密实。

4.故障处理措施

当灌注过程发生堵管时，先用混凝土输送泵的反泵功能疏通，如反泵处理无效，应立即停机并查出堵塞部位，关闭灌注口闸阀，将堵塞管节拆下，消除堵塞混凝土，重新接好管道，继续开机泵送混凝土。

当混凝土输送管爆裂，立即停机并关闭灌注口闸阀，更换损坏的管道后即可继续开机泵送混凝土。必须保证连续进行，并应在3h内完成单管混凝土灌注。

在泵送混凝土过程中应严格控制顶升压力和灌注速度，一旦发生胀裂，应立即停止灌注，关闭灌注口闸阀，在弦管内距混凝土顶面以下一定距离部位开孔将顶部的砂浆完全排出管外，再插入振捣器将顶部一定范围的混凝土振捣密实；待已灌混凝土达到一定强度后再在开孔处接好灌注转口，重新灌注未灌注部分混凝土直至拱顶(平联板在原灌注孔处接好灌注管口，继续由上向下灌注混凝土)。

裂缝的修补应将胀出的混凝土凿掉，尽量将胀裂部位变形的钢管复原，再将裂缝焊好。裂缝修补时应留压浆孔，待焊接处理完后将等强度水泥浆压满内部空隙。

如混凝土输送泵出现故障，应立即停机检查，找出故障部位并尽快排除。若故障严重，估计短时内无法处理时，应立即更换备用泵。如混凝土拌和设备出现故障，亦立即停机处理，尽快恢复供料。如处理时间超过混凝土初凝时间，则改用同级配的商品混凝土。

二、其他部分施工情况

1.下部结构施工

首先利用枯水期筑岛围堰，然后采用顶护筒冲抓冲击钻机成孔ϕ2 000mm，清孔符合要求后吊入钢筋骨架，灌注水下混凝土，每根桩必须一次浇注完成。桩基检测合格后浇注承台混凝土，浇注前预埋蛇形水管通水(通水量＞18L/min)冷却，水泥中掺加了5％的粉煤灰，运到现场的混凝土温度要求小于13°，浇注后承台内混凝土温度要求小于55°，混凝土表面也采用保温措施使内外温差小于25°，由于采用了很多温控防裂措施，承台没有出现裂缝。墩柱利用钢套管直接作为模板，形成大直径钢管混凝土结构，墩身外壁为 ϕ3 500×20mm 钢套管。钢套管在加工厂内加工成整体，平板运输车运输至现场，经现场防腐处理后，50t 汽车吊机进行吊装，钢套管吊装前测出其上口中心点，标记在顶口撑上。吊装时利用垂球检查其垂直度，并使顶口中心点的垂直投影与承台上的墩柱中心点重合，保证墩柱平面位置准确。钢套管平面位置及垂直度均满足要求后，将承台上预埋的固定钢筋与钢套管底口焊接。墩柱内竖向无黏结预应力筋按设计坐标定位，每隔 2m 与墩柱钢筋绑扎牢固，顶部利用支架悬挂。帽梁为钢纤维混凝土结构，采用满堂脚手架施工。支架纵横间距为 0.6m，步距 1.2m。拱脚劲性骨架通过焊接在墩柱钢套管内面上的型钢支撑进行固定，并预埋在帽梁内。侧模及底模均采用厂制定型大块钢模。墩柱和帽梁混凝土均由设置在西岸 25m^3/h 及东岸 50m^3/h 自动计量搅拌站集中搅拌，混凝土运输车运输，地泵进行泵送灌注。

2. 系杆施工方案

采用临时吊杆吊环固定高程，同跨两侧对称张拉。临时吊杆采用 ϕ40mm 高强精扎螺纹钢筋配套 YGM 锚具，穿过在中跨拱顶附近的竖向管和上下弦管，上端用 YGM 锚，锚于弦管内钢垫板，下端连接系杆托架。用卷扬机通过钢丝绳将系杆索牵引出两端拱脚预埋管道孔口。根据系杆拉索设计长度及锚具安装尺寸剥除拉索两端 PE 护层，然后安装锚具。系杆张拉采用 YCW250 型的穿心式千斤顶。系杆张拉时两端同时进行，以张拉应力为主和以量测伸长量为辅的“双控法”进行控制，系杆按其需要抵御的水平推力大小分步进行张拉，按施工加载程序进行。每次张拉时要对两个拱肋下同一编号的系杆同时张拉。张拉时以及张拉后应观测墩位的回复时间及回复值，以确定下一道工序的进行时间，避免累计位移过大，对结构产生不利的影响。

3. 桥面系施工方案

纵横梁利用缆索吊进行吊装。全桥共有横梁 53 片，每跨横梁在拱肋吊装前用缆索吊吊放在跨内存放；全桥共有钢管桁架纵梁 224 片，其中 A 型纵梁 200 片，每片纵梁吊装重量 0.46t，B 型纵梁 8 片，每片吊装重量 0.35t，C 型纵梁 16 片，每片吊装重量 0.28t，厂区分节制作成成品，吊装横梁时进行安装。桥面系施工图见图 8-71。

图 8-71　搭设桥面系

槽型板搭设在横梁上，其安装顺序为先边跨后中跨，逐孔分四批循环进行。槽型板有五种类型，共计 1304 块，在东岸集中预制，汽车吊机配合汽车运输至桥上，轨道平板车桥上运输，自制简易双导梁式架梁机具安装，板间湿接缝为 C50 现浇混凝土。人行道板预制和运输与槽型板基本相同。桥面混凝土铺装为 10cm 厚 C50 钢纤维防水混凝土，其施工顺序为自西边跨向东边跨单向浇注，表面采用纹路防滑机刻纹工艺处理。

参 考 文 献

[1] 贾军政，王明，马国刚等. 兰州市雁盐黄河大桥主桥的一些设计特点. 桥梁建设，2003(2)

[2] 马国纲，贾军政，刘涛，王明. 雁盐黄河大桥主桥线性分析报告. 2001.2

[3] 周世军,孙迎秋,丁南宏.雁盐黄河大桥主桥结构计算成果报告、兰州铁道学院新技术研究所,2001.3
[4] 陈兴冲,朱东升,贾军政,马国纲,刘涛.雁盐黄河大桥动力特性及抗震分析.第十二届全国结构工程学术论文集,2003
[5] 朱东升,陈兴冲,马国纲,贾军政,刘涛.雁盐黄河大桥拱墩固结点应力研究.第十二届全国结构工程学术论文集,2003.9
[6] 刘世忠,朱东升.雁盐黄河大桥主桥结构计算报告.兰州铁道学院工程结构研究所,2001.2
[7] 马国纲,兰州雁滩黄河大桥主桥横梁的设计与试验研究.城市道桥与防洪,2005.9
[8] 沈周.兰州雁盐黄河大桥上部结构实施性施工组织设计.中铁四局雁盐黄河大桥项目部,2001.12

第九章　南宁永和大桥

第一节　概　况

一、桥梁地理、地质条件

南宁永和大桥是南宁市连接邕江两岸城区及市中心区通往吴圩国际机场和南宁至友谊关高速公路的一条主要通道。起于邕江北岸中华路延长线终点 K1＋529.467，在雅里村湘桂线邕江铁路大桥下游 120～210m 处跨越邕江，往南终于五一路与南建路交叉口 K2＋931.619，路线全长 1 402.152m，其中北岸引道长 294.533m，北岸引桥长 328.5m，主桥长 398.72m，南岸引桥长 153.5m，南岸引道长 226.899m。

两岸为邕江二级阶地，地表平坦开阔，阶面高程 71.0～76.5m，桥位位于河湾起始段，两岸主桥桥台位于二级阶地的前缘。南北河堤之间宽 572m，河堤内侧有阶地，河堤北堤顶面高程为 79.00m，南堤顶面高程为 78.80m。枯水季时水面宽约 320m，施工水位 63.00m(当年 11 月至次年 4 月间约 180 天 95％的保证率)时最大水深约 18m。

桥位位于邕江盆地中部，第四系覆盖层层位稳定，下伏基岩单一，为第三系泥岩、粉砂质泥岩及细砂岩，基岩岩层稳定，产状平缓，为单斜构造，未见有断裂和不良工程地质现象，两岸岸坡较稳定。

桥位处主要地层岩性有：第四系杂填土，黏土，亚砂土，卵石层；第三系泥岩、粉砂质泥岩夹粉砂岩，岩面遇水软化，失水开裂，粉砂岩易坍孔，含钙质结核及团块，分布不均。两岸地层岩性基本相同。

二、桥 型 方 案

主桥桥型方案采用计算跨径为 346.49m、净跨径为 335.40m 的双肋中承式钢管混凝土桁式拱，设计净矢高为 76.873m，净矢跨比为 1/4.363。两岸桥台均为混凝土实体台；两岸桥台基础均为钢筋混凝土重力式沉井基础。

引桥桥型方案采用跨径为 25m 的先简支后连续先张法预应力混凝土空心板。北岸引桥两联共 13 跨(7×25m＋ 6×25m)；南岸引桥一联共 6 跨。钢筋混凝土薄壁式桥台、柱式桥墩、钻孔摩擦桩基础。

大桥总体布置图见图 9-1。

三、主要技术标准

(1)道路等级：城市主干路Ⅰ级；引道路基宽度为 40m。

(2)设计行车速度：50km/h。

(3)桥梁设计荷载：汽车—超 20 级，挂车—120 级，非机动车道设计荷载和人群荷载按《城市桥梁设计荷载标准》(CJJ 77—98)中的规定采用。

(4)桥面宽度：引桥桥面宽度全宽 28.00m；主桥桥面宽度全宽 35.00m；主桥台台顶桥面宽度全宽 44.00m。

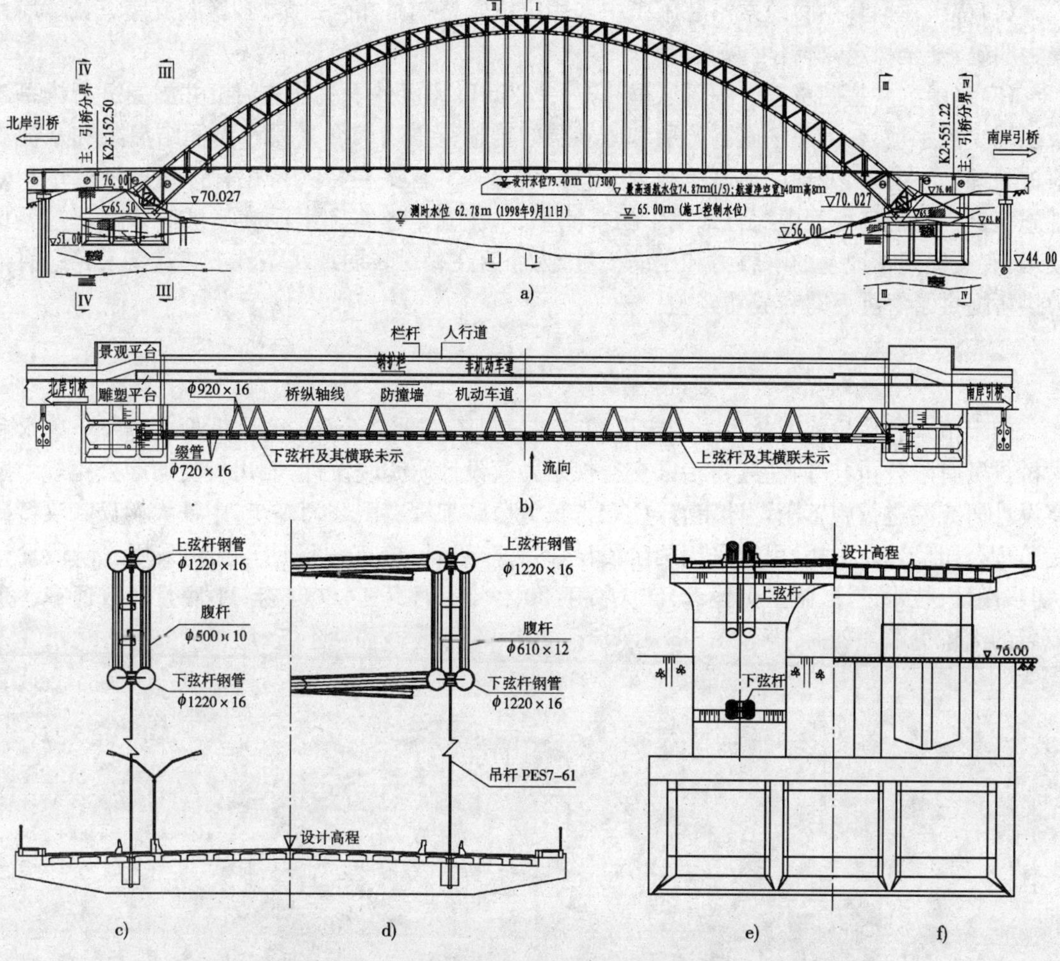

图 9-1 南宁市永和大桥总体布置图(单位：mm)

a)立面图；b)平面图；c)1/2 I-I 截面；d)1/2 II-II 截面；e)1/2 III-III 截面；f)1/2 IV-IV 截面

(5)纵坡：桥面设有凸形竖曲线。

(6)桥面横坡坡度：机动车道、非机动车道为 2.0%(双面坡)，人行道为－1.0%(向内)。

(7)设计洪水频率：300 年一遇。

(8)桥下通航标准采用航道等级为内河航道Ⅲ(2)标准，最高通航水位为五年一遇洪水水位 74.87m(黄基高程)；通航净空高度 8m，净宽 140m。

(9)抗震烈度：地震基本烈度为Ⅵ度，按规定，提高一度设防。

四、主要技术特点

南宁市永和大桥设计与施工相对当时已建成的其他钢管混凝土拱桥主要有以下特点：

(1)桥面宽度达到 35m，是单幅桥面最宽的双肋拱桥。

(2)拱肋竖腹杆间距(双排竖腹杆以其中点来计算)，除靠拱脚第一个间距为 11.40m、第二个间距为 10.40m 外，其余间距均为 9.20m。是竖腹杆间距最大的钢管混凝土桁式拱桥，竖腹杆间距与拱肋高度之比例关系比较协调，侧桥向视觉效果简洁美观。

(3)首次在钢管混凝土桁式拱桥上采用单管X形横联，避免了桁式K形横联、桁式X形横联等其他桁式横联造成的空间线条零乱繁杂的现象，顺桥向视觉效果简洁美观。

(4)首次在钢管拱肋缆索吊装施工中采用空钢管格构吊扣合一塔柱，橡胶支座塔铰。塔柱受力明确，安全稳定，材料可回收利用。

(5)北岸沉井基础奠基于圆砾层里，$[\sigma_0]$=330kPa。沉井下沉前先沿沉井周围进行帷幕灌浆以减少渗水量；在沉井基底圆砾层和砾砂层的帷幕范围内综合采用水泥固结灌浆和水泥旋喷桩处理，要求固结处理后地基承载力$[\sigma_0]$=750kPa。首次在特大跨径有推力拱桥的单个基础施工过程及地基处理中综合采用了帷幕灌浆、水泥固结灌浆和水泥旋喷桩等多种地基处理技术，有效提高了地基的承载力和压缩模量，为今后在相对较弱地基条件下建造特大跨径有推力拱桥提供了解决思路和成功经验。

五、大桥建设简介

南宁市永和大桥前期业主为南宁市城市建设投资发展总公司，建设期业主为南宁市永和大桥投资有限公司，广西壮族自治区交通规划勘察设计研究院设计，四川省交通厅公路规划勘察设计研究院进行施工图设计审查，广东省长大公路工程有限公司施工，中铁大桥局武汉桥研院监理公司监理。引桥、引道采用两阶段设计(初步设计、施工图设计)，主桥采用三阶段设计(初步设计、技术设计、施工图设计)。大桥于2002年元月开工，2004年11底月建成通车。建成后的大桥见图9-2。

图9-2　南宁市永和大桥成桥照片图

南宁市永和大桥被评为优良工程。大桥运行以来，使用效果良好。大桥的建成大大改善了邕江两岸城区、市中心区与吴圩国际机场和南宁至友谊关高速公路之间的通行条件，产生了显著的经济效益和社会效益，也为美丽的绿城南宁增添了一道亮丽的风景。

第二节　主桥结构与构造

一、上部结构

1.拱肋及横联

拱肋采用计算跨径为346.49m、净跨径为335.40m的钢管混凝土桁式无铰拱结构，见图9-3。拱肋全跨等宽，宽度为3m，拱肋高度由拱顶截面的8m变高至拱脚截面的13.293m，经优化设计后上、下弦杆轴线均为六次抛物线，下弦起拱线高程设在常水位以上的 70.027m 高程，设计净矢高为 76.873m(预拱度为 0.6m)。两肋中心间距为 20.50m。

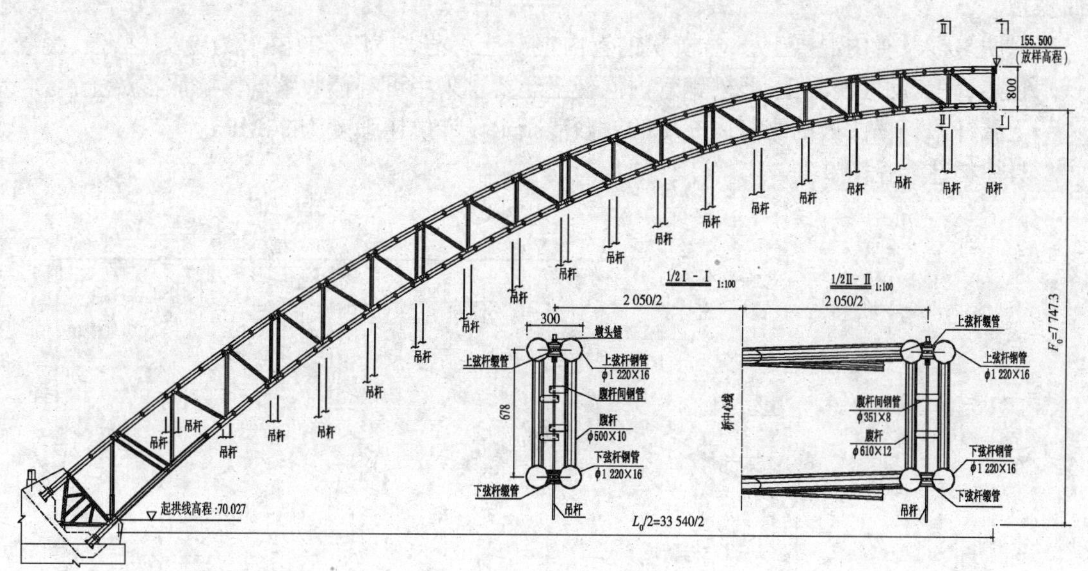

图 9-3　永和大桥主拱肋构造图(单位：mm)

拱肋上、下弦杆两主管间的联系，除下弦拱脚段采用缀板连接外，其余均采用横向缀管连接，主管外径 ϕ1 220mm，壁厚 16～25mm。下弦拱脚段由两个圆形钢管主管、两块联结钢管的钢缀板及充填在钢管及缀板内的混凝土组成(分别简称主管、缀板及管内混凝土)，缀板宽 1 015mm，厚 20mm；其余弦杆段由两个圆形钢管主管、每隔一定距离设置的横向钢管缀管、充填在主管内的混凝土及充填在部分缀管内的铁砂混凝土(仅在上弦杆吊杆锚头处的缀管内充填)组成(分别简称主管、缀管、管内混凝土及管内铁砂混凝土)，缀管外径 ϕ720mm，壁厚 16mm。

一排腹杆由平行的两根圆形钢管及两根钢管之间的数根联结钢管(具体根数与腹杆两根钢管的长度有关)组成，直接焊接在上、下弦杆的主管上。除了因便于拱肋节段预制安装而在拱肋安装节段接头两侧各设置一排腹杆成为平行的双排腹杆外，其余腹杆均为单排腹杆。单排腹杆钢管规格 ϕ610mm×10mm，双排腹杆钢管规格 ϕ500mm×10mm，扣索扣点附近腹杆钢管壁厚增加到 12mm，联结钢管规格 ϕ351mm×8mm。竖腹杆间距(双排竖腹杆以其中点来计算)，除靠拱脚第一个间距为 11.40m、第二个间距为 10.40m 外，其余间距均为 9.20m。除靠拱脚第一、第二根竖腹杆钢管内灌注混凝土外，其余腹杆及所有联结钢管均为空管；为了加强弦腹杆连接节点处弦杆主管管壁的刚度，降低管壁局部变形和提高节点焊缝抗疲劳强度，在弦杆与腹杆连接节点处弦杆主管管壁内部设置纵向加劲钢板。具体构造参见图 9-3。

两拱肋之间设 16 道横向联结系(由拱顶向两岸拱脚编号均为 1～8 号)，其中桥面以上设 12 道(1～6 号)，桥面以下设 4 道(7～8 号)；其中每道 1～5 号横联由同一平面位置上分别连接上下弦杆的两个 X 形横联组成，每道 6 号、7 号横联由不同平面位置上分别连接上下弦杆的一个 X 形横联组成，每道 8 号横联为单根钢管。横联钢管规格均为 ϕ920mm×16mm，除 8 号横联钢管内灌注混凝土外其余横联均为空钢管。

所有拱肋和横联钢管均采用Q345c材质的直缝焊接管，缀板钢板和主要构件钢材亦采用Q345c钢材，构件连接采用全焊缝连接。实际加工过程中，拱肋上、下弦主管曲线采用以折代曲模拟。

拱肋缀板及管内混凝土、8号横联钢管内混凝土标号均为C50，要求为免振、早强、缓凝、低水化热、高流动性混凝土，此外钢管内混凝土还要求采用可补偿收缩的微膨胀混凝土。

上弦杆吊杆锚头处的缀管内充填的铁砂混凝土设计抗压强度为90MPa。

具体构造参见图9-4。

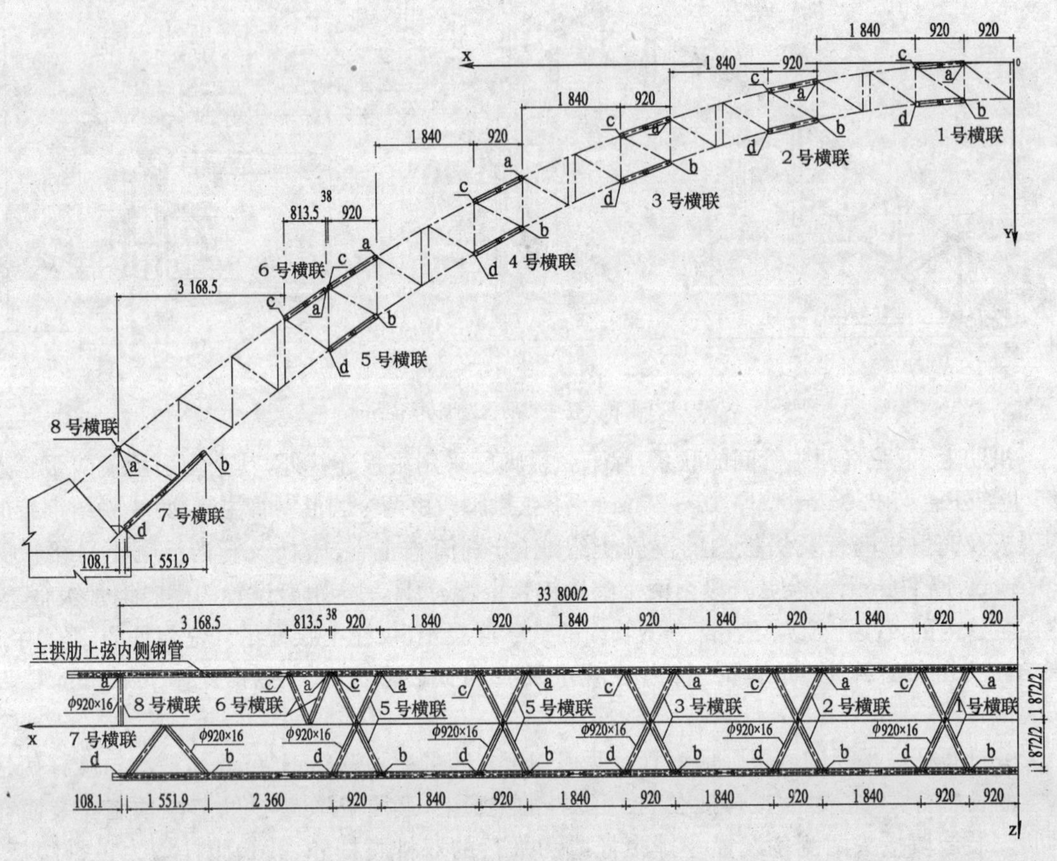

图9-4　永和大桥横联构造图(单位:mm)

2. 吊杆

除边竖腹杆外其余每道竖腹杆处均对应设置有吊杆及吊杆横梁。吊杆采用外包双层HDPE防护层的ϕ7mm镀锌预应力高强钢丝束成品索(极限强度为1 670MPa)，符合国家交通行业标准《斜拉桥热挤聚乙烯拉索技术条件》(JT/T 6—94)；锚具采用相应规格的冷铸镦头锚。

吊杆上端锚于上弦横向缀管上，下端锚于横梁的牛腿上。为了减小上下锚头的集中力同时便于今后维修更换，每条吊杆横梁的每端支点采用一组两根吊杆，每根吊杆均应能单独承受吊杆横梁上一端支点的恒载反力。为了防止吊杆的腐蚀破坏，对吊杆、锚具设置了可靠的防水系统。

吊杆在中承式和下承式拱桥中是将桥面系恒载和活载传递到拱肋上的关键构件，对桥梁的安全使用至关重要，而其费用占桥梁建安费的比例较小(一般不超过5%，本桥约为2.5%左右)。吊杆设计安全系数在有关规范中没有明确规定，过去一般均参照斜拉桥规范中对斜拉索的规定，要求安全系数$K \geqslant 2.5$。根据近期国内对吊杆的研究成果和发展动态，我们十分赞同郑皆连院士的以下观点：适当提高吊杆设计安全系数以降低吊杆的应力，不仅能提高桥梁的整体安全度，还可减轻其钢丝应力腐蚀效应，延长吊杆的使用寿命，提高桥梁的耐久性，降低桥梁的生命周期维修成本，而增加的费用很少，是很超值的投资。因此南宁市永和大桥吊杆取安全系数 $K \geqslant 3.0$，长度最短且水平位移最大的边吊杆的安全系数取 $K \geqslant 3.5$，经计算除边横梁吊杆采用规格型号为 PES7—91，锚具的规格型号为 OVMLZM7—91 的冷铸镦头锚(上锚头带球面垫板矫偏装置)外，其余吊杆采用的规格型号为 PES7—61，锚具的规格型号为 OVMLZM7—61 的冷铸镦头锚。每根边横梁吊杆设计拉力为 1 612kN(恒载拉力为 1 167kN)，破断拉力为 5 848kN，设计荷载下安全系数 $K=3.63$(恒载下安全系数 $K=5.01$)；其余每根吊杆设计拉力为 1 243kN(恒载拉力为 869kN)，破断拉力为 3 920kN，设计荷载下安全系数 $K=3.15$(恒载下安全系数 $K=4.51$)。

吊杆要求双层 HDPE 防护层之间具有相对滑移功能，以降低外层 HDPE 防护层的受拉应力；外层 HDPE 防护层颜色可结合永和大桥景观设计统一考虑，由于黑色 HDPE 材料的抗老化性能最好，若无特殊要求应优先采用黑色。

设计对吊杆更换施工提出了一些具体要求：今后吊杆若需要更换，同一条吊杆横梁上不能同时更换两根及两根以上吊杆，全桥若同时更换两根及两根以上吊杆时，所更换的各根吊杆沿桥轴向间距不能小于 70m；更换一侧吊杆时，只能允许另一侧吊杆的内外侧两车道限速通行，车速不超过 20km/h。

3. 吊杆横梁

吊杆横梁在初步设计和技术设计时采用的是预制双悬臂预应力混凝土工字梁，由于桥面宽，吊点间距达到 20.50m，悬臂长 5m，造成预制安装重量过大，需要分次张拉预应力，工序非常复杂。同时梁身刚度不足造成跨中挠度及悬臂翘曲度大等诸多问题。

为了减轻桥面系重量，加快施工进度，同时提高吊杆横梁刚度和提高车辆和行人的舒适感，施工图吊杆横梁采用双悬臂钢—混凝土组合梁。吊杆横梁构造见图 9-5。吊杆横梁由预制钢结构及在其顶部现浇的混凝土组成。预制钢结构部分采用钢箱结构，主要受力钢板材质为 Q345c，辅助受力钢板材质为 Q235c，为全焊结构，顶部与现浇混凝土结合面设剪力钉。通过现浇顶部 C50 混凝土，将吊杆横梁与预制桥面板联结为一个整体，并将简支的预制桥面板联结为连续梁。

预制钢结构部分基本采用单箱单室结构，但由于边吊杆横梁与拱肋次边竖腹杆在空间位置有干扰，因此边吊杆横梁按独立的两个钢箱预制安装，就位后再连接为一个整体。

4. 钢结构防腐防护

钢结构防腐防护质量直接影响本桥的使用寿命及后期维护费用，故要求拱肋及横联和横梁钢箱等主要构件钢结构外露表面防腐防护系统长效重防，有效防护期不低于 30 年。钢结构防腐防护类型通常分为阴级电化防护和机械屏蔽防护两大类，阴级电化防护类的各种方法中，以电弧喷涂锌、铝单种金属防护涂层或锌铝复合金属(或合金)防护涂层，加上封闭涂料及面层涂料等非金属防护涂层组合形成的长效重防复合防腐防护系统为代表，其主要优点如下：

(1)涂层与金属基体表面以机械热镶嵌和微冶金结合共同作用，结合力较高。

(2)能进行长效防护，技术相对较成熟，国内外有较多的工程实例供借鉴参考。

(3)有相应的国家标准和国际标准(分别为 GB/T 9793—1997 和 ISO 2063:1991)。

(4)采用阴级电化防护，当涂层发生局部破损时，涂层金属能通过自我牺牲保护基体，涂层局部破损对于整体防腐性能损害相对较小。

(5)以阴级电化防护的金属防护涂层为主，与封闭涂料及面层涂料等非金属防护涂层组合形成长效重防复合防腐防护系统，比单独采用金属防护涂层效果更佳。

本桥钢结构防腐防护根据不同的部位，主要采用"钢结构件电弧喷涂长效重防复合防腐防护系统"，结合采用其他防腐防护方法。具体方案如下：

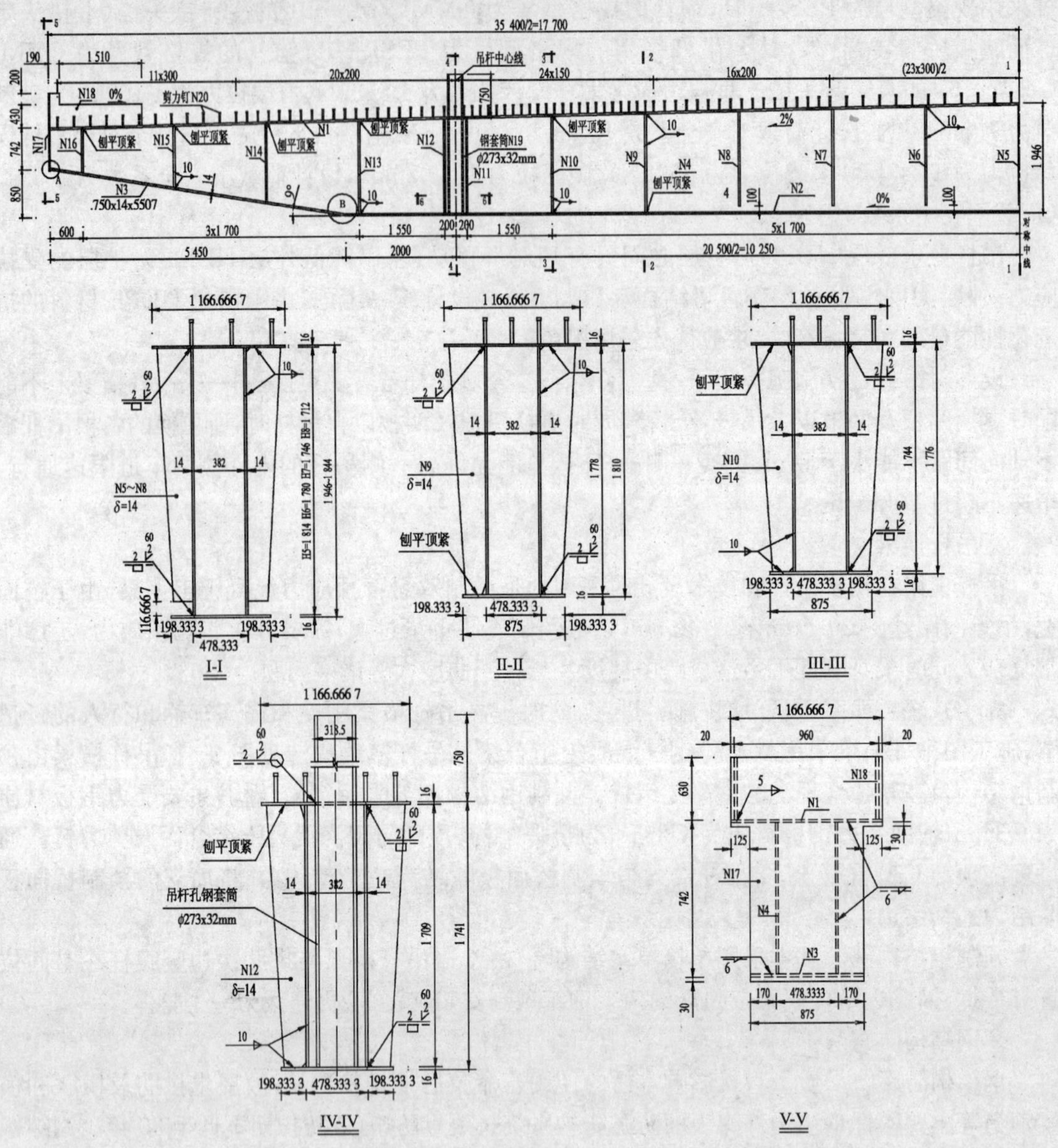

图 9-5　永和大桥吊杆横梁构造图(单位:mm)

(1)成桥后封闭的且不灌注混凝土的钢管内壁、缀板内表面，手工涂刷两层环氧带锈底漆，干膜厚度为 80μm。

(2)横梁钢箱内表面，涂层结构为电弧喷涂铝金属层一层干膜厚度 150μm，机械喷涂环氧云铁封闭漆一层干膜厚度 60μm，共厚 210μm；形成封闭箱体后，通过在适当位置预留的气嘴，定期灌注惰性气体。

(3)成桥后暴露于大气的钢构件表面，涂层结构为电弧喷涂铝金属层一层干膜厚度

200μm，机械喷涂环氧云铁封闭漆一层干膜厚度 20μm、环氧云铁中间漆一层干膜厚度 60μm、聚氨酯面漆两层干膜厚度 80μm，共厚 360μm。面漆颜色可结合永和大桥景观设计统一考虑。

涂层质量应符合我国国家标准《金属和其他无机覆盖层热喷涂锌、铝及其合金》(GB/T 9793—1997)的有关要求。非金属防护涂层材料建议采用质量可靠的名牌产品。

二、桥 面 系

1. 横断面布置

主桥桥面横向宽 35m，标准桥面布置为 2×(0.25m 人行道栏杆＋1.5m 人行道＋4.5m 非机动车道＋0.40m 非机动车道护栏＋2.10m 吊杆空间＋0.50m 防撞墙＋8.25m 行车道)，拱肋与桥面交界处附近一定距离内非机动车道减少为 3.5m，吊杆空间变为拱肋空间并加宽为 3.1m。

桥台顶行车道及观景台总宽 44m，横向布置为 2×(0.25m 人行道栏杆＋6.0～9.5m 行人观景台＋3.5m 非机动车道＋0～0.4m 非机动车道护栏＋0～3.1m 雕塑平台空间＋0.50m 防撞墙＋8.25m 行车道)。

2. 桥面系结构

桥跨桥面系行车道采用先简支后连续的结构体系，跨径均为 9.2m。桥面行车道板由先张法预应力混凝土预制 T 梁和整体现浇混凝土组成。首先将预制 T 梁按简支状态架设在横梁上，然后在吊杆横梁顶现浇整体化混凝土，将其两端预制 T 梁与吊杆横梁联结为一体，形成连续结构体系，预制 T 梁及整体化混凝土标号均为 C50。桥面铺装为 12cm 厚的 C50 钢纤维混凝土。桥跨人行道板为钢筋混凝土简支槽形板。槽形板顶铺设防滑铺装。

两岸桥台顶加宽设置观景台，采用现浇两跨跨径为 14.90m、宽 44m 的带挑梁钢筋混凝土连续空心板，板高与引桥空心板一致为 1.20m，桥面铺装为 12cm 厚的 C40 钢纤维混凝土。

混凝土表面防水涂料采用水性渗透型无机防水剂美国 EverCrete(永凝液)涂料，用量为 0.25L/m^2，其中吊杆横梁和观景台盖梁顶左右各 2m，负弯矩区用量增加到 0.3L/m^2。

三、下 部 结 构

1. 基础

两岸桥台基础均为钢筋混凝土重力式沉井基础。沉井基础对称于桥轴线布置，沉井长 40m、宽 40m，沉井内格为 9 格净 11m×11m 井室，沉井下沉时采用排水下沉，现浇混凝土封底，片石混凝土砌体及煤渣填芯；现浇混凝土沉井顶板长 40m、宽 40m、厚 3.5m，其中嵌入沉井井筒内 1m。

北岸沉井基础高 12m，底面标高 51.00m，奠基于圆砾层里，$[\sigma_0]$＝330kPa。沉井下沉前先沿沉井周围在距沉井边 6m 外的地方对细砂层、圆砾层和砾砂层进行帷幕灌浆以减少渗水量；沉井基底圆砾层和砾砂层的帷幕范围内综合采用水泥固结灌浆和水泥旋喷桩处理，以提高地基的承载力和压缩模量，要求处理后地基承载力$[\sigma_0]$＝750kPa。

南岸沉井基础高 19m，底面高程 44.00m，奠基于第三系泥岩里，$[\sigma_0]$＝900kPa。

2. 桥台

两岸桥台均为混凝土实体台，与拱肋主管对应的位置预埋与拱肋主管相同材质和规格的钢管，并预埋拱铰铰座，除预埋 Q345c 钢管周围的混凝土、拱铰铰座周围混凝土和封铰拱座混凝土为 40 号外其余台身混凝土为 25 号，拱座细部构造、拱座与拱肋联结的细部构造见图 9-6

和图 9-7。为增加台背土压力，台背横向设立一道竖混凝土墙并通过加劲纵肋与台身相连。桥台顶设两道立柱及一道薄壁墩，上面现浇两跨跨径为 14.90m、宽 44m 的带挑梁钢筋混凝土连续空心板作为行车道及观景平台。

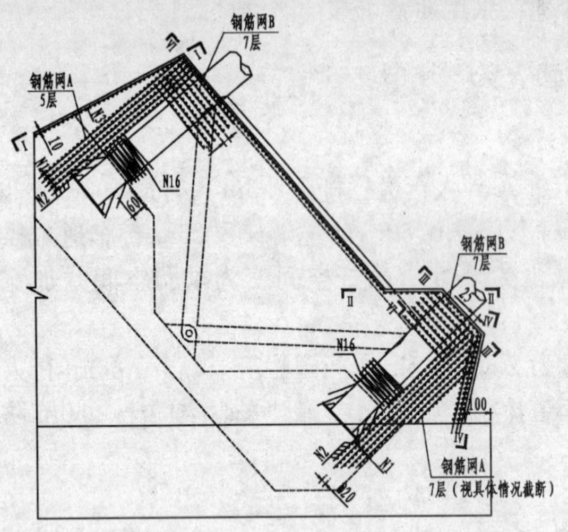

图 9-6　永和大桥拱座细部构造图(单位:mm)

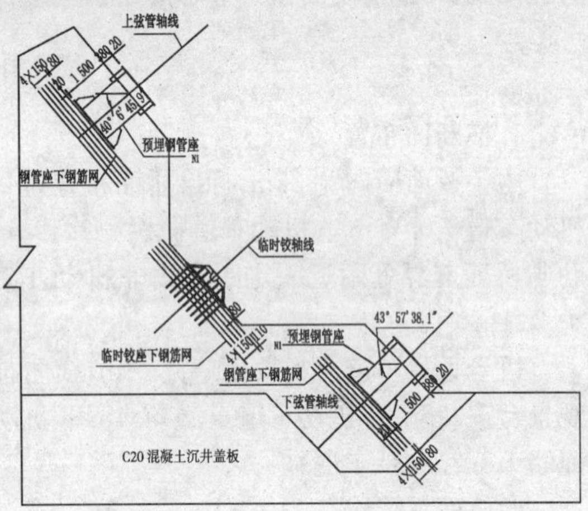

图 9-7　永和大桥拱座与拱肋连接的细部构造图(单位:mm)

第三节　设计计算分析

一、静力分析

对于南宁市永和大桥这类拱肋为复杂的格构式偏心受压构件的特大跨径钢管混凝土桥梁，进行承载能力极限状态计算时试图通过公式计算其构件的强度承载力和稳定承载力都是极其困难且难以实现的。建议通过可靠的空间有限元结构分析软件对其进行屈曲计算，采用计算的结构整体稳定系数代替强度承载力和稳定承载力来判断其在承载能力极限状态下是否满足承载功能要求，而且非线性屈曲计算更能反映结构的真实承载能力。通常的判别标准为：线弹性屈曲计算整体稳定系数不小于 4.0，非线性屈曲计算整体稳定系数不小于 2.0。

钢管混凝土结构正常使用极限状态计算(应力和变形计算)采用线弹性静力计算结果更加符合结构在正常使用状态下的实际状况。

南宁市永和大桥的静力分析计算工作包括：线弹性静力计算；线弹性屈曲计算；考虑几何及材料非线性的非线性屈曲计算即通常所说的二类稳定计算。采用的结构分析软件是 MSC. Nastran 和 ANSYS。

1. 线弹性静力计算

结构的线弹性静力计算是计算工作的主要部分，主要依据线弹性静力计算结果判断永和大桥在正常使用极限状态下是否满足使用功能要求。永和大桥的线弹性计算分别采用两种方法计算，即将钢管混凝土作为一种统一的复合材料计算的“统一理论”计算模式和分别将钢管、混凝土作为不同单元的分离模型计算模式。考虑结构非线性计算较为费时，而且尚无规范明确提出相关的参数和标准，因此对于设计中大量结构计算工作如优选拱轴线时的试算、优选结构形式或施工加载顺序时的试算、计算汽车可变荷载的最不利布载位置也都采用线弹性静力计算。

(1)采用统一理论计算模式简介

采用统一理论计算钢管混凝土拱桥主要依据《钢－混凝土组合结构设计规程》(DL/T 5085—1999)以及《钢管混凝土结构设计与施工规程》(CECS 104：99)。该理论认为钢管混凝土这种复合材料构件的性能是随着物理参数、几何参数、应力状态及截面形式的改变而变化，变化是连续的、相关的和统一的。永和大桥采用平面静力计算有限元模型进行统一理论模式强度计算，计算从拱肋合拢形成两铰拱开始，分阶段计算各阶段的内力、应力增量，直至成桥运营状态，通过计算出的每相邻两个阶段的应力、变形增量，逐个叠加，则可计算出每个单元对应钢的最终应力叠加值和混凝土的最终应力叠加值。对于施工中灌注钢管内混凝土结构体系变化的情况，对于每个拱肋弦杆单元而言，如果是空钢管截面特性，则该应力增量是钢的应力增量，如果是钢管混凝土截面特性，则该应力增量既是钢的应力增量，同时也是混凝土的应力增量。其中计算参数取值如下：钢管混凝土弹模：4.16×10^4～7.11×10^4MPa；钢管混凝土组合轴压强度设计值：Q345 钢管混凝土截面 f_{sc}＝46MPa。

平面杆系模型如图 9-8 所示。

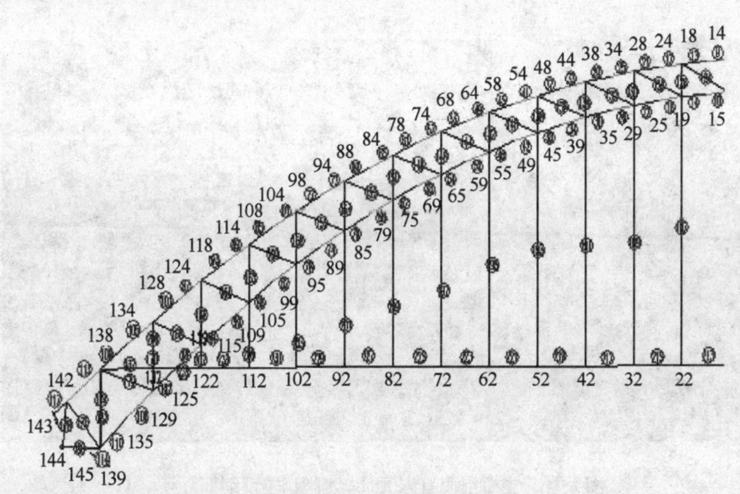

图 9-8　平面杆系计算模型

计算结果表明：成桥及运营状态主拱肋弦杆单元的钢管压应力(绝对值)最大值为 109.03MPa，位于拱顶上弦管，最小值为 6.93MPa，位于拱脚上弦管，均小于钢管的容许应力 210MPa；管内混凝土压应力(绝对值)最大值为 31.11MPa，位于拱脚下弦管变截面，小于钢管混凝土的轴压强度设计值 46.0MPa；管内混凝土在 8 号上弦管处产生 6.35MPa 拉应力，但该处钢管均受压，产生受拉的原因是成拱时拱脚上弦压力较小，拱脚上弦杆两端受拱座的刚性约束太强导致温度变化时产生较大拉应力所致；拱肋腹杆最大拉应力为 81.87MPa，最大压应力(绝对值)为206.95MPa，均小于钢管的容许应力 210MPa。

(2)采用分离模型计算简介

分离模型计算模式将钢管混凝土中的钢管与混凝土分别用不同的单元模拟，强度计算分别按各组成材料的容许应力控制，其中混凝土考虑套箍作用。拱肋计算模型按空间桁架实际坐标建立，并结合分析需要模拟吊杆、桥面系纵横梁。其中拱肋采用 6 自由度的空间梁单元；吊杆采用索单元；桥面系纵横梁在计算拱肋时采用梁格模拟，主桥空间计算模型见图 9-9 和图 9-10。

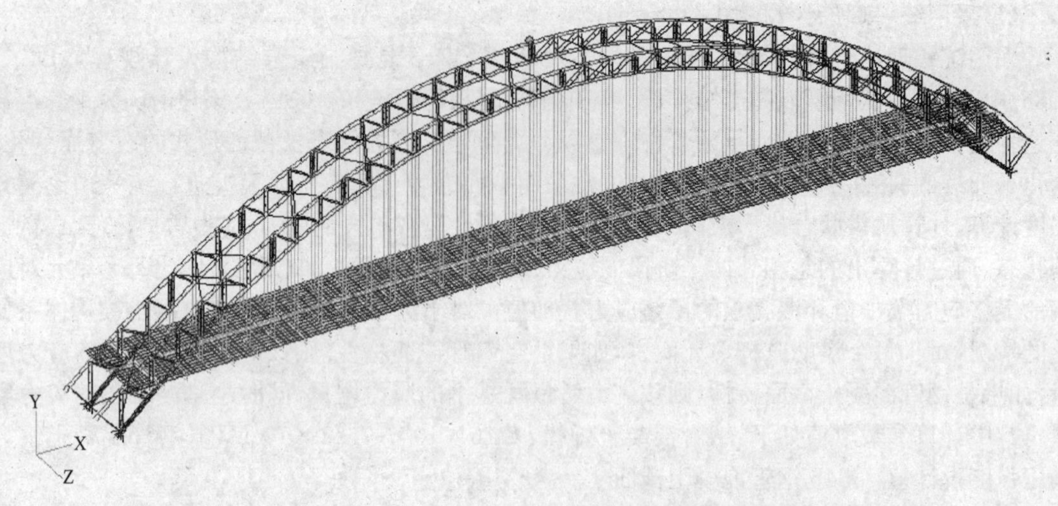

图 9-9 主桥空间有限元计算模型(总体模型)

图 9-10 主桥空间有限元计算模型(模型细部)

①基本参数和假定

永和大桥主桥共涉及三种材料,分别为 Q345 结构钢、高强钢丝及 C50 混凝土,计算采用的参数如表 9-1 所示。

基本参数表 表 9-1

材料	弹模(MPa)	重度(kN/m³)	标准强度(MPa)	允许强度(MPa)
钢管混凝土 Q345 钢	2.1×10^5	78.5	345	厚 16mm:268 厚 20 及 25mm:255
非钢管混凝土 Q345 钢	2.1×10^5	78.5	345	厚 16mm:210 厚 20 及 25mm:200
高强钢丝	2.0×10^5	78.5	1 670	$[\sigma_l]$:668
钢管内 C50	3.5×10^4	24	35	$[\sigma_a]$:21
其他 C50	3.5×10^4	25	35	$[\sigma_a]$:17.5

在计算自重过程中,计算每个构件的重量,并按钢结构重量的 1.5%考虑焊缝重量。计算采用包含预拱度的拱轴线(放样拱轴线)作为模型的初始线形,并以此为基础逐工况计算。汽

车荷载按相对城—A 而言偏于不利的公路标准汽—超 20、挂 120 计算；人群活载按照城市桥梁荷载规范进行计算，在通常的加载情况下，人群活载及非机动车加载集度为 2.4kN/m²，某些加载的工况下，集度达到了 2.9kN/m²。整体温度变化按±15℃加以考虑。

在计算恒载过程中，混凝土收缩按照混凝土单独降温 15℃加以考虑。考虑混凝土徐变时，将混凝土弹模进行折减，折减后的弹模为实际弹模的 0.7 倍。

②施工过程的模拟及钢管内混凝土灌注顺序的选择

本桥弦杆施工采用逐管灌注混凝土的方法，在施工过程中结构体系不断变化。该类桥梁结构的内力与施工过程是紧密相关的，图 9-11 显示了第一根管灌注混凝土时的结构变形影响。

考虑灌注下一根钢管时此管内混凝土已经结硬具有承载力，整个结构体系产生变化，呈现出一种所谓状态变化非线性受力模式，此时即使对称灌注另一侧对应钢管内混凝土，先期结构侧向变形也无法完全恢复。因此我们在分析中严格考虑了体系变化以及加载历程，以期得到符合实际情况的恒载内力及变形，并通过试算，以控制应力为目的来调整钢管内混凝土灌注顺序，以此为基础计算温度变化及活载加载的结果。优化后的钢管内混凝土灌注顺序如图 9-12 所示。

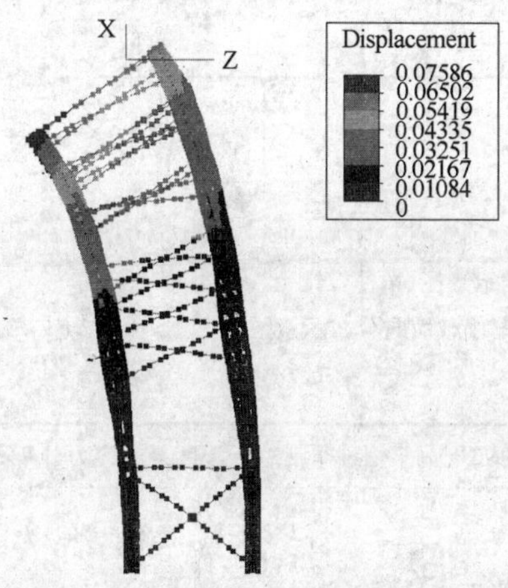

图 9-11　永和大桥上弦第一根管灌注时的结构变形图

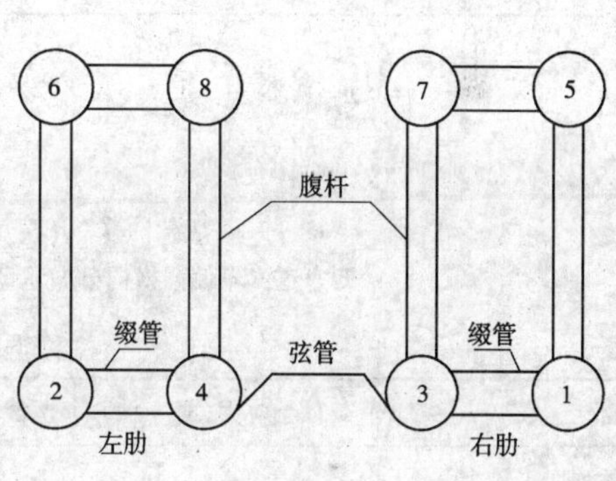

图 9-12　优化后的拱肋钢管灌注顺序

③基本可变荷载(汽车荷载)效应的计算

针对南宁市永和大桥主拱肋而言，汽车荷载效应的精确计算方法应该是将汽车在桥面系内力影响面上随机加载，选取最不利值。考虑实际模型中主拱肋共划分为 5 950 节点(9 458 单元)，桥面系如按正交异性板计算共 2 431 节点(2 272 单元)，计算内力影响面的工作非常巨大。在永和桥主拱肋汽车荷载效应的计算中，尝试了两种方法比较。方法一：采用两个影响面叠加，即 70 根吊杆对拱肋的影响面加上桥面板对 70 个弹性支撑的支反力影响面；方法二，采用连续梁替代桥面连续板，用单侧最大均匀偏载假定解决荷载横向分配，形式见图 9-13。

两种计算方式比较：虽仅以梁替代板，但该计算模式远比板影响面模型简单，主要原因在于车辆荷载的空间布载非常复杂。比较这两种计算模式的最终计算结果：连续板模型计算结果(绝对值)偏大，二者最大相差在 8%范围内。理论上空间加载应该不利些，计算结果相差不大的原因主要是由于计算能力的限制，其一，板单元划分的尺寸不能太小，影响实际有效加载面；其二，实际布载路径也未能真正做到随机和最不利。总体而言，对永和桥这种跨径的桥梁，由于恒载效应起主要作用(最大汽车活载应力不超过 20%)，采用连续梁影响线＋最大均匀偏载假定计算模式与连续板综合影响面计算模式相比，误差对最终结果的影响很小。

④计算结果。

在活载及恒载共同作用下，跨中拱顶最大挠度为 0.494m。活载的计算挠度为 0.09m，为拱肋计算跨径的 1/3 850。分析整个主桁应力结果，发现整个主桁结构除腹杆钢管及个别部位的混凝土出现拉应力外，其余部分钢管及混凝土均未出现拉应力。混凝土拉应力见表 9-2。

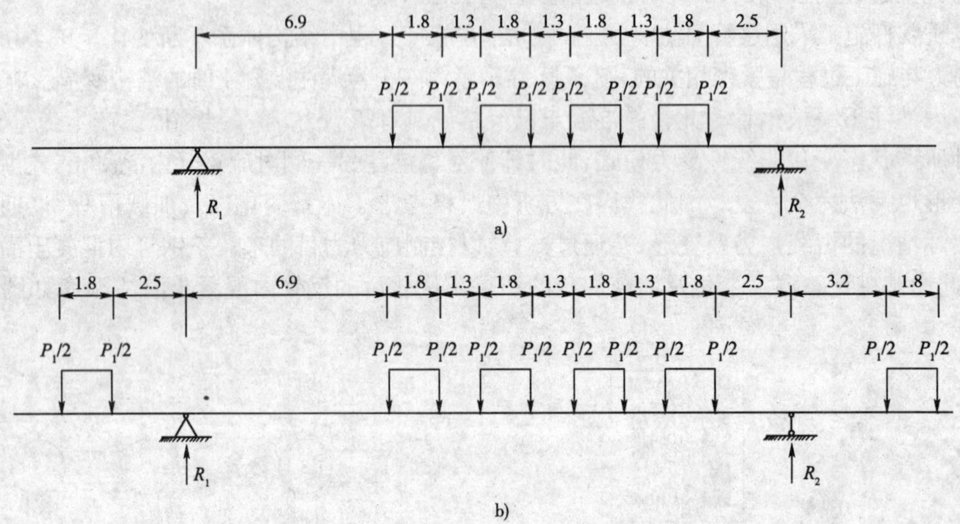

图 9-13　活载计算中单侧最大均匀偏载假定示意图(单位：m)

a)四车道汽车偏载横向分布示意图；b)六车道汽车偏载横向分布示意图

主桁混凝土拉应力表　　表 9-2

部　位	恒载最小应力(MPa)	恒载＋活载最小应力(MPa)	恒载＋活载＋温度最小应力(MPa)
拱脚上弦	－4.0	－2.6	1.0
拱顶下弦	－0.9	0.5	0.9

钢管最大应力出现在下弦钢管拱脚变截面处，为 281.3MPa 的压应力，超过允许应力，其余断面钢管应力均不超过允许应力；下弦拱脚变截面处混凝土压应力也达到 21.8MPa，略微超过允许应力(不超过 5%)。由于采用有限元结构分析软件计算该类结构拱脚处很小范围内应力普遍偏高，根据经验，设计上采取了在钢管内设置纵向加劲钢板予以局部加强的措施。

采用分离模型计算模式比采用统一理论计算模式计算出的钢管最大应力要大出不少，主要原因是分离模型计算模式可考虑钢管内混凝土的收缩徐变效应，钢管承担了混凝土由于收缩徐变产生的内力转移(即内力重分布)。因此进行线弹性静力计算时前者比后者更加接近结构在正常使用状态下的实际状况，因而更适宜做钢管混凝土结构正常使用极限状态计算(应力、变形和裂缝计算)。

2. 线弹性屈曲计算

板梁类结构轴向压力增大到一定程度而失稳的问题，可归结为标准的特征值求解问题，俗称为弹性一类稳定问题。由于一类稳定问题的计算过程既没有考虑大变形的作用，也没有考虑材料非线性的影响，故结构的刚度可能被过高估计，计算得到过高的稳定系数(安全系数)。

永和大桥超—20重车跨中布载时的失稳变形图见图 9-14。

图 9-14 超—20重车跨中布载失稳变形图示

永和大桥由拱肋合拢至成桥运营各阶段的弹性屈曲稳定系数计算见表 9-3。

拱肋合拢至成桥运营各阶段的弹性屈曲稳定系数计算表 表 9-3

工况		稳定系数	荷载类型
灌注弦管阶段	空钢管合拢后	30.147	结构自重
	浇筑左缀板后	30.427	
	浇筑右缀板后	30.769	
	灌注1号弦管后	26.297	
	灌注2号弦管后	23.564	
	灌注3号弦管后	22.172	
	灌注4号弦管后	21.162	
	灌注5号弦管后	18.700	
	灌注6号弦管后	16.862	
	灌注7号弦管后	16.492	
	灌注8号弦管并拆除扣索后	16.155	
桥面系阶段	安装全桥吊杆及钢横梁后	15.027	结构自重
	安装全部桥面系后	8.002	恒载(包含吊杆、钢横梁、混凝土横梁、T梁、纵缝、人行道板、铺装层、防撞墙、栏杆、过桥管线等)
营运阶段	挂—120在跨中	7.940	恒载+挂车
	挂—120在$L/4$	7.971	
	挂—120在边吊杆处	8.002	
	超—20重车在跨中	7.274	恒载+汽车+人群+非机动车荷载
	超—20重车在$L/4$	7.306	
	超—20重车在边吊杆处	7.334	

3. 考虑几何非线性及材料非线性的非线性屈曲计算

几何非线性及材料非线性屈曲计算考虑了结构的几何非线性效应——几何形状的变化过程及其相关的结构刚度变化，也考虑了材料的非线性本构关系——材料性能的改变对结构刚度的影响，其中主要考虑了混凝土的收缩徐变、钢材塑性，综合考虑了局部稳定和整体稳定、屈服强度和极限强度等因素，相对线弹性静力分析而言其计算结果更加接近结构在极限承载状态下的实际状况，更能反映结构的真实承载能力。对于钢管混凝土结构考虑几何非线性及材料非线性的非线性屈曲计算，采用统一理论计算模式和采用分离模型计算模式理论上都有其合理性，但目前采用统一理论计算模式进行非线性计算的最大困难是钢管混凝土复合材料特别是桥梁上常用的大直径低含钢率钢管混凝土复合材料的材料非线性本构关系难以确定。

南宁市永和大桥结构非线性静力计算采用与分离模式线弹性计算相同有限元基本模型，主要材料的材料非线性本构关系如图 9-15、图 9-16。永和大桥由拱肋合拢至成桥运营各阶段的极限承载能力见表 9-4。

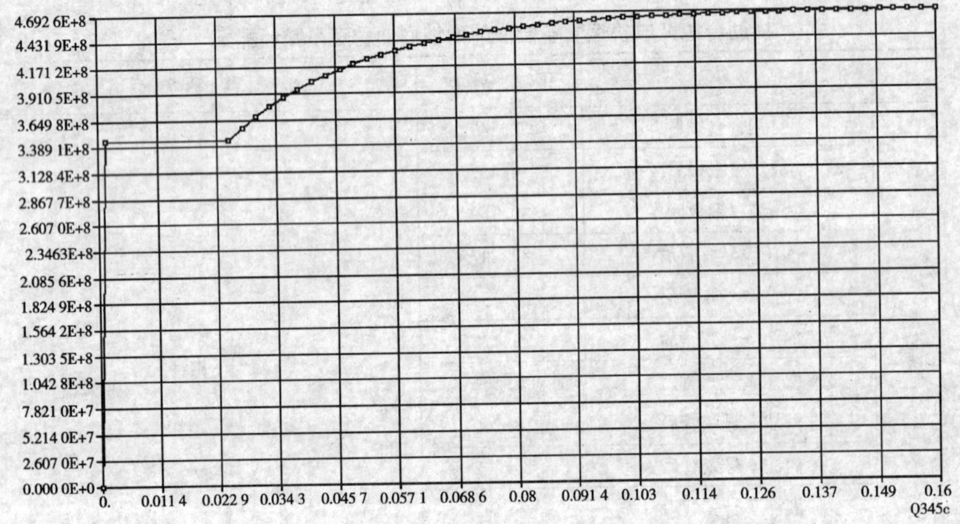

图 9-15　Q345c 本构关系

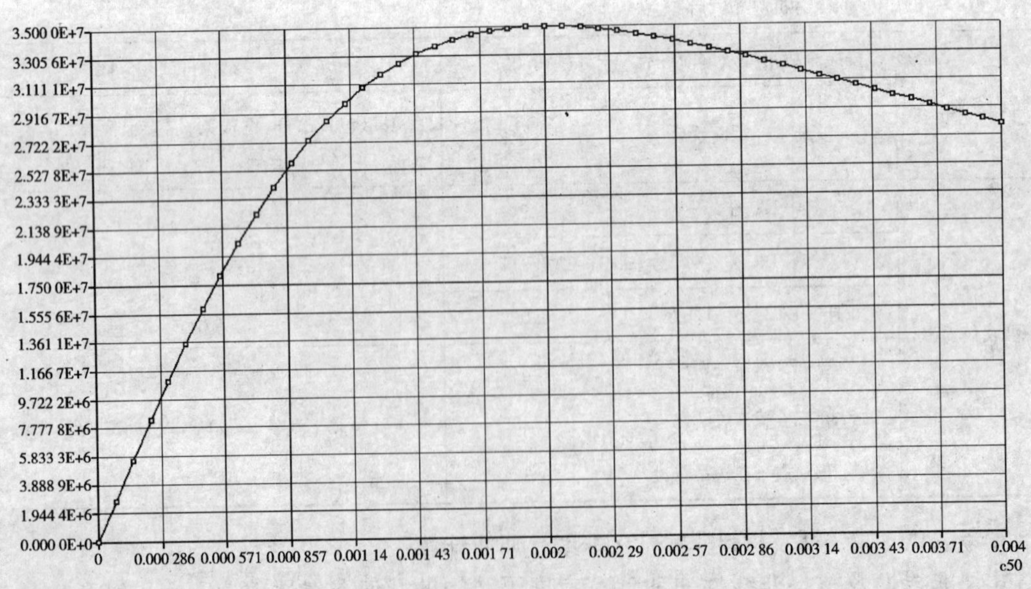

图 9-16　C50 本构关系

各阶段极限承载能力　表 9-4

工况		稳定系数	失稳部位	荷载类型
灌注弦管阶段	空钢管合拢后	9.566	4 号腹管，缀板上方与 8 号腹杆间弦管	结构自重
	浇筑左缀板后	8.699		
	浇筑右缀板后	8.673		
	灌注 1 号弦管后	7.551		
	灌注 2 号弦管后	7.550		
	灌注 3 号弦管后	6.939		
	灌注 4 号弦管后	6.938		
	灌注 5 号弦管后	6.276		
	灌注 6 号弦管后	6.224		
	灌注 7 号弦管后	5.816		
	灌注 8 号弦管并拆除扣索后	5.612		
桥面系阶段	安装全桥吊杆及钢横梁后	5.400	4 号腹管，缀板上方与 8 号腹杆间弦管	结构自重
	安装全部桥面系后	2.900		恒载(包含吊杆、钢横梁、混凝土横梁、T 梁、纵缝、人行道板、铺装层、防撞墙、栏杆、过桥管线等)
营运阶段	挂—120 在跨中	3.000	4 号腹管，缀板上方与 8 号腹杆间弦管	恒载＋挂车
	挂—120 在 $L/4$	2.900		
	挂—120 在边吊杆处	2.900		
	超—20 重车在跨中	2.700		恒载＋汽车＋人群＋非机动车荷载
	超—20 重车在 $L/4$	2.675		
	超—20 重车在边吊杆处	2.700		

永和大桥计算超—20 重车在跨中布载屈曲图示如图 9-17。

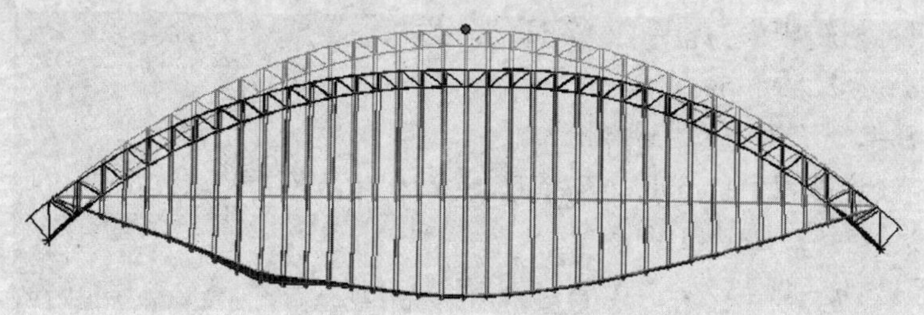

图 9-17　超—20 重车跨中布载屈曲图示

二、动力分析

南宁市永和大桥的动力分析计算包括：主桥的动力特性(自振频率和振型)计算；主桥成桥阶段空气动力稳定性分析；主桥抗震分析。

1. 主桥自振频率和振型计算

主桥的动力特性仅计算按成桥运营结构状态，有限元分析模型与采用与线弹性分析相同模型。计算的前十阶自振频率和振型如表 9-5。第一阶段振型图超形图示见图 9-18。

前 10 阶自振频率表 表 9-5

阶 数	自振频率(Hz)	阶 数	自振频率(Hz)
1	0.243 5	6	0.701 0
2	0.283 4	7	0.805 4
3	0.492 5	8	0.970 5
4	0.507 4	9	1.013
5	0.698 0	10	1.030

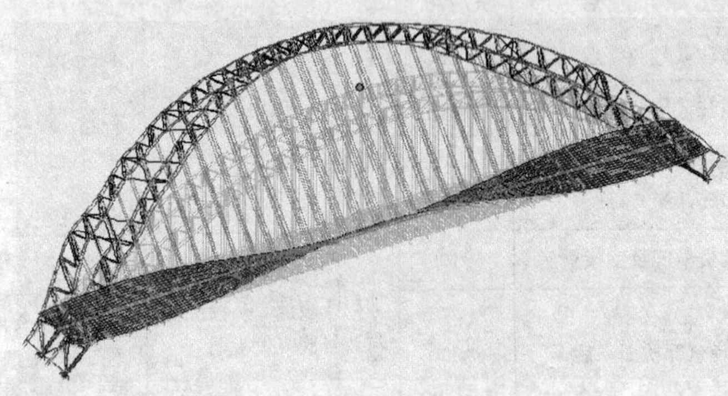

图 9-18 第一阶振型图超形图示

2. 主桥成桥阶段空气动力稳定分析

静风恒载的侧向稳定问题在第二类稳定分析时已经有所体现，永和桥主桥成桥阶段空气动力稳定计算的内容主要着眼于颤振临界风速的计算。计算方法参照《公路桥梁抗风设计指南》的第 6 章进行。

(1)基本参数

第一阶对称竖弯频率：$f_{ds}=0.701\ 0$Hz

第一阶反对称竖弯频率：$f_{da}=0.492\ 5$Hz

第一阶对称扭转频率：$f_{ts}=0.805\ 4$Hz

第一阶反对称扭转频率：$f_{ta}=0.507\ 4$Hz

空气密度：$\rho=1.225$kg/m^3

桥梁宽度：$B=35$m，半宽 $b=17.5$m

质量惯性矩线集度：$I_m=5\ 693.942\times103$kg·m^2/m

质量线集度：$m=62.106\times103$kg/m

形状折减系数：$\eta_s=0.43$

攻角效应系数：$\eta_a=0.75$

(2)颤振临界风速计算

颤振临界风速根据《抗风指南》第 6.1.2.1 及 6.1.2.5 进行，其计算步骤如下：

反对称扭转颤振分析：

平板颤振临界风速：

$$V_{c0}=T_{h0}^{-1}f_t\mathrm{B} \tag{9-1}$$

其中：

$$T_{h0}^{-1}=\frac{\pi\left[1+(\varepsilon-0.5)\sqrt{\frac{r}{b}0.72\mu}\right]}{\varepsilon} \tag{9-2}$$

$$\mu=\frac{m}{\pi\rho b^2} \tag{9-3}$$

实桥颤振临界风速：

$$U_{cr}=\eta_s\eta_a V_{c0} \tag{9-4}$$

式中ε分别针对对称扭弯和反对称扭弯求解。对称扭弯颤振分析得：ε=1.523，计算U_{cr}=109m/s；反对称扭弯颤振分析得：ε=1.499，计算U_{cr}=148m/s。则控制颤振临界风速取为U_{cr}=109m/s。

(3)颤振稳定性评估

$$U_{20}=\sqrt{1.6W_0}=31\text{m/s} \tag{9-5}$$

$$U_{10}=0.836U_{20}=25.9\text{m/s} \tag{9-6}$$

根据《公路桥梁设计通用规范》(JTJ 021—89)中全国风压分布图，南宁地区位于600Pa的等压线。按《抗风指南》第3.2.1.2条有：

取基本风速U_{10}=25.9m/s

地表粗糙度按照II级考虑

计算高度考虑拱肋与主梁的组合按照Z=42m考虑

根据《抗风指南》第3.3.3条有：

设计基准风速$U_d=K_1U_{10}$=1.26×25.9=32.6m/s

根据《抗风指南》第6.1.4.1条有：

颤振检验风速$[U_{cr}]=K\mu_f U_d$=1.2×1.3×32.6=50.9m/s

颤振临界风速U_{cr}=109m/s ＞ 颤振检验风速$[U_{cr}]$=50.9m/s

分析结果显示成桥阶段主桥颤振稳定性能够满足要求。

3.主桥抗震分析

地震设计参数根据《南宁市永和大桥工程场地地震安全性评价结论性意见书》，采用设计频率100年10%超越概率，偏安全均按桥南参数进行地震反应谱分析，水平加速度反应谱值如表9-6。

地震反应按纵向＋竖向以及横向＋竖向方式进行，其中竖向加速度按水平加速度2/3取值。分析简要结果见表9-7、表9-8。

水平加速度反应谱值 表9-6

频率(Hz)	加速度(m/s²)	频率(Hz)	加速度(m/s²)
0.25	0.228	2.7	1.911
0.33	0.279	7.69	1.911
0.5	0.405	10	1.558
1	0.766	14.29	1.205
2	1.449	20	0.97
2.5	1.779	25	0.809

纵向＋竖向加速度反应谱分析拱肋上弦最大响应应力表(单位:MPa)　　表 9-7

部位	σ_x	σ_y	σ_z	σ_{max}
拱脚	2.31	0.76	0.41	3.19
1/8 跨	0.83	0.08	0.17	1.02
1/4 跨	1.55	0.14	0.16	1.76
3/8 跨	1.72	0.05	0.83	2.55
跨中	0.9	0.02	0.44	1.33
最大值				3.56

横向＋竖向加速度反应谱分析拱肋上弦最大响应应力表(单位:MPa)　　表 9-8

部位	σ_x	σ_y	σ_z	σ_{max}
拱脚	1.71	0.11	0.63	2.35
1/8 跨	1.16	0.14	0.47	1.66
1/4 跨	1.14	0.2	0.2	1.39
3/8 跨	1.56	1.02	1.02	2.59
跨中	1.33	0.54	0.54	1.87
最大值				2.78

计算表明主肋弦杆地震响应应力增加不多,其他结构构件地震响应值如下:

吊杆最大地震响应应力:54.8 MPa(纵向＋竖向);

横联最大地震响应应力:36.02 MPa(纵向＋竖向);

主梁最大横向位移:13.2cm(横向＋竖向);

拱肋最大横向位移:10.7cm(横向＋竖向)。

计算结果表明地震响应应力满足规范要求。

第四节　施　　工

一、钢管拱肋加工制作

在南宁永和大桥钢结构制造过程中,主拱肋、拱肋吊装(含合拢)接头、吊杆锚箱、临时铰座是制造的关键件;主弦管下料加工、主弦管、腹杆和临时铰座的装焊以及匹配制造为制造的关键工序。

1. 总体要求

在施工过程中严格执行《南宁永和大桥钢结构制造装配工艺规程》(WSD 32611L—2002)、《南宁永和大桥钢结构制造焊接工艺规程》(WSD 32611L—2004)和相应规范的有关规定,制造精度执行《南宁永和大桥钢结构制造精度要求》。

所有板材零件下料采用数控切割或半自动切割,采用机械加工或半自动切割焊接坡口。钢管用相贯线数控切割机下料,并开制相贯线及焊接坡口。手工切割仅用于次要零件或无法使用自动半自动切割或切割后仍需加工的零件。

2. 主拱肋制造

主拱肋由主弦管、缀管、缀板、腹杆、锚箱和吊装接头等组成，全桥 2 条主拱肋，每条主拱肋分为 14 个吊装节段。主拱肋在厂内制造时将两上弦主管和缀管、两下弦主管和缀管分别匹配组装成运输节段，每条主拱肋分为 36＋36(上层＋下层)个运输节段。在第一轮卧拼时，腹杆参与匹配安装，以检验腹杆相贯线是否正确。如腹杆在第一轮匹配情况良好，在以后轮次的制造过程中不参与匹配制造。匹配制造按“4＋1”个运输节段进行卧拼匹配。

(1)下料及加工

主弦管全部在厂内由钢板卷制而成。钢板采用数控切割或半自动切割，利用半自动切割机开制纵缝焊接坡口和直段对接环缝坡口，坡口角度≤±5°。下料开完坡口后的板材上油压机压制辊圆头，按图纸要求在三芯辊床上辊制成圆。

(2)筒节装焊、对接及端口加工

装配报检合格的筒节采用双面埋弧自动焊在专用胎架上焊接纵缝，无损检测合格后校圆。对纵缝装焊合格的筒节在平台或平面胎架上两两对接成直段管，对接时注意相临筒节纵缝至少错开 90°。直段管对接环缝采用陶质衬垫埋弧自动焊在滚轮胎架上焊接。缀管辊圆加工和纵缝焊接与主弦管相同，装焊合格的筒节根据图纸在相贯线数控切割机上加工相贯线端口。

(3)胎架制造

因生产周期的限制，主拱在厂内制造时除第一轮采用“2＋1/3”个吊装节段匹配外，其他轮次采用“4＋1”个运输节段进行卧拼匹配制造。按钢管拱线型在地上进行放样并绘制地标(如轮廓线、端口线、吊装接头及锚箱定位线等)，按线型进行胎架制造，胎架制造严格按胎架图纸要求进行，以保证钢管拱的线型准确。

(4)运输节段组装

主拱在厂内第一轮匹配制造时按“2＋1/3”个吊装节段组装，但主弦管的环焊仍按运输节段进行。运输节段在第一轮或在其他轮次的匹配制造中，先装下层主弦管，对线型进行定位；对线吊装上下主弦管间缀管，点焊定位；上层主弦管对线型并进行定位。在主弦管装配过程中，同时进行吊装接头的匹配组装。装配完工后采用 CO_2 气体保护焊或手工电弧焊进行焊接工作，先焊接主弦管间的对接环缝，再焊接主弦管与缀管间的相贯线焊缝。在焊接时对称施焊，以减少焊接变形。主弦钢管纵缝要求 100%UT，I 级合格，环缝纵缝要求 100%UT，I 级合格，并要求抽查 15%RT，AB 级检验 II 级合格。缀管装焊完后进行锚箱的装配。焊接工作结束后，解除分段与胎架间的约束，矫正检验主拱线型和锚箱的位置，待报检合格后方可脱离胎架。

3. 腹杆制造

ϕ610mm 的腹杆采取自制直缝焊管，ϕ500mm 的腹杆采用成品直缝焊管。腹杆下料采用数控下料。其加工工艺流程和技术要求与主弦管相同。ϕ610mm 的自制腹杆和 ϕ500mm 的成品腹杆在开制相贯线和坡口时，自身的焊缝避开腹杆间连接钢管的贯口。

主拱肋在厂内制造时，腹杆只在第一轮匹配制造中参与匹配装配但不焊接，用来检验腹杆下料尺寸是否正确。腹杆下料加工合格后全部散运到工地，在进行吊装分段匹配制造时安装，安装腹杆时保证其位置的准确，并保证相贯口处的装配间隙，间隙控制在 2～6mm 之间。

腹杆相贯线焊接要求采用药芯焊丝 CO_2 气体保护焊或手工电弧焊进行焊接，要求先焊正交的腹杆相贯线，后焊斜交的腹杆相贯线。焊接时要求焊工分散对称施焊，不允许从一端向另一端依次顺序焊接。在端头的腹杆焊接前要检查主拱上的临时支撑是否装好。

二面角 $\phi \geqslant 55°$ 的相贯线焊缝要求全熔透。当 $42° \leqslant$ 二面角 $\phi < 55°$，允许 3mm 根部未熔透；当二面角 $\phi < 42°$，允许 6mm 根部未熔透。焊缝超声波检验比例为 100%，I 级合格。

4. 吊装接头制造

吊装接头制造质量直接影响主拱肋工地吊装便捷与拱肋轴线定位，因此在其制造过程中尤其注意施工的工艺性以及节段匹配制造过程中定位精度和焊接质量。吊装接头构造图见图 9-19。

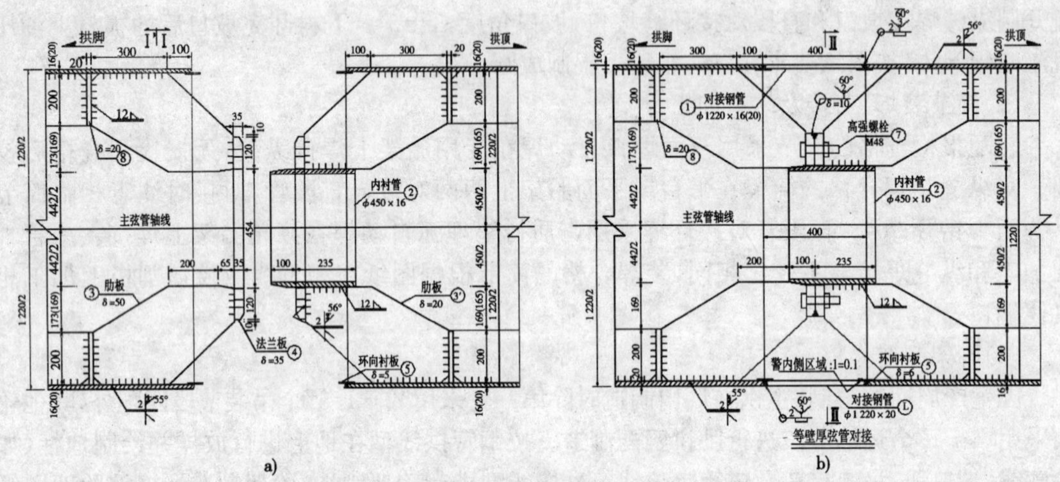

图 9-19　永和大桥吊装接头示意图(单位：mm)

a)对接前；b)对接后

(1)下料、加工

对接钢管与肘板采用数控切割下料，半自动切割机开制坡口。对接钢管先辊轧成整圆，然后分割成两个半圆，再上三芯辊床校圆。法兰盘放样时留加工余量以便于机加工。法兰盘在钻孔时两两配钻，螺栓孔扩为 ϕ52mm，配钻后按图成对标注零件号。ϕ450×16mm 内衬管采用成品直缝管，在相贯线数控切割机上下料，然后进行机加工。机加工时先光圆外表面，再按图加工端头锥度。

(2) 部件的组装

为方便拱肋匹配制造时吊装接头的装配，先将肘板与法兰盘形成一个部件进行装焊。组装时控制肘板的外形尺寸，避免部件进入主弦管时不顺畅。焊接时将两法兰盘拼在一起间隔对称施捍，减少法兰盘的焊接变形。焊后将法兰盘工作面进行机加工，以保证连接面的平面度。

(3)吊装接头的匹配制造

安装前先将同一接头的两部件分别安放在两主弦管端头，先定位好的主弦管里面的接头部件点焊定位。待主弦管与其他构件焊接完工，最后装配定位吊装接头。在装配时用 2～3 个 ϕ51.5mm 的冲钉连接定位法兰盘，冲钉可用 35 号碳素结构钢制造，然后用高强螺栓栓接，高强螺栓连接副的施拧遵守 JGJ82 的规定。栓接完工后用气体保护焊或手工电弧焊焊接。内衬管在厂内匹配制造时可不试装，在工地卧拼时安装，并做好定位标记，待两吊装节段分离后再将内衬管复位施焊。在工地匹配制造时用工装将两片对接钢管固定在主弦管的端部，以便于对接钢管在空中的安装。

5. 吊杆锚箱制造

吊杆锚箱是钢拱肋的主要受力构件，它对于其连接的构件焊接质量及其安装精度要求较高。锚箱处缀管的下料、辊圆与其他区域缀管相同。锚箱处缀管分为上、下两片，上相贯线切割机开制相贯线（与主弦管间的相贯线和与吊杆导管间的相贯线）及坡口。用半自动切割机将筒节切割成两片半圆形缀管，再上三芯辊床或油压机矫圆。吊杆导管和锚箱筋板采用数控下料，钢垫板为成品件。吊杆锚箱制造示意图见图 9-20。

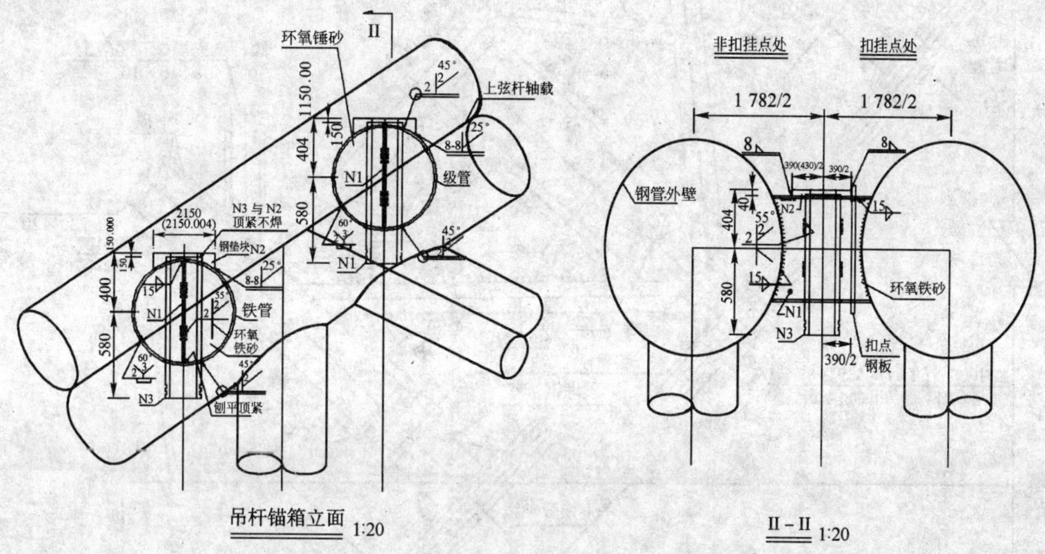

图 9-20　永和大桥吊杆锚箱制造示意图（单位：mm）

主拱厂内制造时在主弦管对接、主弦管与非锚箱处缀管相贯线焊接完工报检完后才允许装配锚箱。筋板与吊杆导管宜先组成部件，再将部件按胎架地标线定位装焊，然后装焊缀管。

6. 临时铰的制造

临时铰是主拱吊装阶段的重要受力构件（图 9-21），焊接质量与铰轴精度是临时铰制造重点控制的两个方面。由于受到运输条件的限制，与主拱直接连接的 $\delta=20$mm 的钢板、ϕ610mm×12mm 的钢管及加强筋管全部在厂内数控下料后作为散件直接在工地主拱卧拼时装焊。与预埋铰座连接的临时铰结构在厂内制作成部件，再在南宁工地进行匹配装焊以保证临时铰轴线定位的精度。

7. 临时铰工地安装步骤

拱脚段主拱肋在工地匹配卧拼时，临时铰的安装在运输节段与腹杆装焊完后进行。

第一吊装段安装扣挂就位后，每根主弦管先采用四块临时钢板将上下弦管分别与预埋钢管临时连接，以限位拱铰、稳定吊段，待全桥合拢后再割除临时钢板，补焊接头钢管及每管 12 块永久搭接钢板。

8. 分段的匹配制造

拱肋制作因受到工地场地条件的限制，采取“2＋1/3”吊装节段进行卧拼匹配制造。卧拼胎架按设计线型进行放样划线，并绘制地标（如端口线、锚箱定位线等）。运输节段上胎架严格按锚箱定位线定位，待主弦管环缝焊接完工后再装焊腹杆。先装焊直腹杆再装焊斜腹杆。吊装接头处内衬管匹配时只做好定位标记，待用小车将拱肋脱离胎架后再进行装焊。

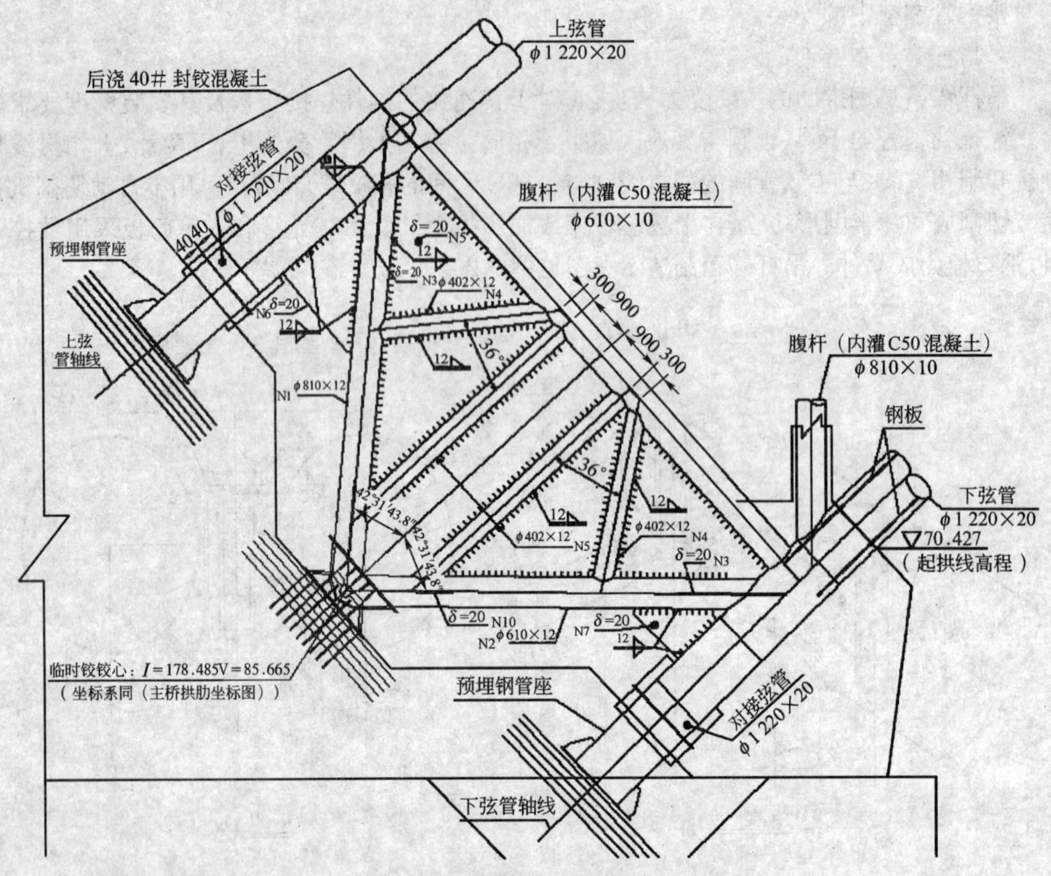

图 9-21　永和大桥临时铰示意图(单位:mm)

二、钢管拱肋安装施工

1. 钢管拱肋安装施工方案

钢管拱肋安装采用无支架缆索吊装预应力索斜拉扣挂施工方案，见图 9-22。每条拱肋分 14 个安装节段和一个合拢段，除第 7 段与合拢段之间的接头为合拢接头外，其余接头均为直接对接接头。合拢接头理论预留长度为 450mm，具体长度应在拱肋合拢前调整好拱肋轴线后现场量取加工。两拱肋之间设置 16 道横向联系，安装时与拱肋内侧弦管之预设焊接管接头焊接。安装节段最大预制重量为 113.4t。

拱肋在安装施工阶段采用在拱脚处设置临时铰的两铰拱结构，拱肋合拢后用混凝土封铰成无铰拱。

2. 缆索吊机系统

钢管拱肋拼装场设置于南岸主锚碇后，为留出拱肋节段转运吊装位置，南岸塔柱设在 15 号桩顶位置，北岸塔柱设置在北岸沉井之上，缆索吊机计算跨径 $L=448.72$m。

索塔为扣、吊合一索塔，分为塔铰、塔身、横联、钢锚箱、塔顶结构五个部分。塔身由等截面钢管格构柱组成，其中塔脚铰接采用橡胶支座代替塔铰(图 9-23)。

索塔顶设计高程 $H=210.5$ m；索塔高度为 $h_{北岸}=136.5$m，$h_{南岸}=136.5$m。拱肋采用双吊点起吊，每个吊点使用一根 φ22mm 钢丝绳，采用滑车组绕 8 线。

主锚后锚碇为混凝土重力式锚碇。

3.斜拉索扣挂系统

扣挂系统由前锚系统、索塔(扣塔)、扣索系统、后锚及张拉配套设备五大部分组成。

前锚系统由拱肋扣点和扣索锚头两部分组成。拱肋扣点结构形式经计算确定,扣点设置在每节拱肋前端。

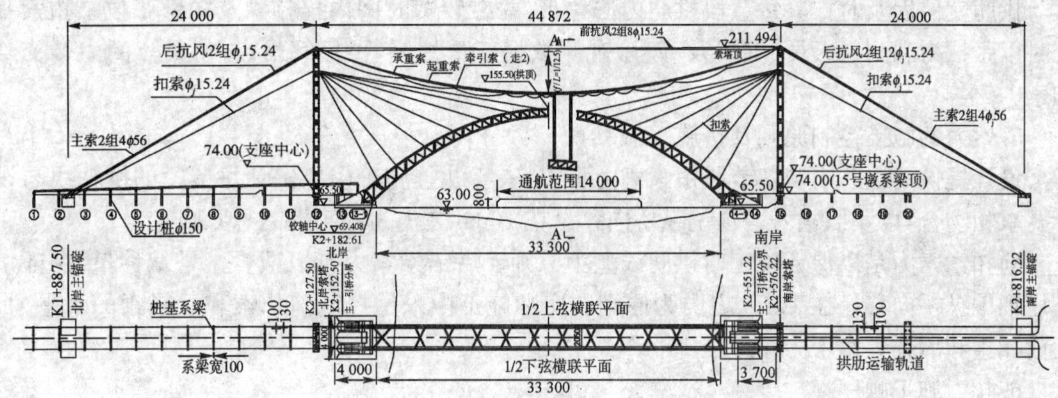

图 9-22　缆索吊装系统示意图(单位:cm)

图 9-23　塔脚橡胶支座铰构造图

扣塔与索塔共用。在索塔第十节(高程+183.9m～188.85m)处设置了锚箱特殊加工节段,锚箱放与锚箱节段上。

扣索系统:扣索系统分前扣索、后锚索和锚箱(张拉梁)三部分。用 ϕ_j15.24mm 高强度低松弛预应力钢绞线作为扣索,每根钢绞线计算工作拉力为 13t。每节拱肋扣点由两束钢绞线组成,每束钢绞线根数根据索力的不同而改变。扣索锚固端设在钢管拱肋扣点和后锚端(主锚碇)上,张拉端在索塔锚箱节段上,扣索张拉时在锚梁(张拉梁)上进行对称张拉前后索,调整拱肋高程。扣索后锚为混凝土重力式锚碇。

4.拱肋节段吊装

(1)扣索的准备

1 号、2 号、4 号节段的扣索为转换扣索;合拢之前最终留 3 号、5 号、6 号、7 号节段扣索,各节段扣索由多根一束的钢绞线组成,使用时扣索锚固端系于节段上端,张拉端锚在塔顶钢锚箱,通过 250t 穿心式千斤顶调节受力。

(2)吊装顺序及流程

先吊装南岸半跨拱肋节段，后吊装北岸半跨拱肋节段。拱肋节段吊装主要采用驳船转运至吊装点水面翻转、起吊的施工方法。

运输走移过程中，适时调整前、后吊点到节段安装时的大致倾斜度。当接近铰座(第1段)或接头法兰盘(其他节段)位置时，测量人员及时进行观测，反馈测量的数据给总指挥，以便进行后期作业，此项工作由起吊落位组的人员操作完成。

拱肋就位后及时拧紧每节段拱肋内法兰盘，并在较短时间内挂扣索及扣索张拉。扣索张拉时以张拉力和测量人员(轴线及高程)观测数据双重控制，再松解吊点，将吊点的力转交给扣索。

5.索力的施工控制原则及措施

设计提供的拱肋安装各节段吊索索力见表9-9。扣挂施工中应保证每节段的拱轴线与设计要求相吻合，以及以索塔塔顶偏纵桥向移量在10cm之内为施工控制总原则。

前扣索索力是以保证施工时拱肋线型为原则。后锚索索力是以减少索塔偏移量，保证索塔塔顶偏纵桥向移量在10cm之内为原则。实际施工中采用控制前扣索和后锚索的水平力，使前扣索和后锚索水平力相差在100kN之内。

6.扣索施工顺序

前扣索的扣挂顺序与拱肋的吊装顺序相同(少横联部分)，在每一节段吊装就位后即进行扣索安装、锚固及张拉。每半跨单边拱肋设四道正式扣索。至拱座向跨中依次为：第三节段(3号扣索)、第五节段(5号扣索)、第六节段(6号扣索)、第七节段(7号扣索)。每半跨拱肋设三道临时扣索，至拱座向跨中依次为：第一节段(1号临时扣索)、第二节段(2号临时扣索)、第四节段(4号临时扣索)。临时扣索拆除保证至少有三段以上扣索。

设计提供的拱肋各节段扣索索力计算成果表(单位：t)　　表9-9

吊装情况	T_1	T_2	T_3	T_4	T_5	T_6	T_7
吊装第一节段时	2.232						
吊装第二节段时	22.899	58.195					
吊装第三节段时		83.242	98.485				
吊装第四节段时			121.741	151.608			
吊装第五节段时				176.8	221.735		
吊装第六节段时					250.437	311.384	
吊装第七节段时						351.168	459.127
合拢时							471.174

7.拱肋合拢

每条拱肋共分15个节段，当两拱肋节段及相应横向联系吊装完成后，进入拱肋合拢阶段，根据当时的温度、高程、轴线及监控要求，调整需调的索力(线型)，经设计代表同意后，进行合拢，具体操作是对拱顶合拢接头的间距进行调整，到位后锁定。

永和大桥钢管拱肋安装施工于2004年1月18日开始，2004年3月13日结束，安装总共54节段，历时53d。在整个施工期间没有发生任何安全、质量事故。

钢管拱肋安装施工在结合以往的成功经验的基础上进行了以下几方面的优化和改进：

(1)吊装设计重量达到200t。

(2)塔柱设计采用空钢管格构。

(3)塔铰采用橡胶支座。

(4)拱肋节段吊装过程采用空中翻身调整姿态。

(5)前后抗风采用钢绞线。

(6)采用少扣点的扣挂设计。

三、管内混凝土浇注施工

1. 浇注顺序安排

钢管内混凝土的浇注按设计及监控单位提出的加载顺序，分别从拱脚方向向拱顶方向压注。浇注采用二级接力泵送的方式，在 1/4 拱肋处接力。待管内混凝土达到强度的 80%以后，再浇注下一根。具体压注顺序为：上游下弦外侧→下游下弦外侧→上游下弦内侧→下游下弦内侧→上游上弦外侧→下游上弦外侧→上游上弦内侧→下游上弦内侧。

2. 设备及材料技术指标

(1)搅拌设备

南北岸各设有自动搅拌站，自动搅拌站分别布置二台搅拌机，距离拱脚 120m 左右。搅拌站生产能力约为 30～35m^3/h。

(2)泵送设备

共需用 4 台输送泵机。南北岸各 2 台，一台(1 号泵)放于拌和站，另一台(2 号泵)放在拱脚处附近，要求 2 号泵距第一段压注口有 20m 左右的水平距离。

(3)混凝土配合比的技术指标

经过多次的试验与调整，最终确定的配合比，每盘为 0.69m^3，具体试验见第五节介绍。施工时碎石提前洒水降温；水泥采用散装水泥，尽量保证有 15d 的库存时间。混凝土要求即时坍落度控制在 22～24cm 以上，3h 坍落度在 18cm 以上，扩展度在 55cm 以上，初凝时间保证一根管混凝土压注完毕(即 8h)后第一盘混凝土不初凝，以便在发生故障时有足够的处理时间。

3. 压注口、出浆口及检查孔布置

每根主管有 4 个压注口，在两岸拱脚处及 1/4 拱肋处各设置一个。

在 1/4 拱肋位置的上方 50cm 处的侧面设置一个出浆管；在拱顶离横隔板 5cm 左右处，紧靠横隔板设置一个 ϕ168mm，高 1.5m 的钢管作为拱顶出浆管。在每条拱肋主管正上方每间隔 20m，设置一个混凝土检查孔，同时作为出气孔。

4. 主管混凝土浇注

所有准备工作完成后，就可进行混凝土浇注。搅拌站先拌制三盘砂浆，作为泵管和主弦管润滑剂(砂浆采用主管混凝土配合比去除粗骨料而成)。用 1 号泵机将混凝土送入主管内，当混凝土上升 3m 左右，即从拱顶出浆管灌入 0.3m^3 左右的水，润湿主管内壁。在泵浆过程中，由于搅拌速度比泵送速度慢，操作人员调慢泵送速度，同时泵送匀速进行，避免出现泵机有料泵浆，无料停泵的情况。

两岸进度尽可能保持同步，如果两岸进度差超过 6m 时，则将速度快的一岸放慢速度，但不可长时间停浆，另一岸加快速度。当在 1/4 拱肋位置的排浆管有砂浆冒出后，直至砂浆全部排出，即混凝土出现，可停泵 10min，在拱脚处进料管断流。安装 2 号泵机泵管至 1/4 拱肋处的进料管，在安装管之前再用水湿润拱上泵管，然后搅拌 3 盘同样砂浆至 2 号泵机料斗内。开始泵浆重复步骤后，直至拱顶有混凝土从排浆管流出再泵 2 盘混凝土，停置 10min。在 1/4 拱肋上断流，最后洗机完成一根主管混凝土的压注。当拱肋主管内混凝土强度达到80%后，将主管上的孔用钢板补焊，确保焊缝质量。

5.测量与监控

测量包括拱肋轴线偏位的观测和拱肋标高变化情况的观测。

(1)拱肋轴线偏位的观测

为准确掌握浇注混凝土过程中拱肋轴线的偏位情况，在浇注过程中对拱肋轴线偏位进行观测。测点布置在1/4拱肋、1/2拱肋，3/4拱肋和拱顶7个位置，浇注之前先在测点位置做标记，用全站仪进行测量，取得初始数据，作为在压注过程观测轴线偏位的参照。浇注时观测浇注完成1/4拱肋、1/2拱肋、3/4拱肋、浇注完成、完成8h后和完成24h后6个阶段的轴线偏位情况。观测数据在第一时间反馈给监控组，以便一旦出现异常情况时可及时采取相关的处理措施。

(2)拱轴线标高变化情况的观测

拱轴线标高测量是为了掌握浇注混凝土过程中拱轴线的变化情况以调整扣索索力。拱轴线标高观测点与轴线点观测点设在同一位置：1/4拱肋、1/2拱肋、3/4拱肋及拱顶；拱顶点两岸同时测量，两个测量数据进行比较复核。

南宁永和大桥钢管混凝土拱肋混凝土浇注施工，属于钢管混凝土拱桥施工难点之一，通过钢管混凝土的各项指标进行研究和试验，保证了混凝土浇注施工的混凝土质量。通过精心组织施工，在整个混凝土浇注施工过程中，没有出现任何施工质量事故和安全事故。钢管混凝土通过检测和评定，混凝土施工质量优良。

第五节　科 研 试 验

一、C50钢管混凝土配合比试验研究

承包人委托中铁大桥局集团武汉桥梁科学研究院有限公司对南宁永和大桥钢管混凝土进行配合比设计并研究其限制膨胀率等各项性能，以确定钢管混凝土用原材料的掺量指标。另委托武汉理工大学对最终的配合比做了一定程度的完善工作。以下为试验研究报告摘录。

1.概述

钢管混凝土的基本原理有二：

(1)与套箍混凝土相同，借助钢管对核心混凝土的套箍约束作用，使核心混凝土处于三向受压状态，从而使核心混凝土具有更高的抗压强度和压缩变形能力。

(2)借助内填混凝土的支撑作用，增强钢管壁的几何稳定性，改变空钢管的失稳模态，从而提高其承载力。但是这种结构的完美组合必须是以钢管和混凝土紧密结合，共同承担荷载为前提的。因此研究核心混凝土的各项性能，尤其关键的是混凝土的和易性和限制膨胀率。

原材料：水泥采用广西鱼峰牌42.5级普通硅酸盐水泥；砂由委托方提供，细度模数为2.8，属于II区中砂；采用的粗集料为石灰岩碎石；掺和料采用II级粉煤灰和安徽省庐江县特种建筑材料厂生产的EA系列膨胀剂；水采用可饮用的自来水。

2.钢管内混凝土技术性能指标

(1)力学性能：混凝土强度等级达到C50；3d龄期的抗压强度达到设计强度的70%以上；其他力学性能指标不低于C50级普通混凝土。

(2)工作性能：混凝土出机坍落度应≥240mm，9h坍落度损失应≤80mm，初凝时间≥15h。

(3)混凝土28d的限制膨胀率应在0.00%～0.03%之间。

(4)混凝土的和易性、可泵性良好，配合比满足钢管混凝土施工规范的要求。

3.混凝土配合比试配

南宁永和大桥的钢管混凝土浇灌采用泵送顶升法，每一个拱管混凝土的浇灌时间约7～9h，因此混凝土具有良好的工作性能非常关键。本次试验的技术思路是：首先，通过调整胶材用量和砂率，追求较好和易性的混凝土拌和物；其次，通过混凝土坍落度、扩展度及凝结时间的试验，选择性价比较高的外加剂，然后通过混凝土坍落度、扩展度及3d的早期强度试验确定膨胀剂的品种，最后进行限制膨胀率试验以确定膨胀剂的适宜掺量。

(1)胶材用量和砂率的确定

胶材用量和砂率对混凝土流变特性的影响较大。在试验中，保持水胶比不变，调整胶材用量和砂率，改变粗、细骨料的用量。试验采用了8种配合比。

(2)外加剂的确定

高效减水剂主要作用是调节混凝土的水灰比和胶材用量，以改善混凝土的和易性和强度，它已成为现代高性能混凝土的一种关键原材料；缓凝剂是用来延长凝结时间，使新拌混凝土较长时间保持塑性，以便浇灌，提高施工效率。不同的高效减水剂对新拌混凝土的流动性、黏性和离析倾向等作用各不相同。本次试验选用了四种高效减水剂：瑞典西卡广州建筑材料有限公司生产的sika-3390、sika-3390c高效减水剂、上海麦斯特建材有限公司生产的SP-8HR高效减水剂和山西省运城市中兴化工厂生产的ZG—B1型缓凝高效减水剂。缓凝剂选用由瑞典西卡广州建筑材料有限公司生产的Retardol缓凝剂。

(3)膨胀剂及掺量的确定

选用由委托方指定的安徽省庐江县特种建筑材料厂生产的EA系列膨胀剂，包括UEA、AEA及HEA三个品种。试验中只改变膨胀剂的型号，其他参数均一致。结果HEA的减水效果最佳，略有泌水。虽然其3d的抗压强度低于AEA，但也能满足技术要求。因此，对这两种膨胀剂进行了限制膨胀率的试验分析。

在弹性工作阶段，钢材的泊松比在0.25～0.30之间，而混凝土的泊松比随着应力的增加从0.167至0.5变化。受荷初期，核心混凝土的泊松比小于钢管，即钢管的横向变形率大于核心混凝土，钢管壁和混凝土之间会产生拉应力，而且核心混凝土的限制膨胀率在28d之后会继续降低。因此应选择28d龄期限制膨胀率较大的配合比。表中CAC3、CHC2两组配合比比较理想(图9-24)，从混凝土性能角度考虑CAC3更优越些；从经济角度考虑，CHC2更经济些。

试验结果提供了两组混凝土配合比供选择，其配合比参数见表9-10。

试验提供的两组管内混凝土配合比 表9-10

配合比编号	每立方米混凝土中各材料用量(kg)								水胶比
	水泥	粉煤灰	膨胀剂		水	砂	碎石	外加剂 Sika3390	
			名称	用量					
CAC	413.5	53.0	AEA	63.5	162.6	740	905	9.54	0.32
CHC	424.0	53.0	HEA	53.0	163.0	740	905	9.01	0.32

4.确定配合比的混凝土各项性能

(1)拌和物性能

表 9-11 所反映的是 C50 钢管混凝土拌和物的工作性能指标。从表中可以看出试验所配制的混凝土拌和物具有优良的工作性能，且压力泌水率小于 40%，满足钢管混凝土需采取泵送顶升浇灌的要求。

钢管混凝土拌和物的工作性能指标　　表 9-11

配合比编号	坍落度经时值(cm)			压力泌水			凝结时间(h:min)		含气量	重度(kg/m³)
	0h	5h	9h	V_{10}(ml)	V_{140}(ml)	B_v(%)	初凝	终凝		
CAC	24.0	23.5	17.0	2	7.8	26	15:10	19:35	2.2	2350
CHC	25.0	23.5	20.0	2	6.5	31	16:25	21:25	2.4	2345

(2)混凝土力学性能

混凝土力学性能直接关系着硬化后核心混凝土能否参与钢管共同受力承担荷载。混凝土的力学性能是根据《普通混凝土力学性能试验方法》(GB/T 50081—2002)进行试验的。试件成型后放在温度为 20±2℃，湿度为大于 90%的标准箱中养护，到龄期后取出进行试验。表 9-12 为 C50 钢管混凝土及 C50 普通混凝土的力学性能对比值。从表中看出钢管混凝土的力学性能均达到了 C50 等级普通混凝土的力学性能指标。下图为 CAC、CHC 两组混凝土配合比在不同龄期时限制膨胀率的对比值。两组混凝土的限制膨胀率数值接近，对钢管混凝土的环箍效应相当。钢管混凝土限制膨胀率见图 9-24。

钢管混凝土与 C50 普通混凝土力学性能指标　　表 9-12

配合比编号	力学性能(MPa)				
	3d 抗压强度	28d 抗压强度	28d 抗折强度	28d 劈裂强度	28d 弹性模量
CAC	36.2	60.8	6.0	4.47	43.4GPa
CHC	37.5	57.6	5.8	4.28	38.1GPa
C50 普通混凝土	—	50	—	—	35.2 GPa

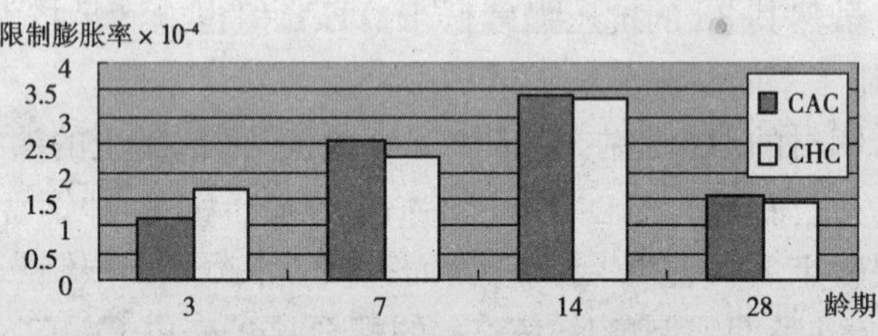

图 9-24　钢管混凝土限制膨胀率

5. 结论

本次试验通过多因素试验方法研究胶材用量变化、砂率、不同外加剂、外掺料掺量等因素对钢管混凝土性能的影响，确定了 C50 钢管混凝土的配合比。并得出以下结论：

(1)混凝土拌和物性能的影响因素比较复杂，从三大原材料来看，骨料级配的差异影响很大，它在最大程度上影响砂率的变化和胶凝材料的用量，粉煤灰和膨胀剂在一定程度上也能改善混凝土的和易性。本次试验最终确定的混凝土配合比满足了拌和物的工作性能和可泵送性能的要求。

(2)钢管混凝土要求防止钢管与混凝土脱黏。但是混凝土抗裂防缩是一个综合性问题，如果对受限制的混凝土导入 0.2～0.7MPa 预应力，这相当于提高了混凝土的抗拉强度。因此，我们在试验中掺入一定比例的膨胀剂，一方面推迟了收缩的产生过程，另一方面抗拉强度在此期间获得较大幅度的增长，而且在钢管混凝土在承受一定外界荷载时，核心混凝土处于三向受压状态。从试验数据中看到 28d 龄期混凝土的限制膨胀率仍有 0.015%，可以确保钢管混凝土钢管壁与混凝土黏接良好。

(3)优化后的钢管混凝土，工作性能优良，其拌和物坍落度≥250mm，扩展度在 550mm 左右，且 9h 坍落度损失值≤80mm，初凝时间超过 15h，能满足泵送顶升的要求；其力学性能均满足同等级普通混凝土的力学性能要求，3d 龄期的抗压强度大于 35MPa，28d 龄期的抗压强度满足 C50 普通混凝土的要求。

第十章 湖南益阳茅草街大桥

第一节 概 况

一、桥梁地理、地质条件

益阳茅草街大桥是湖南省省道S204线跨越洞庭湖区淞澧洪道、藕池河西支、南茅运河及沱江的一座特大型公路桥梁。桥址处淞澧洪道河宽约760m,河床高程介于12.50m～32.30m之间,主航道位于河床中央偏右岸,左岸为滩地。藕池河西支河宽约470m,主航道位于右侧,左侧为芦苇滩地,河床高程介于25.00～30.00m之间。沱江河宽约450m,主航道位于右侧,河中央及左侧为芦苇荡,河床高程在27.30～29.50m之间,较平坦。南茅运河宽约78m,河底高程约为23.50m。

桥位处的地质构造主要为第四系更新统地层(主要分布在南咀岸)和第四系全新统冲积湖积地层。桥位区覆盖层巨厚,其上部为淤泥质黏土及砂层等承载力较低的地层,下部为硬塑～半坚硬黏土、亚砂土及砂卵石等承载力较高的地层,下卧基岩为泥岩与砂岩互层,成岩较差,节理不发育,其中强风化层厚5.2～17.7m,岩石较软,弱风化层岩质较硬岩石较完整,桥位区基岩埋深变化大,上部力学性质较好的硬塑～半坚硬黏土、亚砂土及砂卵石等厚度为9.6～34.0m,河床部分基岩埋深34.8～49.8m。

桥位区域属中亚热带大陆性季风湿润气候,年平均气温16.9℃。最冷月平均气温4.4℃,最热月平均气温29.1℃。年平均降雨量1 202mm,多年平均降雨日数136.3d,年平均日照1 756.81h,区域内诸河流汛期水位高,每年汛期超越防汛水位的几率高达89.2%,持续时间长,一般在6～9月,历年最长持续了150d。

二、桥 型 方 案

由于桥位处于淞澧洪道卡口处,防洪考虑尤为重要。根据相关部门批复要求,在淞澧洪道主河槽内主孔孔径应不少于350m,两岸滩地尽量采用大跨度。在保证有利于泄洪的前提条件下,综合考虑桥位处自然条件、桥型美观、技术先进等因素,最后选择了技术经济指标较好、桥型新颖美观的中承式钢管混凝土系杆拱和斜拉桥方案作为淞澧洪道主桥初步设计最终比较方案。初步设计评审委员会认为:两种桥型方案各有特点,在技术上都是可行的,从施工难易程度、对水文影响等方面而言,斜拉桥方案具有优点,但从节省工程造价、缩短工期、技术的先进以及结构新颖等方面而言,拱桥方案具有较突出的优点,最后省交通厅批复中承式钢管混凝土系杆拱桥方案作为施工图设计方案。

茅草街大桥包括跨淞澧洪道、南汉垸高架及藕池河桥、南汉垸匝道桥、南茅运河桥、长春沱江桥及大桥接线,桥梁总长为2 848.64m,其中跨淞澧洪道主桥采用80m+368m+80m三跨中承式钢管混凝土刚架系杆拱桥,主跨跨度目前为国内同类型桥梁最大跨径,同时宽跨比较小,为 1/18.5。大桥总体布置图见图 10-1。

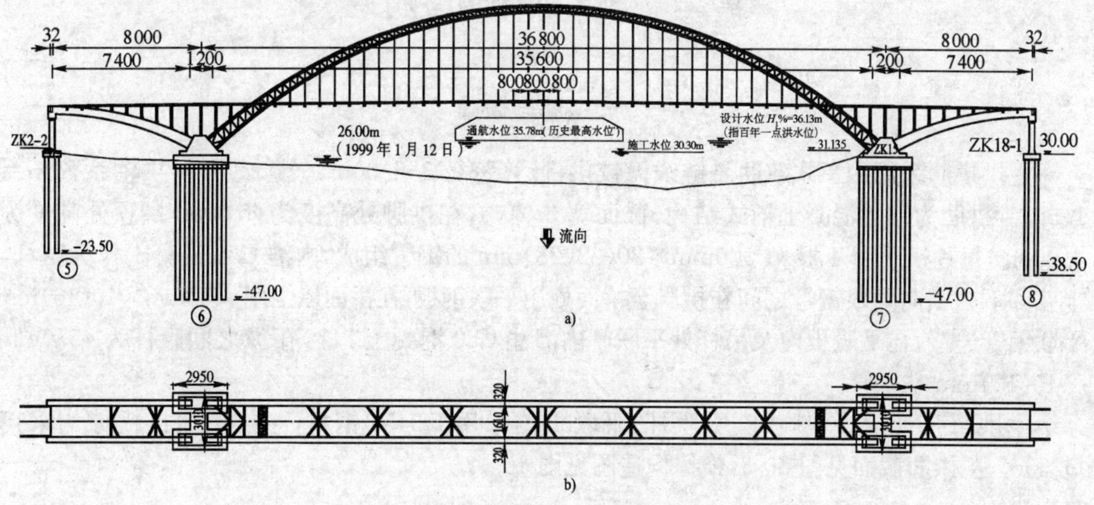

图 10-1 茅草街大桥桥型总体布置图(单位:cm)

a)立面图;b)平面图

三、主要技术标准

(1)设计荷载:汽车-20 级,挂-100 级,人群荷载 3.5kN/m^2。

(2)桥面宽度:桥面净宽为净-15.0m+2×0.5m(防撞护栏),全宽 16.0m。

(3)纵坡:桥面纵坡 2%。

(4)桥面横坡:桥面横坡度 1.5%(双面坡)。

(5)设计洪水:设计洪水频率为百年一遇。

(6)地震动峰值加速度为 0.05g,地震动反应谱特征周期为 0.35s。

(7)通航等级:IV-(1)级,通航净空 8m×60m。

四、大桥建设简介

大桥业主为益阳市茅草街大桥建设开发有限公司,设计单位为湖南省交通规划勘察设计院,施工单位为湖南省路桥集团公司桥梁九公司,监理单位为武汉桥梁建筑工程监理公司,监控单位为长沙理工大学。钢管拱肋由武昌造船厂重船公司加工制作。

大桥于 2002 年 7 月开工,2006 年 12 月 26 日建成通车。建成后的大桥见图 10-2。

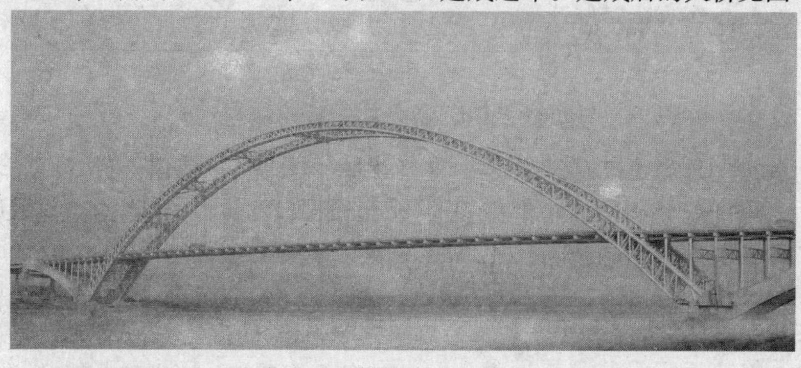

图 10-2 茅草街大桥成桥照片

第二节　主桥结构与构造

一、拱肋与横撑

主拱拱肋采用中承式双肋悬链线无铰拱，计算跨径 356.00m，矢跨比 1/5，拱轴系数 $m=1.543$。拱肋为钢管混凝土桁式结构，截面宽 3.20m，在拱脚处高度为 8.00m，拱顶处高度为 4.00m。每片拱肋由 4 根 ϕ1 000mm×20(22、28)mm 的钢管组成，内灌 C50 混凝土作为弦杆。上弦和下弦横向两根钢管之间在拱脚至桥面处用平联钢板，在桥面以上用 ϕ650mm×10(16)mm 平联钢管连接，在平联板内及吊杆处平联管内灌注 C50 混凝土。上、下弦之间腹杆为 ϕ550mm×10(12)mm 空钢管。

主拱肋弦管钢管及腹杆、平联杆、平联板均采用 Q345c 钢材，主拱及边拱横撑均采用 Q235c。主拱肋截面见图 10-3，横撑构造图见图 10-4。

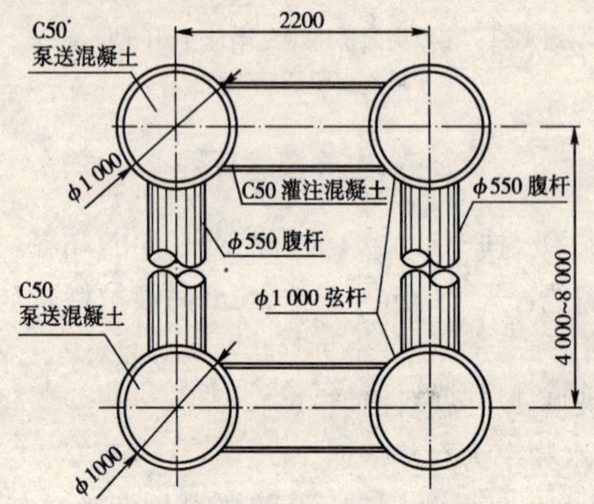

图 10-3　主拱肋截面构造图(单位：mm)

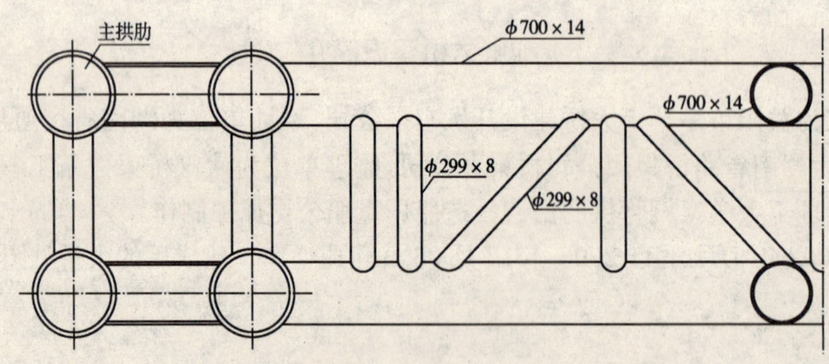

图 10-4　茅草街大桥横撑构造图(单位：mm)

两肋中心距为 19.30m，共设 6 组“米”字横撑和 6 组“K”字横撑，每道横撑均为空钢管桁架，由上、下弦 ϕ700×14mm(直撑)和 ϕ600×14mm(斜撑)及腹杆 ϕ299×8mm 组成，另外在拱肋与桥面交接处，设置一道肋间横撑，主拱肋共设横撑 14 道。

边拱拱肋采用上承式双肋悬链线半拱，计算跨径 74.00m，矢跨比为 1/8.5，拱轴系数 $m=1.543$。每片拱肋由等宽变高度截面钢筋混凝土箱梁组成，肋宽 3.20m，拱脚处肋高 6.00m，拱顶处肋高 4.00m，两肋间设有一组“K”字和一组“米”字钢管桁架式横撑，它们与同边拱端部固结的预应力混凝土端横梁一起，组成一个稳定的空间梁系结构，边拱拱肋与主拱拱肋轴线处于同一直线上，便于传递水平力。

二、吊杆与系杆

吊杆间距为 8.0m，采用 61$\phi^{S}7$ 镀锌高强低松弛钢丝束，R_y^b=1670MPa，PE 防护，采用加装有位移释放装置的 OVM-LZM 型冷铸镦头锚，分别锚于主拱拱肋的平联钢管顶和钢横梁的下翼缘。吊杆考虑可换索，换索时可用专用构件作为临时吊杆支承钢横梁，拆除旧吊杆，再装上新吊杆。为避免吊杆刚度过大导致吊杆破坏，全桥吊杆均在冷铸锚下锚头处采用球铰与拉杆连接。吊杆钢丝外采用彩色 HDPE 护层防护，要求护层经 2×10^6 次循环脉冲加载试验后无明显损伤。吊杆锚头构造图见图 10-5。

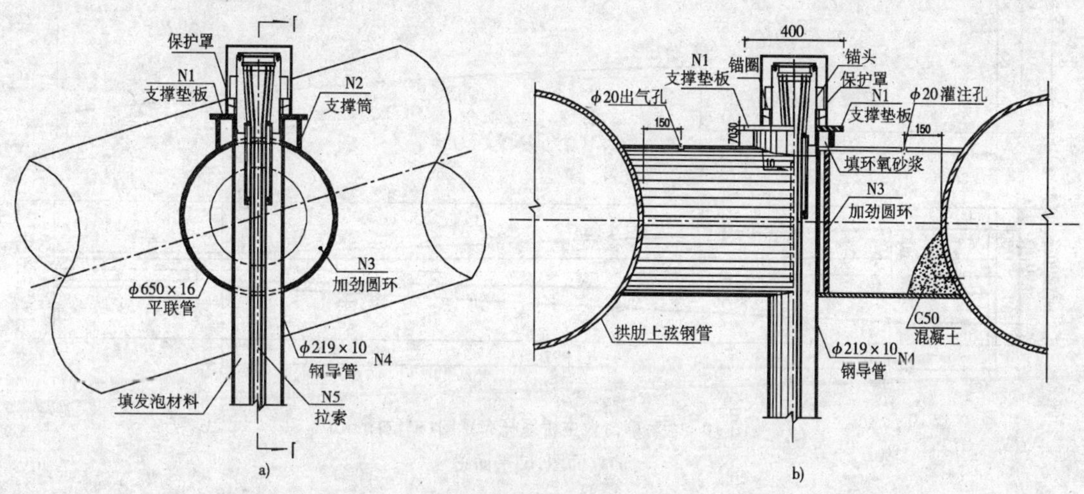

图 10-5　茅草街大桥吊杆锚头构造图(单位:mm)

a)立面图;b)I-I 图

主桥采用柔性系杆以平衡拱的绝大部分水平推力，系杆锚于两边拱的端横梁上，每肋设 12 束 31ϕ15.24 环氧喷涂钢绞线，采用 OVMXG. T15-31 钢绞线拉索体系，R_y^b=1860MPa，系杆外包双层 PE 热挤塑护套，同时设置系杆保护箱防止系杆保护层破坏。为了能快捷施工、方便换索、准确定位及可靠运营，在每根横梁处设置了带简易滑动轴承的系杆支撑架。每束系杆拉索的设计索力为 400t，在全部施工过程中每索只需张拉一次，成桥后再集中调整一次索力(考虑钢绞线的应力松弛等影响)。为方便换索，每边各留有一束备用束孔。主桥系杆布置图见图 10-6。

三、桥　面　系

本桥为自锚式系杆拱桥，桥面系的轻型化有助于减少主边拱的不平衡推力，采用钢—混凝土组合梁构造将大大降低桥面系自重。茅草街大桥吊杆横梁和主拱拱上立柱横梁、边拱拱上立柱横梁均为钢—混凝土组合截面梁。桥面板由桥面板钢纵梁、预制钢筋混凝土 Π 型板、现浇 8cm 厚铣削钢纤维混凝土及 5cm 厚细粒式沥青混凝土铺装层构成。桥面板钢纵梁采用施工方便、易于维修的焊接工字钢梁，横向共设六组，纵向采用高强度螺栓与钢横梁连接，使桥面系形成稳固可靠的梁格体系。预制板通过纵、横向湿接缝与桥面板钢纵梁及钢横梁连接，湿接缝混凝土采用 C40 补偿收缩混凝土。8cm 厚铣削钢纤维混凝土层计入受力截面。桥面板纵向布置图见图 10-7。

为加强对钢纵横梁的防腐检查，本桥增设检查车钢纵梁轨道。按构造要求和经济性考虑，轨道车钢纵梁轨道选用热轧 H 型钢 HM400×300。

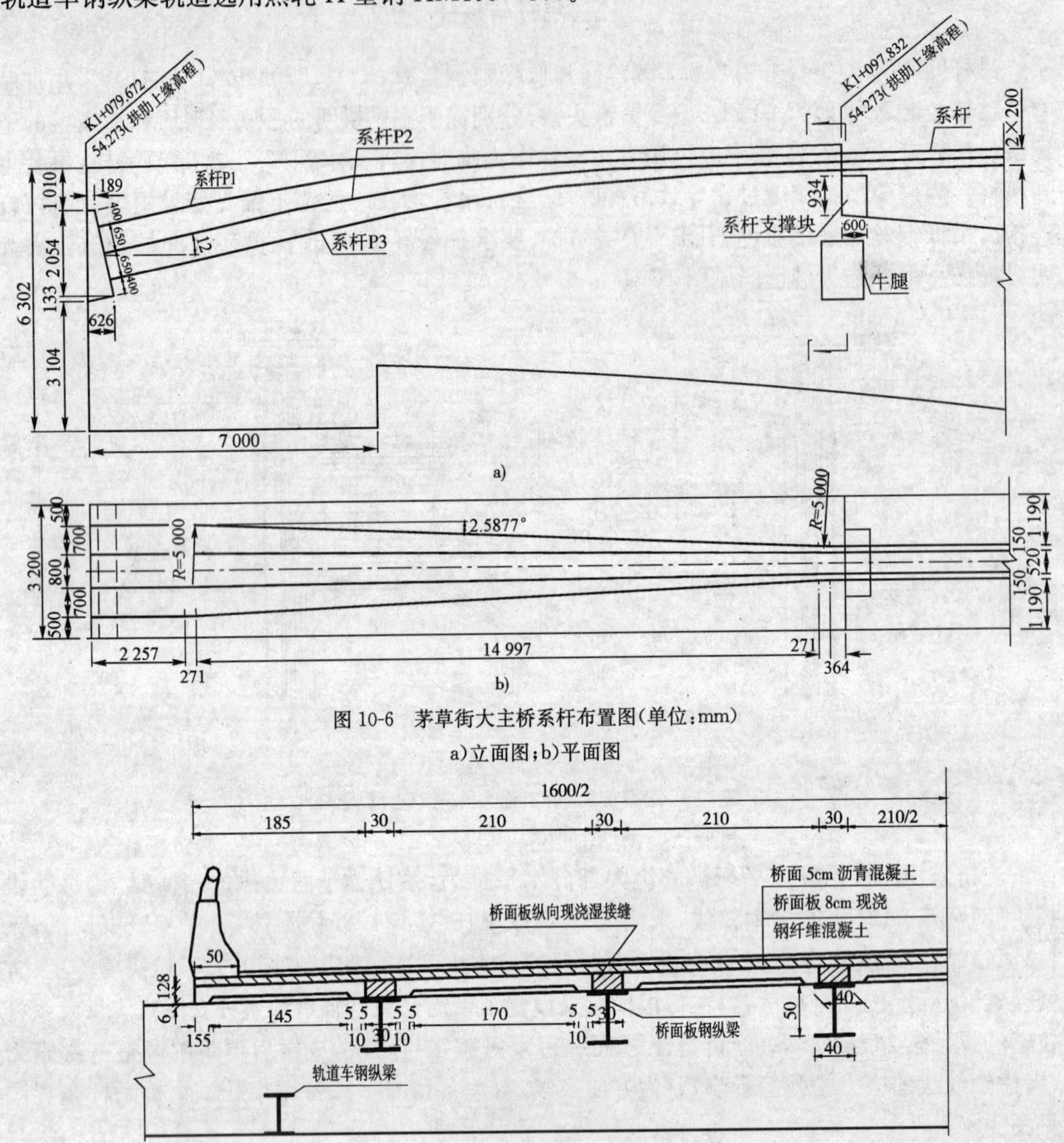

图 10-6　茅草街大主桥系杆布置图(单位:mm)

a)立面图;b)平面图

图 10-7　茅草街大桥桥面板纵向布置图(单位:cm)

四、下 部 结 构

主桥 5 号、8 号墩是拱桥的边墩，墩顶通过单向活动盆式橡胶支座与边拱拱肋相连。基础按钻孔灌注摩擦桩设计，每墩为 4 根 D220cm 桩基。6 号、7 号墩是拱桥的拱座，为了承受边拱、主拱产生的巨大支反力，拱座采用实体式钢筋混凝土墩块，同时在拱座内设置施工精度较高的预埋钢构件以便拱肋安装定位。边拱拱肋、主拱拱肋最后均与拱座形成完全固端的关系。6 号、7 号拱座每个拱座均采用 26 根 D250cm 桩基。为了增加 6 号、7 号拱座基础的抗推能力，确保主拱肋在施工及成桥运营阶段的安全，设计要求在拱座桩基础施工完后需对桩基础进行固化处理。拱座细部构造图见图 10-8。

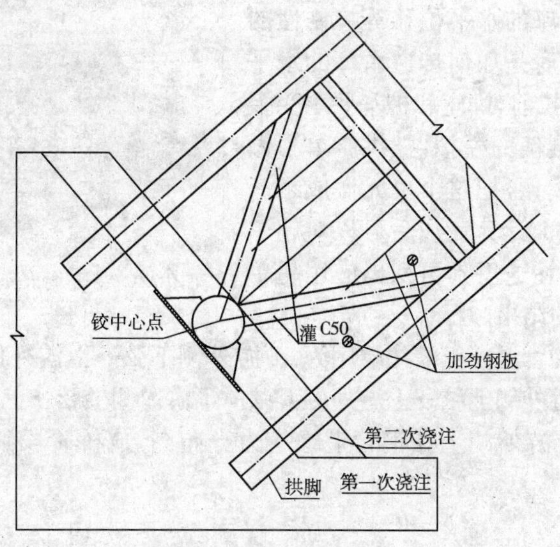

图 10-8　拱座细部构造图

第三节　设计计算分析

一、静力分析

1. 施工过程空间分析

施工过程的静力计算，可以通过平面程序来完成，但是空间计算的应用可以得到很多目前平面计算无法的得到结果。特别是对于这种大跨度结构，许多因素是必须考虑的，而目前的多数平面桥梁程序无法完成，如几何非线性、动力特性、稳定性。

茅草街大桥的施工过程空间模拟采用 ANSYS 软件进行分析，用两个杆单元(钢管单元和混凝土单元)来模拟钢管混凝土拱肋，两个单元有共同的节点，有不同的材料类型，有不同的施工阶段。根据地质情况，用 m 法计算出各个土层的刚度，并把土的抗压能力模拟成弹簧单元。整个计算模型共 8 370 个节点，有梁单元、桁架单元、弹簧单元、索单元、超单元等 12 513 个单元。计算模拟施工过程分为 39 个施工阶段。计算模型如图 10-9 所示。

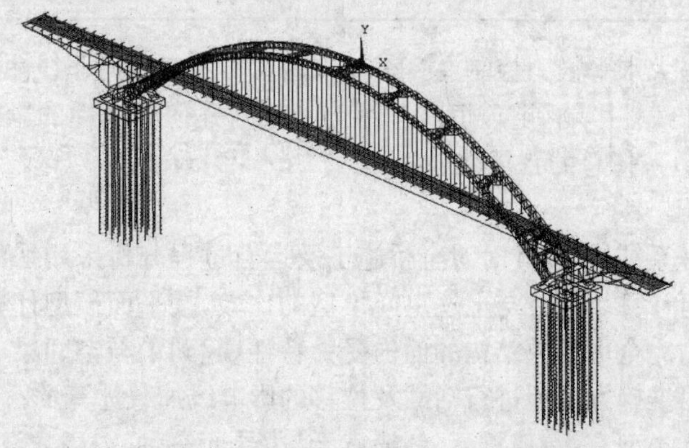

图 10-9　茅草街大桥全桥计算模型

由于拱座受力复杂，施工过程中必须分析拱座承受的水平推力、拱座的水平位移等控制性的参数，必须分析拱座到底是如何传递系杆的水平推力的，在系杆没有张拉前，拱座和桩基要承受多大的水平推力。为了准确的模拟，把拱座单独做了一个空间实体单元模型，把这个单元做成了一个超单元(见图 10-10)。计算完成后可以对超单元进行局部应力分析，在这里不再列出应用超单元计算局部应力分析的结果。

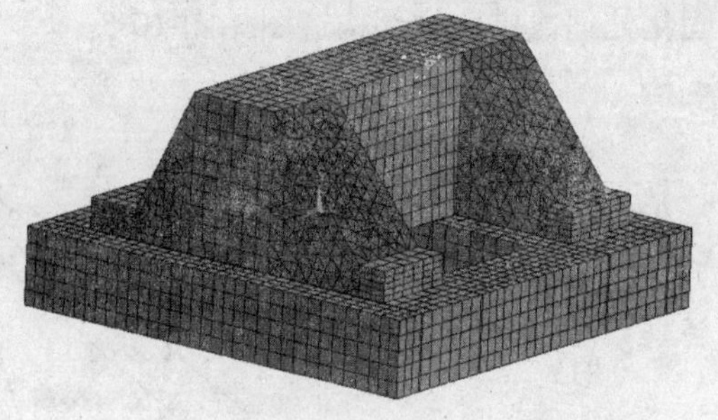

图 10-10　茅草街大桥全桥拱座承台超单元模型

茅草街大桥拱肋钢管混凝土灌注顺序为：下游外侧下弦→上游外侧下弦→下游内侧下弦→上游内侧下弦→下游外侧上弦→上游外侧上弦→下游内侧上弦→上游内侧上弦。

图 10-11 为成桥上游外侧上弦钢管上缘应力分布图，成桥阶段的主要计算应力结果见表 10-1。

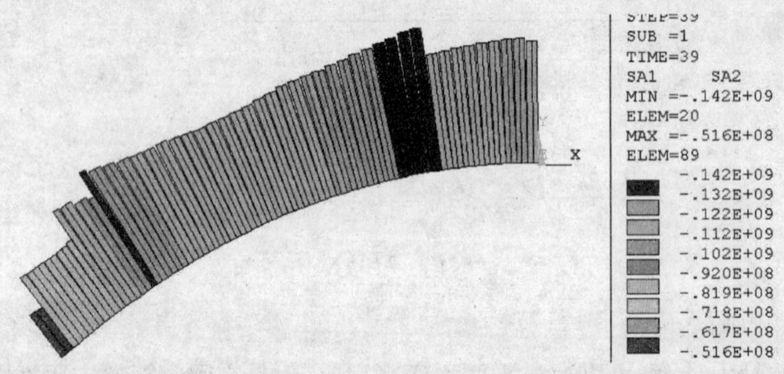

图 10-11　茅草街大桥上游外侧上弦钢管上缘应力分布图

成桥阶段的应力结果　　表 10-1

类　型	钢管(MPa)	混凝土(MPa)	类　型	钢管(MPa)	混凝土(MPa)
上游外侧上弦	157	7.8	上游外侧下弦	151	11.3
上游内侧上弦	157	6.3	上游内侧下弦	153	9.0
下游内侧上弦	157	6.6	下游内侧下弦	153	9.3
下游外侧上弦	158	7.7	下游外侧下弦	151	11.1

施工过程桩顶最大水平推力控制在 2 200t 以内。不考虑几何非线性的影响拱顶恒载位移为 41cm，考虑几何非线性影响，拱顶恒载位移为 43cm，几何非线性的影响在 5%以内。吊杆最大应力为 535MPa，系杆总的张拉力为 9 300t。

2. 成桥运营分析

该桥为典型的杆系结构，设计时对全桥施工及运营过程分析采用平面杆系有限元系杆拱桥专用分析程序进行计算。经过与上述空间模型的比较，按平面模型计算的施工及成桥阶段各部位的应力及内力完全可反映结构的面内受力特性，起到了与空间梁单元模型相互复核的作用。另外该程序可准确方便地进行活载及位移的影响线加载计算及徐变分析。

计算模型中单元类型有：一般梁元、斜缆索元、边界元三种。材料类型可同时考虑钢结构及混凝土结构，其中混凝土结构可计入混凝土收缩和徐变的影响。混凝土单元形成刚度及自重作用的时间可分别任意指定。

运营分析的荷载等级为汽车—20、挂—100，考虑了整体温升20℃，整体温降30℃，不均匀沉降2cm，满布人群($3kN/m^2$)。收缩徐变的计算采用公路桥涵设计规范中的计算方法和徐变系数计算公式，不计入因配筋率、套箍效应等因素引起的徐变折减。分析后得到以下结果：

(1)各组合工况下不计收缩徐变钢管最大应力为197.7MPa，计入收缩徐变时钢管内最大应力为219.1MPa。混凝土最大压应力为16.4MPa，没有出现拉应力。

(2)各组合工况下钢管内混凝土最大压应力为16.4MPa，考虑收缩徐变后钢管内混凝土的应力平均降低约3MPa。

(3)恒载作用下主跨跨中挠度为−36.4cm，温度下降30℃时为−17.2cm。汽车活载最大向下位移发生在距拱脚106m处(略大于$L/4$)，数值为−10.0cm，挠跨比为1∶3 579，最大向上位移发生在距拱脚106m处，数值为8.5cm，挠跨比为1∶4235。考虑收缩徐变后，跨中挠度为−47.0cm，比不计收缩徐变时的挠度值增大了28.9%。

(4)按照《钢—混组合结构设计规程》(DL/T 5085—1999)，进行了恒载＋汽车作用下的强度及稳定计算。强度及稳定性系数最大为0.5，远小于1，构件具有足够的安全系数。当构件按照各个验算面内整体稳定性时，计算结果最大为0.235，满足规范要求。

二、稳定与动力分析

1.稳定分析

稳定性计算模型在静力计算空间模型的基础上只需要进行部分参数的修改，就可以形成完全的稳定性计算的模型。由表10-2的计算结果可以看出，茅草街大桥的失稳模态几乎全是面外失稳，成桥的弹性面内稳定系数为7.2，远远高于面外的5.48。

各施工阶段稳定性计算表 表10-2

施工阶段	弹性稳定系数		失稳形态	
	第一阶	第二阶	第一阶	第二阶
钢管拱合拢	6.31	13.48	面内反对称	面外半波
拱脚固结	15.62	16.63	面外半波	面外全波
浇注混凝土前一阶段	10.86	11.31	面外半波	面外全波
浇注第一根混凝土	9.02	9.32	面外半波	面外全波
第一根混凝土凝固	10.05	10.64	面外半波	面外全波
浇注第二根混凝土	8.55	8.88	面外半波	面外全波
第二根混凝土凝固	9.43	10.21	面外半波	面外全波
浇注第三根混凝土	8.22	8.86	面外半波	面外全波
浇注第四根混凝土	7.72	8.36	面外半波	面外全波
浇注第五根混凝土	7.31	7.87	面外半波	面外全波
浇注第六根混凝土	6.91	7.28	面外半波	面外全波
浇注第七根混凝土	6.59	6.74	面外半波	面外全波
浇注第八根混凝土	6.35	6.60	面外半波	面外全波
第八根混凝土凝固	6.64	7.08	面外半波	面外全波
成桥	5.48	5.66	面外全波	面外半波
成桥满布人群	5.0	5.2	面外全波	面外半波
成桥全幅满跨汽车	5.0	5.2	面外全波	面外半波
成桥半幅满跨汽车	5.2	5.4	面外全波	面外半波

对于第二类稳定的稳定系数，计算时采用荷载增量法，考虑结构的初始缺陷、几何非线性、应力刚化、材料非线性。为了保证结构屈曲曲线为面外屈曲，在原有的模型上建立了结构初始缺陷，建立的过程如下：先计算出第一阶的弹性的屈曲模态，然后根据此屈曲模态使结构向面外偏移一段距离，拱顶的偏移距离最大，为 5.0cm。满布人群计算时，在重力加速度为 22.809 时最后一次收敛，计算最后的发散值是 22.809，所以非线性稳定系数为 22.809/9.8=2.3。由图 10-12(拱顶的竖向和横向位移图)可以看出结构的面外屈曲特征。通过图 10-13 看出失稳时拱肋上的局部应力分布情况，可以知道哪些截面首先达到屈服，哪些截面最危险，屈服时的应力分布在哪些单元上等等。同样计算得到成桥的稳定系数为 2.5。

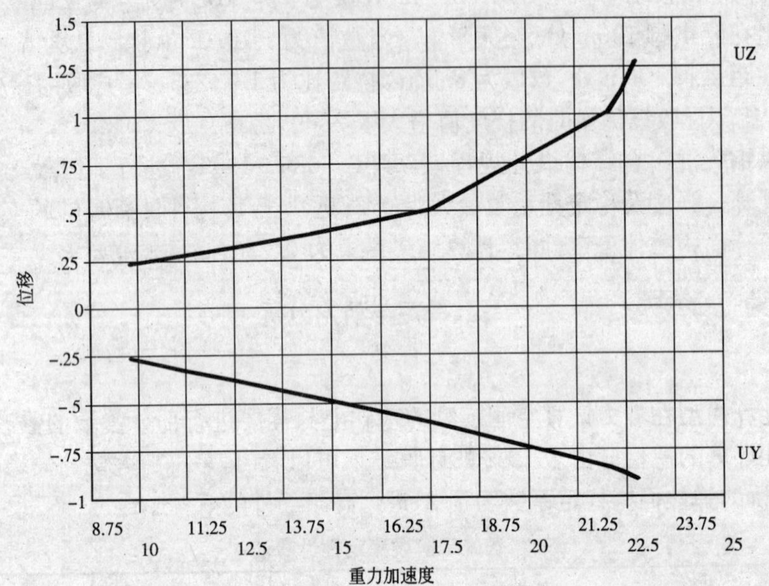

图 10-12　茅草街大桥荷载位移增量计算图(UZ 为横向位移、UY 为竖向位移)

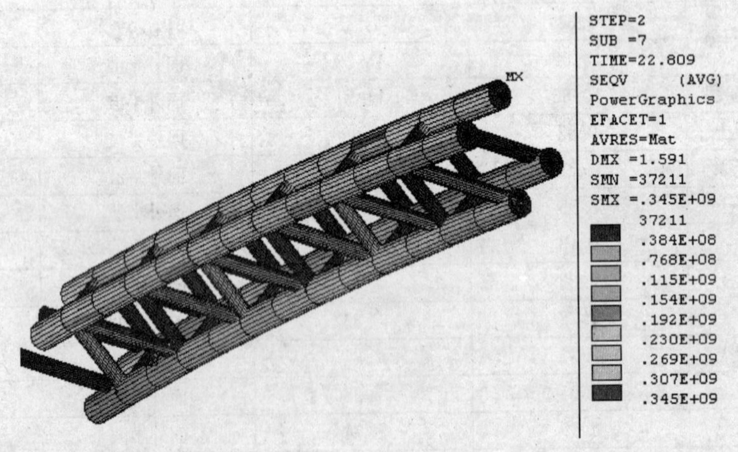

图 10-13　茅草街大桥非线性失稳时拱肋局部应力分布图

2. 动力分析

成桥动力特性的计算采用稳定性计算同样的模型。计算结果如表 10-3。前 7 阶振型图见图 10-14。计算结果表明，该桥的面外刚度较低，在前十阶振型中，除第 3 阶和第 5 阶为面内振型 外，其余8个均为面外振型，这是因为该桥宽跨比较小引起的。同时，该桥在第2阶和第7

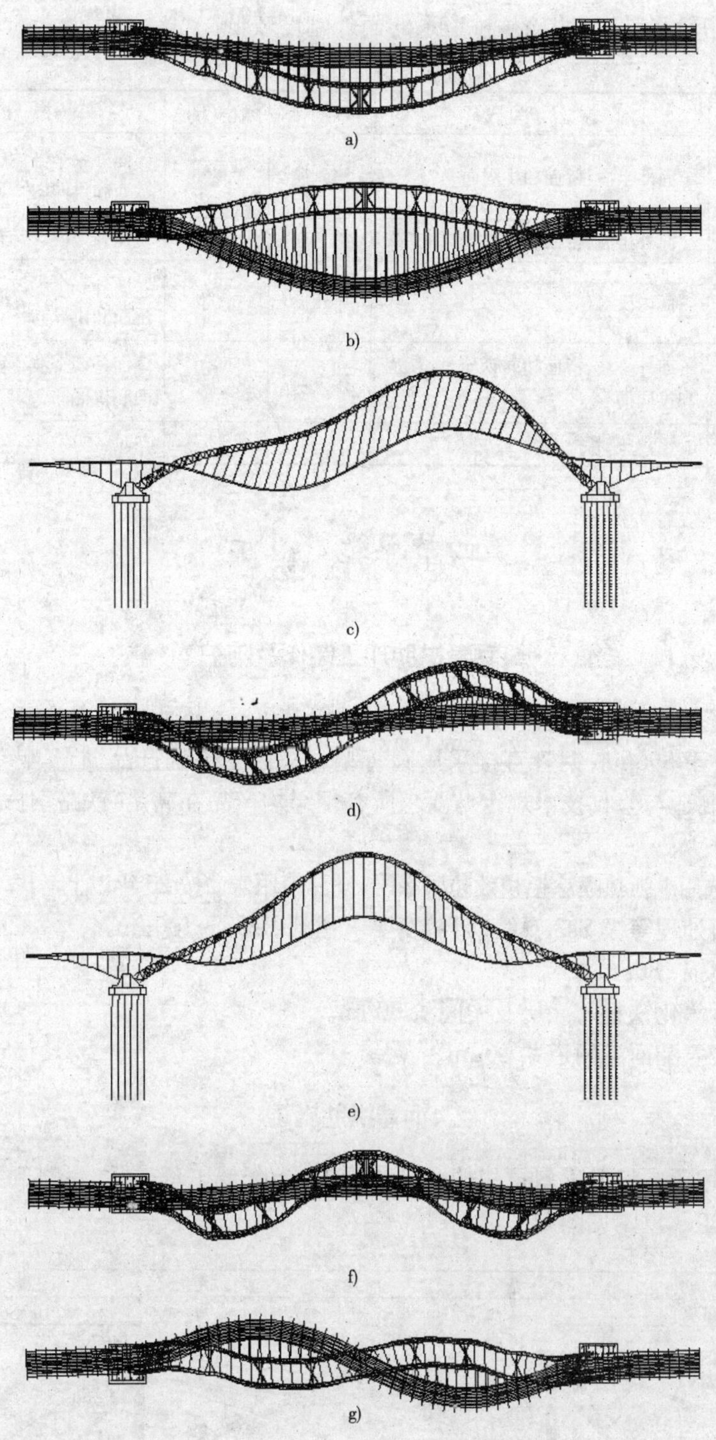

图 10-14　茅草街大桥前七阶振动模态图

a) 第一阶振动模态(频率 0.195Hz);b) 第二阶振动模态(频率 0.307Hz);c) 第三阶振动模态(频率 0.352Hz);d) 第四阶振动模态(频率 0.380Hz);e) 第五阶振动模态(频率 0.543Hz);f) 第六阶振动模态(频率 0.675Hz);g) 第七阶振动模态(频率 0.717Hz)

阶分别出现了桥道系面外对称与反称振型，出现的阶数之低和在前7阶内出现两次，这在其他钢管混凝土拱桥中较少见，表明该桥桥道系的面外刚度较低。

成桥动力特性计算结果 表10-3

模态阶数	频率(Hz)	振动形式	模态阶数	频率(Hz)	振动形式
第一阶	0.195	面外半波、桥面和拱同向	第六阶	0.675	面外一个半波、桥面扭转三个波、桥面和拱同向
第二阶	0.307	面外半波、桥面和拱异向	第七阶	0.717	面外全波、桥面和拱异向
第三阶	0.352	面内反对称	第八阶	0.938	面外一个半波、桥面扭转三个波、桥面和拱异向
第四阶	0.380	面外全波、桥面扭转两个波、桥面和拱同向	第九阶	0.959	面外两个波、桥面扭转两个波、桥面和拱同向
第五阶	0.543	面内正对称			

第四节 施 工

一、钢管拱肋加工制作及防护

考虑到采用螺旋焊管在钢管相连时会发生焊缝交叉，主桥所有直径大于550mm钢管均采用直缝焊管，小于550mm钢管直接采用圆管型材。为了保证产品质量，特制定《茅草街大桥钢管桁架拱肋制造与验收技术规定》，要求所有钢结构产品在满足《铁路钢桥制造规范》的同时满足该规定。

主桥钢结构选用电弧热喷涂铝长效防腐涂层，设计使用寿命按25年以上考虑。具体设计为：

(1)金属表面处理等级Sa3.0级，粗糙度要求达到Rz25～100μm。

(2)电弧热喷铝180μm。

(3)环氧云母氧化铁封闭涂层及中间漆80μm。

(4)丙烯酸聚氨酯面漆两道共80μm。

二、钢管拱肋施工

主拱拱肋采用无支架缆索斜拉扣挂法吊装施工，为降低工程造价，吊塔和扣塔合二为一。拱肋缆索吊装施工示意图见图10-15。

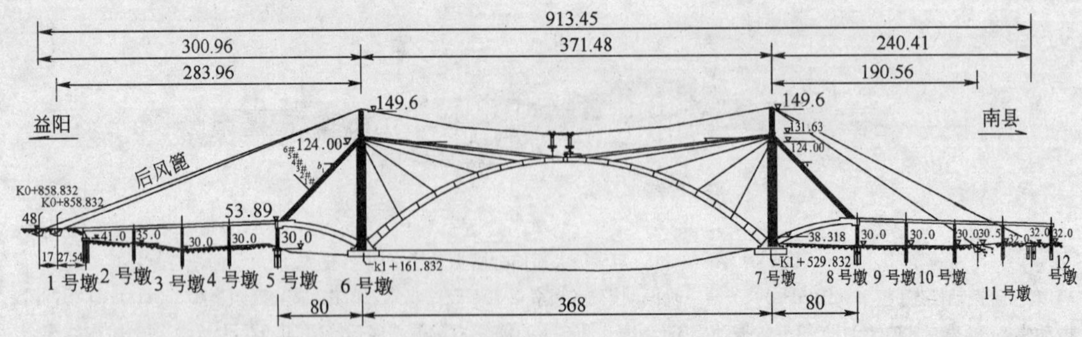

图10-15 茅草街大桥缆索吊装施工示意图(单位:m)

拱肋节段采用两岸对称悬拼方式进行施工，每半跨拱肋分 11 个吊段，6 个正式扣段，节段为单肋安装，待上下游同一节段安装就位后，安装节段间连接横撑，即完成一个双肋节段。单肋节段安装就位后拉浪风索，确保横向稳定。扣段完成后即可进行节段间焊缝施焊，扣段间的焊缝待拱肋合拢并调整拱圈高程达到设计要求后再进行。拱肋接头设计为先栓接后焊接，横撑接头在定位后直接焊接。图 10-16 和图 10-17 分别为拱肋吊装和合拢前的照片。

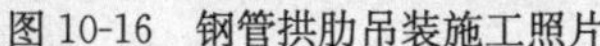
图 10-16　钢管拱肋吊装施工照片

图 10-17　钢管拱肋合拢前的照片

空钢管拱肋合拢、各节段接头焊接完成并形成无铰拱后再予以逐级松扣，将扣索拉力转换为拱的推力，使空钢管拱肋呈自重作用下的无铰拱状态。松扣后对拱肋进行全面测试，特别是拱轴轴线偏移测量，根据测量结果研究决定纠偏方式(包括适当调整浪风索、部分扣索索力等)和修正管内混凝土灌注方案和灌注顺序。

主拱拱肋空钢管合拢无误后再安装吊杆及拱上立柱，吊装钢横梁及轨道车钢纵梁，安装系杆及其附属构件，第一次张拉系杆以平衡主拱产生的水平推力。上下弦钢管内混凝土采用 C50 高强混凝土，以顶升泵送法从拱脚至拱顶，按照设计的压注顺序灌注钢管内混凝土，并按设计要求分次张拉系杆以平衡主拱产生的水平推力。

管内混凝土达到强度后，安装吊杆、桥道钢纵梁和桥面板，按照设计要求分次张拉系杆以平衡主拱产生的水平推力，在此过程中主拱肋上的斜拉索并不拆除，桥道系安装完的照片见图 10-18。

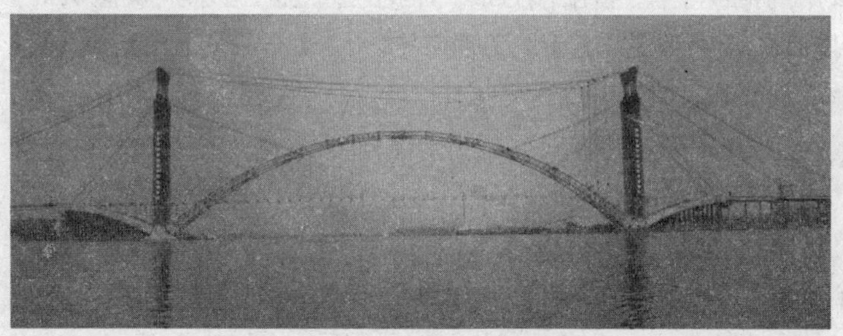

图 10-18　茅草街大桥桥道系安装完的照片

第五节　科 研 试 验

茅草街大桥规模大，主跨跨径在同类型桥梁中居国内领先水平，结构受力复杂。为使其顺利建成，也为了促进我国的钢管混凝土拱桥的技术进步，湖南省交通规划勘察设计院、湖南大学、长沙理工大学等开展了该桥的钢管混凝土构件收缩徐变试验研究、钢管混凝土拱顶节段模型试验和钢管混凝土拱桥全桥模型试验等研究。

一、钢管混凝土构件收缩徐变试验研究

1. 钢管混凝土构件收缩试验研究

根据与实桥钢管混凝土节段的横截面几何成比例的原则，制作了两个高 60cm、外径 14cm、壁厚为 0.25cm 的钢管混凝土试件，用于测定钢管混凝土自由收缩。另制作两个素混凝土试件，做对比试验。试件的钢管采用 A3 钢，钢管混凝土试件两端的混凝土高出钢管 5mm，混凝土直径不小于钢管外径，以保证核心混凝土与钢管共同工作。混凝土配合比与实桥相同，水泥：UEA 膨胀剂：硅灰：砂：石：水：FDN 减水剂为 390：48.7：63.3：780：954：185：5.01。

在制作收缩试件的同时，取同一批混凝土制成试件以进行强度及弹性模量测试。试件采用标准养护。混凝土的强度 f_{cu}、弹性模量 E_c 按《普通混凝土力学性能试验方法》(GBJ 81—85)要求，进行测定试验。其结果见表 10-4。

混凝土力学性能测试结果　　表 10-4

龄期(d)	14	28	66	204
f_{cu}(MPa)	51.2	53.8	55.5	—
E_c(GPa)	3.85	3.92	3.71	4.02

分别在试件的中间部位横截面的中心沿竖向布置埋入式振弦应变计一个，钢管外对称安装两个千分表。素混凝土试件除在试件中布置一个埋入式振弦应变计外，在试件中间部位的两侧分别布置一个千分表。

试验配备了专门的收缩徐变试验室，为消除温度、湿度变化等环境因素的影响，安装有自动温控装置，温度控制在 20±2%，湿度控制为 50%～60%。试件混凝土灌注一天后脱模，立即进行标准养护；由于试件加工的需要，10d 后改为自然养护，布置于专用试验室内。

通过收缩试验的研究，可以得出以下结论：

(1)本试验采用的混凝土配合比比较特殊，由于膨胀剂、减水剂及硅灰的掺入，混凝土性能与普通混凝土相比有了较大改善，属于高性能混凝土，收缩应变比按 MC78、MC90 及 ACI209(82)规范计算值均小，如图 10-19 所示，可拟合为对数函数表达式。

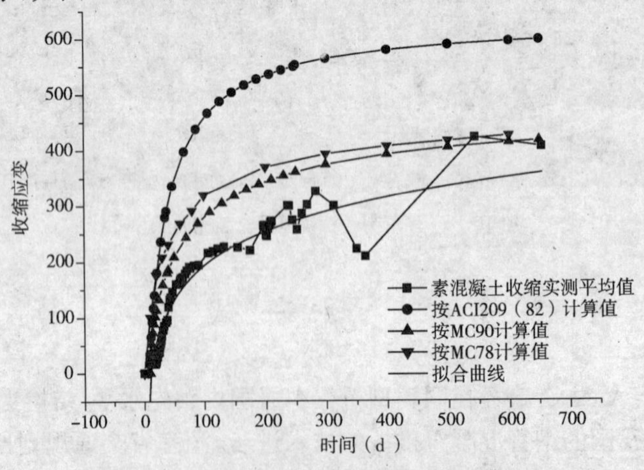

图 10-19　素混凝土收缩实测值与按规范计算值对比

(2)由于外包钢管造成的优良的养护条件以及钢管对核心混凝土的变形约束作用，核心混凝土早期一直处于受压状态，有利于其抗压强度的提高，改善其抗裂性。

(3)核心混凝土的养护条件可以按照潮湿养护考虑。

(4)对于钢管混凝土拱桥结构，以受压为主的钢管混凝土构件由于核心混凝土的微膨胀效应以及所处的优良养护条件，早期一直处于受压状态，且收缩(膨胀)变形很小，不会产生由于收缩过大而造成的核心混凝土“脱空”现象，有利于保证钢管和核心混凝土共同受力。

2. 钢管混凝土构件徐变试验研究

试验分别采用钢管混凝土试件与素混凝土试件两类，以利于进行对比分析。钢管混凝土徐变试件与收缩试件完全相同；素混凝土徐变试件直径为 160mm，高 600mm，与钢管混凝土试件的换算截面积相等。试验采用了 32t 徐变仪，为提高设备使用效率采取试件串联布置。试验中需经常调整荷载，以保持荷载恒定。

钢管混凝土试件与素混凝土试件的测点布置基本与收缩试验相同，唯一的区别是钢管混凝土试件中，在钢管外呈 90°对称布置四只千分表，两只用于测量钢管应变，两只测量核心混凝土应变。试验配备了专门的徐变试验室，为消除温度、湿度变化等环境因素的影响，安装自动温控装置。温度控制在 20℃+2%，湿度控制为 50%～60%，鉴于条件所限，试验环境有时未能达到控制指标。

试验中，将试件分为三组，每组含三个钢管混凝土试件和一个素混凝土试件，三组持荷水平分别为 161.6kN、202.0kN 和 242.4kN。钢管混凝土试件为核心混凝土与钢管共同受荷。加载按《普通混凝土长期性能和耐久性能试验方法》(GBJ 82—85)进行。加载时，保证试件对中是关系到试验成败的关键，为此，首先在试件安装时准确对中，对中误差小于 2mm；其次，在加载过程中采用了分级加载的方法，即以每 50kN 为一级加载，加载过程中不断用水平尺测量、调整，使各试件两端的徐变仪端板保持水平，每完成一级加载后立即对试件的各千分表读数，若对称的两只千分表度数之差小于其平均值的 10%，则认为试件对中良好，继续下一级加载，直至加至设计荷载。为保持荷载恒定，在持荷阶段，进行了 3 次调整。各试件的持荷大小见表 10-5。

持荷大小及试件编号一览表 表 10-5

持荷大小(kN)	试件类别	试件编号	试件类别	试件编号
161.6	钢管混凝土	8#、12#、14#	素混凝土	3#
202.0		10#、13#、15#		4#
242.4		6#、7#、9#		5#

素混凝土试件加载完成时的加载力大小及弹性应变见表 10-6。对素混凝土试件的试验结果进行分析，可得出如下结论：

素混凝土试件加载完成时的加载力大小与弹性应变 表 10-6

试件编号	加载力(kN)	加载应力(MPa)	弹性应变($\times10^{-6}$)
3#	161.6	8.037	257.6
4#	202.0	10.046	366.9
5#	242.4	12.056	410.85

(1)素混凝土试件的早期徐变接近按现行规范计算值，中后期则偏低，其主要原因高性能混凝土的后期强度较高。

(2)素混凝土试件的徐变发展规律基本与普通混凝土相同，早期发展速度较快，中后期较慢。

对钢管混凝土构件的徐变试验结果表明，钢管微膨胀混凝土的徐变量比素混凝土小得多，徐变早期发展较快，稳定时间约为 30～40d，与普通钢管混凝土的徐变资料相比要略微提前，其原因在于粉煤灰的掺入使核心混凝土早期徐变偏大，应力衰减加快，但徐变发展规律基本相同。

考虑到徐变问题的复杂程度，目前尚没有一种理论能够完美地解释徐变效应，因此采用了按龄期调整有效模量法的有限元法和老化理论的简化算法进行计算分析。对于不变荷载下的钢管混凝土徐变试验来说，核心混凝土的应力是不断递减的，在此情况下，按龄期调整有效模量法往往会低估徐变，而老化理论则会高估徐变，试验采用这两种计算方法，以逼近真实结果。

采用按龄期调整的有效模量法和老化理论计算方法，分别将按 MC90、ACI209(82)模式拟合的徐变系数公式进行计算分析，并与 161.6kN、202.0kN、242.4kN 三组试验结果进行对比。结果表明，持荷 161.6kN 组中，用按龄期调整的有效模量法计算值比按老化理论计算值略小，但更接近该组徐变应变均值；持荷 202.0kN 组中的试验值偏小，15＃试件的实测值为其中最大，但低于老化理论计算值而与按龄期调整的有效模量法接近；持荷 242.4kN 组的试验值与理论计算值最为吻合，三个试件的徐变均值基本上介于两种计算方法之间。

与采用 MC90 模式拟合公式计算相比，采用 ACI209(82)模式拟合公式两种计算方法的计算结果均较低，而且采用不同徐变系数表达式所造成的误差要大于或等于采用不同计算方法的误差。

在长期荷载作用下，钢管混凝土试件与素混凝土试件表现的收缩徐变特性有着很大的不同，由图 10-20～图 10-23 可知，在 1 710d 后素混凝土收缩量为钢管混凝土收缩量的 4～5 倍，素混凝土徐变应变为钢管混凝土徐变应变的 5～6 倍。素混凝土早期发展较快，两年后进入稳定期，发展较缓慢。钢管混凝土收缩徐变两年后仍在进行，发展趋势较素混凝土缓慢得多。

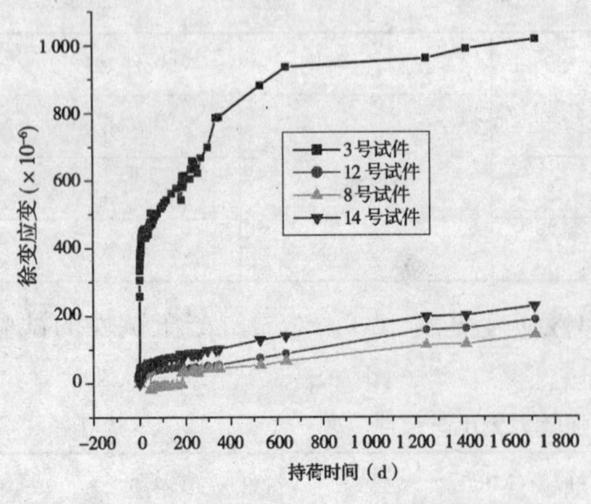

图 10-20　161.6kN 组钢管混凝土与素混凝土试件实测徐变值对比

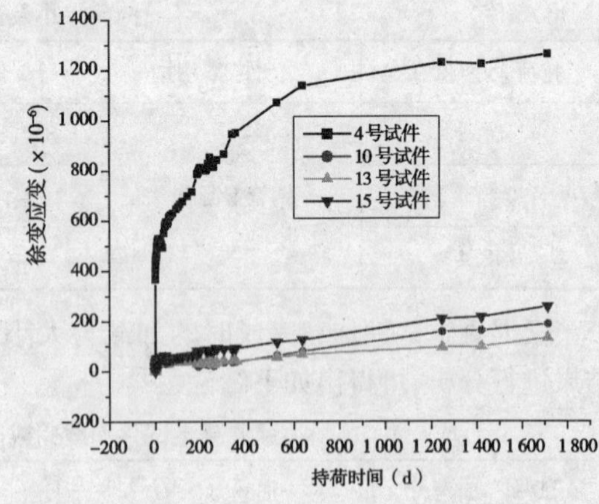

图 10-21　202.0kN 组钢管混凝土与素混凝土试件实测徐变值对比

对钢管混凝土徐变试验的主要研究内容及研究成果如下：

(1)混凝土徐变系数按 MC90 模式拟合吻合较好。

(2)素混凝土试件的早期徐变接近按现行规范计算值,中后期则偏低,其主要原因高性能混凝土的后期强度较高;素混凝土试件的徐变发展规律基本与普通混凝土相同,早期发展速度较快,中后期较慢;钢管微膨胀混凝土的徐变量比素混凝土小得多。

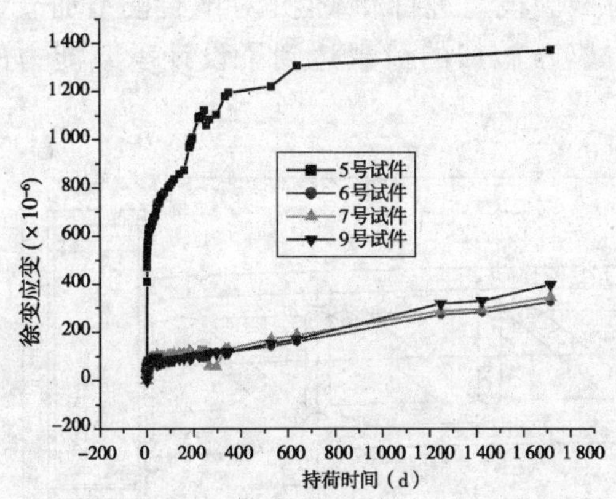

图 10-22　242.4kN 组钢管混凝土与素混凝土试件实测徐变值对比

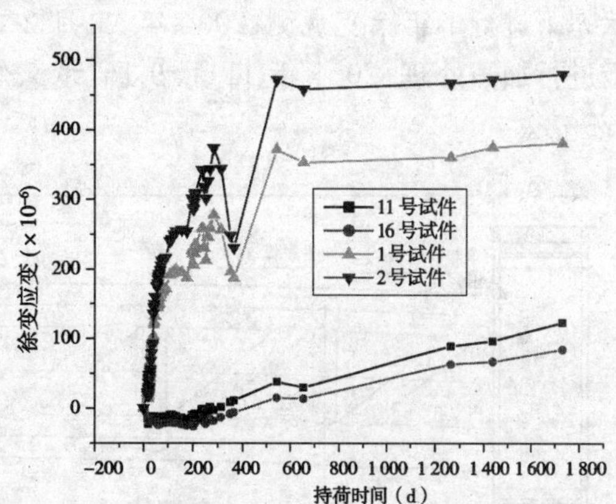

图 10-23　钢管混凝土与素混凝土试件收缩时程曲线对比

(3)采用按龄期调整有效模量法的有限元法和老化理论的简化算法进行了徐变效应分析,理论计算与试验结果吻合较好,且按龄期调整的有效模量法计算值比按老化理论计算值略小。

(4)在长期荷载作用(1 710d 后)下,素混凝土收缩量为钢管混凝土收缩量的 4～5 倍,素混凝土徐变应变为钢管混凝上徐变应变的 5～6 倍;素混凝土早期发展较快,两年后进入稳定期,而钢管混凝土收缩徐变两年后仍在进行,发展趋势缓慢。

(5)开展了徐变引起的钢管混凝土结构应力重分布理论研究,推导了徐变自应力的计算方法以及超静定结构徐变次内力的求解算法,开发了徐变有限元计算程序。

二、拱顶区域节段模型试验研究

茅草街大桥结构复杂,技术难度较大,尤其在钢管混凝土的受力特性方面的研究需作进一步的探讨,故选取受力较大应力水平较高的拱顶区域,通过节段模型试验来确保结构安全。模型设计的整体思路是:从整体结构中取出主跨拱顶节段约 24m 长作为隔离体,将隔离体截面的内力作为模型的力学边界条件,通过水平及竖向预应力索采用千斤顶进行加载,从而保证拱顶节段的应力、变形状态与实桥一致。

1. 节段模型

综合考虑到模型制作的力学边界条件、尺寸效应、加载条件、拱端局部应力效应以及实验室条件等各种因素的影响,经与设计院协商,决定模型比例采用 1∶5。这样模型长 4.8m,高 1.42m(包括加载板),各构件与对应的原形尽可能采用相同的材料。模型各部位详细构造图见图 10-24 所示。

茅草街大桥主拱圈采用钢管混凝土桁架结构,主要由上、下弦管(钢管及管内填混凝土)、腹杆、平联管、联结系及吊杆等几部分构件组成,材料主要有钢和混凝土两种,模型试验相似比 1∶5。

从相似关系分析可知,材料密度的相似常数($\lambda_P=5/1$)很大,模型材料不可能有这么大的重度,对于静力模型,ρ 的大小主要影响结构自重,因此,采用配重的方法来模拟。模型设计中采用 1∶4 杠杆系统加载,每 0.5m 拱圈进行配重,配重量为 1.961 2kN,以反映实际情况。

2002 年 4 月在钢管内混凝土养护 28d 后，进行模型初步试验和正式试验；其中 2002 年 4 月～2004 年 3 月，进行长达两年的徐变试验；2004 年 4 月 3 日，承载能力试验，施加的荷载达到了设计承载能力的 1.4 倍；2004 年 4 月 3 日～2004 年 10 月，对钢管混凝土结构在承载能力状态下进行半年徐变观测；2004 年 11 月 2 日，对试验模型进行卸载，并对试验模型加载挡板进行加固处理；2004 年 11 月 9 日，承载能力试验，施加的荷载达到了设计承载能力的 1.5 倍。

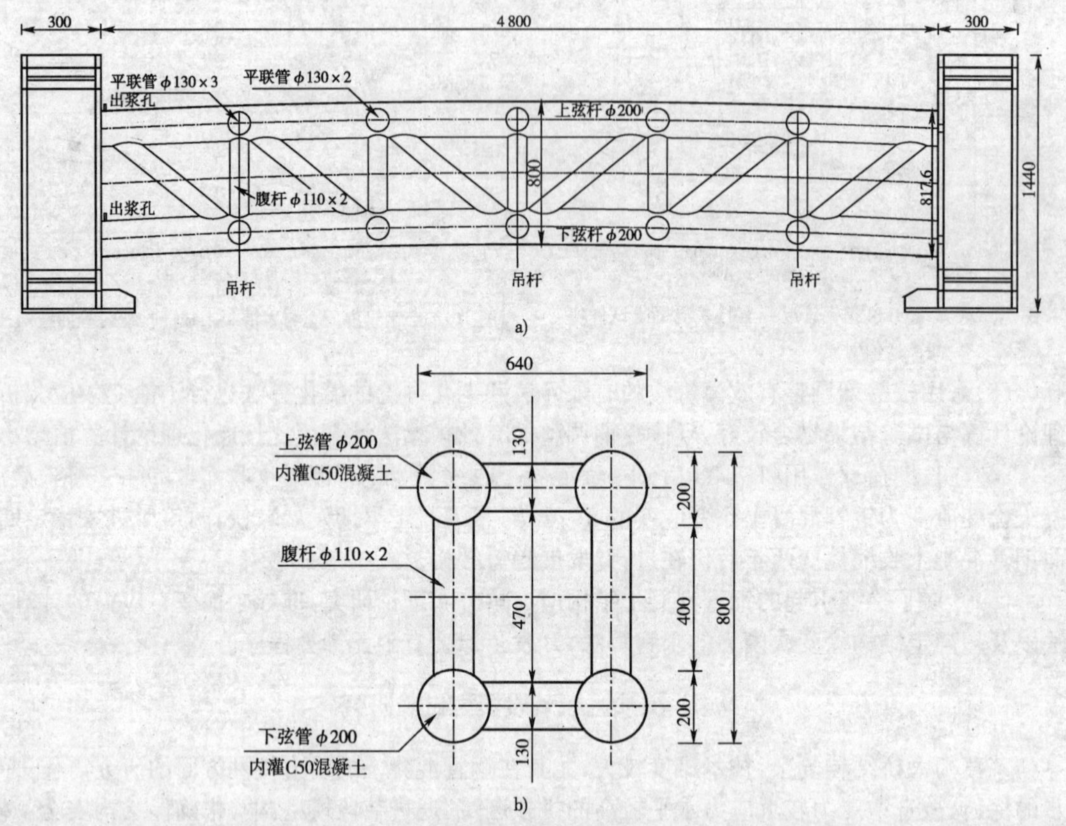

图 10-24　茅草街大桥拱肋节段模型总体布置图（单位：mm）

a）立面图；b）侧面图

2. 试验内容与方法

试验内容包括模型材料性能测试和节段模型的在各工况下的应力与变形。材料性能测试包括钢材的抗拉压强度，弹性模量；混凝土的抗拉压强度，弹性模量的测试，以及容重和泊松比的测试等。节段模型的应力、变形测试包括节段模型在空钢管状态、成桥状态、正常使用及承载能力极限状态下的应力及变形状态、截面应力分布规律及超载下的结构性能进行详细的试验。

节段模型加载系统主要由七台千斤顶（四台水平千斤顶及三台竖向千斤顶）和预应力索组成，具体布置如图 10-25 所示。其中水平千斤顶提供节段模型两端内力边界条件（轴力和弯矩），而竖向千斤顶提供吊杆拉力。

根据茅草街大桥的施工过程划分及该桥的受力特点，从计算结果分析：拱顶截面受力较为不利，应力水平较高，故节段模型试验时以拱顶截面为控制截面按表 10-7 所列 8 种工况进行控制加载试验。

茅草街大桥拱肋节段模型试验工况一览表　　表 10-7

工　况	试 验 内 容	备　　注
1	空钢管受力状态	模拟主拱圈钢管吊装完毕后，空钢管受力研究
2	钢管混凝土受力状态	模拟主拱圈钢管压注混凝土后，钢管和混凝土两者受力研究
3	成桥状态	全桥合拢至成桥状态，钢管和混凝土两者应力分配规律研究
4	正常使用极限状态	研究钢管混凝土拱顶截面在最不利状态下的应力分配规律
5	徐变试验	研究钢管及混凝土的应变变化情况
6	1.4 倍承载能力极限状态	研究钢管混凝土结构的超载性能
7	超载下的徐变观测	研究钢管混凝土结构在超载情形下的徐变性能
8	1.5 倍承载能力极限状态	研究钢管混凝土结构在徐变完成下的超载性能

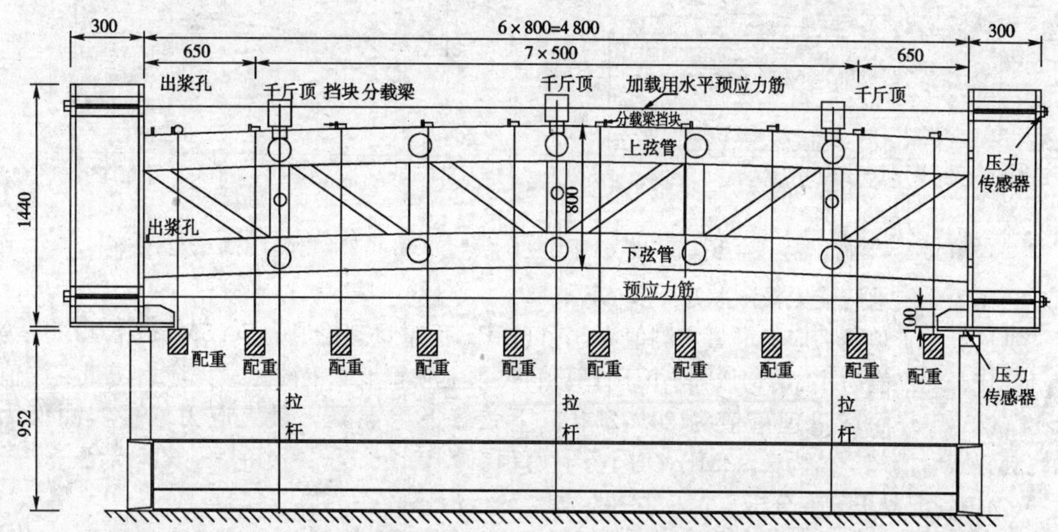

图 10-25　茅草街大桥拱肋节段模型加载立面图

3. 试验结果与分析

(1)主要试验结果

节段模型试验的理论计算采用空间有限元程序，采用空间梁单元建模。在各试验工况下，钢管和混凝土均处于弹性工作状态，因此将钢管混凝土的刚度视为由钢管和混凝土的简单叠加而成，采用钢管单元和混凝土单元建模计算。主拱肋主要控制断面应力试验测试结果如图 10-26～图 10-29 所示，从图中可见试验结果与计算相比较基本吻合。

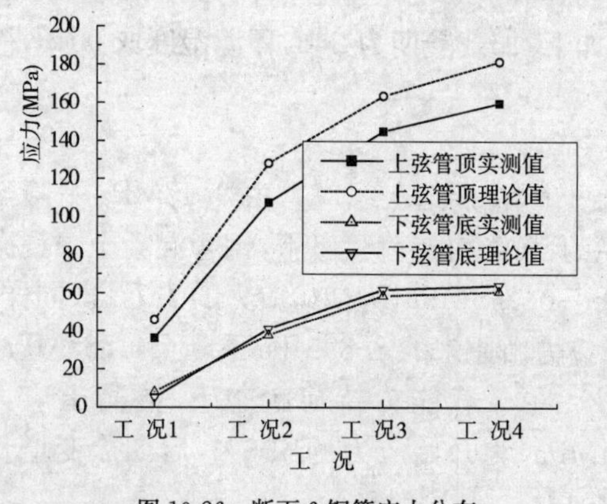

图 10-26　断面 6 钢管应力分布

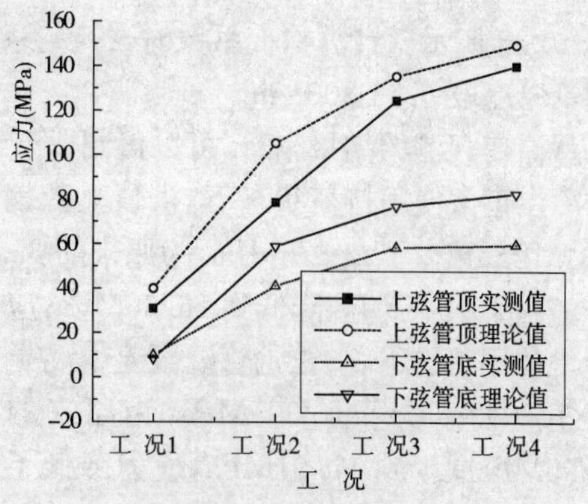

图 10-27　断面 2 钢管应力分布

①正常使用极限状态下

拱顶上弦钢管最大应力实测值为 159. 55MPa，而理论值为 181. 3MPa；下弦管底为 60. 67MPa，理论值为 64. 1MPa，均小于计算值。上弦管混凝土最大应力 8. 3MPa，理论值 9. 2MPa；而下弦管底混凝土应力实测值也与理论值比较接近。试验结果表明，结构在各种荷载工况下处于弹性工作状态，实测值与理论值吻合良好。

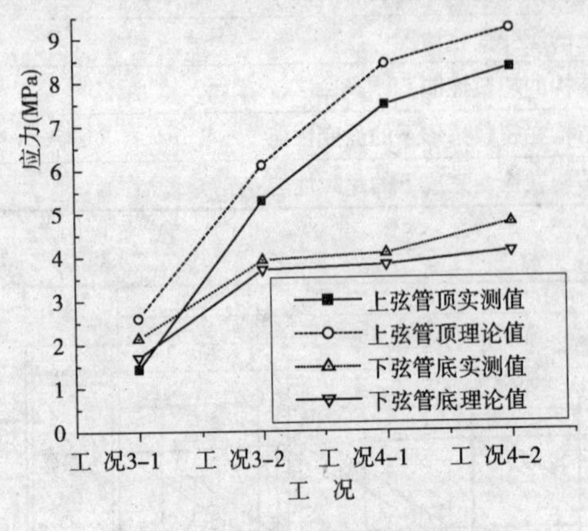

图 10-28 断面 6 混凝土应力分布

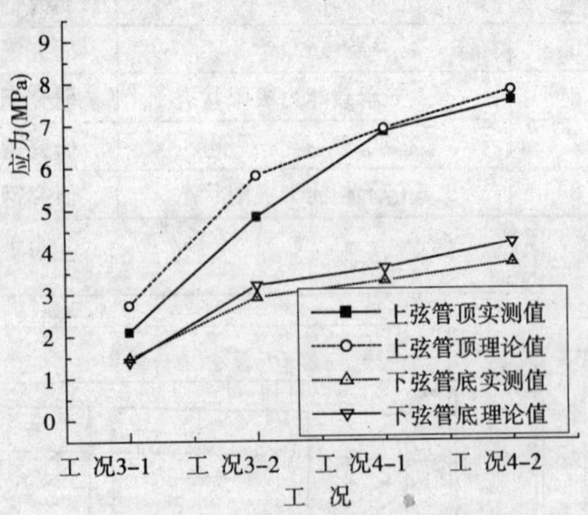

图 10-29 断面 2 混凝土应力分布

②在 1.5 倍承载能力极限状态下

拱顶上弦管顶最大应力增量实测值为 57. 96MPa，而增量理论值为 76. 5MPa；下弦管底为 36. 12MPa，理论值为 40. 57MPa，均小于计算值；拱顶上弦管上缘混凝土最大应力增量实测值为 14. 425MPa，而增量理论值为 20. 72MPa；下弦管下缘混凝土最大应力增量实测值为 7. 455MPa，增量理论值为 7. 98MPa；均小于计算值。

(2)钢管混凝土徐变分析

试验研究中采用有限单元法，考虑密闭混凝土徐变特性，使用 Fortran PowerStation 4. 0 编制了相应的徐变分析程序 CFSTCREEP. EXE。

①试验结果与采用规范《JTJ 023—85》徐变公式计算结果比较分析

钢管混凝土拱在持续荷载作用下，核心混凝土将在持续的压应力下发生徐变，徐变使管内混凝土的应力逐渐减小，应力向钢管转移，有可能造成钢管处于高应力状态。为了实测徐变过程，我们按照略高于正常使用状态的工况对模型作持荷观测。到 2004 年 4 月为止，已对该模型进行了两年的徐变观测；接着又在承载能力极限状态下作持荷观测，到 2004 年 10 月为止，已对该模型又进行了半年的徐变观测，其中拱顶截面的测试结果与程序计算结果如图 10-30 到图 10-33 所示。计算徐变系数时，各项参数选取如下：加载龄期为 28d，环境湿度取 90%，构件理论厚度取 $h>1\,300$mm。

从徐变观测的结果来看，可以得到以下结论：

a. 在正常使用持荷状态下，拱顶上弦钢管混凝土中混凝土上缘应力由 9. 17MPa 下降至 6. 294MPa；减少了 2. 876MPa，为原来的 31. 3%；在承载能力持荷状态下，钢管混凝土中混凝土应力由 16. 905MPa 降低到 16. 66MPa，应力降低了 0. 245MPa，为初始应力的 2. 7%。同样，在正常使用状态下，上弦钢管混凝土中混凝土下缘应力由原来的 8. 89MPa 下降至4. 585MPa，混凝土应力减少了 4. 305MPa，为原来的 48. 4%；在承载能力持荷状态下，混凝土应力 17. 395MPa减少到 17. 01MPa，应力降低了 0. 385MPa，为开始应力的 4. 3%，后期徐变增长极少。

b. 由于混凝土发生徐变，在正常使用持荷状态下，拱肋上弦钢管上缘应力由原来的157.8MPa增加至185.61MPa，增加了27.81MPa，为17.6%；在承载能力持荷状态下，应力由211.6MPa增加到217.3MPa，增加了5.73MPa，为初始应力的3.6%。同样，在正常使用持荷状态下，拱肋上弦钢管下缘应力由原来的162.12MPa增加至188.90MPa，应力增加了26.78MPa，为了16.5%；在承载能力持荷状态下，钢管应力由193.64MPa增加到198.38MPa，增加了4.74MPa，为初始应力的2.9%，钢管应力转移不明显。

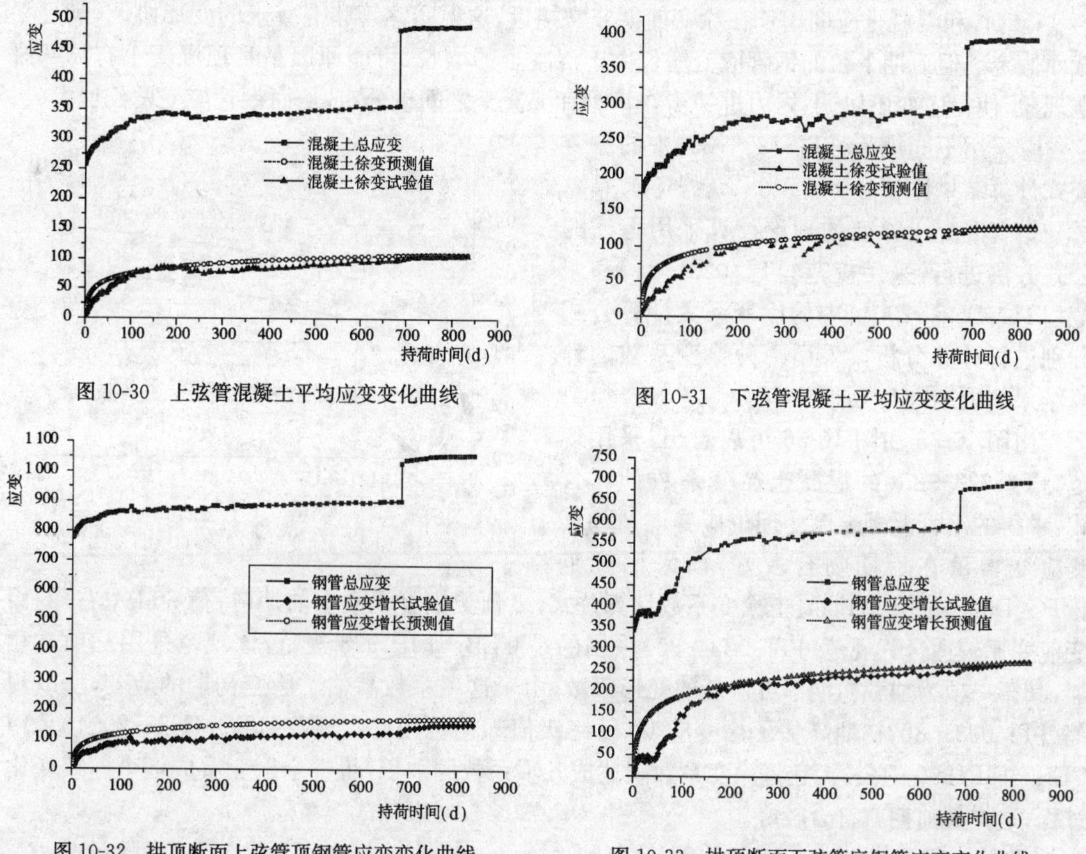

图10-30　上弦管混凝土平均应变变化曲线

图10-31　下弦管混凝土平均应变变化曲线

图10-32　拱顶断面上弦管顶钢管应变变化曲线

图10-33　拱顶断面下弦管底钢管应变变化曲线

c. 由混凝土的应变变化曲线来看，上弦管最大徐变量为3.57MPa，降低了38.9%；下弦管最大徐变量为4.69MPa，降低了52.7%。从钢管应变增长曲线来看，拱肋上弦上缘最大应力增长量为33.58MPa，增加了21.3%；拱肋下弦下缘最大应力增长量为31.72MPa，增加了19.6%。

d. 从应变变化曲线可以看出，混凝土徐变总量的90%发生在正常使用持荷状态下的第一年；第二年仍然有徐变，在结构分析时应计入；在正常使用持荷下徐变两年后，即使增大荷载，在承载能力持荷状态下，混凝土徐变增加很小，几乎停止。

e. 对于钢管混凝土拱桥，由于核心混凝土徐变导致钢管与混凝土之间应力重分布，导致钢管应力增大，混凝土应力减小，混凝土的最大卸载量为初始应力的52.7%，钢管应力的最大增长量为21.3%。

f. 从混凝土徐变发展曲线来看，在第684d，模型进一步加载，达到承载能力极限状态，混凝土应力增加，但混凝土徐变发展趋势不会改变。

g. 从徐变试验数据来看，钢管混凝土具有徐变量值小，前期发展速度较快(但较普通混凝土而言其增长速度要慢得多),后期逐渐平缓的特点。主要因为徐变所引起的荷载重分配导致核心混凝土受荷减小,因此核心混凝土后期徐变会减小,使得钢管混凝土结构的总体徐变效应不如普通混凝土结构突出。

h. 通过试验结果和预测结果的比较可以看出,试验结果与预测结果吻合较好,说明计算方法的正确性,同时采用规范《JTJ 023—85》建议的徐变系数可以反映钢管混凝土徐变特点,但在参数取值时应能反映钢管混凝土的密闭特性。

i. 钢管和混凝土应变增长在徐变前期非常接近,这说明钢管和混凝土的变形协调,满足平截面假定。但后期下弦的钢管应变增长大于混凝土的增长,可能原因是管顶混凝土有局部脱空现象,使得应变不协调,内力进一步在钢管和混凝土之间重分布,从而钢管应变增长加大。

②采用不同规范《JTJ 023—85》中的徐变公式计算结果比较分析

钢管混凝土徐变的理论计算采用上述的公式方法进行,采用规范《JTJ 023—85》和规范《JTG D62—2004》中的徐变系数计算公式分别进行计算分析。采用两种徐变系数的计算结果如图 10-34 所示。

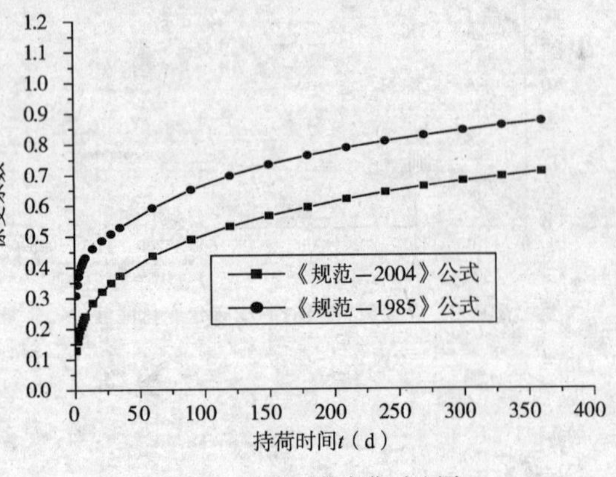

图 10-34　徐变系数变化对比图

由图 10-35 和图 10-36 可以看出,采用规范《JTJ 023—85》的混凝土徐变系数计算公式,求得的钢管混凝土徐变理论应变增量和实测应变增量在后期吻合较好,而采用规范《JTG D62—2004》的混凝土徐变系数计算公式,来预测钢管混凝土前期(持荷 60d 左右)的徐变应变比较适合。规范《JTJ 023—85》采用的是 CEB-FIP1978 规范,该规范采用三项式相加,其第一项为加载初期不可恢复的变形系数,由于这项系数高估了徐变初期的应变,所以规范《JTJ 023-85》初期高估了徐变应变,而终级值却相符较好。规范《JTG D62—2004》采用 CEB-FIP1990 的公式,它将徐变系数表述成几项系数的乘积,将整个徐变看成一个连续变化过程,这样其前期就符合较好。

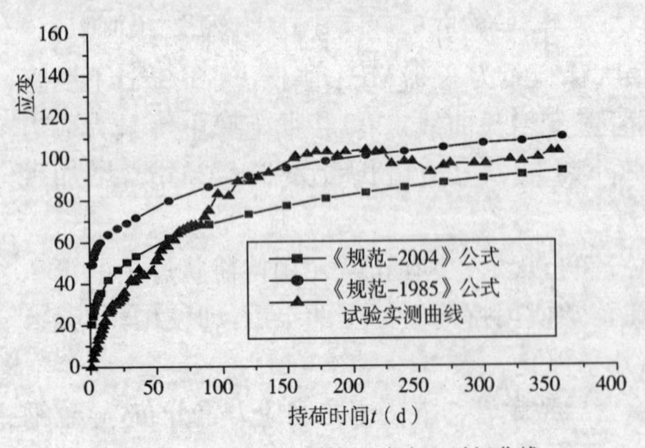

图 10-35　上弦顶部混凝土应变一时间曲线

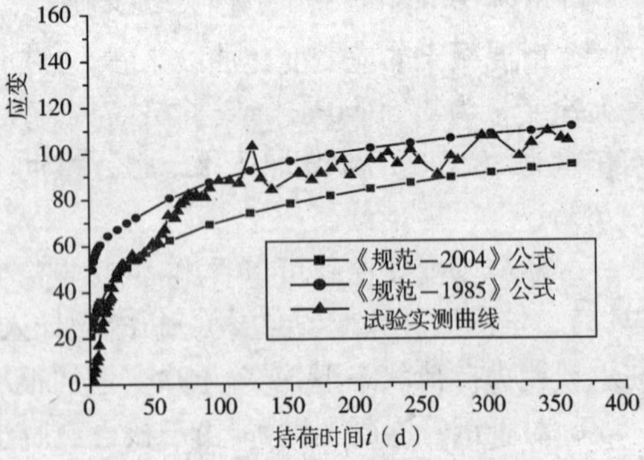

图 10-36　上弦顶部钢管应变一时间曲线

三、主拱桥施工过程及施工控制模型试验研究

试验目标是通过模型试验,验证施工控制方案的可行性、施工工艺的可行性;并应用模型试验结果验证数值仿真分析结果。整体模型几何相似比采用 1∶20,试验模型见图 10-37。

模型测试包括位移、索力、系杆力和结构应变(应力)测试。

图 10-37　茅草街大桥全桥模型

模型位移测试测点布设:扣挂施工阶段在扣挂段的上弦管前端布设测点,空钢管合拢后在 1/16 截面、1/8 截面、3/16 截面、1/4 截面、5/16 截面、3/8 截面、7/16 截面与 1/2 截面上弦管布设测点。测量仪器为 TCA2003 型全站仪 1 台,百分表若干。

索力与系杆力测量采用金马 6 弦索力测试仪 1 台,配套 ZX-450T 传感器 24 个和压力传感器 4 个。

结构应变(应力)测量测点布置:主拱跨中、38 跨、1/4 跨、1/8 跨、拱脚共 9 截面,每个截面原则上 16 个测点,共 144 个测点。东西边拱 6 个截面,共 48 个测点;东西索塔共 8 个测点;拱座测点若干。测量仪器为东华静态电阻应变仪 1 台(DH3815),传感器若干。

模型试验工况见表 10-8。

模型试验工况表　　　　表 10-8

工　况	施 工 内 容
1	浇注拱座,预留预埋件
2	安装 5、8 号墩
3	对称安装边拱,并在边拱下设置支撑模拟支架,安装边拱上立柱 1～8 号、横梁,配重,测试边拱肋应变、观测拱座位移
4	安装扣索塔架
5	对称安装第一段主拱肋,并在需灌注混凝土的钢管内灌注砂浆,配重,调整偏差,测试拱肋应变、观测拱座位移
6	挂 1 号扣索并张拉,测试拱肋应变、观测拱肋位移、拱座位移、扣索力、扣索塔架变形
7	对称安装第二段主拱肋,配重,调整偏差,测试拱肋应变、观测拱座位移
8	挂 2 号扣索,张拉 2 号扣索,测试拱肋应变、观测拱肋位移、拱座位移、扣索力、扣索塔架变形
9	对称安装第三段主拱肋,配重,调整偏差,测试拱肋应变、观测拱座位移
10	挂 3 号扣索,张拉 3 号扣索,测试拱肋应变、观测拱肋位移、拱座位移、扣索力、扣索塔架变形
11	对称安装第四段主拱肋,配重,调整偏差,测试拱肋应变、观测拱座位移; 挂 4 号扣索,张拉 4 号扣索,测试拱肋应变、观测拱肋位移、拱座位移、扣索力、扣索塔架变形
12	对称安装第五段主拱肋,配重,调整偏差,测试拱肋应变、观测拱座位移
13	挂 5、6 号扣索,张拉 5、6 号扣索,测试拱肋应变、观测拱肋位移、拱座位移、扣索力、扣索塔架变形
14	空钢管合拢(铰接),两铰拱状态,测试拱肋应变、观测拱肋位移、拱座位移、扣索力
15	封铰,形成无铰拱
16	将索力值卸到合拢时的 5%,测试拱肋应变、观测拱肋位移、拱座位移、扣索力
17	安装主拱上立柱,横梁;安装系杆、主拱上吊杆和吊杆上横梁,第一次张拉系杆到 33kN,测试拱肋应变、观测拱肋位移、拱座位移、扣索力
18	灌注 7 号钢管内混凝土,测试拱肋应变、观测拱肋位移、拱座位移、扣索力

续上表

工　况	施 工 内 容
19	待已灌钢管内混凝土强度达到设计强度的80%，灌注6号钢管内混凝土，混凝土不参加作用，只作为荷载。已灌管内混凝土参加作用但是刚度只计入设计刚度的80%，并第二次张拉系杆到43.5kN，测试拱肋应变、观测拱肋位移、拱座位移、扣索力
20	待已灌钢管内混凝土强度达到设计强度的80%，灌注5号钢管内混凝土，混凝土不参加作用，只作为荷载。已灌管内混凝土参加作用但是刚度只计入设计刚度的80%，测试拱肋应变、观测拱肋位移、拱座位移、扣索力
21	待已灌钢管内混凝土强度达到设计强度的80%，灌注8号钢管内混凝土，混凝土不参加作用，只作为荷载。已灌管内混凝土参加作用但是刚度只计入设计刚度的80%，并第三次张拉系杆54kN，测试拱肋应变、观测拱肋位移、拱座位移、扣索力
22	待已灌钢管内混凝土强度达到设计强度的80%，灌注4号钢管内混凝土，混凝土不参加作用，只作为荷载。已灌管内混凝土参加作用但是刚度只计入设计刚度的80%，测试拱肋应变、观测拱肋位移、拱座位移、扣索力
23	待已灌钢管内混凝土强度达到设计强度的80%，灌注1号钢管内混凝土，混凝土不参加作用，只作为荷载。已灌管内混凝土参加作用但是刚度只计入设计刚度的80%，并第四次张拉系杆64.5kN，测试拱肋应变、观测拱肋位移、拱座位移、扣索力
24	待已灌钢管内混凝土强度达到设计强度的80%，灌注2号钢管内混凝土，混凝土不参加作用，只作为荷载。已灌管内混凝土参加作用但是刚度只计入设计刚度的80%，测试拱肋应变、观测拱肋位移、拱座位移、扣索力
25	待已灌钢管内混凝土强度达到设计强度的80%，灌注3号钢管内混凝土，混凝土不参加作用，只作为荷载。已灌管内混凝土参加作用但是刚度只计入设计刚度的80%，并第五次张拉系杆73.5kN，测试拱肋应变、观测拱肋位移、拱座位移、扣索力
26	待已灌钢管内混凝土强度达到设计强度的80%，浇筑平联板内混凝土，已灌管内混凝土参加作用但是刚度只计入设计刚度的80%，测试拱肋应变、观测拱肋位移、拱座位移、扣索力
27	待所有灌注的混凝土强度均达到设计强度时，拆除扣索与扣塔，测试拱肋应变、观测拱肋位移、拱座位移、扣索力
28	铺设桥面板，计算时不计入桥面板刚度，但计入其本身重量，测试拱肋应变、观测拱肋位移、拱座位移、扣索力
29	拆除边墩以及临时约束，测试拱肋应变、观测拱肋位移、拱座位移、扣索力
30	成桥试验，测试拱肋应变、观测拱肋位移、拱座位移、扣索力

在从施工到成桥的全过程模拟的全桥整体模型试验基础上，对茅草街大桥主拱桥施工工艺和施工控制进行了深入的研究，主要研究内容如下：

(1)主拱空钢管架设过程研究。研究了现有主拱肋吊装扣索索力计算方法，为实现主拱桥架设施工控制目标，探讨了施工可能采用的主拱桥架设的方案，确定了三种调索方案，分别进行空间模型和平面模型的仿真计算，并与模型试验结果进行了分析对比；基于优化理论，研究了斜拉扣索索力计算和主拱施工中的扣索索力调整计算。通过模型试验，研究了主拱空钢管架设过程的应力、挠度、索力等的变化规律以及施工工艺对控制目标实现的影响，并开展了主拱空钢管架设过程的稳定性理论研究，验证了施工过程中的稳定性能。模型试验为实桥以及今后同类桥梁的施工、施工控制提供了理论依据和试验数据。

(2)主拱空钢管合拢后的施工与施工控制研究。通过模型试验采集了空钢管合拢后施工阶段的变形与应力数据，研究了钢管混凝土拱桥施工过程的模拟分析方法，包括主拱空钢管合拢后的施工过程中将单元生死技术引入到施工过程的模拟分析、扣索的索力以及系杆的张拉力实现、体系转换的实现、施工灌浆过程的模拟、几何非线性对结构性能的影响等，探讨了偏载对于结构变形与内力的影响，分析了改变灌浆顺序对于结构挠度的影响，并对茅草街大桥模型试验施工阶段与成桥静载试验阶段进行了特征值稳定分析。

(3)成桥状态下静力性能研究。研究了设计活荷载作用下结构受力性能以及在偏载作用下关键断面的内力包络图，根据最不利的工况进行了成桥状态下的静载试验，仿真分析了模型在对称全桥加载、半桥加载下的结构受力性能并与实测数据进行了分析对比，对大跨度钢管混凝土拱桥进行了包括双重非线性的稳定性分析，探讨了不同布载方式与风荷载对于结构极限承载能力的影响。

模型试验主要研究成果如下：

(1)通过模型试验证明，采用的仿真计算结果与实测值较吻合，根据模型与实桥建立的仿真模型可以用于实桥的施工控制。

(2)通过对扣塔偏位的观测与分析，建议大桥施工时应注意控制扣塔的偏位值。施工控制方案应根据实际观测的偏位值对预抬量进行调整。

(3)索力测试结果与仿真计算都表明在茅草街大桥扣挂 4 号、5 号拱段时，1 号、2 号和 3 号扣索索力减小，尤其是在扣挂 4 号拱段时，1 号、2 号和 3 号扣索索力减小幅度较大。建议同类型桥梁施工时，注意扣索索力，防止出现部分扣索退出工作(仿真计算扣索受压)。

(4)从模型试验可以看出预张拉风缆将对拱轴线形、索力以及应变产生较大的影响，因此建议实桥施工时风缆的预张拉值应控制在一定的范围内，使其对拱肋拼装的影响尽可能小。

(5)灌注混凝土的过程中应该对拱轴线进行实时观测，避免由于灌注混凝土造成拱轴线偏位太大，对于结构的受力与稳定产生不良影响。建议对边拱局部应力进行验算。

(6)施工加载过程可以不考虑几何非线性与材料非线性影响。

(7)根据恒载＋汽车荷载＋人群荷载(全桥均布)工况失稳时的模态可以看出结构发生面外半波对称失稳，表明随着结构跨度的增大，其横向刚度小于纵向刚度。

(8)要准确评估出拱桥结构的极限承载力必须考虑材料的非线性特性。

(9)不同的荷载分布方式(半中跨均布活载和全桥均布活载下)将对结构极限承载力产生影响。

(10)根据设计荷载半跨加载工况的应变和挠度均大于全桥布载的工况，说明茅草街大桥设计荷载下的最不利荷载工况为半跨布载工况，设计时应以此工况控制设计。

参考文献

[1] 胡建华，李瑜．茅草街大桥总体设计．中国公路，2002(2)

[2] 李瑜，王甜．茅草街大桥钢管混凝土拱桥结构设计．中国土木工程学会桥梁与结构工程学会第十六届年会论文集．北京：人民交通出版社，2004 年：125-130

[3] 李瑜，崔剑锋．空间计算在大桥设计中的应用．中国公路，2002(11)

[4] 袁帅华，钟新谷，肖汝诚，李瑜，胡建华，茅草街大桥主桥整体稳定性优化计算.中国土木工程学会桥梁与结构工程学会第十六届年会论文集.北京:人民交通出版社，2004 年:438-443

[5] 杨孟刚，陈政清，崔剑锋.茅草街大桥地震时程反应分析.中国土木工程学会桥梁与结构工程学会第十六届年会论文集.北京:人民交通出版社，2004 年:438-443

[6] 陈政清，胡建华，魏文明.钢管混凝土收缩徐变试验研究.中国土木工程学会桥梁与结构工程学会第十六届年会论文集.北京:人民交通出版社，2004 年:743-748

[7] 戴炜，黄政宇，李瑜.钢管混凝土管内核心混凝土变形性能的试验研究.中国土木工程学会桥梁与结构工程学会第十六届年会论文集.北京:人民交通出版社，2004 年:800-804

[8] 李立峰，陈明宪，胡建华，邵旭东.茅草街大桥主拱圈节段模型试验研究.中国土木工程学会桥梁与结构工程学会第十六届年会论文集.北京:人民交通出版社，2004 年:816-821

第十一章　重庆巫峡长江大桥

第一节　概　　况

一、地 域 概 况

巫峡长江大桥位于重庆市巫山县，跨越长江。巫山县是全国旅游大县，县内景点除早已开发的长江北岸小三峡、小小三峡为主的旅游区而外，长江南岸拥有大量极具重要开发价值的旅游资源，却因长江之隔未能开发利用。巫山县地处渝鄂交通要道，北岸与陕西省经巫溪县通过大桥和鄂西北地区相连接，南与湖北建始县国道公路318和209沟通；东经渝巴路通湖北巴东县抵宜昌、武汉，西连奉节、云阳等县。巫山县具有十分突出的区域优势和资源优势，位于渝鄂交通衔接要冲，同时拥有举世闻名的长江三峡旅游风景以及巫山境内的全国旅游胜地"四十佳"、小山三峡等。巫山县是长江沿岸明星城镇，具有较高的知名度，但对外开放、吸引外资、外商、发展外向型经济不够；境内资源丰富，但开发利用极差。巫山县具有的自然资源"优势"，但处于"劣势"的交通条件。阻碍了"资源优势"转化为"经济优势"，阻碍了商品经济的发展。因此，修建巫山县巫峡长江公路大桥，将改变巫山县交通面貌，改善投资环境，促进旅游业及工农业生产的发展，有利于移民搬迁。

二、桥 位 选 择

经对巫山县城沿长江两岸的地形、地质条件的反复踏勘，结合巫山县城的经济发展环境，拟定了三个桥位(图11-1)进行论证。

上桥位：上桥位位于巫峡峡口前约700m，为U形河谷。本桥位适于修建斜拉桥或悬索桥；北岸覆盖厚，地质条件差，基础施工难度大增；三峡大坝完成后岸坡稳定性差。

中桥位：长江南岸与上桥位起点相同，北岸接张家沟东口，引道顺张家沟上行。本桥位宜作悬索桥方案，桥梁长度较长；且北岸覆盖较厚，地质条件较差，且桥型与地形环境协调性差。

下桥位：下桥位位于巫峡峡口，南岸高程约为251.0m处与巫建公路相接。北岸在高程为251m一线，地形相对较缓，引道工程可依山环绕。本桥位两岸基岩裸露，山体稳定，为V形河谷，宜建拱桥，投资省、工期短。

综合比较后认为，下桥位对巫山县交通、旅游开发、移民安置和财政承受能力等各方面均有较好的效益，因此，设计推荐选用下桥位为推荐桥位方案。下桥位的主要优势有：

(1)下桥位一次性总投资较小，县财政能承受，可望近期建桥。

(2)桥建在巫峡峡口，位置显要，雄伟壮观，置身桥上视野开阔，上下游10余公里，一览无遗，上仰巫山云雨，下览滔滔长江，确为一个新的旅游景点。

(3)下桥位两岸基岩裸露，山体稳定，下部结构工程数量小；下桥位地处峡谷，主桥桥梁长度最短。

(4)引道工程依山环绕，即减少了开挖数量又增加景观；有利于长江南北两岸各景群的连接；有利于移民安置。

下桥位经专家组现场反复踏勘，对“工可”设计文件反复论证后，同意作为推荐桥位，并获得业主及其上级主管部门的批复。

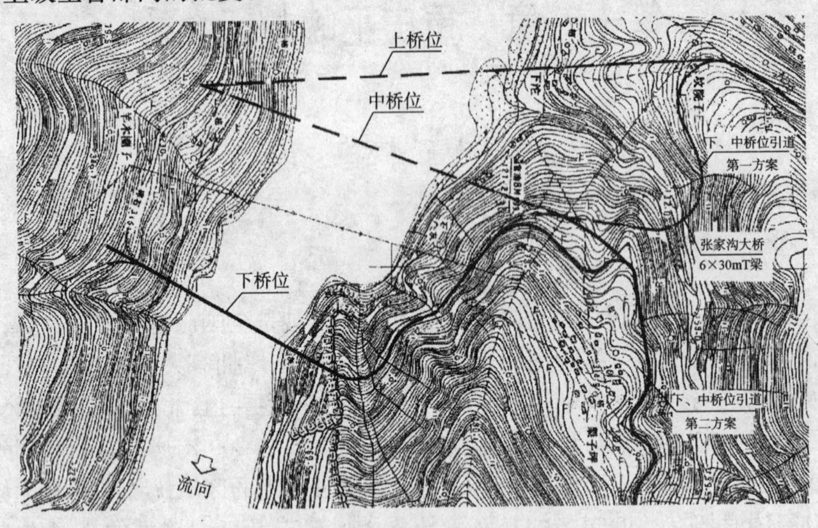

图 11-1　巫峡长江大桥三个桥位图

三、基 础 资 料

1. 气象资料

桥址区段属亚热带温湿季风气候区。年平均气温 18.4℃，极端最低温度－6.9℃。多年平均雨量 1 049.3mm，年最大降雨量 1 356.0mm，年最低降雨量 761.5mm，最大日降雨量 141.4mm。

常年最多风向为东北风，风速六级，风速为 17m/s 的大风，八月份出现次数最多。根据“全国基本风压分布图”，本区域基本风压 400Pa，设计基准风速为 26.3m/s。

2. 水文资料

(1)建坝前水文资料

根据万县水文站资料，推算桥位的频率流量水位数据见表 11-1。本桥桥位起拱高程为 187.394m，施工及营运期间均不受洪水影响。

桥位处水位流量流速资料　　　　表 11-1

项　目 / 频　率	流量 Q(m³/s)	水位 H(黄海系统)	流速 VCP(m/s)
1/300	35 600	118.6	3.54
1/100	31 050	118.0	3.35

(2)建坝后水文、航道资料

三峡大坝工程正常蓄水后，河段将提高为 I—(2)级航道，双向航道宽度为 232.1m，通航净高 18m，最高通航水位 175.1m(吴淞)。

推荐中承式钢管混凝土拱桥拱脚高程 187.394m，三峡水库蓄水最高(通航)水位高程 175.1m，通航水位时，河道边缘距拱圈下缘的竖向距离为 20.2m，大于通航净高 18.0m，因此，设计主孔跨度460m的中承式拱桥满足建坝后的通航净空要求，无轮船撞击桥梁结构构件的危险。

3. 工程地质条件

(1)地形地貌

桥址位于长江巫峡入口处，地貌上处于构造剥蚀侵蚀中低山地貌单元内。因长江河谷深切，地形上构成不对称的"V"字形峡谷。谷坡南缓北陡。桥址区南岸斜坡总体坡向15°，坡度30°～45°间，局部稍陡。桥轴线东西两侧均为负地形，冲沟走向总体与桥轴线平行，纵比降大，无水。长江北岸地形坡度较陡，为折线斜坡，上陡下缓。紧邻岸边陡崖，坡度80°～85°，高约10～20m，陡崖以上为现代高漫滩及Ⅰ级侵蚀基座阶地，基岩裸露，地形坡度15°～26°，宽约70m，阶地北接陡坡，总体坡向190°，坡度65°～75°，局部陡立。北岸桥台处为一较薄的山脊，高程255～260m，引桥绕山脊而过进入一冲沟。冲沟走向250°，纵比降大，为T1J4/T1J3的岩性分界沟，桥台北东侧见有3～4级悬崖，走向340°左右，高30～50m不等，逐级上提，至最高点为文峰观，高程762.90m。各级陡崖笔立。陡崖与冲沟将山体分割成三角形斜坡地形。三角形坡体上小下大，总体稳定性好。长江水域在平水期时，桥位处江面宽约250m。离桥轴线上游约250m，江面由宽阔水域变窄，形成峡谷入口，因北岸山体浑厚，T1J3的灰岩强度高，岩体稳定，使江面由宽变窄，呈弧形绕山脚而过。

(2)地质构造

桥位区构造上位于大巴山弧形构造，川东褶带及川鄂黔隆起褶带的交汇部位。次级构造受横石溪箱形背斜控制，位于其北西翼。岩性南岸为T1J2灰岩及白云质灰岩地层，北岸为T1J3灰岩地层，引道部分进入T1J4地层，岩层产状330°～350°∠65°～70°，局部稍有差异。

(3)水文地质条件

桥址区地形切割强烈，岸坡陡峻，中风化基岩直接出露地表。据钻探揭露，桥址区未见地下水。据地表调查，南岸桥址一带未见泉水露头。北岸下游约400m陆游洞有地下水露头，流量变化很大，雨季大于60L/S，旱季小于10L/S，陆游洞为顺层发育而成，地下水主要以管道形式径流，沿250°方向排泄入江。钻探表明，陆游洞与桥址区无水力联系。

四、技 术 标 准

(1)桥面净宽：净－15.0＋2×1.5m(人行道)＋2×0.5m(栏杆)

(2)设计荷载：汽车－超20，挂车－120，人群荷载3.5kN/m^2

(3)设计洪水频率：1/300

(4)设计水位：175.10m(三峡工程规划水位)

(5)通航净空：300×18m

(6)地震烈度：VI度，按VII度设防

(7)设计风速：26.3m/s(频率1%，10分钟平均最大风速(10m高度处))

五、大桥建设简介

巫峡长江大桥业主为巫山县交通开发总公司，由四川省交通厅公路规划勘察设计研究院设计，四川公路桥梁建设集团有限公司、国营武昌造船厂、国营川东造船厂等单位施工，铁二院咨询监理公司监理。大桥于2001年12月18日开工，2004年12月18日完工。建成后的大桥见图11-2。

大桥位于举世闻名的长江三峡中的巫峡口，在陡峭的峡口，湍急的江水中，以一跨大拱过江，雄伟壮丽。大桥拱肋的曲线，连接起两岸险峻的地形地势，显现出人工构造物与自然的和谐。红色的钢管混凝土拱肋，与四周的青山绿水，形成鲜明的对比，为长江旅游胜景又增添了一道亮丽的风景。

a)

b)

图 11-2　巫峡长江大桥成桥照片

a）日景；b）夜景

大桥的建成为发展巫山县的旅游经济、发展该区域的大交通、安置三峡库区移民、改善投资环境都具有极其重要的作用，产生了显著的社会经济效益和社会效益。

第二节　桥型方案论证

根据巫山境内地形、地貌条件，结合业主财政经济状况，本着安全、经济、适用、美观的设计原则，在巫峡长江大桥桥型论证时提出了以下的原则和设计要求：造价经济、施工可行、满足通航、适用美观。

针对提出的三个桥位，分别拟订了斜拉桥、悬索桥、拱桥等不同桥型，各种桥型方案材料数量和造价比较表如表 11-2 所示。各种桥型方案技术指标及优缺点论证比较论证如表 11-3 所示。

各种桥型方案材料数量和造价比较表　　表 11-2

方案		主要材料数量						总投资（万元）
		混凝土（m³）	圬工（m³）	钢筋（t）	型钢（t）	钢管（t）	钢绞线（t）	
上桥位	斜拉桥	56 592	998	6 672	626	63	2154	21 494
	悬索桥	3 259	1 090	2 430	4 958	21	4 878	27 966
中桥位	悬索桥	37 872	998	6 672	626	63	2 154	21 748
下桥位	悬索桥	24 348	964	1 666	2 272	17	2 158	16 361
	上承式钢筋混凝土拱桥	58 956	3 175	4 053	52	3074	275	15 265
	上承式钢管混凝土拱桥	32 072	2 008	684	442	5 072	56	14 662
	中承式钢管混凝土拱桥	24 849	1 540	1 141	197	5 370	168	14 220

注：①除 460m 中承式钢管混凝土拱桥方案（推荐方案）外，其余桥型均需进行防撞设计；

②本表材料数量未罗列防撞设施材料数量，但方案总投资中已包括防撞设施费。

各种桥型方案比较

表 11-3

桥位	桥型	图式	跨径(m)	桥长(m)	优点	缺点
上桥位	斜拉桥	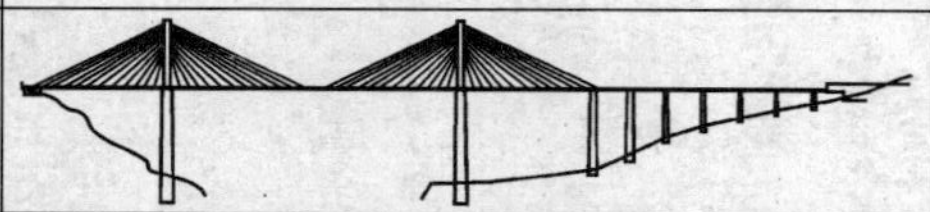	180+400+180+7×50	1 135.00	平面线型顺适,引道长度相对较短,引道造价低	项目总造价太高,桥型与环境不够协调,需设防撞墙,且压缩了河床,对港口干扰大
	悬索桥	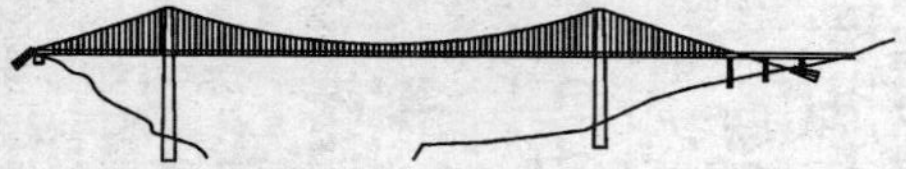	180+600+180+3×50	1 135.00	平面线型顺适,引道长度相对较短,引道造价低	项目总造价太高,桥型与环境不够协调,需设防撞墙,且压缩了河床,对港口干扰大
中桥位	悬索桥	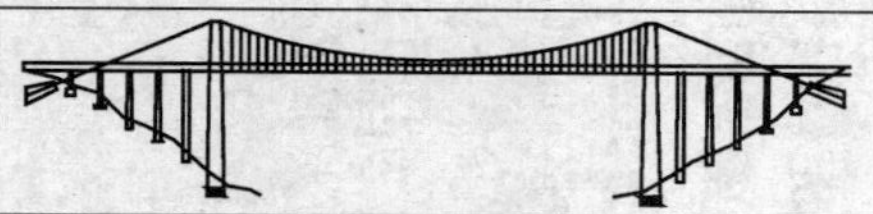	6×30+450+6×30	830.00	平面线型顺适,引道长度较下桥位短,引道造价低	项目总造价太高,桥型与环境不够协调,需设防撞墙,且压缩了河床,对港口干扰较大
下桥位	悬索桥		4×30+380+3×30	605.00	施工用材省,施工方便,工期短	项目总造价太高,桥型与环境不够协调,需设防撞墙,且压缩了河床;结构养护及防锈费用高
	箱形拱桥	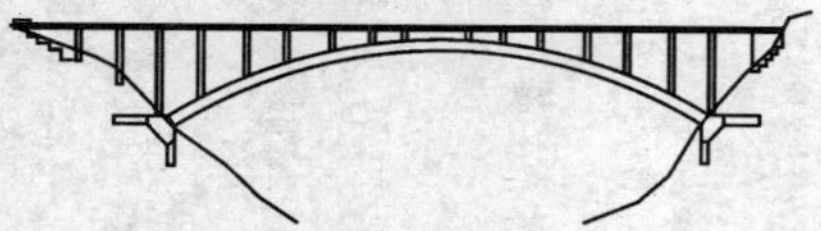	5×20.5+418+3×20.5	602.00	拱圈刚度大,稳定性高,除防撞设施外结构不需防锈	项目总造价相对较高,需设防撞墙,压缩了河床,拱圈太重,施工周期长,施工难度大,防撞装置养护费用高,影响美观
	钢管混凝土上承式拱桥	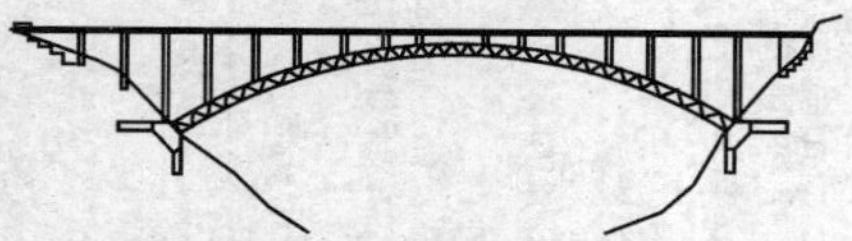	2×30+425+30	604.30	自重轻,用材省,施工方便,工期短	项目总造价较高,需设防撞墙,压缩了河床,影响美观,防撞装置与结构养护及防锈费用高
	钢管混凝土中承式拱桥		6×12+492+3×12	612.20	结构自重轻,用材省,施工方便,工期短;不用设防撞设施,通航、泄洪性好,项目总造价低,桥型与环境协调,雄伟壮观,为巫峡口的一道大门	结构养护及防锈费用高

综合比较,(下桥位)中承式钢管混凝土拱桥具有以下优点:

(1)结构受力简明、自重轻,全桥用材省。

(2)采用下部施工和拱肋加工同步进行,且不外包钢筋混凝土,施工工期短、施工方便。

(3)不用设置防撞设施,通航泄洪性好;且对巫山港通航无干扰。

(4)全桥总造价最低,一次性投资小,现阶段建设可能。

(5)后期养护、维修工程量相对较小,费用相对较低。

(6)桥型与山形、环境协调,造型宏伟壮观。

因此,将下桥位中承式钢管混凝土拱桥作为“工可”的推荐方案。

第三节 关键技术论证

一、主拱圈截面高度及拱轴系数的优选

优选拱圈截面参数时,拟订了拱顶截面径向高为 7.0m 和 8.0m,拱脚截面径向高为 13.0m 和14.0m,拱轴系数(m=1.8、1.6、1.4、1.2、1.05),不同桁架节间距离,不同弦管管径,不同腹杆布置形式等多项指标的不同组合(按排列组合,共 20 种组合方式)计算。按照全拱受力均衡,上、下弦杆弯矩、轴力尽可能接近及拱圈外形轮廓变化分明,便于施工和安装等原则优选,最后,采用了拱顶径向截面高 7.0m,拱脚径向截面高 14.0m,桁架节间间距为 6m,竖腹杆和径向腹杆组合使用,弦管管径为 1 220mm,腹管管径为 610mm,净矢跨比为 1/3.8,拱轴系数为 1.55 的桥梁拱圈设计参数。

二、主拱圈截面构造形式

主拱圈截面由两肋组成,每肋有四根钢管混凝土弦杆;平面上每肋两根钢管由钢管平联连接,立面上每肋两根钢管由斜、竖腹杆钢管连接;每肋间距 12m 处设置横隔(即吊杆处竖杆或立柱脚处径向腹杆为设置交叉撑的横隔);以上构造形式满足《钢结构设计规范》(GB J17—88)和《钢—混凝土组合结构设计规程》(DL/T 5085—1999)等规程中组合柱抗侧移刚度和线刚度的要求。

两肋间的横撑桥面以下为“米”字撑,桥面以上为“K”形撑,加强了肋间横向联系,确保了全桥横向稳定。

主拱圈节点构造简化,主钢管每节点处受力肢管最多处为三根,一般为两根,且肢管与主管的夹角一般均在 50°左右。肢管与肢管之间的焊接间距均大于 50mm。这样,确保了结构受力简明、制造加工方便可靠。

三、拱圈接头构造设计

拱圈接头构造分为主弦管接头构造和拱顶合拢构造;主弦管接头构造设计为先栓接再焊接的构造形式;拱顶合拢构造设计为先瞬时合拢,再焊接主管的构造形式,瞬时合拢构造设计为每肋两主管间和主管内两种形式,经进一步比选后确定可靠的合拢构造形式。

四、施工方案设计

本桥施工关键为钢管的焊接加工和成拱方案。钢管焊接加工设计为工厂制造加工,为了

确保质量，初步制订了《巫峡长江大桥钢管桁架拱肋制造与验收技术规定》。成拱方案采用斜拉扣挂法，吊装拱肋和横撑同步进行，即吊装一节段拱肋就位后，及时吊装拱肋节段内相应横撑，并拉好浪风绳，确保结构施工吊装的横向稳定。

五、扣索系统设计

针对目前施工单位的技术水平，结合该桥的实际情况，经反复比选、讨论研究，采用扣索系统由拱圈节段锚固点、索鞍、扣塔、锚梁（张拉端）、锚锭组成，锚梁设在锚碇处，采用在锚梁处张拉的方式调整扣索。

六、结构、构件计算

全桥完成了桥面梁、横梁、立柱、桥台、主拱圈施工加载阶段、全桥营运阶段及吊扣系统的静力计算分析。完成了吊挂系统、主拱圈施工加载的控制阶段、成桥阶段及营运阶段的动力计算和稳定分析计算。完成了全桥地震影响内力计算。完成了吊装扣点、主管接头、合拢接头、索鞍、锚梁、构造节点等多项细部构造计算。

第四节　结 构 设 计

一、桥 孔 布 设

全桥跨径组合为6×12m（引桥）＋492m（主跨）＋3×12m（引桥）；引桥为预应力混凝土连续梁（建始岸异形梁为钢筋混凝土简支梁）；主跨为钢管混凝土中承式拱桥，横梁为组合截面梁，桥面为预应力混凝土Ⅱ形连续梁，全桥吊杆和立柱间距均为12.0m。总体布置图见图11-3。

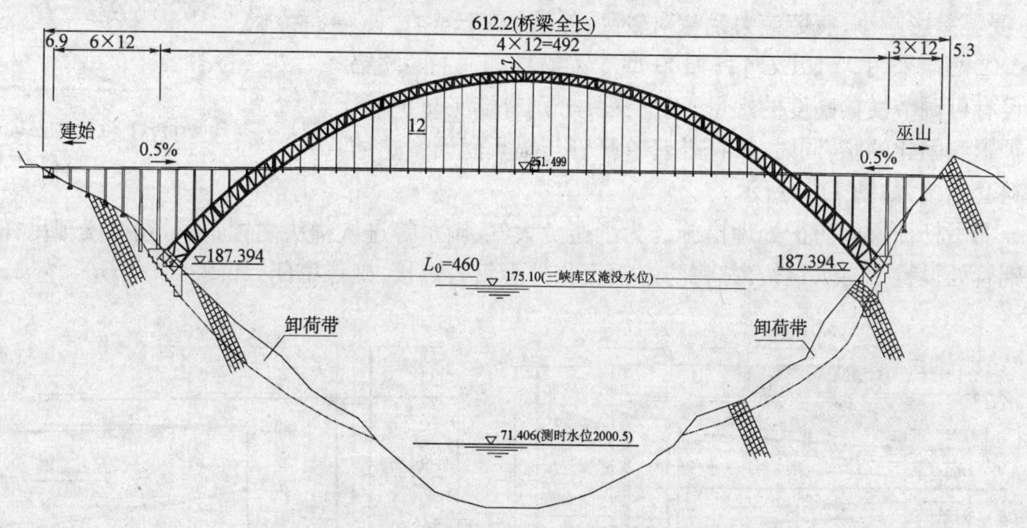

图11-3　巫峡长江大桥总体布置图（单位：m）

桥面受两岸接线高程的控制，且为了使桥面与拱肋交叉构造简化，设置了0.5%的双向排水纵坡。横向设1.5%的双向横坡。主跨与拱圈相交处桥面全宽为27.84m，其余各处桥面全宽为19.0m，全桥长612.20m。

二、上部结构设计

1. 主跨

(1)拱肋与横撑

拱肋为钢管混凝土组成的桁架结构:主跨拱肋拱顶截面高为 7.0m;拱脚截面高为 14.0m,肋宽为 4.14m;每肋上、下各两根 ϕ1 220mm×22(25)mm、内灌 C60 混凝土的钢管混凝土弦杆;弦杆通过横联钢管 ϕ711mm×16mm 和竖向钢管 ϕ610mm×12mm 连接而构成钢管混凝土桁架,吊杆处竖向两根腹杆(拱脚段为立柱处径向两根腹杆)间设交叉撑,加强拱肋横向连接。

拱肋中距为 19.7m。两肋间在桥面以上设置"K"形横撑,桥面以下的拱脚段设置"米"形撑,每道横撑均为空钢管桁架。拱肋与桥面交接处,设置一道肋间横撑,全桥共设横撑 20 道。

(2)吊杆

本桥大修保养最短周期为 30 年,为了达到设计目的,全桥钢结构防腐及吊杆防腐、防水设计使用年限必须达到这一目的。由于世界范围内防腐技术的飞跃发展,钢结构长效防腐达到设计使用年限已没有问题,而吊杆使用年限直接影响到全桥的使用年限及使用安全。如仅采用单一常规防腐技术是不能达到设计目的的,设计阶段需要广泛调研、收集分析已有资料技术成果(如宜宾小南门桥因吊杆受大气、雨水等因素影响,造成应力腐蚀而断裂等),并结合中、下承式拱桥的横梁为静定体系的特点,对吊杆防腐体系进行设计。

①吊杆采用 109ϕ7mm 预应力环氧喷涂钢丝,如图 11-4 所示。其设计防腐体系为:镀锌层+环氧层(160μm)+防腐脂+聚乙烯护套(双层)+发泡聚氨酯+哈氟管组成,本体系具有如下优点:防护层的防腐体系防护梯度明确;隔热性能好,受温差影响小;疲劳应力幅相对较高;经济,易于养护。

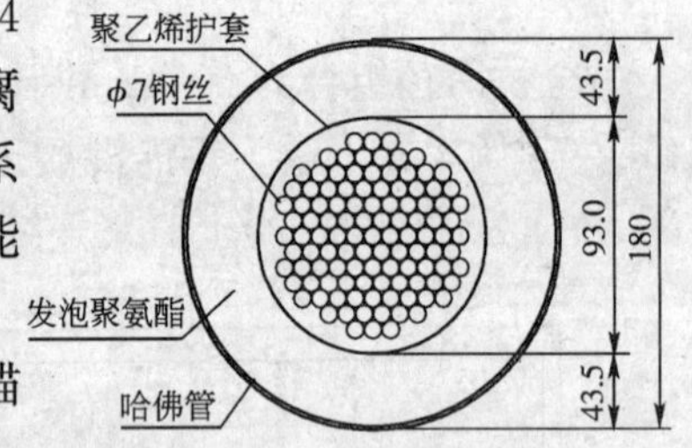

图 11-4 吊杆设计防腐体系(单位:mm)

②两端采用 0VMLZMT—109 型冷铸锚具,上、下两端锚具设有可调节横梁高度的螺母,上下锚具分别有端头防护板、防护罩和固化油脂,同时,吊杆外套哈氟管与锚具间设置热缩塑料套连接,如图 11-5 所示。

③吊杆横梁处防护处理措施。为了避免大气、雨水等进入锚头腐蚀钢丝,在横梁顶吊杆外套钢管处设置了防水钢板,并将防水钢板与外套钢管焊接,确保密闭,如图 11-6 所示。

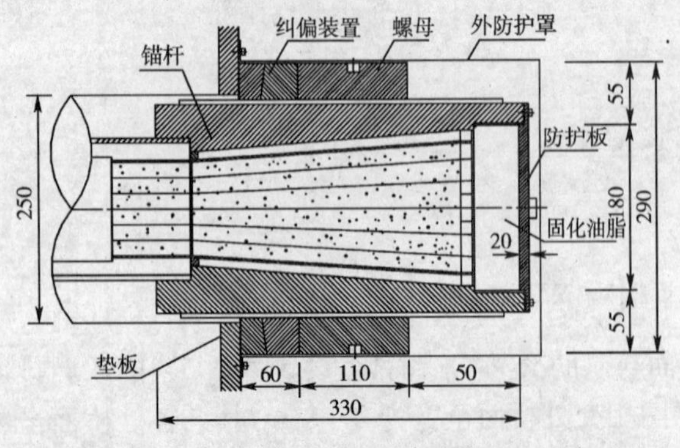

图 11-5 0VMLZMT—109 型冷铸锚具图(单位:mm)

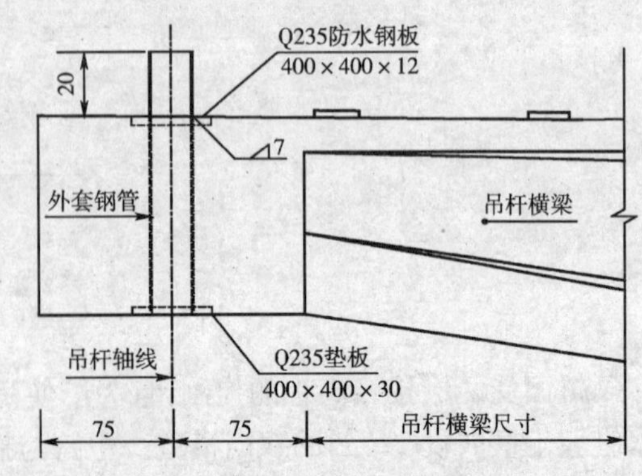

图 11-6 吊杆横梁处构造图(单位:cm)

④设置纵向限位装置。为了限制短吊杆因收缩徐变、温差和汽车制动力等因素影响而变位过大，造成短吊杆应力疲劳破坏，在肋间横撑的端吊杆处，设置纵向撑，并在横撑及端吊杆处的横梁上设置滑板支座，这样限制短吊杆的大应变，如图 11-7 所示。

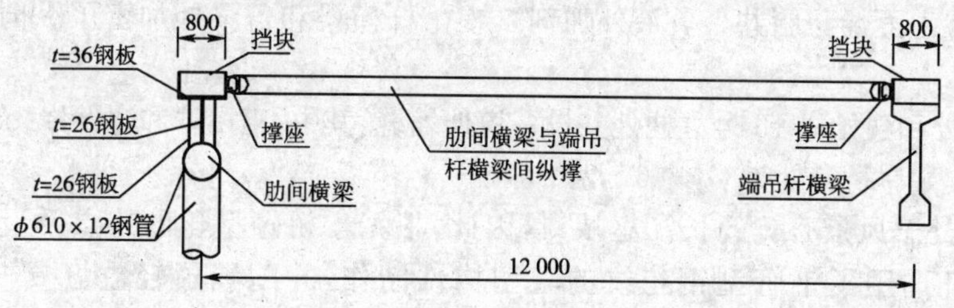

图 11-7　纵向限位装置图(单位:mm)

(3)横梁与桥面梁

吊杆横梁和立柱横梁均为预应力混凝土组合截面梁，如图 11-8，以便于就地预制和安装，降低工程造价；拱肋间横梁为钢横梁，便于空中安装和连接。

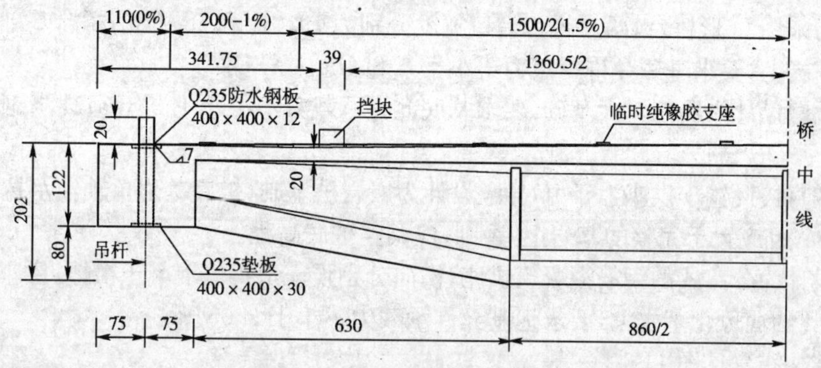

图 11-8　1/2 横梁截面图(单位:cm)

行车道梁为先简支、后连续的预应力混凝土“Ⅱ”形梁，见图 11-9。梁高 110cm，梁体预制长度 1 170cm(伸缩缝处梁除外)，吊装就位后，采用窄间隙式焊接连接梁肋上、下缘主钢筋，再现浇接头混凝土 30cm 形成连续梁。人行道梁也为先简支、后连续的“Ⅱ”形连续梁，梁高 145cm；每跨的跨中及两端设上、下横撑梁，梁体中预留了过河管线通道，每孔端部设有安装检查孔。

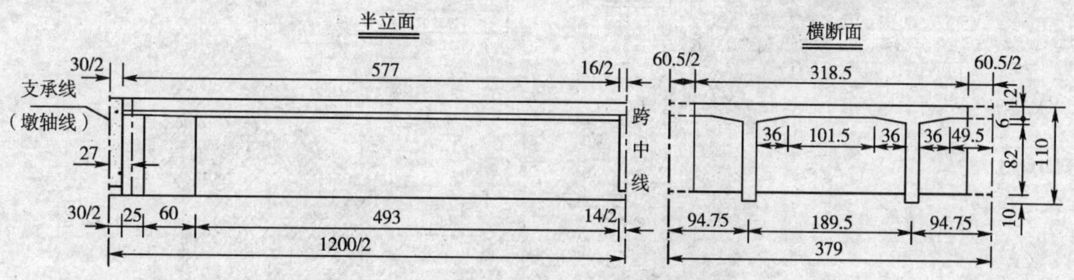

图 11-9　巫峡长江大桥行车道梁构造图(单位:cm)

2. 引跨

直线引跨设计为预应力混凝土连续Ⅱ梁，跨度为 12.0m，盖梁为预应力混凝土“T”形截面梁；异形引跨桥面为现浇钢筋混凝土简支“Ⅱ”梁，径向截面构造尺寸(梁肋宽为 20cm、桥面板厚 14cm)与直线桥形式一致。

3. 桥面铺装与附属设施

桥面铺装厚为 8cm 的异形(大波浪型)钢纤维(钢纤维含量为 100kg/m^3)钢筋混凝土(混凝土中应掺入丙烯酸脂共聚乳液外加剂),在吊杆横梁和盖梁处加密了纵向钢筋网的布设。

两岸桥台处和建始岸 16 号立柱处共设一道伸缩缝,其中,巫山岸和建始岸 16 号立柱处为 GL—240 型,建始岸桥台处为 GL—60 型。

由于本桥处于风景秀美的长江巫峡口,因此,根据本桥轻型化的特点及设计荷载的限制,人行道栏杆选用了钢管型钢花纹的轻型构件制作,并配置了轻盈灯具,与全桥配合恰当。

桥梁两侧设有过江管线,并在两岸桥台对应处设有孔洞,供电力、电信、本桥照明线路及自来水管通过;自来水管每侧对称过设置一根,其管径不大于 400mm。

三、下部结构设计

两岸均采用 U 形桥台,两岸桥台台口宽度分别为 19.0m 和 55.17m;桥台基础置于较完整的弱风化基岩上,要求基底允许承载力不小于 0.8MPa。

引桥桥墩设计为明挖扩大基础,要求基底允许承载力不小于 1.0MPa;现浇钢筋混凝土的双排柱。

交界墩直接设置于拱座上;L15 号墩设计为嵌岩桩基础,桩底基岩单轴饱水抗压强度不小于 10.5MPa,且应置于完整的基岩上,否则,应调整桩底高程。

拱座设计为分离式的钢筋混凝土拱座,横向分别设三道钢筋混凝土横撑,拱座基础应置于稳定的、完整的弱风化基岩上,要求地基允许承载力不小于 3.0MPa。

下部结构布置见图 11-10。

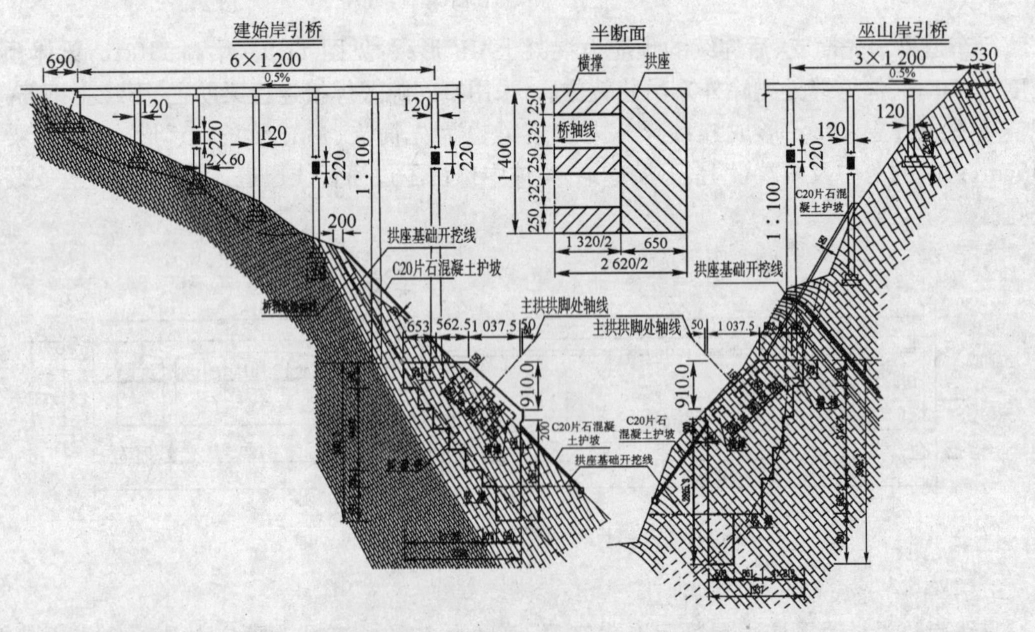

图 11-10　巫峡长江大桥下部结构布置图

第五节　结构计算成果

一、计算原则

(1)结构简化尽可能接近结构实际受力状态。

(2)材料计算参数取值来源充分、可靠。

(3)施工加载计算阶段完全模拟实际施工加载状态。

(4)活载及其横向分布系数:汽车按四车道布置,横向折减系数为0.67,纵向折减系数为0.96,挂车按全桥一辆布置。因此,汽车横向分配系数3.05,挂车横向分布系数取1.52。

(5)温差:根据巫山县气象资料,全桥结构体系温差取20℃;上、下缘温差取5℃。

二、计算软件

(1)平面杆系:PMGX、BRIDGE、BEAM。

(2)空间程序:SAP90、ALGOR、NASTRAN。

(3)地震影响内力计算专用程序:DDJB(DL)-W。

三、计算方法

1.平面杆系有限元

施工过程及成桥后全桥的平面计算模型采用杆单元和索单元建模。应用该模型,对全桥主拱肋截面进行优选、优化,对施工吊装、施工加载及运营状态进行计算分析。

2.空间静力、刚度、动力特性及稳定计算分析

由于该结构在灌注混凝土过程中为不对称加载,因此,施工加载阶段计算采用SAP90进行施工动态内力和变形计算。

按实际结构构造,准确模拟构件的空间位置、尺寸、材料特性、连接形式、初始内力、初始变形等,运用限制变形——还原内力原理确定结构的初始形态,在此基础上进行结构施工控制阶段及营运阶段的动力特性及稳定计算分析,并完成了地震影响内力计算。

3.收缩、徐变计算

根据已有研究成果,本次计算取值为:按应力叠加法计算时采用《钢—混凝土组合结构设计规程》(DL/T 5085—1999)中推荐的参数及我院已有研究成果取值;按内力叠加法计算时采用现行《公路桥涵设计规范》中钢筋混凝土构件的计算参数计算。

四、计算成果

1.构件内力计算

(1)桥面“Π”形梁:采用C40预应力钢筋混凝土,其应力计算结果如下:

施工阶段:

$$\sigma_{ha}=10.30\text{MPa}\leqslant 0.70\times 28.0=19.60\text{MPa}$$

$$\sigma_{hl}=0.81\text{MPa}\leqslant 1.15\times 2.60=2.99\text{MPa}$$

使用阶段:

$$\sigma_{ha}=8.68\text{MPa}\leqslant 0.50\times 28.0=14.00\text{MPa}$$

$$\sigma_{za}=8.49\text{MPa}\leqslant 0.60\times 28.0=16.80\text{MPa}$$

$$\sigma_{zl}=1.90\text{MPa}(\text{上缘 } 0.40\text{MPa})\leqslant 0.8\times 2.60=2.08\text{MPa}$$

(2)吊杆横梁:采用 C50 预应力钢筋混凝土,其应力计算结果如下:

施工阶段:

$$\sigma_{ha}=19.10\text{MPa}\leqslant 0.75\times 35.0=26.25\text{MPa}$$

$$\sigma_{hl}=0.00\leqslant 1.15\times 3.00=3.45\text{MPa}$$

使用阶段:

$$\sigma_{ha}=11.40\text{MPa}\leqslant 0.50\times 35.0=17.50\text{MPa}$$

$$\sigma_{za}=11.60\text{MPa}\leqslant 0.60\times 35.0=21.00\text{MPa}$$

$$\sigma_{zl}=1.4\text{MPa}\leqslant 0.8\times 3.0=2.40\text{MPa}$$

计算表明,以上构件均满足规范的要求,是安全可靠的。

2. 扣索体系内力、变形计算

扣塔按格构柱计算,主拱圈按钢管空间桁架计算,扣索力为全截面内力。最大悬臂状态时的主要截面内力列表见表 11-4。

吊装阶段(最大悬臂状态)扣塔及主拱钢管截面内力 表 11-4

部位	扣塔根部	拱脚铰腹杆	拱脚上弦杆	5 号扣上弦杆	6 扣上弦杆
轴力(kN)	25 850	16 970	14 230	8 989	4 901
弯矩(kN · m)	−1 727 500	516	1 292	104	100
应力(MPa)	3.1/19.0	8.7/20.3	25.6/60.5	25.6/28.6	13.5/16.2
容许应力(MPa)	38.6	40.5	196.3	196.3	196.3

注:表中有分数者,分子为截面上缘应力,分母为截面下缘应力。

扣吊系统在整个扣吊阶段,扣塔顶最大水平位移为 45mm(加设平衡索后)。计算表明:扣索系统各部位均能满足规范要求。

3. 按应力叠加法计算主拱圈截面强度

由于钢管混凝土拱桥受力截面多次形成,且灌注管内混凝土时加载不对称,因此采用空间程序进行施工加载计算;钢管内灌注混凝土后,其应力按钟善桐教授提出的"钢管混凝土统一原理"进行钢管混凝土应力叠加计算,计算结果如表 11-5 所示。

钢管、钢管混凝土容许应力及钢管容许最大初始应力按《钢—混凝土组合结构设计规程》计算,其计算结果如下:

(1)ϕ1 220×22mm 钢管混凝土容许应力为:

$$\sigma_a=26.20\text{MPa}\leqslant[\sigma]=59.70\times 0.96\times 0.80=45.85\text{MPa}$$

(2)Q345c 钢管容许应力为:

$$\sigma_a=126.20\text{MPa}\leqslant[\sigma]=196.30\text{MPa}$$

(3)主拱圈钢管最大初始容许应力为:

$$\sigma_a=105.04\text{MPa}\leqslant[\sigma]=0.6f=0.6\times 300=180\text{MPa}$$

应力叠加法计算表明:主拱圈构件均能满足规范要求。

主拱圈应力计算成果表(最不利荷载组合)(单位:MPa)　　表 11-5

截面	部位	应力位置	钢管初始应力	恒载		组合 I	
				钢管应力	钢管混凝土应力	钢管应力	钢管混凝土应力
拱脚	上弦	上缘	−51.86	−70.24	−18.38	−73.22	−21.36
		下缘	−71.24	−91.66	−20.42	−97.44	−26.20
	下弦	上缘	−65.16	−79.79	−14.63	−87.63	−22.47
		下缘	−105.04	−124.81	−19.77	−126.20	−21.16
1/8*L*	上弦	上缘	−52.57	−67.50	−14.93	−68.49	−15.92
		下缘	−64.31	−78.58	−14.27	−81.05	−16.74
	下弦	上缘	−76.37	−93.08	−16.71	−95.87	−19.50
		下缘	−79.83	−98.72	−18.89	−100.89	−21.06
1/4*L*	上弦	上缘	−52.34	−67.40	−15.06	−69.88	−17.54
		下缘	−66.56	−80.52	−13.96	−84.27	−17.71
	下弦	上缘	−57.19	−70.15	−12.96	−73.80	−16.61
		下缘	−65.21	−80.81	−15.60	−83.66	−18.45
3/8*L*	上弦	上缘	−57.23	−72.90	−15.67	−75.65	−18.42
		下缘	−63.83	−81.60	−17.77	−85.95	−22.12
	下弦	上缘	−48.01	−57.81	−9.80	−61.39	−13.38
		下缘	−51.15	−61.97	−10.82	−64.37	−13.22
拱顶	上弦	上缘	−73.84	−93.26	−19.42	−95.85	−22.01
		下缘	−53.38	−69.44	−16.06	−73.43	−20.05
	下弦	上缘	−56.68	−66.73	−10.05	−69.51	−12.83
		下缘	−32.62	−39.03	−6.41	−40.56	−7.94
腹杆	817	上缘	22.86	22.86	—	80.72	—
		下缘	21.56	21.56	—	77.12	—
	1 154	上缘	−36.36	−36.36	—	−82.79	—
		下缘	−35.90	−35.90	—	−71.13	—

4. 按内力叠加法计算主拱圈承载力

(1)主拱圈单肢柱内力及承载力计算

单肢柱内力计算将主拱圈上、下弦管和腹管简化为平面杆单元进行内力计算,且将钢管混凝土弦管作为受力统一体,每阶段内力叠加,关键截面内力计算成果见表 11-6 所示。

主拱圈单肢柱内力计算成果表(最不利荷载组合)　　表 11-6

截面	位置	类别	恒载	组合 I	组合 II	组合 III
拱脚	上弦	N_{max}(kN)	85 990	151 300	149 700	108 400
		M(kN·m)	−412	3 903	6 412	80
	下弦	N_{max}(kN)	102 400	158 800	169 000	129 400
		M(kN·m)	−3 203	−8 423	−7 054	−4 550
1/8*L*	上弦	N_{max}(kN)	68 300	101 600	99 140	84 910
		M(kN·m)	−199	200	240	394
	下弦	N_{max}(kN)	104 900	144 100	148 800	129 300
		M(kN·m)	−554	−1 052	−1 241	−748

续上表

截面	位置	类别	恒载	组合 I	组合 II	组合 III
1/4L	上弦	N_{max}(kN)	69 930	114 000	105 100	90 480
		M(kN·m)	−1 039	−697	−616	−831
	下弦	N_{max}(kN)	84 100	137 800	127 500	104 900
		M(kN·m)	−491	−1 234	−1 035	−659
3/8L	上弦	N_{max}(kN)	83 370	124 400	128 200	107 300
		M(kN·m)	−743	−114	−46	−540
	下弦	N_{max}(kN)	61 200	105 700	102 100	77 440
		M(kN·m)	−1 021	−2 136	−2 112	−1 345
拱顶	上弦	N_{max}(kN)	90 590	130 400	136 000	116 000
		M(kN·m)	2 167	3 572	3 804	2 844
	下弦	N_{max}(kN)	47 930	82 360	82 810	59 590
		M(kN·m)	1 803	1 572	1 192	1 903
腹杆	251	N_{max}(kN)	2 061	7 170	7 076	3 020
		M(kN·m)	−40	−898	−878	−530
	309	N_{min}(kN)	−3 384	−7 408	−7 961	−5 238
		M(kN·m)	−15	174	212	55

注：腹杆中 251 号杆元为拱圈最大压力杆；309 号杆元为拱圈最大拉力杆。

单肢柱截面抗力计算按《钢管混凝土结构设计与施工规程》(CECS 28:90)计算，即轴心受压短柱的承载力乘以偏心影响折减系数和长细比影响折减系数。其对应截面抗力计算成果见表 11-7 所示。

单肢柱截面抗力计算成果表　　表 11-7

截面	位置	单肢长度(m)	短柱轴心承载力 N_0(kN)	截面抗力(kN)		
				组合 I	组合 II	组合 III
拱脚	上弦	8.507	330 955	245 414	233 822	264 717
	下弦	8.336	330 955	228 727	235 916	240 312
1/8L	上弦	7.350	330 955	275 097	274 708	272 818
	下弦	7.625	330 955	267 716	266 863	268 970
1/4L	上弦	6.556	330 955	280 942	281 162	278 304
	下弦	6.653	330 955	277 262	277 974	279 548
3/8L	上弦	6.143	330 955	291 391	291 901	287 676
	下弦	6.170	330 955	274 374	273 987	276 699
拱顶	上弦	2.000	330 955	304 695	304 186	307 255
	下弦	2.000	330 955	312 207	316 616	300 739
腹杆	251	10.930	27 053	20 757	20 923	21 457
	309	6.728	−27 053	−24 594	−24 594	−24 594

通过内力及承载力计算表明，杆元承载力均大于计算极值内力，因此满足规范要求。

(2)主拱圈格构柱内力及承载力计算

格构柱内力计算将主拱圈上、下弦管和腹管简化为一根平面变刚度梁元计算，且将钢管混凝土弦管作为受力统一体进行内力叠加，关键截面内力计算成果见表 11-8 所示。

格构柱内力计算成果表（最不利荷载组合）

表 11-8

截面	类　别	恒　载	组　合　I	组　合　II	组　合　III
拱脚	N_{max}(kN)	208 100	294 700	2 719 00	251 900
	M(kN·m)	−70 060	−58 000	102 200	−80 200
	N(kN)	208 100	243 700	242 500	256 500
	M_{min}(kN·m)	−70 060	−494 400	−649 400	−163 000
1/8L	N_{max}(kN)	176 300	250 800	231 500	213 800
	M(kN·m)	−152 100	−218 300	−142 500	−198 300
	N(kN)	176 300	216 000	218 900	213 700
	M_{min}(kN·m)	−152 100	−282 500	−345 800	−203 000
1/4L	N_{max}(kN)	156 000	222 100	205 400	189 500
	M(kN·m)	−51 930	−78 860	−75 610	−77 890
	N(kN)	156 000	204 200	188 800	189 300
	M_{min}(kN·m)	−51 930	−231 200	−217 100	−85 920
3/8L	N_{max}(kN)	144 000	204 700	189 600	174 900
	M(kN·m)	65 840	92 680	50 030	80 220
	N(kN)	144 000	167 500	165 900	174 400
	M_{max}(kN·m)	65 840	216 000	251 000	120 600
拱顶	N_{max}(kN)	139 500	198 300	183 700	169 300
	M(kN·m)	127 400	183 100	121 100	186 800
	N(kN)	139 500	168 100	169 700	169 300
	M_{max}(kN·m)	127 400	245 600	297 200	187 000

格构柱截面抗力计算按《钢管混凝土结构设计与施工规程》(CECS 28:90)计算，即轴心受压短柱的承载力乘以偏心影响整体折减系数（计入偏心距增大系数）、长细比影响整体折减系数。其对应截面抗力计算成果见表 11-9 所示。

格构柱截面抗力计算成果表

表 11-9

截面	极值	截面高(m)	组合 I		组合 II		组合 III	
			U	N_U(kN)	U	N_U(kN)	U	N_U(kN)
拱脚	N_{max}	14.000	1.153 3	410 682	1.144 2	398 451	1.130 9	402 585
	M_{min}	14.000	1.160 0	310 806	1.170 5	285 315	1.140 8	381 938
1/8L	N_{max}	10.530	1.320 6	324 763	1.273 5	346 594	1.264 0	323 489
	M_{min}	10.530	1.287 4	297 392	1.306 5	280 563	1.265 0	321 870
1/4L	N_{max}	8.697	1.445 4	338 876	1.400 2	338 699	1.362 8	335 174
	M_{min}	8.697	1.490 9	265 507	1.439 6	267 119	1.367 0	330 538
3/8L	N_{max}	7.690	1.643 9	300 579	1.529 0	328 734	1.504 0	304 747
	M_{max}	7.690	1.609 6	225 224	1.636 0	209 467	1.543 8	277 995
拱顶	N_{max}	7.000	2.146 1	211 154	1.876 5	249 252	1.895 2	206 513
	M_{max}	7.000	1.997 3	187 109	2.114 5	176 020	1.895 6	215 876

注：①表中 U 为偏心距增大系数；

②N_U 为格构柱截面抗力。

通过计算表明，格构柱承载力均大于计算极值内力，满足规范要求。

5. 地震影响内力

地震影响作用下的内力小于营运阶段活载作用下的内力，因而不控制全桥结构设计（计算结果见表 11-10）。

地震影响力产生的结构内力表　　表 11-10

截面＼力别	轴向力 (kN)	竖向剪力 (kN)	横向剪力 (kN)	扭矩 (kN·m)	横向弯矩 (kN·m)	纵向弯矩 (kN·m)
拱脚	4 120.0	652.0	1 422.0	1 172.0	14 290.0	21 100.0
$L/4$	2 748.0	284.0	973.0	1 570.0	80 310.0	7 930.0
拱顶	1 613.0	474.0	193.0	1 790.0	58 300.0	6 070.0

6. 计算刚度

(1) 预拱度值：按实际施工工况进行主跨分阶段加载计算，对每阶段的恒载变形、收缩、徐变变形及活载变形叠加，并参照已成桥梁的经验，主跨拱圈预拱度值取为 92cm。

(2) 活载挠度：$\delta=44\text{mm}\leqslant470.375/800=575\text{mm}$，满足规范要求。

7. 施工控制阶段稳定、动力特性分析

全桥以下工况为施工过程及使用过程中最危险（即对全桥安全施工及正常使用起控制作用）的控制阶段：施工吊装最大悬臂状态、全桥钢管拱合拢状态、灌注第一根钢管内混凝土状态、成桥状态、营运状态等；以上工况分别采用 NASTRA、ALOGR 软件计算稳定安全系数、动力自振特性。

(1) NASTRA 计算成果

对控制工况按计算原则及相应计算理论进行结构简化计算，计算结果见表 11-11。

施工控制阶段稳定安全系数及动力特性表　　表 11-11

工　况	稳定安全系数			失稳模态（一阶）	自振频率			临界风速
	一阶	二阶	三阶		一阶	二阶	三阶	（米/秒）
最大悬臂	4.46	5.29	5.92	拱脚铰	0.17	0.47	0.61	79.2
钢管拱合拢	11.13	14.15	21.37	面外	0.20	0.42	0.44	106.2
灌第一根钢管混凝土	8.60	10.89	16.71	面外	—	—	—	—
成桥状态	4.92	5.81	7.73	面外	0.15	0.26	0.33	101.5
营运状态	4.54	5.28	6.95	面外	—	—	—	—

注：①NASTRON 计算成果计入几何非线性影响；

②临界风速参照《公路桥梁抗风设计指南》计算。

(2) ALGOR 计算成果

对控制工况按计算原则及相应计算理论进行结构简化计算，计算结果见表 11-12 和表 11-13。

(3) 结论

控制施工阶段稳定安全系数计算成果中，稳定安全系数均大于 4.0，满足有关规定的要求。

动力特性分析表明：该桥自振频率较低，但与已建成并能正常使用的大跨混凝土拱桥的自振频率相比，其值相近，能保证结构正常使用。

施工控制阶段稳定安全系数表 表 11-12

计 算 工 况	稳定安全系数	失 稳 模 态
拱肋和拢,焊接钢管拱顶及拱脚主钢管接头	13.59	面外
灌注一根内侧上弦钢管内混凝土	10.30	面外
待已灌钢管内混凝土强度达到设计强度的 80%后灌注一根内侧上弦钢管内混凝土	8.48	面外
待已灌钢管内混凝土强度达到设计强度的 80%后灌注一根内侧上弦钢管内混凝土	7.34	面外
待已灌钢管内混凝土强度达到设计强度的 80%后灌注一根内侧上弦钢管内混凝土	6.81	面外
待已灌钢管内混凝土强度达到设计强度的 80%后灌注一根内侧上弦钢管内混凝土	6.45	面外
待已灌钢管内混凝土强度达到设计强度的 80%后灌注一根内侧上弦钢管内混凝土	5.89	面外
待已灌钢管内混凝土强度达到设计强度的 80%后灌注一根内侧上弦钢管内混凝土	5.64	面外
待已灌钢管内混凝土强度达到设计强度的 80%后灌注一根内侧上弦钢管内混凝土	5.29	面外
待已灌钢管内混凝土强度达到设计强度的 80%后灌注一根内侧上弦钢管内混凝土	5.58	面外
钢管内混凝土强度达到设计强度的 100%	6.27	面外
全桥施工加载完成(成桥状态)	5.49	面外
全桥满布汽车荷载(使用状态)	4.82	面外

注:①ALOGR 为线弹性计算成果;

②稳定安全系数均为一阶失稳安全系数。

施工控制阶段动力特性表 表 11-13

工况	阶数	自振频率	振 形 模 态	工况	阶数	自振频率	振 形 模 态
成拱	一	0.209 7	一阶对称横弯	成桥	一	0.116 8	对称横弯
	二	0.445 6	一阶反对称横弯扭转		二	0.345 7	反对称竖弯
	三	0.448 7	一阶反对称竖弯		三	0.944 8	反对称横弯扭转
	四	0.776 7	二阶对称横弯扭转		四	1.025 3	正对称竖弯
	五	0.804 9	一阶对称弯曲		五	2.447 0	对称横弯扭转

注:①ALOGR 为线弹性计算成果;

②成桥阶段自振特性按裸拱计算(拱上荷载按集中质量作用于节点)。

通过敏感度指标计算可以判断:第一阶振动频率振动时,人能感觉到桥梁的晃动,但没有不舒适或不安全的感觉。

临界风速计算表明,颤振检验风速为 43.5m/s(施工阶段颤振检验风速为 36.6m/s),小于该桥颤振临界风速。

第六节　设计技术特点

本桥为主孔跨度492m(净跨为460m)的中承式钢管混凝土拱桥,位居同类桥型世界第一,为了实现这一跨越,采取了以下新技术:

(1)主弦管首次采用大直径直缝钢管,主拱上、下弦钢管外直径为1 220mm,拱脚段下弦钢管壁厚为25mm,其余钢管壁厚为22mm。

(2)由于拱脚截面径向为14m,拱顶截面径向高为7m,而主拱桁架节间距为6m,因此,拱脚段腹杆为径向设置,拱顶段为竖向设置,这种组合的布置形式,改善了腹杆与弦杆的夹角。

拱肋一般构造见图11-11。

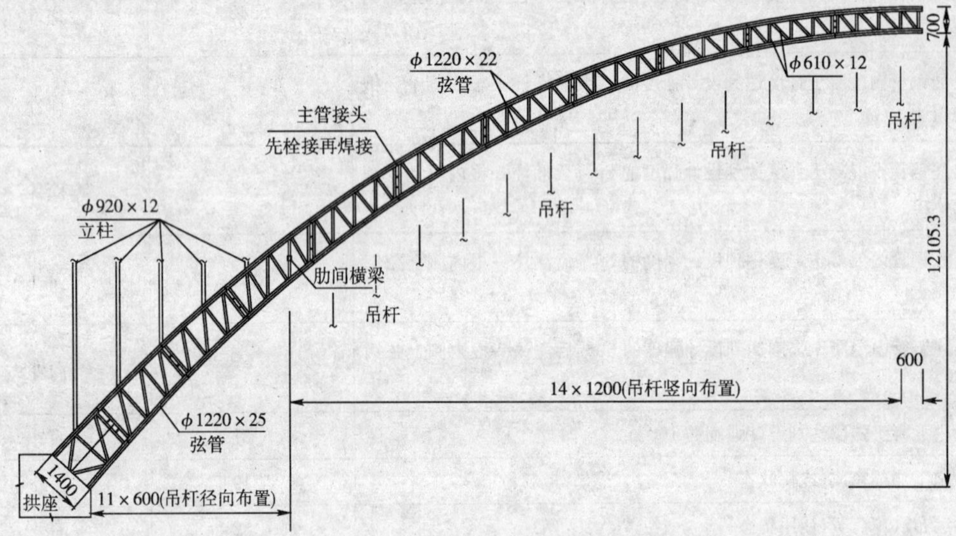

图11-11　1/2拱肋一般构造图(单位:mm)

(3)平面腹杆因间距较小,采用了平行腹杆布置的构造形式。设计时,平行腹杆构造满足以下原则:

①腹杆中心距离不大于弦杆中心距离的4倍。

②腹杆空钢管面积不小于弦杆钢管面积的1/4。

③腹杆采用空钢管。

④腹杆与弦杆直接焊接,弦杆上不开孔。

其一般构造如图11-12所示。

(4)主弦管采用了以直线代替弧线,即由多段短直线组成的拱肋悬链线。最长直线距离为7.2m,弦弧差最大为3.6cm。

(5)拱肋采用了内法兰盘的拱顶、节段接头的构造,外形美观,传力可靠,见图11-32至图11-34。

(6)主跨拱上立柱采用钢管(ϕ920mm×12mm)排架,减轻了重量,外形协调,见图11-13。

(7)因本桥宽度较窄,为了提高桥梁的动力特性和整体稳定性,采用了大矢跨比(1/3.8)主拱圈和桥面梁先简支后连续的技术措施。

(8)为了减少长吊杆风震对行车性能的影响,将跨中部分中长吊杆的横梁与桥面梁固接。

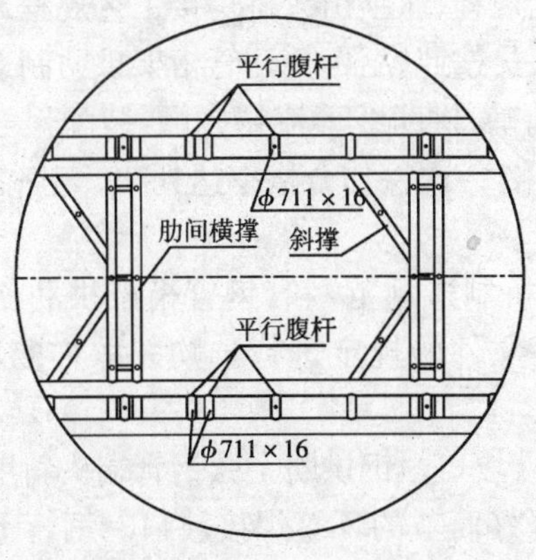

图 11-12 巫峡长江大桥平行腹杆构造图(单位:mm)

图 11-13 拱上立柱照片

(9)为了提高管内泵送混凝土质量,主拱钢管内混凝土采用从拱脚到拱顶的三级接力灌注方案。

(10)为了节约工程造价,吊装安装扣塔采用钢管混凝土桁架柱,吊塔铰接于扣塔顶,用万能杆件组拼而成。

第七节 桥梁上部结构施工

本桥的钢管拱肋为格构式曲桁架结构。全桥的两条钢管拱肋共 44 个节段、20 道横联及斜撑均在工厂加工,运到现场后采用缆索系统吊装就位,钢绞线扣索进行斜拉扣定。根据对称的原则,按某节段某一岸的上游段、下游段及其间的横联一起为一个扣吊单元,对其吊扣完成后,再吊另一岸的吊扣单元,如此循环直至吊装合拢。斜撑在合拢后安装。在拱肋间斜撑安装完成后进行钢管内混凝土压注及拱上结构的施工。

引桥上部结构为预制的槽型板梁和现浇肋板梁,采用在预制后用缆索系统进行吊装就位和搭架现浇法进行施工,不详述。

巫峡长江大桥上部结构的施工难点主要体现在:

(1)钢管拱肋的制造;

(2)钢管拱肋节段采用缆索吊装系统吊装成拱,缆索吊装系统的索跨大(576m),吊重大(节段重 118t,设计吊重 170t),索塔高度大(150.22m),构件起吊高度大(260m),且黄金水道不能长时间断航;

(3)各根钢管拱肋弦管内混凝土的量大,并且须连续压注。

一、钢管拱肋的制造

大桥单边拱肋上、下各两根主弦钢管;主拱共由 8 根 ϕ1 220×22(25)mm 主弦钢管组成,钢管拱拱顶横截面径向高 7m,拱脚截面径向高 14m,宽 4.14m。

以巫山一侧的半跨拱肋为例,进行介绍。钢管拱节段共有 11 种类型,22 个节段,节段最大起吊重量 118t。主弦管间接头 80 个(除拱顶接头及拱脚接头外),拱脚底座 2 套,桥上两肋间设 K 型横撑 7 道,“米”字型横撑 2 道,肋间横梁 1 道,拱上立柱结构 5 套,端吊杆处纵撑 2 根及半桥的检修梯。钢管拱主体结构采用 Q345C 钢材，横撑、纵撑和检修梯材料为 Q235C 钢材。

1. 厂内制造

在施工中严格执行《巫山大桥钢管拱制造装配工艺规程》、《巫山大桥焊接工艺规程》和《制造精度要求》等相关规定和技术质量标准。质量检验人员按照《巫山桥钢管桁架拱肋制造及验收技术规定》严把产品质量关。完成的构件装配尺寸精确，拱肋线形流畅光顺，装配尺寸误差控制在规定的范围内，X 射线、超声波无损检测全部合格，一次探伤合格率达到 99.01%。

(1)零、部件下料、加工和制造

所用的钢材、焊材严格按 TB 10212—98《铁路钢桥制造规范》和《钢管桁架拱肋制造及验收技术规定》的要求及工厂材料采购质量控制程序文件的规定进行选购并取样复验，登记入库。

卷管板下料后用半自动切割机开制筒节的纵向焊接坡口。钢拱肋主弦钢管端头斜度在筒节焊接、校正及对接(部分)完后用环向切割机割制并开好筒节的环缝焊接坡口。钢管下料采用相贯线切割机，下料连同坡口一次性切割完成。

筒节制造主要控制筒节周长、椭圆度、纵缝的错边量，保证每个筒节的周长在 3 833mm～3 839mm之间，椭圆度在 $3D/1\,000$(即 3.5mm)范围内，从而保证即使是最大周长的筒节和最小周长筒节对接也能控制其错边量≤1mm。辊圆后的筒节按加工图在平台上进行装配、焊接。筒节装焊完工后用开式三芯辊床校圆并报检。筒节制造完工后，按图对接主弦上4～7.5m的直段管并用环向切割机加工主拱钢管筒节、直段管两端头的斜度及环缝焊接坡口。

(2)拱脚铰制造

为了便于拱肋悬拼时调整拱肋轴线，拱顶合拢前，拱脚处设置了竖转铰，其构造如图 11-14 所示。

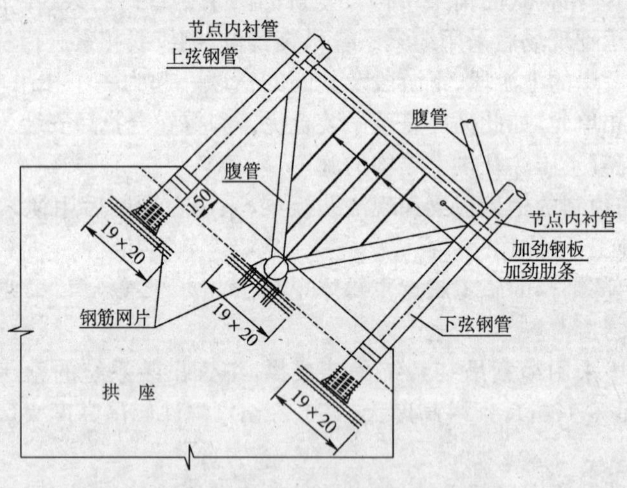

图 11-14 拱脚构造图

铰轴制造：零件下料后辊圆焊接纵缝成管，重新校圆后在平面胎架上对接钢管并焊接，切割钢管端头余量，装焊铰轴钢管两端封板，进行铰轴钢管外表面加工；主拱第一节段焊接完后，装焊拱脚铰轴钢管及结构。

铰座制造：铰座弧形板辊圆装焊成钢管，重新校园对接，沿纵缝两侧对称划线装配铰座支撑板、铰座加劲肋条，检验后焊接。底座钢板与预埋钢板配钻并用工装螺栓紧固后安装底座钢板并焊接。采用整体退火法消除应力，对钢管内侧按图机加工，将钢管沿纵向剖开后，形成两个单独的铰座。

(3)预拼装及胎架制造

采用“4+1”“1+3”匹配卧装制造方案，设置卧装预拼胎架。拱肋由“4+1”“1+3”“1+3”卧装匹配胎架各一组完成。每组胎架设置4～5个节段进行匹配组装焊接，既能保证节段的几何尺寸的一致性和正确性，又能保证节段间端口及节段间工地全桥连接的匹配性。

胎架线形值由计算机求得，采用激光经纬仪配合钢卷尺在总装场地上分别做出各构件的纵、横向定位线，节段纵向中心线等定位标记，便于节段组装时各零件的定位。节段匹配制造每完成一轮后复验胎架线形及所有标记位置。

(4)节段匹配制造

节段匹配制造阶段主要完成节段主弦杆、横联、腹杆、吊杆管、横隔结构、拱段端口接头结构的组装和相邻节段的匹配工作。

①节段弦杆装配：主拱 ϕ1 220mm 外径弦杆线形以折代曲，弦杆在制造胎架上进行拼接，节段端头筒节与相邻直段拼接完后上滚轮胎架焊接。弦杆零件在预拼胎架上组装成弦杆；节段弦杆上胎架与模板贴合，吊垂线使其纵、横向定位线与地上的相应定位标记相吻合并与胎架固定定位，进行装配报检。弦杆部件位置调整好后进行弦杆接头装焊。

②上、下弦杆接头在胎架上装焊完工后，在上、下弦杆间装配腹杆。而后从节段中间分别向两端依顺序吊装横联。以吊杆定位线为基础，用激光配合打水平，装配吊杆管。然后按施工图尺寸要求安装横隔及其他零、部件。装配时，弦管端口经校正满足技术要求后，节段弦管端口增加临时支撑，以控制焊接变形。

③相邻节段所有结构焊接完工后，安装弦杆端口连接件，进行节段弦杆连接件焊接，焊接前在两法兰盘上打入50%孔数的冲钉和50%的工装螺栓后焊接肋板。

④第一组节段匹配制造完成后，拆除接头连接件的冲钉和工装螺栓，其尾节段吊装到第二组节段匹配制造的首段，参加第二组节段匹配制造。第二组节段匹配制造完成后，其尾节段吊装到第三组节段匹配制造的首段，参加第三组节段匹配制造。

⑤节段匹配制造完工时，在规定部位做节段标记及端口检查线，划出横撑安装位置线。

(5)拱上立柱、肋间横撑、肋间横梁及纵撑制造

拱上立柱结构的钢管端口相贯线由相贯线切割机开制。拱上立柱结构在工厂整体制造；在平面胎架上划线吊装两侧立柱钢管；安装立柱间横撑结构并焊接。

肋间横撑、肋间横梁及纵撑结构与主弦杆相接的相贯线由数控相贯线切割机进行切割，肋间横撑、肋间横梁及纵撑结构整体制造。肋间横撑、肋间横梁及纵撑结构制造同主拱。

(6)厂内焊接严格按《巫山桥焊接工艺规程》执行。主弦钢管纵缝采用陶质衬垫双面埋弧自动焊；主弦直段钢管环缝内侧采用药芯焊丝 CO_2 气体保护焊焊接，外侧采用埋弧自动焊焊接，主弦直段钢管环缝在滚轮胎架上施焊。主弦钢管折线段的环缝对接采用药芯焊丝 CO_2 气体保护焊，双面全位置焊接，外侧清根。腹杆、横联、横撑、交叉撑、斜撑等与主弦钢管间的相贯缝采用药芯焊丝 CO_2 气体保护焊焊接。在监理第一次抽检的节段中X射线合格率为100%，超声波合格率为99.8%，说明焊缝内在质量是优良的。

2.工地装配焊接

工地安装、焊接严格按照拟定的《巫山桥现场安装工艺规程》、《巫山桥现场焊接工艺规程》进行。完成的构件定位尺寸精确，主拱嵌补段拼缝和横撑短节拼缝的错边量控制在1.5mm以内，全部工地焊缝经超声波检测一次探伤合格率达96.52%。

(1)主拱节段安装

①主拱节段吊装到位，调整定位法兰偏移及间距，套入高强螺栓初拧，待桥轴线及高程测量调整，满足桥型轴线空间位置要求和拱肋法兰贴合精度两个要素后，随即拧紧高强螺栓，进行两拱肋间连接法兰盘和内套管的焊接。法兰盘和内套管焊接完后进行主弦管嵌补管的安装工作。

②嵌补管由 ϕ1 220mm×22(25)mm×460mm 短管剖成的两块半瓦组成；安装前测量节段主弦管间开口的实际长度，根据测量值减去 12mm 得到半瓦的实际下料长度。然后用半自动切割机进行切割，同时将焊接坡口开制出来，做到了缝口光顺。

③嵌补瓦片在同一位置先进行下瓦片的安装。将嵌补管下瓦片吊到对应位置后，将瓦片对接纵缝与相邻主弦管错开 90°，即将两块瓦片对接纵缝沿水平方向布置。安装时采用 240mm×120mm×12mm 码板定位。下瓦片安装满足精度要求后进行同位置上瓦片的安装。

④上下游各完成三个节段的安装后，按照设计要求将每根主弦管用 600mm×100mm×20mm 四块钢板与预埋主管临时连接。

⑤拱脚主弦管嵌补管的安装在上、下游第九节段吊装后进行。拱脚主弦管嵌补管尺寸为 ϕ1 200mm×22mm×300mm。安装时将短管均匀剖成四块瓦片，瓦片纵缝与相邻主管纵缝错开 480mm。拱脚主弦管外包管尺寸为 ϕ1 264mm×22mm×400mm。安装时将短管均匀剖成八块瓦片，瓦片纵缝与主管及 ϕ1 200mm×22mm×300mm 嵌补管纵缝错开 200mm；其长度沿主拱轴线在主弦管和预埋主管上均匀分布。

⑥拱顶主弦管合拢管在南北两岸第 11 节段吊装到位形成合拢口后安装。拱顶合拢管除下游下弦外侧管由四块瓦片组成外，其余管由上下两块瓦片组成。拱顶合拢管的安装方法同主弦管嵌补管。

(2)横撑安装

①横撑的安装与其对应的主拱节段安装同步进行。当主拱的上、下游节段对称安装完后，即进行该拱段横撑的安装。

②在上、下游两侧主拱节段吊装调整到位后，先测量两侧拱肋端口间的尺寸。将横撑安装专用夹具装在横撑上弦的四个短接头上(每套夹具用 8 件 M30×180mm 螺栓进行连接)。

③当横撑吊到预定安装位置时松开夹具上的螺栓(但夹具上、下半瓦不分离)，向前滑动夹具使其同时套在短接头及横撑上部 ϕ711mm×16mm 管上，当上、下游节段短接头上的夹具都滑移到指定位置后，同时收紧上、下游节段夹具的螺栓，使其将横撑管与短接头牢牢地固定在一起。推动栓块，使内衬管滑移到连接管中。

④横撑上部 4 个接头固定后，进行下部 4 个接头的安装及焊接，安装时先将短接头吊至与横撑连接位置，然后推移栓块，使内衬管移至连接管中，调整短接头与主弦管及横撑管之间的间隙，并用 280mm×150mm×16mm 码板固定，然后进行施焊工作。此项工作上、下游节段同步对称进行。

(3)斜撑安装

①斜撑安装顺序按节段安装顺序进行。安装前先将斜撑主管相贯线与主拱 ϕ1 200mm×22mm 主弦管及横撑 ϕ711mm×16mm 主管接触周边部位防腐涂层、锈迹、污物等打磨清除干净。

②分别找出斜撑主管在主拱主弦管及横撑主管上的定位基点，并通过该点找出斜撑主管相贯线最长端分别在主拱和横撑上的接触点；以上该接触点为基准分别划出安装定位线。以

安装定位线为依据进行斜撑的定位安装。

(4)肋间横梁安装

①当上、下游两侧第四节段吊装调整到位后，测量两侧拱肋端口间的尺寸。

②肋间横梁吊装到预定位置后，先将横梁4个内衬管分别滑入各自对应的短管中；安装定位板。

③调整横梁上部面板，使其与之对接面板之间的错边量满足规范要求。

二、防腐方案施工

1. 防腐设计

巫峡长江大桥选用电弧热喷涂防腐，用电弧喷涂锌铝合金长效防腐涂层，寿命按30年以上考虑。

防腐材料有：铝镁合金丝(ϕ2mm、ϕ3mm)环氧封闭底漆、环氧云铁漆、丙烯酸聚氧酯面漆。

金属表面多棱角钢砂喷砂除锈达GB 8923—88中的Sa3级。

热喷涂铝镁合金涂层：膜厚160μm。

喷涂环氧封闭底漆：干膜厚度30μm。

喷涂环氧云铁中间漆：干膜厚度50μm。

喷涂丙烯酸聚氨酯面漆：干膜厚度80μm。

2. 防腐工艺流程

防腐施工设备和材料到现场后，在环境条件允许情况下(温度≥5℃，湿度≤85%，钢材表面温度高于露点3℃)进行施工。

钢管下料制成片段后，首先进行喷丸处理(粗糙度要求达到Ra40μm～80μm)，对于焊接预留部位则采用胶带保护，保护宽度为50～100mm，然后对其他部位用电弧喷枪喷涂锌铝金属，厚度为160±25μm，质量要求达到GB 795—88标准。构件还尚有余热时刷涂或喷涂锌磺环氧脂底漆二道，厚度为30μm。

节段组装后，对焊接部位再进行上述工艺处理(喷丸—喷涂—封闭三个工序)，然后对整个主拱钢管节段涂装一道橘红色面漆(拱上立柱为银白色面漆)，厚度为40μm，检验合格后等待发运吊装。

桁架节段吊装完成后，对于节段焊缝及吊装破损部位严格按照上述工艺要求进行防腐处理，桥面系完成后，对整个主拱钢管构件再涂装一道橘红色面漆，厚度为40μm。拱上立柱再涂装一道银白色面漆，厚度为40μm。

丙烯酸聚氨酯面漆要求5 000h加速老化试验，失光率达到I至II级。

封闭涂层及面漆品牌确定后，还应进行相容性试验，认可后方能正式采用。

三、主拱吊、扣系统设计与施工

大桥钢管拱肋采用悬臂斜拉法架设，缆索吊机吊装，吊塔和扣塔合二为一。塔架安装在两岸上，塔距576m，以钢管混凝土拼装组成桁架柱。

1. 扣挂系统设计

扣挂系统由扣索锚碇、扣塔、扣索、尾索、扣点及转点等几部分组成，如图11-15所示。

巫峡长江大桥拱肋钢管桁架节段安装采用缆索吊机吊装斜拉扣挂施工方案。拱肋设计为两条平行肋，每肋分为22个吊装节段。两岸对称逐段悬拼，节段间设法兰临时连接。拱肋钢管节段吊装施工中，每半跨设置 6 道钢绞线正式扣索，自拱座向跨中依次布置在第 3 节段(1 号扣索)、第 5 节段(2 号扣索)、第 7 节段(3 号扣索)、第 9 节段(4 号扣索)、第 10 节段(5 号扣索)、第 11 节段(6 号扣索)，其余拱肋节段安装时用临时扣索扣住。在扣锚上张拉正式扣索至拱肋节段到位后锚固，并拆去上一节段临时扣索，拱顶设花篮螺栓适时实施瞬时合拢，完成各节段焊接，形成无铰拱逐级松扣，释放扣索力并逐步卸扣。

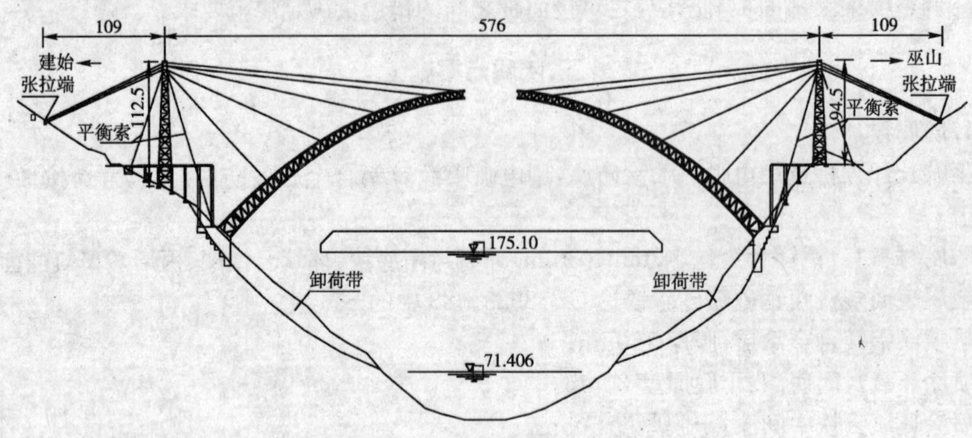

图 11-15　扣挂系统图(单位：m)

(1)扣索锚固端

扣索锚固端设计为扣点加转点、锚梁、P 形锚结合的方式。

(2)扣塔

安装在两岸上，塔高约 100m，塔距 576m，以钢管混凝土拼装组成桁架柱，横向采用门柱式结构，便于起吊单元通过。扣塔顶设置索鞍，便于扣索通过(扣索在尾端锚梁处张拉)。

在扣塔平面内设置万能杆件拼装塔来起吊安装扣塔桁片。扣塔钢管在工厂分段加工成单件，由船运至桥址，通过过江缆索起吊系统吊至扣塔安装位置附近，组拼成 12～15t 吊装单元逐片进行安装，空中焊接成形。巫山岸扣塔分 9 段，吊装单元在工地上立拼，直接起吊；建始岸分 11 段，吊装单元在工地上卧拼后竖向翻转 90°起吊进行吊装。

扣塔拼装方案见图 11-16 所示。

(3)拼装塔抗风索

拼装塔全高范围内共布置纵向通长(从一岸地锚起通过两岸索塔直到别岸地哨处)抗风索三道，第一道抗风索选用两根 ϕ47.5mm 钢绳；第二、三道抗风及八字抗风索选用 ϕ28mm 钢绳。

平面上索道抗风为两根，上、下游塔柱上各一根，抗风绳锚于地面上。另外，走南岸第一、二道抗风索之间还增设了一道八字抗风索。每道 ϕ28mm 通长抗风索(压塔索)安装垂度 $f_0=L_0/50$；安装拉力 $T_0=100$kN。

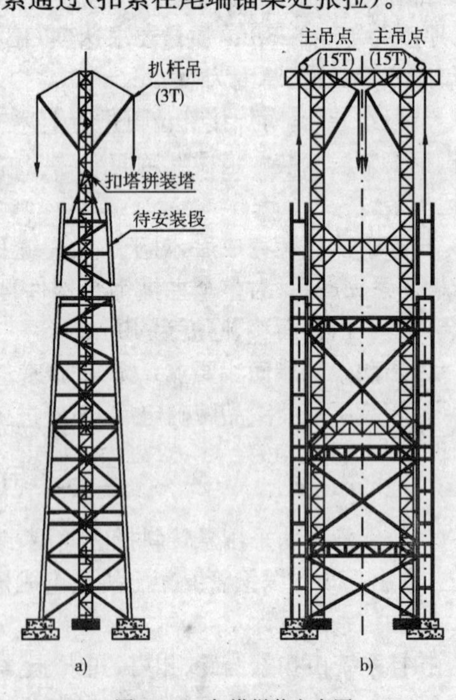

图 11-16　扣塔拼装方案图
a)侧面图；b)正面图

(4)扣塔平衡索

扣塔由于风荷载、吊塔及扣索的作用产生不平衡力，前期向岸倾斜，后期朝河心倾斜。向岸侧产生的最大不平衡力为 1 055.5kN，向河心侧产生的最大不平衡力为 2 253.7kN，所以在扣塔两侧加设扣塔平衡索。扣塔平衡索岸侧段采用 12ϕ15.24mm 钢绞线锚于扣锚上，河心侧段采用 16ϕ15.24mm 锚于桥台上。位置如图 11-17 所示。

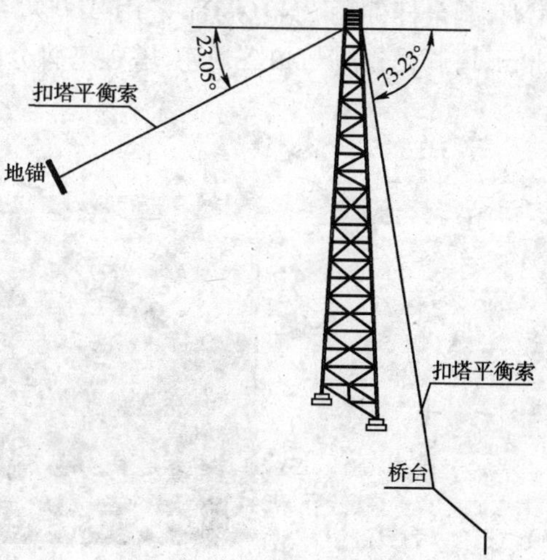

(5)扣塔顶索鞍

索鞍由辊轴、滑轮、纵向钢板、横向隔板等组成，索鞍与扣塔采用钢板与钢板高强螺栓连接。索鞍在扣塔顶布置为 3 层，1 号、2 号扣索通过下层索鞍，3 号、4 号扣索通过中层索鞍，5 号、6 号扣索通过上层索鞍。

图 11-17　扣塔平衡索布置

(6)扣索

每半跨设 6 道正式扣索，每道正式扣索由 8 束钢绞线组成，每束由 6～10 根 ϕ_j15.24 钢绞线组成，横桥向每条拱肋设 4 束扣索。

将编束制作完成的钢绞线束带“P 锚”的一端，由扣塔边跨的一侧经索鞍牵引至中跨一侧。当拱肋节段起吊牵引到待安装位置后，在其靠跨中的前端布置转线滑车辅助工作吊篮将扣索牵引到位穿过扣点锚梁旋人锚头螺母。扣索张拉端采用特制夹具将扣索与牵引钢丝绳连接，通过卷扬机带滑车组收紧扣索，将扣索牵引穿过扣锚的预留孔待张拉。单肋安装时每一节段拱肋同号 4 根扣索同步张拉，已完成横撑安装的拱肋节段同号 8 根扣索同步张拉和放松。

2.吊装系统设计

本桥主拱安装方案，由于特殊的地形条件，采用缆索吊装是最安全和经济的，经研究比较，将扣挂系统和吊装系统和一，即在扣挂系统的扣塔顶拼装吊装系统的吊塔，以充分利用扣塔刚度大的特点；为了减少节段吊装过程中，因吊塔大变位影响扣段安装精度，吊塔只能铰支于扣塔顶端，且限制铰传递的水平分力，以控制扣塔顶的变位，如图 11-18 所示。拱肋吊装施工照片见图 11-19 所示。

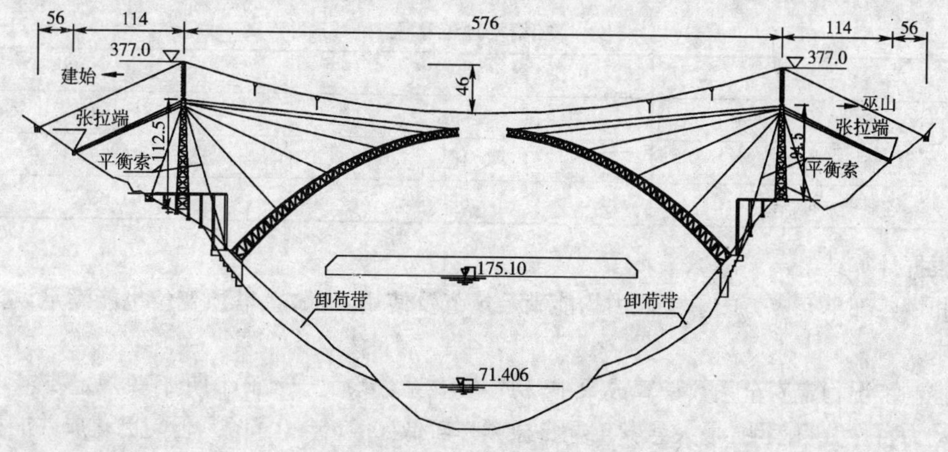

图 11-18　吊装系统图(单位:m)

吊塔采用 M 型万能杆件拼成双柱门式索塔，塔高 31.2m，每柱截面尺寸为 2m×4m(顺河×顺桥)，中部设一道横系梁(截面 2m×4m)，塔顶设 4m 高度盖梁，竖杆采用 4N1，横杆采用 4N4，其余杆件用 2N5(局部采用 4N3)。两柱之间的中心距离为 20m，塔顶顺河向长度为 30m，塔脚设铰脚与扣塔相连，塔顶塔脚分配梁分别采用 I40b，I56b 组拼。

图 11-19 拱肋吊装施工照片

吊塔内外力计算结果如下：

吊塔自重 230t；

主吊系统及风载对吊塔的水平力 294kN；

主吊系统及风载对吊塔的垂直力 4 823kN；

单节段吊装时(吊重 128t)吊塔施加给扣塔的力：吊装一侧的塔柱竖向力 4 679kN，水平力 22kN，非吊装一侧的塔柱竖向力 2 800kN，水平力 22kN(水平力方向指向河心)。

根据吊塔内外力对扣塔进行验算，施工加载计算阶段完全模拟设计的实际施工加载状态，计算软件采用 NASTRAN 和通用有限元程序互相校核。计算时，考虑了吊装系统正起吊 11 号拱肋，并同时承受风载影响这种最不利工况。

单肋吊装时，扣塔弹性稳定系数分别为 6.818 6(巫山岸)和 6.292 0(建始岸)，钢管构件最大压应力 97.45MPa，最大拉应力 118.96MPa(风撑位置)，扣塔管内混凝土最大拉应力 0.43MPa，最大压应力 13.51MPa。

扣塔塔顶位移值见表 11-14(已考虑前后平衡索作用)。

扣塔塔顶位移值　　表 11-14

扣　塔	巫 山 岸	建 始 岸
竖向(cm)	2.33	2.96
桥轴线方向(cm)	0.16	0.39
塔轴线方向(cm)	0.69	1.08

根据计算结果：

扣塔各部单元应力或承受能力均能满足规范及使用要求，且塔顶变位也能满足设计及规范要求。

控制工况稳定安全系数计算成果中，稳定安全系数均大于 4.0，满足有关规定要求。

动力特性分析表明：最大悬臂工况自振频率较低(0.166～0.607)，但与已建成并能正常使用的大跨径混凝土拱桥的自振频率相比，其值相近，能保证结构安全吊装合拢。

临界风速计算表明：施工颤振检验风速为 36.6m/s，小于该工程颤振临界风速 79.2m/s。

综上所述：吊塔铰接置于扣塔塔顶的方案是可行的，可以实施。

3. 吊塔塔顶索鞍及塔脚铰脚的设计及布置

(1)索鞍布置及结构设计

吊塔塔顶索鞍包括吊装主索、缆风索(压塔索)、工作天线主索、牵引索、起吊索等索鞍。所有索鞍均采用单轮滚动结构形式的索鞍；在万能杆件吊塔塔顶采用 I56b 工字钢铺设两层分配梁，在工字梁上按相应的位置安置索鞍，并将索鞍与工字梁固定。索鞍结构如图 11-20 所示。

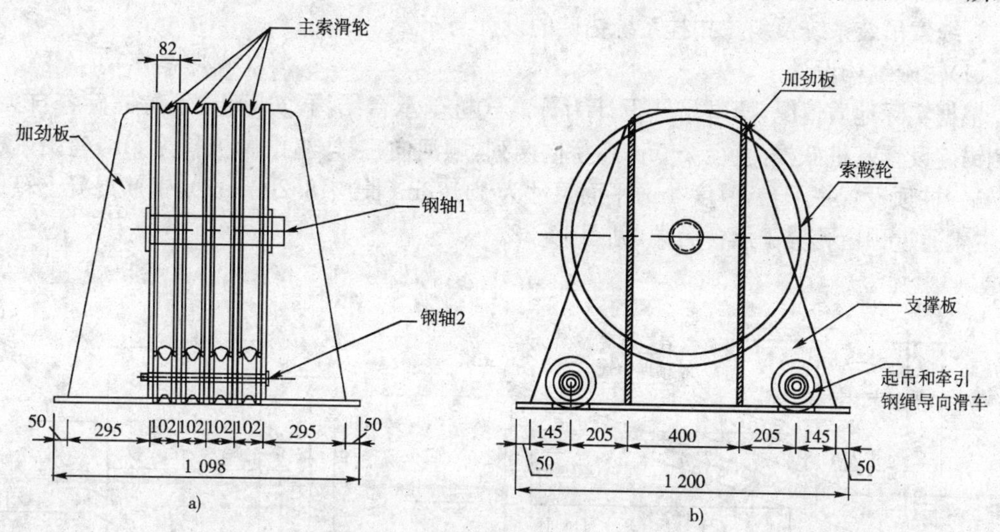

图 11-20 吊塔塔顶索鞍设计图(单位：mm)

a)正面图；b)侧面图

索鞍各技术指标如下：主索直径 ϕ56mm；单索垂直压力 $T=400$kN；索鞍轮直径 D 与主索直径之比为：$D/\phi=15$；索鞍轮接触应力安全系数 $K_1\geqslant2.5$；滑动轴承钢销抗剪安全系数 $K_2\geqslant3.00$。

(2)吊塔塔脚铰脚设计

铰脚采用 I56b 型钢在扣塔塔顶设置连接分配梁，并将其与扣塔钢管焊接，在分配梁上布置吊塔铰脚，吊塔铰脚与扣塔及吊塔塔体的连接如图 11-21 所示。

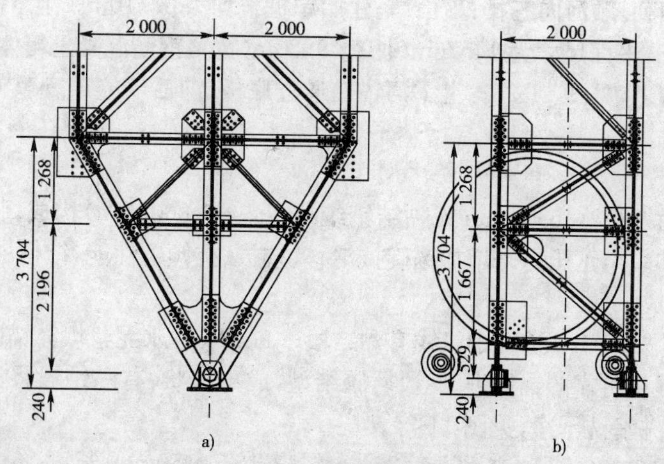

图 11-21 吊塔铰脚设计图(单位：mm)

a)侧面图；b)正面图

(3)横向抗风索、纵向压塔索的布置

横向抗风索采用ϕ28mm 钢丝绳，在吊装索塔的上、下游两侧各布置两组(每组 2ϕ28mm 钢丝绳)。一端系于塔顶，一端与锚碇连接。抗风索单根ϕ28mm 钢丝绳的初张力为 80kN。

每套主索吊装系统选用 2 根ϕ47.5mm 钢丝绳作压塔索，对应每套主索(2×4ϕ56mm)分别在上、下游两侧各布置 1 根压塔索，压塔索单根ϕ47.5mm 钢丝绳的初张力为 25.5kN。全桥两套主索吊装系统共需压塔索 4 根，压塔索一端系于巫山岸吊锚，另一端经巫山岸吊装索塔上索鞍和建始岸吊装索塔上索鞍，系于建始岸吊锚。

4.缆索吊装系统及斜拉扣挂系统锚碇的设计与布置

(1)锚碇结构设计

根据实际地质情况，两岸吊锚设计为分离式桩基承台结构，实际上、下游锚碇各自独立。每侧锚碇设置基桩 6 根，直径 2.0m；顺桥向两列，顺河向三排；巫山岸桩长为 8m，建始岸桩长为 6m。桩顶设置一承台，厚度 4m；平面尺寸为 14.76m(长)×8.20m(宽)，钢筋混凝土箱体结构，主索通过预留孔锚于承台后端，见图 11-22。

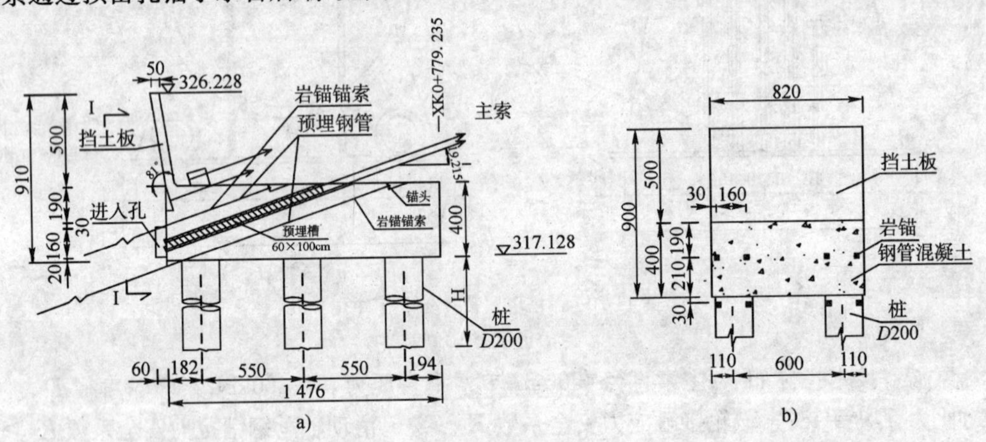

图 11-22 吊锚布置示意图(单位：cm)

a)侧面图；b)I-I 图

两岸扣锚也设计为桩基承台结构，上下游锚碇连接为一整体。每岸锚碇设置基桩 12 根直径 2.5m；顺桥向四列，顺河向三排；巫山岸、建始岸桩长均为 6～10m。上下河桩顶分别设置一承台，其厚度为 7m，平面尺寸为 14.76m(长)×9.20m(宽)，钢筋混凝土箱体结构，主索通过预留孔锚于承台前墙上，见图 11-23。上下河锚碇通过底板、前后墙连成一整体。中间回填土石增加配重。

(2)锚索结构设计

预应力锚索由 9 根ϕ_j15.24mm 无黏结钢绞线(R_Y^B=1 860MPa)构成，张拉后对岩体产生一个直接剪切力和一个正压力来增加锚碇抗滑移、抗拔、抗倾覆性能，结构由内锚固段、自由伸长段、外锚固段组成。

内锚固段(P 锚+2.7m 长度钢绞线有黏结段+11mM30 水泥浆填充锚固段)位于孔底部，其作用是为张拉提供可靠的锚固力，此段属胶结型，成枣核状，有黏结段将无黏结钢绞线剥除 2.7m 长度的胶皮并清洗干净，见图 11-24。

两岸吊锚共需 1 380kN 预应力锚索 32 根，锚索孔径ϕ150mm，长度 16～24m，内锚固段长 11m，倾角 19°，行距 2.5m，列距 1.6m，呈喇叭状排列。锚索从承台前端倾斜穿入岩石中，与水平线的交角为 19.5°；建始岸上、下游锚体各布置 8 束；巫山岸上、下游锚体各布置 8 束。

两岸扣锚共需 1 380kN 预应力锚索 64 根，锚索孔径 ϕ150mm，长度 16～24m，内锚固段长 11m，倾角约 24°，行距 2.5m，列距 1.3m，呈喇叭状排列。锚索从承台前端倾斜穿入岩石中，与水平线的交角为 24°；部分锚索位于前墙垂直向下（每岸为 8 根，锚于前墙上）。

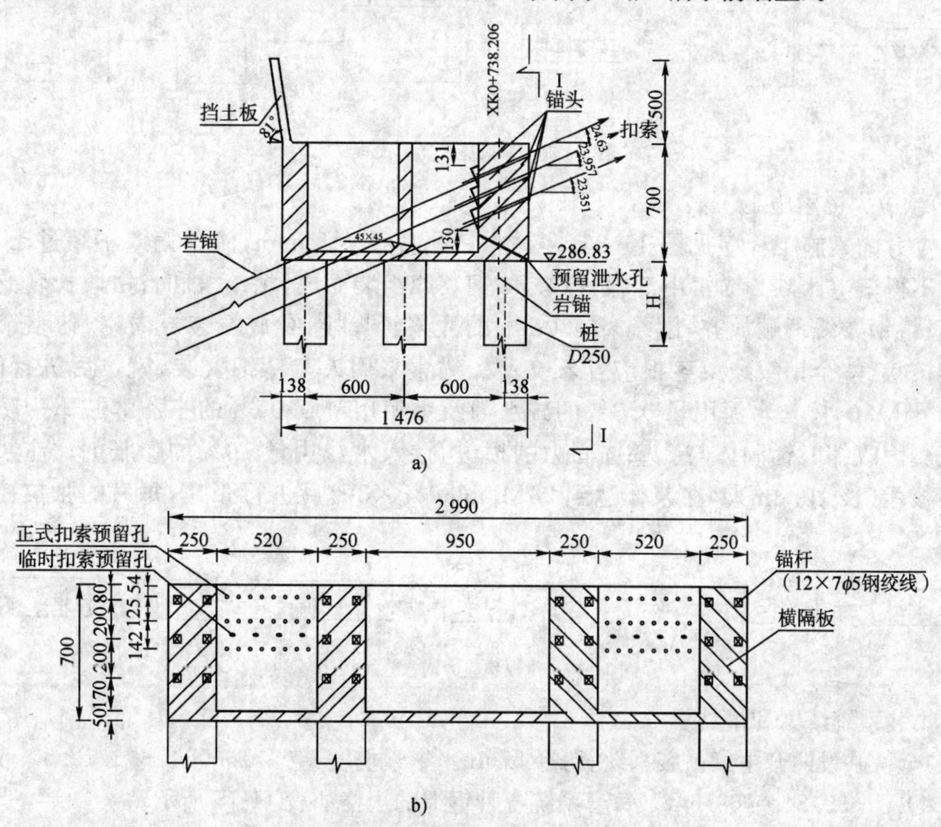

图 11-23 扣锚布置示意图（单位：cm）

a）侧面图；b）I-I 图

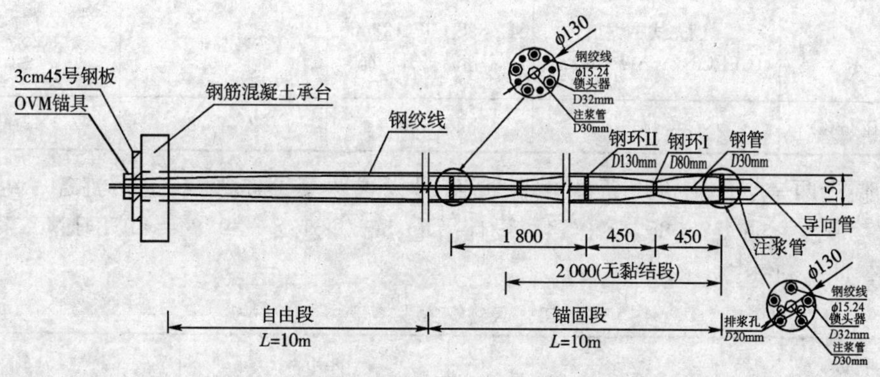

图 11-24 岩锚示意图（未注明尺寸的单位：mm）

（3）锚碇施工

锚碇施工工艺流程见图 11-25。锚体混凝土承台由前后锚墙、侧墙构成（即中间挖空，回填片石混凝土）。浇注施工时，先完成承台的底板浇注，而后按高度方向分段完成锚体墙身及侧墙的浇注。每段高度控制在 3.5～4.0m 之间，每段一次性浇注完成。锚体及基桩均为 C30

混凝土。当完成全部混凝土浇注，待其强度达到设计值的80%以后，即可进行各部位的预应力锚索张拉施工。

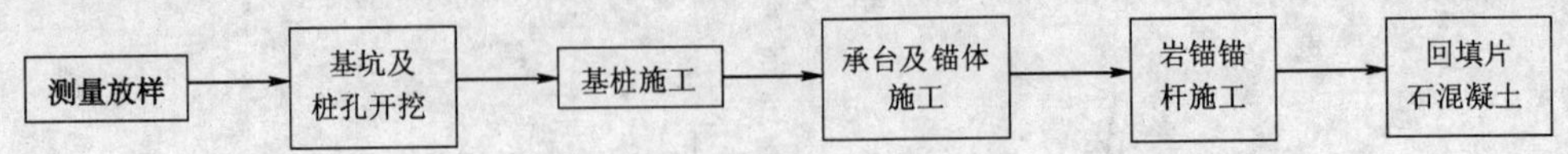

图 11-25 锚碇施工工艺流程

(4)预应力锚索施工

预应力锚索施工程序见图 11-26。其中，钻孔直径 ϕ150mm，倾角偏差不超过±1°，方向偏差不得偏差±1°。锚索由 9 根 ϕ_j15.24 钢绞线组装而成，粘结段和自由段长度要求严格分清；将钢绞线理顺放齐，围绕着 ϕ30mm 的注浆管焊接，孔底端装导向帽，使整个内锚段呈枣核状，整个钢绞线束各根应互不交叉。锚索采用人工精细安装，就位后进行注浆，砂浆标号 M30，掺入水泥用量 0.3%的减水剂及水泥用量 0.05%的三乙醇胺。为防止水泥砂浆凝固收缩时锚固体与孔壁锚固力的损失，掺入水泥用量 10%的膨胀剂。注浆直至覆盖枣核段(长 10.8m)。在浆体达到 24MPa(80%×30)后进行张拉，每束的张拉控制吨位为 138t。

图 11-26 每根预应力锚索施工程序

5. 吊装系统缆索和吊具

(1)全桥共设两套主索吊装系统，跨径 576m。主索垂度：空 1/16.054，重 1/12.5。设计吊重 118×1.1+39.84=169.64t。每套系统各种钢绳的规格如表 11-15 所示。

钢绳的规格表　　表 11-15

项目	主索	起吊索	牵引索	缆风索(压塔索)
型号	满充式钢绳(CFRC8×36SW-56mm)	4×39S+5FC-22mm 不扭转提升钢绳	6×37+1	6×37+1
根数和直径(mm)	2×4ϕ56	4×8ϕ22	2×2ϕ28	2×2ϕ47.5

(2)为便于两岸小件物资设备的运输交流，另设置两套工作天线，上下游各一组。跨径 576m。主索垂度：空 1/18.085，重 1/14。设计吊重：50.0×1.2+29.84=89.84kN。系统各种钢绳的规格如表 11-16 所示。

工作天线钢索规格表　　表 11-16

项目	主索	起吊索	牵引索
型号	6×37+1	6×37+1	6×37+1
根数和直径(mm)	2×2ϕ47.5	2×4ϕ19.5	2×ϕ19.5

(3)吊具

拱肋吊装系统吊具包括缆索跑车、起吊滑车组、吊点分配梁、吊点、夹具等结构。全桥共布设四组主索，每组上设置两套吊具共计 8 套。吊具数量、规格汇总如表 11-17。

吊具数量规格汇总表　　表 11-17

序　号	名　称	规　格	数　量
1	缆索跑车	2×4	8套
2	吊点滑车组	3×3	8套
3	吊点分配梁		4根
4	吊点夹具		16套

缆索跑车结构设计如图 11-27 所示。起吊滑车组结构设计如图 11-28 所示。分配梁结构设计如图 11-29。

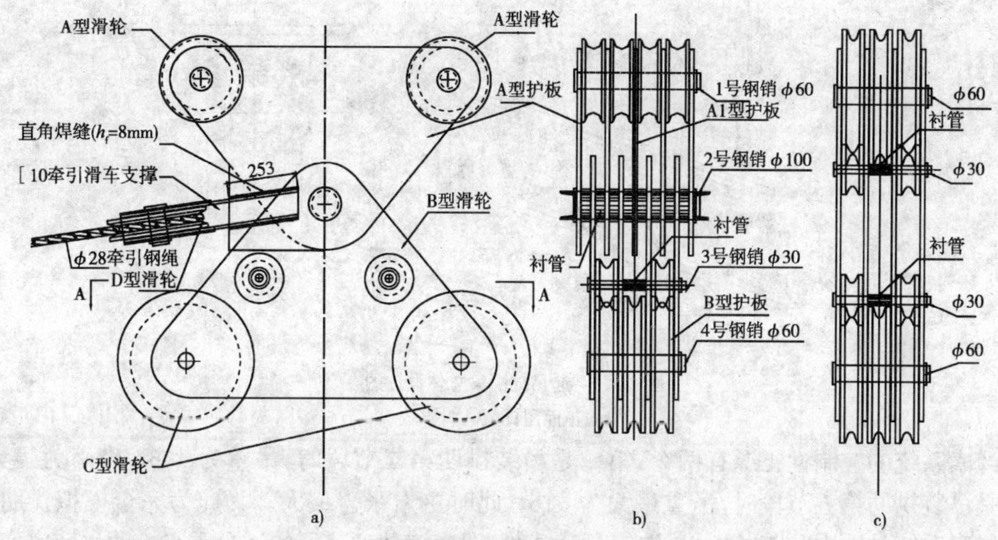

图 11-27　跑车总体设计图(单位:mm)

a)侧面图;b)正面图;c)A-A 图

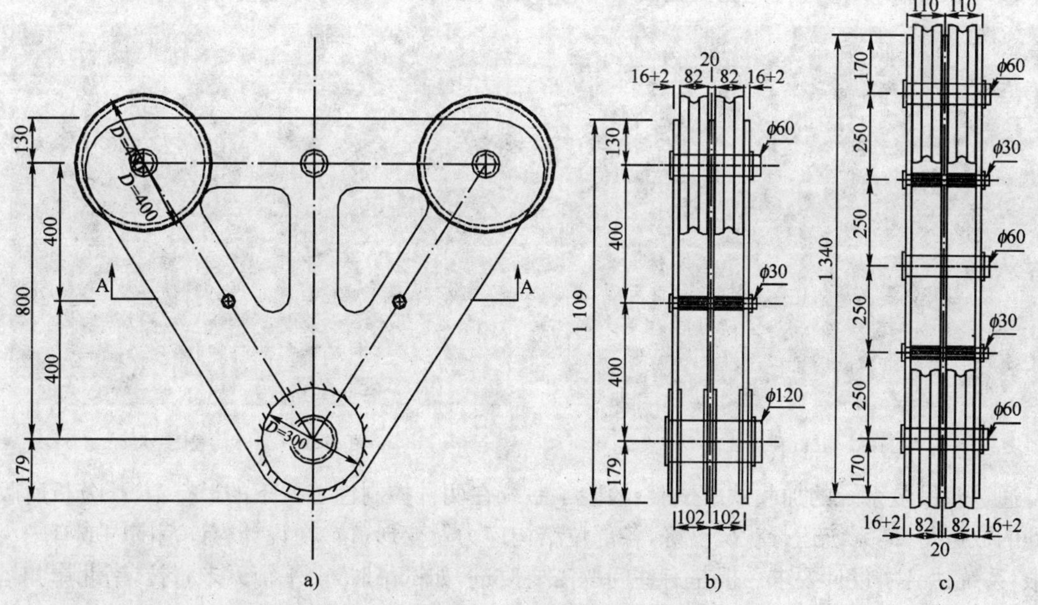

图 11-28 起吊滑车组总体设计图(单位:mm)

a)侧面图;b)正面图;c)A-A 图

6.拱肋无支架缆索吊装系统的试吊

在拱肋节段吊装前，为检验系统在各种工况下的结构受力以及机具设备的运行情况及相关人员的协作情况，确保系统在拱肋吊装过程中绝对安全和正常运行，进行试吊工作以收集取得各种技术参数，指导以后的吊装施工工作。

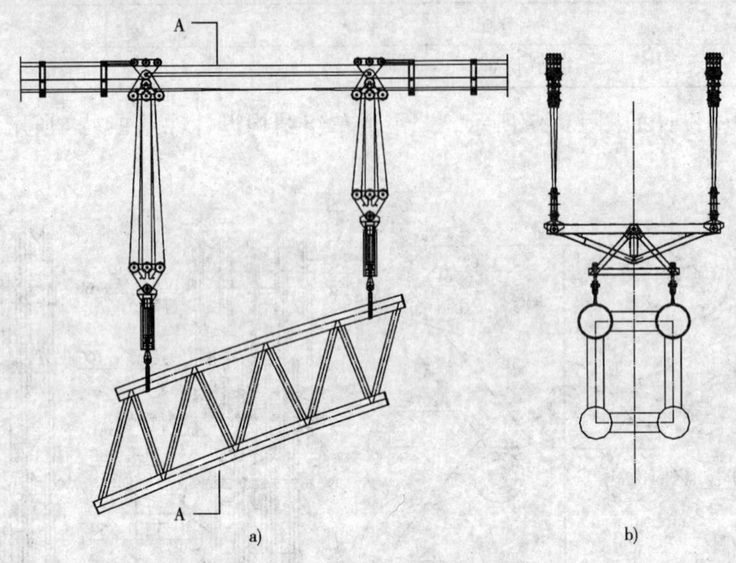

图 11-29　起吊分配梁总体设计图

a)正面图；b)A-A 图

缆索系统的控制性工况有两个：第一是吊装拱肋第二节段时，吊重为 106t，牵引力最大；第二是吊装拱肋第五节段时，吊重最大为 118t，此时主索张力最大。为此为完全模拟拱肋吊装时缆索系统的受力状态，试吊采取等荷载试验，即在该种工况下的试吊重与拱肋吊装时实际重量相等；同时将吊点行走至该段拱肋的安装位置。

106t 和 118t 试吊运行试验图见图 11-30 和图 11-31。

图 11-30　106t 荷载试验

图 11-31　118t 荷载试验

通过对吊装系统的加载试吊试验，检验了系统在两种控制性工况下的运行情况，分析所收集到的数据得知：系统运行状况良好，各部位结构应力及变形(位)在设计容许范围内或有较小超限；系统达到了设计要求。但是有些问题需要改进，如试吊时，前平衡索未张拉，南北岸扣塔均向河心方向偏位 1～2cm，而设计要求在拱肋吊装前，首先张拉扣塔前平衡索，势必加大其偏位值，因此考虑前平衡索稍后张拉；而在分别进行上下游组的试吊时，吊塔扭转较大，相对值达

28cm，考虑在拱肋吊装时通过调整空吊点的位置来减小其扭转值。

四、钢管拱肋节段吊装

主拱圈钢管桁架严格按照设计图、《巫山县巫峡长江大桥钢管桁架拱肋制造与验收技术规定》和相应的施工技术规定执行生产，并应进行全面的自检和复检，按设计的防腐方案进行结构表面的防腐，检查验收合格后方可运至现场起吊。

1. 主拱肋吊装成拱方案

拱肋节段安装采用两岸对称悬拼，每半跨拱肋的 11 个吊段共设 6 个正式扣段。随着工程进度，当正式扣索张拉后，拆去上一节段临时扣索。节段采用单肋安装，待上下游同一节段安装就位后，安装横撑，即完成一个双肋节段安装。完成一个双肋节段安装后，随即进行横撑接头施焊，焊接完成后，方可进行同一岸下一个节段的安装。拱脚主管接头于第 9 节段安装调整完成后进行。

扣段完成后，节段间扣段内焊缝可以安排施焊；扣段间的焊缝，待拱肋合拢并调整拱圈高程达到设计要求后进行，拱肋接头设计为先栓接再焊接，确保安装安全快速，其接头构造如图 11-32 所示。

为了合拢顺利及能准确定位，设计采用了如下导向冲定销轴，其尺寸构造如图 11-33 所示。

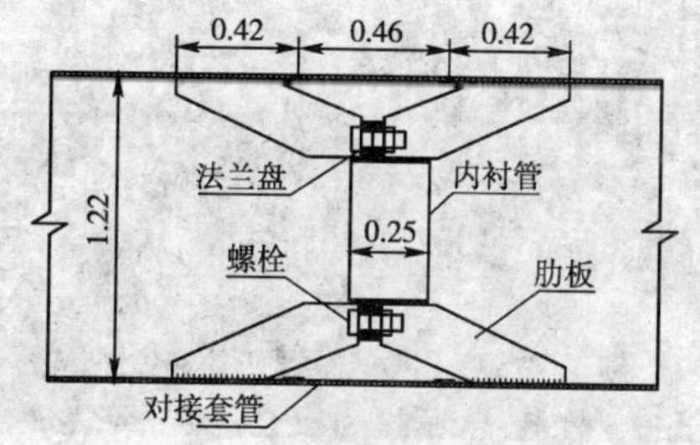

图 11-32 巫峡长江大桥拱肋接头构造图(单位：m)

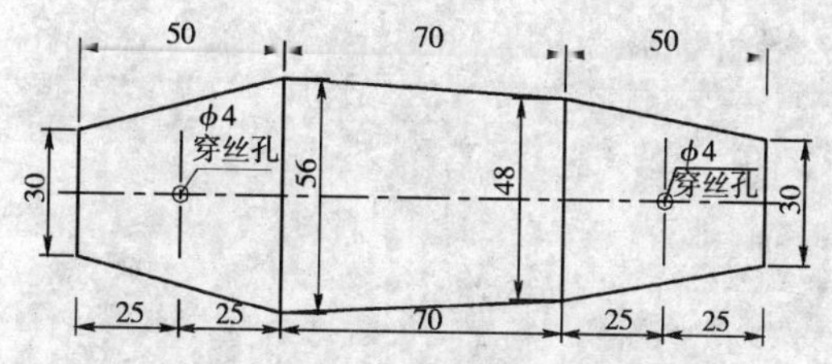

图 11-33 导向冲定销轴构造图(单位：cm)

拱肋合拢接头构造图见图 11-34。

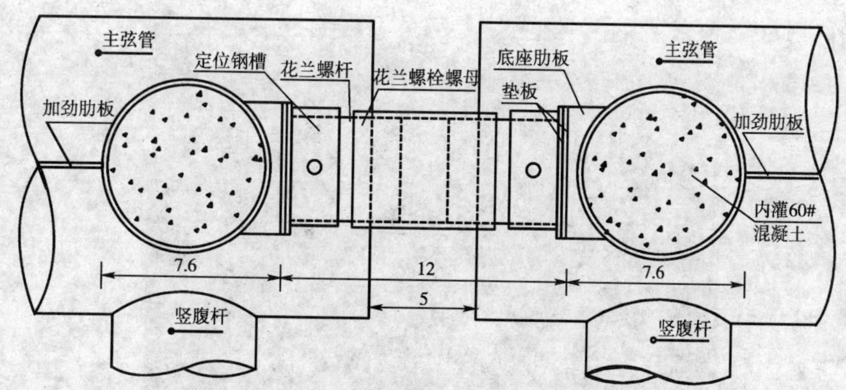

图 11-34 拱顶合拢接头构造图(单位：cm)

吊装拱肋第一节段，安装 1 号临时扣索(吊装顺序：根据轴线偏位情况确定先上游肋或先下游肋)，见图 11-35。吊装拱肋第二节段，安装 2 号临时扣索，安装横撑，见图 11-36。

图 11-35　安装 1 号临时扣索

图 11-36　安装横撑

两岸拱肋节段吊装交替进行，对称悬拼施工，直至拱肋合拢，见图 11-37、图 11-38。

图 11-37　安装正式扣索

图 11-38　锁定扣索

钢管拱肋吊装从 2003 年 1 月 16 日开始，2003 年 4 月 17 日合龙，见图 11-39。

图 11-39　钢管拱肋吊装合龙照片

2. 松扣和卸扣

空钢管拱肋合拢、各节段接头焊接完成并形成无铰拱后，应予逐级松扣，将扣索拉力转换为拱的推力。使空钢管拱肋呈自重作用下的无铰拱状态。其松扣程序为：从跨中 6 号扣索开始，两岸对称分级（扣索拉力分 5 级、每级放 1/5），依次（从 6 号→1 号）放松，各扣索松一级，暂停 15～20min 后，测试各项数据，经有关各方确认后，再进行第二级放松循环。最后一级可保留 5%左右的扣力暂不放松。

松扣后，仅保留 2 号、3 号扣素，待拱肋钢管内混凝土灌注时张拉力至 300～1 000kN，钢管内混凝土灌注完成达到设计强度后，彻底放松扣索，并逐步予以卸扣（拆除）。

五、钢管混凝土浇注

1. 钢管混凝土浇注方案

巫山长江大桥钢管混凝土采用“C60 高强收缩补偿微膨胀自应力钢管混凝土”，简称“化学自应力钢管混凝土”，其工作性能指标为：要求混凝土初始坍落度 22～24cm，初始扩展度 60cm，4h 坍落度损失小于 4cm，4h 扩展度损失小于 10cm，初凝时间 20h 以上（室温 30℃时），由于考虑到泵送混凝土施工的连续性，要求 5d 强度达到 80%以上。

试验室经过为期 220d 的反复对比试验，制作试件 600 余组，经过反复试验调整，最终确定了五种配合比符合化学自应力混凝土的性能指标，配合比试配结果见表 11-18。

化学自应力混凝土试配成果汇总表 表 11-18

编号	水泥（kg）	砂（kg）	碎石（kg）	粉煤灰（kg）	外加剂					水（kg）	初始坍落度（cm）	初始扩展度（cm）	4h 坍落度（cm）	4h 扩展度（cm）	5d 平均强度（MPa）	28d 平均强度（MPa）	7d 限制膨胀率（‰）	28d 限制膨胀率（‰）
					FDN（%）	WLH（%）	RB-60（%）	WG-UEA（kg）	UEA（kg）									
1	460	655	1 068	70	1.8	0.8	—	—	55	185	24	62	21	55	65.2	78.0	0.24	0.31
2	460	655	1 068	70	—	0.6	1.6	—	55	180	24	65	22	58	69.6	79.6	0.24	0.31
3	460	655	1 068	70	—	—	1.9	—	55	180	23	66	21	56	66.3	80.1	0.24	0.31
4	477	655	1 068	45	—	—	—	57	—	178	23	63	20	55	67.8	75.0	0.27	0.32
5	460	655	1 068	70	1.9	0.6	—	—	55	185	23	63	21	54	66.0	75.6	0.24	0.31

上表中外加剂的计算基数为水泥、粉煤灰、膨胀剂的重量总和。以上配合比试验室内温度为 17～28℃，试验室搅拌混凝土均采用机械搅拌，试样混凝土采用振动台振捣。

钢管混凝土的灌注以拱顶为对称线两半跨对称加载、以桥轴线为对称线上下游肋交替加载的原则，从拱脚向拱顶连续分段泵送混凝土，每段灌注时间约 4h，每根钢管半跨分三段，见表 11-19。每灌注完成一根后，待管内混凝土达到设计强度的 80%以后再灌注另一根钢管内混凝土。两肋共 8 根钢管依序逐一灌注，然后灌注竖腹杆、横联钢管。灌注混凝土时应分不同阶段张拉设计指定的扣索及索力。

单根拱肋钢管混凝土泵送施工参数表(半拱)　　表 11-19

	位置	混凝土(m^3)	弧长(m)	竖直高度(m)
第一泵段	上弦	97.9	90.13	59.5
	下弦	88.14	81.15	56.51
	位置	混凝土(m^3)	弧长(m)	竖直高度(m)
第二泵段	上弦	104.9	96.6	45.08
	下弦	107.2	98.68	49.29
	位置	混凝土(m^3)	弧长(m)	竖直高度(m)
第三泵段	上弦	96.7	88.99	14.80
	下弦	97.1	89.35	16.38

施工中按顺序接力连续泵送施工。施工单位准备 5 台能正常使用的泵送设备,大桥两岸各设两台,其中一台泵送混凝土,另一台安装就位,接替上一台泵送机准备终点处,当上一台泵送机将钢管内混凝土泵送到准备终点处,立即停止上一台泵送机工作,并迅速起动下一台泵送机工作,这样交替、"接力"进行管内混凝土灌注;另一台泵送机为两岸备用。

管内混凝土施工方案示意见图 11-40。

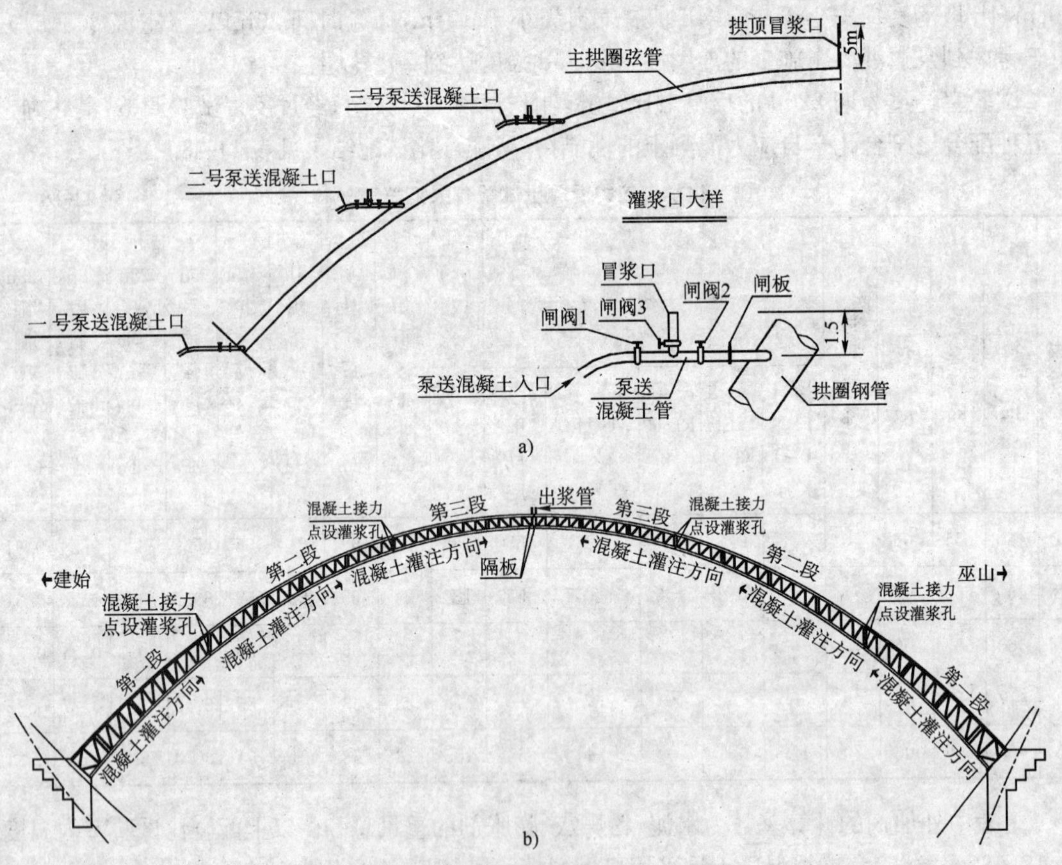

图 11-40　管内混凝土浇筑施工方案示意图

a)拱圈主管混凝土灌注方案;b)混凝土浇筑顺序和方向

2.钢管混凝土灌注施工

(1)拌和设备和混凝土输送泵

两岸分别布置一套理论产量为 $50m^3/h$ 的自动拌和站,2 台 500L 的拌和机(自动进料),实际拌和能力 $30\sim35m^3/h$。一级输送泵(靠拌和站的一台)用 60 型拖式泵,实际产量约

30m^3/h，其余用 90 型拖式泵，实际产量约 50m^3/h。输送管全部用 ϕ150mm 直径的管道。

(2)灌注施工

钢管混凝土施工按照对称与均衡加载的原则，结合现场的实际情况，八根钢管的灌注顺序为：①下游肋下河上弦→②上游肋上河上弦→③下游肋上河下弦→④上游肋下河下弦→⑤下游肋上河上弦→⑥上游肋下河上弦→⑦下游肋下河下弦→⑧上游肋上河下弦。

第 I 段钢管混凝土灌注：

一级泵输送管内先泵送水润湿管道，然后拌和站拌制 2.5m^3 水泥砂浆（与 C60 拱肋混凝土中的胶砂比相同），每拌和完一盘，放入一级输送泵中，砂浆拌完后接着拌制 C60 拱肋混凝土。一级输送泵适时将拌和站送来的拌和料泵送出去。

先泵送的砂浆及部分 C60 混凝土经一级输送泵输送至拱脚处的带缓冲储罐的二级泵内，经再次搅匀后将其经第一泵口泵入拱肋第 I 段钢管内。先进入管内的约 3～4m^3 拌和料从排渣孔内排除至允许的地方，当确认混凝土已完好时封闭排渣孔口，向弦管内连续灌注混凝土，直至混凝土面上升至超过第二泵口附近的排浆管并从管中排出混凝土约 1～2m^3 时完成第 I 段拱肋混凝土浇筑。灌注第 I 段钢管混凝土快结束前，适时进行管道清洗。

第 II 段钢管混凝土灌注：在第 I 段钢管混凝土浇筑完毕前，第二灌注口（泵口）处的输送泵管已安装好，随时可以投入使用。第 I 段钢管混凝土灌注完成后，把一级泵出口与预先接好的进入第二灌注口的管道连通。

输送管内首先泵送适量水和砂浆，然后继续泵送第 II 段拱肋混凝土，先泵入第 II 段内的约 3m^3 拌和料从排浆孔内排除。确认混凝土已完好时封闭排浆孔口，向弦管内连续灌注混凝土，直至混凝土面上升至超过第三泵口附近的排浆管并从管中排出混凝土约 1～2m^3 后，封闭排浆管，完成第 II 段混凝土浇筑。灌注第 II 段钢管混凝土快结束前，适时进行管道清洗。

第 III 段钢管混凝土灌注：第 II 段钢管混凝土灌注完成后，把一级泵出口与预先接好的进入第三灌注口的管道连通。

输送管内首先泵送适量水和砂浆，然后继续泵送第 III 段拱肋混凝土，先泵入第 III 段内的约 3m^3 拌和料从附近排浆孔内排除。确认混凝土已完好时封闭排浆孔口，向弦管内连续灌注混凝土，直至混凝土面上升至超过拱顶处的冒浆管并从管中排出混凝土约 1～2m^3 后，停止灌注，完成第 III 段混凝土浇筑。灌注第 III 段钢管混凝土快结束前，适时进行管道清洗。

拱肋其余部位采用吊斗将普通混凝土（拱肋上 C60 混凝土配合比中减少用水量，把坍落度控制在 10～12cm 之间）吊至浇筑部位，人工灌入，插入式振捣器捣实。

本桥钢管内混凝土在 2003 年 10 月 29 日开始灌注第一根，12 月 12 日灌注最后一根，8 根钢管混凝土灌注约历时 45d。每根钢管内混凝土灌注一般用时 12h，均为分三段连续灌注完成。灌注过程中，桥轴线偏位及拱轴线变化均符合计算要求，灌注完成后（气温 9℃）较灌注前（17℃）拱顶下挠 293mm，拱肋横桥向偏位 20mm。

第八节　其　他

一、桥梁下部结构施工

1. 拱座、引桥墩及桥台基坑开挖施工

主桥两岸拱座均位于陡峭的山崖上，其中巫山岸坡度近 80°。实际开挖土石方 45 000m^3。

由于工作量大，施工环境恶劣，岩石强度较高，裂隙发育，其整体性差，无法采用大型机具设备。施工时两岸同时开挖，采用预裂爆破、毫秒微差松动爆破、静态爆破等技术以提高工作效率。岸坡卸载、主拱区开挖土、石方，自上而下分级开挖成台阶，开挖区侧向设便道，人工运输土、石方到指定的弃土场，并开展 24h 全天候作业。历时近半年安全地完成了两岸拱座及各墩台基坑的开挖。

2. 拱座、引桥墩及桥台基础混凝土浇筑

两岸拱座混凝土共计 11 920m^3。两岸各布设一个 150m^3 拌和站，便于浇筑混凝土所需各种材料的存放及混凝土的拌和，保证混凝土浇注快捷。在拱座大体积混凝土浇注施工中，采用了低水化热水泥并掺入优质外加剂，同时布置冷却水管等有效的温控措施确保了其混凝土质量，有效地防止了混凝土开裂。施工作业采用三班制，每日完成工作量增多，总工期相对缩短。采取以上措施，辅以严格、周密的管理，确保了计划工期内拱座混凝土、引桥墩及桥台基础混凝土的浇筑完成。

3. 引桥墩身及盖梁施工

采用绑扎墩身及盖梁钢筋后立模现浇混凝土。

二、成 桥 试 验

本桥建成后，由西南交通大学进行了成桥静动载试验，得到以下结论：

(1)全桥经过荷载效率系数为 0.9～1.06 的静载试验，实测应力较设计小，实测挠度在规范要求的范围内，说明拱圈结构有足够的刚度。

(2)对桥跨结构的动载试验显示：动振刚度符合要求。

综合分析认为，桥梁整体结构强度、刚度满足规范和设计荷载等级要求，桥跨结构动力性能满足设计规范和桥梁正常使用的要求。

三、主要工程数量与主要经济指标

巫峡长江大桥的主要工程数量与主要经济指标见表 11-20 和 11-21。经济技术分析表明，在特大跨桥型结构中，钢管混凝土拱桥具有较强的竞争优势。

主要工程数量表

表 11-20

项目		拱圈、拱座	立柱、吊杆	横梁	桥面梁	桥面系、桥台	总计
混凝土(m^3)	C60	4 913	285	52			
	C50			704			
	C40	2 694		234	2 489		
	C30		2 097	114		1 011	
	C25	8 439				85	
	片石混凝土					934	
圬工(m^3)							
钢材(t)	高强钢丝		91	41	46		
	钢管	5 622					
	型钢	199					
	钢筋	168	168	143	930	111	

注：本表未包含扣挂系统扣塔、锚碇、扣点等材料数量。

主要经济指标表 表 11-21

工程量		混凝土用量(m^3)			钢材用量(t)			造价(万元)		
长度(m)	面积(m^2)	全桥	延米	平米	全桥	延米	平米	全桥	延米	平米
612.2	1 162.8	23 117	37.8	1.99	7 341	11.99	0.63	13 422	21.9	1.15

参考文献

[1] Mou Tingmin, Fan Bikun and Zheng Xufeng, etc. Wuxia Yangtze River Bridge in Wushan, China, Proceedings of the Fifth International Conference on Arch Bridge, 12-14, Sept. 2007, Madeira, Portugal: 469-474

[2] 张佐安. 特大跨度缆索吊装系统主动式承索器的设计与应用. 中国公路学会桥梁和结构工程学会 2003 年桥梁学术讨论会论文集, 北京: 人民交通出版社, 2003: 282-290

[3] 王铭琪, 张佐安, 汪平云. 特大跨径钢管混凝土拱桥钢管拱肋的吊装施工. 公路, 2003 年 11 月: 7-11